Rechtsgrundsätze

der

neuesten Entscheidungen

des

Königlichen Ober-Tribunals.

Geordnet

nach dem Systeme der Gesetzbücher

und herausgegeben

von

Theodor Striethorst,
Kammergerichts-Rath.

Fünfter Band.

Berlin.
Verlag von J. Guttentag.
1868.

Wilhelm Gronau's Buchdruckerei in Berlin.

Vorwort.

Der vorliegende fünfte Band der Rechtsgrundsätze enthält die Rechtsgrundsätze derjenigen Ober-Tribunals-Entscheidungen, welche in den zwölf Bänden des zweiten, dritten und vierten Jahrgangs der Zweiten Folge (Band 53—64.) des Archivs für Rechtsfälle Aufnahme gefunden haben.

Berlin, im November 1867.

Theodor Striethorst.

Inhalts-Anzeige.

Seite

Allgemeines Landrecht.

Publikations=Patent vom 5. Februar 1794.

---

§ 1. Das Allgem. Landrecht als subsidiäres Recht für die Provinzial-Bergordnungen, namentlich auch für die Schlesische Bergordnung. — Vergl. Revidirte Bergordnung für das Herzogthum Schlesien und die Grafschaft Glatz vom 5. Juni 1769 Kap. 87. § 3.

Rechtsgr. 1. — III. Senat. 14. Dezember 1864. (LVII. 164.)

Der Grundsatz, wonach auch in Betreff des Bergrechts von den Provinzial=Bergordnungen subsidiär auf das Allg. Landrecht zurückzugehen ist, gilt auch für die revidirte Bergordnung für das Herzogthum Schlesien und die Grafschaft Glatz; der Sächsischen Bergordnung ist nur eine besondere wissenschaftliche Bedeutung bei Auslegung der Vorschriften der Schlesischen Bergordnung beizulegen.

Siehe auch Rechtsgrundsatz 13. (A. L. R. Einl. § 14.)

§ 3. Siehe Rechtsgrundsatz 975. (Kirchen-Ordnung vom 20. Mai 1662.)

§ 5. Siehe Rechtsgrundsatz 988. (Wegebau-Reglement vom 24. Juni 1764.)

§ 7. Gewohnheitsrecht und Observanz:

A. Bestehen eines Gewohnheitsrechtes. — Vergl. Publikations-Patent vom 9. September 1814 § 2.

Rechtsgr. 2. — I. Senat. 19. September 1864. (LVI. 167.)

Aus dem Umstande allein, daß ein Verhältniß eine lange Zeit so und nicht anders bestanden, folgt noch nicht die Existenz eines Gewohnheitsrechtes.

B. Beweis eines Gewohnheitsrechtes überhaupt.

Rechtsgr. 3. — I. Senat. 27. Oktober 1865. (LXIV. 29.)

Zum Beweise des Bestehens eines Gewohnheitsrechtes ist unter Umständen die Berufung auf die Notorietät des Richters oder die Bescheinigung einer Behörde und selbst die Auskunft Sachverständiger nicht für unzulässig zu erachten.

C. Begründung und Beweis einer Observanz.

Rechtsgr. 4. — I. Senat. 16. April 1866. (LXIV. 74.)

Die Observanz setzt zwar gleichförmige Handlungen voraus, die eine gewisse Zeit hindurch fortgesetzt sind. Es ist aber nicht unbedingt nothwendig, daß in dem quantitativen Umfange der Leistung, sowie in der besonderen Art des sich äußernden Bedürfnisses, für welche sie zunächst und unmittelbar bestimmt ist, eine völlige Gleichheit vorhanden sei. Die fortgesetzte Uebung ist das Erkenntnißmittel der Observanz, ihre Existenz wird dadurch erwiesen. Die Beurtheilung, ob das jedesmalige Handeln ein gleichmäßiges sei und die Observanz erkennbar mache, ist eine wesentlich faktische und hängt in jedem einzelnen Falle von der Beschaffenheit der Handlungen und den dabei mitwirkenden besonderen Umständen ab.

D. Begründung der Observanz im Gegensatz zur Verjährung. — Vergl. A. L. R. I. 9. §§ 579. ff.

Rechtsgr. 5. — II. Senat. 5. Juli 1866. (LXIV. 189.)

Observanzen können sich nur innerhalb Gemeinschaften bilden, zwischen einzelnen Rechtssubjekten werden die Rechte nur durch Verjährung erworben.

E. Fälle der Zulässigkeit der Bildung einer Observanz zwischen der Kirchengemeinde und dem Kirchenpatron.

Rechtsgr. 6. — I. Senat. 20. Oktober 1865. (LXI. 141.)

Die Bildung einer Observanz ist statthaft:

1. insofern es sich um den nach § 720. II. 11. des Allgem. Landrechts zwischen dem Patron als solchem und den Eingepfarrten (der Kirchengemeinde) als solchen bestehenden gemeinsamen Verband handelt, — zwischen diesen beiden gemeinschaftlich verpflichteten Rechtssubjekten;
2. insofern es sich um den gemeinsamen Verband handelt, welcher einerseits unter den Eingepfarrten dem Patron gegenüber (§ 731. a. a. O.), oder beim Vorhandensein mehrer Patrone (§ 733.) unter diesen, den Eingepfarrten gegenüber, besteht, — im ersteren Falle unter den einzelnen Klassen der Eingepfarrten, im letzten Falle dagegen unter den einzelnen gemeinschaftlich verpflichteten Patronen.

F. Bildung einer ununterbrochenen Gewohnheit in einer Parochie. — Vergl. A. L. R. II. 11. § 710.

Rechtsgr. 7. — I. Senat. 27. November 1863. (LIII. 29.)

Eine ununterbrochene Gewohnheit im Sinne des § 710. II. 11. des Allg. Landrechts kann sich auch in einer einzelnen Parochie bilden.

G. Observanz zwischen der Kirchengemeinde als juristischer Person und dem Kirchenpatron. — Vergl. A. L. R. II. 11. § 710.

Rechtsgr. 8. — I. Senat. 19. September 1864. (LVI. 168.)

a) Der Kirchengemeinde als juristischer Person kann dem Patron gegenüber begriffsmäßig keine Observanz zur Seite stehen.

b) Handelt es sich dagegen um eine Beschränkung in der nach der allgemeinen Verfassung bestehenden gemeinschaftlichen Verwaltung und Verwendung des korporativen Kirchenvermögens Seitens des Patrons und des Kirchenvorstandes, welche als eine Abweichung von der allgemeinen Gemeinde- und Kirchenverfassung für alle Zukunft und Nachfolger als objektive Rechtsnorm in Anspruch genommen wird, so ist die Statthaftigkeit der Observanz nicht in Zweifel zu ziehen.

Siehe auch Rechtsgrundsätze 554. 560. 561. 932. 994. (A. L. R. II. 11. §§ 558. 710.; Statutar- und Gewohnheitsrecht im Herzogthum Westphalen, § 182.; Edikt vom 28. März 1794.)

§§ 8. ff. Siehe Rechtsgrundsätze 14. 185. 629. (A. L. R. Einl. § 14., I. 9. § 504.; Allg. Deutsches Handels-Gesetzbuch Art. 61.)

§ 11. Siehe Rechtsgrundsätze 13. 14. 629. (A. L. R. Einl. § 14.; Handelsgesetzbuch Art. 61.)

§ 17. Siehe Rechtsgrundsätze 1120. 1121. (Gesetz vom 28. Februar 1843 § 1.)

Einleitung.

§ 1. Siehe Rechtsgrundsatz 984. (Edikt vom 25. März 1747 § 11.)

§ 2. Landesherrlich bestätigtes Statut als Gesetz. — Vergl. Verordnung vom 14. Dezember 1833 § 4. No. 1.

Rechtsgr. 9. — III. Senat. 14. Mai 1866. (LXIV. 123.)

Der Verstoß gegen ein landesherrlich bestätigtes Statut ist als ein Verstoß gegen gesetzliche Vorschriften anzusehen.

§§ 3. ff. Gewohnheit und Rechtstitel:

A. Ueberhaupt. — Vergl. A. L. R. I. 9. §§ 579. ff.

Rechtsgr. 10. — II. Senat. 5. Juli 1861. (LXIV. 189.)

Die Gewohnheit, welche vim legis vertritt, stellt einen Rechtstitel nicht dar.

B. Herkommen als Begründung von Rechtsverhältnissen zwischen einer Korporation und ihren Mitgliedern.

Rechtsgr. 11. — II. Senat. 22. Dezember 1864. (LVII. 198.)

Das Herkommen ist zur Erzeugung von Rechtsverhältnissen zwischen einer Korporation einerseits, und den in derselben bestehenden, gleichfalls korporative Elemente in sich tragenden Klassen derselben andererseits geeignet, kann aber nicht als Fundament für eine Servitut gelten, welche für einzelne Grundstücke als praedia dominantia auf den zu dem Eigenthum der Korporation gehörenden Grundstücken in Anspruch genommen werden.

Siehe auch Rechtsgrundsätze 560. 932. (A. L. R. II. 11. § 710.; Statutar- und Gewohnheitsrecht im Herzogthum Westphalen. § 182.)

§ 12. Entkräftung einer Willenserklärung wegen entschuldbaren Rechtsirrthums; insbesondere wegen Unkenntniß eines örtlich beschränkten Gewohnheitsrechts. — Vergl. A. L. R. I. 4. §§ 75-78.

Rechtsgr. 12. — I. Senat. 19. Februar 1864. (LIII. 153.)

Die Regel, daß mangelnde Kenntniß gesetzlicher Vorschriften die Willenserklärung nicht ungültig macht, läßt sich nur auf die allgemeine Vorschrift des § 12. der Einleitung zum Allgem. Landrecht stützen, nach welcher Niemand sich mit der Unwissenheit eines gehörig publizirten Gesetzes entschuldigen kann.

Dagegen erscheint der Irrthum über das Dasein oder die Unkenntniß eines örtlich beschränkten Gewohnheitsrechts sowohl nach dem Gemeinen, als nach dem Allgem. Landrecht als ein entschuldbarer Rechtsirrthum behufs Abwendung eines Schadens.

Siehe auch Rechtsgrundsatz 94. (A. L. R. I. 6. § 26.)

§§ 14. ff. Anwendung der Gesetze:

A. Abänderung eines vor Einführung des Allg. Deutschen Handelsgesetzbuches geschlossenen schriftlichen Vertrages über Handelsgeschäfte durch eine nach dem 1. März 1862 getroffene mündliche Abrede. — Vergl. A. L. R. Publikations-Patent vom 5. Februar 1794 §§ 1. ff. 11., I. 5. §§ 109. 131. 888.; Allgem. Deutsches Handelsgesetzbuch Art. 1. 317.

Rechtsgr. 13. — IV. Senat. 18. Oktober 1866. (LXIV. 281.)

Haben die Parteien unter der Herrschaft des Allgem. Deutschen Handelsgesetzbuches, den Formvorschriften desselben entsprechend, mündlich über einen Gegenstand des Handelsgewerbes des einen Theiles kontrahirt, so kann die formelle

Rechtsgültigkeit dieses Vertrages nicht dadurch Abbruch erleiden, daß durch denselben der frühere, in Gemäßheit der damals zur Norm dienenden Bestimmungen des Allg. Landrechts schriftlich abgeschlossene Vertrag Abänderungen erfahren hat.

B. Beurtheilung eines Vertrages nach den zur Zeit seines Abschlusses geltend gewesenen Gesetzen, insbesondere eines unter der Herrschaft des Allg. Landrechts aus mündlich geschlossenen, unter der Gesetzeskraft des Allgem. Deutschen Handelsgesetzbuchs fortgesetzten und aufgelösten Engagementsvertrages. — Vergl. A. L. R. Publikationspatent vom 5. Februar 1794 §§ 8. 9. 11.

Rechtsgr. 14. — IV. Senat. 9. Februar 1864. (LIII. 122.)

a) Der Grundsatz des § 11. des Publikations-Patents vom 5. Februar 1794, nach welchem die vor dem 1. Juni 1794 errichteten Verträge sowohl ihrer Form und Inhalte nach, als auch in Ansehung der daraus entstehenden rechtlichen Folgen nur nach den zur Zeit des geschlossenen Vertrages bestandenen Gesetzen beurtheilt werden müssen, wenngleich erst später auf Erfüllung, Aufhebung oder Leistung des Interesse geklagt wird, ist als ein allgemeiner Rechtsgrundsatz anzusehen, welcher auch auf alle neueren Gesetze, insofern nicht in diesen besondere Ausnahmen gemacht sind, volle Anwendung findet.

b) Wenn ein Vertrag nach den zur Zeit seines Abschlusses geltend gewesenen Gesetzen zu beurtheilen ist, so muß dies von ihm im Ganzen und in allen seinen Beziehungen, mithin sowohl von seinem Abschlusse, von der Form und seinem Inhalte, als auch von seinen Folgen, namentlich von seiner Erfüllung oder Aufhebung gelten.

c) Bedurfte ein unter der Herrschaft des älteren Gesetzes mündlich geschlossener Vertrag zu seiner Gültigkeit der Schriftform, so ist aus der bloßen Fortsetzung des formell unverbindlichen Vertragsverhältnisses unter der neueren Gesetzgebung, nach welcher dieser Vertrag der Schriftform nicht bedarf, nicht ohne Weiteres eine Unterwerfung der Parteien unter dieser neueren Gesetzgebung zu folgern, vielmehr ist dazu mindestens eine **ausdrückliche** Erklärung der Parteien erforderlich.

d) Daher unterliegt der von einem Kaufmann mit seinem Handlungsdiener unter der Herrschaft des Allgem. Landrechts nur mündlich abgeschlossene, jedoch der Schriftform bedurft habende Engagementsvertrag auch nach dessen Fortsetzung unter der Herrschaft des Handelsgesetzbuches, Mangels einer anderweiten ausdrücklichen Erklärung beider Theile, den Bestimmungen des Allgem. Landrechts.

Siehe auch Rechtsgrundsätze 621. 1120. (Allg. Deutsches Handels-Gesetzbuch Art. 34.; Gesetz vom 28. Februar 1843 § 1.)

§ **21**. Siehe Rechtsgrundsatz 585. (A. L. R. II. **15**. § 13.)

§§ **23**. ff. Verbindende Kraft der Gesetze:

A. Oertliche Kollision verschiedener Landesrechte.

Rechtsgr. **15**. — I. Senat. 8. Mai 1865. (LX. 22.)

Bei der sogenannten örtlichen Kollision verschiedener Landesrechte ist vor allem anzuerkennen, daß, wenn **einheimische Gesetze** über die Kollisionsfälle Vorschriften geben, diese Vorschriften von den Richtern des Staates schlechthin anzuwenden sind; hat der Staat keine einheitliche Gesetzgebung, so gilt als einheimisches Recht für jeden Richter das Recht seiner Gerichtsbarkeit.

B. Beurtheilung der Fähigkeit, ein Fideikommiß zu gründen, und der gesetzlichen Erfordernisse der Fideikommißstiftung nach den Personal-Statuten. — Vergl. A. L. R. II. **4**. §§ 29. ff. 59. 63.; A. G. O. II. **1**. § 6. No. 2.

Rechtsgr. **16**. — I. Senat. 8. Mai 1865. (LX. 21.)

Die Fähigkeit, ein Fideikommiß zu gründen, und die gesetzlichen Erfordernisse einer Fideikommißstiftung sind nach den Personálstatuten zu beurtheilen, und folgerecht unterliegen auch die Schranken, welche die Oberaufsicht des Staates der Ausübung jener der Person beigelegten Macht setzt, falls die Schranken die Einrichtung der Fideikommisse überhaupt, ohne Rücksicht auf die besondere Beschaffenheit des Gegenstandes, treffen, der Beurtheilung der Personalstatuten.

C. Beurtheilung des Rechts eines verarmten Familiengliedes auf Hülfe Seitens der vermögenden Verwandten nach dem Recht des Wohnsitzes des Hülfsbedürftigen. — Vergl. A. L. R. Einl. § 92., II. 3. §§ 9. 10. 15.

Rechtsgr. 17. — I. Senat. 26. März 1866. (LXIII. 129.)

a) Das Recht eines verarmten Familiengliedes, die Hülfe der vermögenden Verwandten anzurufen, und die dem entsprechende Pflicht dieser Letzteren beruht nach dispositiver Bestimmung des Allgem. Landrechts lediglich auf der Stellung des Familiengliedes zu der übrigen Familie, ist somit ein aus der persönlichen Eigenschaft hervorgehendes Recht und nach den Gesetzen des Wohnsitzes des Berechtigten zu beurtheilen.

b) Giebt das Gesetz des Wohnsitzes eines verarmten Familiengliedes nicht ein Recht auf Unterstützung gegen die vermögenden Verwandten, so kann ein solcher Anspruch nicht blos deshalb erhoben werden, weil ein solcher an dem Wohnorte der Letzteren nach den dort geltenden Gesetzen begründet wäre.

D. Anwendung der Gesetze in Prozessen der minderjährigen oder großjährigen, noch in väterlicher Gewalt stehenden Personen, welche sich in Diensten Anderer befinden, insbesondere in Schwängerungsprozessen. — Vergl. A. L. R. II. 2. § 640.; Code Napoléon Art. 340.; Kabinets-Order vom 4. Juli 1832 und 5. Dezember 1835; Verordnung vom 21. Juli 1849 § 83.

Rechtsgr. 18. — V. Senat. 19. Juni 1866. (LXIII. 245.)

a) Im Sinne der Kabinets-Order vom 4. Juli 1832 und 5. Dezember 1835, sowie des § 83. der Verordnung vom 21. Juli 1849, betreffend den Gerichtsstand und die Klagen minderjähriger und großjähriger, noch unter väterlicher Gewalt stehender Personen, welche sich im Dienste Anderer befinden, sowie dergleichen Lehrlinge, Gesellen, Handlungsdiener, Kunstgehülfen, Hand- und Fabrikarbeiter, muß als unzweifelhaft angenommen werden, daß bei Entscheidung der bezüglichen Prozesse auch die Gesetze des dauernden Aufenthaltes maaßgebend sein sollen.

b) Hat die außerehelich Geschwängerte ihren Wohnsitz während der Konzeptionszeit von einem Orte, dessen Gesetzgebung den Ansprüchen aus der außerehelichen Schwängerung entgegensteht, nach einem Ort verlegt, dessen Gesetzgebung jene Ansprüche schützt, so steht der Klage aus der Schwängerung der Umstand entgegen, daß es ungewiß ist, an welchem Orte die Schwängerung stattgefunden hat.

Siehe auch Rechtsgrundsätze 291. 520. 610. (A. L. R. I. **13.** § 8., II. **2.** § 229., **18.** § 695.)

§ **32.** Anwendung der Gesetze in Ansehung des unbeweglichen Vermögens, namentlich im Falle der Vererbung, nach Preußischem und Gemeinen Recht. — Vergl. A. L. R. I. **12.** §§ 536. 537., II. **1.** § 493. und Anh. § 78.; A. G. O. I. **2** § 21.

Rechtsgr. **19.** — I. Senat. 8. Mai 1865. (LX. 23.)

Unter den Gesetzen, die nach § 32. der Einleitung zum Allgem. Landrecht „in Ansehung des unbeweglichen Vermögens" gelten sollen, sind nur die wahren Realstatuten, welche principaliter auf Immobilien sich beziehen, zu verstehen, nicht aber Gesetze, welche die Erbfolge überhaupt, ohne Rücksicht auf die im Vermögen etwa befindlichen Immobilien, betreffen; dergestalt, daß, wenn es sich um eine Universalsuccession handelt, nicht die Realstatuten, sondern die Gesetze des Wohnsitzes des Erblassers, des fori hereditatis, auch über die Nachfolge in die zum Nachlasse gehörigen Immobilien zur Anwendung kommen.

Hiermit stimmt auch die gemeinrechtliche Theorie überein.

§ 33. Siehe Rechtsgrundsatz 1078. (Verordnung vom 8. April 1836.)
§ 34. Gerichtsstand der Ausländer überhaupt.

Rechtsgr. 20. — IV. Senat. 7. Februar 1867. (LXIV. 346.)

Der § 34. der Einleitung zum Allgem. Landrecht normirt nur die Anwendbarkeit des materiellen Preußischen Rechtes auf die darin vorausgesetzten Rechtsgeschäfte der Ausländer; dagegen liegt eine Bestimmung über die Verfolgung im Prozesse, insbesondere über den Gerichtsstand des Ausländers, ganz außer dem Zwecke jener Vorschrift.

§ 46. Siehe Rechtsgrundsätze 93. 735. (A. L. R. I. 6. § 26.; Allgem. Deutsche Wechsel-Ordnung Art. 80.)
§ 54. ff. Siehe Rechtsgrundsatz 1039. (Regulativ vom 7. September 1830.)
§ 59. Siehe Rechtsgrundsätze 735 831. (Allg. Deutsche Wechsel-Ordnung Art. 80.; A. G. O. I. 14. § 12.)
§ 61. Siehe Rechtsgrundsatz 984. (Edikt vom 25. März 1747.)
§ 73. Unterschied der verfassungsmäßigen Rechte und Pflichten der Mitglieder einer Gemeinde zu privatrechtlichen Befugnissen und Obliegenheiten; Erforderniß des privatrechtlichen Titels zur Erwerbung von Privatrechten der Gemeinde gegen ihre Mitglieder und dieser gegen jene; Gewohnheitsrecht in einer Gemeinde als Privatrechtstitel für Einzelrechte; Anwendung dieser Grundsätze auf das Herzogthum Westphalen. — Vergl. Patent vom 21. Juni 1825 § 3.; Landgemeinde-Ordnung für das Herzogthum Westphalen vom 31. Oktober 1841 §§ 24. 26.; Deklaration vom 26. Juni 1847 §§ 1. 2.; Landgemeinde-Ordnung für die Provinz Westphalen vom 19. März 1856 §§ 51. 52. 56.

Rechtsgr. 21. — II. Senat. 18. Mai 1865. (LIX. 171.)

a) Der allgemeine Charakter der verfassungsmäßigen Rechte und Pflichten der Mitglieder einer Gemeinde besteht darin, daß dieselben mit der Dauer der Verfassung stehen und fallen; insoweit sind diese Rechte und Pflichten bedingt und widerruflich. Das die privatrechtlichen Befugnisse und Obliegenheiten unterscheidende Kriterium ist die Unabhängigkeit und die Dauer; sie können nur durch Privatwillkür übertragen werden und sind nach Maaßgabe ihres Inhaltes unwiderruflich.

b) Die Gemeinde bedarf, um privative Rechte ihren Mitgliedern gegenüber zu erlangen, welche sich nicht als eine Folge der Verfassung herausstellen, der Erwerbung von Privattiteln, und dasselbe ist der Fall, wenn ein Gemeindemitglied der Gemeinde gegenüber Privatrechte erlangen will.

c) Das Gewohnheitsrecht, welches in der Autonomie der Gemeinde in Verfassungssachen seine Grundlage hat, erzeugt keinen Privatrechtstitel für Einzelrechte (jura singulorum), sondern verhält sich zu den aus der Verfassung hervorgehenden Rechten und Pflichten als eine gesetzliche Norm.

d) Diese Grundsätze sind auch auf das Herzogthum Westphalen da anzuwenden, wo die Gemeinde nicht erweislich aus einer Markengenossenschaft hervorgegangen ist, und hat der Satz, daß die Gemeinderechte, welche aus dem statutarischen oder gewohnheitsrechtlichen Verfassungsverbande hergeleitet werden, die Natur öffentlicher Rechte haben, auch nach der Einführung der Preußischen Gesetze in Westphalen keine Aenderung erfahren.

§§ 74. 75. Entschädigungspflicht des Staates:
A. Bei Beeinträchtigung oder Untergang des Privat-Eigenthums durch Verwaltungsmaßregeln.

Rechtsgr. 22. — I. Senat. 14. Juli 1865. (LX. 112.)

Die §§ 70. 75. der Einleitung zum Allg. Landrecht finden nur auf den Fall Anwendung, wenn das Privat-Eigenthum Einzelner durch eine Verwaltungsmaaßregel beeinträchtigt wird oder verloren geht.

B. Bei Beschränkungen des Eigenthums überhaupt und durch die Festungsrayons. — Vergl. Regulativ vom 10. September 1828.

Rechtsgr. 23. — II. Senat. 5. Juli 1866. (LXIV. 184.)

Bei bloßen Eigenthumsbeschränkungen kann eine Entschädigung vom Staate nur in denjenigen Fällen gefordert werden, in welchen solches im Gesetz ausdrücklich angeordnet ist; in den auf die Festungsrayons bezüglichen gesetzlichen Vorschriften findet sich eine solche Anordnung nicht, und sind die §§ 74. 75. der Einleitung zum Allg. Landrecht auf Eigenthumsbeschränkungen, welche sich auf Bauten in den Festungsrayons beziehen, unanwendbar.

C. Bei Aufhebung von Privilegien, Rechten und Vortheilen einzelner Mitglieder des Staates durch die Gesetzgebung, namentlich bezüglich des § 27. des Zollgesetzes vom 26. Mai 1818. — Vergl. A. L. R. II. 15. § 101.; Zollgesetz vom 26. Mai 1818 § 27.; Kabinets-Order vom 4. Dezember 1831; Zollgesetz vom 23. Januar 1838 § 23.; Ablösungsgesetz vom 2. März 1850 §§ 2. 37.

Rechtsgr. 24. — I. Senat. 14. Juli 1865. (LX. 112.)

Die §§ 70. 75. der Einleitung zum Allg. Landrecht, betreffend die Entschädigungspflicht des Staates, sind dann nicht anwendbar, wenn die Aufhebung der Privilegien, auch solcher, die durch einen lästigen Vertrag erworben worden, und der einzelnen Rechte und Vortheile der Mitglieder des Staates durch ein allgemeines Gesetz erfolgt, und in demselben ein Vorbehalt wegen der Entschädigungspflicht nicht gemacht ist.

Als ein solches Gesetz ohne Vorbehalt stellt sich das Zollgesetz vom 26. Mai 1818 und speziell dessen § 27. dar.

D. Bei Beeinträchtigung der Fischereigerechtigkeit durch Anlegung eines Kanals. — Vergl. A. L. R. I. 22. § 31.

Rechtsgr. 25. — II. Senat. 31. Oktober 1865. (LXI. 194.)

Hat der Fiskus durch die in seinen Seen behufs der Kanal-Anlage getroffenen Einrichtungen die Ausübung der einem Dritten zustehenden Fischereigerechtigkeit gehindert oder vereitelt, so ist er Entschädigung zu leisten verpflichtet.

Siehe auch Rechtsgrundsatz 205. (A. L. R. I. 11. § 4.)

§ 76. Siehe Rechtsgrundsatz 819. (A. L. R. I. 15. § 3.)

§ 77. Siehe Rechtsgrundsätze 117. 457. (A. L. R. I. 7. § 144., II. 1. § 221.)

§ 82. Bestimmung des Zeitraumes der Konzeptionszeit nach dem Ort der Schwängerung und Entbindung.

Rechtsgr. 26. — I. Senat. 4. April 1864. (LIV. 47.)

Der Zeitraum der Konzeptionszeit ist nach den Gesetzen des Ortes zu bestimmen, an welchem die Geschwängerte zur Zeit der Schwängerung und Entbindung gewohnt hat.

§ 88. Siehe Rechtsgrundsatz 819. (A. L. R. I. 15. § 3.)

§§ 89. ff. Siehe Rechtsgrundsätze 177. 565. 908. 1030. 1116. (A. L. R. I. 9. § 384., II. 11. § 714.; Konkurs-Ordnung § 190.; Gesetz vom 4. Juli 1822 § 4.; Gesetz vom 28. Februar 1843 § 1.)

§ 92. Siehe Rechtsgrundsätze 17. 250. (A. L. R. Einl. § 23., I. 11. § 602.)

§ 94. Siehe Rechtsgrundsätze 157. 1116. (A. L. R. I. 8. § 185.; Gesetz vom 28. Februar 1843.)

§ 97. Siehe Rechtsgrundsätze 132. 157. (A. L. R. I. 8. §§ 96. 185.)

§ 99. Siehe Rechtsgrundsatz 215. (A. L. R. I. 11. § 184.)

§ 100. Siehe Rechtsgrundsatz 1030. (Gesetz vom 4. Juli 1822 § 4.)

§ 101. Siehe Rechtsgrundsatz 239. (A. L. R. I. 11. § 402.)

§ 102. Siehe Rechtsgrundsatz 506. (A. L. R. II. 2. § 2.)

§ 103. Siehe Rechtsgrundsatz 177. (A. L. R. I. 9. § 384.)

Theil I.

Titel 1. Von Personen und deren Rechten überhaupt.

§ 29. Siehe Rechtsgrundsatz 506 (A. L. R. II. 2. § 2.)

§ 31. Verminderte Handlungsfähigkeit der Verschwender. — Vergl. A. L. R. II. 18. § 14.

Rechtsgr. 27. — IV. Senat. 31. März 1864. (LIII. 222.)

Sowohl nach dem Gemeinen Rechte, als dem Allgem.

Landrechte tritt die verminderte Handlungsfähigkeit eines Verschwenders als Wirkung des dem öffentlichen Rechte angehörigen Ausspruchs einer obrigkeitlichen Behörde ein; ein Verzicht auf diese Handlungsfähigkeit Seitens einer Privatperson findet nicht statt.

§ 43. Siehe Rechtsgrundsatz 1217. (Anfechtungsgesetz vom 9. Mai 1855 § 5. No. 3.)

Titel 2. Von Sachen und deren Rechten überhaupt.

§§ 4. 5. Inbegriff der Berechtigungen als Substanz des Guts, zu welchem kein Land gehört.

Rechtsgr. 28. — I. Senat. 3. April 1865. (LVII. 282.)

Bei Gütern, zu welchen kein Land gehört, bildet der Inbegriff der damit verbundenen Berechtigungen deren Substanz.

Siehe auch Rechtsgrundsatz 204. (A. L. R. I. 11. § 4.)

§ 7. Siehe Rechtsgrundsatz 299. (A. L. R. I. 13. § 129.)
§§ 11. 12. Siehe Rechtsgrundsätze 328. 329. (A. L. R. I. 16. § 28.)
§ 34. Eheliche Geburt mit den davon abhängigen Familien- und Erbrechten als vererbliches Vermögensrecht. — Vergl. A. L. R. I. 9. § 350.

Rechtsgr. 29. — I. Senat. 18. Juni 1866. (LXIV. 143.)

Die eheliche Geburt mit den davon abhängigen Familien- und Erbrechten ist kein vererbliches, zur Erbschaft gehöriges Vermögensrecht und kein Gegenstand, über welches die betreffende Person oder ein Vormund derselben durch ein Anerkenntniß gültig bestimmen könnte.

Siehe auch Rechtsgrundsatz 56. (A. L. R. I. 5. § 74.)

§ 36. Siehe Rechtsgrundsatz 176. (A. L. R. I. 9. § 350.)
§ 41. Theilung eines Hauses nach reellen Theilen. — Vergl. A. L. R. I. 7. §§ 46. 47.; Gesetz vom 21. Januar 1839 § 14. No. 4.

Rechtsgr. 30. — III. Senat. 11. April 1864. (LIV. 60.)

a) Nach Preußischem Rechte kann ein Haus reell dahin getheilt werden, daß bis zu einer bestimmten Grenze hin die Räumlichkeiten im Eigenthum des Einen, über diese Grenze hinaus im Eigenthum des Andern stehen.

b) Insbesondere ist die Theilung eines gemeinschaftlichen Hauses unter die Miteigenthümer sowohl nach den verschiedenen Stockwerken, als auch dahin zulässig, daß nur ein Theil des einen Stockwerkes dem Einen, der übrige Theil dieses Stockwerkes und die anderen Stockwerke ganz dem andern Eigenthümer gehören.

c) Auch die Scheidewände zwischen solchen verschiedenen Haustheilen und die, durch die von einander getheilten Stockwerke durchgehenden Mauern, sowie die Zwischenlagen zwischen diesen Stockwerken können ebensowohl gemeinschaftlich sein, als auch nur dem Einen Eigenthümer gehören und dem Haustheile des Andern blos dienen.

Siehe auch Rechtsgrundsatz 194. (A. L. R. I. 9. § 579.)

§§ 43. ff. Pertinenzeigenschaft:

A. Beweis der Pertinenzeigenschaft. — Vergl. A. L. R. I. 2. §§ 60. 108.

Rechtsgr. 31. — III. Senat. 5. Mai 1865. (LIX. 121.)

Die §§ 60. 108. I. 2. des Allgem. Landrechts, — welche den Satz enthalten, daß eine Sache, welche den Erfordernissen des § 42. a. a. O. sonst entspreche, dann nicht Pertinenz sei, wenn sie nicht dem Eigenthümer der Hauptsache gehöre, — stellen nicht ein Erforderniß der Pertinenzqualität einer Sache auf; sie sanktioniren vielmehr eine Ausnahme von der allgemeinen Regel des § 42. a. a. O.; der Käufer hat deshalb zum Erweise der Pertinenz-Eigenschaft der Sache nicht das Eigenthum der Eigenthümer der Hauptsache zur Verkaufszeit zu erweisen, vielmehr ist ihm der Gegenbeweis zu führen.

B. Form der Handlung oder Bestimmung des Eigenthümers zur Begründung der Pertinenzqualität eines Grundstückes; thatsächliche Feststellung der Pertinenzqualität. — Vergl. A. L. R. I. 2. §§ 105-107.; Verordnung vom 14. Dezember 1833 § 4. No. 2.

Rechtsgr. 32. — III. Senat. 26. Januar 1866. (LXI. 336.)

Die Handlung oder Bestimmung des Eigenthümers zur Begründung der Pertinenzqualität eines Grundstückes erfordert nicht die schriftliche Form; es muß nur zu erkennen sein, daß die zuzuschlagende Sache mit der Hauptsache nicht blos zu vorübergehenden Zwecken, sondern dauernd verbunden sein soll.

Ob eine solche dauernde Verbindung von dem Eigenthümer hergestellt worden, ist eine Frage thatsächlicher Art, und die deßfallsige Feststellung wegen materieller Rechtsverletzung nicht anzugreifen.

C. Beweis des Eigenthums an einem Grundstück durch Einheit der Substanz.

Rechtsgr. 33. — II. Senat. 15. und 24. November 1864. (LVII. 128.)

Der § 43. I. 2. des Allgem. Landrechts kann nicht zur Entscheidung darüber verwendet werden, wo die Grenze zwischen zwei Grundstücken liege.

D. Anspruch des letzten Besitzers des abgebrannten Gebäudes auf die Feuer-Versicherungsgelder nach dem Berliner Feuersozietätsreglement. — Vergl. A. L. R. I. 16. §§ 2. 3., 20. § 443., II. 8. §§ 22. 80.; Reglement für die Berliner Feuer-Versicherungsgesellschaft vom 11. Dezember 1812.

Rechtsgr. 34. — III. Senat. 21. November 1864. (LV. 294.)

Nach dem Reglement der Berliner Feuerversicherungs-Gesellschaft ist der Anspruch des letzten Besitzers des abgebrannten Gebäudes auf die Feuerversicherungsgelder an die gedachte Gesellschaft kein Zubehör oder Zuwachs, sondern persönlicher Natur.

Siehe auch Rechtsgrundsatz 1076. (Reglement für die Provinzial-Feuer-Sozietät für die Provinz Posen vom 5. Januar 1836 § 24.)

§§ 48. ff. Jagdrecht auf fremdem Grund und Boden und auf der Rustikalfeldmark einer Dorfgemeinde als Wirthschaftsrubrik und Pertinenzstück eines Gutes. — Vergl. A. L. R. I. 21. §§ 267. 268. 407.; Jagdpolizei-Gesetz vom 7. März 1850 §§. 2. 4. 10.

Rechtsgr. 35. — III. Senat. 10. Februar 1865. (LVIII. 155.)

Nachdem das Jagdrecht auf fremdem Grund und Boden aufgehoben worden, ist die Jagd auf der Rustikalfeldmark einer Dorfgemeinde nur als Wirthschaftsrubrik und als Pertinenzstück eines Guts zu betrachten; der in der Dorffeldmark belegene bäuerliche Grundbesitz bildet das Besitzthum, als dessen Pertinenz die Jagd in der Rustikalfeldmark betrachtet werden muß.

§ 56. Siehe Rechtsgrundsatz 892. (Konkurs-Ordnung § 88.)

§ 60. Siehe Rechtsgrundsätze 31. 36. (A. L. R. I. 2. §§ 43. 69.)

§§ 69. 79. 80. 103. Pertinenzien der auf einem Gute befindlichen Brennerei als Bestandtheile des Gutsinventars. — Vergl. A. L. R. I. 2. § 60.

Rechtsgr. 36. — III. Senat. 14. November 1864. (LV. 287.)

Befindet sich eine Brennerei auf einem Landgute, so gehören auch die zu der Brennerei gehörenden beweglichen Pertinenzstücke zu dem Inventar des Landguts.

Dies gilt auch von denjenigen an sich beweglichen Pertinenzien, welche mit dem Brennereigebäude in feste Verbindung gesetzt sind.

§§ 105. ff. Siehe Rechtsgrundsätze 31. 32. (A. L. R. I. 2. § 42.)

§ 110. Siehe Rechtsgrundsätze 524-535. (A. L. R. II. 6. § 72., 7. § 18.)

§ 116. Siehe Rechtsgrundsatz 889. (Konkurs-Ordnung § 56.)

§ 124. Erwerbung und Realisirung eines Rechts zur Sache; Anweisung des Richters zur Auszahlung der Auktionslosung an den Gläubiger.

Rechtsgr. 37. — IV. Senat. 1. September 1864. (LIV. 262.)

Durch die zur Beitreibung einer Geldforderung erfolgte Abpfändung beweglicher Sachen und die an den Auktionskommissarius ertheilte Anweisung des Richters zur Auszahlung der Auktionslosung an den Gläubiger erwirbt dieser kein Recht zur Sache im Sinne des § 124. I. 2. des Allgem. Landrechts.

Siehe auch Rechtsgrundsatz 487. (A. G. O. I. 24. § 9.)

§ 137. Siehe Rechtsgrundsatz 847. (A G. O. I. 24. § 9.)

Titel 3. Von Handlungen und den daraus entstehenden Rechten.

§§ 11. ff. Siehe Rechtsgrundsatz 1116. (Gesetz vom 28. Februar 1843 § 1.).

§§. 16. 17. Rechtsirrthum durch unrichtige Auffassung eines Gesetzes.

Rechtsgr. **38.** — II. Senat. 28. März 1865. (LVII. 277.)

Der Rechtsirrthum stellt sich als eine große Nachlässigkeit dar, die nur durch den Beweis ungewöhnlicher Umstände widerlegt werden kann und nicht dadurch ausgeschlossen ist, daß Richter zweier Instanzen der Gesetzes-Auslegung des Irrenden beigetreten waren.

Siehe auch Rechtsgrundsatz 1116. (Gesetz vom 28. Februar 1843.)

§ 35. Unerlaubte Handlung des Finders einer so eben von einem Dritten verlorenen Sache.

Rechtsgr. **39.** — IV. Senat. 7. September 1865. (LX. 141.)

Wenn derjenige, welcher bemerkt, daß ein Anderer eine Sache verliert, den Verlierer nicht auf den Verlust aufmerksam macht, vielmehr statt dessen die Sache an sich nimmt und dem Anderen die Gewahrsam entzieht, so begeht er eine unerlaubte Handlung, aus welcher für ihn Verbindlichkeiten, nicht aber Rechte, entstehen können.

§ 40. Siehe Rechtsgrundsätze 522. 1140. (A. L. R. II. **2.** § 379.; Notariats-Ordnung vom 11. Juli 1845 §§ 14. ff.)

Titel 4. Von Willenserklärungen.

§ 4. Unzuverlässigkeit und Ungewißheit einer Willenserklärung. — Vergl. A. L. R. I. 5. § 71.

Rechtsgr. 40. — IV. Senat. 13. Juni 1865. (LVIII. 354.)

Wenn in dem mit einem Kommissionär über den Nachweis eines Käufers geschlossenen Vertrage der Verkäufer die Bestimmung der Höhe der zu zahlenden Belohnung seinem Ermessen vorbehalten hat, so läßt sich hierin nicht eine der Bestimmung des § 4. I. 4. des Allgem. Landrechts widerstreitende Ungewißheit oder Unzulässigkeit der Willenserklärung antreffen.

§§ 6. ff. Siehe Rechtsgrundsatz 304. (A. L. R. I. 13. §§ 249. ff.)

§§ 14. ff. Wirkung der Beschränkung des Käufers in einem Kauf- und Gutsüberlassungsvertrage, ohne Zustimmung der Ehefrau das Grundstück ganz oder theilweise weder zu verkaufen noch zu belasten. — Vergl. A. L. R. I. 5. §§ 58. ff. 70. 83. 87., 8. §§ 9. 21. 23. 25., 12. §§ 534. 535., 20. § 349., II. 2. §§ 419-431.

Rechtsgr. 41. — III. Senat. 1. Mai 1865. (LVIII. 275.)

Die in einem, zwischen dem Vater und dem Ehemann seiner Tochter abgeschlossenen, Kauf- und Gutsüberlassungsvertrag enthaltene und in das Hypothekenbuch eingetragene Abrede:

> daß Käufer die Nahrung ohne Züstimmung seiner Ehefrau weder mit Schulden belasten, noch mit andern bleibenden Lasten belegen, noch ganz oder theilweise veräußern und auf andere übertragen kann,

steht der Exekutionsvollstreckung in das Grundstück wegen Schulden des kaufenden Ehemannes entgegen.

Siehe auch Rechtsgrundsatz 761. (A. G. O. Einl. § 1.)

§§ 21. 22. Siehe Rechtsgrundsatz 1207. (Gesetz vom 24. April 1854 § 13. No. 2.)

§ 24. Rechtliche Vermuthung für die Willensfähigkeit des nicht bevormundeten Blödsinnigen.

Rechtsgr. 42. — IV. Senat. 20. September 1864. (LVI. 172.)

Die im § 24. I. 4. des Allg. Landrechts, betreffend die Vermuthung, daß Rasende und Wahnsinnige, so lange ihnen noch kein Vormund bestellt ist, ihren Willen bei völliger Verstandeskraft geäußert haben, gilt auch bezüglich der Blödsinnigen.

§ 37. Siehe Rechtsgrundsatz 605. (A. L. R. II. 18. § 438.)

§§ 52. ff. Unterschrift eines schriftlichen Vertrages Seitens eines Kontrahenten mit einem unrichtigen Vornamen. — Vergl. A. L. R. I. 5. § 116.

Rechtsgr. 43. — I. Senat. 16. Juni 1865. (LVIII. 349.)

Hat der eine Kontrahent die Punktation nicht mit seinem wahren Vornamen, z. B. Eduard, sondern mit einem andern Vornamen, z. B. Emil, unter Beifügung seines Geschlechtsnamens unterschrieben, so ist dies rücksichtlich der Gültigkeit des abgeschlossenen Kaufgeschäfts unerheblich, sofern über die Identität des eigentlichen Kontrahenten kein Zweifel obwaltet, und kann die Unterzeichnung mit einem unrichtigen Vornamen die Ungültigkeit der Punktation nicht nach sich ziehen.

Siehe auch Rechtsgrundsatz 1218. (Anfechtungsgesetz vom 9. Mai 1855 § 7. No. 1.)

§ 57. Genehmigung eines vom kompetenten Gericht unter Zuziehung des Vormundes aufgenommenen Erbvergleiches durch Ausfertigung der Urkunden in verordneter Form.

Rechtsgr. 44. — III. Senat. 16. November 1863. (LIII. 12.)

Hat das kompetente Gericht unter Zuziehung des Vormundes einen Erbvergleich aufgenommen und ihn sodann in geordneter Art, unter Unterschrift und Beidrückung des Gerichtssiegels, ausgefertigt, so hat diese Beurkundung des Theilungsaktes die Eigenschaft einer ausdrücklichen Erklärung des Gerichts.

Siehe auch Rechtsgrundsätze 170. 447. (A. L. R. I. 9. § 332., II. 1. § 41.)

§ 58 Siehe Rechtsgrundsätze 49. 1004. (A. L. R. I. 4. § 114.; Gesinde-Ordnung vom 8. November 1810 § 171.)

§ 59. Siehe Rechtsgrundsätze 49. 605. (A. L. R. I. 4. § 114., II. 18. § 499.)

§§ 60. ff. Siehe Rechtsgrundsätze 350. 808. (A. L. R. I. 16. § 285.; A. G. O. I. 10. § 286.)

§ 65. Siehe Rechtsgrundsatz 220. (A. L. R. I. 11. § 263.)

§ 74. Siehe Rechtsgrundsatz 263. (A. L. R. I. 11. § 824.)

§§ 75-78. Siehe Rechtsgrundsatz 12. (A. L. R. Einl. § 12.)

§§ 81. ff. Siehe Rechtsgrundsätze 81. 446. (A. L. R. I. 5. § 329., II. 1. § 40.)

§§ 91-93. Erregung der Trunkenheit in betrügerischer Absicht.

Rechtsgr. 45. — III. Senat. 11. Mai 1866. (LXIII. 179.)

Die im § 92. I. 4. des Allgem. Landrechts vorgeschriebene Anzeige binnen achttägiger Frist darf auch dann nicht unterbleiben, wenn die Trunkenheit vom Gegner in betrüglicher Absicht erregt ist.

§§ 99. ff. Siehe Rechtsgrundsätze 48. 77. 808. (A. L. R. I. 4. § 114., 5. § 295.; A. G. O. I. 10. § 286.)

§§ 100. ff. Rechtlicher Charakter des Auftrages an einen Kommissionär, einen Käufer, der einen bestimmten Kaufpreis und Anzahlung leistet, zu beschaffen; Befugniß des Auftraggebers, einen anderweitigen Kaufvertrag abzuschließen.

Rechtsgr. 46. — IV. Senat. 23. Februar 1864. (LVI. 33.)

a) Die Verabredung zwischen dem Besitzer eines Grundstückes und einem Kommissionär, es solle gegen Provision ein Käufer verschafft werden, der eine bestimmte Anzahlung leiste, hat nicht den Charakter einer Bedingung im Sinne des § 100. I. 4. des Allgem. Landrechts, eines Ereignisses, von dessen Eintreffen oder Nichteintreffen das aus der Willenserklärung entstehende Recht abhängig sein soll, und am wenigsten kann diese Abrede als eine Potestativbedingung aufgefaßt werden; dieselbe ist vielmehr Inhalt der Willenserklärung selbst.

b) Die Verabredung mit einem Kommissionär, daß ihm eine Provision gezahlt werden solle, wenn er einen

Käufer verschaffe, der eine bestimmte Anzahlung leiste, hindert den Auftraggeber nicht, einen andern Kaufkontrakt zu schließen, der eine solche Verabredung nicht enthält.

Siehe auch Rechtsgrundsätze 231. 232. (A. L. R. I. **11**. § 382.)

§ **103**. Sofortige Fälligkeit eines Kapitals bei unpünktlicher Zinszahlung als Suspensivbedingung; Herbeiführung des Eintritts der Kündigung durch unerlaubte Mittel. — Vergl. A. L. R. I. **4**. § 119., **5**. §§ 361. 364.

Rechtsgr. **47**. — III. Senat. 15. Januar 1866. (LXI. 325.)

Die in einem Kaufvertrage enthaltene Abrede, daß bei nicht pünktlicher halbjährlicher Zinszahlung der Verkäufer das Recht haben solle, Zahlung des rückständigen Kaufgeldes sofort ohne Kündigung zu verlangen, stellt eine Suspensivbedingung dar; der Gläubiger kann jedoch von diesem Rechte keinen Gebrauch machen, wenn der Eintritt der Bedingung durch nicht erlaubte Mittel herbeigeführt ist.

§§ **114**. ff. Auflösende Bedingung:

A. Unterschied zwischen einer Resolutivbedingung und einer Konventionalstrafe. — Vergl. A. L. R. I. **4**. § 99., **5**. § 292.

Rechtsgr. **48**. — II. Senat. 28 März 1865. (LVII. 277.)

Eine Bedingung, durch deren Eintritt die Wirkung der Willenserklärung wieder aufhört, ist, wenn sie sich auch als Strafe herausstellt, doch dadurch wesentlich verschieden von einer Konventionalstrafe, daß bei dieser letzteren Nebenabrede das Hauptgeschäft in Kraft bleibt, während bei der Resolutivbedingung das Hauptgeschäft aufgelöst wird.

B. Vertragsmäßige Befugniß des Vermiethers zur Aufhebung des Miethsvertrages bei nicht rechtzeitiger Zahlung des Miethszinses; vorbehaltslose Annahme des Miethszinses; thatsächliche Fortsetzung des Miethsvertrages. — Vergl. A. L. R. I. **4**. §§ 58. 59., **5**. §§ 215. 285. 292. 311., **11**. §§ 266. 267.

Rechtsgr. **49.** — III. Senat. 2. März 1866. (LXII. 184.)

Ist in einem Miethsvertrage verabredet, daß der Miether zur sofortigen Räumung der Wohnung verpflichtet sei, wenn er eine Miethzinsrate nicht am ersten Quartalstage zahlen würde, so ist dadurch, daß der Vermiether über die verspätet erfolgte Zahlung ohne Vorbehalt quittirt, dessen Befugniß zum Rücktritt vom Vertrage nicht ausgeschlossen; dagegen geht mit der Fortsetzung des Miethsvertrages das Recht zum Rücktritt verloren.

C. Unkündbarkeit eines Kapitals bei prompter Zinszahlung als Resolutivbedingung. — Vergl. A. L. R. I. **5.** §§ 285. ff. 307., **11.** §§ 803. ff. 827. ff. 834., **16.** §§ 64. 65.

Rechtsgr. **50.** — III. Senat. 7. November 1864. (LV. 265.)

Bei der Bestimmung in einer Schuldverschreibung:

„daß dem Gläubiger bei prompter, d. h. innerhalb der ersten 8 Tage jeden Vierteljahres stattfindenden, Zinszahlung die sonst mit sechsmonatlicher Frist verabredete Kündigung bis zu einem bestimmten Termine nicht zustehen solle,

stellt die nicht prompte Zinszahlung eine Resolutivbedingung für die Beschränkung der Kündbarkeit dar, dergestalt, daß die einmal eingetretene Bedingung die Beschränkung aufhebt.

Diese Abrede ist in ihren rechtlichen Folgen als Konventionalstrafe nicht zu betrachten, und bleibt daher die Anwendbarkeit des § 307. I. 5. des Allgem. Landrechts ausgeschlossen.

Siehe auch Rechtsgrundsätze 77. 223. 268. (A. L. R. I. **5.** § 295., **11.** § 296. 1053.)

§ **119.** Siehe Rechtsgrundsatz 47. (A. L. R. I. **4.** § 103.)

§ **122.** Siehe Rechtsgrundsatz 282. (A. L. R. I. **12.** § 422.)

§§ **145.** **148-150.** Siehe Rechtsgrundsatz 268. (A. L. R. I. **11.** § 1053.)

§ **163.** Zeitbestimmung als Bedingung.

Rechtsgr. 51. — IV. Senat. 9. Mai 1865. (LVIII. 283.)

Die in einem Erlaßvertrage enthaltene Bestimmung: „Die Zahlung der 40 Prozent erfolgt, wenn sämmtliche Gläubiger mit dem Schuldner akkordirt haben, in folgenden Raten ......“,

ist, wenn man sie auch als Zeitbestimmung ansehen will, doch einer Bedingung gleich zu achten.

Siehe auch Rechtsgrundsatz 282. (A. L. R. I. 12. § 422.)

§ 167. Siehe Rechtsgrundsatz 250. (A. L. R I. 11. § 602.)
§ 168. Siehe Rechtsgrundsatz 282. (A. L. R. I. 12. § 422.)

Titel 5. Von Verträgen.

§§ 1. ff. Begriff eines Vertrages; Inhalt eines Vertrages im Gegensatz zu bloßen historischen Erwähnungen, insbesondere bei Auseinandersetzungs-Rezessen. — Vergl. Verordnung No. 430. vom 20. Juni 1817 §§ 159 169. 170.

Rechtsgr. 52. — I. Senat 3. November 1865. (LXII. 9.)

a) Auch nach der landrechtlichen Definition ist der Vertrag immer als die übereinstimmende Willenserklärung mehrerer Personen, unter sich ein Rechtsverhältniß zu bestimmen, aufzufassen, weshalb sein Zweck nicht ausschließlich auf die Erwerbung eines neuen Rechts, und nicht blos auf die Begründung eines neuen, sondern auch auf die Sicherung und Erhaltung eines bereits unter den Kontrahenten bestehenden Rechtsverhältnisses gerichtet sein kann.

b) Berührt ein Rechtsverhältniß das gegenseitige Interesse der Kontrahenten, und wird dessen Bestehen in einem Vertrage unter Anführung der damit verbundenen Leistungen anerkannt, so machen dergleichen Erklärungen einen integrirenden Theil des Vertrages aus und können nicht als bloße historische Erwähnungen aufgefaßt werden, welche außerhalb des Bereichs der vertragsmäßigen Festsetzungen ständen.

Dieser Grundsatz findet insbesondere auch auf Auseinandersetzungs-Rezesse Anwendung.

Siehe auch Rechtsgrundsatz 622. (Allg. Deutsches Handels-Gesetzbuch Art. 34.)

§§ **10.** ff. Obervormundschaftliche Genehmigung der Verträge des Vormundes. — Vergl. A. L. R. II. **18.** §§ 236-239.

Rechtsgr. **53.** — III. Senat. 16. November 1863. (LIII. 11.)

Zur Ungültigkeitserklärung eines vom Vormunde für den Mündel abgeschlossenen Vertrages reicht der Umstand allein,

daß die Genehmigung des Vormundschaftsgerichtes vorgeschrieben, aber nicht eingeholt ist,

nicht hin.

Siehe auch Rechtsgrundsätze 512. 514. 1207. (A. L. R. II. **2.** §§ 158. 201.; Gesetz vom 24. April 1854 § 13. No. 2.)

§§ **31.** ff. Beweislast des vor dem Wechsel-Acceptanten erhobenen Einwandes der Minderjährigkeit und des Stehens unter väterlicher Gewalt. — Vergl. A. L. R. II. **2.** §§ 125. 165. 166. 210-212.; Allg Deutsche Wechsel-Ordnung Art. 1. 82.; A. G. O. Einl. §§ 16. 27.

Rechtsgr. **54.** — IV. Senat. 6. April 1865. (LIX. 69.)

Die allgemeine Regel, nach welcher jeder Partei sofern derselben keine Rechtsvermuthungen zur Seite stehen, ihre auf Thatsachen beruhenden Behauptungen oder Einreden zu beweisen hat, findet dahin Anwendung, daß der Wechselverklagte seinen gegen die Gültigkeit seines Wechsel-Accepts gerichteten Einwand:

zur Zeit desselben noch minderjährig gewesen zu sein und unter väterlicher Gewalt gestanden zu haben,

durch Beweis zu vertreten hat.*

§ **46.** Siehe Rechtsgrundsatz 69. (A. L. R. I. **5.** § 165.)
§§ **51.** ff. Siehe Rechtsgrundsatz 304. (A. L. R. I. **13.** § 249.)
§§ **58.** ff. **70.** Siehe Rechtsgrundsatz 41. (A. L. R. I. **4.** § 14.)

* Vergl. dagegen die Anmerkung Bd. 59. S. 70. des Archivs für Rechtsfälle.

§ 71. Siehe Rechtsgrundsätze 40. 304. (A. L. R. I. 4. § 4., 16. § 249.)

§§ 74. ff. Verträge über den Vortheil eines Dritten:

A. Lebensversicherung zu Gunsten eines Dritten, namentlich einer Ehefrau; Aufhebung oder Abänderung des Lebensversicherungsvertrages nach den Policebedingungen der Lebensversicherungs-Gesellschaft Concordia zu Köln ohne Zustimmung desjenigen, zu dessen Gunsten der Vertrag geschlossen ist; Gültigkeit des zu Gunsten der hinterbliebenen Wittwe geschlossenen Lebensversicherungsvertrages gegenüber der Versicherungs-Gesellschaft und den Erben des Versicherten. — Vergl. A. L. R. II. 1. §§ 185. 186. 205. 631-633., 8. §§ 1968. 2089. 2280. 2293-2296.; Dig. 24. 1. lex 21. pr., 24. 3. lex 22. § 8.

Rechtsgr. 55. — I. Senat. 4. Mai 1864. (LV. 83.)

a) Der § 75. I. 5. des Allgem. Landrechts kann auf den Fall, wo der Ehemann durch die Versicherung seines Lebens seiner Frau, als künftigen Wittwe, eine Wittwenversorgung mittelst Zahlung der festgesetzten Versicherungssumme an dieselbe durch den mit der Lebensversicherungs-Gesellschaft abgeschlossenen Vertrag ausbedungen hat, nicht Anwendung finden.

b) Sowohl nach den Polizebedingungen der Lebensversicherungs-Gesellschaft Concordia zu Köln, als nach allgemeinen Grundsätzen, hat die Person, zu deren Gunsten eine Lebensversicherung erfolgt ist, nicht das Recht, einer Abänderung oder Aufhebung des Vertrages Seitens der Kontrahenten bei Lebzeiten des Versicherten zu widersprechen.

c) Ist die Versicherung des Lebens zu Gunsten einer Ehefrau erfolgt, und hat der Versicherte den Vertrag bis an seinen Tod aufrecht erhalten, so muß die von ihm für seinen Todesfall getroffene Bestimmung zu Gunsten seiner Wittwe als eine über die Versicherungssumme in der statutenmäßigen Form des Versicherungsvertrages gültiger Weise getroffene Verfügung von Todeswegen aufrecht erhalten, und sowohl gegen die Versicherungsgesellschaft, als gegen die Erben des verstorbenen Versicherten wirksam werden.

B. Versicherung des Lebens zu Gunsten der Erben; Rechte des Gläubigers des Versicherungsnehmers, aus der an die Erben gezahlten Versicherungssumme Zahlung zu verlangen. — Vergl. A. L. R. I. 2. § 34., 9. § 350.

Rechtsgr. 56. — IV. Senat. 8. Mai 1866. (LXII. 337.)

Der Versicherungsvertrag, durch welchen Jemand sein Leben zu Gunsten seiner Erben versichert, erstreckt sich nicht auf den selbstständigen Vortheil einer dritten Persönlichkeit, sondern er konstituirt nur Rechte zwischen dem Versicherungsnehmer, beziehungsweise den seine Persönlichkeit darstellenden Erben, und der Versicherungsbank.

Die Gläubiger des Versicherungsnehmers sind ihre Befriedigung aus der an die Erben desselben gezahlten Versicherungssumme zu fordern berechtigt.

C. Klagbarkeit der Verträge über den Vortheil eines Dritten nach Gemeinem Recht.

Rechtsgr. 57. — I. Senat. 8. Mai 1865. (LX. 22.)

Ist der Wille desjenigen, der für einen Dritten einen Vortheil stipulirt hat, dem Widerrufe entzogen und unwandelbar geworden, dann stellt sich nach dem Gemeinen Recht auch das Recht des Dritten gegen den Promittenten als fest und klagbar dar.

Siehe auch Rechtsgrundsätze 290. 645. (A. L. R. I. 12. § 646.; Allg. Deutsches Handels-Gesetzbuch Art. 199.)

§§ 78. ff. Siehe Rechtsgrundsatz 701. (Allg. Deutsche Wechsel-Ordnung Art. 4. No. 5.)

§§ 83. 87. Siehe Rechtsgrundsatz 41. (A. L. R. I. 4. § 14.)

§§ 109. ff. Form der pacta de contrahendo gegenüber der Form des beabsichtigten Vertrages.

Rechtsgr. 58. — IV. Senat. 10. Januar 1865. (LVIII. 65.)

Die Beantwortung der Frage: ob pacta de contrahendo in derselben Form abgeschlossen werden müssen, welche für die beabsichtigten Verträge selbst vorgeschrieben ist, hängt davon ab, ob die vorgeschriebene Form den Zweck hat, alles vorhergehende Binden auszuschließen.

Siehe auch Rechtsgrundsätze 13. 522. (A. L. R. Einl. § 14., II. 2. § 379.)

§§ **111-114**. Siehe Rechtsgrundsatz 1078. (Verordnung vom 8. April 1836.)

§§ **116**. ff. Form der Wechselverbindlichkeiten.

Rechtsgr. **59**. — IV. Senat. 24. Mai 1864. (LIII. 270.)

Die allgemeinen Vorschriften der §§ 116. und 118. I. 5. des Allgem. Landrechts in Betreff der Vollendung schriftlicher Verträge können bei den Wechselverbindlichkeiten nicht als Norm aufgestellt werden.

Siehe auch Rechtsgrundsätze 43. 656. 1140. (A. L. R. I. **4**. § 52.; Allg. Deutsches Handels-Gesetzbuch Art. 277.; Notariats-Ordnung vom 11. Juli 1845 § 14.)

§§ **127**. ff. Anfechtung eines, abweichend von der wirklichen Verabredung der Parteien niedergeschriebenen Vertrags.

Rechtsgr. **60**. — IV. Senat. 9. Februar 1864. (LIII. 129.)

Der Nachweis, daß der schriftliche Vertrag in Widerspruch stehe mit dem, was die Parteien in Wirklichkeit verabredet haben, genügt, um den schriftlichen Vertrag unwirksam zu machen, — ohne daß es auch noch des weiteren Nachweises bedarf, die abweichende Niederschreibung sei wider den Willen der Parteien erfolgt, oder warum dieses geschehen sei.

Siehe auch Rechtsgrundsätze 263. 304. 326. (A. L. R. I. **11**. § 824., **13**. § 249., **16**. § 15.)

§§ **131**. **132**. Siehe Rechtsgrundsätze 13. 350. 411. 622. 627. 656. 924. (A. L. R. Einl. § 14., **16**. § 235., **21**. § 267.; Allg. Deutsches Handels-Gesetzbuch Art. 34. 57. 277.; Hypotheken-Ordnung II. § 18.)

§ 133. Mündliche Erklärung des Gläubigers, ein bei prompter Zinszahlung unkündbares Kapital trotz unpünktlich geleisteter Zinszahlung ferner belassen zu wollen.

Rechtsgr. 61. — III. Senat. 7. November 1864. (LV. 265.)

Ist in einem Vertrage verabredet:

„daß dem Gläubiger bei prompter, d. h. innerhalb der ersten acht Tage jeden Vierteljahres stattfindenden, Zinszahlung die sonst mit sechsmonatlicher Frist verabredete Kündigung bis zu einem bestimmten Termine nicht zustehen solle",

und ist durch nicht prompte Zinszahlung die Resolutivbedingung einmal eingetreten, so ist die von dem Gläubiger dem Schuldner gegebene mündliche Erklärung, ihm das mehr als 50 Rthlr. betragende Kapital auch noch ferner belassen zu wollen, nicht geeignet, den Ersteren in der Befugniß zur Kündigung zu beschränken.

Siehe auch Rechtsgrundsätze 462. 656. (A. L. R. II. 1. § 320.; Allg. Deutsches Handels-Gesetzbuch Art. 277.)

§ 135. Form der Verhandlungen der Grenznachbaren über die Baulinie eines auf der Grenze beabsichtigten Baues. — Vergl. A. L. R. I. 9. §§ 340. 341.

Rechtsgr. 62. — II. Senat. 17. März 1864. (LIII. 218.)

Die Verhandlungen der Grenznachbaren über die Baulinie gehören nicht in die Klasse gewöhnlicher Verträge über Veräußerung des Grundeigenthums, welche mündlich nicht mit Erfolg abgeschlossen werden können.

Siehe auch Rechtsgrundsatz 172. (A. L. R. I. 9. § 340.)

§§ 146. 147. Anwendbarkeit der §§ 146. 147. I. 5. des Allg. Landrechts auf Verträge über Handlungen.

Rechtsgr. 63. — IV. Senat. 11. Oktober 1864. (LVI. 225.)

Die §§ 146. 147. I. 5. des Allgem. Landrechts sind auf Verträge über Handlungen nicht anwendbar.

Siehe auch Rechtsgrundsatz 69. (§ 165. dieses Titels.)

§ 149. Siehe Rechtsgrundsatz 622. (Allg. Deutsches Handels-Gesetzbuch Art. 34.)

§§ 155. ff. Rechtliche Folgen der unterbliebenen schriftlichen Abfassung eines der Schriftform bedürfenden Vertrages:

A. Ueberhaupt; theilweise einseitige Erfüllung mündlicher, der Schriftform bedürfender Verträge; Klageantrag im Falle des § 156. dieses Titels.

Rechtsgr. 64. — IV. Senat. 27. September 1864. (LVI. 197.)

a) Bei mündlichen Verträgen, welche zu ihrer Rechtsgültigkeit der schriftlichen Form bedürfen, kann die für die rechtsgültigen Verträge gegebene Vorschrift, daß bei den zweiseitigen (synallagmatischen) Verträgen der eine Theil die Erfüllung von dem andern Theil nur dann fordern darf, wenn er entweder seinerseits erfüllt hat, oder dazu für den spätern Fall sich bereit erklärt, keine Anwendung finden.

b) Hat derjenige, welchem auf den mündlichen Vertrag ein Theil der Erfüllung geleistet ist, sich geweigert, den übrigen Theil der Erfüllung anzunehmen, und ist seinerseits also zur Erfüllung nicht geneigt; so tritt die Vorschrift des § 156. I. 5. des Allgem. Landrechts in Kraft, nach welcher derselbe dann dasjenige, was er empfangen hat, herausgeben oder dafür Vergütung leisten muß.

c) In dem vorgedachten Falle ist die Geltendmachung des Anspruchs des Gebers auf Herausgabe oder auf Vergütung nicht dadurch bedingt, daß derselbe zugleich sich erbietet, die noch nicht angenommene Leistung zu gewähren gegen vollständige Leistung des dagegen Versprochenen.

d) Bei mündlichen Verträgen, die zu ihrer Gültigkeit der schriftlichen Form bedurften, hat derjenige, welcher zur Erfüllung desselben etwas gegeben, streng genommen nur das Recht auf Rückgewähr des Gegebenen; der Empfänger kann die Rückgewähr aber abwenden, wenn er das seinerseits Versprochene leistet, den Vertrag erfüllt; weiter jedoch geht sein Recht nicht.

B. Rechtliche Beurtheilung des Vertrages auf wechselseitige Ueberlassung von Sachen zum Gebrauchs- oder Nutzungsrecht; mündlicher Abschluß eines solchen Vertrages über unbewegliche Sachen. — Vergl. A. L. R. I. 21. §§ 9. 10. 233. 259. 262. ff. 269. 401. 402.; Inst. 3. 24. § 2.; Dig. 19. 5. Lex 17. § 3.

Rechtsgr. 65. — Senat für Strafsachen, II. Abth. 4. Februar 1864. (LV. 25.)

Ist für das überlassene Gebrauchs- oder Nutzungsrecht an einer Sache das Gebrauchs- oder Nutzungsrecht an einer anderen Sache als Gegenleistung oder Vergütung eingeräumt, so liegt kein Leihvertrag, sondern ein lästiger Vertrag vor; wird ein solcher Vertrag über unbewegliche Sachen nur mündlich eingegangen, jedoch durch Uebergabe vollzogen, so bestimmt sich das Verhältniß nicht nach § 233., sondern nach den §§ 269. 401. 402. 407. I. 21. des Allgem. Landrechts und beziehungsweise nach den allgemeinen Vorschriften über mündlich eingegangene Verträge, die der schriftlichen Abfassung bedurften.

C. Folgen der Zurücknahme einer auf Grund eines mündlichen, jedoch der Schriftform erfordernden Vertrages übergebenen Sache auf den Anspruch auf Vergütung, insbesondere für etwaige Verschlimmerung.

Rechtsgr. 66. — IV. Senat. 8. März 1866. (LXII. 205.)

Ist ein Vertrag, welcher nach den Gesetzen der schriftlichen Form erforderte, wegen Mangels derselben aufgerufen worden, und die verkaufte Sache trotz ihrer Verschlechterung zurückgenommen, so fällt für den Zurücknehmenden der Anspruch auf Vergütung, insbesondere auch für etwaige Verschlimmerung, fort.

D. Nichtanwendbarkeit der §§ 155. ff. I. 5. des Allg. Landrechts auf nichtige Verträge.

Rechtsgr. **67**. — III. Senat. 27. April 1866. (LXII. 317.)

Die §§ 155. ff., insbesondere § 163. I. 5. des Allg. Landrechts beziehen sich nur auf solche Verträge, welche der erforderlichen schriftlichen Form entbehren und durch die einseitige, beziehungsweise theilweise Erfüllung eine gewisse theilweise beschränkte Gültigkeit erlangen; nicht aber auf nichtige Verträge.

Siehe auch Rechtsgrundsätze 230. 300. 622. (A. L. R. I. **11**. § 376., **13**. § 158.; Allg. Deutsches Handels-Gesetzbuch Art. 34.)

§§ **165**. ff. Mündliche Verträge über Handlungen und Unterlassungen:

A. Anwendbarkeit des § 165. I. **5**. des Allg. Landrechts auf Vollmachts-Verträge. — Vergl. A. L. R. I. **13**. §§ 74. ff.

Rechtsgr. **68**. — IV. Senat. 20. September 1864. (LVI. 179.)

Die Vorschrift des § 165. I. 5. des Allgem. Landrechts:

„Hat der mündliche Vertrag Handlungen zum Hauptgegenstande gehabt, und sind diese sämmtlich geleistet worden, so muß die Vergütung nach der mündlichen Abrede erfolgen",

ist auch für den Vollmachtsvertrag maaßgebend.

B. Erlöschung einer Grundgerechtigkeit durch mündliche Uebereinkunft. — Vergl. A. L. R. I. **5**. § 146., **22**. § 43.

Rechtsgr. **69**. — II. Senat. 25. Februar 1864. (LIII. 162.)

Hat bei einem Neubau an der Grenze der Nachbar mündlich erklärt, daß er mit dem Bau zufrieden sein wolle, wenn die Mauer bis an das Dach sogleich abgebrochen werde, so kann, nach thatsächlicher Erfüllung dieses mündlichen Abkommens, der Nachbar davon nicht mehr zurücktreten, und sind dadurch zugleich alle entgegenstehenden früheren Verhandlungen der Parteien über den Bau erledigt.

C. Umfang der Anwendbarkeit des § 165. I. **5**. des Allg. Landrechts auf Unterlassungen.

Rechtsgr. 70. — IV. Senat. 11. Oktober 1864. (LXIII. 9.)

Der Grundsatz des § 165. I. 5. des Allgem. Landrechts, — betreffend die Gewährung der bei einem mündlichen Vertrag über Handlungen mündlich verabredeten Vergütung nach erfolgter Leistung der Handlung, — ist zwar auch auf Unterlassungen anwendbar und auch für zutreffend zu erachten, wenn die Handlung in dem zugesagten und demnächst bewirkten Abschluß der Ehe, die Gegenleistung in der versprochenen und erfolgten Ueberlassung eines Grundstücks besteht; es kommt jedoch in jedem konkreten Falle darauf an, nicht nur, ob ein Uebereinkommen eine Unterlassung zum Hauptgegenstande hat, sondern auch, ob dasselbe nur Rechtsverhältnisse betrifft, welche unmittelbar und allein unter den Kontrahenten zur definitiven Austragung kommen können, oder ob dasselbe auch ein Obligationsverhältniß zu dritten Personen angeht, welche an dem Uebereinkommen nicht Theil genommen haben, auf welches aber der mündlich Verpflichtete nach der Bedeutung des Uebereinkommens soll zurückzugreifen im Stande sein.

§§ 167. 168. Siehe Rechtsgrundsatz 627. (Allg. Deutsches Handels-Gesetzbuch Art. 57.)

§§ 172. ff. Siehe Rechtsgrundsätze 338. 1140. (A. L. R. I. **16.** § 113.; Notariats-Ordnung vom 11. Juli 1845 § 14.)

§ 185. Siehe Rechtsgrundsatz 1176. (Gesetz vom 12. Mai 1851 § 18.)

§ 189. Siehe Rechtsgrundsatz 605. (A. L. R. II. **18.** § 499.)

§ 215. Siehe Rechtsgrundsatz 49. (A. L. R. I. **4.** § 114.)

§§ 226. ff. Siehe Rechtsgrundsatz 326. (A. L. R. I. **16.** § 15.)

§§ 237. 238. Erfüllung eines Vertrages nach Bestimmung und Willkür des Verpflichteten und Hinausschiebung der Erfüllung über den Tod des Verpflichteten hinaus, namentlich durch Testament.

Rechtsgr. 71. — I. Senat. 1. Dezember 1865. (LXII. 65.)

Ist die Zeit der Erfüllung eines Vertrages nicht im Voraus bestimmt, sondern der Bestimmung und Willkür des Verpflichteten überlassen, so tritt, vermöge des Gesetzes, der Tod des Verpflichteten als äußerster Termin der Erfüllung des Vertrages ein, und der Verpflichtete ist nicht für befugt zu halten, ohne diesfällige neue vertragsmäßige Bestimmung die Zeit der Erfüllung über seinen Tod hinaus, etwa durch Testament, zu bestimmen.

§§ **270.** ff. Erfüllung der Verträge:

A. Erfüllung von Verträgen, welche durch das Gesetz für unwirksam erklärt sind.

Rechtsgr. **72.** — III. Senat. 1. Oktober 1866. (LXIV. 267.)

Der allgemeine Grundsatz, daß Verträge nach ihrem ganzen Inhalt erfüllt werden müssen, findet auf Verträge, welche das Gesetz für unwirksam erklärt, keine Anwendung.

B. Zurückbehaltung eines verhältnißmäßigen Theiles der Leistung bei Verträgen, welche zwar ihrem Hauptinhalte nach, nicht aber in Betreff der Nebenleistungen erfüllt sind. — Vergl. A. L. R. I. **20.** § 536.

Rechtsgr. **73.** — III. Senat. 18. April 1864. (LIV. 88.)

In dem Präjudiz No. 857. vom 14. März 1840 (Entscheidungen Bd. 6. S. 56):

„Die Vorschrift des § 271. I. 5. des Allg. Landrechts findet in ihrem ganzen Umfange nur auf Verträge Anwendung, deren Erfüllung noch geschehen soll. Ist aber der Vertrag seinem Haupt-Inhalte nach erfüllt, und es werden nur wechselseitige und fällige, von einander unabhängige Nebenleistungen oder fortlaufende Verbindlichkeiten gefordert, so berechtigt diese Vorschrift bei gleichartigen Leistungen nur zur Kompensation, bei ungleichartigen zu dem Antrage auf Erfüllung derselben Zug um Zug, folglich nicht zu einer gänzlichen Verweigerung, sondern nur zur Zurückhaltung eines verhältnißmäßigen Theils der eingeklagten Leistung,"

ist nicht ein Zurückbehaltungsrecht im Sinne des § 536. I. 20. des Allg. Landrechts gemeint, vielmehr ist daselbst das Wort Zurückbehaltung in seiner weitesten Bedeutung genommen.

Siehe auch Rechtsgrundsätze 397. 408. 449. 452. (A. L. R. I. **20**. § 536., **21**. § 187., II. **1**. §§ 75. 112.)

§ 283. Verträge über den Grad des zu leistenden Versehens Seitens der Dienstherrschaft für das Dienstpersonal.

Rechtsgr. **74**. — IV. Senat. 24. November 1864. (LVII. 121.)

Die Dienstherrschaft ist nicht legitimirt, für das zu ihrem Dienste bestimmte Personal in Verträgen mit Dritten eine Bestimmung zu treffen, welche die Verhaftung des Dienstpersonals für grobes Versehen ausschließt.

§§ 285. ff. Schadensersatzanspruch wegen nicht gewährter Kost, Wohnung und Kleidung bei Vorsatz oder grobem Versehen des Verpflichteten.

Rechtsgr. **75**. — III. Senat. 9. September 1864. (LVI. 110.)

Erfüllt Jemand die ihm vertragsmäßig obliegende Verpflichtung, einem Andern Kost, Wohnung und Kleidung zu gewähren, aus Vorsatz oder grobem Versehen nicht, so kann der von diesem beanspruchte Schadensersatz nicht versagt werden, wenn er ohne Aufwendungen aus seinem Vermögen sich Kost, Wohnung und Kleidung verschafft hat.

Siehe auch Rechtsgrundsätze 49. 50. (A. L. R. I. **4**. § 114.)

§§ 292. ff. Konventionalstrafe als Bestimmung des Interesses für die Erfüllung des Vertrages, Unzulässigkeit eines Anspruches auf Interesse bei Unzulässigkeit der Forderung auf Konventionalstrafe.

Rechtsgr. — **76**. — IV. Senat. 8. Februar 1866. (LXIII. 74.)

Ist das Interesse, welches ein Kontrahent dem Andern bei nicht gehörig geleisteter Erfüllung des Vertrages zu vergüten hat, durch Verabredung einer Strafe im Voraus bestimmt, so kann, wenn diese Konventionalstrafe nicht gefordert werden kann, überhaupt das Interesse wegen nicht rechtzeitiger Erfüllung nicht mehr beansprucht werden.

Siehe auch Rechtsgrundsätze 48. 49. 325. 413. (A. L. R. I. **4**. § 114., **16**. § 15., **21**. § 298.)

§ **295**. Unterschied zwischen einer Resolutivbedingung und einer Konventionalstrafe. — Vergl. A. L. R. I. **4**. §§ 99. 114.

Rechtsgr. **77**. — II. Senat. 28. März 1865. (LVII. 277.)

Eine Bedingung, durch deren Eintritt die Wirkung der Willenserklärung wieder aufhört, ist, wenn sie sich auch als Strafe herausstellt, doch dadurch wesentlich verschieden von einer Konventionalstrafe, daß bei dieser letzteren Nebenabrede das Hauptgeschäft in Kraft bleibt, während bei der Resolutivbedingung das Hauptgeschäft aufgelöst wird.

§ **307**. Vorbehalt der Konventionalstrafe bei Annahme der verspäteten Erfüllung des Vertrages:

A. Beweislast hinsichtlich des gemachten Vorbehaltes.

Rechtsgr. **78**. — IV. Senat. 8. Februar 1866. (LXIII. 74.)

Ist auf die nicht rechtzeitige Erfüllung eines Vertrages eine Konventionalstrafe gesetzt, so hat derjenige, welcher trotz der späten Annahme der vertragsmäßigen Leistung die Konventionalstrafe beansprucht, den Beweis des bei der Annahme gemachten Vorbehaltes zu führen.

B. Vorbehalt bei Annahme der Erfüllung des Vertrages in seiner Wirkung auf die vorbedungene Konventionalstrafe; Cession der Hauptforderung, Annahme der Erfüllung Seitens des Cessionars ohne Vorbehalt und Geltendmachung des Anspruches auf die Konventionalstrafe Seitens des Cedenten.

Rechtsgr. **79**. — III. Senat. 12. Juni 1865. (LIX. 238.)

a) Durch die bloße Thatsache der Annahme der Erfüllung des Vertrages ohne Vorbehalt erlischt das Recht, noch auf die Konventionalstrafe anzutragen; auf eine Absicht daneben kommt es nicht an.

Wer dagegen die verwirkte Konventionalstrafe einmal eingefordert oder gar bereits eingeklagt hat, braucht den dadurch gemachten Vorbehalt bei Ausstellung der Quittung über die später erfolgende Zahlung der Hauptforderung nicht zu wiederholen; die Annahme dieser Zahlung wird durch die Nichtwiederholung des schon gemachten Vorbehaltes nicht eine Annahme ohne Vorbehalt.

b) Ist die Hauptforderung cedirt, und wird über dieselbe von dem Cessionar ohne Vorbehalt Quittung geleistet, so verliert der Cedent dadurch den Anspruch auf die vorbedungene Konventionalstrafe, selbst wenn er wegen derselben bereits vorher gegen den Schuldner geklagt hat.

Siehe auch Rechtsgrundsatz 50. (A. L. R. I. **4**. § 114.)

§ **311**. Siehe Rechtsgrundsatz 49. (A. L. R. I. **4**. § 114.)

§§ **317**. ff. Siehe Rechtsgrundsätze 80. 83. 218. 244. (A. L. R. I. **5**. §§ 328. 343., **11**. Anh. § 14. zu § 204., § 421.)

§ **325**. Siehe Rechtsgrundsatz 217. (A. L. R. I. **11**. § 198.)

§ **328**. Berechnung des Minderwerthes der gekauften Sache bei der Minderungsklage. — Vergl. A. L. R. I. **5**. §§ 318. ff., **11**. §§ 193. ff. 206.; Dig. **21**. 1. Lex 43. § 6., **44**. 2. Lex 25. § 1.

Rechtsgr. **80**. — IV. Senat. 26. April 1864. (LIII. 250.)

a) Im Falle der Geltendmachung der Minderungsklage ist der Minderwerth nur nach dem Gesichtspunkt zu bemessen, daß sich der Käufer der Sache nach der Natur und dem Inhalte des Vertrages soll bedienen können.

b) Daher ist bei der Berechnung dieses Minderwerthes derjenige Werth als Faktor zum Grunde zu legen, welcher die Sache nach ihrer, auf Zweck und Bestimmung beruhenden, von beiden Kontrahenten gewollten, vertragsmäßigen Individualisirung gemäß dem Gutachten der Sachverständigen hat.

Siehe auch Rechtsgrundsätze 217. 244. (A. L. R. I. **11**. §§ 198. 421.)

§ **329**. Gewährleistung wegen der nur dem Kenner erkennbaren Fehler. — Vergl. A. L. R. I. **4**. §§ 81. 82.

Rechtsgr. 81. — IV. Senat. 25. Februar 1864. (LV. 43.)

Der gemeinrechtliche Grundsatz, wonach die ädilitischen Klagen nicht ausgeschlossen sind, wenn der vorhandene Fehler ein derartig verborgener ist, daß er blos dem Auge des Kenners sichtbar ist, gilt auch für das Allg. Landrecht.

§ 331. Siehe Rechtsgrundsätze 217. 244. (A. L. R. I. 11. §§ 198. 421.)

§§ 343. ff. Zeitfrist, binnen welcher die Gewährleistung gefordert werden kann:

A. Verjährung der Gewährleistung bei verdungenen Werken. — Vergl. A. L. R. I. 11. §§ 895. ff. 968. ff.

Rechtsgr. 82. — IV. Senat. 18. Mai 1865. (LIX. 159.)

Die gesetzlichen Bestimmungen der §§ 343. ff. I. 5. des Allgem. Landrechts wegen Verjährung der Gewährsmängel kommen auch bei verdungenen Werken auf deren Fehler zur Anwendung, mit Ausnahme bei verdungenen Bauten, hinsichtlich deren die §§ 968. ff. I. 11. a. a. O. besondere Vorschriften enthalten.

B. Verjährung des Anspruches wegen mangelnder Größe der verkauften Sache. — Vergl. A. L. R I. 5. §§ 315. ff. 319., 11. §§ 198. 207-211.

Rechtsgr. 83. — III. Senat. 6. Oktober 1865. (LXI. 81.)

Hat eine Sache nicht die stipulirte Größe, sondern eine geringere, z. B. ein Rittergut nicht das ausbedungene Areal, so liegt ein physischer Fehler, ein natürlicher Mangel, welcher die Sache selbst betrifft, vor, und greift die Verjährung des § 343. I. 5. des Allgem. Landrechts Platz.

C. Einfluß der Garantieleistung auf eine bestimmte Zeit für Schäden, die aus mangelhafter Arbeit oder fehlerhaftem Material herkommen, auf die Verjährung der Gewährsmängel.

Rechtsgr. 84. — IV. Senat. 18. Mai 1865. (LIX. 159.)

Die in einem Vertrage über ein verdungenes Werk

enthaltene Bestimmung, wonach der Lieferer auf eine bestimmte Zeit nach der Ablieferung Garantie leistet, dergestalt, daß die Schäden, die erweislich aus mangelhafter Arbeit oder fehlerhaftem Material herkommen, sich zeigen, innerhalb des bestimmten Zeitraums sofort unentgeltlich verbessert werden, steht mit dem Zeitlauf der Verjährung der Gewährsmängel außer jeder Beziehung.

D. Verjährungsfrist des Gewährsanspruchs des Käufers einer amortisirten Aktie.

Rechtsgr. **85**. — IV. Senat. 21. Juni 1864. (LVI. 78.)

Der Gewährsanspruch des Käufers einer amortisirten Aktie ist den kürzeren Verjährungsfristen der §§ 343. 344. I. 5. des Allgem. Landrechts nicht unterworfen.

§ **348**. Verhältniß des Verzichtes auf Gewährleistung und der Entsagung des Einwandes der Verletzung über die Hälfte zu einander. — Vergl. A. L. R. I. **11**. §§ 65. 250. ff.

Rechtsgr. **86**. — IV. Senat. 22. November 1864. (LVII. 117.)

Der Verzicht auf die Gewährleistung ist der Entsagung des Einwandes der Verletzung über die Hälfte nicht gleichzustellen.

§§ **349**. ff. Exceptio doli generalis.

Rechtsgr. **87**. — III. Senat. 15. Januar 1866. (LXI. 325.)

Die exceptio doli generalis, von der es heißt: omnibus negotiis bona fides inest, hat auch im Preußischen Recht Geltung.

§§ **360**. ff. Siehe Rechtsgrundsätze 47. 325. 326. (A. L. R. I. **4** § 103., **16**. §§ 15. 16.)

§ **388**. Aufhebung eines schriftlichen Miethsvertrages.

Rechtsgr. **88**. — III. Senat. 12. Dezember 1864. (LVII. 160.)

Die Aufhebung des Miethsvertrages, welche im Laufe der Miethszeit erfolgen soll, verlangt die Schriftform, und ist deshalb die Behauptung des Miethers, daß er die Auflösung des Kontraktsverhältnisses dem Vermiether schriftlich angezeigt und dieser die Offerte durch Handlungen acceptirt habe, unerheblich.

Siehe auch Rechtsgrundsätze 13. 411. (A. L. R. Einl. § 14., **21**. § 267.)

§§ **393**. **394**. Siehe Rechtsgrundsatz 452. (A. L. R. II. **1**. § 112.)
§§ **408**. ff. Rücktritt von Verträgen über Handlungen:

A. Nothwendigkeit der Erklärung, von einem Vertrage über Handlungen zurücktreten zu wollen.

Rechtsgr. **89**. — IV. Senat. 5. September 1865. (LXI. 6.)

In den §§ 409. 410. I. 5. des Allgem. Landrechts handelt es sich nicht allein von der Weigerung der Erfüllung; es erfordern die gedachten Paragraphen zu ihrer Anwendung vielmehr noch, daß der eine Kontrahent vom Vertrage *zurücktreten* zu wollen erklärt hat, weil der Gegentheil nicht erfüllen könne oder wolle.

B. Anzeige des Grundes des Rücktritts von einem Vertrage über Handlungen zur Zeit des Rücktritts, namentlich rücksichtlich der Verträge mit Gesinde. — Vergl. Gesinde-Ordnung vom 8. November 1810 §§ 160. 167.

Rechtsgr. **90**. — III. Senat. 3. November 1865 (LX. 254.)

Es ist in dem § 408. I. 5. des Allgem. Landrechts, — betreffend den Rücktritt von Verträgen über Handlungen, — nicht vorgeschrieben, auch aus dessen Sinn und Zusammenhang nicht zu entnehmen, daß bei Verträgen, deren Hauptgegenstand Handlungen sind, der Grund des Rücktritts bei dem Rücktritt angezeigt werden müsse, widrigenfalls von demselben später kein Gebrauch gemacht werden dürfe.

Hiermit stimmen auch die Vorschriften der Gesinde-Ordnung vom 8. November 1810 überein.

Siehe auch Rechtsgrundsatz 631. (Allgem. Deutsches Handels-Gesetzbuch Art. 62.)

§§. 450. ff. Von mehreren Mitberechtigten:
A. Korrealverhältniß der mehreren Sozien dem dritten Sozius gegenüber. — Vergl. A. L. R. I. **13.** § 61., **17.** §§ 169. ff.; Allgem. Deutsches Handels-Gesetzbuch Art. 90. ff.

Rechtsgr. **91.** — IV. Senat. 12. Oktober 1865. (LXI. 101.)

Wenn auch in einem Gesellschaftsvertrage, sofern der Gesellschafter mehr als zwei sind, immer ein Gesellschafter mehreren Mitkontrahenten gegenübersteht, so folgt daraus allein noch nicht, daß nunmehr die Mehreren gegen den Einen in einem Korrealverhältniß im Sinne des Allgem. Landrechts stehen müßten. Wenn ferner der Zweck des Gesellschaftsvertrages auf Erreichung gemeinschaftlicher Endzwecke geht, und darauf, daß jeder einzelne Sozius dahin wirke, jeder andere Sozius ein Recht gegen ihn hat und umgekehrt, so hängt es doch vom einzelnen Falle ab, inwiefern die einzelnen Verpflichtungen, die der eine Gesellschafter einem andern gegenüber oder zugleich mehreren andern gegenüber übernimmt, nur als gegen den einzelnen der mehreren, oder die mehreren als Gesammtheit übernommenen gedacht werden müssen.

Siehe auch Rechtsgrundsatz 908. (Konkurs-Ordnung § 450.)

B. Verpflichtung zur Rechnungslegung unter Mitberechtigten. — Vergl. A. L. R. I. **13.** §§ 61. ff. 210., **17.** § 151.

Rechtsgr. **92.** — IV. Senat. 12. Oktober 1865. (LXI. 102.)

Der Plenarbeschluß vom 1. Dezember 1851:

„Der Anspruch auf Ablegung der Rechenschaft über die Ausführung eines Auftrages an die Gesammtheit der Berechtigten kann auch von einem einzelnen Miterben des verstorbenen Machtgebers gegen dessen Bevollmächtigten geltend gemacht werden",

bezieht sich auf das Verhältniß mehrerer Mitberechtigten zu einem Dritten, und paßt da nicht, wo lediglich Mitberechtigte einander gegenüber stehen.

Titel 6. Von den Pflichten und Rechten, die aus unerlaubten Handlungen entstehen.

§§ **8-16**. Siehe Rechtsgrundsatz 1116. (Gesetz vom 28. Februar 1843 § 1.)
§§ **18**. **19**. Siehe Rechtsgrundsätze 94. 95. (A. L. R. I. **6**. § 26.)
§ **25**. Siehe Rechtsgrundsatz 157. (A. L. R. I. **8**. § 185.)
§ **26**. Schadensersatz wegen Vernachlässigung eines auf Schadensverhütung abzielenden Polizeigesetzes:

A. Begriff von „Polizeigesetz" in dieser Gesetzesstelle. — Vergl. A. L. R. Einl. § 46., II. **17**. § 10.; Gesetz No. 3256. vom 11. März 1850.

Rechtsgr. **93**. — I. Senat. 9. Juni 1865. (LX. 76.)

Der § 26. I. 6. des Allgem. Landrechts:

„Insonderheit muß der, welcher ein auf Schadensverhütungen abzielendes Polizeigesetz vernachlässigt, für allen Schaden, welcher durch die Beobachtung des Gesetzes hätte vermieden werden können, ebenso haften, als wenn derselbe aus seiner Handlung unmittelbar entstanden wäre",

läßt, zumal er eine Ausnahmebestimmung enthält, eine analoge und über seinen deutlichen Wortlaut hinausgehende Anwendung nicht zu; und lassen sich unter Polizeigesetzen, abgesehen von, auf Königlichen Verordnungen beruhenden oder von der gesetzgebenden Gewalt in Gesetzesform erlassenen, allgemeinen Vorschriften nur die auf Grund des Gesetzes vom 11. März 1850 von den Orts-Polizei-Behörden oder Bezirks-Regierungen für einen bestimmten Ort oder Distrikt erlassenen generellen Verordnungen verstehen, nicht aber bloße für einen speziellen Fall resp. an eine bestimmte Person erlassenen Verfügungen einer Polizei-Behörde.

B. Uebertretung eines Polizeigesetzes als grobes Versehen. — Vergl. A. L. R. Einl. § 12., **6**. §§ 18. 19.

Rechtsgr. 94. — I. Senat. 9. Juli 1866. (LXIII. 273.)

Die Uebertretung eines Polizeigesetzes ist stets als ein grobes Versehen zu betrachten, und kann deshalb rücksichtlich des § 26. I. 6. des Allgem. Landrechts die nur auf geringe Versehen sich beziehende Bestimmung des § 20. a. a. O. gar nicht in Betracht kommen.

C. Umfang der Pflicht zum Schadensersatz bei Vernachlässigung aus Polizeigesetzen. — Vergl. A. L. R. I. 6. §§ 18. 19.

Rechtsgr. 95. — I. Senat. 9. Juni 1865. (LX. 77.)

Im Falle des § 26. I. 6. des Allgem. Landrechts kommt es auf den Unterschied zwischen mittelbaren und unmittelbaren Schaden nicht weiter an, vielmehr wird jeder Schaden, welcher durch Beobachtung des Gesetzes hätte vermieden werden können, als unmittelbarer Schaden angesehen, so daß stets die Vorschrift des § 18. a. a. O. eintritt, der § 19. aber von der Anwendung ausgeschlossen bleibt.

Siehe auch Rechtsgrundsatz 157. (A. L. R. I. 8. § 185.)

§§ 36-38. Siehe Rechtsgrundsätze 157. 683. 1116. (A. L. R. I. 8. § 185.; Allg. Deutsches Handels-Gesetzbuch Art. 394.; Gesetz vom 28. Februar 1843 § 1.)

§§ 45. ff. Besitzstörung gegen den im Auftrage eines Dritten Handelnden; eigenes Interesse des Beauftragten. — Vergl. A. L. R. I. 7. §§ 146. ff.

Rechtsgr. 96. — III. Senat. 20. Januar 1865. (LVIII. 102.)

Der Plenar-Beschluß vom 2. April 1849:

„Derjenige, welcher aus Auftrag eines Dritten und für denselben eine besitzstörende Handlung unternommen hat, kann sich von der gegen seine Person angestellten Besitzstörungsklage durch den mit Beweis gehörig zu unterstützenden Einwand befreien, daß ein solcher Auftrag zu Grunde gelegen habe",

setzt voraus, daß der Störer im Auftrage des Dritten

ohne irgend ein eigenes Interesse die besitzstörende Handlung vorgenommen habe.

Siehe auch Rechtsgrundsatz 119. (A. L. R. I. 7. § 146.)

§§ **50-53.** Haftung der Aktiengesellschaften für ihr Dienstpersonal, namentlich der Dampfschiffahrtsgesellschaften für ihre Schiffskapitäne. — Vergl. A. L. R. **I. 16.** §§ 36. 152.; Allg. Deutsches Handels-Gesetzbuch Art. 234.

Rechtsgr. **97.** — IV. Senat. 24. November 1864. (LVII. 120.)

Die Verhaftung der Aktiengesellschaften für ihr Dienstpersonal unterliegt an und für sich nur den Vorschriften für die Vollmachtsverhältnisse.

Dies findet namentlich in Betreff der Dampfschleppschifffahrts-Gesellschaften und der von ihnen engagirten Dampfschiffskapitäne Anwendung.

Siehe auch Rechtsgrundsatz 1175. (Gesetz vom 12. Mai 1851 §§ 13. ff.)

§ **54.** Verjährung eines außerhalb des Falles eines Kontraktes erlittenen Schadens.

Rechtsgr. **98.** — I. Senat. 5. Januar 1866. (LXI. 316.)

Der Plenarbeschluß vom 20. März 1846 (Präjudiz No. 1717.), betreffend die Verjährung eines außerhalb des Falles eines Kontraktes erlittenen Schadens, betrifft nur die Frage, wenn sich das Eintreten nachtheiliger Folgen aus einer beschädigenden Handlung und ihre Fortdauer für die Zukunft erkennen lassen und der Beschädigte die dreijährige Frist seit seiner Kenntniß von der in solcher Art schädlichen Handlung verabsäumt hat; es ist damit aber nicht ausgesprochen, daß sich der Beschädigte den Anspruch auf Ersatz von späteren Nachtheilen aus der beschädigenden Handlung, die außer ihren anfänglichen Folgen noch späterhin eintreten möchten, sich aber noch nicht bestimmt voraussehen ließen, nur dann erhalte, wenn er innerhalb der drei Jahre nicht blos den bis dahin erwachsenen Schaden, sondern allgemein die Entschädigungspflicht, vorbehaltlich künftiger Ermittelung des Quanti, zur rechtlichen Erörterung und Entscheidung bringt.

§§ 79. 82. 86. 89. 90. Siehe Rechtsgrundsatz 205. (A. L. R. I. **11**. § 4.)

§§ 98. ff. Verpflichtungen aus der Tödtung eines Menschen:

A. Anspruch der Wittwe und Kinder des Verletzten bei erfolgtem Tode desselben nach längerer in Folge der Verletzung eingetretenen Krankheit.

Rechtsgr. **99**. — I. Senat. 11. Dezember 1865. (LXI. 272.)

Der Umstand, daß der Tod des Verletzten erst nach längerer Krankheit als eine mittelbare Folge der Verletzung eingetreten ist, schließt die nach § 98. I. 6. des Allgem. Landrechts durch die Tödtung begründeten Ansprüche der Wittwe und Kinder des Verstorbenen auf Ausstattung und Alimente noch nicht aus.

B. Vergleich eines tödtlich Verletzten und des Beschädigers über die Entschädigung, namentlich in Beziehung der Alimentations- und Ausstattungsansprüche der Ehefrau und der Kinder. — Vergl. A. L. R. I. **16**. § 415.

Rechtsgr. **100**. — I. Senat. 11. Dezember 1865. (LXI. 272.)

Solange der Verletzte sich am Leben befindet, steht den Angehörigen noch kein wirkliches und gegenwärtiges, wenn auch durch den Eintritt eines künftigen ungewissen Ereignisses — des durch die Verletzung herbeigeführten Todes des Verletzten — bedingtes Recht auf die in den §§ 98. ff. I. 6. des Allgem. Landrechts gedachten Entschädigung zu; der fragliche künftige Entschädigungs-Anspruch ist kein Hinderniß für den Verletzten, sich wegen der Ansprüche mit dem Beschädiger zu vergleichen.

§§ 111. ff. Ansprüche der Ehefrau und des Kindes des körperlich Verletzten gegen den Beschädiger überhaupt und namentlich, wenn der Tod des Verletzten erst als mittelbare Folge der Verletzung eintritt.

Rechtsgr. **101**. — I. Senat. 11. Dezember 1865. (LXI. 272.)

Auf die etwaigen Nachtheile der Angehörigen, Ehefrau und Kinder des von einem Dritten körperlich Verletzten, wenn dieser durch die Verletzung außer Stande gesetzt ist, seine gesetzlichen Verbindlichkeiten zu ihrem Unterhalt gehörig zu erfüllen, hat das Gesetz nicht noch besonders Rücksicht genommen, es hat diesen Personen keine Schädens-Ansprüche an den Beschädiger aus der Verletzung ihres Versorgers eingeräumt.

Titel 7. Vom Gewahrsam und Besitz.

§ **14**. Verpflichtung des unrechtfertigen Besitzers zur unentgeltlichen Herausgabe der Sache. — Vergl. A. L. R. I. **7**. §§ 232. 239-241., **15**. § 17.

Rechtsgr. **102**. — IV. Senat. 26. Oktober 1865. (LXI. 167.)

In Beziehung auf die Erstattung dessen, was der unrechtfertige Besitzer für die unrechtfertiger Weise erhaltene Sache gegeben hat, steht er dem eigentlich unredlichen Besitzer gleich; er muß, wie dieser, die Sache unentgeltlich herausgeben.

§§ **46**. ff. Siehe Rechtsgrundsätze 30. 103. 194. (A. L. R. I. **2**. § 41., **7**. § 62., **9**. § 579.)

§§ **62**. ff. Symbolische Uebergabe:

A. Von stehenden Bäumen in einem Walde. — Vergl. A. L. R. I. **7**. § 47.

Rechtsgr. **103**. — IV. Senat. 6. September 1864. (LVI. 95.)

a) Wenn nur einzelne auf dem Stamm stehende Bäume aus einem Walde veräußert werden, so kann die Tradition im Wege der symbolischen Uebergabe nur durch solche Handlungen erfolgen, welche die Uebergabe für jeden Dritten erkennbar machen.

b) Der Besitz von stehenden Bäumen kann durch symbolische Uebergabe, namentlich vermittelst Anschlages mit dem Forsthammer, selbstständig und mit Verfolgbarkeit gegen jeden Dritten erlangt werden.

B. Von stehenden Früchten, insbesondere von stehenden Früchten auf dem Halme. — Vergl. A. L. R. I. **11.** § 594., II. **7.** § 12.; Verordnung vom 9. November 1843.

Rechtsgr. **104**. — IV. Senat. 28. April 1864. (LIV. 132.)

Das Eigenthum an verkauften stehenden Früchten, insbesondere an verkauften Früchten auf dem Halme, kann durch symbolische Uebergabe übertragen werden.

§§ 66. ff. Uebergabe durch Anweisung:

A. Schriftliche Form der Anweisung. — Vergl. A. L. R. I. **7.** §§ 74-76., **10.** §§ 22. 23.

Rechtsgr. **105**. — III. Senat. 29. Mai 1865. (LX. 73.)

In den §§ 66—68. I. 7. des Allgem. Landrechts ist eine schriftliche Anweisung an den Inhaber der Sache vorausgesetzt, welche der frühere Besitzer ausstellt und dem neuen Besitzer aushändigt. Mit der Annahme derselben durch den letztern fängt dessen Besitz an und ist die Uebergabe vollzogen. Es ist dem neuen Besitzer überlassen, die Anweisung dem bisherigen Inhaber vorzulegen und die Sache von ihm zu übernehmen oder ihn auch mit deren fernerer Gewahrsam zu beauftragen.

B. Uebergabe eines bei der Hypothekenbehörde befindlichen Hypothekeninstruments durch Anweisung.

Rechtsgr. **106**. — III. Senat. 9. Oktober 1865. (LXI. 86.)

Beantragt der Eigenthümer einer Hypothekenforderung bei der Hypothekenbehörde, woselbst sich die Hypothekendokumente behufs Eintragung befinden, daß die Aushändigung derselben an einen Dritten erfolgen solle, so enthält dieser Antrag eine Anweisung im Sinne des § 66. I. 7. des Allgem. Landrechts.

§ 69. Siehe Rechtsgrundsatz 115. (A. L. R. I. **7.** § 106.)

§§ **71. 73.** Form des constituti possessorii überhaupt und namentlich für Mieths- und Pachtverträge. — Vergl. A. L. R. I. **21**. §§ 267. 268.

Rechtsgr. **107**. — III. Senat. 4. Juni 1866. (LXIII. 200.)

a) Soll vermöge des mit einem Kaufe verbundenen Nebengeschäfts der Verkäufer die Sache für den Käufer in Händen haben, so muß die darauf gerichtete Willenserklärung in der für dieses Nebengeschäft selbst gesetzlichen Form abgegeben werden.

b) Der § 73. I. 7. des Allgem. Landrechts erfordert zu seiner rechtlichen Wirkung nicht für alle Fälle einen schriftlichen, sondern nur für jeden besonderen Fall einen rechtsgültigen Pacht- oder Miethsvertrag.

§§ **74-76**. Siehe Rechtsgrundsatz 105. (A. L. R. I. **7**. § 66.)

§ **77**. Nichtanwendbarkeit des § 77. I. **7**. des Allg. Landrechts auf negative Rechte.

Rechtsgr. **108**. — III. Senat. 15. Mai 1865. (LVII. 343.)

Der § 77. I. 7. des Allgem. Landrechts, — nach welchem Rechte, welche mit dem Besitze einer Sache verbunden sind, mit der Sache zugleich übergeben werden, — bezieht sich nicht auf negative Rechte.

§§ **78. 79.** Erwerbung des Besitzes von Rechten:

A. Besitzergreifung im qualitativen Umfang im Gegensatz zur räumlichen Ausdehnung.

Rechtsgr. **109**. — III. Senat. 22. Juni 1866. (LXIV. 157.)

Der § 79. I. 7. des Allgem. Landrechts bezieht sich auf den qualitativen Umfang des besessenen Rechts, nicht aber auf die davon durchaus verschiedene Frage nach der räumlichen Ausdehnung des Rechtsbesitzes.

B. Besitzstörung durch Bau in der Tiefe.

Rechtsgr. **110**. — III. Senat. 27. Oktober 1865. (LXI. 173.)

Ist der Besitz des Rechts, die Fossilien in einem gewissen Terrain ausschließlich zu gewinnen, durch den in demselben begonnenen Bau ergriffen, so wird dieser Besitz dadurch, daß der Bau in der Tiefe und nicht überall von der Oberfläche aus erfolgt, nicht zu einem widerrechtlichen und heimlichen.

§§ **81. 82.** Erwerbung des Besitzes eines negativen Rechtes:
A. Meinung von der Zuständigkeit eines fortdauernden Rechts bei der Besitzergreifung eines negativen Rechts.

Rechtsgr. **111.** — II. Senat. 23. März 1865. (LVIII. 223.)

Bei der Besitzergreifung eines negativen Rechts folgt aus der blos faktischen, wenn auch freien und öffentlichen Benutzung allein nicht, daß der Handelnde in der Meinung eines ihm zustehenden fortdauernden Rechts gewesen sei.

B. Meinung von der Zuständigkeit eines Rechts einerseits und von der obliegenden Verpflichtung andererseits; Kenntniß von der Vornahme der Handlung. — Vergl. A. L. R. I. **7.** §§ 106. 107., **22.** § 14.

Rechtsgr. **112.** — II. Senat. 29. Mai 1865. (LXIV. 1.)

Zum Besitzerwerbe eines negativen Rechtes ist erforderlich, daß die Handlung auf der einen Seite in der Meinung eines Rechtes vorgenommen und auf der andern Seite auf Grund einer vermeintlichen Verpflichtung geduldet worden sei. Es muß deshalb derjenige, dessen Befugniß durch die Vornahme der Handlung eingeschränkt worden, Kenntniß von derselben gehabt haben.

C. Opinio juris des Handelnden; Vermuthung für die Kenntniß desjenigen, gegen den das Recht erworben werden soll, aus der Art der Vornahme der Handlungen; Sorglosigkeit und Unachtsamkeit desselben und seiner Stellvertreter. — Vergl. A. L. R. I. **7.** §§ 91. ff. 106. 107., **22.** § 14.

Rechtsgr. **113.** — II. Senat. 13. September 1866. (LXIV. 243.)

Zum Besitzerwerbe eines negativen Rechtes kommt es nur darauf an, ob solche Besitzhandlungen vorliegen, aus denen die opinio juris des Handelnden zu entnehmen, und die sich als fehlerfrei, insbesondere als nicht heimlich unternommen, darstellen, welche somit vermöge der Art ihrer Vornahme die Vermuthung begründen, daß sie dem Andern wirklich bekannt geworden oder nur durch seine eigene oder durch seiner Stellvertreter Sorglosigkeit und Unachtsamkeit unbekannt geblieben sind.

D. Ersitzung der Wegegerechtigkeit an einem öffentlichen Wege. — Vergl. A. L. R. I. **9.** §§ 589. 625. 666., **22.** § 14.

Rechtsgr. **114.** — II. Senat. 24. Oktober 1863. (LIII. 4.)

Dadurch allein, daß ein Weg von Jedermann benutzt wird, ist die rechtliche Möglichkeit, daß dessen ungeachtet von Jemandem, der sich des Weges ebenfalls bedient hat, ein selbstständiges Recht zu dessen fortdauernder Benutzung auf Grund eines speziellen Titels, insbesondere auch der Ersitzung, erworben werden kann, noch nicht ausgeschlossen, insoweit derselbe nachzuweisen vermag, daß er sich dieses Weges in der Meinung eines ihm zustehenden wirklichen Rechts bedient habe.

Siehe auch Rechtsgrundsätze 162. 863. (A. L. R. I. **9.** § 191.; A. G. O. I. **31.** § 14.)

§§ **91.** ff. Siehe Rechtsgrundsatz 113. (§ 81. dieses Titels.)

§ **106.** Folgerung aus der Ausübung eines Rechtes precario auf die spätere Zeit. — Vergl. A. L. R. I. **7.** § 69.; A. G. O. I. **13.** § 28.

Rechtsgr. **115.** — II. Senat. 6. und 11. Juli 1865. (LX. 104.)

Derjenige, welcher zu einer gewissen Zeit ein Recht precario modo ausgeübt hat, hat auch in Beziehung auf die spätere Zeit der Ausübung bis zum erbrachten Gegenbeweis die Vermuthung gegen sich, daß die Ausübung des Rechts precario erfolgt sei.

Siehe auch Rechtsgrundsätze 115. 162. 863. (A. L. R. I. **7.** § 81., **9.** § 191.; A. G. O. I. **31.** § 14.)

§ **107.** Vermuthung für das Bewußtsein einer Verpflichtung bei nachtheiligen Handlungen oder Duldungen, insbesondere hinsichtlich der Grundgerechtigkeit des Wasserschöpfens.

Rechtsgr. **116**. — II. Senat. 17. März 1864. (LIII. 215.)

a) Der § 107. I. 7. des Allg. Landrechts setzt eine Vermuthung nur gegen denjenigen fest, gegen welchen der Besitz eines Rechts erworben sein soll, nicht aber zugleich für denjenigen, welcher diesen Besitz in der Meinung eines ihm zustehenden Rechts ergriffen zu haben behauptet; die gesetzliche Vermuthung streitet daher für das Bewußtsein einer Verpflichtung auf Seiten des ersteren, nicht aber für die opinio juris des letzteren.

b) Dieser Grundsatz findet auch auf den Fall des Wasserschöpfens Seitens des benachbarten Grundbesitzers aus dem Brunnen des Nachbars Anwendung.

Siehe auch Rechtsgrundsatz 863. (A. G. O. I. **31**. § 14.)

§ **108**. Siehe Rechtsgrundsatz 863. (A. G. O. I. **31**. § 14.)

§ **126**. Siehe Rechtsgrundsatz 183. (A. L. R. I. **9**. § 500.)

§§ **144**. **145**. Recht der Ehefrau, durch Selbsthülfe den Ehemann des Gewahrsams ihres vorbehaltenen Vermögens zu entsetzen. — Vergl. A. L. R. Einl. § 77.

Rechtsgr. **117**. — III. Senat. 12. Juli 1865. (LIX. 323.)

Der Ehemann ist bezüglich der zum vorbehaltenen Vermögen der Ehefrau gehörigen Sachen nur als Inhaber anzusehen und darf seiner Gewahrsam von der Ehefrau ohne Weiteres entsetzt werden, welche bei etwaiger Verletzung der öffentlichen Ruhe und Sicherheit nur dem Staate verantwortlich ist.

Siehe auch Rechtsgrundsatz 457. (A. L. R. II. **1**. § 221.)

§§ **146**. ff. Besitzstörung:

A. Charakter der besitzstörenden Handlung.

Rechtsgr. **118**. — III. Senat. 11. Mai 1866. (LXIII. 184.)

Nicht jede eigenmächtige Handlung an einer fremden Sache, vielmehr nur eine solche ist zu einer Besitzstörungsklage geeignet, welche gegen den Besitz sich richtet, entweder um ihn aufzuheben und sich selbst anzueignen, oder um ihn zu stören oder zu beunruhigen.

B. Eigenes Interesse Desjenigen, welcher aus Auftrag eines Dritten und für denselben eine besitzstörende Handlung vorgenommen hat. — Vergl. A. L. R. I. **6.** §§ 45. ff.

Rechtsgr. **119.** — III. Senat. 20. Januar 1865. (LVIII. 102.)

Der Plenarbeschluß vom 2. April 1849:

„Derjenige, welcher aus Auftrag eines Dritten und für denselben eine besitzstörende Handlung unternommen hat, kann sich von der gegen seine Person angestellten Besitzstörungsklage durch den mit Beweis gehörig zu unterstützenden Einwand befreien, daß ein solcher Auftrag zu Grunde gelegen habe",

setzt voraus, daß der Störer im Auftrage des Dritten ohne irgend ein eigenes Interesse die besitzstörende Handlung vorgenommen habe.

C. Einwand der fehlerhaften Besitzergreifung im Possessorienprozeß.

Rechtsgr. **120.** — III. Senat. 12. Januar 1866. (LXI. 323.)

Ein Dritter, gegen welchen der Besitz nicht vi, clam vel precario ergriffen worden, kann dem Possessorienkläger den Einwand der fehlerhaften Besitzergreifung nicht entgegensetzen.

D. Besitzstörung bei dem Bau in Gemäßheit eines polizeilichen Baukonsenses.

Rechtsgr. — **121.** — III. Senat. 30. Oktober 1865. (LXI. 175.)

Dadurch, daß ein Bau gemäß eines von der Polizeibehörde ertheilten Baukonsenses ausgeführt ist, wird die Annahme einer durch den Bauenden stattgehabten Besitzstörung nicht ausgeschlossen.

E. Besitzstörungsklage unter Eheleuten. — Vergl. A. L. R. II. **1.** §§ 206. ff. 221. ff.; A. G. O. I. 31. §§ 1. ff.

Rechtsgr. **122.** — III. Senat. 12. Juli 1865. (LIX. 324.)

Auch unter Eheleuten kann possessorisch gestritten werden.

F. Besitzstörung des Miethers durch den Vermiether und Eigenthümer. — Vergl. A. L. R. I. **21.** § 270.

Rechtsgr. **123.** — III. Senat. 26. Juni 1865. (LIX. 269.)

In dem Umstande allein, daß der Eigenthümer und Vermiether eines Hauses dasselbe ohne Zustimmung des Miethers betritt, ist eine rechtswidrige Turbation nicht zu finden.

G. Besitzstörung des Wegeberechtigten durch Anlegung eines unverschlossenen Thorweges Seitens des Grundeigenthümers. — Vergl. A. L. R. I. **22.** § 66.; A. G. O. I. **31.** §§ 1. ff.

Rechtsgr. **124.** — III. Senat. 4. Januar 1864. (LIII. 45.)

„Die Seitens des Eigenthümers eines Hofraums geschehene Anlegung eines unverschlossenen Thorweges zu demselben enthält blos deshalb, weil derselbe eine Belästigung des Wegeberechtigten erzeugt, noch keine Besitzstörung; vielmehr ist dazu die Vereitelung der Ausübung der Wegegerechtigkeit erforderlich.

H. Besitzstörungsklage des Eigenthümers eines der Expropriation unterliegenden Grundstücks gegen den Expropriationsberechtigten und den Dritten. — Vergl. Gesetz vom 3. November 1838 § 11.

Rechtsgr. **125.** — III. Senat. 20. Januar 1865. (LVIII. 102.)

Ist der Taxwerth des zu expropriirenden Grundstückes Seitens des Expropriationsberechtigten weder gezahlt noch deponirt, so bleibt der Eigenthümer berechtigt, gegen eine eigenmächtige Besitzstörung den gerichtlichen Schutz in Anspruch zu nehmen, gleichviel, ob die besitzstörende Handlung vom Expropriationsberechtigten selbst, oder von einem Dritten ausgegangen ist.

I. Charakter der besitzstörenden Handlung; Errichtung eines Kruzifixes

Seitens der katholischen Gemeinde auf einem der protestantischen Gemeinde gehörigen und gemeinschaftlich benutzten Kirchhofe als Besitzstörung.

Rechtsgr. **126**. — III. Senat. 11. Mai 1866. (**LXIII**. 184.)

In der Aufrichtung eines Kruzifixes Seitens der katholischen Gemeinde auf einem zeither zur Beerdigung von Katholiken und von Protestanten benutzten, wenn auch sonst im Besitz der protestantischen Gemeinde befindlichen Kirchhofe, liegt keine Besitzstörung.

Siehe auch Rechtsgrundsatz 96. (A. L. R. I. **6**. § 45.)

§ **179**. Siehe Rechtsgrundsatz 162. (A. L. R. I. **9**. § 191.)

§§ **181**. **182**. Gesetzliche Vermuthung für die Freiheit der Person und des Eigenthums rücksichtlich des Patronatsverhältnisses. — Vergl. A. L. R. I. **19**. § 14., II. **11**. § 584.

Rechtsgr. **127**. — I. Senat. 27. November 1863. (**LIII**. 29.)

Die gesetzlichen Vermuthungen für die Freiheit der Person und des Eigenthums können in Bezug auf das Patronatverhältniß nicht als ein ganz allgemeiner und selbstständiger Befreiungsgrund von der Kirchen- und Schulbaulast geltend gemacht werden.

§§ **210**. **211**. Siehe Rechtsgrundsatz 407. (A. L. R. I. **21**. § 130.)

§§ **212**. ff. Erstattung der Unterhaltungskosten an den redlichen Besitzer Seitens des Eigenthümers; Fütterungskosten.

Rechtsgr. **128**. — IV. Senat. 31. Mai 1864. (**LVI**. 36.)

a) Um den von dem redlichen Besitzer der Sache dem Eigenthümer derselben beförderten Vortheil herauszustellen, genügt die dem Eigenthümer überkommene rechtliche Verpflichtung zur Erhaltung der Sache allein nicht, vielmehr muß der redliche Besitzer näher darlegen, inwieweit die Erhaltungskosten nicht aus den Nutzungen der Sache haben entnommen werden können.

b) In dieser Weise ist namentlich der Anspruch auf Fütterungskosten bei Rückgabe eines für krank befundenen Pferdes zu substanziiren.

§ **222**. Zeitpunkt des Beginnens der Unredlichkeit des Besitzes. — Vergl. A. L. R. I. **11**. §§ 209. ff.

Rechtsgr. **129**. — III. Senat. 13. Juni 1864. (LIV. 238.)

Der § 222. I. 7. des Allgem. Landrechts:

„Wenn kein früherer Zeitpunkt der Unredlichkeit des Besitzes ausgemittelt werden kann, so wird der Tag der dem Besitzer durch die Gerichte geschehenen Behändigung der Klage dafür angenommen",

setzt zu seiner Anwendung voraus, daß die Verpflichtung des Verklagten als unredlichen Besitzers zur unbedingten sofortigen Räumung konstatirt oder anerkannt wird, und es sich nur darum handelt, den Anfangspunkt seiner Unredlichkeit festzustellen; die Anwendung bleibt dagegen ausgeschlossen, wo der Besitz keinesweges unbedingt, sondern nur Zug um Zug gegen Erstattung von Auslagen, also unter eine Suspensivbedingung zu räumen ist.

§ **232**. Verzinsung eines von einem unrechtfertigen Besitzer herauszugebenden Kapitals:

A. Verzinsung des auf Anweisung einer Verwaltungsbehörde gezahlten, später zurückgezahlten Kapitals. — Vergl. A. L. R. I. **16**. §§ 207. 208.

Rechtsgr. **130**. — I. Senat. 26. Mai 1865. (LVIII. 319.)

Ist eine Zahlung auf Anweisung der Verwaltungsbehörde geleistet worden, und muß dieselbe, weil eine rechtliche Verpflichtung zur Zahlung nicht vorhanden ist, zurückgewährt werden, so sind landübliche Zinsen zu erstatten.

B. Verzinsung eines mit Vorbehalt gezahlten, vom Fiskus später zurückzuzahlenden Stempelbetrages. — Vergl. Gesetz vom 24. Mai 1861 §§ 11. 12.

Rechtsgr. **131**. — I. Senat. 16. Juni 1865. (LVIII. 348.)

Wird der Fiskus zur Zurückzahlung eines mit Vorbehalt gezahlten Stempelbetrages verurtheilt, so hat er, als unrechtfertiger Besitzer des Kapitals, statt der Nutzung landübliche Zinsen durch die ganze Zeit seines Besitzes zu entrichten.

Siehe auch Rechtsgrundsatz 102. (A. L. R. I. **7**. § 14.)

§ **238**. Siehe Rechtsgrundsatz 407. (A. L. R. I. **21**. § 130.)
§§ **239-241**. Siehe Rechtsgrundsatz 102. (A. L. R. I. **7**. § 14.)

Titel 8. Vom Eigenthume.

§ **1**. Siehe Rechtsgrundsätze 318. 414. 557. (A. L. R. I. **15**. § 1., **21**. § 358., II. **11**. § 681.)

§§ **9**. ff. Siehe Rechtsgrundsätze 41. 414. 415. (A. L. R. I. **4**. § 14., **21**. § 358.)

§§ **21**. **23**. **25**. Siehe Rechtsgrundsatz 41. (A. L. R. I. **4**. § 14.)

§§ **26-28**. Siehe Rechtsgrundsatz 1116. (Gesetz vom 28. Februar 1843 § 1.)

§ **31**. Siehe Rechtsgrundsatz 205. (A. L. R. I. **11**. § 4.)

§§ **78**. ff. Siehe Rechtsgrundsatz 887. (Konkurs-Ordnung vom 8. Mai 1855 § 49.)

§ **96**. Rechte der Besitzer der Ufergrundstücke zur Benutzung des vorüberfließenden Wassers, namentlich auch zur Berieselung, insbesondere wenn die gegenüberliegenden Ufergrundstücke verschiedene Eigenthümer haben. — Vergl. A. L. R. Einl. § 97.

Rechtsgr. **132**. — II. Senat. 23. März 1865. (LVIII. 222.)

Nach allgemeinen Rechtsgrundsätzen, und abgesehen von den Bestimmungen des Gesetzes über die Benutzung der Privatflüsse vom 28. Februar 1843, steht jedem Besitzer eines Ufergrundstückes, sofern keine besonderen gesetzlichen Vorschriften oder keine besonderen Gerechtsame eines Dritten eine Ausnahme begründen, als Ausfluß des Eigenthumsrechts auch die Befugniß zu, das an seinem Grundstück vorüberfließende Wasser zu seinem Vortheile, namentlich auch zur Berieselung seines Grundstückes zu benutzen, und zwar sind in dem Falle, wenn die Ufergrundstücke zu beiden Seiten verschiedene Eigenthümer haben, die beiderseitigen Uferbesitzer zur Wassernutzung gleichmäßig berechtigt.

§ **99**. Hemmung des Abflusses in Privatflüssen und Seen:

A. Inhalt des § 99. I. 8. des Allg. Landrechts; Nichtanwendbarkeit desselben auf das Recht der Besitzer der Ufergrundstücke zur Berieselung derselben.

Rechtsgr. **133**. — II. Senat. 23. März 1863. (LVIII. 222.)

Die Bestimmung des § 99. I. 8. des Allgem. Landrechts, wonach in Privatflüssen zum Nachtheil der Nachbarn und Uferbewohner durch Hemmung des Ablaufens derselben nichts unternommen oder verändert werden darf, hat vornämlich die aus der Hemmung des Ablaufens für die Nachbargrundstücke durch Rückstau, insbesondere durch die in Folge desselben entstehenden Ueberschwemmungen und sonstigen Nachtheile dieser Art, zum Gegenstande und bezieht sich nicht auf die den Besitzern der Ufergrundstücke zustehenden Rechte auf Benutznng des Wassers zur Berieselung dieser Grundstücke.

B. Anwendbarkeit dieser Gesetzesstelle auf Seen, welche einen Abfluß haben.

Rechtsgr. **134**. — II. Senat. 27. Februar 1866. (LXIII. 103.)

Der § 99. I. 8. des Allgem. Landrechts:

„Auch in Privatflüssen darf, zum Nachtheile der Nachbarn und Uferbewohner, durch Hemmung des Ablaufs derselben nichts unternommen werden",

findet auch auf Seen, die einen Abfluß haben, Anwendung.

Siehe auch Rechtsgrundsätze 136. 1116. 1121. (A. L. R. I. 8. § 99.; Gesetz vom 28. Februar 1843 § 1.)

§ **100**. Verpflichtung der Grundeigenthümer zur Unterhaltung der über ihr Grundstück gehenden künstlichen Wasser-Abzüge.

Rechtsgr. **135**. — II. Senat. 27. Juni 1865. (LIX. 271.)

Durch den § 100. I. 8. des Allgem. Landrechts ist

den Eigenthümern von Grundstücken, über welche künstliche Wasser-Abzüge gehen, die Pflicht auferlegt, dieselben in dem Stande zu erhalten, daß sie zur Abführung des Wassers geeignet bleiben.

§§ **102-189**. Begriff des „Nachbars“. — Vergl. A. L. R. I. **8**. § 99., II. **15**. § 246.

Rechtsgr. **136**. — II. Senat. 14. September 1865. (LXI. 26.)

In den §§ 102—189. I. 8. des Allgem. Landrechts sind unter „Nachbarn“ die Eigenthümer unmittelbar aneinandergrenzender Grundstücke zu verstehen, und läßt namentlich der § 142. a. a. O. eine weitere Bedeutung des Ausdrucks „Nachbar“ nicht zu.

Siehe auch Rechtsgrundsatz 419. (A. L. R. I. **22**. § 3.)

§§ **103**. ff. Die Bestimmungen der Vorfluth in ihrer Anwendung auf bestehende Grundgerechtigkeiten.

Rechtsgr. **137**. — II. Senat. 31. Oktober 1865. (LXI. 188.)

Die §§ 103. ff. I. 8. des Allg. Landrechts, betreffend die Gestattung der Vorfluth, lassen eine Anwendung auf bestehende Grundgerechtigkeiten nicht zu.

§ **120**. Benutzung der gemeinschaftlichen Sache durch den Miteigenthümer, namentlich durch Anlegung von Gossen nach einen Winkel oder Zwischenraum zwischen zwei Gebäuden. — Vergl. A. L. R. I. **17**. § 10.

Rechtsgr. **138**. — II. Senat. 29. November und 1. Dezember 1864. (LVII. 132.)

Der § 10. I. 17. des Allgem. Landrechts kann nicht ohne Unterschied auf jede Benutzung gemeinschaftlichen Eigenthums bezogen werden, und kann dies namentlich nicht in solchen Fällen stattfinden, in welchen die Benutzung gerade dem Zweck entspricht, zu welchem das gemeinschaftliche Eigenthum dient. Dies trifft namentlich da zu, wo es sich darum handelt, den Zwischenraum zwischen zwei

Gebäuden zur Abführung des Wassers zu benutzen, welches aus den Gebäuden zu entfernen ist.

§ **121**. Voraussetzung für das Alleineigenthum eines Nachbars an einem Winkel oder Zwischenraum.

Rechtsgr. **139**. — II. Senat. 29. November und 1. Dezember 1864. (LVII. 131.)

Der § 121. I. 8. des Allg. Landrechts läßt die Vermuthung für das Allein-Eigenthum e i n e s Nachbars an einem Zwischenraum nur dann zu, wenn die dort angeführten Merkmale ausschließlich einem der Nachbarn zur Seite stehen.

§ **123**. Siehe Rechtsgrundsatz 150. (A. L. R. I. 8. § 139.)

§ **125**. Siehe Rechtsgrundsatz 157. (A. L. R. I. 8. § 185.)

§§ **129**. **130**. Siehe Rechtsgrundsatz 1116. (Gesetz vom 28. Februar 1843 § 1.)

§§ **135**. **136**. Gebrauch einer gemeinschaftlichen Mauer:

A. Einseitige Verfügung des Nachbars über die gemeinschaftliche Mauer.

Rechtsgr. **140**. — II. Senat. 9. und 11. Februar 1864. (LIII. 135.)

Die Zulässigkeit einer einseitigen Verfügung des Nachbars über die nach seiner Seite hin belegenen Hälfte der gemeinschaftlichen Mauer wird durch die Unschädlichkeit dieser Verfügung bedingt. Daher ist auch eine geringfügige, die Haltbarkeit der Mauer nicht gefährdende Schmälerung ihrer Dicke nicht ausgeschlossen.

B. Verringerung der Dauerhaftigkeit einer gemeinschaftlichen Mauer durch die Verfügung des einen Nachbars.

Rechtsgr. **141**. — II. Senat. 3. Mai 1864. (LIV. 169.)

a) Der § 135. I. 8. des Allg. Landrechts unterliegt keiner ausdehnenden Auslegung.

b) Der bauende Nachbar darf die Dauerhaftigkeit der, einen integrirenden Theil beider Nachbargebäude bildenden gemeinschaftlichen Mauer nicht verringern; der andere Nachbar ist nicht verpflichtet, eine derartige ihm nachtheilige

Verfügung über das gemeinschaftliche Eigenthum in der Erwartung zu dulden, daß der Nachtheil durch die weitere Ausführung des Bauplans seines Nachbars wieder werde behoben werden.

Siehe auch Rechtsgrundsätze 169. 172. (A. L. R. I. **9**. §§ 327. 340.)

§§ **137. 138.** Vom Licht und von der Aussicht:

A. Begriff des Wortes „Licht."

Rechtsgr. **142**. — II. Senat. 16. Juli 1864. (LV. 214.)

Unter „Licht" im § 137. I. 8. des Allg. Landrechts ist ein solches Licht zu verstehen, welches dem Eigenthümer, der dessen bedarf, genügend ist.

B. Begriff von „Fenster und Oeffnungen."

Rechtsgr. **143**. — II. Senat. 30. Mai 1865. (LVIII. 335.)

In dem § 137. I. 8. des Allgem. Landrechts sind „Fenster" nicht als Gegensatz zu den „Oeffnungen" aufgestellt, sondern als die am meisten in der gedachten Beziehung vorkommenden Oeffnungen hinzugefügt; daher findet der § 138. a. a. O. auf Fenster ebenfalls Anwendung.

C. Gewährung des genügenden Lichtes durch Eröffnung neuer, auf benachbarte Gründe Aussicht gewährender Fenster.

Rechtsgr. **144**. — II. Senat. 16, Juli 1864. (LV. 214.)

Unter den „Umständen" im § 138. I. 8. des Allg. Landrechts sind auch die Fälle begriffen, in welchen durch die Beschränkung dem Eigenthümer das ihm bedürftige genügende Licht entzogen werden würde.

D. Begriff von „Behältniß."

Rechtsgr. **145**. — II. Senat. 1. Dezember 1864. (LVII. 148.)

Der in den §§ 138. und 142. I. 8. des Allg. Landrechts gebrauchte Ausdruck „Behältniß" bezeichnet nicht blos solche Räume, welche für den andauernden Aufenthalt von Menschen bestimmt sind; sondern ist ein allgemeiner, welcher alle eingeschlossenen Räume, welche zur Aufnahme von Sachen und Menschen überhaupt bestimmt sind, umfaßt; namentlich sind auch Abtritte mit einbegriffen.

E. Anlage von Oeffnungen in der Grenzmauer in einer Höhe von sechs Fuß vom Boden und Vergitterung dieser Oeffnungen.

Rechtsgr. **146**. — II. Senat. 1. Mai 1866. (LXIV. 108.)

Durch den § 138. I. 8. des Allgem. Landrechts:

„Sollen jedoch die Oeffnungen in einer unmittelbar an des Nachbars Hof oder Garten stoßenden Wand oder Mauer gemacht werden, so müssen dieselben, wo es die Umstände gestatten, sechs Fuß von dem Boden des Zimmers oder Behältnisses erhöht, in allen Fällen aber mit eisernen nur zwei Zoll von einander stehenden Stäben oder mit einem Drahtgitter verwahrt sein,

sind dem Eigenthümer der Mauer nicht sowohl eine einzige, als vielmehr zwei besondere, von einander unabhängige Einschränkungen auferlegt, von welchen die eine nur unter gewissen Umständen, die andere aber überall und in allen Fällen eintreten soll.

F. Aneinandergrenzen der Grundstücke und Anstoßen der Wand oder Mauer unmittelbar an dem Grundstück des Nachbars.

Rechtsgr. **147**. — II. Senat. 14. September 1865. (LXI. 26.)

Zur Anwendung des § 138. I. 8. des Allgem. Landrechts ist nicht allein das Aneinandergrenzen der Grundstücke nothwendig, sondern es muß noch hinzutreten, daß die Wand oder Mauer, in welcher Oeffnungen gemacht werden sollen, unmittelbar an des Nachbars Hof oder Garten stößt.

G. Innehaltung der Baulinie.

Rechtsgr. **148**. — II. Senat. 21. März 1865. (LVIII. 219.)

Die dem Eigenthümer bei Anlegung neuer Fenster nach dem Hofe oder Garten des Nachbars hinaus im § 138. I. 8. des Allgem. Landrechts aufgelegte Beschränkung wegen Erhöhung und Vergitterung der Fenster erfordert, daß die Wand, in welcher die Fenster angelegt worden, unmittelbar an das Grundstück des Nachbars anstößt, findet also nicht Anwendung, wenn zwischen der Wand und der nachbarlichen Grenze ein, wenn auch noch so geringer, Zwischenraum vorhanden ist. Darauf, ob die bei Errichtung neuer Gebäude vorgeschriebene Baulinie innegehalten ist, kommt es hierbei nicht an.

H. Zurückweichen der Mauer in ihrem höheren Theil.

Rechtsgr. **149**. — II. Senat. 30. Mai 1865. (LVIII. 335.)

Stößt die Wand, in der das Fenster behufs Lichtanbringung angelegt ist, mit ihrem unteren Theile unmittelbar an den Hof des Nachbarn, so müssen, wenn auch die Wand mehr in der Höhe, da, wo das Fenster sich befindet, etwas zurückgezogen oder zurückgewichen ist, die Bestimmungen des § 138. I. 8. des Allgem. Landrechts ebenfalls Platz greifen.

§§ **139**. **140**. Neubauten an der Grenze des Nachbargrundstücks:
A. Abmessung des Zwischenraums bei Neubauten an der Grenze von der neu errichteten Mauer ab, nicht von den vorspringenden Pfeilern. — Vergl. A. L. R. I. 8. § 123.

Rechtsgr. **150**. — II. Senat. 20. Februar 1866. (LXI. 353.)

Der bei Neubauten an der Grenze zu belassende Zwischenraum von drei, beziehungsweise von 1 $^1/_2$ Werkschuhen ist von der nach der Seite des Nachbars gerichteten und das neue Gebäude repräsentirenden Mauer und nur von dieser zu bemessen; für die von dieser Mauer vorspringenden Pfeiler ist nur die Eigenthumsgrenze inne zu halten.

B. Berücksichtigung der Polizeigesetze.

Rechtsgr. **151**. — II. Senat. 21. Juni 1864. (LV. 167.)

Auch auf den Fall des Neubaues an einem unbebauten Platze des Nachbars, in welchem nach § 140. I. 8. des Allg. Landrechts ein Abstand von anderthalb Werkschuhen von der Grenze hinreichend ist, findet die Bestimmung des § 139. a. a. O. Anwendung: „wenn nicht besondere Polizeigesetze ein Anderes vorschreiben."

§§ 142. 143. Begriff der Worte „unteres Stockwerk" und „zweites Stockwerk".

Rechtsgr. **152**. — II. Senat. 5. Januar 1865. (LV. 358.)

Unter dem in dem § 142. I. 8. des Allgem. Landrechts gebrauchten Ausdruck „untere Stockwerk" ist das Erdgeschoß, und unter dem in dem § 143. daselbst gebrauchten Ausdruck „zweiten Stockwerks" ist die über dem Erdgeschoß belegene s. g. Beletage zu verstehen.

§ 148. Anlegung einer neuen Thür in einem neu errichteten Gebäude.

Rechtsgr. **153**. — II. Senat. 19. September 1865. (LIX. 345.)

Die in einem neu errichteten Gebäude angelegte Thür ist im Sinne des § 148. I. 8. des Allgem. Landrechts als eine neue zu betrachten, wenn auch in dem alten Gebäude, welches durch das neue Gebäude ersetzt ist, eine Durchfahrt bestanden hat.

Hat die Durchfahrt sich an einer ganz anderen Stelle, als die neue Thür, befunden, so ist die Letztere schon aus diesem Grunde als eine neue im Sinne des § 148. a. a. O. zu erachten.

§ 150. Bedeutung des Wortes „hinderlich".

Rechtsgr. **154**. — II. Senat. 25. April 1865. (LVIII. 260.)

In dem § 150. I. 8. des Allgem. Landrechts: „Dergleichen Scheidungen müssen aber die Grenzen gegen den Nachbar niemals überschreiten, noch demsel-

ben in dem Gebrauche seines Eigenthums hinderlich werden",
ist unter dem Ausdruck „hinderlich werden" nicht ein bloßes Erschweren, sondern ein Unmöglichmachen des Eigenthumsgebrauches zu verstehen.

§§ **154. 157. 159-161. 165.** ff. Eigenthum an einer Scheidewand; Mauerblenden.

Rechtsgr. **155.** — II. Senat. 26. Mai 1864. (**LIII.** 280.)

Zur Widerlegung der Vermuthung des § 160. I. 8. des Allgem. Landrechts sind — abgesehen von sachlichen Verhältnissen anderer Art — solche Umstände nicht geeignet, welche sonst in der Beschaffenheit und Bauart der Scheidewand beruhen.

§§ **168. 169.** Erhaltung der Befriedigungen in der freien Feldflur.

Rechtsgr. **156.** — II. Senat. 17. Mai 1866. (**LXIII.** 186.)

Befriedigungen in der freien Feldflur sind gestattet, aber deren Erhaltung ist, wenn der Nachbar darauf nicht ein besonderes Recht erworben hat, willkürlich.

§ **185.** Befugniß des Eigenthümers, in größerer Nähe als drei Fuß rheinländisch an dem Nachbargebäude schädliche Anlagen, namentlich Erdhaufen, zu errichten. — Vergl. A. L. R. Einl. §§ 94. 97., **I. 6.** §§ 25. 26. 36., **8.** § 125.

Rechtsgr. **157.** — II. Senat. 6. April 1865. (**LIX.** 63.)

Das bloße Nichtinnehalten der in dem § 185. I. 8. des Allgem. Landrechts vorgeschriebenen Entfernung von drei Fuß kann zu den unerlaubten Handlungen des § 25. I. 6. des Allgem. Landrechts nicht gerechnet, und kann überhaupt die Bestimmung des § 185. I. 8. a. a. O. als ein auf Schadensverhütung abzielendes Polizeigesetz im Sinne des § 26. I. 6. des Allgem. Landrechts nicht angesehen werden und auf die Ueberschreitung des § 25. I. 6. des Allgem. Landrechts nicht Anwendung finden;

vielmehr ist namentlich das Aufschütten von Erdreich in größerer Nähe eine an sich rechtmäßige, keinen Eingriff in das Rechtsgebiet des Nachbarn enthaltende Handlung.

§ 187. Erniederung des Grund und Bodens an der Verzäunung des Nachbars.

Rechtsgr. **158**. — II. Senat. 5. September 1865. (LX. 136.)

Erniedrigt Jemand seinen Grund und Boden durch Anlegung eines Grabens oder sonst, so hat er die Verpflichtung, den Wall, welchen er in einer Breite von drei Fuß gegen die benachbarte Verzäunung stehen lassen muß, zu unterhalten.

Titel 9. Von der Erwerbung des Eigenthums überhaupt, und den unmittelbaren Arten derselben insonderheit.

§§ **2**. **3**. **4**. Siehe Rechtsgrundsätze 159. 424. (A. L. R. I. **9**. § 75., **22**. § 13.)

§ **5**. ff. Siehe Rechtsgrundsatz 205. (A. L. R. I. **11**. § 4.)

Abschnitt 1. Von der ursprünglichen Besitznehmung.

§§ **9-13**. Siehe Rechtsgrundsatz 159. (A. L. R. I. **9**. § 75.)

Abschnitt 2. Von der Besitznehmung verlassener und verlorener Sachen.

§§ **23**. ff. **43**. ff. Siehe Rechtsgrundsatz 159. (A. L. R. I. **9**. § 75.)
§§ **67**. **68**. Siehe Rechtsgrundsatz 159. (A. L. R. I. **9**. § 75.)

Abschnitt 3. Von gefundenen Schätzen.

§§ **75-77**. **81**. ff. Rechte des Finders eines Schatzes bei dessen Besitznahme durch einen Andern. — Vergl. A. L. R. I. **9**. §§ 3. 4. 9-13. 23. ff. 67. 68.; Inst. **2**. 1. § 39.; Dig. **41**. 1. Lex 31. § 1., **43**. 2. Lex 3. § 3., Lex 63. pr. u. §§ 1-3., **49**. 14. Lex 3. § 10.; Cod. **10**. 15. Lex un.

Rechtsgr. **159**. — III. Senat. 1. Mai 1865. (LVII. 323.)

Das bloße thatsächliche Finden, vorausgesetzt, daß auf Grund dieses Findens der Schatz überhaupt gehoben wird, giebt das — in den §§ 86. und 87. I. 9. des Allg. Landrechts „Anrecht auf den Schatz" genannte — Finderrecht auf die Hälfte des Schatzes; an diesem Finderrechte wird durch die Besitzergreifung von Seiten eines Andern, welche in Folge dieses Findens erfolgt, Nichts geändert.

Abschnitt 4. Vom Thierfange.

§§ **176**. ff. Fischerei in ausgetretenen Wassern und Lachen.

Rechtsgr. **160**. — II. Senat. 21. Dezember 1865. (LXII. 114.)

Der Fischereiberechtigte darf die mit dem Wasser ausgetretenen Fische der Regel nach auf fremden Grund und Boden nicht verfolgen; ferner darf, so lange das ausgetretene Wasser nicht in die Ufer zurückgetreten, oder nicht abgelaufen ist, ebensowenig der Grundbesitzer als solcher, noch sonst Jemand, der in Lachen zu fischen berechtigt ist, in dem ausgetretenen Wasser überhaupt fischen.

§ **182**. Begriff einer „Lache".

Rechtsgr. **161**. — II. Senat. 21. Dezember 1865. (LXII. 114.)

Erst dann, wenn das ausgetretene Wasser abgelaufen ist, kann von Lachen, als von stehen gebliebenem Wasser, welches von allen Seiten von Land umgeben ist, die Rede sein.

§§ **191**. **192**. Erwerbung der Rechte des Grundeigenthümers Seitens des Fischereiberechtigten. — Vergl. A. L. R. I. **7**. §§ 81. 82. 107. 179., **9**. § 631.

Rechtsgr. **162**. — II. Senat. 5. Juli 1866. (LXIV. 189.)

Der § 191. I. 9. des Allgem. Landrechts:

„Wer blos die Fischereigerechtigkeit hat, darf sich des-

wegen in dem Strome oder Gewässer andere Rechte des Grundeigenthümers nicht anmaaßen",
enthält keine besondere Theorie für die Besitznahme negativer Rechte oder deren Erwerb durch Verjährung.

Abschnitt 5. Von der Beute.

§§ 193-197. Beuterecht des Soldaten und des Befehlshabers.

Rechtsgr. **163.** — I. Senat. 24. Juni 1864. (LIII. 316.)

Um außerhalb des Falles des § 197. I. 9. des Allg. Landrechts an Sachen des Feindes Beute zu machen, bedarf weder der Soldat, noch der Befehlshaber der Truppen für seine Person einer vorangehenden besonderen, ausdrücklichen Erlaubniß des Staates.

Der Befehlshaber bedarf einer solchen Erlaubniß selbst in dem Falle des § 197. a. a. O. nicht.

Abschnitt 6. Von der Erwerbung der An- und Zuwüchse.

§§ 225-241. Von der Alluvion:
A. Rechtsgrund der Alluvion.

Rechtsgr. **164.** — III. Senat. 10. Oktober 1864. (LV. 244.)

Der rechtliche Grund, auf welchem die Alluvion als Eigenthumserwerb beruht, besteht darin, daß die Ausmittelung des früheren Eigenthümers der durch Alluvion gewonnenen Erdtheile unmöglich ist; derselbe ist mithin dann ausgeschlossen, wenn der Eigenthumsberechtigte mit Hülfe der Vorschriften vom Inselrechte sich wirklich ermitteln läßt.

B. Allmälige Verbindung einer Insel mit dem Uferlande.

Rechtsgr. **165.** — III. Senat. 10. Oktober 1864. (LV. 244.)

Hat sich eine Insel durch allmählige Anspülungen mit dem Flußufer in Verbindung gesetzt, so kann in keinem Falle der Eigenthümer des Ufergrundstückes aus-

schließlich aus dem Umstande der stattgehabten Vereinigung die entstandene Landzunge als eine Alluvion für sich als Eigenthum in Anspruch nehmen.

§§ 246. 263. 270. Erwerb des Eigenthums an einem verlassenen Flußbett Seitens des Uferbesitzers. — Vergl. Dig. **41.** 1. Lex 7. § 5.

Rechtsgr. **166.** — II. Senat. 21. Dezember 1865. (LXII. 109.)

Zum Erwerbe des Eigenthums eines verlassenen Flußbettes Seitens der Uferbesitzer ist die Besitz-Ergreifung nicht erforderlich.

§§ 275. ff. Eigenthumserwerb durch Säen und Pflanzen.

Rechtsgr. **167.** — Senat für Strafsachen, II. Abth. 4. Februar 1864. (LV. 26.)

Die Bestimmungen der §§ 275. ff. I. 9. des Allgem. Landrechts über den unmittelbaren Eigenthumserwerb durch Säen und Pflanzen finden nicht da Anwendung, wo das Säen und Pflanzen eine von dem Besitzer eines Grundstücks bewirkte Verwendung oder Melioration ausgemacht hat, und deshalb die anderweitigen Bestimmungen des Tit. 7. Theil I. des Allgem. Landrechts eintreten; ebensowenig aber auch da, wo das Säen und Pflanzen in Folge eines, wenn auch hinsichts der Form mangelhaften, Vertrages als Titel einer mittelbaren Erwerbungsart und einer darauf gegründeten Besitzeinräumung und Besitznehmung, also bei bestehendem Vertragsverhältniß stattgefunden hat; vielmehr geben hierfür die auf diesen Titel — auf diesen Vertrag — Bezug habenden Vorschriften auch insoweit, als sie über die Vertragsform und über die bei Nichtbeobachtung der gesetzlichen Form eintretenden Folgen disponiren, die Entscheidungsnorm.

Siehe auch Rechtsgrundsatz 407. (A. L. R. I. **21.** § 130.)

§§ 285. 287. Siehe Rechtsgrundsatz 1116. (Gesetz vom 28. Februar 1843 § 1.)

§§ 327. ff. Vom Bauen auf fremdem Boden:
A. Zweck der Besitznahme zum Bauen.

Rechtsgr. **168.** — **III.** Senat. 6. Januar 1865. (**LVI.** 267.)

Das Recht der Inädifikation findet da nicht Anwendung, wo das Bauen nicht an und für sich Zweck der Besitznahme des bebauten Grundes ist und die Errichtung von Gebäuden nur als Verbesserung erscheint.

B. Erhöhung einer gemeinschaftlichen Mauer. — Vergl. A. L. R. I. **8.** § 135.

Rechtsgr. **169.** — II. Senat. 10. Januar 1865. (**LVIII.** 61.)

Hat der eine Nachbar die gemeinschaftliche Mauer von seiner Seite bis über die Hälfte der Dicke hinaus erhöht, so ist die Erhöhung, soweit sie auf der andern Hälfte ruht, durch Accession, und zwar speziell durch Inädifikation, Eigenthum des andern Nachbars geworden.

§ 332. Bau auf fremdem Boden mit Wissen des Grundeigenthümers:
A. Ausdrücklichkeit des Widerspruches gegen die Errichtung neuer Anstalten und Einrichtungen in der verpflichteten Sache; Ausführung neuer Anlagen ungeachtet des Widerspruches des Berechtigten. — Vergl. A. L. R. I. **4.** § 57., **22.** § 43.

Rechtsgr. **170.** — II. Senat. 3. Mai 1864. (LV. 79.)

a) Eine bloße Aeußerung des Besitzers des berechtigten Grundstückes gegen den Besitzer des verpflichteten Grundstückes, daß derselbe die Baugrenze überschreite, z. B. dahin:

„Was machen Sie da, Sie kommen mit Ihrem Bau zu nahe",

enthält keinen Widerspruch gegen den Bau; ein solcher Widerspruch muß vielmehr klar und deutlich ausgesprochen werden.

b) Der Widerspruch ist für bedeutungslos zu erachten, wenn ungeachtet desselben der Bau fortgesetzt und ausgeführt wird, also gar keinen thatsächlichen Erfolg gehabt hat.

B. Abtretung des, zur Benutzung der auf fremden Grund und Boden errichteten Baulichkeiten erforderlichen Raumes an Wegen und dergleichen. — Vergl. A. L. R. I. **22.** § 3.

Rechtsgr. **171.** — III. Senat. 6. Januar 1865. (LVI. 267.)

Derjenige, welcher auf fremden Grund und Boden ohne Widerspruch des Eigenthümers gebaut hat, kann von dem Letzteren nicht verlangen, daß ihm der zur Benutzung der Baulichkeiten erforderliche Raum an Wegen u. s. w. eigenthümlich überlassen werde; er kann vielmehr nur die Einräumung einer Servitut unter den Bedingungen des Gesetzes beanspruchen.

§§ **340.** ff. Vom Bauen an der Grenze:

A. Genehmigung der Baulinie. — Vergl. A. L. R. I. **5.** §§ 131. 135.

Rechtsgr. **172.** — II. Senat. 17. März 1864. (LIII. 218.)

a) Die Erklärung, mittelst welcher der Nachbar die Linie genehmigt, in welcher der Bau geführt werden soll, bedarf auch dann nicht der schriftlichen Form, wenn ihm bekannt ist, daß diese Linie die wahre Grenzlinie überschreitet.

b) Die Mitwissenschaft des Bauenden um die Grenzüberschreitung entbindet den andern Theil von den rechtlichen Folgen seiner Genehmigung und Kenntniß nicht.

B. Beschränkte Anwendbarkeit dieser Gesetzesstelle namentlich rücksichtlich der Benutzung der auf der Grenze befindlichen gemeinschaftlichen Mauer.

Rechtsgr. **173.** — II. Senat. 25. Oktober 1864. (LVI. 240.)

Die §§ 340. 341. I. 9. des Allgem. Landrechts sind nur auf den Fall anwendbar, wo es sich um Ausführung eines Baues auf der Grenze handelt, nicht aber dann, wenn die Grenze bereits bebaut ist und der Streit die Benutzung der auf der Grenze befindlichen gemeinschaftlichen Mauer betrifft.

Siehe auch Rechtsgrundsatz 62. (A. L. R. I. **5.** § 135.)

C. Benachrichtigung von einem vorzunehmenden Bau an der Grenze an die mehreren Miteigenthümer des Nachbargrundstückes.

Rechtsgr. **174**. — II. Senat. 28. März 1865. (**LIX**. 30.)

Gehört das Nachbargrundstück mehreren Miteigenthümern, so muß es wenigstens der Regel nach für genügend erachtet werden, daß die Anzeige über den vorzunehmenden Bau an einen der Miteigenthümer oder denjenigen, welcher dessen Rechte wahrzunehmen hat, erfolgt, zumal alsdann, wenn derjenige, welchem die Anzeige gemacht wird, im Nachbargrundstücke selbst wohnt. Dagegen erscheint es nach dem Sinne und der Absicht des Gesetzes nicht erforderlich, daß die Anzeige an sämmtliche Miteigenthümer, jeden besonders, geschieht, sogar alsdann, wenn diese ihren Wohnsitz an außerhalb belegenen Orten haben.

D. Klage auf Einziehung eines Neubaues an der Grenze im Possessorienprozeß ohne vorgängige Ermittelung der wahren Eigenthumsgrenze.

Rechtsgr. **175**. — III. Senat. 13. Oktober 1865. (**LX**. 216.)

Handelt es sich um die Einziehung, beziehungsweise die gänzliche oder theilweise Kassirung eines an der Grenze aufgeführten Bauwerkes, so kann eine solche Demolirung ohne Feststellung der wahren Grenzlinie nicht im possessorischen Wege ausgesprochen werden, vielmehr hängt die Entscheidung der Sache von der vorgängigen Ermittelung der wahren Eigenthumsgrenze ab.

Abschnitt 8. Von Erwerbung der Erbschaften.

§§ 350. ff. Einwand des Nichteigenthums des Erblassers an im Nachlasse vorgefundenen Sachen Seitens der Miterben gegen einander. — Vergl. A. L. R. I. **2**. § 36., **17**. § 4.

Rechtsgr. **176**. — I. Senat. 24. Juni 1864. (**LIII**. 316.)

Wenn der das Antheilsrecht der Miterben bestreitende

Miterbe nicht ein eigenes, das prätendirte Antheilsrecht ausschließendes Recht auf im Nachlasse des Erblassers befindliche Sachen geltend macht, so läuft der Einwand, daß der Erblasser nicht Eigenthümer derselben gewesen sei, auf eine unzulässige exceptio de jure tertii hinaus.

Siehe auch Rechtsgrundsätze 29. 56. 757. (A. L. R. I. 2. § 34., 5. § 74.; Strafgesetzbuch § 160.)

§§ **360. 361.** Siehe Rechtsgrundsatz 250. (A. L. R. I. **11.** § 602.)

§ **368.** Siehe Rechtsgrundsatz 320. (A. L. R. I. **15.** § 3.)

§ **382.** Siehe Rechtsgrundsatz 908. (Konkurs-Ordnung § 197.)

§§ **383. 384. 386. 387. 420. 421.** Klage gegen die Erben während des Laufes der Ueberlegungsfrist. — Vergl. A. L. R. Einl. §§ 89. 90. 103.

Rechtsgr. **177.** — IV. Senat. 23. November 1865. (LXI. 255.)

Die während des Laufes der Ueberlegungsfrist aus den Verpflichtungen ihres Erblassers verklagten Erben sind berechtigt, die Abweisung der Klage zur Zeit zu verlangen, und nicht verpflichtet, sich mit einer bloßen Sistirung des Prozesses bis zum Ablauf der Ueberlegungsfrist zu begnügen.

Siehe auch Rechtsgrundsätze 190. 882. (§ 535. dieses Titels; Konkurs-Ordnung vom 8. Mai 1855 § 1.)

§§ **445. 452. 454.** Erschöpfung des Nachlasses durch an den Nachlaßgläubiger von dem Benefizialerben geleistete Zahlungen; verschiedene Stellung hierbei, betreffend die bevorrechteten und nicht bevorrechteten Gläubiger.

Rechtsgr. **178.** — IV. Senat. 15. November 1864. (LVII. 88.)

Nur den bevorrechteten Gläubigern ist das Recht eingeräumt, den Benefizialerben auf das durch die Befriedigung der minder bevorzugten Gläubiger ihnen entzogene Perzipiendum aus dem Nachlasse in Anspruch zu nehmen; den nicht mit einem Vorzugsrecht versehenen Gläubigern steht ein solches Recht bei Erschöpfung des Nachlasses durch Befriedigung eines andern Gläubigers nicht zu.

Abschnitt 9. Von der Verjährung.

§§ 500-503. Zum Begriff und zur Eintheilung der Verjährung:
A. Verjährungstheorie des Allgem. Landrechts.

Rechtsgr. **179**. — III. Senat. 11. April 1864. (LV. 54.)

Das Allgem. Landrecht kennt in seiner Lehre von der Verjährung eine eigentliche Klageverjährung nicht, es bezeichnet vielmehr den Erwerb und Verlust von Rechten als die Wirkung der Verjährung.

B. Verjährung der hereditatis petitio nach Gemeinem, Preußischem und Französischem Recht. — Vergl. A. L. R. I. **17**. § 76., II. **16**. §§ 16. 26. 27., **18**. §§ 847-851.; Code Napoléon Art. 328. 558. 816. 876.; Cod. **7**. 39. Lex 3. pr.

Rechtsgr. **180**. — I. Senat. 29. Mai 1865. (LIX. 214.)

Die allgemeine Klageverjährung findet auf die hereditatis petitio sowohl nach Gemeinem und nach Preußischem, als auch nach Französischem Recht Anwendung.

C. Verjährung der Präjudizialklage zugleich mit dem Hauptanspruch, namentlich der Frage über das nähere Erbrecht bei der hereditatis petitio. — Vergl. A. G. O. I. **46**. §§ 2. 3.

Rechtsgr. **181**. — I. Senat. 29. Mai 1865. (LIX. 215.)

Ist der Hauptanspruch durch Klageverjährung untergegangen, so steht diese auch der präjudiziellen Klage entgegen; dies gilt namentlich hinsichtlich der präjudiziellen Frage über ein näheres Erbrecht des Klägers bei der hereditatis petitio.

D. Beginn der Verjährung der Klage über ein näheres Erbrecht und der hereditatis petitio. — Vergl. A. L. R. II. **16**. §§ 16. 26. 27., **18**. §§ 847-852.; A. G. O. I. **46**. § 3.

Rechtsgr. **182**. — I. Senat. 29. Mai 1865. (LIX. 215.)

Der Anfang der Verjährung beziehungsweise der actio nata für die Klage über ein behauptetes näheres Erbrecht als dasjenige des Besitzers der Erbschaft, sowie für die hereditatis petitio, fällt auf den Tag der Besitzergreifung der Verlassenschaft pro herede oder pro possessore.

E. Verlust eines affirmativen Rechts durch Verjährung durch Nichtgebrauch. — Vergl. A. L. R. I. 7. § 126., 9. §§ 543-545.

Rechtsgr. **183**. I. Senat. 27. November 1863. (LIII. 28.)

Die Wirkung der Verjährung von Rechten durch bloßen Nichtgebrauch: die Veränderung und den Verlust eines Rechts wegen unterlassener Ausübung desselben durch den Ablauf einer bestimmten Frist herbeizuführen, — ist nicht von dem Umstande abhängig, daß der Berechtigte auch den Besitz seines Rechtes gleichzeitig verloren habe.

F. Verjährung nach Altpolnischem Recht.

Rechtsgr. **184**. — I. Senat. 29. Mai 1865. (LIX. 215.)

Nach Altpolnischem Recht gilt als feststehender Grundsatz: ab intromissione omnis praescriptio terrestris accipit initium et robur.

§§ **504**. ff. Unverjährbarkeit des Rechts des Eigenthümers des Grund und Bodens, in dem sich die Fundgrube befindet, auf den Erb- und Grundkux durch Nichtgebrauch. — Vergl. A. L. R. Publikations-Patent vom 5. Februar 1794 § 8., I. **9**. § 664., II. **16**. §§ 117. 118. 122.; Revidirte Berg-Ordnung für Schlesien und die Grafschaft Glatz vom 5. Juni 1769, Kap. 31. § 1.

Rechtsgr. **185**. — III. Senat. 11. April 1864. (LV. 54.)

Nach den Grundsätzen des Allgem. Landrechts kann das Recht des Eigenthümers des Grund und Bodens, in dem sich die Fundgrube befindet, auf den Erb- und Grundkux durch bloßen Nichtgebrauch nicht verloren gehen, mithin auch die unter dem früheren Recht begonnene Verjährung unter dem Allgem. Landrecht nicht fortlaufen und nicht vollendet werden.

§§ **505**. **506**. Erhöhung eines Wehrs als res merae facultatis.

Rechtsgr. 186. — II. Senat. 6. März 1866. (LXIII. 106.)

Die Erhöhung eines Wehrs gehört, insofern durch dieselbe auch die Gerechtsame Anderer berührt werden, nicht zu den sogenannten res merae facultatis, in Ansehung deren der Eigenthümer einer Sache nur insoweit einer Beschränkung unterworfen ist, als ein Anderer ein entgegenstehendes Untersagungsrecht erworben hat.

§§ 509-511. Siehe Rechtsgrundsatz 187. (A. L. R. I. **9**. § 521.)
§§ 512. 516. 517. Siehe Rechtsgrundsatz 188. (A. L. R. I. **9**. § 521.)
§ 521. Beginn der Verjährung gegen den Pächter und Verwalter:
A. Anfang und Fortsetzung der Verjährung gegen den Pfarrer. — Vergl. A. L. R. I. **9**. §§ 509-511. 629., **21**. §§ 91. 92., II. **11**. § 778.

Rechtsgr. 187. — II. Senat. 2. Februar 1864. (LIII. 79.)

Plenarbeschluß vom 5. Oktober 1863: Die Verjährung kann gegen den Pfarrer zum Nachtheil der Pfarre sowohl angefangen als fortgesetzt werden.

B. Verjährung gegen die Lehns- und Fideikommiß-Anwärter. — Vergl. A. L. R. I. **9**. §§ 512. 516. 517., **18**. §§ 5. 192. 193. 228. 288. 295. ff., II. **4**. §§ 72. 73. 122.; Feud. II. 8. pr. u. § 2.

Rechtsgr. 188. — II. Senat. 13. Oktober 1864. (LIV. 313.)

a) Der zur Succession in das Lehn, sowie der zur Succession in ein beständiges Familienfideikommiß gelangende Anwärter ist nicht verbunden, sich die Verfügungen des Vorbesitzers, soweit dieselben die Substanz des Lehns verändert oder verschlimmert haben, gefallen zu lassen; er kann auch durch Omissionen des Vorbesitzers seine Rechte nicht verlieren.

b) Die Anwärter können in der Regel ihre Rechte gegen den dritten Besitzer des Lehns erst dann geltend machen, wenn sie zur Succession gelangt sind.

c) Daher kann die in dem § 122. II. 4. des Allg. Landrechts zugelassene dreißigjährige Verjährung gegen ein Fideikommiß, als solches, nur insoweit von Wirksamkeit sein, als sie in einer Weise begonnen hat, wodurch sämmtliche Fideikommiß-Interessenten gebunden sind.

Diesem Grundsatz steht der Plenarbeschluß vom 5. Oktober 1863, betreffend die Zulässigkeit des Anfangs und der Fortsetzung der Verjährung gegen den Pfarrer zum Nachtheil der Pfarre, nicht entgegen.*

C. Ausschließung des Anfanges der Verjährung gegen einen Gutseigenthümer, betreffend den vom Pächter und gleichzeitigen Verwalter des Gutes in Unterpacht gegebenen Theil des Gutes. — Vergl. A. L. R. I. **14.** § 109.

Rechtsgr. **189.** — II. Senat. 22. Dezember 1864. (LVI. 259.)

Ist von dem Pächter eines Gutes, der zugleich Verwalter ist, ein Theil desselben in Unterpacht gegeben, so kann bezüglich dieses Theiles eine Verjährung zum Nachtheil des Gutseigenthümers nicht angefangen werden.

§§ **535.** ff. Anfang der Verjährung durch Nichtgebrauch gegen Erben. — Vergl. §§ 367. ff. 383. ff. dieses Titels.

Rechtsgr. **190.** — I. Senat. 7. September 1866. (LXIV. 233.)

Der Anfangspunkt der Verjährung durch Nichtgebrauch beginnt gegen Erben mit dem Anfall der Erbschaft ohne Rücksicht auf die Deliberationsfrist.

§§ **543.** ff. Verjährung von Rechten, welche nur bei gewissen Gelegenheiten ausgeübt werden.

Rechtsgr. **191.** — III. Senat. 27. Januar 1865. (LVIII. 126.)

Bei der Verjährung gegen Rechte, welche nur bei gewissen Gelegenheiten ausgeübt werden können, muß, um eine Verjährung der Klage des Berechtigten annehmen zu können, die ihm thatsächlich obliegende ungerechte Last während des zur Verjährung erforderlichen Zeitraums fortgedauert haben.

Siehe auch Rechtsgrundsatz 183. (A. L. R. I. **9.** § 500.)

* Vergl. Bd. 3. S. 265. No. 686. dieser Rechtsgrundsätze.

§§ 551-557. Siehe Rechtsgrundsätze 735. 961. (Allg. Deutsche Wechsel-Ordnung Art. 80.; Cod. 7. 39. Lex 7. pr.)

§§ 564. 568. Anerkenntniß des erloschenen Rechtes nach vollendeter Verjährung.

Rechtsgr. **192**. — IV. Senat. 5. September 1864. (LX. 138.)

Unter dem Anerkenntniß des § 564. I. 9. des Allg. Landrechts ist nur eine solche Willenserklärung zu verstehen, welche nach Form und Inhalt außer Zweifel stellt, daß der Schuldner diejenige Verbindlichkeit, welcher wegen Ablaufs der Verjährungsfrist nach § 568. a. a. O. die rechtliche Vermuthung der mittlerweile erfolgten Aufhebung entgegenstehen würde, gleichwohl als noch fortbestehend ansehe.

§§ 579. ff. Verjährung durch Besitz:

A. Erwerbung eines affirmativen Rechts als Gegenleistung durch Verjährung.

Rechtsgr. **193**. — I. Senat. 21. Oktober 1864. (LV. 248.)

Ein affirmatives Recht kann auch als Gegenleistung für ein entsprechendes Recht des Verpflichteten durch Acquisitiv-Verjährung erworben werden.

B. Erwerbung reeller Theile eines Hauses durch Besitz. — Vergl. A. L. R. I. **2**. § 41., **7**. §§ 46. 47., **9**. §§ 665. 666.; Gesetz vom 21. Januar 1839 § 14. No. 4.

Rechtsgr. **194**. — III. Senat. 11. April 1864. (LIV. 61.)

Aus der Theilbarkeit eines Hauses zwischen zwei Eigenthümern folgt, daß das Haus nach solchen reellen Theilen von verschiedenen Eigenthümern besessen, daß eben deshalb ein solcher reeller Theil auch durch Verjährung erworben, und daß ein solcher reeller Theil des einen Hauses einem anderen Hause als Zubehör zugeschlagen werden kann.

C. Erbschaftsklage des wahren Erben gegen den Erbschaftsbesitzer.

Rechtsgr. **195.** — I. Senat. 13. April 1866. (LXIV. 68.)

Der Erbschaftsbesitzer kann dem die Erbschaftsklage anstellenden wahren Erben gegenüber auf die Ersitzung sich nicht berufen, namentlich darf er dem wahren Erben gegenüber seinen Titel nicht auf die Erbfolge aus dem Testamente gründen.

Siehe auch Rechtsgrundsätze 5. 10. 197. (A. L. R. Publikations-Patent vom 5. Februar 1794 § 7., Einl. § 3., I. **9.** § 620.)

§ **581.** Siehe Rechtsgrundsatz 761. (A. G. O. Einl. § 1.)

§ **589.** Siehe Rechtsgrundsätze 114. 863. (A. L. R. I. **7.** § 81.; A. G. O. I. **31.** § 14.)

§ **596.** Siehe Rechtsgrundsatz 863. (A. G. O. I. **31.** § 14.)

§ **599.** Beweis des Verjährungsbesitzes.

Rechtsgr. **196.** — II. Senat. 9. November 1865. (LX. 257.)

Die Regeln des § 599. I. 9. des Allgem. Landrechts über den Beweis des Verjährungsbesitzes umfassen nicht blos den Besitz von Rechten, sondern auch den Sachbesitz, und sind sowohl in der Praxis des Gemeinen Rechts, wie in der des Sächsischen, anerkannt.

§§ **613. 615.** Siehe Rechtsgrundsatz 558. (A. L. R. II. **11.** § 681.)

§§ **620.** ff. Titulus translations bei der Verjährung durch Besitz. — Vergl. § 579. dieses Titels.

Rechtsgr. **197.** — II. Senat. 6. Februar 1866. (LXII. 146.)

Bei der zehnjährigen Verjährung durch Besitz kommt es nur auf den Titel des Verjährenden und die Qualität seines Besitzes, nicht aber auf den Titel und den Besitz seines Autors an.

Siehe auch Rechtsgrundsatz 427. (A. L. R. I. **22.** § 28.)

§ **625.** Siehe Rechtsgrundsätze 427. 926. (A. L. R. I. **22.** § 28.; Sachsenspiegel Buch I. Art. 28.)

§§ **629.** ff. **634.** ff. Siehe Rechtsgrundsätze 187. 579. (A. L. R. I. **9.** § 521., II. **14.** § 35.)

§ **631.** Siehe Rechtsgrundsatz 162. (§ 191. dieses Titels.)

§§ **655-657.** Anwendbarkeit dieser Gesetzesstelle auf das Zehntrecht.

Rechtsgr. **198.** — V. Senat. 25. Oktober 1864. (LVII. 26.)

Die §§ 655—657. I. 9. des Allgem. Landrechts leiden eine direkte Anwendung auf das zu den Privatlasten gehörige Zehntrecht an sich nicht.

Siehe auch Rechtsgrundsatz 574. (A. L. R. II. **12.** §§ 34. ff.)

§ **664.** Siehe Rechtsgrundsatz 185. 1120. (A. L. R. I. **9.** § 504.; Gesetz vom 28. Februar 1843 § 1.)

§§ **665.** ff. Wirkung der Verjährung durch Besitz:

A. Ersitzung der Grundgerechtigkeit des Wasserschöpfens aus dem Brunnen des Nachbars.

Rechtsgr. **199.** — II. Senat. 15. und 17. März 1864. (LIII. 213.)

Zur Begründung der Klage auf Anerkennung der durch Verjährung erworbenen Grundgerechtigkeit des Wasserschöpfens aus dem Brunnen des Nachbars bedarf es, wenn von einem Wechsel in dem Wirthschaftsbetriebe der berechtigten Stelle während der Ersitzungsperiode Nichts erhellet, weder der Angabe des Umfangs und der Art dieses Wirthschaftsbetriebes, noch auch der Zahl der auf der Stelle vorhandenen Wirthschaftsbewohner während jener Periode.

B. Auf Verjährung beruhende Verpflichtung zur Tragung der Kosten des Schul-Unterrichts bei später durch die Staatsbehörde angeordneter Erweiterung der Unterrichtsgegenstände.

Rechtsgr. **200.** I. Senat. 30. September 1864. (LVI. 206.)

Aus dem Umstande, daß eine Körperschaft die Kosten des Schul-Unterrichts in einem für frühere Zeit bestimmten Umfange bestritten hat, kann gegen dieselbe der Besitz eines weiteren Rechtes und daher auch das unbeschränkte Recht, von ihr die Bestreitung aller Kosten des Schul-Unterrichts, namentlich in seiner Ausdehnung auf die neuerdings von der Staatsbehörde angeordnete Unterweisung in weiblichen Handarbeiten, zu verlangen, als ein auf Verjährung gegründetes Recht nicht hergeleitet werden.

Siehe auch Rechtsgrundsatz 194. (A. L. R. I. **9.** § 79.)

Titel 10. Von der mittelbaren Erwerbung des Eigenthums.

§§ **1-7**. Siehe Rechtsgrundsatz 415. (A. L. R. I. **21**. § 358.)

§§ **7**. ff. Wirkung der Eintragungen in das Hypothekenbuch:

A. Verfügungsbefugniß des Ehemannes über die gütergemeinschaftlichen Grundstücke; Kenntniß des Dritten von der Verheirathung des eingetragenen Besitzers. — Vergl. A. L. R. II. **1**. §§ 365. 378.

Rechtsgr. **201**. — III. Senat. 23. Januar 1865. (LVIII. 107.)

In Betreff der unter derselben Gerichtsbarkeit, wo die Eheleute wohnen und die allgemeine eheliche Gütergemeinschaft gilt, belegenen Grundstücke finden zu Gunsten des dritten Erwerbers die §§ 7—9. I. 10. des Allg. Landrechts nur dann Anwendung, wenn derselbe von der Verheirathung des eingetragenen Eigenthümers keine Kenntniß hatte.

Siehe auch Rechtsgrundsatz 471. (A. L. R. II. **1**. § 378.)

B. Rechte aus einer nicht eingetragenen dinglichen Last später eingetragenen Hypotheken gegenüber. — Vergl. A. L. R. I. **20**. § 410.

Rechtsgr. **202**. — III. Senat. 2. Oktober 1865. (LXI. 72.)

Derjenige, welcher das Recht auf eine dingliche Last hat und sich im Besitze dieses Rechtes befindet, kann, so lange dieses nicht eingetragen ist, dasselbe vorzugsweise vor den eingetragenen Hypotheken nur gegen diejenigen Hypothekengläubiger geltend machen, welche zu der Zeit, als sie sich auf die Verhandlung wegen Bestellung der Hypothek einließen, von der betreffenden dinglichen Last Kenntniß hatten.

Siehe auch Rechtsgrundsatz 389. (A. L. R. I. **20**. § 410.)

§§ **22**. **23**. Siehe Rechtsgrundsatz 105. (A. L. R. I. **7**. § 66.)

§ **25**. Siehe Rechtsgrundsatz 847. (A. G. O. I. **24**. § 9.)

Titel 11. Von den Titeln zur Erwerbung des Eigenthums, welche sich in Verträgen unter Lebendigen gründen.

Erster Abschnitt. Von Kaufs- und Verkaufsgeschäften.

§§ **1.** ff. Natur des gegen Entgelt überlassenen Rechtes zum Brechen von Steinen in einem Steinbruche. — Vergl. A. L. R. I. **11.** §§ 12. 30. 46., **19.** §§ 1. 9.

Rechtsgr. **203.** — III. Senat. 10. April 1865. (LIX. 79.)

Das von dem Besitzer eines Steinbruches einem Dritten überlassene Recht, die in dem Steinbruche vorhandenen Steine, soviel ihm davon beliebe, gegen Zahlung einer im Ganzen oder nach der Quantität der zu gewinnenden Steine bestimmten Geldsumme zu brechen, ist der Gegenstand eines Kaufvertrages.

Siehe auch Rechtsgrundsätze 415. 1024. (A. L. R. I. **21.** § 358.; Stempelgesetz vom 7. März 1822 § 5.)

§ **4.** Zwangsverkauf zum Wohl des gemeinen Wesens:
A. Zwangsverkauf durch den Staat zum Wohl des gemeinen Wesens. — Vergl. A. L. R. I. **2.** § 4.

Rechtsgr. **204.** — IV. Senat. 1. September 1864. (LIV. 262.)

Der § 4. I. 11. des Allgem. Landrechts setzt zwangsweise Veräußerungen und Uebereignungen durch den Richter und mindestens ein durch Exekution zu realisirendes Recht zur Sache voraus.

B. Entschädigungsansprüche des Expropriirten rücksichtlich des nicht expropriirten Grundstückstheils. — Vergl. A. L. R. Einl. § 75., I. **6.** §§ 79. 82. 86. 90., **8.** § 31., **9.** §§ 5. ff., II. **8.** § 12., **15.** §§ 40. ff. 71. ff.; Gesetz vom 3. November 1838 § 14.; Verfassungs-Urkunde vom 31. Januar 1850 Art. 9.

Rechtsgr. **205.** — III. Senat. 17. September 1866. (LXIII. 347.)

a) Der Expropriat, welcher das nicht expropriirte Stück seines Eigenthums auch gegen vollständige Vergütung des außerordentlichen Werths nicht abtreten will, darf nicht verlangen, daß der expropriirende Fiskus ihm das volle Nutzungsrecht der abgetrennten Ländereien durch Herstellung von Anlagen gewähre, deren Kosten in keinem Verhältnisse zu dem außerordentlichen Werth derselben stehen. Der Expropriat hat einerseits nicht ungemessene Vortheile zu verlangen, er soll nicht zum Nachtheil des Staats und gemeinen Wesens sich bereichern, und der Staat, der zur Expropriation berechtigt ist, kann andererseits in keinem Fall, wenn nicht besondere Gesetze etwas Anderes bestimmen, zu mehr verpflichtet sein, als selbst der Beschädiger aus Vorsatz und grobem Versehen.

b) Ist in Folge der Expropriation ein Grundstück getheilt, z. B. durch einen Durchstich zur Regulirung eines Flußbettes, so ist der Expropriant nicht gehalten, es dem Expropriaten möglich zu machen, die abgetrennten Ländereien wie früher zu benutzen, er ist nur verpflichtet, dem Expropriaten den außerordentlichen Werth des hergegebenen Landes und aller Werthverringerungen seines Restgrundstücks zu erstatten, auch für Wirthschaftserschwernisse, nicht aber kostbare Anstalten zu treffen, damit die in ihrem Nutzungswerth verringerten Ländereien wieder den früheren Nutzungsertrag gewähren können.

§§ **8-11**. Nichtanwendbarkeit der §§ 420. 421. I. **21**. des Allg. Landrechts auf den Fall der Expropriation; Entschädigung des Eigenthümers, sämmtlicher Realberechtigten und des Pächters des Grundstücks aus der für das expropriirte Grundstück zu gewährenden Vergütung; Festsetzung und Betrag der Entschädigung, namentlich des Pächters und in Beziehung auf Holzanpflanzungen. — Vergl. A. L. R. I. **21**. §§ 420. 421.

Rechtsgr. **206**. — III. Senat. 20. Februar 1865. (LVIII. 163.)

a) Die Bestimmungen der §§ 420. 421. I. 21. des Allgem. Landrechts über die vom Verpächter dem Pächter zu leistende Vergütung, wenn das Nutzungsrecht verpachteter Grundstücke durch Zufall oder landesherrliche Befehle geschmälert wird, finden auf die im Wege der Expropriation gegen Entschädigung erfolgende Entziehung eines Theiles der Pachtgrundstücke keine Anwendung; es bildet vielmehr die für die expropriirten Grundstücke von dem expropriirenden Staate oder demjenigen, welchem dieser das Expropriationsrecht verliehen hat, zu gewährende Vergütung dasjenige Objekt, aus welchem der bisherige Eigenthümer und alle bisherigen Realberechtigten, unter diesen auch die Pächter, für den durch die Expropriation eintretenden Verlust ihrer bisherigen Rechte an den expropriirten Grundstücken die ihnen gebührende Vergütung erhalten müssen.

b) In welcher Weise aus diesem gemeinschaftlichen Entschädigungsfonds die einzelnen Entschädigungsberechtigten ihre Entschädigung zu fordern haben, ist nach den obwaltenden Rechtsverhältnissen zu ermessen, wobei in Betracht kommen kann, für welche einzelnen durch die Expropriation gewonnenen Werthobjekte die Vergütung durch den Expropriationspreis gewährt wird; nicht in allen Fällen kann deshalb, und dies namentlich nicht bei einer erst nach einer Reihe von Jahren zu verwerthenden Holzanpflanzung, ohne Weiteres die dem Pächter für einen expropriirten Theil des Pachtgrundstückes gebührende Entschädigung in der Benutzung des Expropriationspreises oder in den Zinsen gefunden werden.

§ **12**. Siehe Rechtsgrundsätze 203. 207. (A. L. R. I. **11**. §§. 1. 46.)

§ **30**. Siehe Rechtsgrundsatz 203. (A. L. R. I. **11**. § 1.)

§ **46**. Kaufvertrag ohne Verabredung eines Kaufpreises bei Waaren, welche einen Marktpreis haben. — Vergl. A. L. R. I. **11**. § 12.; Allg. Deutsches Handels-Gesetzbuch Art. 337. 338.

Rechtsgr. **207**. — IV. Senat. 15. Dezember 1864. (**LX**. 3.)

Wenn Gegenstände, Waaren, welche einen gewissen Marktpreis haben, von Personen, welche aus dem Verkaufe solcher Sachen ein Geschäft zu machen pflegen, an einen Anderen, der solche Sachen kaufen will, zu diesem Zwecke abgegeben werden, ohne daß über den Preis eine spezielle Beredung stattgefunden hat, so ist anzunehmen, daß beide Theile darüber einverstanden sind, daß der Marktpreis, welchen die Waare zur Zeit der Uebereinkunft und Ueberlieferung gehabt hat, als Kaufpreis für selbige bezahlt werden solle.

Siehe auch Rechtsgrundsatz 203. (§ 1. dieses Titels.)

§ **58.** Anrechnung des Altentheils bei Feststellung der Verletzung über die Hälfte; Erregung der Trunkenheit in betrüglicher Absicht. — Vergl. A. L. R. I. **18.** §§ 722. 724.; Allg. Hypotheken-Ordnung I. §§ 48. 49.

Rechtsgr. **208.** — III. Senat. 11. Mai 1866. (LXIII. 179.)

Zur Feststellung der Verletzung über die Hälfte beim Kaufvertrage über ein Grundstück ist nicht der auf dem Grundstück lastende Altentheil vom Werthe des Grundstückes in Abzug zu bringen, wohl aber dem Kaufpreise und den sonstigen Leistungen des Käufers zuzurechnen.

§ **65.** Verhältniß des Verzichtes auf Gewährleistung und der Entsagung des Einwandes der Verletzung über die Hälfte zu einander. — Vergl. A. L. R. I. **5.** § 348., **11.** §§ 250. ff.

Rechtsgr. **209.** — IV. Senat. 22. November 1864. (LVII. 117.)

Der Verzicht auf die Gewährleistung ist der Entsagung des Einwandes der Verletzung über die Hälfte nicht gleichzustellen.

§§ **106. 117.** Siehe Rechtsgrundsatz 414. (A. L. R. I. **21.** § 358.)
§§ **124. 126.** Siehe Rechtsgrundsatz 408. (A. L. R. I. **21.** § 187.)
§§ **128-130.** Siehe Rechtsgrundsatz 670. (Allg. Deutsches Handels-Gesetzbuch Art. 347.)

§ **135.** Gewährleistung des Verkäufers:

A. Gewährleistungspflicht des Verkäufers bei nicht geleisteter Uebergabe. — Vergl. §§ 154-166. dieses Titels.

Rechtsgr. **210**. — III. Senat. 1. April 1864. (LIV. 46.)

Der Verkäufer ist auch in dem Falle, wenn er die verkaufte Sache dem Käufer gar nicht übergeben kann, weil sie inzwischen wegen Hypothekenschulden im Wege der Subhastation an einen Dritten veräußert worden, dem Käufer die auf den Kauf verwendeten Kosten zu erstatten verpflichtet.

B. Gewährleistung bei Abtretung der Rechte des Käufers aus dem Kaufvertrage an einen Dritten.

Rechtsgr. **211**. — IV. Senat. 28. April 1864. (LIV. 132.)

Hat der Käufer von Früchten auf dem Halme, nachdem er deren Eigenthum erlangt hatte, seine Rechte aus dem Kaufvertrage einem Dritten abgetreten, so überkommt Jener diesem Dritten gegenüber die Verpflichtungen als Verkäufer. Dies gilt namentlich auch bezüglich der Gewährleistung wegen der veräußerten Früchte.

C. Gewährleistung des Verkäufers bei Ausübung eines gesetzlichen oder vertragsmäßigen Vorkaufsrechts Seitens des Vorkaufsberechtigten; Kenntniß des Käufers von dem ältern noch zur Ausübung des Vorkaufsrechts berechtigenden Kaufvertrage und Verpflichtung des Verkäufers zur Gewährleistung in diesem Falle. — Vergl. A. L. R. I. **20**. §§ 569. ff. 635.

Rechtsgr. **212**. — III. Senat. 10. März 1865. (LVIII. 184.)

a) Der Verkäufer des mit einem gesetzlichen oder vertragsmäßigen Vorkaufsrecht belasteten Guts ist bei mangelnder kontraktlicher Bestimmung dem Käufer die Gewähr zu leisten nicht schuldig, wenn in Folge der Ausübung solchen Vorkaufsrechts das Gut dem Käufer entzogen wird.

b) Hatte der Käufer des mit einem gesetzlichen oder vertragsmäßigen Vorkaufsrechte belasteten Guts davon Kenntniß, daß die Ausübung dieses Rechts dem Vorkaufsberechtigten auf Grund eines ältern Kaufvertrages mit niederem Kaufpreise zustehe, so hat der Verkäufer deswegen keine Gewähr zu leisten.

Siehe auch Rechtsgrundsatz 720. (Allg. Deutsche Wechsel-Ordnung Art. 36.)

§ 153. Siehe Rechtsgrundsatz 720. (Allg. Deutsche Wechsel-Ordnung Art. 36.)

§§ 154. ff. Siehe Rechtsgrundsätze 210. 244. (§§ 135. und 421. dieses Titels.)

§§ 170. 171. Siehe Rechtsgrundsatz 229. (§ 364. dieses Titels.)

§§ 175. 178. 182. Wege- und Brückenbaulast als gemeine Last. — Vergl. A. L. R. I. **11.** § 183., II. **6.** §§ 26. 27. 37., **7.** §§ 31. 39. 87. 146., **15.** §§ 11. 54.; Allg. Hypotheken-Ordnung I. §§ 48. 49.; Konkurs-Ordnung § 49.

Rechtsgr. **213.** — III. Senat. 19. Mai 1865. (LIX. 184.)

Die Wege- und Brückenbaulast verliert ihren Charakter als gemeine Last dadurch nicht, daß sie aus einem zwischen Gutsherrschaft und Unterthanen geschlossenen Vernehmen hergeleitet wird; sie geht deshalb auch ohne Eintragung in das Hypothekenbuch auf den neuen Erwerber des verpflichteten Gutes über.

§ 183. Pflicht des Verkäufers, dem Käufer die außergewöhnlichen Privatdienstbarkeiten, Lasten und Abgaben anzuzeigen, bezüglich der Rechte des zu diesen Lasten Berechtigten.

Rechtsgr. **214.** — II. Senat. 2. März 1865. (LVIII. 177.)

Die Vorschrift des § 183. I. 11. des Allgem. Landrechts betrifft blos das Rechtsverhältniß zwischen den Kontrahenten im Kaufvertrage und die Gewährleistung, welche der Verkäufer dem Käufer schuldig sein soll, nicht aber kann darin ein Recht des zu jenen Lasten Berechtigten auf die, von dem Verkäufer dem Käufer zu machende Anzeige gefunden werden.

Siehe auch Rechtsgrundsätze 213. 247. 1025. (§§ 175. 602. dieses Titels; Stempelgesetz vom 7. März 1822 § 5.)

§ 184. Eviktion im Gegensatze zur Gewährleistung wegen der auf dem verkauften Grundstücke haftenden, von dem Käufer nicht übernommenen Hypotheken; Cessibilität des Anspruches aus zweiseitigen Verträgen, insbesondere der actio emti und der Gewährleistungsansprüche, namentlich des Anspruches auf Liberation des Grundstückes von den Hypotheken, auf Eigenthumsübertragung des verpfändeten Grundstückes. — Vergl. A. L. R. Einl. § 99., I. 11. § 382.

Rechtsgr. 215. — III. Senat. 20. März 1865. (LIX. 23.)

Als eigentlicher Eviktionsfall stellt sich die Haftbarkeit des Verkäufers für die hypothekarischen Schulden dem Käufer gegenüber zwar erst dar, wenn in Folge der Hypothek dem Käufer die gekaufte Sache ganz oder theilweise entzogen worden; inzwischen äußert sich die Wirkung des § 184. I. 11. des Allgem. Landrechts dahin, daß der Verkäufer die auf dem Grundstück haftenden Hypotheken fortschaffen muß; dieser dem Käufer zustehende Anspruch ist, auch ohne gleichzeitige Uebertragung des Besitzes des Grundstückes, cessibel, wie die actio emti, Gewährleistungs-Ansprüche und die Rechte aus zweiseitigen Verträgen überhaupt.

§ 188. Siehe Rechtsgrundsatz 1025. (Stempel-Gesetz vom 7. März 1822 § 5.)

§§ 189. 190. Verbindlichkeit zur Entschädigung des Besitzers eines Grundstücks wegen nicht bewirkter Löschung des Vermerkes über die Eintragung einer Servitut in das Hypothekenbuch. — Vergl. Exekutions-Verordnung vom 4. März 1834 § 9.

Rechtsgr. 216. — II. Senat. 19. November 1863. (LIII. 19.)

a) Die Vorschriften der §§ 189. und 190. I. 11. des Allgem. Landrechts, — betreffend die Verbindlichkeit des Verkäufers zur Gewährung des Kapitalwerthes einer auf der Sache haftenden Geld- und Naturalien-Abgabe und des Kapitalbetrages des Minderwerths des Grundstücks wegen einer auf demselben haftenden, in Handlungen oder Leistungen bestehenden Last, — finden auf Servituten analoge Anwendung.

b) Das Interesse des Besitzers des Grundstücks bei

der Löschung des Vermerks über die erfolgte Eintragung einer Servitut in das Hypothekenbuch ist nicht identisch mit demjenigen Interesse, welches bei der Befreiung des Grundstücks von dieser Servitut in Betracht kommt.

§ **192**. Siehe Rechtsgrundsatz 720. (Allg. Deutsche Wechsel-Ordnung Art. 36.)

§§ **193**. **197**. **198**. Siehe Rechtsgrundsätze 80. 83. 244. 720. (A. L. R. I. **5**. §§ 328. 343., **11**. § 421.; Allg. Deutsche Wechsel-Ordnung Art. 36.)

§§ **198**. ff. **Keim zu einer Krankheit als Fehler oder Gewährsmangel eines verkauften Thiers.** — Vergl. A. L. R. I. **5**. §§ 325. 328. 331.

Rechtsgr. **217**. — IV. Senat. 24. Mai 1866. (LXIII. 187.)

Auch der bloße Keim zu einer Krankheit ist für einen zur Redhibitions- oder Minderungsklage oder zur Einrede berechtigenden Fehler und Gewährsmangel eines erkauften Thieres anzusehen, wenn derselbe bereits zur Zeit der Uebergabe des Thieres vorhanden war, erwiesen die nächstdem entwickelte Krankheit veranlaßte und letztere selbst nicht nach ihrer Natur und Beschaffenheit den Käufer zu dessen Rückgabe oder zur Minderung des vereinbarten, die Unkenntniß des Käufers von dem Mangel voraussetzenden Kaufpreises gesetzlich berechtigt haben würde.

Anh. § **14**. zu § **204**. Rotzkrankheit bei einem Pferde. — Vergl. A. L. R. I. **5**. §§ 318. 319., **21**. §§ 452. ff. 623. 624.; Regulativ vom 8. August 1835.

Rechtsgr. **218**. — III. Senat. 9. Februar 1866. (LXIII. 78.)

Ein rotzkrankes Pferd ist auch in civilrechtlicher Beziehung als definitiv unbrauchbar zu betrachten, und wo an die definitive Unbrauchbarkeit vermögensrechtliche Folgen geknüpft sind, treten dieselben ein, sobald die Rotzkrankheit festgestellt ist.

§ **206**. Siehe Rechtsgrundsatz 80. (A. L. R. I. **5**. § 328.)

§§ **207-211**. Fehlende Quantität; Größe und Umfang einer Sache als Eigenschaft derselben.

Rechtsgr. **219**. — III. Senat. 6. Oktober 1865. (LXI. 81.)

In den §§ 207—211. I. 11. des Allgem. Landrechts ist die Rede von der Quantität in Beziehung auf generische oder doch auf solche Dinge, bei welchen die Quantität als Theil der Leistung erscheint, wo die einzelnen Theile der verkauften Sachen nur äußerlich in Verbindung stehen und kein in sich geschlossenes Ganzes bilden; wird aber ein Ganzes, z. B. ein Rittergut verkauft, so ist die Größe und der Umfang nur eine Eigenschaft des verkauften Gutes.

Siehe auch Rechtsgrundsätze 83. 129. (A. L. R. I. **5**. § 343., 7. § 222.)

§ **222**. Siehe Rechtsgrundsatz 850. (A. G. O. I. **24**. § 36.)

§§ **250**. ff. Siehe Rechtsgrundsatz 209. (A. L. R. I. **5**. § 348.)

§§ **261**. ff. **Verkauf eines Wechsels unter der Bedingung, daß der Kaufpreis (Valuta) bis zu einer bestimmten Zeit bezahlt werde. — Vergl. A. L. R. I. 4. § 65.**

Rechtsgr. **220**. — IV. Senat. 24. Mai 1864. (LV. 105.)

Ist der mit einem Blanko-Indossament versehene Wechsel mit der Abrede übergeben, daß der Verkauf desselben nur dann Geltung haben solle, wenn der verabredete Kaufpreis (die Valuta) bis zu einer bestimmten Zeit bezahlt werde, so ist dies als eine auflösende, und nicht für eine aufschiebende Bedingung anzusehen.

Siehe auch Rechtsgrundsatz 847. (A. G. O. I. **24**. § 9.)

§§ **266**. ff Vom vorbehaltenen Eigenthum:
A. Voraussetzung des pacti reservati dominii.

Rechtsgr. **221**. — III. Senat. 6. April 1866. (LXII. 262.)

Ist die Uebergabe noch nicht bewerkstelligt worden, so kann von der rechtlichen Existenz des pacti reservati dominii nicht die Rede sein, und darum auch nicht von der Anwendung der auf dasselbe berechneten §§ 266—271. I. 11. des Allgem. Landrechts.

B. Unbestimmtheit der Fristbestimmung.

Rechtsgr. 222. — IV. Senat. 24. Mai 1864. (LV. 106.)

Ist bei einem Kaufvertrage der Vorbehalt des Eigenthums an die Bedingung geknüpft, daß der Kaufpreis

„bis zu einem bestimmten Tage oder einige Tage später"

bezahlt sein solle, so mangelt dieser Abrede diejenige Bestimmtheit, von welcher die rechtliche Wirksamkeit eines Eigenthumsvorbehaltes bei beweglichen, bereits übergebenen Sachen überhaupt abhängig zu machen ist.

Siehe auch Rechtsgrundsatz 49. (A. L. R. I. 4. § 114.)

§§ 296. ff. Vom Wiederverkaufe:

A. Rechtliche Natur des vorbehaltbaren Wiederkaufsrechts. — Vergl. A. L. R. I. 4. §§ 114. ff.

Rechtsgr. 223. — III. Senat. 21. November 1864. (LV. 294.)

Der in einem Kaufvertrage enthaltene Vorbehalt des Wiederkaufsrechts hat nicht die Natur einer den Vertrag auflösenden Bedingung, sondern eines das Recht des Verkäufers auf ein neues obligatorisches Verhältniß begründenden Nebenvertrages.

B. Anspruch des Wiederverkäufers auf Verbesserungskosten neben dem verabredeten Wiederkaufspreise.

Rechtsgr. 224. — III. Senat. 18. September 1865. (LXI. 30.)

Auch wenn in dem Kaufvertrage unter Vorbehalt des Wiederkaufes der Wiederkaufspreis im Voraus bestimmt ist, so ist dadurch allein ein Anspruch auf Meliorationskosten nicht ausgeschlossen.*

C. Anspruch des Wiederkaufsberechtigten auf die Feuerversicherungsgelder des inzwischen abgebrannten Gebäudes.

* Vergl. dagegen Bd. 1. S. 84. No. 255. dieser Rechtsgrundsätze.

Rechtsgr. **225**. — III. Senat. 21. November 1864. (LV. 295.)

Der Wiederkaufsberechtigte, welcher das Wiederkaufsrecht erst nach Untergang des Gebäudes durch Brandunglück ausübt, hat auf die Feuerversicherungsgelder keinen Anspruch.

§ **311**. Siehe Rechtsgrundsatz 847. (A. G. O. I. **24**. § 9.)
§§ **340**. ff. Von gerichtlichen Verkäufen:

A. Wesen und Charakter der nothwendigen Subhastation; Eigenthum an den vom Adjudikatar eingezahlten Kaufgeldern. — Vergl. A. G. O. I. **52**. §§ 5. 58. ff.; Subhastations-Verordnung vom 4. März 1834 §§ 16. ff.

Rechtsgr. **226**. — III. Senat. 29. September 1865 (LX. 167.)

Die nothwendige Subhastation, als ein Akt der Exekution, ist ein auf Antrag der Gläubiger vom Gericht an Stelle des Subhastaten, welchen er vermöge seines obrigkeitlichen Einschreitens vertritt, vorgenommener Verkauf. In Folge dieser obrigkeitlichen Vertretung sind die an das Gericht eingezahlten Kaufgelder Eigenthum nicht des Gerichts, noch der Gläubiger, sondern des Subhastaten als bisherigen Eigenthümers des subhastirten Grundstückes, aber dazu bestimmt, daß die Gläubiger daraus befriedigt werden.

B. Subhastation eines mit Leibzucht belasteten Grundstückes. — Vergl. A. L. R. I. **20**. §§ 24. 154.

Rechtsgr. **227**. — III. Senat. 2. Oktober 1865. (LXI. 72.)

Ein mit einer Leibzucht, welche in allen ihren Bestandtheilen unmittelbar und ohne Eintragung dinglicher Natur ist, belastetes Gut ist mit Uebergang der Leibzucht auf den Käufer zu subhastiren, und ist hiervon nur dann eine Ausnahme zu machen, wenn dieselbe mit ältern Hypotheken kollidirt.

C. Zuschlagsbescheid bei der nothwendigen Subhastation in seiner doppelten Eigenschaft als Kauf und Erkenntniß; Wirkung des Zuschlagsbescheides auf die Rechte des Erstehers, des Extrahenten und der Realgläubiger. — Vergl. A. G. O. I. **52**. §§ 61. ff.; Hypotheken-Ordnung II. § 100.; Subhastations-Verordnung vom 4. März 1834 §§ 16. 19. 20.

Rechtsgr. **228**. — III. Senat. 24. April 1865. (LVII. 312.)

a) Die Adjudikatoria hat nicht nur die Wirkung eines Kaufes, sondern auch die eines Judikats, in dessen Ausführung durch Einziehung und Vertheilung der Kaufgelder die Interessen des Subhastaten, des Erstehers, des Extrahenten und der Realgläubiger unter Leitung des Gerichts nach allen Seiten hin geordnet werden.

b) Mit dem Zuschlagsbescheid ist das dem Subhastaten zugestandene Eigenthum auf den Ersteher übergegangen, die Rechte des Extrahenten und der Realgläubiger beschränken sich auf die aus der Adjudikatoria entspringenden, auf Zahlung des Kaufgeldes und Erfüllung der sonstigen Kaufbedingungen; das Grundstück wird von dem bisherigen Pfandnexus frei.

§ **342**. Siehe Rechtsgrundsätze 247. 414. (A. L. R. I. **11**. § 602., **21**. § 350.)

§ **348**. Siehe Rechtsgrundsatz 796. (A. G. O. I. **8**. § 5.)

Zweiter Abschnitt. Vom Tauschvertrage.

§ **363**. Siehe Rechtsgrundsatz 1024. (Stempel-Gesetz vom 7. März 1822 § 5.)

§§ **364**. **370**. Ermittelung des Betrages der Entschädigung bei Gewährsmängel vertauschter Gegenstände. — Vergl. A. L. R. §§ 170. 171. dieses Titels.

Rechtsgr. **229**. — III. Senat. 27. Februar 1865. (LVIII. 171.)

Verlangt bei einem Tauschvertrage der eine der Kontrahenten wegen Gewährsmängel Entschädigung, so genügt es für ihn zur Begründung bezüglich des Betrages, daß der Werth des entzogenen Theils unter Beweis gestellt wird; dem andern Kontrahenten bleibt dagegen der Einwand vorbehalten, daß das Verhältniß des eigentlichen Werthes der vertauschten Sache einen andern Maaßstab und eine Minderung der Vergütung für den entzogenen Theil erfordere, zu welchem Ende eine Taxe der vertauschten Sachen beizulegen oder zu extrahiren ist.

§ **372**. Vergl. Rechtsgrundsatz 337. (A. L. R. I. **16**. § 106.)

Dritter Abschnitt. Von Abtretung der Rechte.

§§ **376**. ff. Unerheblichkeit der Erwähnung der Cessionsvaluta in der Cessionsurkunde. — Vergl. A. L. R. I. **5**. § 156., **11**. §§ 390. ff.

Rechtsgr. **230**. — IV. Senat. 8. September 1864. (LV. 218.)

Zur Gültigkeit der Cession bedarf es der Erwähnung der Cessionsvaluta nicht.

Siehe auch Rechtsgrundsätze 318. 720. (A. L. R. I. **15**. § 1.; Allg. Deutsche Wechsel-Ordnung Art. 36.)

§§ **382**. ff. Was cedirt werden könne:

A. Begriff der übertragbaren Rechte überhaupt. — Vergl. A. L. R. I. **4**. §§ 101. ff.

Rechtsgr. **231**. — IV. Senat. 23. März 1865. (LIX. 28.)

Unter den „Rechten“, welche nach § 382. I. 11. des Allgem. Landrechts abgetreten werden können, sind nicht solche, welche möglicher Weise in Zukunft entstehen können, sondern solche zu verstehen, für welche bereits ein Objekt vorhanden ist.

B. Cession von bedingten Rechten. — Vergl. A. L. R. I. **4**. §§ 101. ff.

Rechtsgr. **232**. — IV. Senat. 23. März 1865. (LIX. 28.)

Bedingte Rechte setzen ein bestimmtes Rechtsgeschäft voraus, und ihre Uebertragung hat die Bedeutung und Wirkung, daß sie für den Fall des Eintritts der aufschiebenden Bedingung zur Geltung gebracht werden können.

C. Nichtcessibilität des Antrages auf Löschung einer Forderung im Hypothekenbuch. — Vergl. A. L. R. I. **20**. § 521.

Rechtsgr. 233. — III. Senat. 20. März 1865. (LIX. 24.)

Die Löschung der Hypothek im Hypothekenbuche selbst kann nur der Besitzer des Grundstücks beantragen; dieses Recht ist daher für sich allein nicht cessibel, es kann nur mit dem Eigenthum des Grundstücks übertragen werden.

D. Nichtcessibilität nicht geforderter und nicht verwendeter Alimentationsgelder einer Ehefrau. — Vergl. A. L. R. II. 1. § 371.

Rechtsgr. 234. — I. Senat. 3. Juni 1864. (LV. 112.)

Hat die in Gütergemeinschaft, namentlich nach Paderborner ehelicher Gütergemeinschaft, lebende Ehefrau gegen den Kurator ihres abwesenden Ehemannes ein Erkenntniß erstritten, wonach derselbe verurtheilt ist, ihr für sich und ihre Kinder Alimentationsgelder zu zahlen, und sind diese Gelder weder gefordert noch verwendet worden, so sind diese nicht verwendeten und ersparten Alimentationsgelder ein Bestandtheil des gütergemeinschaftlichen Vermögens, wie jeder andere Erwerb der Ehefrau; dergleichen nicht geforderte und nicht verwendete Alimentationsgelder sind nicht cessibel.

§ 384. Cession einer rechtshängigen Forderung, nachdem durch Erkenntniß erster Instanz dem Kläger ein Eid de veritate auferlegt ist, und Abänderung dieses Eides in einen Eid de ignorantia für den Cessionar.

Rechtsgr. 235. — IV. Senat. 17. April 1866. (LXII. 286.)

Ist in erster Instanz dem Kläger ein Eid de veritate auferlegt, und cedirt er hierauf im Laufe der zweiten Instanz die Forderung, so widerspricht es dem § 384. I. 11. des Allgem. Landrechts:

> „durch die Cession einer rechtshängigen Sache wird weder in Ansehung des Gerichtsstandes, noch der Lage des Prozesses selbst etwas geändert“,

den Cessionar über die streitige Thatsache nunmehr zum Eide de ignorantia zu verstatten.

§§ **390. 392.** Siehe Rechtsgrundsatz 230. (A. L. R. I. **11.** § 376.)

§§ **393.** ff. Form der Cession:

A. Cession einer Forderung ohne Uebergabe der Schuldurkunde.

Rechtsgr. **236.** — III. Senat. 6. April 1866. (LXII. 262.)

An sich ist zur Cession die Uebergabe des über die Schuldforderung lautenden Dokuments nicht durchaus nothwendig.

B. Ungültigkeit der mündlichen Cession einer verbrieften Schuldforderung sowohl für den debitor cessus, als für den Cedenten.

Rechtsgr. **237.** — IV. Senat. 11. Juli 1865. (LIX. 307.)

Ist eine Schuldforderung, über welche briefliche Urkunden vorhanden sind, nur mündlich cedirt worden, so kann nicht allein der debitor cessus, sondern auch der Cedent sich auf die Ungültigkeit der Cession berufen.

C. Uebertragung der Rechte aus einer Anweisung durch Giro oder Cession. — Vergl. A. L. R. I. **16.** § 251.

Rechtsgr. **238.** — IV. Senat. 18. Februar 1864. (LIII. 145.)

Rechte aus Anweisungen können nicht durch bloßes Giro, sondern nur durch Cession übertragen werden.

Siehe auch Rechtsgrundsätze 244. 318. 1032. (A. L. R. I. **11.** § 420., **15.** § 1.; Deklaration vom 3. April 1824.)

§ **395.** Siehe Rechtsgrundsätze 1136. 1189. (Reglement vom 23. Juli 1844 § **72.**; Hypotheken-Novelle vom 24. Mai 1853 § 15.)

§ **401.** Siehe Rechtsgrundsätze 318. 720. (A. L. R. I. **15.** § 1.; Allg Deutsche Wechsel-Ordnung Art. 36.)

§§ **402.** ff. Rechte des Cessionars der hypothekarischen Illatenforderung einer Ehefrau. — Vergl. A. L. R. Einl. § 101., II. **1.** § 258.

Rechtsgr. **239.** — IV. Senat. 16. Juli 1864. (LIV. 257.)

a) Auch der Cessionar der Illatenforderung einer Ehefrau kann, ohne Hinzutritt eines anderweiten Rechtsgrundes, die Rückgewähr dieser Forderung von dem Ehemann nicht eher fordern, als die Ehefrau selbst sie würde fordern können.

b) Hat der Ehemann für die Illaten seiner Ehefrau Hypothek bestellt und zur demnächstigen Cession dieser

Hypothekenforderung Seitens der Letzteren seine Zustimmung ertheilt; so ist der Cessionar zwar sein dingliches Recht gegen das verpfändete Grundstück auch noch während der Ehe des Verpfänders geltend zu machen berechtigt; er kann aber darüber hinaus wegen des erlittenen Ausfalls den Ehemann, als ursprünglichen persönlichen Schuldner, während der Ehe nur in dem Falle einer ausdrücklich hierauf gerichteten Vereinbarung in Anspruch nehmen.

§ **408**. Siehe Rechtsgrundsatz 261. (§ 769. dieses Titels.)

§ **412**. Verlust der Einreden und Gegenforderungen des Schuldners der cedirten Forderung gegen den Cedenten. — Vergl. A. L. R. I. **16**. §§ 452. 453.

Rechtsgr. **240**. — III. Senat. 14. September 1866. (LXIII. 335.)

Der Verlust der Einreden und Gegenforderungen des Schuldners der cedirten Forderung gegen den Cedenten setzt voraus, daß aus der Willenserklärung des Schuldners die Absicht zu erkennen ist, das Rechtsverhältniß, aus dem seine Verbindlichkeit entsprungen und in das der Cessionar eingetreten ist, aufzuheben und in der Person des Cessionars neu zu begründen.

§ **413**. Verhandlungen zwischen dem Schuldner und Cedenten vor bekannt gemachter Cession.

Rechtsgr. **241**. — IV. Senat. 27. Oktober 1864. (LVII. 40.)

Hat der Schuldner, bevor ihm die geschehene Cession der Forderung bekannt gemacht worden, wegen Gegenforderungen auf die erstgedachte Forderung einen Arrest ausgebracht resp. den Betrag deponirt, so kann dies nicht als eine zwischen dem debitor cessus und dem Cedenten vorgefallene Verhandlung im Sinne des § 413. I. 11. des Allgem. Landrechts angesehen werden.

§ **417**. Siehe Rechtsgrundsatz 1189. (Gesetz No. 3804. vom 24. Mai 1853 § 15.)

§§ 420. ff. Verhandlungen zwischen Cedenten und Cessionar:
A. Einrede der dem klagenden Cedenten mangelnden Aktivlegitimation; Gegenanspruch des Cessionars gegen die Valutenforderung des Cedenten.

Rechtsgr. **242.** — IV. Senat. 8. September 1864. (**LV.** 217.)

Die Einwendung des Cessionars, daß dem Cedenten das abgetretene Recht noch nicht übertragen sei, kann der Valutenforderung des Cedenten gegenüber einen Gegenanspruch motiviren, sie ist aber nicht geeignet, den Streit mit dem Cedenten, der aus dem Vertrage seine Rechte verfolgt, als mit einem nicht Legitimirten abzulehnen.

B. Fortführung des Prozesses Seitens des Klägers nach Cession der Forderung an einen Dritten.

Rechtsgr. **243.** — IV. Senat. 23. Februar 1864. (**LIII.** 159.)

Dadurch allein, daß der Kläger eine eingeklagte Forderung während des Laufes des Prozesses cedirt, verliert derselbe noch nicht das Recht, den angefangenen Prozeß fortzuführen.

C. Girirung eines Wechsels mit der Klausel „ohne Gewähr" in seiner Wirkung auf die Civil-Vertretungsverbindlichkeit. — Vergl. A. L. R. I. **5.** §§ 318. 319. 326-328. 331., **11.** §§ 155. 192. 193. 197. 198. 393. 394.; Allg. Deutsche Wechsel-Ordnung Art. 9. 10. 14 36. 50. 51. 81.

Rechtsgr. **244.** — II. Senat. 30. November 1865. (**LX.** 285.)

Ist ein Wechsel mit der Klausel „ohne Gewähr" girirt, so ist dies, außer der nach der Allgem. Deutschen Wechsel-Ordnung anerkannten Bedeutung des Wegfalles der Wechselregreßverbindlichkeit, auch für die Civil-Vertretungsverbindlichkeit, welche das dem Indosse zu Grunde liegende Cessionsgeschäft herbeiführt, bezüglich der Aufhebung derselben maaßgebend.

Siehe auch Rechtsgrundsatz 360. (A. L. R. I. **16.** Anh. § 52. zu § 484.)

§§ 423. 424. Siehe Rechtsgrundsätze 318. 701. (A. L. R. I. **15.** § 1.; Allg. Deutsche Wechsel-Ordnung Art. 36.)

Sechster Abschnitt. Von gewagten Geschäften und ungewissen Erwartungen.

§ 528. Eigenschaft einer Muthung als Hoffnung im Sinne des § 528. I. **11.** des Allg. Landrechts; Abtretung einer Muthung in einem bereits verliehenen Felde; Rechtsbeständigkeit eines solchen Vertrages als gewagtes Geschäft. — Vergl. A. L. R. II. **16.** § 169.

Rechtsgr. **245.** — III. Senat. 9. Mai 1864. (LV. 92.)

a) Die im § 169. II. 16. des Allgem. Landrechts gleichmäßig als Bedingungen für die Beleihung aufgestellten Erfordernisse, daß die Muthung „bauwürdig und im Freien gelegen sei", ergeben, daß in beiderlei Beziehung eine jede Muthung für gleichmäßig unsicher gesetzlich gelten soll, und daß das Gesetz in beiderlei Beziehung in einer Muthung nur eine Hoffnung im Sinne des § 528. I. 11. des Allg. Landrechts erblickt.

b) Ein Vertrag, durch welchen eine Muthung ohne besondere Gewährleistung für Bauwürdigkeit und für das Liegen im Freien gegen einen zu entrichtenden Preis abgetreten wird, besteht sowohl, wenn das Liegen im Freien, als wenn die Bauwürdigkeit mangelt, als ein zur Entrichtung des Preises verpflichtender Vertrag, und bleibt der abtretende Inhaber der Muthung nur dafür verhaftet, daß überhaupt die abgetretene Muthung eingelegt ist, und diese Muthung ihm, nicht einem Andern, zusteht.

§§ 579. ff. Begriff der Wette.

Rechtsgr. **246.** — IV. Senat. 14. November 1865. (LX. 272.)

Nicht jede Stipulation, wodurch eine Ungewißheit im Gewinn oder Verlust bei einem Vertrage von einer gewissen Thatsache abhängig gemacht wird, steht einer Wette gleich; sondern die Wette hat den Streit über die Wahrheit einer Behauptung zu ihrem alleinigen Objekte, und von beiden Seiten werden bestimmte Zahlungen oder Leistungen versprochen, je nachdem die Behauptung sich als richtig zeigt oder nicht.

§ 594. Siehe Rechtsgrundsatz 104. (A. L. R. I. **7.** § 61.)

§§ 602. ff. Vom Altentheil:

A. Dinglichkeit des Altentheils. — Vergl. §§ 183. 342. dieses Titels.

Rechtsgr. **247.** — II. Senat. 3. und 5. Juli 1866. (LXIV. 196.)

Die mit dem Besitze der Sache verbundenen Nutzungsrechte des Altentheils sind schon in Folge dieses Besitzes dinglich, und geht die Pflicht, die Ausübung des Rechts dem Berechtigten auch ferner zu gestatten, auf dem neuen Eigenthümer über, ohne daß es einer Eintragung in das Hypothekenbuch bedarf.

B. Verhaftung des früheren Besitzers des mit einem Altentheil, als einer Reallast, belasteten Grundstücks für die rückständig gebliebenen Altentheilspräſtationen.

Rechtsgr. **248.** — II. Senat. 7. Juni 1866. (LXIII. 206.)

Auf den Altentheil, als eine Reallast, und seine Besitzzeit findet der Grundsatz des Präjudizes No. 2479.:

„Der Besitzer eines mit Reallasten behafteten Grundstückes ist auch nach Veräußerung desselben für die in seine Besitzzeit fallenden Rückstände persönlich verhaftet“,

Anwendung.

C. Ausübung eines Altentheilsrechts durch einen Bevollmächtigten, namentlich in Betreff des Melkens einer eisernen Kuh. — Vergl. A. L. R. I. **13.** § 18., **21.** § 110.

Rechtsgr. **249.** — II. Senat. 28. März 1865. (LVIII. 246.)

Der Altsitzer ist berechtigt, das Melken der ihm zu haltenden eisernen Kuh durch einen von ihm dazu Beauftragten vornehmen zu lassen.

D. Klage der Erben eines ermordeten Ausgedingers wider dessen Mörder, den Altentheilsverpflichteten, wegen der in Folge der Ermordung eingetretenen Entziehung der Altentheilspräſtationen; rechtlicher Charakter der Klage und des Altentheils. — Vergl. A. L. R. Einl. § 92., I. **4**. § 167., **9**. §§ 360. 361.

Rechtsgr. **250**. — I. Senat. 23. Oktober 1865. (**LXIV**. 17.)

a) Es ist unrichtig, daß im Falle des gewaltsamen Todes des Leibgedingers demselben über jenen hinaus bis zum Zeitpunkte des vermuthlichen natürlichen Todes noch ein Anspruch auf das Leibgedinge zustehen soll.

b) Der Verlust des Lebens ist nicht als ein vermögensrechtlicher Schaden aufzufassen, und das Leibgedinge hört unbedingt mit dem Leben auf; aber der Schaden liegt nicht in dem Verluste des Leibgedinges für den Lebensrest, sondern darin, daß den Ueberlassern die für das Grundstück bedungene Gegenleistung, der Uebernahmepreis, von dem Verpflichteten widerrechtlich entzogen worden. Dieser Verlust ist ein vermögensrechtlicher und geht auf die Erben über.

§ **646**. und Anh. § **19**. zu § **646**. Verträge über einen Vermögensinbegriff:

A. Anwendbarkeit und Inhalt des Anhangs § 19. zu § 646. I. **11**. des Allg. Landrechts.

Rechtsgr. **251**. — IV. Senat. 3. Mai 1866. (**LXIII**. 165.)

a) Der Anhang § 19. zu § 646. I. 11. des Allgem. Landrechts greift nur bei den daselbst erwähnten Vitalizien- und Alimentenkontrakten Platz und ist nicht auf alle Uebertragungsverträge eines ganzen Vermögens anwendbar.

b) Die Absicht des Gesetzes ist nicht, den Schuldner zu ermächtigen, sich für sein Leben den vollen Genuß des Vermögens zu sichern, und dabei zugleich dieses den Gläubigern völlig zu entziehen; sondern die Tendenz des § 19. des Anhangs besteht gerade darin: unter Anwendung des Grundsatzes, daß unter Vermögen nur dasjenige, was nach

Abzug der Schulden übrig bleibt, verstanden werden kann, für Fälle der vorliegenden Art das Interesse der Gläubiger dadurch zu schützen, daß der Uebernehmer des Vermögens die Schulden des Uebertragsgebers berichtigen muß.

B. Verhaftung des Uebernehmers eines Vermögensinbegriffes auf Grund eines Vitalizien- und Alimentenvertrages für die Schulden des Uebertragenden.

Rechtsgr. **252**. — IV. Senat. 3. März 1864. (LIII. 201.)

Der Singular-Successor auf den Grund eines Vitalizien- oder Alimentenvertrages muß zwar für die bis zum Abschluß dieses Vertrages erwachsenen Schulden des Uebertragenden aufkommen; die actio judicati aber, d. h. die nur auf das den Uebertragenden verurtheilende Erkenntniß gegründete Klage, braucht sich derselbe nicht gefallen zu lassen.

C. Wechselklage gegen den Käufer eines Vermögens-Inbegriffes aus dem Accepte des Uebertragenden; Erörterung der Streitfrage, ob zwischen dem Wechselverklagten und dem Acceptanten des Wechsels ein Vitalizien- oder Alimentationsvertrag geschlossen sei, im Wechselprozeß. — Vergl. A. G. O. I. **27**. §§ 9. 26.; Einführungs-Gesetz zur Allg. Deutschen Wechsel-Ordnung vom 15. Februar 1850 § 7.

Rechtsgr. **253**. — IV. Senat. 29. September 1864. (LVI. 203.)

a) Gegen den Käufer eines Vermögens-Inbegriffes ist die Geltendmachung der Wechselverpflichtungen des Verkäufers im Wechselprozeß statthaft.

b) Die unter den Parteien streitige Frage: ob der zwischen dem Wechselverklagten und dem Acceptanten des Wechsels geschlossene Uebertragungsvertrag ein Vitalizien- oder Alimentationsvertrag sei, ist im Wechselprozeß selbst zu entscheiden.

Siebenter Abschnitt. Vom Darlehnsvertrage

§ 653. Siehe Rechtsgrundsatz 886. (Konkurs-Ordnung § 24.)

§ 690. Siehe Rechtsgrundsatz 510. (A. L. R. II. **2.** § 133.)

§§ 729. ff. Darlehnsklage aus einem präjudizirten trockenen Wechsel in seiner Eigenschaft als Schuldschein. — Vergl. Allgem. Deutsche Wechsel-Ordnung Art. 83. 98. No. 10.

Rechtsgr. **254.** — IV. Senat. 9. Juni 1864. (LV. 116.)

Entspricht ein eigener (trockener) Wechsel zugleich den Erfordernissen eines Schuldscheins, und ist die Wechselkraft durch Verjährung oder Präjudiz erloschen, so ist der Kläger zur Begründung des von ihm als aus einem gegebenen baaren Darlehne geltend gemachten Anspruches auf den fraglichen Wechsel sich zu stützen befugt, und der Verklagte muß das im Wechsel enthaltene Bekenntniß des baaren und richtigen Empfanges der Valuta so lange gegen sich gelten lassen, als von ihm nicht der Beweis geführt ist, daß die Valuta ganz oder zum Theil wirklich nicht gegeben worden.

Siehe auch Rechtsgrundsätze 255-259. 263. (A. L. R. I. **11.** §§ 738. 824.; A. G. O. I. **10.** § 126.)

§§ 732. 733. Siehe Rechtsgrundsätze 261. 799. (§ 738. dieses Titels; A. G. O. I. **10.** § 86.)

§§ 738. 739. Vermuthung für die erfolgte Berichtigung der Valuta bei Schuldinstrumenten, die zur Eintragung in das Hypothekenbuch bestimmt sind. — Vergl. §§ 729. ff. dieses Titels.

A. Feststellung der nicht geschehenen Zahlung der in der Schuldverschreibung angegebenen Darlehnsvaluta rücksichtlich hypothekarisch versicherter Darlehnsforderungen. — Vergl. Allg. Hypotheken-Ordnung II. §§ 171. 172. 175.

Rechtsgr. **255.** — IV. Senat. 10. Juli 1866. (LXIV. 222.)

Von der Vermuthung, daß die Valuta nach dem Inhalte des Instrumentes wirklich gegeben worden, welche bei hypothekarisch eingetragenen Schuld-Instrumenten erst nach Verlauf von 38 Tagen nach der Eintragung, insofern der Schuldner während dieser Zeit keine Protestation wegen nicht empfangener Valuta im Hypothekenbuche hat vermerken lassen, zu Gunsten des ersten Inhabers entsteht, gilt ganz dasselbe, was in den §§ 732. und 733. I. 11. des Allgem. Landrechts generell vorgeschrieben worden, daß nämlich diese Vermuthung hinwegfällt, sobald bei der Instruktion der Sache sich findet, daß die Valuta ganz oder zum Theil wirklich nicht gegeben ist.

B. Einreden des Cessionars einer fingirten Schuld- und Pfandverschreibung aus den zwischen dem Cedenten und dem angeblichen Schuldner getroffenen Abreden.

Rechtsgr. **256.** — III. Senat. 13. Juni 1862. (LV. 1.)

Der Cessionar, welcher die ihm cedirte, über ein empfangenes Darlehn lautende Schuldverschreibung, in welcher Hypothek bestellt ist, eintragen läßt, kann dem angeblichen Darlehns-Empfänger, welcher wegen nicht erhaltener Darlehnsvaluta auf Ungültigkeits-Erklärung und Löschung der Hypothek klagt, nicht den Einwand entgegensetzen, daß die Schuld- und Pfandverschreibung ausgestellt sei, um dem Cedenten Geld oder Kredit zu verschaffen, und daß er dem entsprechend Cessionsvaluta gezahlt habe.

C. Umfang der Anwendbarkeit des § 738. I. 11. des Allgem. Landrechts, betreffend die Vermuthung für die Berichtigung der Darlehnsvaluta, mit Rücksicht auf den Abschluß verstellter Verträge und simulirter Handlungen. — Vergl. Hypotheken-Ordnung II. §§ 175. ff.

Rechtsgr. **257.** — IV. Senat. 12. April 1864. (LV. 66.)

a) Die Vorschrift im § 738. I. 11. des Allg. Landrechts und die darin im Interesse des Hypothekenverkehrs bestimmte Ausnahme von der in den §§ 732. 733. a. a. O. als Regel aufgestellten Vermuthung für die Richtigkeit des Schuldscheins und seines Inhaltes, insbesondere auch des darin von dem Aussteller erklärten Valuten-Empfangsbekenntnisses, setzt nur den Fall voraus:

daß ein Schuldner im guten Glauben sich zum Empfang der Darlehnsvaluta bekannt und dafür Hypothek bestellt, nichtsdestoweniger aber Schuld- und Hypotheken-Verschreibung nur in Erwartung des Valuten-Empfanges ausgestellt hat.

b) Die Vorschrift im § 738. I. 11. des Allg. Landrechts mit ihren Konsequenzen ist nicht auf den Fall auszudehnen, wo der Schuldner eines zur Eintragung bestimmten Instruments doloser Weise und gegen die Vorschrift im § 210. I. 14. des Allg. Landrechts sich zum Empfange der Darlehnsvaluta bekannt, dies jedoch nur simulirt und Beides — Empfangsbekenntniß und hypothekarische Verpfändung seiner Grundstücke — nur in der unredlichen und vom Gesetze verpönten Absicht erklärt hat:

dem seinerseits fingirten Gläubiger, beziehungsweise Darlehnsgeber und Pfandnehmer, Kredit zu verschaffen und zu diesem Ende denselben in Stand zu setzen, sich durch Dispositionen über das ausgestellte und ihm ausgeantwortete Instrument — sei es im Wege der Cession gegen Zahlung einer Valuta, sei es durch Verpfändung des simulirten Aktivums oder auf welchem andern Wege sonst — die gesuchten Geldmittel mit Täuschung Dritter zu verschaffen.

D. Verlust des Einwandes der nicht erhaltenen Darlehnsvaluta bei Cession der Forderung innerhalb 38 Tagen nach der Eintragung derselben in das Hypothekenbuch.

Rechtsgr. **258**. — III. Senat. 12. März 1866. (LXII. 214.)

Der Verlust des Einwandes der nicht vollständig erhaltenen Valuta des hypothekarisch versicherten Darlehns tritt auch dann ein, wenn die Cession vor dem 38. Tage nach Eintragung der Obligation geschehen ist.

E. Wirkung der Löschung der Protestation wegen nicht erhaltener Valuta nach Ablauf von 6 Monaten seit der Eintragung. — Vergl. Hypotheken-Ordnung II. § 180.; Gesetz vom 24. Mai 1853 §§ 46. 49.

Rechtsgr. 259. — III. Senat. 10. Oktober 1864. (LVI. 223.)

Mit der auf den Antrag eines dabei Betheiligten in Gemäßheit des § 49. Abs. 2. des Gesetzes vom 24. Mai 1853 erfolgten Löschung der im Hypothekenbuch eingetragenen Protestation wegen nicht erhaltener Valuta fällt die Protestation im § 738. I. 11. des Allgem. Landrechts beigelegte Wirkung: zu verhindern, daß die im § 732. a. a. O. begründete Vermuthung dafür, daß die Valuta nach Inhalt des Instrumentes wirklich gegeben sei, eintrete, — sowohl dem ursprünglichen Gläubiger, als dem Cedenten gegenüber fort.

Siehe auch Rechtsgrundsatz 1073. (Subhastations-Verordnung vom 4. März 1834 § 16.)

§ 760. Erschwerung der Rechtsverfolgung durch Verlassen der Königlichen Lande. — Vergl. A. L. R. I. **14**. §§ 193. 298.; A. G. O. I. **29**. § 70. No. 4.

Rechtsgr. 260. — I. Senat. 29. April 1864. (LIV. 136.)

Im Preußischen Rechte macht sich nach verschiedenen Richtungen hin die Ansicht geltend, daß in dem Verlassen der Königlichen Lande und in der Domizilirung im Auslande eine Erschwerung der Rechtsverfolgung zu finden ist.

§§ 769-774. Ort der Leistung einer Zahlung aus einem eingetragenen Schuld-Instrument. — Vergl. § 408. dieses Titels.

Rechtsgr. 261. — IV. Senat. 3. Oktober 1865. (LX. 190.)

Bei Leistung einer Zahlung aus einem eingetragenen Schuld-Instrumente hat der Schuldner die Verpflichtung, dem Gläubiger, beziehungsweise dessen Cessionar, von der von ihm getroffenen Wahl, ob er an dem ursprünglichen Wohnorte des Gläubigers oder da, wo das Hypothekenbuch sich befindet, Zahlung leisten wolle, in Kenntniß zu setzen.

§ 793. Siehe Rechtsgrundsatz 886. (Konkurs-Ordnung § 24.)

§§ **803**. ff. Höhe vorbedungener Zinsen aus Schuldverhältnissen, welche nicht auf Darlehne beruhen. — **Vergl.** A. L. R. I. **16**. **§§** 64. 66.)

Rechtsgr. **262**. — IV. Senat. 26. Juni 1866. (LXIII. 260.)

Die die Willensfreiheit der Kontrahenten bei Darlehnsverträgen rücksichtlich der Höhe der Zinsen beschränkenden Vorschriften sind auf andere Kontrakte nicht anwendbar.

Siehe auch Rechtsgrundsatz 50. (A. L. R. I. **4**. **§** 114.)

§ **824**. Schriftform des Zinsversprechens; Ergänzung des in dem Zinsversprechen nicht enthaltenen Zinsfußes. — Vergl. A. L. R. I. **4**. § 74., **5**. § 129., **11**. §§ 729. 731. 840. 841.

Rechtsgr. **263**. — III. Senat. 28. Oktober 1864. (LIV. 343.)

a) Dem Erforderniß der Schriftform für die Zinsenstipulation ist genügt, wenn die Forderung in dem schriftlichen Vertrage als eine verzinsliche anerkannt ist; die Bezeichnung des Zinsfußes ist zur Vollständigkeit des Zinsversprechens nicht erforderlich.

b) Ist in dem schriftlichen Zinsversprechen der Zinsfuß nicht angegeben, so ist dasselbe nach dem landüblichen Zinsfuß zu fünf Prozent zu ergänzen.

§§ **827**. ff. **834**. Siehe Rechtsgrundsatz 50. (A. L. R. I. **4**. § 114.)
§§ **840**. **841**. Siehe Rechtsgrundsatz 261. (§ 824. dieses Titels.)
§ **862**. Siehe Rechtsgrundsatz 510. (A. L. R. II. **2**. § 133.)
§§ **866**. ff. Beweis der Einrede der nicht erhaltenen Darlehnsvaluta Seitens des Schuldners, und Beweis der anderweitigen Verpflichtung Seitens des Gläubigers.

Rechtsgr. **264**. III. Senat. 4. Mai 1864. (LIV. 173.)

Behauptet der Aussteller einer hypothekarischen Schuldverschreibung dem ursprünglichen Gläubiger gegenüber, daß das über ein „baares Darlehn“ lautende Valutenbekenntniß unrichtig sei, so liegt ihm nur der Beweis der Unrichtigkeit dieses angegebenen Valutenbekenntnisses ob; der Beweis der anderweitigen Verpflichtung liegt dem Gläubiger ob.

Achter Abschnitt. Von Verträgen, wodurch Sachen gegen Handlungen, oder Handlungen gegen Handlungen versprochen werden.

§§ **895**. ff. **968**. ff. Siehe Rechtsgrundsatz 82. (A. L. R. I. 5. § 343.)

§§ **925**. ff. Wesen des Vertrages über ein verbungenes Werk.

Rechtsgr. **265**. — IV. Senat. 14. Juli 1866. (LXIII. 307.)

Das Wesen des Vertrages über ein verdungenes Werk besteht darin, daß nicht für einzelne Leistungen, selbst wenn sie schließlich zur Herstellung eines Ganzen führen sollten, besondere Preise verabredet sind, sondern daß für die Gesammtheit des Werkes als eines Ganzen eine Gesammtvergütung versprochen ist.

Neunter Abschnitt. Von Schenkungen

§§ **1041**. **1042**. Vermuthung für eine Schenkung:

A. Erfordernisse einer zu vermuthenden Schenkung.

Rechtsgr. **266**. — II. Senat. 9. Februar 1865. (LVII. 222.)

Die §§ 1041. 1042. I. 11. des Allgem. Landrechts setzen ein Geben ohne Vorbehalt, eine positive Handlung voraus. Die Vermuthung einer Schenkung greift deshalb nicht Platz, wo es an einer solchen Handlung fehlt und nur dasjenige, was kontraktlich gefordert werden konnte, während eines Zeitlaufes zu fordern unterlassen worden ist.

B. Vermuthung einer Schenkung hinsichtlich der Personen und hinsichtlich des Gegenstandes.

Rechtsgr. **267**. — IV. Senat. 2. November 1865. (LX. 247.)

a) Die Vermuthung der Schenkung beschränkt sich nicht blos auf die im § 1042. I. 11. des Allgem. Landrechts bezeichneten Verwandten; er bezeichnet nur einzelne Fälle, in denen die Vermuthung eintritt.

b) Die Bestimmung des § 1041. I. 11. des Allgem. Landrechts ist nicht blos auf „Gegebenes", sondern auch auf andere Leistungen, und nicht blos auf leibliche Kinder, sondern auch auf Schwiegerkinder zu beziehen.

Siehe auch Rechtsgrundsatz 521. (A. L. R. II. **2**. § 232.)

§§ **1053**. **1065**. **1090**. Rückforderung der Brautgeschenke nach Auflösung des nicht förmlich stattgehabten Verlöbnisses. — Vergl. A. L. R. I. **4**. §§ 114. 115. 145. 148-150., II. **1**. §§ 122. 123.

Rechtsgr. **268**. — IV. Senat. 22. März 1866. (LXII. 253.)

Die Rückgabe der während der Verlobungszeit bei nicht förmlich stattgehabter Verlobung gegebenen Geschenke ist gesetzlich nicht als stillschweigende Bedingung beim Geben der Geschenke für den Fall der Auflösung des Verhältnisses zu betrachten.

Dergleichen Geschenke sind daher nur innerhalb sechsmonatlicher Frist widerruflich.

Siehe auch Rechtsgrundsatz 370. (A. L. R. I. **17**. § 151.)

§ **1091**. Siehe Rechtsgrundsatz 472. (A. L. R. II. **1**. §§ 381. ff.)
§ **1134**. Siehe Rechtsgrundsatz 289. (A. L. R. I. **12**. § 617.)

Titel 12. Von den Titeln zur Erwerbung des Eigenthums, welche aus Verordnungen von Todeswegen entstehen.

Erster Abschnitt. Von Testamenten und Kodizillen.

§§ **3**. ff. Pflichttheilserbe als wahrer Erbe und Legatar. — Vergl. A. L. R. I. **12**. § 269., II. **2**. §§ 378. ff. 396. 432-436., **18**. Anh. § 164. zu § 574.; Reskript vom 13. Oktober 1794.

Rechtsgr. **269**. — IV. Senat. 28. April 1864. (LIV. 120.)

a) Der auf den Pflichttheil, als einen bestimmten Theil des Nachlasses, eingesetzte Pflichttheilserbe gilt als Erbe im gesetzlichen Sinne.

b) Der Pflichttheilsberechtigte, welchem der Pflichttheil in einer bestimmten Sache oder Summe ausgesetzt ist, ist als Legatar anzusehen.

Siehe auch Rechtsgrundsatz 272. (A. L. R. I. **12**. § 36.)

§ 4. Nothwendigkeit der ausdrücklichen Ernennung zum Erben oder Fiduziarerben. — Vergl. § 254. dieses Titels; Dig. 28. 5. Lex 35 § 3.; Cod. 6. 42. Lex 16.

Rechtsgr. 270. — I. Senat. 11. Juni 1866. (LXIII. 219.)

Nach dem Allgem. Landrecht kommt es bei der Ernennung von Erben und namentlich eines Fiduziarerben in wechselseitigen Testamenten nicht auf die gewählten Ausdrücke und auf die Bezeichnung als Erbe an; vielmehr ist jede Erklärung eines Testators, woraus erhellt, daß er nach seinem Tode den Inbegriff seines Nachlasses einer oder mehreren Personen habe zuwenden wollen, für eine Erbeseinsetzung zu erachten.

§ 9. Siehe Rechtsgrundsätze 935. 970. (Revidirter Entwurf des Provinzialrechts des Fürstenthums Paderborn; Münsterische Polizei-Verordnung vom 18. Januar 1592 Kap. 6. 7.)

§§ 21. 22. Unanwendbarkeit dieser Gesetzesstellen, betreffend Wahn- und Blödsinnige, auf Verträge.

Rechtsgr. 271. — IV. Senat. 20. September 1864. (LVI. 172.)

Die §§ 21. 22. I. 12. des Allgem. Landrechts sind lediglich auf letztwillige Verordnungen, nicht auch auf Verträge anwendbar.

§ 36. Fähigkeit, durch letztwillige Verordnungen zu erwerben, namentlich rücksichtlich einer freien religiösen Gemeinde. — Vergl. A. L. R. I. 12. §§ 3. ff., II. 6. §§ 11. ff.; Verfassungsurkunde vom 31. Januar 1850 Art. 12. 30.

Rechtsgr. 272. — I. Senat. 13. Juli 1864. (LIII. 328.)

Nur einer physischen oder juristischen Person, nicht aber einer, der Eigenschaft selbstständiger Persönlichkeit entbehrenden, Privatgesellschaft, kann eine Erbschaft beschieden werden.

Daher kann auch eine, der Korporationsrechte entbehrende freie religiöse Gemeinde als solche nicht zur Erbin eingesetzt werden.

§§ 53. 55. Fideikommissarische Substitution in einem Erbvertrage. — Vergl. § 632. dieses Titels.

Rechtsgr. **273**. — I. Senat. 8. Mai 1865. (LX. 22.)

Die nach den §§ 53. 55. I. 12. des Allgem. Landrechts statthafte fideikommissarische Substitution kann auch durch einen Erbvertrag bewirkt werden.

§ 104. Siehe Rechtsgrundsatz 275. (Anh. § 33. zu § 139. dieses Titels.)

§ 105. Deutlichkeit der Unterschrift des Testators unter dem zu gerichtlichem Protokoll erklärten Testament.

Rechtsgr. **274**. — I. Senat. 12. Mai 1865. (LVIII. 296.)

Der § 105. I. 12. des Allgem. Landrechts erfordert nur, daß der Testator das Testamentsprotokoll mitunterzeichne, nicht aber, daß die Unterschrift eine vollkommen deutliche, in allen Buchstaben des Namens gut ausgeschriebene sei.

Siehe auch Rechtsgrundsatz 275. (Anh. § 33. zu § 139. dieses Titels.)

§ 115. Siehe Rechtsgrundsatz 275. (Anhang § 33. zu § 139. dieses Titels.)

§ 139. und Anh. **§ 33.** zu **§ 139.** Folgen der verabsäumten gesetzlichen Form bei Errichtung eines Testaments:

A. Nichtleserlichkeit der Unterschrift des Testators im Gegensatz zu einem Handzeichen. — Vergl. §§ 104. ff. 115. ff. dieses Titels.

Rechtsgr. **275**. — I. Senat. 12. Mai 1865. (LVIII. 296.)

Die Vorschrift des § 139. I. 12. des Allgem. Landrechts und des Anhangs § 39. daselbst darf nicht auf den im Gesetze nicht bestimmten Fall angewendet werden, wenn zwar der Testator seinen Namen, aber nicht leserlich unterschrieben hat; es muß vielmehr in jedem einzelnen Falle nach dessen besonderen Umständen beurtheilt werden, ob einem Schriftzuge des Testators die Bedeutung einer Unterschrift oder die eines Handzeichens gegeben werden könne.

B. Verletzung der Förmlichkeiten bei einem versiegelt übergebenen schriftlichen Testament.

Rechtsgr. 276. — I. Senat. 8. Mai 1865. (LX. 20.)

Es schadet der Gültigkeit eines dem Gerichte versiegelt übergebenen schriftlichen Testamentes nicht, wenn der Richter dasselbe nicht überschrieben, auch nicht dem Siegel des Testators das Gerichtssiegel beigefügt, wohl aber das Konvolut in einen besondern Umschlag gelegt hat, und dieses versiegelt und überschrieben, und die Identität dieses Aufsatzes nicht zweifelhaft ist.

Siehe auch Rechtsgrundsatz § 522. (A. L. R. II. 2. § 379.)

§§ 172. ff. Vermächtnisse, deren Entrichtung der Erblasser dem gegenwärtigen Erben mündlich aufgetragen hat:

A. Oral-Fideikommiß an einen Intestaterben.

Rechtsgr. 277. — I. Senat. 23. April 1866. (LXII. 301.)

Auch das dem gegenwärtigen Intestaterben mündlich von dem Erblasser aufgetragene Vermächtniß ist zu Recht beständig.

B. Oral-Fideikommiß an einen Legatar. — Vergl. §§ 293. ff. dieses Titels; Inst. 2. 23. § 12.; Cod. 6. 42. Lex 12.

Rechtsgr. 278. — I. Senat. 23. April 1866. (LXII. 301.)

Ein dem Legatar mündlich aufgetragenes Vermächtniß an den Sublegatar muß der Legatar insofern und insoweit entrichten, als dies bei einem Erben rücksichtlich eines diesem mündlich aufgetragenen Legats der Fall ist.

C. Beweislast beim Oral-Fideikommiß darüber, daß das Vermächtniß den 20. Theil der Zuwendung an den Anwärter nicht übersteigt. Vergl. § 293. ff. dieses Titels.

Rechtsgr. 279. — I. Senat. 23. April 1866. (LXII. 301.)

Der § 164. I. 12. des Allgem. Landrechts findet auch im Falle des § 172. a. a. O. Anwendung und ist wenigstens analog für das Verhältniß zwischen dem Haupt- und Sublegatar maaßgebend. Daher muß der Anwärter

(Erbe oder Hauptlegatar) die Behauptung, daß das Legat resp. Sublegat den 20. Theil des Nachlasses resp. seiner Erbportion oder des Hauptlegats übersteige, durch ein vollständiges Verzeichniß des ganzen Nachlasses, oder doch dessen, was vom Erblasser zum Hauptlegate bestimmt ist, nachweisen.

D. Vermachte Alimente in einem Oral-Fideikommiß rücksichtlich der Bestimmung, daß die Gläubiger des Legatars dieselben nicht angreifen sollen. — Vergl. §§ 441. ff. dieses Titels.

Rechtsgr. **280**. — I. Senat. 23. April 1866. (**LXII**. 302.)

Ist in einem Oral-Fideikommiß eine Rente auf Lebenszeit legirt, so ist der Anwärter zu einem, gegen ihn vom Legatar gerichteten Klageantrage:

„auszusprechen, daß nach dem Willen des Erblassers die Gläubiger des Legatars nicht befugt seien, die Rente gegen dessen Willen anzugreifen",

passiv nicht legitimirt.

§ **243**. Siehe Rechtsgrundsatz 320. (A. L. R. I. **15**. § 3.)
§ **254**. Siehe Rechtsgrundsatz 270. (§ 4. dieses Titels.)
§ **261**. Rechte mehrerer eingesetzten Erben.

Rechtsgr. **281**. — I. Senat. 18. Juli 1866. (**LXIV**. 228.)

Der § 261. I. 12. des Allgem. Landrechts:

„Sind, ohne nähere Bestimmung, mehrere Personen zu Erben eingesetzt worden, so erwerben sie die Erbschaft zu gleichen Theilen",

setzt die Einsetzung mehrerer bestimmter Personen voraus, wobei es dann nicht darauf ankommt, ob einige von ihnen kopulativ, in Verbindung mit einer anderen, eingesetzt sind. Dasselbe kann jedoch da nicht angenommen werden, wo eine individuell unbestimmte Gesammtheit von Personen als Miterben eingesetzt worden ist, z. B.:

„Meine Tochter, deren Ehemann und Kinder sollen meine alleinige und Universalerben sein".

§ **269**. Siehe Rechtsgrundsatz 269. (§ 3. dieses Titels.)
§ **293**. Siehe Rechtsgrundsatz 278. (§ 172. dieses Titels.)
§ **294**. Siehe Rechtsgrundsatz 477. (A. L. R. II. **1**. § 492.)
§ **422**. Befreiung des testamentarischen Verwalters von der Kaution. — Vergl. A. L. R. I. **4**. §§ 122. 163. 168., **21**. § 20.

Rechtsgr. **282**. — I. Senat. 29. April 1864. (LIV. 135.)

Die testamentarische Bestimmung, durch welche der Verwalter eines Erbtheils von der Kautionsleistung befreit ist, ist gemeinhin nur unter der Klausel "rebus sic stantibus" zu verstehen.

§§ **441**. ff. Siehe Rechtsgrundsatz 280. (§ 172. dieses Titels.)
§ **466**. Legirung des Nießbrauches oder Ernennung zum Fiduziarerben in einem wechselseitigen Testament. — Vergl. § 614. dieses Titels.

Rechtsgr. **283**. — I. Senat. 11. Juli 1866. (LXIII. 218.)

Haben Eheleute in einem wechselseitigen Testamente verordnet:

„In Betreff des Vermögens wollen wir unsere leiblichen Kinder nach gesetzlicher Vorschrift zu Erben einsetzen. Der überlebende Ehegatte bleibt jedoch in dem alleinigen Besitze des von dem zuerst sterbenden Theil hinterlassenen Vermögens und hat auch den Nießbrauch davon. Er wird von der Einreichung eines offenen Inventarii dispensirt, ist von jeder Sicherstellung, Rechnungslegung und Verantwortlichkeit sowohl gegen Vormundschaftsgerichte, als auch gegen die Kinder, selbst nach erreichter Großjährigkeit derselben, befreit",

so liegt hierin nicht nur die Legirung eines Nießbrauches für den überlebenden Ehegatten, sondern eine Erbeseinsetzung desselben, und zwar haben sich die Eheleute gegenseitig zu Fiduziarerben eingesetzt und dem Letztlebenden ihre Kinder fideikommissarisch substituirt.

§§ **534**. **535**. Siehe Rechtsgrundsatz 41. (A. L. R. I. **4**. § 14.)
§§ **536**. **537**. Siehe Rechtsgrundsatz 19. (A. L. R. Einl. § 32.)

§§ **611**. **612**. Verstärkung der letztwilligen Verordnung durch Anerkenntniß:

A. Verstärkung einer letztwilligen Verordnung durch Anerkenntniß Seitens des Erben oder Legatars.

Rechtsgr. **284**. — I. Senat. 22. April 1864. (LIV. 111.)

Der § 611. I. 12. des Allgem Landrechts, — betreffend die Nichtanfechtbarkeit einer letztwilligen Verordnung nach deren Anerkenntniß Seitens des Erben oder Legatars, — setzt ein bereits publizirtes Testament voraus.

B. Form des Anerkenntnisses.

Rechtsgr. **285**. — I. Senat. 28. Mai 1866. (LXIII. 189.)

Der § 611. I. 12. des Allgem. Landrechts setzt ein, sei es nach den gesetzlichen Vorschriften über Vergleiche, oder nach denen des Verzichts, abgegebenes ausdrückliches Anerkenntniß der letztwilligen Verordnung voraus.

Siehe auch Rechtsgrundsatz 935. (Revidirter Entwurf des Provinzialrechts von Paderborn § 90.)

§ **614**. Siehe Rechtsgrundsatz 283. (§ 466. dieses Titels.)

Zweiter Abschnitt. Von Erbverträgen.

§§ **617**. ff. Inhalt und Charakter eines Erbvertrages:

A. Einfluß des Zweckes und Motives der Abschließung eines Erbvertrages auf den Charakter desselben als solchen. — Vergl. A. L. R. I. **12**. §§ 634. 635., II. **2**. § 648.

Rechtsgr. **286**. — I. Senat. 13. Januar 1865. (LVI. 283.)

Der Charakter eines Erbvertrages als solchen kann durch das Motiv oder den Zweck seiner Abschließung nicht aufgehoben werden; der Vertrag bleibt daher ein Erbvertrag, wenn er auch abgeschlossen worden ist, weil die vertragenden Theile bereits in einem vertragsmäßigen Verhältniß stehen oder in ein solches treten wollen.

B. Vereinigung eines Ehegelöbnisses und Erbvertrages in einer Urkunde. — Vergl. A. L. R. II. **1**. §§ 114. 115. 439. 440.

Rechtsgr. **287**. — I. Senat. 13. Januar 1865. (LVI. 283.)

Die Vereinigung eines Ehegelöbniß=Vertrages und eines Erbvertrages ist statthaft, und wird dadurch der rechtliche Charakter des letztern nicht aufgehoben.

C. Vertragsmäßige Feststellung des Eintritts der gesetzlichen Erbfolge als Inhalt eines Erbvertrages. — Vergl. A. L. R. II. **1**. § 438., **2**. §§ 271. 378.

Rechtsgr. **288**. — I. Senat. 13. Januar 1865. (LVI. 283.)

Die vertragsmäßige Feststellung des Eintritts der gesetzlichen Erbfolge entbehrt keineswegs unter allen Umständen die Natur eines Vertrages, insofern die vertragenden Theile damit entweder bezwecken, die Befugniß des Einen oder des Andern, einseitig etwas von der gesetzlichen Erbfolge Abweichendes letztwillig zu verfügen, auszuschließen, oder den Umfang des wirklich Vereinbarten zu präzisiren und zu ergänzen.

D. Vertragsmäßige Festsetzung der Theilungsgrundsätze von Miteigenthümern auf den Todesfall ohne Erbvertrag. — Vergl. A. L. R. I. **11**. § 1134., **17**. §§ 75. ff. 117. ff., II. **1**. § 452.

Rechtsgr. **289**. — III. Senat. 6. März 1865. (LVIII. 180.)

Haben Miteigenthümer die Grundsätze der künftigen Theilung ihres gemeinschaftlichen Grundbesitzes vertragsmäßig festgesetzt, und ist darnach auch die Auseinandersetzung bis nach dem Tode der Miteigenthümer, beziehungsweise ihrer Nachkommenschaft aufgeschoben, so finden auf einen solchen Vertrag die Bestimmungen von den Erbverträgen nicht Anwendung.

§ **621**. Siehe Rechtsgrundsatz 522. (A. L. R. II. **2**. § 379.)

§ **632**. Siehe Rechtsgrundsatz 273. (§ 53. dieses Titels.)

§§ **634**. ff. Siehe Rechtsgrundsatz 286. (§ 617. dieses Titels.)

§ **646**. Wirkung eines Erbvertrages in Ansehung eines Dritten. — Vergl. A. L. R. I. **5**. §§ 75-77.

Rechtsgr. **290**. — I. Senat. 3. Januar 1866. (LXIII. 35.)

Daraus, daß der in einem Erbvertrage begünstigte Dritte nicht als Mitkontrahent gilt, vielmehr aus dem Erbvertrage nur, wie aus einer letztwilligen Disposition, Rechte herleiten kann, ist nichts für die Ungültigkeit des Erbvertrages bezüglich des Notherben zu folgern; es folgt daraus vielmehr nur, daß derselbe wegen seiner Verletzung im Pflichttheil auch dieser letztwilligen Disposition als solcher gegenüber nur auf Ergänzung seines Pflichttheils antragen kann.

§ **648**. Siehe Rechtsgrundsatz 477. (A. L. R. II. **1**. § 492.)

Titel 13. Von Erwerbung des Eigenthums der Sachen und Rechte durch einen Dritten.

§§ **3**. **4**. Siehe Rechtsgrundsatz 846. (A. G. O. I. **24**. § 5.)

Erster Abschnitt. Von Vollmachtsaufträgen.

§ **5**. Siehe Rechtsgrundsätze 656. 846. (Allg. Deutsches Handelsgesetzbuch Art. 277.; A. G. O. I. **24**. § 5.)

§§ **7**. **8**. Erforderniß der Schriftlichkeit des Vollmachtsvertrages in Betreff des Verhältnisses des Dritten zum Vollmachtsgeber mit Rücksicht auf die Gesetze des Orts des Abschlusses des Hauptvertrages. — Vergl. A. L. R. Einl. §§ 23-33.; Code Napoléon Art. 1985.

Rechtsgr. **291**. — IV. Senat. 6. April 1865. (LIX. 60.)

Die Bestimmung des § 8. I. 13. des Allgem. Landrechts, — wonach ein Dritter, welcher mit dem Bevollmächtigten sich eingelassen hat, auf Erfüllung des mit selbigem geschlossenen Vertrages gegen den Machtgeber nicht klagen kann, wenn der Bevollmächtigte nicht durch einen schriftlichen Auftrag desselben legitimirt gewesen ist, — findet auch dann Anwendung, wenn der Vollmachtsvertrag in einem Rechtsgebiete geschlossen ist, in welchem es der schriftlichen Form desselben überhaupt nicht bedarf.

Siehe auch Rechtsgrundsätze 656. 924. 1176. (Allg. Deutsches Handels-Gesetzbuch Art. 277.; Allg. Hypotheken-Ordnung II. § 18.; Gesetz vom 12. Mai 1851 § 18.)

§ **18**. Siehe Rechtsgrundsatz 249. (A. L. R. I. **11**. § 602.)

§ **21**. Siehe Rechtsgrundsatz 634. (Allg. Deutsches Handels-Gesetzbuch Art. 105.)

§§ **22**. ff. Aufträge verschiedener Personen mit kollidirendem Interesse: A. Anspruch des Kommissionärs auf Mäklerlohn bei von beiden Theilen erhaltenem Auftrage zur Vermittelung des Geschäfts.

Rechtsgr. **292**. — IV. Senat. 18. Oktober 1864. (LIV. 333.)

a) Der § 22. I. 13. des Allgem. Landrechts, — wonach ein Bevollmächtigter Aufträge verschiedener Personen, deren Interesse einander entgegenläuft, nicht annehmen darf, und seine Anwendung auf die Aufträge zu Geschäftsvermittelungen hat nur den Zweck, jede der beiden Personen, unter welchen das Geschäft zu Stande gebracht werden soll, vor Kollusionen ihrer Beauftragten mit dem Gegenkontrahenten zu bewahren.

b) Derjenige dagegen, welcher den Auftrag zu einer Geschäftsvermittelung ertheilt, obgleich er weiß, daß der von ihm Beauftragte bereits von der andern Seite zu dieser Vermittelung Auftrag erhalten hat, sieht von der Besorgniß einer solchen Gefahr ab und kann deshalb dem Beauftragten, wenn das Geschäft demnächst durch ihn zu Stande gebracht ist, die dafür versprochene Belohnung nicht vorenthalten.

B. Kollidirende Interessen; Auftrags- und Proxenetikumsvertrag; Obliegenheiten des Vermittlers für den Käufer und den Verkäufer.

Rechtsgr. **293**. — IV. Senat. 19. Dezember 1865. (LXII. 104.)

a) Die Frage, ob im Sinne des § 22. I. 13. des Allgem. Landrechts und des Präjudizes No. 1687. vom 30. Januar 1846:

„Bei einem Rechtsgeschäfte, wodurch Jemandem der Auftrag, einen Kauf zu vermitteln oder zu Stande zu bringen, gegen Vergütung ertheilt wird, bleiben die Vorschriften von Vollmachts-Aufträgen, insbesondere der § 22. I. 13. des Allgem. Landrechts, und zwar dieser, wenn ein Fall kollidirender Interessen vorliegt, nicht außer Anwendung",

kollidirende Interessen vorliegen, ist der Entscheidung im Einzelfalle zu überlassen.

b) Der Auftragsvertrag und der Proxenetikumsvertrag sind einander nicht als spezifisch verschiedene Rechtsgeschäfte entgegenzustellen, vielmehr ist letzterer nur eine Spezies des ersteren.

c) Ein Vermittler für den Käufer hat nicht blos für das Zustandekommen des Geschäfts, sondern auch dafür zu sorgen, daß es zu dem möglichst billigen Preise zustandekomme, während ein Vermittler für den Verkäufer das umgekehrte Interesse zu besorgen hat.

§§ **49-52. 54.** ff. Befreiung des Kommissionärs von der Verpflichtung zum Schadensersatz bei Verkauf der Waare unter dem festgesetzten Preise. — Vergl. Allg. Deutsches Handels-Gesetzbuch Art. 363.

Rechtsgr. **294**. — IV. Senat. 21. Mai 1864. (LIII. 264.)

Der Grundsatz des Art. 363. des Allgem. Deutschen Handelsgesetzbuches, daß der Kommissionär, welcher unter dem ihm gesetzten Preise verkauft, dem Kommittenten den Unterschied im Preise vergüten muß, sofern er nicht beweist, daß der Verkauf, wie er vorgenommen und ausgeführt sei, von dem Kommittenten noch Schaden abgewendet habe, folgt auch aus den Bestimmungen des Allg. Landrechts vom Vollmachtsvertrage.

§ **61**. Siehe Rechtsgrundsätze 91. 92. (A. L. R. I. **5**. § 450.)

§§ **65**. ff. Umfang des Entschädigungs-Anspruches des negotiorum gestor und des Bevollmächtigten für den Aufwand bei den besorgten Geschäften. — Vergl. §§ 230. 231. dieses Titels.

Rechtsgr. **295**. — IV. Senat. 12. Oktober 1865. (LXI. 96.)

Die Entschädigung, welche der negotiorum gestor für den Aufwand zu dem besorgten Geschäft in Anspruch nehmen darf, hat auf der einen Seite ihre Grenze in dem Vortheil, der dem Geschäftsherrn durch die Besorgung verschafft ist, auf der andern Seite aber in dem Nachtheil, der aus der Verwendung dem Besorger erwächst, so daß der Geschäftsherr nie mehr erhält, als ihm Vortheil bereitet ist, und, sofern dieser Vortheil noch über den Nachtheil, den der Besorger erlitten, hinausgeht, diesem doch nur soviel zu vergüten braucht, als der Nachtheil sich beläuft.

Dieselben Grundsätze gelten auch für den Vollmachtsvertrag.

Siehe auch Rechtsgrundsätze 346. 840. (A. L. R. I. **16**. § 177.; A. G. O. I. **19**. § 10.)

§§ **74**. ff. Stellung des civilrechtlichen Mandatars dem kaufmännischen Kommissionär gegenüber, namentlich betreffend die Forderung der Gebühren und Provision. — Vergl. A. L. R. II. **8**. § 698.; Allgem. Deutsches Handels-Gesetzbuch Art. 290.

Rechtsgr. **296**. — IV. Senat. 17. Januar 1865. (LVII. 216.)

Während die Vergütung des civilrechtlichen Mandatars der Regel nach lediglich nach dem Aufwande von Arbeitskräften, welche die Ausführung nöthig macht, bemessen wird, liegt in der Provision des kaufmännischen Kommissionärs in der Regel noch eine Ausgleichung und Sicherung für seine mögliche Gefährdung aus der selbstständigen Verhaftung.

Siehe auch Rechtsgrundsätze 68. 782. 1086. (A. L. R. I. **5**. § 165.; A. G. O. I. **2**. § 167.; Verordnung vom 31. März 1838 § 2. No. 2.)

§§ **98**. **101**. **102**. Befugniß zur Eingehung von Vergleichen und Kompromißverträgen, insbesondere Seitens eines Handlungs-Disponenten. — Vergl. A. L. R. II. **8**. §§ **501**. **502**.; Allgem. Deutsches Handels-Gesetzbuch Art. 42.; A. G. O. I. **2**. § 167.

Rechtsgr. **297**. — III. Senat. 11. April 1864. (LIV. 65.)

a) Die Befugniß zur Eingehung von Vergleichen schließt die Befugniß zur Eingehung von Kompromißverträgen nicht in sich.

b) Daher ist der wenngleich mit unbeschränkter Vollmacht versehene Disponent einer Handlung zur Eingehung von Kompromißverträgen nicht berechtigt.

Siehe auch Rechtsgrundsatz 639. (Allgem. Deutsches Handels-Gesetzbuch Art. 116.)

§ **104**. Erklärung des bevollmächtigten Rechtsanwalts, sich bei einem im Civilprozeß ergangenen Erkenntniß beruhigen zu wollen; Annahme dieser Erklärung Seitens der Gegenpartei.

Rechtsgr. **298**. — IV. Senat. 24. Januar 1865. (LVIII. 121.)

Die Erklärung des zur Prozeßführung bevollmächtigten Rechtsanwalts, sich bei einem im Civilprozesse ergangenen Erkenntnisse, gegen welches ein an eine Prozeßfrist gebundenes Rechtsmittel zuständig ist, beruhigen zu wollen, erfordert weder eine Spezialvollmacht des erklärenden Rechtsanwalts, noch der Acceptation der Erklärung von Seiten der andern Partei.

§ **106**. Siehe Rechtsgrundsatz 910. (Konkurs-Ordnung § 215.)
§ **120**. Siehe Rechtsgrundsatz 832. (A. G. O. I. **14**. § 14a.)
§ **123**. Siehe Rechtsgrundsatz 924. (Hypotheken-Ordnung II. § 18.)
§§ **129**. ff. Bevollmächtigung zur Cession von Forderungen und Bevollmächtigung zur Empfangnahme der Cessionsvaluta, überhaupt und namentlich bei Hypothekenforderungen. — Vergl. A. L. R. I. **2**. § 7.

Rechtsgr. **299**. — III. Senat. 14. November 1864. (LVII. 82.)

Derjenige, welcher zur Cession Vollmacht erhalten hat, ist auch zum Empfange der Cessionsvaluta für bevollmächtigt zu erachten, wenn der Machtgeber ihn in den

Stand gesetzt hat, das Schuld-Dokument dem Cessionar zu übergeben.

Dies findet namentlich auch bei Hypothekenforderungen Anwendung.

§§ **142-146**. Siehe Rechtsgrundsatz 605. (A. L. R. II. **18**. § 499.)
§ **147**. Siehe Rechtsgrundsatz 1176. (Gesetz vom 12. Mai 1851 § 18.)
§§ **148**. **149**. Verpflichtung des Machtgebers aus der mündlichen Erklärung, daß er einem Andern ein Geschäft aufgetragen habe. — Vergl. A. L. R. I. **5**. § 156.

Rechtsgr. **300**. — IV. Senat. 26. Oktober 1865. (LXI. 166.)

Hat Jemand gegen einen Dritten nur mündlich erklärt, daß er einem Andern ein gewisses Geschäft aufgetragen habe, so haftet er für dasjenige, was der Dritte dem Bevollmächtigten gegeben oder geleistet hat, ebenso, als ob er es selbst auf Grund eines mündlichen Vertrages erhalten hätte; er muß daher das Erhaltene zurückgeben oder vergüten.

§ **159**. Vertragsmäßige Befugniß des Rechts zum Widerruf einer Vollmacht.

Rechtsgr. **301**. — IV. Senat. 11. September 1866. (LXIV. 238.)

Der Machtgeber kann sich durch Vertrag des Rechtes zum Widerrufe der Vollmacht ganz begeben, oder dessen Ausübung von Bedingungen oder Leistungen abhängig machen.

Siehe auch Rechtsgrundsätze 311. 316. (A. L. R. I. **14**. §§ 213. 356.)

§§ **161**. **167-171**. Widerruf einer schriftlich ertheilten Vollmacht, welche der Machtgeber in der Hand des Bevollmächtigten gelassen hat.

Rechtsgr. **302**. — III. Senat. 14. November 1864. (LVII. 82.)

Der Widerruf einer schriftlich ertheilten Vollmacht, welche der Machtgeber in der Hand des Bevollmächtigten gelassen hat, ist Dritten gegenüber nicht zu berücksichtigen.

Zweiter Abschnitt. Von Uebernehmung fremder Geschäfte ohne vorherigen Auftrag.

§§ **228**. ff. Siehe Rechtsgrundsatz 742. (Allg. Deutsche Wechsel-Ordnung Art. 83.)

§§ **230**. **231**. Bereicherung des Dritten gegen den Willen des Aufwendenden bei der nützlichen Verwendung. — Vergl. §§ 262. 268. 269. dieses Titels.

Rechtsgr. **303**. — IV. Senat. 27. Oktober 1864. (LVII. 47.)

Das Rückforderungsrecht in den Fällen, wo aus dem Vermögen des Einen in das des Andern Etwas übergegangen ist, setzt voraus, daß eine Bereicherung gegen den Willen desjenigen, aus dessen Vermögen die Bereicherung erfolgt ist, stattgefunden hat; ist die Bereicherung dagegen nach dem Willen des Aufwendenden geschehen, so kann eine Rückforderung nicht geltend gemacht werden.

Siehe auch Rechtsgrundsätze 295. 347. 407. (A. L. R. I. **13**. § 65., **16**. § 179., **21**. § 130.)

§§ **249**. ff. Kaution für das politische Wohlverhalten und die Beobachtung der Landesgesetze Seitens eines Dritten. — Vergl. A. L. R. I. **4**. § 6-14., **5**. §§ 51. ff. 71. 129.

Rechtsgr. **304**. — IV. Senat. 3. Oktober 1865. (LX. 177.)

Die von Jemandem für das politische Wohlverhalten einer Person, und daß dieselbe den Landesgesetzen gemäß sich verhalte, den Staatsbehörden in Preußen formgerecht gestellte Kaution ist ein gültiges Rechtsgeschäft.

Dritter Abschnitt. Von nützlichen Verwendungen.

§§ **262-264**. Ersatz der verwendeten Sache:

A. Begriff und Ersatz des Werthes der in den Nutzen eines Andern verwendeten Sache.

Rechtsgr. **305**. — IV. Senat. 18. Juni 1864. (LV. 151.)

Aus der Gegenüberstellung der in Natur zurückzugebenden Sache und der Vergütung ihres Werthes in den §§ 263. und 264. I. 13. des Allgem. Landrechts ergiebt sich, daß unter diesem Werth eben nur der Werth zu verstehen ist, welchen die Sache im Allgemeinen hat.

B. Substanziirung der Klage aus der nützlichen Verwendung, betreffend den Ersatz der verwendeten Sache.

Rechtsgr. **306**. — IV. Senat. 23. März 1865. (LVI. 364.)

Sind die in den Nutzen des Verklagten verwendeten Sachen, namentlich Waaren, bei demselben nicht mehr vorhanden, sondern von ihm verkauft, so hat der Kläger, dem die erzielten Kaufpreise nicht bekannt sein können, zur Substanziirung seiner Klage aus der nützlichen Verwendung genug gethan, wenn er durch Erweis der allgemein üblichen, angemessenen Preise darthut, welcher Werth muthmaaßlich in den Nutzen des Verklagten wirklich verwendet worden ist, wogegen es diesem überlassen bleibt, zu behaupten und zu beweisen, daß und wie viel weniger Werth er zu erlangen vermocht habe.

Siehe auch Rechtsgrundsätze 203. 407. 418. 742. (A. L. R. I. **13**. § 230., **21**. §§ 130. 597.; Allgem. Deutsche Wechsel-Ordnung Art. 83.)

§ **265**. Siehe Rechtsgrundsatz 322. (A. L. R. I. **15**. § 28.)

§§ **268**. ff. Siehe Rechtsgrundsätze 303. 529. (A. L. R. I. **13**. § 230., II. **3**. § 24.)

§§ **273**. **274**. Nützliche Verwendung durch Gewährung gewöhnlicher Lebensbedürfnisse.

Rechtsgr. **307**. — IV. Senat. 5. Januar 1865. (LVI. 261.)

Bei gewöhnlichen Lebensbedürfnissen liegt in der Fortdauer des Lebens die Fortwirkung der Verwendung, also auch der fortbestehende Besitz des durch sie hervorgebrachten Vortheils.

Siehe auch Rechtsgrundsatz 510. (A. L. R. II. **2**. § 133.)

§ **280**. Siehe Rechtsgrundsatz 418. (A. L. R. I. **21**. § 597.)

Titel 14. Von der Erhaltung des Eigenthums und der Rechte.

§ 1. Siehe Rechtsgrundsatz 1013. (Geschäfts-Instruktion für die Regierungen vom 23. Oktober 1817 § 19.)

§§ 4-8. Siehe Rechtsgrundsatz 574. (A. L. R. II. 12. §§ 29. ff.)

Erster Abschnitt. Von Verwahrungsverträgen.

§ 24. Siehe Rechtsgrundsatz 309. (§ 69. dieses Titels.)

§§ 35-37. Anwendbarkeit der §§ 35. 37. I. 14. des Allg. Landrechts auf den Pfandbesitzer, namentlich in Betreff der Anzeige eines eingetretenen Schadens oder Verlustes.

Rechtsgr. 308. — IV. Senat. 7. Februar 1865. (LVI. 342.)

Die zunächst für das Verhältniß des bloßen Verwahrers gegebenen Vorschriften der §§ 35—37. I. 14. des Allgem. Landrechts, namentlich die dem Verwahrer auferlegte Verbindlichkeit zur alsbaldigen Anzeige eingetretenen Schadens oder Verlustes, finden auch auf den Pfandbesitzer Anwendung.

§§ 69. 70. Untersagungsrecht des in Gütergemeinschaft lebenden Ehemannes, die von der Ehefrau deponirte Sache an diese zurückzugeben. — Vergl. A. L. R. I. 14. § 24., II. 1. § 377.

Rechtsgr. 309. — III. Senat. 23. Februar 1866. (LXII 154.)

Hat die in Gütergemeinschaft lebende Ehefrau bei einem Dritten eine Sache deponirt, und untersagt der Ehemann dem Depositar die Herausgabe an die Niederlegerin, so darf der Depositar die Sache an die Ehefrau nicht zurückgeben.

§§ 78. 79. Siehe Rechtsgrundsatz 574. (A. L. R. II. 12. § 29.)

§§ 92. 93. Siehe Rechtsgrundsatz 349. (A. L. R. I. 16. § 213.)

Zweiter Abschnitt. Von der Verwaltung fremder Sachen.

§ 106. Siehe Rechtsgrundsatz 910. (Konkurs-Ordnung § 215.)

§ 109. Siehe Rechtsgrundsatz 189. (A. L. R. I. 9. § 521.)

§ **131.** Siehe Rechtsgrundsatz 1178. (Gesetz vom 12. Mai 1851 § 18. No. 9.)

§§ **135. 136.** Siehe Rechtsgrundsatz 684. (Allg. Deutsches Handelsgesetzbuch Art. 105.)

Dritter Abschnitt. Von Kautionen und Bürgschaften.

§ **193.** Siehe Rechtsgrundsatz 260. (A. L. R. I. 11. § 760.)

§ **203.** Nothwendigkeit der schriftlichen Form der Interzession. — Vergl. §§ 388. ff. 399. 400. 401-406. dieses Titels.

Rechtsgr. **310.** — IV. Senat. 11. Oktober 1864 (LXIII. 10.)

Hat der eine Kontrahent sich verpflichtet, dem anderen Kontrahenten die Schuld eines Schuldners desselben zu zahlen, falls dieser andere Kontrahent die Exekution gegen seinen Schuldner nicht weiter verfolgen werde; so liegt eine der schriftlichen Form bedürfende Intercession vor.

Siehe auch Rechtsgrundsätze 314. 655. (A. L. R. I. 14. § 258.; Allg. Deutsches Handelsgesetzbuch Art. 277.)

§§ **213-218.** Mandatum qualificatum als Bürgschaft und Mandat. — Vergl. A. L. R. I. 13. §§ 159. ff.

Rechtsgr. **311.** — IV. Senat. 3. November 1865. (LXII. 26.)

Für die in Folge eines mandatum qualificatum entstandenen Forderungen des Kreditirenden haftet der Erklärende subsidiär; die Grundsätze der Bürgschaft kommen hierbei zur Sprache; im Uebrigen, namentlich in Beziehung auf die Ermächtigung zur Gewährung des Kredits, ist das Verhältniß der Parteien nach den Grundsätzen des Mandats zu beurtheilen.

Siehe auch Rechtsgrundsatz 314. (§ 258. dieses Titels.)

§§ **221.** ff. Certioration bei der Einwilligung der in der Gütergemeinschaft lebenden Ehefrau zu den von dem Ehemanne vorzunehmenden Veräußerungen und Verpfändungen gütergemeinschaftlicher Grundstücke überhaupt, und nach Westpreußischem Provinzialrecht. — Vergl. A. L. R. II. 1. §§ 341. ff. 378.; Westpreußisches Provinzialrecht vom 19. April 1844 § 17.

Rechtsgr. **312**. — IV. Senat. 27. Februar 1866. (LXII. 176.)

Der gerichtlichen Form und der Belehrung der Frau nach den §§ 221. ff. I. 14. und den §§ 341. ff. II. 1. des Allgem. Landrechts bedarf die im § 378. II. 1. daselbst gedachte Einwilligung der Frau auch dann nicht, wenn der Mann das Grundstück oder die Gerechtigkeit zur Sicherheit für eine von ihm übernommene Bürgschaft verpfändet hat.

Diese Grundsätze kommen auch bei Anwendung des Westpreußischen Provinzialrechts zur Geltung.

Siehe auch Rechtsgrundsatz 466. (A. L. R. II. **1**. § 343.)

§§ 258. ff. Umfang der Verbindlichkeit des Bürgen;

A. Verzugszinsen bei Kautionsleistung auf eine bestimmte Summe durch Hypothekbestellung. — Vergl. A. L. R. I. **16**. §§ 15. 16. 64. 71., **20**. §§ 49. 50. 54. 483.; A. G. O. I. **7**. § 48d.

Rechtsgr. **313**. — IV. Senat. 7. Juli 1863. (LVIII. 11.)

Ist für alle Vorschüsse, welche einem Dritten gemacht werden, auf eine bestimmte Summe Hypothek bestellt, so hängt die Entscheidung der Frage, ob der Gläubiger, vorbehaltlich der Rechte etwa später eingetragener Hypothekgläubiger, bei Verordnung der Subhastation und Administration des verpfändeten Grundstückes von der Vorschußsumme auch Zinsen seit dem Tage der Klagebehändigung verlangen könne, davon ab, ob der Kautionsleistende zu dem Gläubiger in einem obligatorischen Verhältniß gestanden hat, oder nicht.

B. Gültigkeit einer Bürgschaft für zukünftige Verbindlichkeiten des Hauptschuldners. — Vergl. §§ 203. 213. ff. 218. dieses Titels.

Rechtsgr. **314**. — IV. Senat. 4. Januar 1866. (LXI. 308.)

Zur Gültigkeit einer übernommenen Bürgschaft und der sie enthaltenden Erklärung ist ihre Einschränkung auf eine e i n z e l n e, in sich b e s t i m m t e Verpflichtung nicht stets und wesentlich erforderlich, dieselbe kann vielmehr, —

abgesehen von der erforderlichen schriftlichen Form, — auch generell und selbst für zukünftige Verbindlichkeiten des Hauptschuldners gültig übernommen werden; es genügt für diesen Fall, wenn dergleichen Verbindlichkeiten des Hauptschuldners resp. Forderungen des Gläubigers überhaupt nur wirklich zur Existenz gelangen.

§ **298**. Siehe Rechtsgrundsatz 260. (A. L. R. I. **11**. § 760.)
§§ **310**. ff. Siehe Rechtsgrundsatz 769. (A. G. O. Einl. § 64. ff.)
§§ **313**. **314**. Siehe Rechtsgrundsatz 901. (Konkurs-Ordnung § 170.)
§§ **316**. **317**. **320**. Bürgschaft auf eine gewisse, bestimmte Zeit mit Rücksicht auf eine zu gewährende Nachfrist.

Rechtsgr. **315**. — IV. Senat. 21. September 1865. (LXI. 44.)

Derjenige Bürge, welcher sich gegen eine dem Hauptschuldner Seitens des Gläubigers etwa zu gewährende Nachfrist durch Stellung der Bedingung schützt, daß eine solche nur mit ausdrücklicher Genehmigung zuläßig sei, unterliegt der Vorschrift der §§ 316. 317. I. 14. des Allg. Landrechts; eine derartige Bedingung charakterisirt die Bürgschaft als eine auf eine gewisse bestimmte Zeit übernommene.

§§ **356-362**. Widerruf des mandatum qualificatum. — Vergl. A. L. R. I. **13**. §§ 159. ff.

Rechtsgr. **316**. — IV. Senat. 9. November 1865. (LXII. 26.)

Derjenige, welcher für künftig entstehende Forderungen seine Garantie zugesagt hat, kann diese Zusage zurücknehmen, dem bezeichneten Gläubiger die Ermächtigung, auf Gefahr des Erklärenden zu kreditiren, kündigen, wenn nicht eine bestimmte künftige Forderung, etwa eine bedingte, oder auch eine vielleicht sicher eintretende gemeint ist, oder für eine bestimmte Zeit oder auf andere Weise das Widerrufsrecht ausgeschlossen ist.

§§ **388**. ff. Siehe Rechtsgrundsatz 310. (§ 203. dieses Titels.)

§§ **399**. **400**. ff. Expromissorische Uebernahme einer Wechselschuld. — Vergl. Allgem. Deutsches Handels-Gesetzbuch Art. 271-273. 317.

Rechtsgr. **317**. — IV. Senat. 12. April 1864. (LIII. 233.)

Zur expromissorischen Uebernahme einer Wechselschuld genügt nicht, daß der Uebernehmer die aus dem Wechsel begründete Schuld des Wechselschuldners in dessen ausdrücklichem Einverständnisse mit dem Wechselgläubiger übernommen habe; vielmehr bedarf es auch der ausdrücklichen Einwilligung des Wechselgläubigers in die Entlassung des Wechselschuldners aus seiner Verbindlichkeit.

Siehe auch Rechtsgrundsatz 310. (§ 203. dieses Titels.)

Titel 15. Von der Verfolgung des Eigenthums.

§§ **1**. ff. Vindikation von Forderungen, namentlich hypothekarisch versicherten Forderungen. — Vergl. A. L. R. I. **8**. § 1., **11**. §§ 376. 393. ff. 401. 423. 424., **20**. §§ 511. ff.

Rechtsgr. **318**. — III. Senat. 26. Februar 1866. (LXII. 164.)

Die Grundsätze des Tit. 15. Thl. I. des Allg. Landrechts über die Wirkungen der Vindikation gegen den unredlichen oder unrechtfertigen und den redlichen Besitzer finden auch auf solche Forderungen Anwendung, welche eines Besitzes im Sinne des Allg. Landrechts fähig sind, namentlich also auf hypothekarisch versicherte Forderungen.

§§ **3**. ff. Verfolgung des Eigenthums an einem Recht:

A. Verfolgung der dinglichen Rechte überhaupt. — Vergl. A. L. R. Einl. §§ 76. 88.

Rechtsgr. **319**. — II. Senat. 21. Dezember 1865. (LXII. 114.)

Ein dingliches Recht kann im Wege der Klage gegen Jeden verfolgt werden, welcher, nachdem er thatsächlich darin eingegriffen hat, dasselbe bestreitet.

B. Streit zwischen dem Besitzer der Erbschaft und dem Erbschaftsprätendenten über die Richtigkeit oder Unrichtigkeit des Besitztitels des Ersteren und das bessere oder schlechtere Recht des Letzteren. — Vergl. A. L. R. I. **9**. § 368., **12**. § 243.

Rechtsgr. **320**. — I. Senat. 13. Juli 1864. (LIII. 327.)

Auch über die Richtigkeit oder Unrichtigkeit des Besitztitels des Besitzers der Erbschaft und das bessere oder schlechtere Recht des Erbschaftsprätendenten kann zur Feststellung: ob der Erstere in dem Besitze der Erbschaft geschützt werden müsse, im Wege des ordentlichen Prozesses entschieden werden.

§§ **15**. **16**. Siehe Rechtsgrundsatz 948. (Dig. **5**. 3. Lex 20. § 20.)
§ **17**. Siehe Rechtsgrundsatz 102. (A. L. R. I. **7**. § 14.)
§§ **25**. **26**. Verlust des Anspruchs des Besitzers der vindizirten Sache auf Erstattung des dafür Gegebenen. — Vergl. A. L. R. I. **16**. § 383.; A. G. O. I. **9**. §§ 2. 6. 11., **19**. §§ 1. ff.

Rechtsgr. **321**. — II. Senat. 3. März 1864. (LIII. 197.)

Der Anspruch des Besitzers der vindizirten, durch lästigen Vertrag von ihm erworbenen Sache auf Erstattung des dafür Gegebenen ist kein Einwand gegen die Vindikationsklage, sondern ein Gegenanspruch; er geht deshalb durch unterlassene Geltendmachung in dem Vindikationsprozesse nicht verloren.

§§ **28-32**. Klage aus der nützlichen Verwendung gegen den redlichen Erwerber einer fremden Sache nach deren redlicher Wiederveräußerung. — Vergl. A. L. R. I. **13**. § 265.

Rechtsgr. **322**. — III. Senat. 11. April 1864. (LIV. 63.)

Bestand der von dem redlichen Erwerber einer fremden Sache bei deren redlicher Wiederveräußerung gezogene Vortheil in baarem Gelde, welches mit dem übrigen Vermögen des Empfängers vermischt wurde, so ist der dem Eigenthümer, welcher erst nach Jahresfrist seit der Wiederveräußerung gegen den Empfänger auf Herausgabe des Vortheils klagt, obliegende besondere Beweis, daß derselbe sich noch im wirklichen Besitze dieses Vortheils befinde, dadurch geführt, daß der Empfänger im Allgemeinen das Vermögen noch besitzt, in welches das fragliche Geld verschwindend eingemischt worden ist.

§§ 45. 47. Vindikation von baarem koursirenden Gelde und auf jeden Inhaber lautenden Papieren:

A. Begründung dieser Vindikationsklage.

Rechtsgr. 323. — III. Senat. 8. Mai 1865. (LIX. 123.)

Während bei andern Sachen zur Vindikation derselben auch gegen den redlichen Besitzer der vom Vindikanten geführte Nachweis, daß er früher einmal das Eigenthum daran erlangt habe, so lange hinreicht, bis ihm nachgewiesen wird, daß er das Eigenthum wieder verloren habe, ist dies für baares kursirendes Geld und die nicht außer Kours gesetzten Papiere auf den Inhaber in der Regel ausgeschlossen.

B. Sparkassenbücher als Nicht-Inhaberpapiere; Außerkourssetzung derselben. — Vergl. Allg. Deutsches Handels-Gesetzbuch Art. 307. 308.

Rechtsgr. 324. — I. Senat. 19. Februar 1866. (LXIII. 95.)

a) Sparkassenbücher, welche auf einen Namen ausgestellt werden, sind als auf den Inhaber lautende Papiere auch dann nicht anzusehen, wenn die Sparkasse die Legitimation des Produzenten des Quittungsbuches nicht zu prüfen, sondern statutenmäßig die Berechtigung und Verpflichtung hat, jedem Inhaber des Quittungsbuchs gegen Vorzeigung resp. Rückgabe desselben den Betrag, über welchen dasselbe spricht, ganz oder theilweise auszuzahlen, ohne dem Einzahler oder dessen Erben zur Gewährleistung verpflichtet zu sein, wenn nicht vor der Auszahlung ein Protest eingelegt und in die Kassenbücher eingetragen worden.

b) Diese, lediglich zur Erleichterung der Sparkassenverwaltung und der Eigenthümer der eingezahlten Kapitalien selbst getroffenen, Bestimmungen sind nicht danach angethan, daß die Sparkassenbücher zum Schutz des Eigenthümers gegen Dritte außer Kours zu setzen wären.

Titel 16. Von den Arten, wie Rechte und Verbindlichkeiten aufhören.

§§ 2. 3. Siehe Rechtsgrundsatz 34. (A. L. R. I. 2. § 43.)
§ 7. Siehe Rechtsgrundsatz 326. (§. 15. dieses Titels.)

Erster Abschnitt. Von Erfüllung der Verbindlichkeiten überhaupt.

§§ 15. ff. Zeit der Erfüllung:

A. Begriff des Verzuges in rechtlicher Bedeutung überhaupt und namentlich beim pactum commissorium. — Vergl. A. L. R. I. 5. §§ 292. ff. 364. 367. 370. 372.; Dig. 18. 3. Lex 4. § 4., Lex 8., 22. 1. Lex 17. § 3.

Rechtsgr. 325. — IV. Senat. 9. Mai 1865. (LVIII. 283.)

a) Hat eine Verbindlichkeit in der vertragsmäßig bestimmten Zeit wegen eines in der Person des Berechtigten sich ereignenden Zufalles nicht erfüllt werden können, so kann der Berechtigte aus der lediglich hieraus entstehenden Verzögerung kein Recht für sich herleiten, namentlich auch nicht das Recht des Rücktritts, welches ihm durch Fristablauf offen gehalten war; vielmehr kann die Verspätung in der Erfüllung einer Verbindlichkeit hinsichtlich ihrer nachtheiligen Folgen dem Verpflichteten nur dann in Anrechnung gebracht werden, wenn sie eine wahre mora enthält, das Ausbleiben der rechtzeitigen Erfüllung also ungerechtfertigt erfolgte.

b) Die Verwirkung des Rechts des Schuldners beim pactum commissorium setzt nach dem Allgem. Landrecht und dem Gemeinen Recht eine mora Seitens des Schuldners voraus.

B. Einwilligung des Gläubigers in die Nichterfüllung des Vertrages nach Zeit und Art in schriftlicher oder mündlicher Form und Einfluß auf den Verzug. — Vergl. A. L. R. I. 5. §§ 127. ff. 226. ff. 361. 364., 16. § 7.

Rechtsgr. 326. — III. Senat. 15. Januar 1866. (LXI. 325.)

Die Einwilligung des Berechtigten in die Nichterfüllung der Verbindlichkeit des Verpflichteten zur bestimmten Zeit, sowie in bestimmter Art, enthebt den letzteren der Folgen des Verzugs, und kommt es hierbei nicht darauf an, ob sie schriftlich oder mündlich ertheilt ist.

Siehe auch Rechtsgrundsätze 313. 953. (A. L. R. I. 14. § 258.; Dig. 22. 1. Lex 32. § 2.)

§ 20. Siehe Rechtsgrundsatz 953. (Dig. 22. 1. Lex 32. § 2.)

§§ 22-24. Eintritt des Verzuges bei der einem Pachtvertrage wegen Pachtrückstandes beigefügten Resolutivbedingung.

Rechtsgr. 327. — III. Senat. 29. November 1863. (LIII. 37.)

Wenn nach der Bestimmung eines Pachtvertrages der Verpächter in dem Falle eines sechsmonatlichen Pachtrückstandes zur sofortigen Exmission des Pächters befugt ist, so tritt der Verzug des Pächters mit dem Augenblicke ein, wo der Verpächter sich zur Empfangnahme dieses Rückstandes auf dem Pachtgrundstücke einfindet, und dieser die Zahlung nicht leistet.

Zweiter Abschnitt. Von der Zahlung.

§ 28. Zahlung in geldgleichen Papieren, insbesondere in Pfandbriefen. — Vergl. A. L. R. I. 2. §§ 11. 12., 16. §§ 235. 237.

A. Aeltere Ansicht:

Rechtsgr. 328. — IV. Senat. 21. Juni 1856. (LXII. 1.)

a) Unter den im § 28. I. 16. des Allgem. Landrechts erwähnten „geldgleichen Papieren" ist gemünztes Papier (Papiergeld) zu verstehen, nicht aber sind darunter Pfandbriefe oder ähnliche koursirende, an jeden Inhaber zahlbare Papiere mit begriffen.

b) Daher kann die Hingabe von Pfandbriefen

zum Zwecke der Tilgung einer Geldschuld nicht ohne Weiteres als Zahlung auf Höhe ihres Nominalbetrages, sondern nur als Angabe an Zahlungsstatt angesehen werden, welche, um den Schuldner auf Höhe einer bestimmten Summe von seiner Schuld zu befreien, eine ausdrückliche Erklärung des Gläubigers erfordert.

B. Neuere Ansicht.

Rechtsgr. 329. — IV. Senat. 1. Mai 1866. (LXII. 324.)

a) Unter den im § 28. I. 16. des Allgem. Landrechts erwähnten „geldgleichen Papieren" ist nicht das s. g. Papiergeld zu verstehen, welches schon von der Bezeichnung „Geld" mit umfaßt wird. Es sind damit öffentliche, auf jeden Inhaber lautende Papiere gemeint.

b) Daher stellen Zahlungen in Pfandbriefen eigentliche Zahlungen im Sinne des § 344. I. 16. a. a. O. dar. Die Thatsache, daß der Kours der Pfandbriefe einem Wechsel unterliegt, hat hier kein entscheidendes Gewicht.

§ 29. Annahme einer Zahlung ohne Vorbehalt Seitens eines unberechtigten Dritten. — Vergl. § 36. dieses Titels.

Rechtsgr. 330. — III. Senat. 3. Februar 1864. (LIII. 91.)

Durch die vorbehaltlose Annahme einer Zahlung des Schuldners wird der Empfänger dafür verhaftet, daß er selbst Zahlung zu fordern befugt sei und der Zweck der Zahlung — Befreiung des Schuldners von der Verbindlichkeit — erreicht werde.

Siehe Rechtsgrundsatz 1231. (Gesetz vom 24. Mai 1861 § 12.)

§§ 34. ff. Anordnung des vormundschaftlichen Gerichts, die Zahlung der, einer unter väterlicher Gewalt stehenden Minderjährigen zustehenden Forderung zum Depositum zu leisten. — Vergl. A. L. R. II. 2. §§ 179. ff. 204. ff.

Rechtsgr. 331. — III. Senat. 23. April 1866. (LXIV. 93.)

Ist dem Schuldner von Minorennen, welche noch unter väterlicher Gewalt stehen, von dem vormundschaftlichen Gericht aufgegeben, den schuldigen Betrag zum Depositum zu zahlen, so ist der Schuldner nicht in der Lage, die Rechtsgültigkeit dieser Anordnung zu beurtheilen; vielmehr bleibt es dem Vater der minderjährigen Gläubiger überlassen, die angeordnete Beschränkung zu beseitigen, wogegen er eine in Gemäßheit der Verfügung des vormundschaftlichen Gerichts zum Depositum geleistete Zahlung gegen sich gelten lassen muß.

§ 36. Siehe Rechtsgrundsatz 97. (A. L. R. I. 6. § 50.)

§ 41. Rechtliche Wirkung der Insinuation eines gerichtlichen Zahlungsinhibitorii an einen minderjährigen Schuldner. — Vergl. A. L. R. II. 2. §§ 125. 159. 201. 202., 18. §§ 4. 28. 29. 956.; Strafgesetzbuch §§ 42. 43. 272.; A. G. O. I. 29. § 54.; Gesetz vom 4. Juli 1822 §§ 1-6.

Rechtsgr. 332. — IV. Senat. 24. Mai 1864. (LIV. 206.)

a) Die in Folge der richterlichen Ueberweisung der Forderung des Exequendus geschehene Insinuation des gerichtlichen Inhibitorii an dessen minderjährigen Schuldner hat die Unwirksamkeit der dennoch von dem Letzteren an den ursprünglichen Gläubiger geleisteten Zahlung dem Assignatar gegenüber nicht zur civilrechtlichen Folge.

b) Ist der Assignant zugleich der Vater des überwiesenen minderjährigen Schuldners, so kann die Insinuation des Inhibitorii mit rechtlicher Wirkung nur an einen dem Letzteren zu bestellenden Spezial-Kurator erfolgen.

§ 46. Voraussetzung des Eintritts in die Rechte des bezahlten Gläubigers ohne ausdrückliche Cession.

Rechtsgr. 333. — III. Senat. 13. März 1865. (LVII. 251.)

Der § 46. I. 16. des Allgem. Landrechts behandelt

nur den Fall, wenn dem dritten Zahlenden keine Verpflichtung zur Zahlung oblag, er vielmehr ohne Auftrag des Schuldners den Gläubiger durch Zahlung befriedigt.

§ **54**. Siehe Rechtsgrundsatz 953. (Dig. **22**. 1. Lex 32. § 2.)
§§ **64**. **65**. Siehe Rechtsgrundsätze 50. 262. 313. 953. (A. L. R. I. **4**. § 114., **11**. § 803., **14**. § 258.; Dig. **22**. 1. Lex. 32. § 2.)
§ **71**. Verzugszinsen für eine bloße Realschuld. — Vergl. A. L. R. I. **20**. § 483.; A. G. O. I. **7**. § 48d.

Rechtsgr. **334**. — III. Senat. 28. Juni 1861. (LVIII. 1.)

Der nachfolgende Besitzer eines Gutes, auf welchem eine Kaution in bestimmter Höhe zur Deckung des Ausfalles eines verzinslichen Kapitals eingetragen worden ist, haftet, wenn er als bloßer Realschuldner wegen Zahlung dieser Kautionssumme belangt wird, nicht auch für Verzugszinsen seit dem Tage der Klagebehändigung.

Siehe auch Rechtsgrundsatz 313. (A. L. R. I. **14**. § 258.)

§ **86**. Klageantrag auf Quittungsleistung gegen Zahlung der festzustellenden Restschuld. — Vergl. A. G. O. I. **5**. § 5. No. 4.

Rechtsgr. **335**. — III. Senat. 30. Oktober 1865. (LXI. 184.)

Ist der einzige Streitpunkt unter den Parteien nur der, „wie hoch die Schuld nach mehrfachen Abschlagszahlungen noch sei?“ so ist ein Klageantrag, der dahin geht, „daß die Quittungs-Ausstellung gegen Zahlung der festzustellenden Restschuld gefordert wird“, an sich vollkommen zulässig.

Siehe Rechtsgrundsätze 330. 338. (§§ 29. 113. dieses Titels.)

§§ **93**-**95**. Siehe Rechtsgrundsatz 338. (§ 113. dieses Titels.)
§ **106**. Beweiskraft der Quittungen:
A. Gegenbeweis gegen Quittungen durch Eideszuschiebung. — Vergl. A. G. O. I. **10**. § 288.

Rechtsgr. **336**. — IV. Senat. 2. Mai 1865. (LIX. 110.)

Die Vorschrift des § 106. I. 16. des Allgem. Landrechts, betreffend die Beweiskraft der Quittungen, beschränkt nur für den Fall eines nothwendigen Eides das richterliche Ermessen, schließt aber die Eideszuschiebung über einen Minderbetrag nicht aus.

B. Nichtanwendbarkeit der Vorschrift des § 106. I. 16. des Allgem. Landrechts auf Schuldscheine. — Vergl. A. L. R. I. 11. § 372.

Rechtsgr. 337. — IV. Senat. 2. Mai 1865. (LIX. 110.)

Die Vorschrift des § 106. I. 16. des Allgem. Landrechts, betreffend die Beweiskraft der Quittungen, gilt nur für Quittungen im rechtlichen Sinne, nicht aber auch für Schuldscheine.

§§ 113. 114. Form der als Erlaß zu beurtheilenden Quittungen. — Vergl. A. L. R. I. 5. §§ 172. 173., 16 §§ 86. 93-95.

Rechtsgr. 338. — III. Senat. 4. April 1864. (LIII. 225.)

Soll aus Quittungen überhaupt unter den Voraussetzungen der §§ 113. 114. I. 16. des Allg. Landrechts ein Erlaß gefolgert werden dürfen, so genügt dazu auch überhaupt jede Quittung, welche in der, in den §§ 86. bis 93. a. a. O. vorgeschriebenen Form ausgestellt ist.

§§ 125. ff. Geltendmachung der Forderung aus dem zu Grunde liegenden Geschäft bei Verlust der zur Deckung gegebenen Wechsel-Accepte. — Vergl. Allgem. Deutsche Wechsel-Ordnung Art. 73.

Rechtsgr. 339. — IV. Senat. 9. März 1865. (LVII. 243.)

Der Käufer, welcher über die Waarenschuld dem Verkäufer ein Accept gegeben, unter der Verabredung, daß Letzterer durch Hinzufügung seiner Namens-Unterschrift dasselbe zu einem gültigen Wechsel machen solle, ist, wenn der Verkäufer das seinerseits nicht ausgefüllte Accept hiernächst verloren hat, nur dann Zahlung der Waarenschuld zu leisten verpflichtet, wenn ihm der Nachweis geführt wird, daß das Accept nicht mehr existire, oder daß ihm aus demselben kein Nachtheil erwachsen könne, oder wenn der Verkäufer ihn gegen jeden möglichen Nachtheil sicher stellt.

131. Anspruch des Gläubigers auf gerichtliche Deposition der Schuld vor erfolgter Mortifikation der Schuld-Urkunde.

Rechtsgr. **340.** — III. Senat. 14. Mai 1866. (LXII. 350.)

Wenn im § 131. I. 16. des Allgem. Landrechts gesagt ist, daß, solange ein hinlänglicher Mortifikationsschein dem Schuldner nicht verschafft werden kann, derselbe nur gegen annehmliche Kaution Zahlung zu leisten verbunden und, in deren Entstehung, die zu zahlende Summe gerichtlich niederzulegen berechtigt sei, so ist dies nicht dahin zu verstehen, daß der Gläubiger jedenfalls die Deposition soll fordern dürfen, vielmehr ist damit lediglich eine Befugniß des Schuldners ausgesprochen.

147. Siehe Rechtsgrundsätze 659. 660. 661. (Allg. Deutsches Handels-Gesetzbuch Art. 291.)

§ **149.** ff. Anrechnung der geleisteten Zahlung beim Vorhandensein mehrerer Forderungen:

A. Im Allgemeinen.

Rechtsgr. **341.** — IV. Senat. 9. Mai 1865. (LIX. 127.)

Die in den §§ 149—159. I. 16. des Allgem. Landrechts gegebenen Vorschriften, betreffend die Anrechnung der Zahlung für den Fall, daß der Zahlende dem Empfänger aus mehreren Forderungen verhaftet ist, finden auch dann Anwendung, wenn eine Partei für ihre Behauptung, daß die Zahlung, beziehungsweise die Zahlungen, auf eine bestimmte Forderung geleistet oder angenommen seien, einen Beweis nicht angetreten hat, oder derselbe fehlgeschlagen ist.

B. Beurtheilung der Sicherheit einer Forderung mit Rücksicht auf die Frist, in welcher sie verjährt.

Rechtsgr. 342. — IV. Senat. 19. Oktober 1865. (LXI. 139.)

Im Sinne des § 156. I. 16. des Allg. Landrechts, — wonach „der Gläubiger die gezahlte Summe auf diejenige Post anrechnen kann, bei welcher ihrer Qualität nach die wenigste Sicherheit ist", — ist eine in zwei Jahren verjährende Waarenforderung für minder sicher zu halten, als eine Darlehnsforderung.

Siehe auch Rechtsgrundsatz 97. (A. L. R. 6. § 50.)

§§ 161. 164. 165. Siehe Rechtsgrundsatz 1231. (Gesetz vom 29. Mai 1861 § 12.)

§§ 166. ff. 178. ff. Kondiktionen:

A. Voraussetzung der condictio indebiti und Begriff der Zahlung dabei.

Rechtsgr. 343. — III. Senat. 3. April 1865. (LIX. 41.)

Die zur condictio indebiti begrifflich erforderliche Zahlung braucht nicht eine Zahlung im engern Sinne zu sein, es muß aber Etwas animo solvendi in irgend einer Weise wirklich gegeben oder geleistet worden sein, so daß der Leistende ärmer, der Empfangende reicher geworden ist, und eine der Darlehnsklage analoge, auf Rückgabe oder Ersatz des Geleisteten, beziehungsweise Herstellung des früheren Zustandes gerichtete Klage denkbar erscheint.

B. Irrthümliche Zahlung an einen angeblich nicht legitimirten Empfänger.

Rechtsgr. 344. — III. Senat. 12. Februar 1864. (LIII. 144.)

An der Hauptbedingung des Rückforderungsrechts in Betreff einer aus Irrthum geleisteten Zahlung, — daß nämlich für den Zahlenden gar keine, auch nicht einmal eine moralische Verbindlichkeit vorhanden war, — fehlt es überall da, wo der Schuldner seine rechtlich bestehende Schuld entrichtete und sie nur irrthümlich an den angeblich nicht legitimirten Empfänger zahlte.

C. Abrechnung einer Nichtschuld auf eine Forderung als Gegensatz zur condictio indebiti. — Vergl. §§ 300. ff. dieses Titels.

Rechtsgr. 345. — III. Senat. 3. April 1865. (LIX. 40.)

Der Fall, daß sich Jemand von seiner Forderung irrthümlich Etwas, was er nicht schuldet, abrechnen läßt, steht dem Falle der Zahlung einer Nichtschuld nicht gleich; in jenem Falle ist das beabsichtigte Rechtsgeschäft nicht wirklich, sondern nur scheinbar zu Stande gekommen, und es fehlt nicht, wie bei der solutio indebiti, an einer gültigen Schuld, worauf geleistet wird, sondern an einem tauglichen Mittel, womit geleistet wird.

Die Klage auf Bewirkung der noch rückständigen Befriedigung ist deshalb die Kontraktsklage, nicht die condictio indebiti.

D. Rechtlicher Charakter der Klage auf Zahlung eines Rechnungssaldo's. — Vergl. A. L. R. I. 13. § 65.; Allgem. Deutsches Handels-Gesetzbuch Art. 291.

Rechtsgr. 346. — IV. Senat. 12. September 1865. (LIX. 334.)

Eine auf Zahlung eines Rechnungssaldo's gerichtete Klage ist nicht nothwendig als condictio indebiti aufzufassen, vielmehr wird ihr rechtlicher Charakter und das Fundament der auf Geltendmachung eines Saldo's gerichteten Klage durch die einzelnen in der Rechnung aufgeführten, den eingeklagten Ueberschuß begründenden Geschäfte bestimmt.

E. Statthaftigkeit der condictio sine causa, falls die Zahlung nicht vom Kondizirenden, sondern von einem Dritten geleistet ist. — Vergl. A. L. R. I. 13. § 230.; Dig. 12. 1. Lex 23., 19. 1. Lex 24. § 1.

Rechtsgr. 347. — IV. Senat. 11. Mai 1865. (LIX. 129.)

Die condictio sine causa setzt nicht nothwendig voraus, daß der Kondizirende selbst der Zahlungsleistende gewesen ist; vielmehr steht die condictio sine causa auch demjenigen zu, welcher durch die von einem Andern geleistete Zahlung dem Empfänger gegenüber ohne Grund sich an seinem Vermögen verkürzt oder benachtheiligt findet.

§§ **177**. **178**. Siehe Rechtsgrundsätze 343-347. 840. (A. L. R. I. **16**. § 166.; A. G. O. I. **19**. § 10.)

§§ **200**. ff. Rückforderung der geleisteten Zahlung bei nicht ertheilter löschungsfähiger Quittung. — Vergl. Exekutions-Verordnung vom 4. März 1834 § 9.

Rechtsgr. **348**. — III. Senat. 3. Februar 1864. (LIII. 91.)

Vermag der zahlende Schuldner im Wege der Exekution nach § 9. der Exekutions-Verordnung vom 4. März 1834 von dem Zahlungs-Empfänger eine löschungsfähige Quittung nicht zu erlangen, so kann er sein Interesse liquidiren und demgemäß das Gezahlte zurückfordern.

Siehe auch Rechtsgrundsatz 771. (A. G. O. Einl. § 65.)

§§ **207**. **208**. Siehe Rechtsgrundsatz 130. (A. L. R. I. **7**. § 232.)

Dritter Abschnitt. Von der Deposition.

§§ **213**. ff. **226**. ff. Beschlagnahme und Ueberweisungen einer cedirten Forderung zu Gunsten der Gläubiger des Cedenten. — Vergl. A. L. R. I. **14**. §§ 92, 93.

Rechtsgr. **349**. — III. Senat. 14. September 1866. (LXIII. 336.)

a) Die Seitens der Gläubiger des Cedenten nach erfolgter Cession ausgebrachten Beschlagnahmen und erlangten gerichtlichen Ueberweisungen der cedirten Forderung, wodurch das Eigenthum an derselben nur streitig gemacht wird, hindern den Cessionar nicht an Dispositionen, welche die Ansprüche der Gläubiger nicht beeinträchtigen, und namentlich nicht, die Zahlung der fälligen Forderung zum Depositum zu verlangen.

b) Will der cedirte Schuldner, nachdem auf die Forderung Beschlagnahmen ausgebracht und gerichtliche Ueberweisungen erlangt sind, sich von der Schuld befreien, so ist er berechtigt, zum Depositum zu zahlen; leistet er dagegen freiwillig Zahlung an einen der Gläubiger des Cedenten, so setzt er sich in die Lage, diese Zahlung dem Schuldner gegenüber vertreten, die Ungültigkeit der Cession gegen ihn ausführen zu müssen.

Siehe auch Rechtsgrundsätze 850. 1136. (A. G. O. I. **24**. § 36.; Reglement vom 23. Juli 1844 § 72.)

Vierter Abschnitt. Von der Angabe an Zahlungsstatt.

§§ **235**. **237**. **241**. Angabe an Zahlungsstatt durch Ausstellung eines trockenen Wechsels zur Tilgung einer civilrechtlichen Obligation. — Vergl. A. L. R. I. **4**. §§ 60. 63., **5**. § 131., **16**. §§ 452. 454. 467. 468.; Allg. Deutsche Wechsel-Ordnung Art. 4. 10. 23. 82.

Rechtsgr. **850**. — III. Senat. 10. Oktober 1864. (LIV. 307.)

a) Die Ausstellung eines trockenen Wechsels über eine civilrechtliche Obligation und die Annahme dieses Wechsels enthält nur dann eine Angabe an Zahlungsstatt, wenn eine ausdrückliche Verabredung darüber nachgewiesen wird.

b) Die bloße Vermuthung, daß eine Tilgung der civilrechtlichen Obligation beabsichtigt worden, kann die erforderliche ausdrückliche Abrede nicht ersetzen.

Daher können thatsächliche Umstände, welche eine Vermuthung für eine solche Absicht der Kontrahenten geben, nicht genügen.

Siehe auch Rechtsgrundsätze 328. 329. 359. (§§ 28. 450. dieses Titels.)

Fünfter Abschnitt. Von Anweisungen.

§ **251**. Wechsel an eigne Order mit Blankogiro des Ausstellers als Anweisung. — Vergl. A. L. R. I. **11**. § 393.

Rechtsgr. **851**. — IV. Senat. 18. Februar 1864. (LIII. 145.)

Der Wechsel an eigne Order erlangt durch das Blankogiro des Ausstellers nicht die rechtliche Natur einer Anweisung.

Siehe auch Rechtsgrundsatz 238. (A. L. R. I. 11. § 393.)

Sechster Abschnitt. Von der Kompensation.

§§ 300. 301. Siehe Rechtsgrundsätze 345. 352. (§§ 166. und 342. dieses Titels.)

§§ 342. ff. 371. Unzulässigkeit der Kompensation von gegenseitigen Liberationspflichten. — Vergl. §§ 300. 301. dieses Titels.

Rechtsgr. **352.** — III. Senat. 12. Januar 1866. (LXI. 319.)

Gegenseitige Liberationspflichten, welche einen individuellen, nicht einen fungiblen Charakter haben, eignen sich nicht zur gesetzlichen Kompensation, d. h. zu einer auf Verlangen des einen Theils gegen den Willen des andern geltend zu machenden Aufhebung. Sie fallen unter einerlei Rechtsbegriff, sind aber nicht im Sinne der §§ 343. ff. I. 16. des Allg. Landrechts gleichartig.

§§ 359. 360. Liquidität einer Forderung bei Feststellung derselben durch einen noch zu leistenden Erfüllungseid.

Rechtsgr. **353.** — III. Senat. 10. September 1866. (LXIII. 329.)

Auch eine Forderung, welche erst durch einen Erfüllungseid festgestellt werden soll, ist als eine liquide und zur Kompensation geeignete zu erachten.

Siebenter Abschnitt. Von Entsagung der Rechte.

§ 380. Siehe Rechtsgrundsatz 448. (A. L. R. II. **1.** §§ 9. ff.)

§ 381. Siehe Rechtsgrundsatz 808. (A. G. O. I. **10.** § 286.)

§ 383. Verlust der Einreden im Prozeß durch Nichtgebrauch.

Rechtsgr. **354.** — IV. Senat. 18. Februar 1864. (LIII. 148.)

Die Vorschrift des § 383. I. 16. des Allgem. Landrechts, — nach welcher Einreden in einem Prozesse durch bloßen Nichtgebrauch verloren gehen, — setzt voraus, daß der Prozeß Veranlassung darbot und nöthigte, die Einrede aufzustellen.

Siehe auch Rechtsgrundsatz 321. (A. L. R. I. 15. § 25.)

392. Verzicht auf das Rechtsmittel gegen ein publizirtes Civil-Erkenntniß vor Behändigung desselben. — Vergl. A. G. O. I. 14. § 26., 16. § 1.

Rechtsgr. 355. — IV. Senat. 24. Januar 1865. (LVIII. 121.)

Die ausdrückliche Erklärung einer Partei, sich bei einem im Civilprozesse ergangenen Erkenntnisse, gegen welches ein an eine Prozeßfrist gebundenes Rechtsmittel zuständig ist, beruhigen zu wollen, kann, sobald dieselbe einmal beim Gerichte abgegeben ist, auch dann nicht mehr zurückgenommen werden, wenn das Urtheil den Parteien nur mündlich publizirt und noch nicht in Ausfertigung insinuirt worden ist; das Urtheil beschreitet vielmehr in Folge dieser Erklärung die Rechtskraft.

Achter Abschnitt. Von Vergleichen.

415. Vergleiche über das Privat-Interesse aus unerlaubten Handlungen.

Rechtsgr. 356. — I. Senat. 11. Dezember 1865. (LXI. 273.)

Die Vorschrift des § 415. I. 16. des Allgem. Landrechts:

„Auch über das Privat-Interesse aus schon begangenen unerlaubten Handlungen kann ein Vergleich geschlossen werden",

ist eine allgemeine, und ist darin die Zulässigkeit eines Vergleiches nicht auf schon wirklich eingetretene Folgen einer unerlaubten Handlung beschränkt, vielmehr einem solchen Vergleiche rechtliche Wirksamkeit auch in Ansehung später etwa hervortretender Folgen nicht versagt.

Siehe auch Rechtsgrundsatz 100. (A. L. R. I. 6. § 98.)

§ 422. Beweislast im Falle des § 422. I. 16. des Allg. Landrechts.

Rechtsgr. 357. — II. Senat. 28. März 1865. (LVIII. 250.)

Sind die Kontrahenten über den Gegenstand des Vertrages einig, so muß Derjenige, welcher sich auf § 422. I. 16. des Allgem. Landrechts:

„Vergleiche über Rechte, von welchen sich in der Folge findet, daß dieselben weder einem, noch dem andern Theile, sondern einem Dritten zukommen, sind ohne Wirkung",

beruft, darthun, daß die in Rede stehenden Rechte einem Dritten zukommen.

Neunter Abschnitt. Von Aufhebung der Rechte und Verbindlichkeiten durch deren Umschaffung.

§§ 450. ff. Novation:

A. Wirkung der Novation.

Rechtsgr. 358. — IV. Senat. 7. September 1865. (LXI. 8.)

Die Novation (Umschaffung) hat die Wirkung, daß die bisherige Obligation mit allen ihren accessorischen Rechten erlischt, und daß an die Stelle derselben eine neue Obligation tritt; es bildet jedoch die letztere ein bloße, wenn auch selbstständige Fortsetzung des zwischen dem Gläubiger und Schuldner bereits bestehenden Schuldverhältnisses, welches auch ferner, wenngleich in einer andern und neuen Form und Gestalt, fortbesteht.

B. Ausstellung und Annahme eines trockenen Wechsels über eine civilrechtliche Obligation als Novation.

Rechtsgr. 359. — III. Senat. 10. Oktober 1864. (LIV. 307.)

a) Die Ausstellung eines trockenen Wechsels über eine civilrechtliche Obligation und die Annahme dieses Wechsels enthält nur dann eine Novation, wenn eine ausdrückliche Verabredung darüber nachgewiesen wird.

b) Die bloße Vermuthung, daß eine Tilgung der civilrechtlichen Obligation beabsichtigt worden, kann die erforderliche ausdrückliche Abrede nicht ersetzen.

Daher können thatsächliche Umstände, welche eine Vermuthung für eine solche Absicht der Kontrahenten geben, nicht genügen.

c) Auch im Falle eines ausdrücklichen Abkommens über die Novation enthält die bloße Annahme des Wechsels noch keine Aufhebung der ursprünglichen Obligation, vielmehr gehört zur Erfüllung jener Verabredung auch die Quittirung über das Kaufgeld.

Zehnter Abschnitt. Von Aufhebung der Rechte und Verbindlichkeiten durch deren Vereinigung.

§§ **452**. **453**. Siehe Rechtsgrundsätze 240. 350. (A. L. R. I. **11**. § 412., **16**. § 235.)

§§ **467**. **468**. Siehe Rechtsgrundsatz 350. (§ 235. dieses Titels.)

§ **484**. und Anh. § **52**. zu § **484**. Hypothek des Eigenthümers:

A. Cession der Hypothek unter Ausschluß der persönlichen Haftung Seitens des Gläubigers, welcher zugleich persönlicher Schuldner ist. — Vergl. A. L. R. I. **11**. §§ 420-427.

Rechtsgr. **360**. III. Senat. 4. Januar 1864. (LIII. 46.)

Der Gläubiger einer Hypothek, in dessen Person Forderungsrecht und persönliche Schuld unter Ausschluß der sonstigen Wirkungen der Konsolidation vereinigt ist, erscheint berechtigt, die Hypothek unter ausdrücklichem Ausschluß seiner persönlichen Haftung zu cediren.

B. Cession einer auf das Kaufgeld übernommenen Hypothekenforderung an den Käufer; Wirkung auf die persönliche Verpflichtung desselben nach erfolgter weiterer Cession. — Vergl. Deklaration vom 21. März 1835.

Rechtsgr. **361**. — IV. Senat. 4. April 1865. (LVII. 303.)

Wenn der Käufer eines Grundstückes eine der in Abrechnung auf das Kaufgeld übernommenen Hypotheken=

forderungen im Wege der Cession erwirbt und sodann diese Forderung weiter cedirt, so ist seine durch Uebernahme der Hypothek gegen den Verkäufer begründete persönliche Verbindlichkeit nicht untergegangen.

C. Theilweise Zahlung einer Hypothekenschuld Seitens des Grundbesitzers mit Rücksicht auf die dadurch zu erlangenden gleichen Rechte mit dem Rest der Hypothekenforderung.

Rechtsgr. 362. — III. Senat. 23. April 1866. (LXIV. 84.)

Ist der Grundbesitzer, welcher eine Hypothekenschuld theilweise bezahlt, zugleich persönlicher Schuldner des Hypothekengläubigers, so steht ihm aus der Zahlung ein Recht auf Theilnahme an der Hypothek mit gleicher Priorität nicht zu.

Siehe auch Rechtsgrundsatz 1075. (Deklaration vom 21. März 1835.)

§ 492. Siehe Rechtsgrundsatz 426. (A. L. R. I. 22. § 13.)

Titel 17. Vom gemeinschaftlichen Eigenthume.

Erster Abschnitt. Vom gemeinschaftlichen Eigenthum überhaupt.

§ 1. Siehe Rechtsgrundsätze 364. 908. (§ 10. dieses Titels; Konkurs-Ordnung § 197.)

§ 2. Siehe Rechtsgrundsätze 363. 364. (§ 10. dieses Titels.)

§ 4. Siehe Rechtsgrundsätze 176. 1172. (A. L. R. I. 9. § 350.; Gesetz vom 12. Mai 1851 § 1.)

§ 5. Siehe Rechtsgrundsatz 1024. (Stempelgesetz vom 7. März 1822 § 5.)

§ 10. Rechte der Theilnehmer überhaupt:

A. Benutzung der gemeinschaftlichen Sache durch einen der Miteigenthümer, namentlich durch Anlegung von Gossen nach einem Winkel oder Zwischenraum zwischen zwei Gebäuden. — Vergl. A. L. R. I. 8. § 120., 17. §§ 2. 44.

Rechtsgr. 363. — II. Senat. 29. November und 1. Dezember 1864. (LVII. 132.)

Der § 10. I. 17. des Allgem. Landrechts kann nicht

ohne Unterschied auf jede Benutzung gemeinschaftlichen Eigenthums bezogen werden, und kann dies namentlich nicht in solchen Fällen stattfinden, in welchen die Benutzung gerade dem Zweck entspricht, zu welchem das gemeinschaftliche Eigenthum dient.

Dies trifft namentlich da zu, wo es sich darum handelt, den Zwischenraum zwischen zwei Gebäuden zur Abführung des Wassers zu benutzen, welches aus den Gebäuden zu entfernen ist.

B. Benutzung der gemeinschaftlichen Gasse zwischen zwei Grundstücken durch Hineinbauen eines Daches. — Vergl. §§ 1. 2. dieses Titels.

Rechtsgr. 364. — II. Senat. 30. Januar 1866. (LXIII. 66.)

Hat der eine Nachbar sein Dach in eine gemeinschaftliche Gasse oder den Luftraum hinein verlängert, so braucht der andere Nachbar dies nicht zu dulden, gleichviel, ob ihm dadurch nur ein unbedeutender oder gar kein Nachtheil entsteht.

Siehe auch Rechtsgrundsätze 807. 908. 929. (§ 151. dieses Titels; A. G. O. I. 10. § 275.; Konkurs-Ordnung § 190.; Provinzialrecht der Kurmark § 377.)

§ 12. Siehe Rechtsgrundsatz 908. (Konkurs-Ordnung § 190.)
§ 23. Druckfehler in dieser Gesetzesstelle.

Rechtsgr. 365. — I. Senat. 21. November 1864. (LVII. 112.)

Im § 23. I. 17. des Allgem. Landrechts ist statt „Stimmenmehrheit“ zu lesen „Stimmengleichheit.“

§§ 36. ff. Verwaltung der gemeinschaftlichen Sache:
A. Mehrheit der Theilnehmer bei zu fassenden Beschlüssen über die Verwaltung der gemeinschaftlichen Sache, zwei gleichberechtigte Theilnehmer.

Rechtsgr. 366. — I. Senat. 21. November 1864. (LVII. 111.)

Die §§ 36—43. I. 17. des Allgem. Landrechts setzen eine solche Mehrheit von Theilnehmern voraus, welche den Beschluß durch Mehrheit der Stimmen möglich macht; diese Voraussetzung fehlt, wenn nur zwei gleichberechtigte Theilnehmer vorhanden sind, und kann namentlich für einen solchen Fall der § 36. nicht als die Regel und der § 37. nicht als Inhalt der alleinigen Ausnahmen aufgefaßt werden.

B. Entscheidung durch den Richter bei Streitigkeiten über die Art der Verwaltung der gemeinschaftlichen Sache.

Rechtsgr. 367. — I. Senat. 21. November 1864. (LVII. 111.)

Entsteht unter Anwendung des § 36. I. 17. des Allg. Landrechts Streit über die Art und Weise der gemeinschaftlichen Verwaltung, so ist in Ermangelung einer entscheidenden Stimmenmehrheit die Entscheidung in die Hand des Richters zu legen.

§§ 37. 38. Entscheidung der Frage, ob die gemeinschaftliche Sache zu administriren oder zu verpachten sei? Gleichstellung von Verpachtung und Vermiethung in dieser Beziehung.

Rechtsgr. 368. — III. Senat. 11. Dezember 1865. (LXI. 268.)

Die nach den §§ 37. 38. I. 17. des Allgem. Landrechts unter den Mitberechtigten zur Entscheidung zu bringende Frage, ob für die gemeinschaftliche Sache ein Administrator bestellt, oder ob dieselbe für gemeinschaftliche Rechnung verpachtet werden solle, setzt voraus, daß die Administration eine Benutzung „ohne Verpachtung“, oder, was in dieser Hinsicht gleichbedeutend ist, „ohne Vermiethung“ gestatte.

§ 44. Siehe Rechtsgrundsatz 363. (§ 10. dieses Titels.)
§ 54. Siehe Rechtsgrundsatz 908. (Konkurs-Ordnung § 190.)
§§ 60. 64. Siehe Rechtsgrundsatz 1024. (Stempelgesetz vom 7. März 1822 § 5.)
§§ 75. ff. Siehe Rechtsgrundsatz 289. (A. L. R. I. 12. § 617.)
§ 76. Siehe Rechtsgrundsatz 180. (A. L. R. I. 9. § 500.)
§§ 97. 103. Siehe Rechtsgrundsatz 1024. (Stempelgesetz vom 7. März 1822 § 5.)

Zweiter Abschnitt. Vom gemeinschaftlichen Eigenthume der Miterben.

§§ **115.** ff. Verpfändung des ideellen Theiles eines Nachlaßgrundstückes Seitens eines der Miterben vor erfolgter Erbtheilung. — Vergl. § 151. dieses Titels; A. L. R. I. **20.** §§ 15. ff. 405. 406.

Rechtsgr. **369.** — III. Senat. 7. Oktober 1864. (LVI. 221.)

Die Verpfändung eines Nachlaßgrundstückes zu einer bestimmten Quote durch einen der Miterben vor geschehener Nachlaßtheilung ist nicht schlechthin ungültig.

Siehe auch Rechtsgrundsätze 289. 908. 929. (A. L. R. I. **12.** § 617.; Konkurs-Ordnung § 190.; Kurmärkisches Provinzialrecht § 377.)

§§ **127. 131.** Siehe Rechtsgrundsatz 807. (A. G. O. I. **10.** § 275.)

§ **151.** Rechte der einzelnen Miteigenthümer, insbesondere in Betreff der Einziehung der Aktivforderungen und des Widerrufes von Schenkungen. — Vergl. A. L. R. I. **11.** § 1090., **17.** § 10.

Rechtsgr. **370.** — IV. Senat. 22. Juni 1865. (LIX. 264.)

a) Die Grundsätze des gemeinschaftlichen Eigenthums sind an und für sich auch auf den Fall des § 151. I. 17. des Allgem. Landrechts, betreffend die den Erben nur gemeinschaftlich gestattete Einziehung der zur ungetheilten Erbschaft gehörigen Aktivforderungen, anwendbar; dem Miteigenthümer ist jedoch Alles gestattet, wodurch keine Rechte der Theilhaber verletzt und auch der Verpflichtete nicht in eine schlimmere Lage versetzt wird.

b) Ein einzelner Miterbe ist, so lange die Miterben über den innerhalb der sechsmonatlichen Frist gestatteten Widerruf der von ihrem Erblasser einem Dritten mündlich gemachten und durch Uebergabe vollzogenen Schenkung sich noch nicht erklärt haben, für sich allein zur Ausübung dieses Widerrufsrechts und zu der Klage auf Rückgabe der geschenkten Sache an die Erben nicht befugt.

Siehe auch Rechtsgrundsätze 92. 369. 807. 908. 1080. (A. L. R. I. **5.** § 450., **17.** § 115.; A. G. O. I. **10.** § 275.; Konkurs-Ordnung § 190.; Gesetz vom 4. Juli 1822 § 4.)

Dritter Abschnitt. Von Gemeinschaften, welche durch Vertrag entstehen.

§ 169. Begriff einer gewöhnlichen Erwerbsgesellschaft; rechtliche Existenz einer, nach außen hin nur von Einem Gesellschafter vertretenen, im Uebrigen aus stillen Gesellschaftern bestehenden Gesellschaft von Mehreren als Trägerin von Rechten, namentlich von Eigenthumsrechten. — Vergl. A. L. R. I. **17.** §§ 183. ff. 230. ff. 247. ff., II. **6.** § 1., **8.** §§ 651. 652.

Rechtsgr. **371.** — III. Senat. 11. März 1864. (LIII. 211.)

a) Es widerspricht dem Begriffe einer öffentlichen, nicht auf den Betrieb einer Sozietätshandlung gerichteten, Erwerbsgesellschaft im Sinne der §§ 169. und 183. ff. I. 17. des Allgem. Landrechts nicht, daß nur Einer der Gesellschafter die Gesellschaft nach außen hin vertritt, die andern alle nur stille Gesellschafter sind und für die von Jenem Namens der Gesellschaft übernommenen Verbindlichkeiten nur mit den von ihnen gemachten Einlagen haften.

b) Eine Gesellschaft von Mehreren kann auch dann als Trägerin von Rechten, namentlich von Eigenthumsrechten, existiren, wenn nur Einer der Gesellschafter nach außen hin handelt, auch alle andern Gesellschafter nur mit ihren Einlagen für Das, womit der Eine das Gesellschaftsvermögen belastet, verhaftet sein sollen.

Siehe auch Rechtsgrundsätze 91. 644. (A. L. R. I. 5. § 450.; Allg. Deutsches Handelsgesetzbuch Art. 173.)

§§ 170. 172. Ersetzung des mangelnden schriftlichen Gesellschaftsvertrages durch die in dem Vertrage mit einem Dritten enthaltenen Bestimmungen.

Rechtsgr. **372.** — IV. Senat. 20. Dezember 1864. (LV. 350.)

Wenn der § 172. I. 17. des Allgem. Landrechts bestimmt, daß, sobald mehrere Personen mit einem Dritten einen Vertrag geschlossen haben, in Ermangelung eines besondern rechtsgültigen Abkommens unter ihnen selbst ihr

Verhältniß gegen einander nach den in dem Vertrage mit dem Dritten vorkommenden Bestimmungen beurtheilt werden soll, so ist darin nicht eine Ausnahme von jenem Grundsatz zu finden, daß jeder Gesellschaftsvertrag zu seiner Gültigkeit der Schriftlichkeit bedarf; es soll nur dieser gemeinschaftliche Vertrag mit dem Dritten als Gesellschaftsvertrag angesehen werden, sofern er die im § 170. a. a. O. angegebenen wesentlichen Erfordernisse des letztern — Zweck der Verbindung und Verhältniß der Verbundenen zu einander — enthält.

§ **171.** Begriff von „gemeinschaftlichen Verwendungen" in dieser Gesetzesstelle.

Rechtsgr. **373.** — IV. Senat. 13. Februar 1866. (LXIII. 81.)

Unter dem Ausdruck „gemeinschaftliche Verwendungen" im § 171. I. 17. des Allgem. Landrechts sind alle diejenigen Verwendungen zu verstehen, welche im gemeinschaftlichen Interesse, weil in Ausführung des Gesellschaftsvertrages, vorgenommen sind.

Siehe auch Rechtsgrundsatz 1130. (Gesetz vom 9. November 1843 § 1.)

§§ **183.** ff. Siehe Rechtsgrundsatz 371. (§ 169. dieses Titels.)

§§ **185. 186.** Siehe Rechtsgrundsatz 644. (Allg. Deutsches Handelsgesetzbuch Art. 173.)

§§ **198-200.** Siehe Rechtsgrundsatz 1024. (Stempelgesetz vom 7. März 1822 § 5.)

§ **219.** Siehe Rechtsgrundsatz 634. (Allg. Deutsches Handelsgesetzbuch Art. 105.)

§§ **225.** ff. Einklagung der Vorschüsse eines Gesellschafters gegen die übrigen Gesellschafter vor der Auseinandersetzung. — Vergl. A. L. R. I. **17.** §§ 242. 243., II. **8.** §§ 639. 642.; Allgem. Deutsches Handelsgesetzbuch Art. 138.)

Rechtsgr. **374.** — IV. Senat. 16. Januar 1866. (LXIII. 47.)

Aus den §§ 225. ff. I. 17. des Allgem. Landrechts, welche die Rechte der Gesellschaftsmitglieder rücksichtlich ihrer Vorschüsse festsetzen, folgt nicht, daß, nachdem das Sozietätsgeschäft aufgehört hat und nun eine Auseinandersetzung unter den Sozien nothwendig wird, jeder Sozius, bevor diese geschehen ist, seine Vorschüsse ohne Weiteres gegen die andern Sozien nach Verhältniß deren Geschäftsantheile einklagen dürfe.

§ **230**. Siehe Rechtsgrundsätze 371. 908. (A. L. R. I. **17**. § 169.; Konkurs-Ordnung § 190.)

§§ **233**. ff. Siehe Rechtsgrundsatz 952. (Dig. **17**. 2. Lex 74.)

§§ **242**. **243**. Siehe Rechtsgrundsatz 374. (§ 225. dieses Titels.)

§ **247**. Siehe Rechtsgrundsatz 371. (§ 169. dieses Titels.)

§ **306**. Siehe Rechtsgrundsatz 1024. (Stempelgesetz vom 7. März 1822 § 5. Lit. f.)

Fünfter Abschnitt. Von Grenzscheidungen.

§§ **362**. ff. Grenzregulirungsklage als judicium duplex. — Vergl. A. G. O. I. **42**. §§ 1. ff.

Rechtsgr. **375**. — II. Senat. 2. Juni 1864. (LIV. 210.)

Die Grundsätze des Römischen Rechts in Ansehung der actio finium regundorum als eines judicium duplex sind in dem Allgem. Landrecht I. 17 §§ 362. ff. und in der Allgem. Gerichts-Ordnung I. 42. §§ 1. ff. beibehalten.

Siehe auch Rechtsgrundsatz 377. (§ 381. dieses Titels.)

§§ **372**. ff. Grenzregulirungsverfahren und Berücksichtigung des bisherigen Besitzstandes dabei. — Vergl. A. G. O. I. **42**. § 13.

Rechtsgr. **376**. — II. Senat. 12. Juli 1866. (LXIII. 293.)

Das Grenzregulirungsverfahren tritt immer ein, wenn die Parteien über die Grenze nicht einig sind, und wird nicht durch die Thatsache ausgeschlossen, daß der eine Nachbar das Grundstück bis zu einer bestimmten Stelle ruhig und ungestört besessen hat; die Verhältnisse des bisherigen Besitzes kommen vielmehr nur dann mit in Berücksichtigung, wenn im Laufe des Verfahrens eine frühere Grenzlinie sich nicht hat ermitteln lassen.

§ **381**. ff. Nothwendigkeit einer materiellen Entscheidung im Grenzregulirungsverfahren. — Vergl. § 362. dieses Titels.

Rechtsgr. **377**. — II. Senat. 2. Juni 1864. (LIV. 210.)

Die Grenzregulirung soll, sobald einer der Grenznachbarn auf dieselbe angetragen hat, zu einem positiven Resultate führen, durch welches der bis dahin obgewalteten positiven Ungewißheit der Grenzen ein Ende gemacht wird.

Titel 18. Vom getheilten Eigenthum.

§ **5**. Siehe Rechtsgrundsatz 188. (A. L. R. I. **9**. § 521.)

Erster Abschnitt. Vom Lehen.

§§ **192**. **193**. **228**. **288**. Siehe Rechtsgrundsatz 188. (A. L. R. I. **9**. § 521.)

§ **290**. Siehe Rechtsgrundsatz 987. (Kursächsisches Lehnsmandat vom 30. April 1764 Tit. 6. § 1.)

§ **295**. Siehe Rechtsgrundsatz 188. (A. L. R. I. **9**. § 521.)

§ **461**. Siehe Rechtsgrundsatz 847. (A. G. O. I. **24**. § 9.)

§ **665**. Siehe Rechtsgrundsatz 987. (Kursächsisches Lehnsmandat vom 30. April 1764 Tit. 6. § 1.)

Zweiter Abschnitt. Von Erbzinsgütern.

§§ **698-703**. Siehe Rechtsgrundsatz 409. (A. L. R. I. **21**. § 199.)

§§ **722-724**. Siehe Rechtsgrundsatz 208. (A. L. R. I. **11**. § 58.)

Titel 19. Von dinglichen und persönlichen Rechten auf fremdes Eigenthum überhaupt.

§ **1**. Von Reallasten überhaupt und im Gegensatz zu Servituten:
A. Begriff einer Reallast.

Rechtsgr. 378. — II. Senat. 4. April 1856. (LVIII. 253.)

Reallasten sind solche dingliche Rechte, deren Gegenstand zwar persönliche Leistungen ausmachen, so jedoch, daß diese sich fortwährend wiederholen, und daß die Verpflichtung dazu mit dem Besitze einer bestimmten Sache verbunden ist.

B. Verpflichtung zur Unterhaltung einer Wasserrinne als Reallast. — Vergl. A. L. R. I. 22. §§ 11. 12. 26. ff. 30. ff.

Rechtsgr. 379. — II. Senat. 4. April 1856. (LVIII. 253.)

Die dem Besitzer eines Grundstückes dem Besitzer eines andern Grundstückes gegenüber obliegende Verpflichtung, eine Wasserrinne im Stande zu halten, ist als eine Reallast, nicht als eine Grundgerechtigkeit, aufzufassen.

C. Wesen der Servitut im Gegensatz zur Reallast; „Thun" des Verpflichteten bei der Servitut, namentlich einer Holzberechtigung. — Vergl. § 17. dieses Titels.

Rechtsgr. 380. — V. Senat. 20. Dezember 1864. (LVII. 192.)

Das Wesen der Servitut im Gegensatz zur Reallast wird dadurch nicht aufgehoben, daß nebenbei dem Verpflichteten ein Thun obliegt, z. B. bei der Holzberechtigung die Entnahme des Holzes zu dulden und demgemäß die zu entnehmenden Stämme anzuweisen.

Siehe auch Rechtsgrundsätze 203. 440. (A. L. R. I. **11.** § 1., **22.** § 171.)

§ **2.** Siehe Rechtsgrundsatz 847. (A. G. O. I. **24.** § 9.)

§§ **4.** ff. Eintragung und Kenntniß von einer Reallast:

A. Zweck und Wirkung der Eintragung einer Reallast.

Rechtsgr. 381. — I. Senat. 3. Juni 1864. (LIV. 213.)

a) Die Eintragung einer Reallast in das Hypothekenbuch erfolgt, um dieselbe für jeden Dritten erkennbar zu machen, den Uebergang der Verpflichtung auf Singular-Successoren zu vermitteln und ihre Dinglichkeit gegen jeden späteren Erwerber des Grundstückes zu erhalten.

b) Ohne Eintragung ist der Realberechtigung — redlichen Erwerbern gegenüber — nur die Bedeutung eines Rechtes zur Sache beizumessen; sie muß den spätern Eigenthumsrechten eines neuen Besitzers, der das Grundstück durch Spezialtitel auf den Glauben des Hypothekenbuches erworben hat, weichen.

B. Beweis und Kenntniß von dem Vorhandensein der Reallast. — Vergl. A. G. O. I. **13**. § 28.

Rechtsgr. **382**. — I. Senat. 3. Juni 1864. (LIV. 213.)

Die Kenntniß des neuen Besitzers des verpflichteten Grundstückes von der Reallast ist eine Thatsache, die nach § 28. I. 13. der Allgem. Gerichts-Ordnung nicht vermuthet werden kann, und ihm von dem Berechtigten, der die Reallast gegen ihn geltend machen will, erwiesen werden muß.

Siehe auch Rechtsgrundsätze 403. 847. (A. L. R. I. **21**. § 2.; A. G. O. I. **24**. § 9.)

§ **9**. Siehe Rechtsgrundsatz 203. (A. L. R. I. **11**. § 1.)

§ **10**. Rechtsstreit über die Richtigkeit eines dinglichen Rechtes auf die Substanz einer fremden Sache, wenn diese sich im gemeinschaftlichen Eigenthum Mehrerer befindet.

Rechtsgr. **383**. — II. Senat. 7. Juli 1864. (LV. 193.)

Der § 10. I. 19. des Allgem. Landrechts bestimmt nur, daß ein Rechtsstreit, durch welchen die Richtigkeit eines dinglichen Rechtes auf die Substanz einer fremden Sache ausgemittelt werden soll, nur mit dem Eigenthümer oder vollständigen Besitzer derselben gültig verhandelt werden kann, und entscheidet also die Frage, ob, wenn die fremde Sache sich im gemeinschaftlichen Eigenthum Mehrerer befindet, unter allen Umständen die Klage gegen die mehreren Miteigenthümer zusammen gerichtet werden muß, in keiner Weise.

§ **14**. Siehe Rechtsgrundsatz 127. (A. L. R. I. 7. § 181.)

§ **15**. Siehe Rechtsgrundsätze 428. 436. (A. L. R. I. **22**. §§ 31. 63.)

§ **17**. ff. Siehe Rechtsgrundsätze 380. 428. 436. 440. 534. 535. (A. L. R. I. **19**. § 1., **22**. §§ 31. 63., II. **6**. § 72., **7**. § 18.)

§ **31**. Fortbestehen der subjektiv und objektiv dinglichen staatsrechtlichen Rechte und Verbindlichkeiten nach dem durch Gesetz eintretenden Verlust des Eigenthums am Grund und Boden; Ablösung der Realberechtigungen und Aufhebung anderer gutsherrlicher Gerechtsame. — Vergl. A. L. R. II. **11**. §§ 568. 578. 580. 584. 598. 610. 616. 617.; Verordnung vom 30. August 1816.; Kabinets-Order vom 1. August 1831; Gesetz vom 14. April 1856 § 2. No. 2., § 6.

Rechtsgr. **384**. — I. Senat. 3. April 1865. (LVII. 282.)

Die mit dem Besitze eines Gutes verbundenen, insofern subjektiv und objektiv dinglichen, staatsrechtlichen Rechte und Verbindlichkeiten erlöschen durch den in Folge gesetzlicher Bestimmung eintretenden Verlust des Eigenthums am Grund und Boden sowenig, als durch die Ablösung von Realberechtigungen oder durch die Aufhebung anderer gutsherrlicher Gerechtsame, sie bleiben vielmehr in Kraft.

Titel 20. Von dem Rechte auf die Substanz einer fremden Sache.

Erster Abschnitt. Vom Rechte des Unterpfandes.

§§ **11**. ff. Haftung des Pfandes für ein Rechtsgeschäft.

Rechtsgr. **385**. — III. Senat. 13. Juli 1866. (LXIII. 303.)

Die §§ 11. 12. I. 20. des Allgem. Landrechts legen alles Gewicht auf das Wesen des Rechtsgeschäfts, nicht auf dessen urkundlichen Ausdruck.

Siehe auch Rechtsgrundsatz 1073. (Subhastations-Verordnung vom 4. März 1834 § 16.)

§ **15**. Siehe Rechtsgrundsätze 369. 1032. (A. L. R. I. **17**. § 115.; Deklaration vom 3. April 1824.)

§ **24**. Siehe Rechtsgrundsätze 227. 386. (A. L. R. I. **11**. § 340., **20**. § 154.)

§§ 49. 50. 54. Siehe Rechtsgrundsätze 313. 1075. (A. L. R. I. 14. § 258.; Deklaration vom 21. März 1835.)

§ 55. Siehe Rechtsgrundsätze 394. 1189. (§ 520. dieses Titels; Hypotheken-Novelle vom 24. Mai 1853 § 15.)

§ 71. Siehe Rechtsgrundsatz 687. (Allgem. Deutsches Handelsgesetzbuch Art. 409.)

§§ 116. 120. Siehe Rechtsgrundsatz 416. (A. L. R. I. 21. § 395)

§ 154. Recht des Hypothekengläubigers auf Verkauf des verpfändeten Grundstücks ohne die darauf haftende Leibzucht; Verfahren bei der Subhastation des mit einer Leibzucht belasteten Grundstücks; Verkauf mit und ohne Leibzucht. — Vergl. § 24. dieses Titels; A. G. O. I. 52. §§ 43. ff. 57.

Rechtsgr. 386. — III. Senat. 2. Oktober 1865. (LXI. 71.)

a) Die früher eingetragenen Hypotheken geben an und für sich nicht das Recht, der Konstituirung neuer dinglicher Lasten zu widersprechen oder bei der Subhastation des Pfandes zu verlangen, daß dasselbe frei von der später eingetragenen Leibzucht oder andern dinglichen Lasten subhastirt werde; nur wenn das Recht der früher eingetragenen Gläubiger, aus dem Pfande ihre Befriedigung zu verlangen, durch den Verkauf desselben mit Fortbestehen der ihnen nachstehenden dinglichen Last geschmälert wird, können sie verlangen, daß dasselbe frei von derselben verkauft werde.

b) Wenn der Leibzüchter den Zuschlag des subhastirten Grundstückes mit dem Uebergange der Leibzucht, die andern im Subhastationstermin anwesenden Interessenten ohne Uebergang derselben verlangen, so hat der Subhastations-Richter zu prüfen, ob das Recht des einen oder andern dem Leibzüchter wegen seiner Leibzucht vorgehenden Gläubiger auf Befriedigung bei einem Zuschlage mit übergehender Leibzucht geschmälert werde. Der Streit kann nicht nach Mehrheit der Stimmen der bei der Sache interessirenden Realgläubiger, welche nach der Summe ihrer aus dem Hypothekenscheine erhellenden Kapitalsforderungen berechnet werden, und der in Kapital veranschlagten Leibzucht entschieden werden, und handelt es sich hier nicht um eine Differenz über eine zu stellende Kaufbedingung, sondern um die Höhe des Gebots, überhaupt eine materielle Kollision zwischen prälozirten und postlozirten Posten.

Siehe auch Rechtsgrundsatz 227. (A. L. R. I. **11**. § 340.)

§ **159**. Siehe Rechtsgrundsatz 394. (§ 520. dieses Titels.)

§ **193**. Anwendbarkeit der §§ 35-37. I. **14**. des Allg. Landrechts auf den Pfandbesitzer, namentlich in Betreff der Anzeige eines eingetretenen Schadens oder Verlustes.

Rechtsgr. **387**. — IV. Senat. 7. Februar 1865. (LVI. 342.)

Die zunächst für das Verhältniß des bloßen Verwahrers gegebenen Vorschriften der §§ 35—37. I. 14. des Allgem. Landrechts, namentlich die dem Verwahrer auferlegte Verbindlichkeit zur alsbaldigen Anzeige eingetretenen Schadens oder Verlustes, finden auch auf den Pfandbesitzer Anwendung.

§ **281**. Verpfändung ausstehender Forderungen bei Aushändigung der darüber auf einen gewissen Inhaber ausgestellten Urkunde.

Rechtsgr. **388**. — III. Senat. 9. Oktober 1865. (LXI. 86.)

Indem der § 281. I. 20. des Allgem. Landrechts bestimmt, daß ausstehende Forderungen nur durch Aushändigung der darüber auf einen bestimmten Inhaber ausgestellten Dokumente gültig verpfändet werden können, ist allein erforderlich, daß der Pfandgläubiger zum wirklichen Pfandbesitze, also auch zur Gewahrsam der verpfändeten Dokumente gekommen sei, mag dieselbe für ihn auch ein Dritter ausüben.

§ **349**. Siehe Rechtsgrundsatz 41. (A. L. R. I. **4**. § 14.)

§§ **405**. **406**. Siehe Rechtsgrundsatz 369. (A. L. R. I. **17**. § 115.)

§ **410**. Einfluß des Verfahrens des Hypothekenrichters auf das erworbene Hypothekrecht. — Vergl. A. L. R. I. **10**. §§ 7-11., **20**. §§ 427. ff. 433. 526., II. **10**. § 91.

Rechtsgr. 389. — III. Senat. 11. Dezember 1865. (LXII. 77.)

Hat ein Gläubiger, dem Glauben des Hypothekenbuchs folgend, ein gültiges, gegen den nicht eingetragenen wahren Eigenthümer wirksames Hypothekrecht erworben, so kann ein Versehen des Hypothekenrichters den Verlust dieses Rechts nicht zur Folge haben.

Siehe auch Rechtsgrundsatz 202. (A. L. R. I. **10**. § 7.)

§§ **422**. Einwendungen gegen eingetragene Forderungen:

A. Guter Glaube des Hypothekenbuches bei irrthümlicher Uebertragung einer Hypothekenforderung auf ein neu angelegtes Hypothekenfolium.

Rechtsgr. 390. — IV. Senat. 19. Dezember 1864 und 9. Januar 1865. (LVI. 270.)

Ist bei Anlegung des Hypothekenbuches ein selbstständiges Grundstück als Pertinenz eines andern Grundstückes angesehen worden, hat in Folge dessen die Abschreibung von dem vermeintlichen Hauptgrundstück stattgefunden, und sind die auf diesem haftenden Hypothekenschulden übertragen worden, so kann der im guten Glauben befindliche Erwerber einer solchen Hypothekenforderung sich auf den öffentlichen Glauben des Hypothekenbuches berufen, und steht dem Besitzer, welcher eine Protestation nicht hat eintragen lassen, nicht der Einwand zu, daß dieser Anspruch mit Unrecht auf das für ihn angelegte Folium übertragen worden sei.

B. Klagerecht eines Hypothekengläubigers gegen einen andern wegen Verletzung der Priorität bei der Eintragung. — Vergl. A. L. R. I. **20**. §§ 433. 450-452. 503., II. **10**. § 91.; A. G. O. Einl. § 3.

Rechtsgr. 391. — III. Senat. 10. November 1865. (LXII. 30.)

Darin, daß einem Gläubiger bei Eintragung seiner Forderung in das Hypothekenbuch die dieser Forderung vor einer anderen zuständige Priorität nicht gewahrt worden ist, liegt die Verletzung eines schon existirenden Vermögensrechtes, und steht dem durch die unrichtige Ein=

tragung benachtheiligten Gläubiger gegen den andern Gläubiger sofort ein Klagerecht dahin zu, daß dieser die Berichtigung der Eintragung geschehen lasse.

Siehe auch Rechtsgrundsatz 1043. (Verordnung vom 1. Juni 1833 § 3.)

§ 423. Einwendungen gegen das Hypothekenrecht im Gegensatz gegen den persönlichen Anspruch.

Rechtsgr. **392.** — III. Senat. 16. März 1866. (LXII. 233.)

Die §§ 423. ff. I. 20. des Allgem. Landrechts, — betreffend die Einwendungen des Schuldners gegen die eingetragene Forderung dritten Personen gegenüber, — haben nur für das Hypothekenrecht, nicht für den bloßen persönlichen Anspruch Bedeutung.

§ 424. Protestativische Eintragung bei Einleitung der Klage auf theilweise Ungültigkeitserklärung einer Hypothek, als Gegenstand eines richterlichen Urtheils.

Rechtsgr. **393.** — III. Senat. 27. März 1865. (LVIII. 245.)

Die protestativische Eintragung, welche im Wege der prozessualischen Dekretur bei Einleitung der Klage auf theilweise Ungültigkeitserklärung einer Hypothek erwirkt werden kann, kann auch zum Gegenstande richterlichen Urtheils gemacht werden.

§§ 427. ff. Siehe Rechtsgrundsatz 389. (§ 410. dieses Titels.)
§ 433. Siehe Rechtsgrundsätze 389. 391. (§§ 410. 422. dieses Titels.)
§ 443. Siehe Rechtsgrundsatz 34. (A. L. R. I. **2.** § 42.)
§§ 450-452. Siehe Rechtsgrundsatz 391. (§ 422. dieses Titels.)
§ 483. Siehe Rechtsgrundsätze 313. 334. (A. L. R. I. **14.** § 258. **16.** § 71.)
§ 503. Siehe Rechtsgrundsatz 391. (§ 422. dieses Titels.)
§§ 511. ff. Siehe Rechtsgrundsatz 318. (A. L. R. I. **15.** § 1.)
§ 513. Siehe Rechtsgrundsatz 1189. (Hypotheken-Novelle vom 24. Juni 1853 § 15.)
§§ 520. ff. Verpflichtung des Zahlungsempfängers für Ausstellung

einer löschungsfähigen Quittung. — Vergl. §§ 55. 159. dieses Titels.; Allg. Hypotheken-Ordnung II. §§ 24. ff.

Rechtsgr. 294. — III. Senat. 3. Februar 1864. (LIII. 91.)

Der Zahlungs-Empfänger muß für das Erlöschen des mit der gezahlten Forderung verbundenen Pfandrechts Gewähr leisten und deshalb, bei erfolgter Zahlung einer Hypothek, die Ertheilung einer löschungsfähigen Quittung bewirken, d. h. einer solchen, welche die Löschung ermöglicht, mithin auch die Befugniß des Quittungsleisters, über die Post zu disponiren, außer Zweifel stellt.

Siehe auch Rechtsgrundsatz 1189. (Hypotheken-Novelle vom 24. Mai 1853 § 15.)

§ 521. Antrag auf Löschung der Hypothek im Hypothekenbuch; Nicht-Cessibilität dieses Rechtes.

Rechtsgr. 295. — III. Senat. 20. März 1865. (LIX. 24.)

Die Löschung der Hypothek im Hypothekenbuch selbst kann nur der Besitzer des Grundstücks beantragen; dieses Recht ist daher für sich allein nicht cessibel, es kann nur mit dem Eigenthum des Grundstücks übertragen werden.

§ 522. Gesetzliche Vorschriften hinsichtlich der Verhandlungen eines Dritten mit dem eingetragenen Gläubiger auf den Glauben des Hypothekenbuches, namentlich bei unterbliebener Bildung eines Hypothekendokuments; Einwand der Zahlung Seitens des Realschuldners dem Cessionar der Hypothekenpost gegenüber. — Vergl. Gesetz vom 11. Juli 1845 § 17.; Hypotheken-Novelle vom 24. Mai 1853 §§ 14. 17.

Rechtsgr. 296. — III. Senat. 31. März 1865. (LIX. 33.)

Ist in einem Kaufvertrage der übereinstimmende Wille der Kontrahenten dahin zu erkennen gegeben, daß behufs Bildung eines Hypotheken-Instrumentes eine Ausfertigung der in dem Kaufvertrage enthaltenen Schuld- und Verpfändungs-Urkunde nicht erfolgen solle, hat darauf der Verkäufer die Forderung cedirt, und ist nunmehr für den

Cessionar, unter Benutzung der in den Hypotheken-Akten befindlichen beglaubigten Abschrift des Kaufvertrages, dennoch ein Hypotheken-Instrument gebildet, ohne daß der Hypothekenschuldner hiervon in Kenntniß gesetzt ist, so kann das Vertrauen in die Legalität des Verfahrens des Hypothekenrichters nicht soweit ausgedehnt werden, daß der Cessionar sich wegen der von dem Hypothekenschuldner eingewendeten Zahlungen nach § 522. I. 20. des Allg. Landrechts mit dem Glauben des Hypothekenbuches schützen könnte.

§§ **526**. ff. Siehe Rechtsgrundsatz 389. (§ 410. dieses Titels.)

Zweiter Abschnitt. Vom Zurückbehaltungsrechte.

§ **536**. Zurückbehaltung eines verhältnißmäßigen Theiles der Leistung bei Verträgen, welche zwar ihrem Hauptinhalte nach, nicht aber in Betreff der Nebenleistungen erfüllt sind. — Vergl. A. L. R. I. **5**. § 271.

Rechtsgr. **397**. — **III**. Senat. 18. April 1864. (**LIV**. 88.)

In dem Präjudiz No. 857. vom 14. März 1840 (Entscheidungen Bd. 6. S. 56.):

„Die Vorschrift des § 271. I. 5. des Allgem. Landrechts findet in ihrem ganzen Umfange nur auf Verträge Anwendung, deren Erfüllung noch geschehen soll. Ist aber der Vertrag seinem Hauptinhalte nach erfüllt, und es werden nur wechselseitige und fällige, von einander unabhängige Nebenleistungen oder fortlaufende Verbindlichkeiten gefordert, so berechtigt diese Vorschrift bei gleichartigen Leistungen nur zur Kompensation, bei ungleichartigen zu dem Antrage auf Erfüllung derselben Zug um Zug, folglich nicht zu einer gänzlichen Verweigerung, sondern nur zur Zurückhaltung eines verhältnißmäßigen Theils der eingeklagten Leistung",

ist nicht ein Zurückbehaltungsrecht im Sinne des § 536. I. 20. des Allgem. Landrechts gemeint, vielmehr ist daselbst das Wort Zurückbehaltung in seiner weitesten Bedeutung genommen.

Siehe auch Rechtsgrundsatz 73. (A. L. R. I. **5**. § 270.)

§§ 537. ff. Redliche Besitzergreifung als Vorbedingung des Retentionsrechts:

A. Nach Allgemeinem Landrecht.

Rechtsgr. **398**. — III. Senat. 27. April 1866. (LXII. 316.)

Derjenige, welcher eine Sache bisher redlich besessen oder inne gehabt und jetzt zu deren Herausgabe an und für sich verpflichtet ist, darf dieselbe solange in seiner Gewahrsam zurückbehalten, bis er wegen seiner Gegenforderungen gewisser Art befriedigt worden. Nur wer die Gewahrsam oder den Besitz der Sache unredlicher Weise erlangt hat, kann das Retentionsrecht in keinem Falle ausüben.

B. Nach Gemeinem Recht, namentlich auch wegen der impensae necessariae. — Vergl. Dig. **5**. 3. Lex 50. § 1., **6**. 1. Lex 38., **19**. 1. Lex 13. § 8.; Cod. **3**. 32. Lex 5. 16., **8**. 52. Lex 1.

Rechtsgr. **399**. — III. Senat. 27. März 1865. (LVII. 272.)

Nach dem Gemeinen Recht steht nur demjenigen das Retentionsrecht zu, welcher in dem fehlerfreien Besitz der Sache sich befindet; dies gilt namentlich auch rücksichtlich der impensae necessariae.

§ 538. Siehe Rechtsgrundsatz 407. (A. L. R. I. **21**. § 130.)

Dritter Abschnitt. Vom Vorkaufs-, Näher- und Wiederkaufsrechte.

§§ 568. ff. Siehe Rechtsgrundsätze 212. 401. (A. L. R. I. **11**. § 135., **20**. § 607.)

§§ 575. ff. Unterschied zwischen Vorkaufs- und Retrakt- (Näher-) Recht, nach Gemeinem und Preußischem Rechte.

Rechtsgr. **400**. — III. Senat. 23. Juni 1865. (LIX. 267.)

Nach dem Gemeinen Recht besteht das Vorkaufsrecht

darin, daß kraft desselben der Berechtigte den Verkäufer einer Sache nöthigen kann, ihn an Stelle des Käufers unter den gleichen Bedingungen in den noch nicht durch Uebergabe vollzogenen Vertrag eintreten zu lassen. In diesem Falle erwirbt also der Vorkaufsberechtigte das Eigenthum durch Uebergabe vom Verkäufer auf Grund des Kaufvertrags. Retrakt (Näherrecht) dagegen wird die Befugniß genannt, die Sache dem Käufer oder einem spätern Erwerber gegen Schadloshaltung abzufordern, mit der Wirkung, daß der Retrahent das Eigenthum von demselben nicht durch Singular-Succession in den ursprünglichen Kaufvertrag, sondern lediglich auf Grund seines Näherrechts erwirbt.

Diese Unterscheidung ist auch im Preußischen Recht festzuhalten.

§ **607**. Vorkaufsrecht des Miteigenthümers bei erfolgter reeller Theilung der Sache in ihren wesentlichen Theilen und Fortbestehen des Mitbesitzes an einem einzelnen geringen Stücke. — Vergl. § 568. dieses Titels; Gesetz vom 2. März 1850 § 2.

Rechtsgr. **401**. — III. Senat. 27. Oktober 1865. (LX. 228.)

a) Der § 607. I. 20. des Allgem. Landrechts setzt zwei völlig selbstständige Sachen voraus.

b) Ist eine Sache im Wesentlichen reell getheilt, und ist nur ein einzelnes geringes Stück des Ganzen noch ungetheilt und wird noch gemeinschaftlich besessen, so bleibt wegen der Geringfügigkeit dieses Stückes das gesetzliche Vorkaufsrecht ausgeschlossen.

§ **616**. Geltendmachung des Vorkaufsrechts im Bietungstermine; zeitliche Grenze zur Wahrnehmung der Rechte der Subhastations-Interessenten. — Vergl. Subhastations-Verordnung vom 4. März 1834 §§ 10. ff.

Rechtsgr. **402**. — III. Senat. 6. Oktober 1865. (LX. 196.)

Das Recht des Vorkaufsberechtigten, im Bietungstermine seine Erklärung abzugeben, ob er die Sache für das darauf gefallene höchste Gebot übernehmen wolle, ist nicht an die Bedingung geknüpft, daß er im Termine überhaupt und zwar vor 6 Uhr Nachmittags als Bieter aufgetreten ist.

§ **630**. Siehe Rechtsgrundsatz 847. (A. G. O. I. **24**. § 9.)
§ **635**. Siehe Rechtsgrundsatz 212. (A. L. R. I. **11**. § 135.)

Titel 21. Von dem Rechte zum Gebrauche oder Nutzung fremden Eigenthums.

§ **2**. Anfechtung eines von dem Verkäufer des Grundstücks einem Dritten durch mündlichen Vertrag bestellten lebenslänglichen Nießbrauchsrechts Seitens des Käufers dieses Grundstücks. — Vergl. A. L. R. I. **19**. § 5.

Rechtsgr. **403**. — II. Senat. 11. November 1864. (LIV. 356.)

Der Käufer eines Grundstücks ist als solcher nicht berechtigt, den vor Abschluß des Kaufvertrages Seitens des Verkäufers mit einem Dritten mündlich geschlossenen und erfüllten Vertrag auf Einräumung eines lebenslänglichen Nießbrauchsrechtes anzufechten.

§§ **5**. **6**. Siehe Rechtsgrundsätze 415. 847. (A. L. R. I. **21**. § 358.; A. G. O. I. **24**. § 9.)
§§ **9**. **10**. Siehe Rechtsgrundsätze 65. 249. 847. (A. L. R. I. **5**. § 155., **11**. § 602.; A. G. O. I. **24**. § 9.)
§ **20**. Siehe Rechtsgrundsatz 282. (A. L. R. I. **12**. § 422.)

Erster Abschnitt. Vom Nießbrauche.

§§ **22**. ff. **30**. **31**. **39**. Rechte des Nießbrauchers:
A. Berechtigung des Nießbrauchers zur Ausbeutung von Lehm- und Thongruben.

Rechtsgr. **404**. — III. Senat. 9. Dezember 1864. (LV. 338.)

Der Nießbraucher hat auf die gewöhnliche Nutzung

der bei Bestellung des Nießbrauchs schon vorhandenen Lehm- und Thongruben Anspruch.

B. Umwandlung eines Grundstücks in eine Lehm- und Thongrube Seitens des Nießbrauchers.

Rechtsgr. **405**. — III. Senat. 9. Dezember 1864. (LV. 338.)

Die Frage, ob der Nießbraucher auf dem Wege ungewöhnlicher Nutzung die Bestimmung eines Grundstückes dahin ändern kann, daß er es in eine Lehm- und Thongrube verwandelt, um Ziegelerde, Lehm und Thon auszuarbeiten, unterliegt, wie sein Nutzungsrecht im Allgemeinen, — § 23. I. 21. des Allgem. Landrechts, den Ausnahmevorschriften der §§ 25. ff. und also auch der §§ 30. 31. a. a. O.

§ **42**. Siehe Rechtsgrundsatz 459. (A. L. R. II. **1**. § 231.)
§§ **76**. **79**. Siehe Rechtsgrundsatz 458. (A. L. R. II. **1**. § 231.)
§§ **91**. **92**. Siehe Rechtsgrundsatz 187. (A. L. R. I. **9**. § 521.)
§ **98**. Erwerbung von Rechten zum Besten des Eigenthümers durch den Erbpächter. — Vergl. § 199. dieses Titels.

Rechtsgr. **406**. — II. Senat. 31. Oktober 1865. (LXI. 193.)

Der § 98. I. 21. des Allgem. Landrechts, welcher den Nießbraucher berechtigt, Dienstbarkeiten und andere Rechte für die zum Nießbrauch eingeräumte Sache zum Besten des Eigenthümers zu erwerben, gilt auch für den Erbpächter.

§ **110**. Siehe Rechtsgrundsatz 249. (A. L. R. I. **11**. § 602.)
§§ **111**. **130**. **131**. Dauer und Vorbedingungen des Rücknahmerechts von Verbesserungen Seitens des Nießbrauchers. — Vergl. A. L. R. I. **7**. §§ 210. 211. 238., **9**. §§ 275. ff. 280. 282., **13**. §§ 230. 262-264., **20**. § 538., **21**. § 280.; A. G. O. I. **44**. §§ 46. ff.; Dig. **12**. 6. Lex 33., **15**. 3. Lex 3. § 4., **19**. 2. Lex 19. § 4., Lex 55. § 1., **44**. 4. Lex 14.

Rechtsgr. **407**. — III. Senat. 13. November 1865. (LX. 264.)

Die alleinige Beschränkung des Nießbrauchers und

dessen Erben, Verbesserungen, die ohne des Eigenthümers Einwilligung erfolgt sind, wenn über die Vergütung derselben kein Abkommen stattfindet, zurückzunehmen, besteht darin, daß die Sache in denjenigen Stand gesetzt wird, in welchem sie sich vor der Verbesserung befunden hat; keinesweges ist das Recht der Wegnahme auf die Zeit vor der Räumung des Besitzes beschränkt.

Siehe auch Rechtsgrundsatz 412. (§ 280. dieses Titels.)

Zweiter Abschnitt. Von der Erbpacht.

§§ 187. 190. 195. Verpflichtung des Verkäufers eines Grundstückes hinsichtlich der Ermöglichung der Besitztitelberichtigung für den Käufer; Ausdehnung dieser Grundsätze auf den Erbpachtsvertrag und Zurückbehaltung des Erbpachtkanons. — Vergl. A. L. R. I. **5**. § 271., **11**. §§ 124. 126.

Rechtsgr. **408**. — II. Senat. 22. Dezember 1864. (**LVII**. 211.)

a) Der erste Satz des Präjudizes No. 2002.:

„Bei Kaufkontrakten über Grundstücke gehört es zu den wesentlichen Theilen der Erfüllung, daß der Verkäufer Alles thue, um den Käufer in den Stand zu setzen, die gerichtliche Zuschreibung auf seinen Namen zu bewirken. Hat daher der Verkäufer unterlassen, die Berichtigung seines eigenen Besitztitels zu bewirken, so ist der Käufer befugt, insofern der Kontrakt nicht Etwas anderes bestimmt, — die Bezahlung des Kaufgeldes zu verweigern",

ist auch auf den Erbpachtskontrakt anwendbar.

b) Hat der Erbverpächter den ihm hiernach obliegenden Verpflichtungen nicht genügt, so kann er vom Erbpächter die Zahlung des Kanons nicht verlangen.

§§ 199. 201. Dismembrationsbefugnisse des früheren Erbpächters. — Vergl. A. L. R. I. **18**. §§ 698-703.; Kultur-Edikt vom 14. September 1811 § 2.; Verfassungs-Urkunden vom 5. Dezember 1848 Art. 40 und vom 31. Januar 1850 Art. 42.; Ablösungsgesetz vom 2. März 1850 § 3. No. 2.

Rechtsgr. **409.** — III. Senat. 3. Februar 1864. (LIII. 83.)

Der frühere Erbpächter ist in der Dismembration seines Grundstücks gesetzlich nicht mehr beschränkt, und sind auch die demselben in dem Erbpachtsvertrage gestellten desfallsigen Schranken für fortgefallen zu erachten.

Siehe auch Rechtsgrundsatz 406. (§ 98. dieses Titels.)

Dritter Abschnitt. Von dem eingeschränkten Gebrauchs- und Nutzungsrechte fremder Sachen.

§ **233**. Siehe Rechtsgrundsatz 65. (A. L. R. I. **5**. § 155.)
§§ **259**. **262**. ff. Gegenleistung des Pächters beim Pachtvertrage.

Rechtsgr. **410.** — III. Senat. 29. September 1865. (LXI. 62.)

Ein Pachtvertrag ist nur dann als vorhanden anzunehmen, wenn eine b e s t i m m t e Gegenleistung, sei es in baarem Gelde oder einer bestimmten Quantität von Früchten oder einem aliquoten Theil derselben, versprochen ist.

Siehe auch Rechtsgrundsatz 65. (A. L. R. I. **5**. § 155.)

§§ **267**. ff. Abänderung eines die Schriftform erheischenden, nur mündlich geschlossenen, jedoch durch Uebergabe vollzogenen Miethsvertrages durch mündliche Abrede. — Vergl. A. L. R. I. **5**. §§ 131. 388.

Rechtsgr. **411.** — IV. Senat. 28. April 1865. (LVII. 320.)

Ist ein Miethsvertrag, welcher seinem Gegenstande nach eines schriftlichen Vertrages bedurfte, nur mündlich geschlossen, aber durch Uebergabe vollzogen, so muß eine Modifikation desselben in schriftlicher Form erfolgen, wenn die Miethe auf die Zeit, für welche die Modifikation eintreten sollte, über 50 Rthlr. beträgt.

Siehe auch Rechtsgrundsätze 35. 65. 107. (A. L. R. I. **2**. § 48., **5**. § 155., **7**. § 73.)

§ **270**. Siehe Rechtsgrundsatz 123. (A. L. R. I. **7**. § 146.)

§ 280. Dauer und Vorbedingungen des Rücknahmerechts von Verbesserungen Seitens des Pächters. — Vergl. §§ 130. 131. dieses Titels.

Rechtsgr. **412.** — III. Senat. 13. November 1865. (**LX.** 264.)

a) Die alleinige Beschränkung des Pächters und dessen Erben, Verbesserungen, die ohne des Eigenthümers Einwilligung erfolgt sind, wenn über die Vergütung derselben kein Abkommen stattfindet, zurückzunehmen, besteht darin, daß die Sache in denjenigen Stand gesetzt wird, in welchen sie sich vor der Verbesserung befunden hat; keinesweges ist das Recht der Wegnahme auf die Zeit vor der Räumung des Pachtbesitzes beschränkt.

b) Der Pächter kann seine Verbesserungen nur in dem von ihm zurückgelassenen Zustande zurücknehmen, nicht aber dann, wenn sie nach seinem Abzuge wesentliche Veränderungen erlitten haben; deshalb kann bei Pflanzen und Bäumen schon dieser Gesichtspunkt das Recht der Rücknahme ausschließen.

Siehe auch Rechtsgrundsatz 407. (§ 111. dieses Titels.)

§ 298. Kündigung innerhalb der Pachtzeit wegen Rückstandes zweier Zinstermine bei gleichzeitiger Verabredung von Konventionalstrafen für die verzögerte Zahlung des Pachtzinses. — Vergl. A. L. R. I. **5.** §§ 292. 293.

Rechtsgr. **413.** — III. Senat. 24. Oktober 1864. (**LVII.** 24.)

Durch die in einem Pachtvertrage für den Fall der Zögerung in Zahlung des Pachtzinses verabredete Konventionalstrafe wird die gesetzliche Bestimmung, wonach der Rückstand zweier Pachttermine den Verpächter zur Aufkündigung vor Ablauf der bedungenen Zeit berechtigt, nicht aufgehoben.

§§ 350. ff. Eintritt des Adjudikatars bei der nothwendigen Subhastation in die Pachtverträge des Subhastaten. — Vergl. A. L. R. I. **8.** §§ 1. 9-12., **11.** §§ 106. 117. 342.

Rechtsgr. **414**. — III. Senat. 9. Februar 1863. (LIII. 132.)

a) Auch bei nothwendigen Verkäufen bleibt, wenn weder die Gläubiger noch der neue Käufer die Pacht gekündigt haben, der Pachtvertrag in seiner Kraft und Bedeutung auch dem Adjudikatar gegenüber bestehen, und muß er daher auch die dem Pächter eingeräumte Kompensationsbefugniß anerkennen.

b) Hat dagegen der Adjudikatar den Vertrag als bindend nicht angenommen, und ist er demselben auch nicht beigetreten, so ist er aus demselben dem Pächter nicht persönlich verhaftet und braucht sich die Kompensation mit einer Schuld des Subhastaten nicht gefallen zu lassen; er kann vielmehr den Entgelt der ihm als Eigenthümer zustehenden Nutzungen verlangen und Baarzahlung des rückständigen Pachtzinses fordern.

§ **358**. Rechte des Käufers eines Grundstückes auf die später fällig werdenden Miethszinsen gegenüber dem von einem Gläubiger des Verkäufers angelegten Miethsarreste. — Vergl. A. L. R. I. **8**. §§ 9-12., **10**. §§ 1. 7., **11**. §§ 1. ff., **21**. §§ 5. 6.; A. G. O. I. **24**. §§ 101. 113., **29**. §§ 81-85.; Konkurs-Ordnung §§ 9. 32-39. 82. 363. ff.; Exekutions-Verordnung vom 4. März 1834 §§ 15. ff.

Rechtsgr. **415**. — III. Senat. 10. Juli 1865. (LIX. 304.)

Hat der Gläubiger die Miethen aus einem seinem Schuldner gehörigen Grundstücke mit Arrest belegen lassen, dieser hiernächst das Grundstück freiwillig veräußert, und ist die hypothekarische Eintragung des Arrestes oder die Kenntniß des Käufers von demselben nicht nachgewiesen, so steht der nach dem Kaufvertrag fällige Miethszins dem Käufer zu.

§ **359**. Siehe Rechtsgrundsatz 847. (A. G. O. I. **24**. § 9.)

§ **395**. Rechte des Vermiethers an den vom Miether eingebrachten Sachen; Besitzstörung des Miethers durch Besitznahme von eingebrachten Sachen Seitens des Vermiethers. — Vergl. A. L. R. I. **20**. §§ 116. 120.

Rechtsgr. **416**. — IV. Senat. 27. November 1865. (LX. 278.)

Dem Vermiether stehen die im Umfange des wirklichen Unterpfandes liegenden Befugnisse des Besitzes und der Aufbewahrung an den von dem Miether eingebrachten Sachen zu, und liegt darin, daß der Vermiether in Ausübung seines Pfandrechts beim Ausziehen des Miethers ohne vorherige Zahlung des Miethspreises einen Theil der Mobilien in Besitz nimmt, keine Besitzstörung des Letzteren.

§§ **401**. **402**. Siehe Rechtsgrundsatz 65. (A. L. R. I. **5**. § 155.)
§ **407**. Siehe Rechtsgrundsatz 35. (A. L. R. I. **2**. § 48., **5**. § 155.)
§§ **420**. **421**. Siehe Rechtsgrundsatz 206. (A. L. R. I. **11**. § 8.)
§§ **433**. ff. **597**. ff. Siehe Rechtsgrundsatz 594. (A. L. R. II. **16**. § 113.)
§§ **452**. ff. Siehe Rechtsgrundsatz 218. (A. L. R. I. **11**. Anh. § 14. zu § 204.)
§ **455**. Begriff vom „Verlust“ in dieser Gesetzesstelle.

Rechtsgr. **417**. — III. Senat. 9. Februar 1866. (LXIII. 78.)

In dem § 455. I. 20. des Allgem. Landrechts:

„Wenn aber durch Seuchen, Feuer oder andere ungewöhnliche Unglücksfälle ein Verlust am Vieh-Inventario sich ereignet, so trifft dieselbe den Verpächter als Eigenthümer dieser Stücke“,

ist Verlust gleichbedeutend mit definitiver Unbrauchbarkeit.

§§ **597**. ff. Verhaftung des Pächters wegen nicht erfolgter Rückgewähr des Grundstücks nach beendeter Pacht. — Vergl. A. L. R. I. **13**. §§ 262. ff. 280.

Rechtsgr. **418**. — II. Senat. 19. und 21. Juni 1866. (LXIII. 253.)

Ist ein verpachtetes Grundstück nach Endigung der Pacht von dem Pächter nicht zurückgegeben, so finden die Bestimmungen des Titels 21. Abschn. 3. des ersten Theils des Allg. Landrechts, nicht aber die Grundsätze von der nützlichen Verwendung Anwendung.

§§ **623. 624.** Siehe Rechtsgrundsatz 218. (A. L. R. I. **11**. Anh. § 14. zu § 204.)

Titel 22. Von Gerechtigkeiten der Grundstücke gegen einander.

§§ **3.** ff. Nothwendige Einschränkungen des Eigenthums:

A. Begrenzung der Einschränkungen des Eigenthums zum Besten des Nachbars. — Vergl. A. L. R. I. **8.** §§ 102-189.

Rechtsgr. **419.** — II. Senat. 1. Dezember 1864. (LVII. 149.)

Aus dem § 3. I. 22. des Allgem. Landrechts ist in Betreff der sogenannten Legal-Servituten nicht zu folgern, daß jede Eigenthumseinschränkung ihre Grenze in der Abwendung des der Brauchbarkeit der berechtigten Sache entgegenstehenden Hindernisses finde.

B. Anspruch auf Gewährung eines Nothweges bei Benutzung eines anderweit vorhandenen Weges; Vermuthung für das Recht auf Benutzung dieses anderweitigen Weges und Beweislast in dieser Beziehung.

Rechtsgr. **420.** — II. Senat. 27. September 1864. (LVI. 193.)

a) So lange der Besitzer eines Grundstückes einen Zugangsweg zu demselben hat, dessen Benutzung ihm von demjenigen, über dessen Grundstück der Weg geht, nicht streitig gemacht wird, kann er gegen einen andern Besitzer einen ferneren Zugangsweg als Nothweg auf Grund des § 3. I. 22. des Allgem. Landrechts nicht in Anspruch nehmen.

b) Wenn außer dem auf Grund des § 3. I. 22. des Allgem. Landrechts beanspruchten Nothwege noch ein anderer Weg vorhanden ist, dessen sich der Besitzer des Grundstücks, welcher den Nothweg beansprucht, bedient, ohne daß derselbe ihm streitig gemacht wird, so spricht die Vermuthung dafür, daß die Benutzung nicht blos vergünstigungsweise, sondern vermöge eines zustehenden Rechtes stattfinde; es kann deshalb der Grundsatz, daß demjenigen, gegen welchen der Nothweg in Anspruch genommen wird, der Beweis obliege, daß dem Dritten auf Benutzung des außerdem noch vorhandenen anderweiten Weges ein wirkliches Recht zustehe, in solcher Allgemeinheit nicht für richtig angenommen werden.

C. Begründung der Klage auf Einräumung einer nothwendigen Servitut und Einwände dagegen.

Rechtsgr. **421**. — II. Senat. 29. Juni 1865. (LX. 102.)

Zur Begründung der Klage auf Verstattung einer nothwendigen Servitut ist nur der Beweis erforderlich, daß ohne dieselbe das Grundstück ganz oder theilweise unbrauchbar sei, nicht aber auch der Nachweis, daß dem Uebelstande nur auf die beanspruchte und auf keine andere Art abgeholfen werden könne.

Daß die Abhülfe auch in einer anderen Art geschehen könne, und daß derjenige, welcher die Abhülfe bewirken will, nur auf diese andere Art derselben ein Recht habe, ist ein Einwand, welcher von dem Einwendenden zu begründen und zu erweisen ist.

Siehe auch Rechtsgrundsatz 171. (A. L. R. I. 9. § 332.)

§§ **11**. **12**. Grundgerechtigkeiten:

A. Begriff einer Grundgerechtigkeit. — Vergl. 526. dieses Titels; Dig. 8. 1. Lex 15. § 1.

Rechtsgr. **422**. — II. Senat. 5. Juli 1864. (LV. 186.)

Nach den Grundsätzen der §§ 12. und 26. ff. I. 22. des Allgem. Landrechts und ebenso nach dem Gemeinen Recht ist eine Grundgerechtigkeit dasjenige Recht, vermöge dessen der Besitzer einer Sache zum Vortheil der Sache eines Andern etwas dulden, oder unterlassen muß, was er außerdem vermöge seines Eigenthumsrechtes zu dulden oder zu unterlassen nicht verbunden sein würde.

B. Grundgerechtigkeit, insbesondere ein Hütungs- und Weiderecht, als ein, einer Gerechtigkeit zustehendes Recht.

Rechtsgr. **423**. — II. Senat. 4. Juni 1864. (LVI. 40.)

Der Rechtssatz:

„daß eine Grundgerechtigkeit nicht einer Grundgerechtigkeit zustehen könne",

ist zwar insoweit als richtig anzuerkennen, daß eine Grundgerechtigkeit im strengen Sinne dieses Wortes alsdann nicht vorhanden, wenn das berechtigte Subjekt kein Grundstück, sondern eine gesetzlich den Immobilien gleich zu achtende Gerechtigkeit ist; hieraus folgt aber nicht die rechtliche Unmöglichkeit, daß ein Recht, durch welches der Eigenthümer eines Grundstückes in der freien Ausübung seiner Eigenthumsrechte beschränkt ist, insbesondere ein Hütungs- oder Weiderecht, nicht als ein, einer Gerechtigkeit, beziehungsweise dem jedesmaligen Besitzer derselben zuständiges, mithin subjektiv und objektiv dingliches Recht sollte bestehen, und vermöge Vertrages, Verjährung oder sonst rechtsgültigen Titels konstituirt werden können.

Siehe auch Rechtsgrundsatz 379. (A. L. R. I. **19**. § 1.)

§§ **13**. **14**. Erwerbung der Grundgerechtigkeit:

A. Erwerbung einer Wegegerechtigkeit durch Vertrag. — Vergl. A. L. R. I. **9**. §§ 2. 3.

Rechtsgr. **424**. — II. Senat. 21. und 28. Januar 1864. (LIII. 74.)

Wenn der Eigenthümer eines Grundstücks einem Andern die Gewährung einer Wegegerechtigkeit über dasselbe schriftlich versprochen, demnächst dem Andern diese Wegegerechtigkeit mittelst mündlicher Erklärung ausdrücklich eingeräumt, und Letzterer hierauf in Ausübung der Wegegerechtigkeit den Besitz des Wegerechts erlangt hat, so ist das Eigenthum der Wegegerechtigkeit für erworben zu erachten.

B. Erwerb einer Grundgerechtigkeit durch Verjährung; Beweislast hinsichtlich der Behauptung, daß die Befugniß nur vermöge einer Vergünstigung in Besitz genommen sei.

Rechtsgr. **425**. — II. Senat. 8. Mai 1866. (LXII. 341.)

Durch den Plenarbeschluß vom 27. August 1838.:
„Die Vorschrift des § 14. I. 22. des Allgem. Landrechts, daß bei der Erwerbung einer Grundgerechtigkeit durch Verjährung nachgewiesen sein muß, daß der Besitzer des berechtigten Grundstücks die streitige Befugniß als ein wirkliches Recht, und nicht vermöge einer bloßen Vergünstigung in Besitz genommen habe, enthält keine Abweichung von den allgemeinen gesetzlichen Bestimmungen über den Besitz und die Verjährung von Rechten, und findet daher auch auf die dreißigjährige Verjährung Anwendung",
ist nicht sowohl die Frage über die Nothwendigkeit der Konstatirung des animus juris Seitens des Besitz-Ergreifers entschieden, als vielmehr die Ansicht widerlegt, daß der Verjährende auch die Negative, daß er nämlich die streitige Befugniß nicht vermöge einer bloßen Vergünstigung in Besitz genommen, zu beweisen habe.

C. Erwerbung einer Grundgerechtigkeit mittelst Verjährung durch mehrere Miteigenthümer gegen ein anderes Grundstück, welches Einem jener Miteigenthümer ausschließlich gehört. — Vergl. A. L. R. I. **16**. § 492.

Rechtsgr. **426**. — II. Senat. 20. Oktober 1864. (LVII. 21.)

Die mehreren Eigenthümer des herrschenden Grundstücks können für dasselbe eine Grundgerechtigkeit gegen ein anderes Grundstück, welches Einem jener Miteigenthümer ausschließlich gehört, im Wege der Verjährung erwerben.

Siehe auch Rechtsgrundsätze 112. 427. 863. (A. L. R. **7**. § 81., **22**. § 28.; A. G. O. I. **31**. § 14.)

§§ 19. 20. Siehe Rechtsgrundsatz 436. (§ 63. dieses Titels.)

§ **24**. und Anh. § **58**. Siehe Rechtsgrundsätze 869. (A. G. O. I. **51**. § 103a.)

§ **26**. Siehe Rechtsgrundsätze 379. 422. (A. L. R. I. **19**. § 1., **22**. § 12.)

§ **28**. Unterbrechung des Verjährungsbesitzes einer Wegegerechtigkeit. — Vergl. A. L. R. I. **9**. §§ 620. 625., **22**. §§ 13. 14.

Rechtsgr. **427**. — II. Senat. 8. September 1864. (LVI. 103.)

Die auf dem dienenden Grundstück stattgefundene Verlegung des ganzen Weges, auf welchem ein Anderer den Besitz der Wegegerechtigkeit erlangt hat, unterbricht den Verjährungsbesitz nicht, wenn durch jene Verlegung Zweck, Umfang und Zielpunkte der Servitut keine Veränderung erleiden.

§ **29**. Siehe Rechtsgrundsatz 428. (§ 31. dieses Titels.)

§ **30**. Siehe Rechtsgrundsatz 379. (A. L. R. I. **19**. § 1.)

§ **31**. Kollision des Vortheils des Weideberechtigten mit den Interessen der Ackerkultur. — Vergl. A. L. R. I. **19**. §§ 15. 17. 18., **22**. § 29.; Kulturedikt vom 14. September 1811 §§ 17. 27.)

Rechtsgr. **428**. — II. Senat. 4. Juni 1864. (LVI. 41.)

Der Grundeigenthümer ist nicht berechtigt, durch Veränderung der Kulturart, namentlich durch Einführung des Fruchtfolge-Systems an Stelle der Dreifelderwirthschaft, die Ausübung des einem Dritten zustehenden Hütungsrechts zu vereiteln; es bleibt ihm nur überlassen, auf Feststellung des hutfreien Dritttheils oder auf Ablösung anzutragen.

Siehe auch Rechtsgrundsätze 25. 950. (A. L. R. Einl. § 75.; Dig. **8**. 4. Lex 13. § 1.)

§ **37**. Begriff des Ausdruckes „Sache" in § 37. I. **22**. des Allg. Landrechts.

Rechtsgr. **429**. — II. Senat. 7. April 1864. (LIV. 58.)

Unter dem im § 37. I. 22. des Allgem. Landrechts gebrauchten Ausdruck „Sache" versteht das Gesetz nicht blos den belasteten Grund und Boden, sondern auch die darauf befindlichen Anstalten, deren sich der Berechtigte zur Ausübung seines Rechtes zu bedienen hat.

§ **43**. Aufhörung der Grundgerechtigkeiten:
A. Ausdrücklichkeit des Widerspruches gegen die Errichtung neuer Anstalten und Einrichtungen in der verpflichteten Sache, insbesondere gegen die Ausführung eines neuen Baues des Nachbars an der Grenze.

Rechtsgr. **430**. — II. Senat. 3. Mai 1864. (LV. 79.)

a) Eine bloße Aeußerung des Besitzers des berechtigten Grundstückes gegen den Besitzer des verpflichteten Grundstückes, daß derselbe die Baugrenze überschreite, z. B. dahin:

„Was machen Sie da, Sie kommen mit Ihrem Bau zu nahe",

enthält keinen Widerspruch gegen den Bau; ein solcher Widerspruch muß vielmehr klar und deutlich ausgesprochen werden.

b) Der Widerspruch ist für bedeutungslos zu erachten, wenn ungeachtet desselben der Bau fortgesetzt und ausgeführt wird, also gar keinen thatsächlichen Erfolg gehabt hat.

B. Erlöschung einer Grundgerechtigkeit durch stillschweigende Einwilligung in Anlegung hindernder Anstalten.

Rechtsgr. **431**. — II. Senat. 8. März 1864. (LIII. 206.)

a) Ein wissentliches Geschehenlassen der, die Ausübung der Grundgerechtigkeit unmöglich machenden Anstalten oder Einrichtungen im Sinne des § 43. I. 22. des Allg. Landrechts ist in dem Falle nicht anzunehmen, wenn die Unmöglichkeit dieser Ausübung erst nach Vollendung der Anstalten und Einrichtungen eintritt.

b) In diesem Falle genügt zur Beseitigung der Annahme des wissentlichen Geschehenlassens, wenn der Berechtigte kurz nach Vollendung der Anstalten oder Einrichtungen die Besitzstörungsklage anstellt, ohne daß es darauf, ob er mit derselben obsiegt oder abgewiesen wird, und wann er im letzteren Fall die Petitorienklage anstellt, weiter ankommt.

c) Der Begriff der sofortigen Geltendmachung des Widerspruchs gegen die hindernden Anlagen erfordert den Widerspruch zu einer Zeit, welche die Annahme nicht gestattet, daß der Berechtigte seine Grundgerechtigkeit habe erlöschen lassen wollen.

Siehe auch Rechtsgrundsätze 69. 170 (A. L. R. I. 5. § 165., 9. § 332.)

§§ 51. ff. Siehe Rechtsgrundsatz 950. (Dig. 8. 4. Lex 13. § 1.)

§§ 59. 60. Traufsall; Ausgußrecht; Kanal als Grundgerechtigkeit:

A. Revision wegen der Grundgerechtigkeiten der Dachtraufe und des Ausgusses als Wasserleitungs-Anlage für einen Komplex verschiedener Theile einer ganzen Ortschaft. — Vergl. Verordnung vom 14. Dezember 1833 § 3.

Rechtsgr. **432.** — II. Senat. 10. Juli 1866. (LXIV. 220.)

Der § 59. I. 22. des Allgem. Landrechts betrifft nur solche Gerechtigkeiten, welche zwischen einzelnen Grundstücken bestehen, nicht aber umfangreichere Wasserleitungen, welche dazu dienen sollen, von einem Komplex verschiedener Theile einer ganzen Ortschaft das Wasser aufzunehmen; eine Wasserleitungs-Anlage, welche sich auf ganze Theile von Ortschaften erstreckt, die mit einander im Zusammenhange stehen, mag auch das angesammelte Wasser im Wesentlichen aus Regen- und Ausgußwasser bestehen, geht über den Begriff einer Dachtraufe und eines Ausgusses im Sinne des § 59. a. a. O. hinaus.

B. Grundgerechtigkeit des Traufsalls und Ausgußrechtes.

Rechtsgr. **433.** — II. Senat. 31. Oktober 1865. (LXI. 187.)

a) Die §§ 59. 60. I. 22. des Allgem. Landrechts beziehen sich auf Grundgerechtigkeiten und zwar auf bereits konstituirte und nicht erst noch als nothwendige zu erwerbende, welche den Zweck haben, das herrschende

Grundstück von auf demselben sich ansammelnder Flüssigkeit durch Hinüberleitung derselben auf das dienende Grundstück, nicht über dasselbe hinweg, zu befreien.

b) Der § 60. I. 22. des Allgem. Landrechts enthält nur die Anwendung der in dem § 59. a. a. O. für die Errichtung der Dachtraufe oder des Ausgusses überhaupt gegebenen Regel auf einen besonderen Fall.

C. Bedeutung des Kanals im § 60. I. 22. des Allgem. Landrechts; Zweck und Pflicht zur Unterhaltung desselben.

Rechtsgr. 434. — II. Senat. 31. Oktober 1865. (LXI. 188.)

Unter dem Kanal im § 60. I. 22. des Allgem. Landrechts ist der auf dem herrschenden Grundstücke befindliche zu verstehen, der daselbst erforderlich ist, um die Abführung der Flüssigkeiten von dem herrschenden Grundstück auf das dienende zu ermöglichen, und soll der Besitzer des herrschenden Grundstücks die für die Ausübung seiner Berechtigung erforderliche Anlage, den Kanal, durch die Bedeckung und Vergitterung so einrichten, daß die Abführung anderer Gegenstände als der betreffenden Flüssigkeiten durch diese vermieden wird, und der Nachbar so wenig Nachtheil, als möglich, erleidet. Keinesweges ist durch die bezeichnete Gesetzesstelle der Servitutberechtigte für verpflichtet erklärt, dem Verpflichteten bei einer Anlage Hülfe zu leisten, die auf dessen Grundstück nothwendig ist, um die Flüssigkeiten, die es auf Grund der Servitut aufzunehmen verbunden ist, darauf weiter zu führen.

§ 63. ff. Oeffentlicher Weg und Wegegerechtigkeit:
A. Ueberhaupt.

Rechtsgr. 435. — II. Senat. 24. Oktober 1863. (LIII. 4.)

Die Existenz eines öffentlichen Weges schließt die Existenz einer Wegegerechtigkeit nicht unbedingt aus.

B. Umlegung einer Wegegerechtigkeit. — Vergl. A. L. R. I. **19**. §§ 15. 17. ff., **22**. §§ 19. 20.

Rechtsgr. **436**. — II. Senat. 17. Oktober 1865. (**LXIII.** 31.)

Hat der Verpflichtete die Richtung des Weges bestimmt, der Berechtigte diese Bestimmung angenommen, und hat in dieser Weise der die Wegegerechtigkeit konstituirende Vertrag seine Ergänzung erhalten, so steht dem Verpflichteten ein weiteres Recht, und zwar das, dem einmal bestimmten Wege eine andere Richtung zu geben, nicht zu, ohne Rücksicht darauf, ob die Aenderung durch das Interesse seines Grundstückes geboten oder für den Berechtigten mit Nachtheilen verbunden ist.

§§ **66**. ff. Benutzung eines seit längerer Zeit als eines offenen bestehenden Weges. — Vergl. §§ 131-133. dieses Titels.

Rechtsgr. **437**. — II. Senat. 19. Januar 1865. (**LVI.** 308.)

Der Umstand, daß ein Weg seit längerer Zeit als offener besteht, hat nicht die Folge, daß Jemand ohne besonderes Recht denselben zu benutzen befugt ist.

Siehe auch Rechtsgrundsatz 124. (A. L. R. I. **7** § 146.)

§ **68**. Unnachtheilige und nachtheilige Besitzhandlungen beim Erwerb einer Grundgerechtigkeit.

Rechtsgr. **438**. — II. Senat. 11. September 1866. (**LXIII.** 330.)

Daraus, daß der Eigenthümer eines Grundstückes sich Besitzhandlungen eines Andern auf seinem Eigenthum, die ihm zu keinem besondern Nachtheile gereichen, gefallen läßt, folgt noch nicht, daß er solche ungehindert gestatten wird und muß, wenn dieselben ihm sehr nachtheilig sind.

§ **80**. Siehe Rechtsgrundsatz 440. (§ 197. dieses Titels.)

§ **81**. Begriff des erforderlichen Weidebedarfes des Berechtigten in dieser Gesetzesstelle.

Rechtsgr. **439**. — II. Senat. 9. Februar 1865. (**LVIII.** 149.)

Unter dem im § 81. I. 22. des Allgem. Landrechts

gedachten „erforderlichen Weidebedarf des Berechtigten“ ist der für die Weide des berechtigten Viehes nothwendige zu verstehen.

Siehe auch Rechtsgrundsatz 1016. (Gemeinheitstheilungs-Ordnung vom 7. Juni 1821 §§ 171 ff.)

§§ **131-133**. Siehe Rechtsgrundsatz 437. (§ 66. dieses Titels.)

§§ **171**. **197**. ff. Wesen der Servitut im Gegensatz zur Reallast; „Thun“ des Verpflichteten bei der Servitut, namentlich einer Holzberechtigung. — Vergl. A. L. R. I. **19**. §§ 1. 17., **22**. §§ 80. 213.; Dig. **8**. 1. Lex 15. § 1.; Landeskulturedikt vom 14. September 1811 §§ 25. 27.; Gesetz vom 28. Mai 1860 §§ 1. 2.

Rechtsgr. **440**. — V. Senat. 20. Dezember 1864. (LVII. 192.)

Das Wesen der Servitut im Gegensatz zur Reallast wird dadurch nicht aufgehoben, daß nebenbei dem Verpflichteten ein Thun obliegt, z. B. bei der Holzberechtigung die Entnahme des Holzes zu dulden und demgemäß die zu entnehmenden Stämme anzuweisen.

§§ **211** **212**. Siehe Rechtsgrundsätze 534 535. (A. L. R. II. **6**. § 72. **7**. § 18.)

§ **213**. Siehe Rechtsgrundsatz 440. (§ 171. dieses Titels.)

§§ **225**. **229**. **233**. Schadensersatzanspruch des Holzungsberechtigten, dem Waldbesitzer gegenüber.

Rechtsgr. **441**. — II. Senat. 23. und 28. November 1865. (LXI. 262.)

Die §§ 225. 229. 233. I. 22. des Allg. Landrechts, betreffend die Verpflichtung des Waldbesitzers dem Holzungsberechtigten gegenüber, enthalten keine neuen und anderweitigen Bestimmungen, wie ein Schadensanspruch zu begründen sei, sondern nur Anordnungen darüber, inwieweit und in welcher Weise einem zugefügten Schaden abzuhelfen sei.

Titel 23. Von Zwangs- und Banngerechtigkeiten.

§ **2**. Begriff eines Zwangs- und Bannrechtes nach den Grundsätzen des Allgem. Landrechts und des Gemeinen Rechts.

Rechtsgr. 442. — II. Senat. 5. Juli 1864. (LV. 186.)

Sowohl nach den Grundsätzen des Allgem. Landrechts als nach Gemeinem Recht besteht das Charakteristische der Zwangs- und Bannrechte in der Befugniß, einen Andern wegen des Besitzes einer Sache, eines Subjektionsverhältnisses oder eines Inkolats, in dem Gebrauche seiner natürlichen Freiheit zu handeln, zu beschränken, besonders ihm die Anschaffung oder Zubereitung eines Bedürfnisses bei einem Andern, als dem Berechtigten, zu untersagen.

§§ 23. ff. Mahlzwang:

A. Vertragsmäßig verabredeter Mahlzwang.

Rechtsgr. 443. — II. Senat. 5. Juli 1864. (LV. 186.)

Das in einem Vertrage verabredete Mahlzwangsrecht ist keine Servitut und deshalb nicht von der Nothwendigkeit der Eintragung in das Hypothekenbuch, um die Dinglichkeit zu bewahren, ausgeschlossen.

Das Recht des Besitzers einer Mühle, von dem Besitzer eines Grundstückes gegen das Mahlen des Getreides das Mahllohn zu verlangen, ist von derselben Natur, wie das Recht des Besitzers einer Schmiede, von dem Gutsbesitzer gegen Leistung seiner Schmiedearbeit das bedungene Schärfgetreide zu fordern, und alle die Gründe, welche in dieser Beziehung in dem Plenarbeschlusse des Ober-Tribunals vom 27. April 1840 und in dessen Motiven enthalten sind, sind auch für dieses Rechtsverhältniß maaßgebend.

B. Wesen des Mahlzwanges und Präklusion dieses Rechts bei unterlassener Anmeldung desselben vor dem 1. Januar 1822 in dem Großherzogthum Sachsen. — Vergl. Verordnung vom 16. Juni 1820.

Rechtsgr. 444. — II. Senat. 5. Juli 1864. (LV. 186.)

Das Recht des Mahlzwanges gehört zu denjenigen

dinglichen Rechten, für welche der § 19. der Verordnung vom 16. Juni 1820 wegen Einrichtung des Hypothekenwesens in dem Herzogthum Sachsen eine Anmeldungsfrist bis zum 1. Januar 1822 festsetzte.

§§ 56. ff. Verpflichtung des Zwangsberechtigten beim Krugverlagsrecht, die betreffenden Getränke vorräthig zu halten; Berechtigung des Zwangspflichtigen, entgegengesetzten Falls die Getränke anderweit einstweilen zu beziehen; Verpflichtung des Zwangsberechtigten, den Zwangspflichtigen von der Wiederbeschaffung der Vorräthe in Kenntniß zu setzen.

Rechtsgr. 445. — III. Senat. 19. Dezember 1864. (LVI. 255.)

a) Das Krugverlagsrecht setzt seiner Natur nach Seitens des Zwangsberechtigten voraus, daß dieser die in seiner Fabrikationsstätte produzirten Getränke, zu deren Ausschank der Zwangspflichtige berechtigt ist, zur Zeit des eingetretenen und geltend gemachten Bedürfnisses vorräthig habe, so daß dies befriedigt werden kann.

b) Fehlt es zur Zeit des Bedarfes an solchem Vorrath, so ist dadurch das Zwangsrecht allerdings für die Zukunft nicht gänzlich aufgehoben, allein es ruht einstweilen, und der Zwangspflichtige darf die ihm nöthigen Getränke so lange anderweit entnehmen, bis der Berechtigte durch neu produzirten Vorrath sich selbst wieder in den Stand gesetzt hat, sein Zwangsrecht geltend zu machen, und es ist seine Sache, hiervon den Zwangspflichtigen in Kenntniß zu setzen.

Theil II.

Titel 1. Von der Ehe.

Erster Abschnitt. Von den Erfordernissen einer gültigen Ehe.

§§ 25. ff. Siehe Rechtsgrundsatz 499. (§ 736. dieses Titels.)

§ **40**. Irrthum in der Jungfräulichkeit der Braut; Ungültigkeit der Ehe in diesem Falle und Verpflichtung zur Entrichtung der Ehescheidungsstrafe. — Vergl. A. L. R. I. **4**. § 81., II. **1**. §§ 785. 963-965. 971. 974.

Rechtsgr. **446**. — I. Senat. 13. Oktober 1865. (LX. 218.)

Der Irrthum bei Schließung der Ehe mit einem Mädchen hinsichtlich ihrer Jungfräulichkeit betrifft eine solche persönliche Eigenschaft der Braut, welche vorausgesetzt zu werden pflegt; derselbe hebt daher die Einwilligung in die vollzogene Heirath auf und macht die geschlossene Ehe ungültig. Die Ehefrau ist in diesem Falle zur Entrichtung der Ehescheidungsstrafe verpflichtet.

§ **41**. Form der ausdrücklichen Genehmigung in dieser Gesetzesstelle. — Vergl. A. L. R. I. **4**. § 57., II. **1**. §§ 720. 971.

Rechtsgr. **447**. — I. Senat. 13. Oktober 1865. (LX. 219.)

Die im § 41. II. 1. des Allgem. Landrechts:

„Eine durch Zwang, Betrug oder Irrthum veranlaßte Ehe wird verbindlich, wenn sie nach entdecktem Irrthum oder Betruge, oder nach aufgehobenem Zwange, ausdrücklich genehmiget, oder länger als sechs Wochen nach diesem Zeitpunkte fortgesetzt worden“,

vorausgesetzte Genehmigung ist an keine Form gebunden, sie kann daher blos mündlich ausgesprochen, aber sie muß *ausdrücklich* erklärt, d. h. sie muß eine solche Willensäußerung sein, wodurch die Absicht des Erklärenden, *ein Recht* erwerben, übertragen oder *aufheben* zu wollen, deutlich und mit Zuverlässigkeit ausgedrückt und erkennbar ist.

§§ **59**. ff. Verziehene Beleidigungen und Unbilden als Grund zur Verweigerung des Ehekonsenses Seitens des Vaters; Bedingungen der väterlichen Einwilligung zur Eheschließung. — Vergl. A. L. R. I. **16**. § 380.

Rechtsgr. **448**. — I. Senat. 19. Januar 1866. (LXIII. 50.)

a) Hat der Vater die ihm widerfahrenen Beleidigungen und Unbilden verziehen, so kann er auf dieselben sich nicht ferner wegen Versagung der Einwilligung zu einer Eheschließung stützen.

b) Die Ertheilung der väterlichen Einwilligung zur Eheschließung kann von Bedingungen, welche die Wirkung der Ehe bezüglich des Vermögens der Kinder völlig aufheben und zum Theil einer Vereinbarung nicht fähig sind, nicht abhängig gemacht werden.

§§ 68. ff. Siehe Rechtsgrundsatz 504. (A. L. R. II. 1. §§ 961. ff.)

Zweiter Abschnitt. Von Ehegelöbnissen.

§ 75. Erfüllung des Eheversprechens bezüglich der Güterverhältnisse der Eheleute, namentlich bezüglich der nachträglichen Bedingung auf Ausschließung der provinzialrechtlich geltenden Gütergemeinschaft. — Vergl. A. L. R. I. 5. § 270., II. 1. §§ 100. ff.; Gesetz vom 24. April 1854 § 2.

Rechtsgr. 449. — I. Senat. 18. Dezember 1865. (LXI. 283.)

Ein Eheversprechen ist beim Mangel besonderer Verabredungen unter Aufrechterhaltung der provinzialrechlichen Vorschriften über die Güterverhältnisse der Eheleute zu erfüllen; die nachträgliche Beifügung einer Bedingung in dieser Beziehung, wie z. B. das Verlangen der Ausschließung der ehelichen Gütergemeinschaft, wo solche provinzialrechtlich gilt, steht der Verweigerung der Ehe gleich.

§ 82. Vereinigung eines Ehegelöbnisses und eines Erbvertrages. — Vergl. §§ 439. 440. dieses Titels.

Rechtsgr. 450. — I. Senat. 13. Januar 1865. (LVI. 283.)

Die Vereinigung eines Ehegelöbniß-Vertrages und eines Erbvertrages ist statthaft, und wird dadurch der rechtliche Charakter des letzteren nicht aufgehoben.

Siehe auch Rechtsgrundsätze 452. 490. (§§ 112. 682. dieses Titels.)

§§ 99. ff. Rücktritt von Ehegelöbnissen; Leistung eines falschen Eides aus Fahrlässigkeit als Rücktrittsgrund.

Rechtsgr. 451. — I. Senat. 14. Oktober 1864. (LIV. 321.)

Ob nach Gemeinem Rechte eine causa rationabilis zum Rücktritt vom Ehegelöbnisse vorhanden ist, bleibt dem richterlichen Ermessen anheimgestellt.

Die im Injurienprozesse von einem Richter-Kollegium auf den Grund der gepflogenen Beweisverhandlungen angenommene Thatsache, daß Kläger, wenn auch nur aus Fahrlässigkeit, einen falschen Eid geschworen habe, genügt, um den Ruf desselben für wesentlich gefährdet zu erachten, und deshalb den Verlobten desselben zum Rücktritte vom Verlöbnisse zu berechtigen.

Siehe auch Rechtsgrundsatz 449. (§ 75. dieses Titels.)

§§ 112. 114. Entschädigungsklage aus dem Ehegelöbniß gegen den zurücktretenden Theil. — Vergl. A. L. R. I. 5. §§ 270. 393. 394., II. 1. §§ 82. 130. 131.

Rechtsgr. 452. — I. Senat. 18. Dezember 1865. (LXI. 293.)

Die Weigerung der Erfüllung eines formell geschlossenen Ehegelöbnisses durch den Einen der Verlobten kann nur dann als eine „beharrliche", den Entschädigungsanspruch des andern Theils begründende angesehen werden, wenn der Letztere auf Erfüllung des Ehevertrags geklagt hat und die Weigerung nach Zustellung dieser Klage vor Gericht wiederholt ist.

Siehe auch Rechtsgrundsatz 287. (A. L. R. I. 12. § 617.)

§§ 122. 123. Rückforderung der Brautgeschenke nach Auflösung des nicht förmlich stattgehabten Verlöbnisses.

Rechtsgr. 453. — IV. Senat. 22. März 1866. (LXII. 253.)

Die Rückgabe der, während der Verlobungszeit bei nicht förmlich stattgehabter Verlobung gegebenen Geschenke ist gesetzlich nicht als stillschweigende Bedingung beim Geben der Geschenke für den Fall der Auflösung des Verhältnisses zu betrachten.

Dergleichen Geschenke sind daher nur innerhalb sechsmonatlicher Frist widerruflich.

Siehe auch Rechtsgrundsatz 268. (A. L. R. I. 11. § 1053.)

§§ 130. 131. Siehe Rechtsgrundsatz 452. (§ 112. dieses Titels.)

Dritter Abschnitt. Von der Vollziehung einer gültigen Ehe.

§ 136. Beweis der stattgehabten Verheirathung der Eltern.

Rechtsgr. 454. — I. Senat. 17. November 1865. (LXII. 44.)

Der Beweis, daß die Eltern des Kindes verheirathet waren, kann auch, namentlich nach dem Tode beider Eltern, durch einen indirekten Beweis geführt werden.

Vierter Abschnitt. Von den Rechten und Pflichten der Eheleute in Beziehung auf ihre Personen.

§ 175. Siehe Rechtsgrundsatz 1110. (Armenpflegegesetz vom 31. Dezember 1842 § 17.)

§§ 185. 186. Siehe Rechtsgrundsätze 55. 455. (A. L. R. I. 5. § 75., II. 1. §§ 187. 377.)

§§ 187. ff. Haftung des Ehemannes für die Prozeßkosten der Ehefrau. — Vergl. A. L. R. II. 1. §§ 185. 228-230.; A. G. O. I. 1. § 19.)

Rechtsgr. 455. — I. Senat. 1. Juni 1866. (LXIII. 195.)

Dem Ehemann liegt, als dem Haupte der ehelichen Gesellschaft und in Folge seiner Verpflichtung, die Person, die Ehre und das Vermögen seiner Ehefrau auch in Gerichten zu vertheidigen, die gesetzliche Verbindlichkeit zur Tragung der Prozeßkosten in allen das Vermögen seiner Frau betreffenden Prozessen ob, in welchen die Frau nicht etwa allein aufzutreten befugt ist. Er ist kraft des Gesetzes nicht blos seiner Frau gegenüber der Debent der Prozeßkosten, die also auch von ihm, statt seiner Frau, von dem Gerichte oder von der obsiegenden Partei, welcher das Recht auf Erstattung der Prozeßkosten zusteht, eingefordert werden können.*

* Vergl. in Betreff der Untersuchungskosten den Rechtsgrundsatz No. 527. S. 196. Bd. 2 dieser Rechtsgrundsätze.

§ 194. Siehe Rechtsgrundsatz 486. (A. G. O. I. 24. § 5.)

Fünfter Abschnitt. Von den Rechten und Pflichten der Eheleute in Beziehung auf ihr Vermögen.

§ 205. Siehe Rechtsgrundsätze 53. 458. (A. L. R. I. 5. § 75., II. 1. § 231.)

§§ 206. ff. Siehe Rechtsgrundsätze 122. 457. (A. L. R. I. 7. § 146.)

§§ 209. 211. 212. 215. 217-220. Selbstständiger Eigenthumserwerb einer Ehefrau bei getrennten Gütern. — Vergl. §§ 310. 314. 337. dieses Titels.

Rechtsgr. 456. — I. Senat. 26. September 1864. (LVI. 188.)

Ob die Ehefrau bei getrennten Gütern das, was sie mit Einwilligung ihres Mannes für sich selbst gekauft hat, als ihr Eigenthum für sich erwerbe, hängt wesentlich von der Vereinbarung ab, und macht es für die Frage des Eigenthumserwerbes rechtlich keinen Unterschied, ob die Frau ihr eigenes Geld, oder ob sie mit Bewilligung des Mannes dessen Geld zu dem Erwerbe für sich selbst verwendet hat.

Siehe auch Rechtsgrundsatz 846. (A. G. O. I. 24. § 5.)

§§ 221. ff. Ehemann als Inhaber des vorbehaltenen Vermögens der Ehefrau; Recht der Ehefrau, durch Selbsthülfe den Ehemann der Gewahrsam ihres vorbehaltenen Vermögens zu entsetzen. — Vergl. A. L. R. Einl. § 77., I. 7. §§ 144. 145., II. 1. §§ 206. ff.

Rechtsgr. 457. — III. Senat. 12. Juli 1865. (LIX. 323.)

Der Ehemann ist bezüglich der zum vorbehaltenen Vermögen der Ehefrau gehörigen Sachen nur als Inhaber anzusehen und darf seiner Gewahrsam von der Ehefrau ohne Weiteres entsetzt werden, welche bei etwaiger Verletzung der öffentlichen Ruhe und Sicherheit nur dem Staate verantwortlich ist.

Siehe auch Rechtsgrundsätze 122. 461. (A. L. R. I. 7. § 146., II. 1. § 319.)

§§ 228-230. Siehe Rechtsgrundsatz 455. (§ 187. dieses Titels.)

§ 231. Rechte des Ehemannes im eingebrachten Vermögen:
A. Bezahlung der vorehelichen Schulden der Ehefrau durch den Ehemann und Klage auf deren Erstattung während bestehender Ehe. — Vergl. A. L. R. I. **21**. §§ 76. ff. 79., II. **1**. § 205.

Rechtsgr. **458**. — I. Senat. 19. Dezember 1864. (LXI. 1.)

Der Ehemann ist befugt, die während der Ehe von ihm bezahlten vorehelichen Schulden der Frau auch während der Ehe gegen dieselbe einzuklagen.

B. Vermögen der Ehefrau bei Altentheilspräſtationen; Rechte des Ehemannes an den fälligen Präſtationen. — Vergl. A. L. R. I. **21**. § 42.

Rechtsgr. **459**. — II. Senat. 7. Februar 1865. (LVI. 345.)

a) Die von dem Verpflichteten zu gewährenden einzelnen Leistungen resp. deren Werth aus einem zum eingebrachten Vermögen der Ehefrau gehörigen Altentheilsrecht gehören nicht zur Substanz des eingebrachten Vermögens der Ehefrau.

b) Der Ehemann ist vermöge seines Verwaltungs- und Nießbrauchsrechtes berechtigt, die seiner Ehefrau aus einem Altentheilsrecht zu gewährenden Leistungen in den Fälligkeitsterminen einzuziehen und darüber, wie über sein Eigenthum, zu verfügen.

c) Die Ehefrau ist daher nicht berechtigt, die während der Ehe von ihrem Ehemanne erhobenen Leistungen resp. deren Werth aus dessen Nachlaß als eingebrachtes Kapitalvermögen herausgezahlt zu verlangen.

§ 240. Ankauf von Sachen Seitens der Ehefrau mit ihrem eigenen Gelde, namentlich bei späterem Konkurse über das Vermögen des Ehemannes. — Vergl. Konkurs-Ordnung §§ 88. ff.

Rechtsgr. **460**. — IV. Senat. 3. November 1864. (LVII. 57.)

Der Grundsatz, daß Sachen, welche die Ehefrau mit dem zu ihrem eingebrachten Vermögen gehörigen, jedoch noch nicht in die Verwaltung des Ehemannes übergegangenen Gelder für sich erkauft, nicht Eigenthum des Ehemannes, sondern ebenfalls eingebrachtes Vermögen der Ehefrau werden, erleidet auch im Falle des Konkurses über das Vermögen des Ehemannes keine Einschränkung.

§ **258**. Siehe Rechtsgrundsatz 239. (A. L. R. I. **11**. § 402.)

§§ **310**. **314**. Siehe Rechtsgrundsatz 456. (§ 209. dieses Titels.)

§ **319**. Wechselverpflichtungen der Ehefrau, welche vorbehaltenes Vermögen besitzt. — Vergl. §§ 221. 222. dieses Titels; Allg. Deutsche Wechsel-Ordnung Art. 1.

Rechtsgr. **461**. — IV. Senat. 4. Dezember 1866. (LXIV. 321.)

Die in Bezug auf ihr vorbehaltenes Vermögen wechselfähige Ehefrau kann sich auf die mit der rechtlichen Natur wechselrechtlicher Verbindlichkeiten unvereinbare Vorschrift des § 319. II. 1. des Allgem. Landrechts, — betreffend die Nothwendigkeit der Eintragung in das Hypothekenbuch oder Uebergabe der Schuld-Urkunde oder der beweglichen Sache, — nicht berufen.

§ **320**. Nachträgliche Genehmigung des Ehemannes zu dem von der Ehefrau abgeschlossenen Rechtsgeschäft. — Vergl. A. L. R. I. **5**. § 133., II. **1**. § 329.

Rechtsgr. **462**. — IV. Senat. 7. September 1865. (LX. 145.)

Der Plenarbeschluß des Ober-Tribunals vom 6. März 1847:

„Die zur Gültigkeit der Schuld einer Ehefrau erforderliche Bewilligung des Mannes bedarf, auch bei Gegenständen über 50 Rthlr., nicht unbedingt, und namentlich nicht bei Darlehnen, der schriftlichen Form“,

kann auf den Fall nicht ausgedehnt werden, wo ein wegen mangelnden Konsenses nichtiges Rechtsgeschäft der Ehefrau und eine erst nachträglich zu demselben erklärte Genehmigung des Mannes vorliegt; in diesem Falle kann der Formmangel der letzteren durch die Form des Rechtsgeschäfts der Ehefrau nicht gedeckt werden.

§ 321. Gültigkeit des § 321. II. **1.** des Allg. Landrechts auch für das Kurmärkische Provinzialrecht. — Vergl. Provinzialrecht der Kurmark Brandenburg § 335.

Rechtsgr. **463**. — IV. Senat. 4. Februar 1864. (**LVI.** 26.)

Für diejenigen Schulden, welche die Ehefrau zu den gewöhnlichen Haushaltungsgeschäften oder Nothdurften gemacht hat, haftet auch nach Kurmärkischem Provinzialrecht nur der Ehemann.

Siehe auch Rechtsgrundsatz 464. (§ 326. dieses Titels.)

§§ 326. ff. Verfügungsbefugniß der Ehefrau bei Entfernung des Ehemannes, ohne für Unterhalt der Familie und Betrieb des Gewerbes gesorgt zu haben:

A. „Schulden aufnehmen“ und „Schulden machen“ Seitens der Ehefrau. — Vergl. A. L. R. II. **1.** §§ 321. 360. ff.

Rechtsgr. **464**. — IV. Senat. 26. Oktober 1865. (**LXI.** 166.)

Der Ausdruck „Schulden aufnehmen“ im § 326. II. 1. des Allg. Landrechts und „Schulden machen“ im § 11. I. 29. der Allgem. Gerichts-Ordnung bezieht sich nicht auf den Verkauf von Sachen, oder Verträge überhaupt, welche die Ehefrau für den Mann, beziehungsweise die Gütergemeinschaft eingehen kann, sondern auf die spezielle Art des Schuldenmachens durch Borgen von Sachen, Geldern oder Waaren.

B. Verfügungsbefugniß der Ehefrau über das Vermögen des im Zuchthaus befindlichen Ehemannes zum eigenen und der Kinder Lebensunterhalt. — Vergl. § 389. dieses Titels.

Rechtsgr. **465**. — III. Senat. 24. November 1865. (**LXI.** 259.)

Befindet sich der Ehemann im Zuchthause, ohne während dieser Zeit für den Unterhalt der Frau und Kinder zu sorgen, so ist die Ehefrau berechtigt, die noch vorhandenen Geldmittel zu ihrem und ihrer Kinder Unterhalt zu verwenden.

§ 329. Siehe Rechtsgrundsatz 462. (§ 320. dieses Titels.)

§ **337** Siehe Rechtsgrundsatz 456. (§ 209. dieses Titels.)

§§ **341**. ff. Siehe Rechtsgrundsätze 312. 470. (A. L. R. I. **14**. § 221., II. **1**. § 378.)

§ **343**. Zuziehung und Bestellung eines rechtskundigen Beistandes für eine Ehefrau. — Vergl. A. L. R. I. **14**. § 232., II. **18**. § 54.

Rechtsgr. **466**. — IV. Senat. 2 März 1865. (LVII. 239.)

Der im § 343. II. 1. des Allgem. Landrechts vorgeschriebenen Zuziehung eines der Ehefrau bestellten rechtskundigen Beistandes ist genügt, wenn es in der betreffenden gerichtlichen Verhandlung heißt:

„Unter Zuziehung des Justizrathes N., welcher von der Ehefrau als rechtskundiger Beistand erwählt worden, haben vorstehende Belehrungen und Verwarnungen stattgefunden, und sind darauf die Erklärungen der letztern, wie vorstehend verzeichnet, abgegeben."

Siehe auch Rechtsgrundsatz 481. (§ 559. dieses Titels.)

Sechster Abschnitt. Von der Gemeinschaft der Güter unter Eheleuten.

§ **350**. Siehe Rechtsgrundsatz 611. (A. L. R. II. **18**. § 780. ff.)

§ **360**. Siehe Rechtsgrundsätze 464. 472. (§§ 326. 381. dieses Titels.)

§ **365**. Siehe Rechtsgrundsätze 201. 980. (A. L. R. I. **10**. § 7., II. **1**. § 378.; Soester 12 Artikel vom 26. März 1714.)

§ **371**. Rückfall der nicht geforderten und nicht verwendeten Alimentengelder einer Ehefrau und der Kinder in die gütergemeinschaftliche Vermögensmasse; Nichtcessibilität solcher Alimentengelder.

Rechtsgr. **467**. — I. Senat. 3. Juni 1864. (LV. 112.)

Hat die in Gütergemeinschaft, namentlich in der Paderborner ehelichen Gütergemeinschaft, lebende Ehefrau gegen den Kurator ihres abwesenden Ehemannes ein Erkenntniß erstritten, wonach derselbe verurtheilt ist, ihr für sich und für ihre Kinder Alimentationsgelder zu zahlen, und sind diese Gelder weder gefordert noch verwendet worden, so sind diese nicht verwendeten und ersparten Alimentationsgelder ein Bestandtheil des gütergemeinschaftlichen Vermögens, wie jeder andere Erwerb der Ehefrau.

Dergleichen nicht geforderte und nicht verwendete Alimentationsgelder sind nicht cessibel.

§§ **377.** ff. Verfügungsrecht des Ehemannes über fällige Altentheilspräſtationen, nicht aber über das Altentheilsrecht. — Vergl. § 185. dieses Titels.

Rechtsgr. **468.** — II. Senat. 28. Juni 1866. (LXIII. 266.)

Der Ehemann ist zwar befugt, die fälligen Altentheilspräſtationen selbstständig zu erheben; er ist aber nicht befugt, über das Altentheilsrecht selbst ohne Zuziehung der Ehefrau zu verfügen.

Siehe auch Rechtsgrundsatz 309. (A. L. R. I. **14.** § 69.)

§ **378.** Veräußerung und Verpfändung von Grundstücken und Gerechtigkeiten Seitens des Ehemannes:

A. Form der Einwilligung der in der Gütergemeinschaft lebenden Ehefrau zu den von dem Ehemanne vorzunehmenden Veräußerungen und Verpfändungen gütergemeinschaftlicher Grundstücke.

Rechtsgr. **469.** — IV. Senat. 27. Februar 1866. (LXII. 176.)

Die von der in Gütergemeinschaft lebenden Ehefrau zu ertheilende Einwilligung in die von dem Ehemanne vorzunehmende Veräußerung oder Verpfändung der zur Gütergemeinschaft gehörigen Grundstücke und Gerechtigkeiten bedarf zu ihrer rechtlichen Wirkung der schriftlichen Form.

Es ist jedoch nicht erforderlich, daß von der Ehefrau die in Rede stehende Einwilligung gerichtlich und mit Zuziehung eines rechtsverständigen Beistandes ertheilt werde, vielmehr genügt eine ausdrücklich und schriftlich erklärte Einwilligung.

B. Form der Certioration der in der Gütergemeinschaft lebenden Ehefrau bei ihrer Einwilligung in die Veräußerung oder Verpfändung gütergemeinschaftlicher Grundstücke oder Gerechtigkeiten; Westpreußisches Provinzialrecht. — Vergl. § 341. dieses Titels; Entwurf des Westpreußischen Provinzialrechts vom 19. April 1844 § 17.

Rechtsgr. **470**. — IV. Senat. 27. Februar 1866. (LXII. 176.)

Der gerichtlichen Form und der Belehrung der Frau nach den §§ 221. ff. I. 14. und den §§ 341. ff. II. 1. des Allgem. Landrechts bedarf die im § 378. II. 1. daselbst gedachte Einwilligung der Frau auch dann nicht, wenn der Mann das Grundstück oder die Gerechtigkeit zur Sicherheit für eine von ihm übernommene Bürgschaft verpfändet hat.

Diese Grundsätze kommen auch bei Anwendung des Westpreußischen Provinzialrechts zur Geltung.

C. Verfügungsrecht des Ehemannes über die persönlichen Rechte auf Erwerbung eines Grundstückes mit Uebergabe oder Adjudikation desselben. — Vergl. A. L. R. I. **10**. §§ 7-10.

Rechtsgr. **471**. — III. Senat. 23. Januar 1865. (LVIII. 107.)

Das Verbot, Grundstücke oder Gerechtigkeiten ohne Einwilligung der Frau zu verpfänden oder zu veräußern, ist nicht anwendbar auf den Fall, wenn der mit seiner Frau in Gütergemeinschaft lebende Ehemann ohne deren Einwilligung ein Grundstück, auf dessen Erwerbung er nur ein persönliches Recht besitzt, dessen Eigenthum aber durch Adjudikation oder Uebergabe ꝛc. noch nicht auf ihn übergegangen ist, wieder verkauft oder zu verkaufen rechtsgültig verspricht.

Siehe auch Rechtsgrundsätze 201. 312. (A. L. R. I. **10**. § 7., **14**. § 221.)

§ 380. Siehe Rechtsgrundsatz 503. (§ 820. dieses Titels.)

§§ 381. ff. Schenkungen des Ehemannes in fraudem uxoris. — Vergl. A. L. R. I. **11**. §§ 1091. ff., II. **1**. § 360.; Entscheidung der Gesetzkommission vom 22. Juli 1790; Revidirter Entwurf des Provinzialrechts des Fürstenthums Paderborn § 86., Motive S. 67.; Revidirter Entwurf des Provinzialrechts des Fürstenthums Minden Bd. 1. Buch 1. Abschn. 1. Tit. 2. §§ 20. 21. 25. 28.

Rechtsgr. **472**. — IV. Senat. 5. Februar 1863. (LVI. 1.)

Bei dem in der Entscheidung der Gesetzkommission vom 22. Juli 1790 ausgesprochenen Grundsatz:

> daß aus der, einem in der Gütergemeinschaft lebenden Ehegatten zustehenden Befugniß, einseitig Schulden zu machen und Veräußerungen vorzunehmen, nicht folge, daß derselbe auch zu einseitigen Schenkungen in fraudem uxoris berechtigt sei,

ist das Wort "fraus" nicht in einem streng juristischen Sinne, sondern dahin aufzufassen:

> die Schenkung des Mannes müsse nicht ein solches Maaß überschreiten, daß dadurch das Vermögensrecht der Frau am Gesammtgute paralysirt, daß sie außer Stande gesetzt werde, mit dem ihr danach verbleibenden Reste ihrem Stande gemäß leben zu können.

§ 389. Siehe Rechtsgrundsatz 465. (§ 326. dieses Titels.)

§§ 412. ff. Siehe Rechtsgrundsatz 615. (Allg. Deutsches Handelsgesetzbuch Art. 20.)

§§ 418. 422. Verlautbarung und Bekanntmachung der Verträge über die Ausschließung der Folgen der ehelichen Gütergemeinschaft hinsichtlich der künftigen Succession.

Rechtsgr. **473**. — II. Senat. 15. Oktober 1864. (LIV. 328.)

Auf Verträge oder Verabredungen über Aufhebung oder Abänderung der ehelichen Gütergemeinschaft, soweit sich dieselben nur auf die künftige Succession erstrecken, wobei die Rechte Dritter nicht in Betracht kommen, finden die Vorschriften des § 422. II. 1. des Allg. Landrechts über Verlautbarung beziehungsweise Bekanntmachung des Ausschlusses der Gütergemeinschaft keine Anwendung.

§ 423. Siehe Rechtsgrundsatz 615. (Allg. Deutsches Handelsgesetzbuch Art. 20.)

Siebenter Abschnitt. Von Trennung der Ehe durch den Tod.

§§ 438. ff. Siehe Rechtsgrundsätze 287. 288. 450. (A. L. R. I. **12**. § 617., II. **1**. § 82.)

§§ 439. ff. Vereinigung eines Ehegelöbnisses und eines Erbvertrages.

Rechtsgr. **474**. — I. Senat. 13. Januar 1865. (LVI. 283.)

Die Vereinigung eines Ehegelöbniß=Vertrages und eines Erbvertrages ist statthaft, und wird dadurch der rechtliche Charakter des letztern nicht aufgehoben.

§ 452. Siehe Rechtsgrundsätze 287. 289. (A. L. R. I. **12**. § 617.)

§§ 456. ff. Gegenvermächtniß:

A. Als Verfügung auf den Todesfall.

Rechtsgr. **475**. — I. Senat. 13. Januar 1865. (LVI. 284.)

Das Gegenvermächtniß ist lediglich eine Verfügung auf den Todesfall.

B. Berücksichtigung desselben bei Berechnung des Pflichttheils. — Vergl. A. L. R. II. **2** §§ 391. 481. 482.

Rechtsgr. **476**. — I. Senat. 13. Januar 1865. (LVI. 284.)

Das Recht der Ehefrau an dem ausgesetzten Gegenvermächtniß ist nicht als ein während der Dauer der Ehe nur suspendirtes Eigenthum der Ehefrau aufzufassen, vielmehr ist das Gegenvermächtniß, wie jede andere Verordnung von Todeswegen, der Berücksichtigung des Pflichttheils unterworfen.

§§ 482. ff. Wechselseitige Testamente der Eheleute:

A. Unwiderruflichkeit der in einem wechselseitigen Testament getroffenen Verordnungen, namentlich in Beziehung auf die fideikommissarischen Substitutionen der beiderseitigen Verwandten und auf Legate; Festsetzung des Zahlungstages eines Legats. — Vergl. A. L. R. I. **12**. §§ 294. 648.

Rechtsgr. **477**. — I. Senat. 16. März 1866. (LXII. 236.)

Der Grundsatz des § 492. II. 1. des Allgem. Landrechts, — betreffend die Unwiderruflichkeit der in einem wechselseitigen Testamente getroffenen Verordnungen Sei=

tens des überlebenden Ehegatten, — findet auch auf die darin enthaltenen fideikommissarischen Substitutionen der beiderseitigen Verwandten der Testatoren Anwendung, und greift ferner auch bei Legaten Platz. Wenn zur Zahlung der letzteren eine bestimmte Frist festgesetzt ist, so bleibt diese Bestimmung maaßgebend, auch wenn der Zahlungstag noch in die Lebensdauer des überlebenden Ehegatten fällt.

B. Entkräftung wechselseitiger Testamente überhaupt und namentlich in dem Falle, daß dem überlebenden Ehegatten in späterer Ehe noch Kinder geboren werden.

Rechtsgr. **478**. — I. Senat. 23. Mai 1864. (LIV. 197.)

a) Aus den §§ 492. 493. II. 1. des Allgem. Landrechts folgt nicht, daß, nachdem der überlebende Ehegatte die Erbschaft aus dem wechselseitigen Testamente angenommen habe, dasselbe überhaupt nicht mehr durch das Eintreten von anderweiten Umständen, welche nach allgemeinen gesetzlichen Vorschriften Testamente zu entkräften geeignet sind, rückgängig werden könne.

b) Die §§ 492. 493. II. 1. des Allgem. Landrechts stehen an sich der Anwendbarkeit der allgemeinen Vorschriften über Entkräftung der Testamente wegen nachgeborner Kinder auch bei wechselseitigen Testamenten, die zum Theil schon durch den Tod des einen und den Erbantritt des andern Ehegatten in Wirksamkeit getreten sind, nicht entgegen.

C. Wirkung korrespektiver Testamente, nach Gemeinem Rechte. — Vergl. Dig. **34**. 5. Lex 12. 24., **45**. 1. Lex 80., **50**. 17. Lex 12. 67.

Rechtsgr. **479**. — V. Senat. 21. November 1865. (LXI. 235.)

Ist bei einem korrespektiven Testamente der eine Testator bis in den Tod dabei verblieben, und hat der überlebende hierauf dasselbe noch als fortwirkend anerkannt und sich in den Besitz und Genuß der ihm dadurch zugefallenen Vortheile gesetzt, so ist nach Gemeinem Rechte nunmehr das Testament als unwiderruflich aufrecht zu erhalten.

Siehe auch Rechtsgrundsatz 19. (A. L. R. Einl. § 32.)

§ **495**. und Anh. § **78**. Siehe Rechtsgrundsatz 19. (A. L. R. Einl. § 32.)

§§ **497**. **498**. Siehe Rechtsgrundsatz 971. (Münsterische Polizei-Ordnung vom 18. Januar 1592 Kap. 7. § 14.)

§§ **543**. ff. Siehe Rechtsgrundsatz 481. (§ 559. dieses Titels.)

§ **559**. Absonderung der eingebrachten Mobilien der Ehefrau:

A. Anwendbarkeit dieser Bestimmungen auf Moventien.

Rechtsgr. **480**. — I. Senat. 12. Februar 1864; III. Senat. 11. September 1865. (LIII. 138., LX. 150.)

Die §§ 559. ff. II. 1. des Allgem. Landrechts, obwohl sie nur von Mobilien handeln, sind auch auf Moventien anwendbar.

B. Voraussetzung der Rückgewähr der Mobilien; Ingebrauchnahme und Veräußerung derselben. — Vergl. §§ 343. ff. dieses Titels.

Rechtsgr. **481**. — I. Senat. 12. Februar 1864. (LIII. 138.)

Die in den §§ 559. ff. II. 1. des Allgem. Landrechts enthaltenen Vorschriften über Rückgewähr von Mobilien setzen voraus, daß die Eheleute die Mobilien in Gebrauch genommen haben, welcher die Abnutzung mit sich bringt.

Hat daher der Ehemann einen Theil der eingebrachten Mobilien zu Gelde gemacht und den Erlös an sich genommen, so ist er Schuldner dieses Kapitals geworden, welches demnach eine Illatenforderung der Ehefrau bildet.

C. Anwendbarkeit dieser Gesetzesstelle auf die Vindikation in stehender Ehe. — Vergl. Verordnung vom 7. April 1838.

Rechtsgr. **482**. — III. Senat. 11. September 1865. (LX. 150.)

Die §§ 559. ff. II. 1. des Allgem. Landrechts, wenngleich sie den Fall der Auseinandersetzung nach Auflösung der Ehe durch den Tod eines Ehegatten voraussetzen, sind nicht minder für den Fall einer Vindikation in stehender Ehe für anwendbar zu halten.

§ 560. Zurücknahme der während der Ehe neu angeschafften Mobilien statt der nicht mehr vorhandenen eingebrachten Stücke der Ehefrau.

Rechtsgr. **483.** — **III.** Senat. 11. September 1865. (**LX.** 150.)

Der § 560. II. 1. des Allgem. Landrechts, welcher in Betreff der eingebrachten Mobilien der Ehefrau bestimmt:

> Sind an die Stelle der nicht mehr vorhandenen Stücke andere angeschafft worden: so können die Frau und deren Erben die letzten, statt der eingebrachten, zurücknehmen",

setzt keine ausdrückliche Uebereinkunft unter den Eheleuten über die Neuanschaffung voraus.

§ 561. Ersatz der durch Vorsatz oder grobes Versehen Seitens des Ehemannes vernichteten, veräußerten oder verringerten Mobilien.

Rechtsgr. **484.** — **I.** Senat. 12. Februar 1864. (**LIII.** 138.)

Die Voraussetzung des § 561. II. 1. des Allg. Landrechts:

> daß der Verlust der Mobilien durch Vorsatz oder grobes Versehen Seitens des Mannes herbeigeführt sein müsse,

bezieht sich nicht blos auf den Fall der Vernichtung oder Werthsverringerung, sondern auch auf den Fall der Veräußerung der Mobilien.

Der in dem § 561. a. a. O. erforderte „Vorsatz" ist nicht gleichbedeutend mit „Absicht"; vielmehr ist damit der dolus gemeint.

§§ 631-633. Siehe Rechtsgrundsatz 55. (A. L. R. I. **5.** § 75.)

§§ 634. 637. 638. Vertretung der gütergemeinschaftlichen Masse durch die hinterbliebene Wittwe bei beerbter Ehe, nach Paderborner ehelicher Gütergemeinschaft. — Vergl. § 653. dieses Titels.

Rechtsgr. **485**. — I. Senat. 3. Juni 1864. (LV. 112.)

Nach den in Paderborn geltenden Grundsätzen der fortgesetzten ehelichen Gütergemeinschaft auf Gedeih und Verderb vertritt die hinterbliebene Wittwe, wenngleich die von ihr in der Ehe mit ihrem verstorbenen Ehemann gebornen Kinder Erben ihres Vaters geworden sind, die ganze gütergemeinschaftliche Masse, und sie ist als solche Vertreterin der Masse auch wegen der Ansprüche an dieselbe passiv legitimirt.

§ **640**. Siehe Rechtsgrundsatz 501. (§ 814. dieses Titels.)

§ **645**. Siehe Rechtsgrundsatz 971. (Münsterische Polizei-Ordnung vom 18. Januar 1592 Kap. 7. § 14.)

Anh. § **79**. zu § **648**. Siehe Rechtsgrundsatz 521. (A. L. R. II. **2**. § 232.)

§§ **653-656**. Verhaftung der überlebenden Ehefrau für die Schulden der Gütergemeinschaft, nach der Kleve-Märkischen Gütergemeinschaft. — Vergl. Entwurf des Provinzialrechts für die Grafschaft Mark.

Rechtsgr. **486**. — IV. Senat. 28. April 1864. (LIV. 120.)

Nach der Kleve-Märkischen Gütergemeinschaft kann der Erbe des verstorbenen Ehemannes, wenn er zugleich Gläubiger der Gütergemeinschaft ist, vor der Auseinandersetzung die überlebende Ehefrau nicht allein auf Zahlung seiner Forderung an die Gütergemeinschaft in Anspruch nehmen.

Siehe auch Rechtsgrundsatz 485. (§ 634. dieses Titels.)

Achter Abschnitt. Von Trennung der Ehe durch richterlichen Ausspruch.

§§ **670**. ff. Siehe Rechtsgrundsatz 495. (§ 719. dieses Titels.)

§ **673**. Ehebruch und schamloses Verhalten als Ehescheidungsgrund:

A. Ehebruch als Ehescheidungsgrund; Beweis des vollendeten Beischlafes.

Rechtsgr. **487**. — I. Senat. 16. Juli 1866. (LXIII. 314.)

a) Das Präjudiz No. 1994. vom 3. April 1848:

„Der gesetzliche, aus einem dringend verdächtigen Umgang des andern Ehegatten hergenommene Ehescheidungsgrund wird auch durch den Beweis des nicht konsumirten Beischlafes nicht beseitigt“,

will nur die Erheblichkeit eines Beweises dahin, daß der Beischlaf zwar begonnen, aber nicht vollendet sei, ausschließen.

b) Der § 673. II. 1. des Allgem. Landrechts stellt nur eine faktische, keine rechtliche Vermuthung auf und findet dann keine Anwendung, wenn thatsächlich erwiesen ist, daß ein Ehebruch nicht stattgefunden hat.

B. Schamloses Verhalten eines Ehegatten als Ehescheidungsgrund.

Rechtsgr. **488**. — **I.** Senat. 23. Oktober 1865. (**LXI.** 159.)

Schamloses Verhalten eines Ehegatten giebt dem andern Ehegatten auf Grund des § 673. **II.** 1. des Allg. Landrechts noch nicht das Recht, auf Scheidung der Ehe anzutragen.

§§ **677**. ff. Bereithaltung einer zur Aufnahme der Ehefrau geeigneten Wohnung Seitens des auf Ehescheidung wegen böslicher Verlassung verklagten Ehemannes. — Vergl. Verordnung vom 28. Juni 1844 § 67.

Rechtsgr. **489**. — **I.** Senat. 15. Mai 1865. (**LVII.** 340.)

Die Ehefrau, welche gegen ihren Ehemann wegen böslicher Verlassung auf Ehetrennung klagt und gegen denselben einen Befehl auf Wiederaufnahme extrahirt hat, kann ihm nicht ohne Weiteres zumuthen, eine Wohnung zu miethen, wenn sie ihn fortgesetzt in Ungewißheit läßt, ob sie bereit sei, ihm in dieselbe zu folgen.

§ **680**. Siehe Rechtsgrundsatz 492. (§ 685. dieses Titels.)

§§ **681**. **682**. Verlegung des Wohnsitzes Seitens des Ehemannes; Ausschließung der Verpflichtung der Ehefrau, ihrem Ehemanne in den verlegten Wohnsitz zu folgen, durch einen vor der Heirath geschlossenen Vertrag. — Vergl. §§ 82. ff. dieses Titels; A. G. O. II. 1. § 10. No. 4.

Rechtsgr. **490**. — I. Senat. 22. Januar 1866. (LXIII. 57.)

Der § 682. II. 1. des Allgem. Landrechts hat eine Veränderung des Wohnortes des Ehemannes und ein förmliches pactum antenuptiale in der durch die §§ 82—90. a. a. O. vorgeschriebenen Form zur Voraussetzung.

§ **684**. Zeitweise Rückkehr der Ehefrau nach Behändigung des Rückkehrmandats.

Rechtsgr. **491**. — I. Senat. 30 Januar 1865. (LVI. 334.)

Hat nach Behändigung des Rückkehrmandats die Ehefrau wiederum einige Tage mit ihrem Ehemann zusammengelebt, so kann ihr eine bösliche Verlassung nicht mehr zur Last gelegt werden.

§§ **685**. ff. Ehescheidung wegen böslicher Verlassung uud Sävitien des Ehemannes als Grund des Verlassens. — Vergl. §§ 680. 699. ff. dieses Titels; Verordnung vom 28. Juni 1844 § 67.

Rechtsgr. **492**. — I. Senat. 14. Juli 1865. (LX. 122.)

a) Die in dem Präjudiz No. 1093. vom 4. Januar 1842 (Präjudizien-Sammlung I. Seite 150. 151.) zum Grunde liegende Ansicht, daß Sävitien, welche die Frau vom Mann erlitten hat, nur dann dazu geeignet sind, die Nichtbefolgung des richterlichen Rückkehrmandats nicht als bösliche Verlassung darzustellen, wenn sie selbst für sich einen gesetzmäßigen Scheidungsgrund bilden, kann nach dem Erscheinen der Verordnung vom 28. Juni 1844 mit Rücksicht auf deren § 67. nicht mehr festgehalten werden; vielmehr kommt es zur Feststellung des Ehescheidungsgrundes der böslichen Verlassung außer der Nichtbefolgung des gerichtlichen Befehls auf die sonst vorhandenen Umstände an.

b) Wenngleich in der Regel Mißhandlungen nur

dann einen Ehescheidungsgrund abgeben, wenn sie Leben oder Gesundheit gefährdend sind, so kann doch einer, zumal nicht dem gemeinen Stande angehörigen Frau nicht zugemuthet werden, sich fortgesetzten Mißhandlungen auszusetzen, und so lange beim Manne zu bleiben, bis die dadurch ihrer Gesundheit drohende Gefahr eine wirkliche geworden ist. Vielmehr kann unter Umständen schon das, sie einer solchen Gefahr aussetzende Verhalten des Mannes einen rechtmäßigen Grund, sich von ihm zu entfernen, darstellen und ihr Entferntbleiben als keine bösliche Verlassung charakterisiren.

§§ **699.** ff. Ehescheidung wegen Thätlichkeiten, welche das Leben oder die Gesundheit in Gefahr setzen; Schläge auf den Kopf.

Rechtsgr. **493.** — I. Senat. 29. Januar 1866. (LXI. 337.)

Der § 699. II. 1. des Allgem. Landrechts verlangt nicht, daß durch die Thätlichkeiten gefährliche Verletzungen bereits hervorgerufen sind; er spricht allgemein nur von solchen Thätlichkeiten, die Leben oder Gesundheit in Gefahr setzen; dies ist aber von heftigen Schlägen auf den Kopf stets anzunehmen, auch wenn sie nicht gerade mit einem harten, schweren Körper zugefügt werden.

Siehe auch Rechtsgrundsatz 492. (§ 685. dieses Titels.)

§ **702.** Siehe Rechtsgrundsatz 498. (§ 721. dieses Titels.)

§ **704.** Verbüßung harter und schmählicher Freiheitsstrafe wegen grober Verbrechen als Ehescheidungsgrund.

Rechtsgr. **494.** — I. Senat. 25. Januar 1864. (LVI. 21.)

Der § 704. II. 1. des Allgem. Landrechts ist nach Emanation des Strafgesetzbuches nicht mehr auf die daselbst angegebenen beiden Strafarten „Zuchthaus- und Festungsstrafe" zu beschränken, vielmehr überall da anzuwenden, wo wegen grober Verbrechen gegen Andere ein Ehegatte harte und schmähliche Freiheitsstrafe nach Urtheil und Recht erlitten hat, was in jedem einzelnen Falle zu beurtheilen bleibt.

Siehe auch Rechtsgrundsätze 496. 497. (§§ 719. 720. dieses Titels.)

§ **719**. Kompensation der Ehescheidungsstrafen:

A. Aufforderung des Ehemannes an die Ehefrau, sich durch geschlechtlichen Umgang mit andern Männern schwängern zu lassen und Ehescheidungsklage des Ehemannes wegen Ehebruchs. — Vergl. § 670. dieses Titels.

Rechtsgr. **495**. — I. Senat. 18. Dezember 1865. (LXI. 280.)

Wenngleich der Ehemann der Ehefrau gegenüber sich außer Stande erklärt, ihr irgend Etwas zu ihrem Unterhalte zu gewähren, sie auffordert, sich durch geschlechtlichen Umgang mit andern Männern schwängern zu lassen, um dadurch einen Grund zur Ehescheidung zu erzielen, und die Ehefrau sodann sich einem unsittlichen Lebenswandel hingiebt: so bleibt die Anwendbarkeit des § 719. II. 1. des Allg. Landrechts dennoch ausgeschlossen und der Ehemann wegen Ehebruchs zur Ehescheidungsklage berechtigt.

B. Zulässigkeit des Gegenbeweises im Ehescheidungsprozeß gegen die thatsächliche Feststellung im Kriminalverfahren. — Vergl. § 704. dieses Titels.

Rechtsgr. **496**. — I. Senat. 25. Januar 1864. (LVI. 21.)

Der Umstand allein, daß im Kriminalverfahren die Thäterschaft eines Diebstahls gegen den einen Ehegatten für festgestellt erachtet worden ist, schließt für den Ehescheidungsprozeß den Gegenbeweis nicht aus, daß der andere Ehegatte der eigentliche Thäter, oder als Urheber oder Theilnehmer daran mitschuldig sei.

§§ **720. 721**. Verzeihung der Ehevergehen:

A. Verzeihung des begangenen Verbrechens Seitens des später auf Ehescheidung klagenden Ehegatten vor erfolgter Verurtheilung und Antritt der Strafe. — Vergl. § 704. dieses Titels.

Rechtsgr. **497**. — I. Senat. 11. Juli 1866. (LXIII. 285.)

a) Die Bestimmung des § 720. II. 1. des Allgem.

Landrechts, — nach welchem Beleidigungen, welche einmal ausdrücklich verziehen worden, in der Folge nicht weiter als Ehescheidungsursachen gerügt werden können, — greift im Falle des § 704. daselbst nicht schon dann, wenn das mit Zuchthausstrafe bedrohte grobe Verbrechen begangen ist, sondern erst dann Platz, wenn die wegen eines solchen Verbrechens erkannte harte und schmähliche Strafe erlitten wird.

Daher ist ein solcher Ehescheidungsgrund auch dann nicht vorhanden, wenn es wegen erlangter Begnadigung zur Strafvollstreckung nicht gekommen ist.

b) Hat demnach der eine Ehegatte, während der andere in Voruntersuchungshaft sich befand, brieflich erklärt, daß er ihm sein Verbrechen vergeben, ihm treu bleiben und sich nicht von ihm scheiden lassen wolle, selbst wenn er zu Zuchthaus verurtheilt werde, so liegt hierin keine nach § 720. II. 1. des Allgem. Landrechts die später auf § 704. a. a. O. gegründete Ehescheidungsklage ausschließende Verzeihung.

B. Wirkung der vorläufigen Zurücknahme einer Ehescheidungsklage; Natur der einjährigen Frist im § 721. II. 1. des Allg. Landrechts; Begriff einer „wiederholten“ Beleidigung des Ehegatten. — Vergl. § 702. dieses Titels; Verordnung vom 28. Juni 1844 § 53.

Rechtsgr. **498**. — I. Senat. 29. Februar 1864. (LIII. 171.)

a) Auch die „vorläufig“ erfolgte Zurücknahme einer Ehescheidungsklage hat die Wirkung, daß die Thatsachen, aus welchen geklagt worden, hiernächst als selbstständiger Scheidungsgrund nicht mehr geltend gemacht werden können.

b) Die Bestimmung des § 721. II. 1. des Allgem. Landrechts, — nach welcher es einer ausdrücklichen Verzeihung gleich geachtet wird, wenn der beleidigte Ehegatte nach erhaltener überzeugender Kenntniß die Ehe ein Jahr hindurch fortgesetzt hat, — enthält keine Verjährungsfrist.

Daher kann die Anstellung der demnächst wieder zurückgenommenen Ehescheidungsklage als Unterbrechung einer Verjährung nicht angesehen werden.

c) Eine als verziehen zu betrachtende Beleidigung kann im Ehescheidungsprozesse auch nicht zu dem Ende benutzt werden, um mit Berücksichtigung derselben eine später zugefügte geringe Thätlichkeit zu einer wiederholten im Sinne des § 702. II. 1. des Allgem. Landrechts zu machen.

Siehe auch Rechtsgrundsätze 447. 1134. 1135. (§ 41. dieses Titels; Verordnung vom 28. Juni 1844 § 53.)

§ **736.** Vorbehalt der Wiederverheirathung des einen Ehegatten nur nach eingeholter besonderer Erlaubniß in dem Ehescheidungsurtheil und Appellation wegen dieses Vorbehaltes. — Vergl. A. L. R. II. **1.** §§ 25. ff.

Rechtsgr. **499.** — I. Senat. 7. November 1864. (LIV. 349.)

a) Der Umstand, daß der dem einen Ehegatten zur Last fallende Ehebruch mit einer bestimmten Person in dem Ehescheidungsprozesse von dem andern Ehegatten ausdrücklich nur zu dem Zweck gerügt worden ist, um das Uebergewicht der Schuld von sich abzulehnen, reicht nicht hin, um in dem Scheidungs-Urtheil den Vorbehalt auszusprechen: daß dem betreffenden Ehegatten die Wiederverheirathung nur nach eingeholter besonderer Erlaubniß zu gestatten; vielmehr kann dies nur geschehen, wenn der Ehebruch auch wirklich als die Ursache der erkannten Scheidung befunden worden ist.

b) Der wegen Ehebruchs geschiedene Ehegatte, der nach § 25. II. 1. des Allg. Landrechts die Person nicht heirathen darf, mit welcher er die Ehe gebrochen hat, ist berechtigt, die dem Scheidungs-Urtheil beigefügte Bestimmung: „daß ihm die Wiederverheirathung nur nach eingeholter Erlaubniß zu verstatten sei", als eine seine Freiheit beschränkende Bestimmung zum Gegenstand der Beschwerde im Wege eines ordentlichen Rechtsmittels aufzustellen, wenngleich der andere Theil nicht befugt ist, den Mangel einer solchen Bestimmung zu rügen, da sie nur aus Gründen des allgemeinen Wohls, und nicht auf den Grund eines ihm zustehenden Ausschließungsrechts dem Urtheil beigefügt ist.

§ **745.** Prüfung und Entscheidung des Appellations-Richters über die in erster Instanz erhobenen Einwendungen und Anträge des Verklagten, bei unterlassener besonderer Beschwerdeführung wegen deren Nichtberücksichtigung Seitens des ersten Richters. — Vergl. A. G. O. I. **40.** § 51.

Rechtsgr. **500.** — I. Senat. 7. November 1864. (LIV. 349.)

Der Appellations-Richter hat auch dann die der Klage auf Trennung der Ehe entgegengesetzten Einwendungen und darauf gestützten Anträge zu prüfen und darüber zu entscheiden, wenn der erste Richter aus nicht zutreffenden Gründen diese Anträge unberücksichtigt gelassen, und der Verklagte in der Appellationsbeschwerde gegen die erkannte Entscheidung zwar diese Nichtberücksichtigung nicht zum Gegenstande einer besonderen Beschwerde gemacht, dieselbe aber auch nicht ausdrücklich zurückgenommen hat.

§ **785.** Siehe Rechtsgrundsatz 446. (A. L. R. II. **1.** § 41.)

§§ **786-808.** Siehe Rechtsgrundsatz 1198. (Gesetz vom 24. April 1854 § 2.)

§ **814.** Beweislast bei dem Anspruch des für unschuldig erklärten geschiedenen gütergemeinschaftlichen Ehegatten auf die zum persönlichen Gebrauch bestimmten Kleidungsstücke, Betten und Leibwäsche. — Vergl. §§ 640. 815. dieses Titels.

Rechtsgr. **501.** — I. Senat. 3. Dezember 1866. (LXIV. 311.)

Nimmt bei der Auseinandersetzung geschiedener Eheleute der unschuldige Theil auf Grund des § 815. II. 1. des Allgem. Landrechts die im § 640. daselbst bestimmten Effekten zum Voraus in Anspruch, so liegt es auch ihm ob, diejenigen thatsächlichen Voraussetzungen darzuthun, durch welche die Anwendung der Regel des § 814. a. a. O. ausgeschlossen und die Ausnahme des § 815. gerechtfertigt werden soll.

§ **815**. Druckfehler in dieser Gesetzesstelle.

Rechtsgr. **502**. — I. Senat. 3. Dezember 1866. (LXIV. 311.)

Im § 815. II. 1. des Allg. Landrechts muß es statt § 639. heißen: § 640.

Siehe auch Rechtsgrundsatz 501. (§ 814. dieses Titels.)

§ **820**. Auseinandersetzung der geschiedenen Eheleute rücksichtlich der Schulden bei bestehender Gütergemeinschaft. — Vergl. § 380. dieses Titels.

Rechtsgr. **503**. — I. Senat. 3. Dezember 1866. (LXIV. 311.)

Die Bestimmung des § 820. II. 1. des Allg. Landrechts bezieht sich nur auf das Verhältniß der geschiedenen Eheleute unter einander, berührt aber nicht die im § 380. ebendaselbst festgesetzten Rechte der Gläubiger.

Zehnter Abschnitt. Von den rechtlichen Folgen gesetzwidrig geschlossener Ehen.

§§ **963-965**. Siehe Rechtsgrundsatz 446. (§ 41. dieses Titels.)

§§ **968**. ff. Einfluß der rechtskräftigen Ungültigkeitserklärung einer Ehe wegen mangelnden väterlichen Konsenses auf die spätere Klage wegen Ertheilung der Ergänzung dieses Konsenses. — Vergl. §§ 68. ff. dieses Titels.

Rechtsgr. **504**. — I. Senat. 19. Januar 1866. (LXIII. 49.)

Ist eine Ehe, weil dieselbe ohne von dem Vater ertheilten oder von dem Richter ergänzten Konsens abgeschlossen worden, rechtskräftig für ungültig erklärt; so steht ein solches Judikat einem späteren Antrage auf richterliche Ergänzung des Konsenses zu einer nunmehr zu schließenden Ehe nicht entgegen.

§§ **971**. **974**. Siehe Rechtsgrundsätze 446. 447. (§ 41. dieses Titels.)

Eilfter Abschnitt. Von den rechtlichen Folgen des unehelichen Beischlafes.

§ 1077. Siehe Rechtsgrundsatz 1210. (Gesetz vom 24. April 1854 § 15.)

Titel 2. Von den wechselseitigen Rechten der Eltern und Kinder.

Erster Abschnitt. Von ehelichen Kindern.

§§ 1. ff. Vermuthung für die eheliche Geburt eines auf den Namen seines Vaters getauften Kindes.

Rechtsgr. **505**. — I. Senat. 17. November 1865. (LXII. 44.)

Ist ein Kind auf den Namen des Vaters getauft, so streitet die Vermuthung für die eheliche Geburt desselben.

Siehe auch Rechtsgrundsatz 947. (Dig. 2. 4. Lex 5.)

§ 2. Anfechtung der Rechtmäßigkeit eines in stehender Ehe gebornen Kindes Seitens des Kurators des abwesenden und Seitens des Vormundes des blödsinnigen Ehemannes. — Vergl. A. L. R. Einl. § 102., I. 1. § 29., II. 2. § 16., 18. §§ 12. 19. 231.

Rechtsgr. **506**. — I. Senat. 5. Oktober 1866. (LXIV. 268.)

a) Der Kurator eines abwesenden Ehemannes ist nicht befugt, die Rechtmäßigkeit eines von der zurückgelassenen Ehefrau gebornen Kindes anzufechten.

b) Das Anfechtungsrecht des Ehemannes, betreffend die Rechtmäßigkeit eines in stehender Ehe gebornen Kindes, ist nicht als ein höchst persönliches Recht des Ehemannes allein aufzufassen, und ist der dem blödsinnigen Ehemann bestellte Vormund befugt, das Anfechtungsrecht in Vertretung der Person seines Pflegebefohlenen geltend zu machen.

§ 7. Suspension dieser Gesetzesstelle.

Rechtsgr. **507**. — I. Senat. 18. Juni 1866. (LXIV. 144.)

Die Vorschrift des § 7. II. 2. des Allg. Landrechts ist eine dem Gemeinen Rechte fremde und gehört zu den nach § 7. des Publikations-Patents zum Allgem. Landrecht suspendirten.

§ **16**. Siehe Rechtsgrundsatz 506. (§ 2. dieses Titels.)

Zweiter Abschnitt. Von den Rechten und Pflichten der Eltern und der aus einer Ehe zur rechten Hand erzeugten Kinder, so lange die letztern unter väterlicher Gewalt stehen.

§§ **64**. **65**. Siehe Rechtsgrundsätze 508. 1112. (§ 121. dieses Titels; Armenpflegegesetz vom 31. Dezember 1843 § 21.)

§ **121**. Pflicht der Kinder zu häuslichen Diensten in der Wirthschaft und dem Gewerbe der Eltern. — Vergl. §§ 64. 65. 254. dieses Titels.

Rechtsgr. **508**. — IV. Senat. 2. November 1865. (LX. 247.)

Der § 121. II. 2. des Allgem. Landrechts, betreffend die Pflicht der Kinder zu häuslichen Diensten in der Wirthschaft und dem Gewerbe der Eltern, setzt zu seiner Anwendung voraus, daß die Eltern ihrerseits, falls sie dazu im Stande sind, dem noch unter väterlicher Gewalt stehenden Kinde den nöthigen Unterhalt gewähren.

Siehe auch Rechtsgrundsatz 835. (A. G. O. I. **16**. § 2. No. 4.)

§§ **124**. ff. Auflösung des Dienstverhältnisses als Handlungsdiener durch den minderjährigen, noch in väterlicher Gewalt stehenden Sohn.

Rechtsgr. **509**. — IV. Senat. 4. Februar 1864. (LV. 34.)

Der Vater, welcher seinen minderjährigen, noch in väterlicher Gewalt stehenden Sohn außer seinem Hause in ein Dienstverhältniß als Handlungsgehülfe treten läßt, befähigt diesen dadurch, alle auf dieses Dienstverhältniß bezüglichen Handlungen und Verträge mit voller Wirkung vorzunehmen und abzuschließen, namentlich auch das Dienstverhältniß wieder aufzuheben.

In der Aufhebung des Dienstverhältnisses als Handlungsgehülfe Seitens des minderjährigen, noch in väterlicher Gewalt stehenden Sohnes ist eine Uebernahme von

Lasten und Verbindlichkeiten durch denselben nicht anzutreffen.

Siehe auch Rechtsgrundsätze 54. 332. 514. 835. 1207. (A. L. R. I. **5**. § 31., **6**. § 41., II. **2**. § 201.; A. G. O. I. **1**. § 13., **16**. § 2. No. 4.; Gesetz vom 24. April 1854 § 13. No. 2.)

§ **131**. Siehe Rechtsgrundsätze 512. 774. (A. L. R. II. **2**. § 158.; A. G. O. I. **1**. § 13., **16**. § 2. No. 4.)

§ **133**. Ersatzverbindlichkeit der Kinder unter väterlicher Gewalt aus der nützlichen Verwendung. — Vergl. A. L. R. I. **11**. §§ 690. 862., **13**. §§ 273. 279., II. **2**. § 137.

Rechtsgr. **510**. — IV. Senat. 5. Januar 1865. (LVI. 262.)

Die Ersatzverbindlichkeit der Kinder unter väterlicher Gewalt aus der nützlichen Verwendung ist nach den „allgemeinen gesetzlichen Vorschriften" zu beurtheilen, und darf dabei auf die Spezialbestimmung für Schulden der Subaltern-Offiziere nicht zurückgegangen werden.

§§ **136**. **137**. Anerkenntniß einer Schuldverbindlichkeit nach aufgehobener väterlicher Gewalt.

Rechtsgr. **511**. — IV. Senat. 5. Januar 1865. (LVI. 261.)

Nur für Schulden von ursprünglicher Ungültigkeit ist das Anerkenntniß Seitens des Schuldners nach aufgehobener väterlicher Gewalt in öffentlicher Form nöthig, nicht aber für Schuldverbindlichkeiten, die von Anfang an sich als nützliche Verwendung charakterisiren.

Siehe auch Rechtsgrundsätze 510. 1071. (A. L. R. II. **1**. § 133., Verordnung vom 14. Dezember 1833 § 16.)

Dritter Abschnitt. Von dem eigenthümlichen Vermögen der Kinder.

§§ **147-155**. Siehe Rechtsgrundsatz 515. (§ 210. dieses Titels.)

§ **156**. Gültigkeit der Willenserklärungen der großjährigen Hauskinder. — Vergl. A. L. R. I. **5**. §§ 10. 11., II. **2**. § 131.

Rechtsgr. **512**. — IV. Senat. 31. Januar 1865. (LVIII. 131.)

Die Willenserklärungen der großjährigen Hauskinder

sind blos bedingt und unter gewissen Umständen unverbindlich, und auch dies nicht primär, sondern nur sekundär als Folge der Unverbindlichkeit für den Vater, der nicht eingewilligt und die Rechte der väterlichen Gewalt hat.

Siehe auch Rechtsgrundsatz 235. (A. G. O. I. **16**. § 2. No. 4.)

§ **159**. Siehe Rechtsgrundsatz 332. (A. L. R. I. **16**. § 41.)

§§ **165**. **166**. Siehe Rechtsgrundsätze 54. 774. (A. L. R. I. **5**. § 31.; A. G. O. I. **1**. § 13.)

§§ **176**. **177**. Siehe Rechtsgrundsatz 891. (Konkurs-Ordnung vom 8. Mai 1855 § 80.)

§§ **179**. ff. Siehe Rechtsgrundsatz 331. (A. L. R. I. **16**. § 34.)

§§ **187**. **188**. Kautionspflichtigkeit des wiederheirathenden, mit Grundbesitz ansässigen Vaters wegen des Mutter-Erbtheils der Kinder erster Ehe; Befreiung von der Kautionsleistung durch Testament. — Vergl. § 398. dieses Titels; A. L. R. II. **18**. §§ 424. ff. 681. ff.

Rechtsgr. **513**. — I. Senat. 27. März 1865. (LVIII. 241.)

a) Der § 187. II. 2. des Allgem. Landrechts, — wonach der zur zweiten Ehe schreitende Wittwer das Vermögen seiner Kinder aus voriger Ehe auf seine Grundstücke eintragen lassen muß, — enthält nur eine subsidiäre Regel des Gesetzes, von welcher, sofern keine Pflichttheilsverletzung vorliegt, dem Erblasser, welcher das Vermögen den Kindern zugewendet hat, abzuweichen freisteht.

b) Ob in diesem Falle der wiederheirathende Vater durch das Testament nur während der Dauer der Gemeinschaft, oder auch nach erfolgter Theilung in Ansehung des Muttererbes seiner Kinder von der Kautionsleistung befreit ist, ist eine thatsächliche Frage, die aus dem Inhalte des Testaments durch dessen Interpretation entschieden werden muß.

§§ **201**. ff. Genehmigung lästiger Verträge der Kinder unter väterlicher Gewalt Seitens des Vaters nach dem Tode des Kindes. — Vergl. A. L. R. I. **5**. §§ 11. 12., II. **2**. § 125.

Rechtsgr. **514**. — III. Senat. 21. November 1864. (LV. 294.)

Durch die erst nach dem Tode des in väterlicher Gewalt befindlich gewesenen Sohnes von dem Vater, als solchem, erklärte Genehmigung eines von dem Ersteren geschlossenen lästigen Vertrages erlangt dieser Vertrag keine Rechtsbeständigkeit.

Siehe auch Rechtsgrundsatz 332. (A. L. R. I. **16**. § 41.)

§§ **204**. ff. Siehe Rechtsgrundsatz 331. (A. L. R. I. **16**. § 39.)

Vierter Abschnitt. Von Aufhebung der väterlichen Gewalt.

§§ **210**. ff. Entlassung aus der väterlichen Gewalt:

A. Dauer der väterlichen Gewalt; Behauptung und Beweis der Beendigung derselben; Nießbrauch des Vaters an dem Vermögen der Kinder. — Vergl. §§ 147-155. dieses Titels.

Rechtsgr. **515**. — III. Senat. 12. März 1866. (LXIV. 58.)

Gesetzlich stehen alle Kinder von ihrer Geburt an in der väterlichen Gewalt ihres lebenden Vaters, bis besondere Umstände eintreten, welche dieselbe aufheben, und alles ihr Vermögen ist während der Dauer der väterlichen Gewalt der Verwaltung und dem Nießbrauche des Vaters unterworfen, soweit nicht eine der in den §§ 147 bis 155. II. 2. des Allgem. Landrechts vorgeschriebenen Ausnahmen stattfindet. Eine solche Ausnahme muß behauptet und bewiesen werden.

B. Entlassung aus der väterlichen Gewalt durch Uebernahme einer Stellung als Oekonomie-Inspektor.

Rechtsgr. **516**. — I. Senat. 16. Juni 1865. (LVIII. 349.)

Ein großjähriger Sohn, welcher mit Bewilligung seines Vaters als Oekonomie-Inspektor gegen ein Jahresgehalt von 100—120 Rthlrn. konditionirt und sich davon standesmäßig ernährt, ist aus der väterlichen Gewalt für entlassen anzusehen.

C. Durch den Betrieb einer Ackerwirthschaft.

Rechtsgr. **517**. — IV. Senat. 24. Mai 1864. (LIV. 207.)

Zu den Gewerben, deren mit Einwilligung des Vaters angefangene Betreibung gleiche Wirkung mit der ausdrücklichen Entlassung aus der väterlichen Gewalt hat, gehört auch die Uebernahme einer Ackerwirthschaft für eigene Rechnung.

D. Einverständniß des Vaters zum Gewerbebetriebe.

Rechtsgr. **518**. — IV. Senat. 24. Januar 1865. (LVIII. 117.)

Zu der Entlassung eines großjährigen Sohnes aus der väterlichen Gewalt durch den Betrieb eines Gewerbes ist das Einverständniß des Vaters, wenn auch nur ein stillschweigendes, nicht erforderlich.

E. Beweis der Aufhebung der väterlichen Gewalt. — Vergl. Deklaration vom 6. April 1839 Art. 3. No. 1.

Rechtsgr. **519**. — IV. Senat. 2. November 1865. (LX. 246.)

Wenn ein Mann, nachdem er vier Jahre verheirathet gewesen, in den folgenden sechs Jahren seinem Vater Knechtsdienste geleistet hat, so kann, wenn der Vater die Fortdauer der väterlichen Gewalt auch nach der Verheirathung des Sohnes nicht behauptet hat, nicht von Amtswegen angenommen werden, daß der Sohn sich während der Dauer seiner Dienstleistungen noch in väterlicher Gewalt befunden habe. Vielmehr muß, wenn der Richter aus der vermeintlichen Fortdauer der väterlichen Gewalt einen Entscheidungsgrund glaubt entnehmen zu müssen, dies Bedenken zur Erörterung gezogen und hierdurch dem Sohne Gelegenheit gegeben werden, zu dessen Beseitigung zu behaupten und nachzuweisen, daß er nach seiner Verheirathung und bereits vor oder auch nach Beginn jener Dienstleistungen, durch Errichtung einer eigenen

Wirthschaft oder den Betrieb eines sonstigen eigenen Gewerbes, aus der väterlichen Gewalt ausgeschieden sei.

Siehe auch Rechtsgrundsatz 54. (A. L. R. I. 5. § 31.)

§ **229**. Aufhebung der dem Vater über die verheirathete minderjährige Tochter zustehenden, ihre Handlungsfähigkeit beschränkenden vormundschaftlichen Rechte. — Vergl. A. L. R. Einl. § 23.

Rechtsgr. **520**. — V. Senat. 4. Januar 1865. (LVIII. 49.)

Die nach § 229. II. 2. des Allgem. Landrechts dem Vater über die verheirathete minderjährige Tochter zustehenden, ihre Handlungsfähigkeit beschränkenden vormundschaftlichen Rechte hören auf, wenn das Domizil der verheiratheten Tochter diese Rechte nicht kennt.

§§ **232-235**. Anrechnung der von dem Vater dem Kinde gegebenen Ausstattung auf das eigene Vermögen des Kindes. — Vergl. A. L. R. I. **11**. §§ 1041. 1042., II. **1**. Anh. § 79. zu § 648.

Rechtsgr. **521**. — I. Senat. 7. Oktober 1864. (LIV. 298.)

a) Besitzt das Kind zu der Zeit, wo es der Ausstattung bedarf, nicht soviel eigenes Vermögen, daß jene daraus bestritten werden kann, so bleibt hinsichtlich des dazu fehlenden Betrages die gesetzliche Verpflichtung des Vaters, aus seinem Vermögen die Ausstattung zu gewähren, unverändert bestehen.

b) Der Vater ist auch dann nicht berechtigt, die nothwendig gewordene Ausstattung des Kindes als einen gegebenen Vorschuß oder als eine nützliche Verwendung zu betrachten und Ersatz des Gegebenen aus dem künftig zu erwerbenden Vermögen des Kindes zu fordern, wenn bei der Auseinandersetzung zwischen dem Vater und seinen Kindern erster Ehe den Letzteren die Theilnahme an einem etwaigen höheren Verkaufspreise des dem Ersteren für den früheren Erwerbpreis überlassenen gütergemeinschaftlichen Grundstücks zugesichert, und in der Folge ein solcher höherer Verkaufspreis wirklich erzielt worden ist.

§ 254. Siehe Rechtsgrundsatz 508. (A. L. R. II. 1. § 121.)

Fünfter Abschnitt. Von der Erbfolge der Kinder und anderer Verwandten in absteigender Linie.

§ 271. Siehe Rechtsgrundsatz 288. (A. L. R. I. **12**. § 617.)
§ 349. Siehe Rechtsgrundsatz 528. (§§ 717. ff. dieses Titels.)
§§ 378. ff. Abgefundene Kinder in ihrer Eigenschaft als Notherben nicht abgefundenen Kindern gegenüber, nach Gemeinem Deutschen Recht.

Rechtsgr. **522**. — I. Senat. 27. Juni 1864. (LV. 176.)

Abgefundene Kinder, welche von den nicht abgefundenen in der Beerbung ihrer Eltern ausgeschlossen werden, behalten zwar andern Verwandten gegenüber ihr gesetzliches Erbrecht, wenn sie auf dasselbe nicht ausdrücklich verzichtet haben; sie scheiden aber durch die Abfindung jedenfalls als Notherben aus, und werden nicht mehr als Kinder, sondern als nächste Freunde zur Erbschaft berufen.

§ 379. Schmälerung oder Entziehung des Pflichttheils in einem Erbvertrage. — Vergl. A. L. R. I. **3**. §§ 40. ff., **5**. § 109., **12**. §§ 139. 621., **II**. **2**. §§ 391. ff. 431. ff.

Rechtsgr. **523**. — I. Senat. 3. Januar 1866. (LXIII. 35.)

a) Die Bestimmungen des § 379. II. 2. des Allgem. Landrechts:

„Soll dadurch den Kindern und weiteren Abkömmlingen ihr Erbrecht genommen werden, so muß dergleichen letztwillige Verordnung mit allen gesetzlichen Erfordernissen eines gültigen Testaments versehen sein",

und des § 431. daselbst:

„Alle letztwilligen Verfügungen, wodurch den Kindern ihr Pflichttheil genommen, geschmälert oder belastet werden soll, müssen, bei Strafe der Nichtigkeit, in der Form eines wirklichen Testaments abgefaßt sein, und die Form einer privilegirten Disposition ist dazu nicht hinreichend",

sind nur von den gesetzlichen Förmlichkeiten eines Testaments, von den gesetzlichen Erfordernissen eines gültigen Testaments zu verstehen, mit welchen dergleichen letztwillige Verordnungen versehen sein müssen.

Siehe auch Rechtsgrundsätze 269. 288. (A. L. R. I. **12**. §§ 3. 617.)

§§ **391**. ff. Unterschied zwischen Schichttheil und Pflichttheil; Verjährung des Anspruches auf den Schichttheil. — Vergl. § 440. dieses Titels.

Rechtsgr. — **524**. — I. Senat. 13. Oktober 1865. (LXI. 120.)

Wenn auch der provinzialrechtliche Schichttheil, weil er den Kindern von dem überlebenden Ehegatten nicht entzogen werden kann und er andererseits ihren Anspruch an das ganze elterliche Vermögen erschöpft, mit dem uneigentlichen Namen eines Pflichttheils häufig bezeichnet wird, so ist er doch kein eigentlicher aus dem Vermögen des Verfügenden zu hinterlassender Pflichttheil, namentlich nicht im Sinne der §§ 391. 392. II. 2. des Allg. Landrechts, und kann dem Anspruch auf diesen Pflichttheil die zweijährige Verjährung des § 440. a. a. O. nicht im Wege stehen.

Siehe auch Rechtsgrundsätze 476. 522. (A. L. R. II. **1**. § 456., **2**. § 379.)

§§ **396**. ff. Siehe Rechtsgrundsatz 269. (A. L. R. I. **12**. § 3.)

§ **398**. Siehe Rechtsgrundsatz 513. (A. L. R. II. **2**. § 187.)

§ **419**. Siehe Rechtsgrundsatz 41. (A. L. R. I. **4**. § 14.)

§ **431**. Siehe Rechtsgrundsätze 41. 522. (A. L. R. I. **4**. § 14., II. **2**. § 379.)

§§ **432-436**. Siehe Rechtsgrundsätze 269. 525. 882. (A. L. R. I. **12**. § 3., II. **2**. § 440.; Konkurs-Ordnung vom 8. Mai 1855 § 1.)

§ **440**. Zweijährige Verjährungsfrist rücksichtlich der Anfechtung der letztwilligen Verfügungen der Eltern, namentlich betreffend die dispositio parentis inter liberos. — Vergl. §§ 432. ff. dieses Titels; Deklaration vom 26. März 1861.

Rechtsgr. **525**. — I. Senat. 13. Oktober 1865. (LXI. 119.)

Die im § 440. II. 2. des Allgem. Landrechts festgesetzte zweijährige Verjährungsfrist gegen Verfügungen der Eltern ist auf alle letztwilligen Verfügungen derselben, die außerdem formell gültig sind, auch auf dispositiones parentis inter liberos zu beziehen.

Siehe auch Rechtsgrundsatz 524. (§ 391. dieses Titels.)

§§ **450**. **451**. **454**. Einfluß der Wiederverheirathung des überlebenden Ehegatten und der Erzeugung von Kindern in zweiter Ehe auf das mit dem ersten Gatten errichtete wechselseitige Testament.

Rechtsgr. **526**. — I. Senat. 23. Mai 1864. (LIV. 197.)

Die Vorschriften der §§ 454. 450. 451. II. 2. des Allgem. Landrechts passen auch auf den Fall, wo der überlebende Ehegatte nach dem Tode des andern Ehegatten und nach erfolgtem Erbantritt aus dem wechselseitigen Testamente in einer zweiten Ehe Kinder erzeugt hat.

§§ **481**. **482**. Siehe Rechtsgrundsatz 476. (A. L. R. II. 1. § 456.)

Neunter Abschnitt. Von den aus unehelichem Beischlafe erzeugten Kindern.

§ **614**. u. Anh. § **95**. dazu. Siehe Rechtsgrundsatz 1097. (Deklaration vom 6. April 1839. Art. 13.)

§§ **621**. ff. Abholung des unehelichen Kindes von der Mutter behufs Verpflegung bei dem Vater; Beweis der Bereitschaft, das uneheliche Kind zu übergeben, Seitens der Mutter.

Rechtsgr. **527**. — I. Senat. 8. Januar 1864. (LV. 14.)

Der Vater des unehelichen Kindes, welcher dasselbe in eigene Verpflegung übernehmen will, muß dasselbe am Aufenthaltsorte der Mutter entweder selbst, oder durch einen gehörig Beauftragten in Empfang nehmen, oder der Mutter den Transport übertragen und zu diesem Zweck ihr sofort die Mittel überweisen.

Der Beweis, daß er diesem Erforderniß genügt habe,

liegt dem außerehelichen Vater vorweg ob, und er kann von der Mutter des Kindes nicht verlangen, daß sie ihm mit dem Beweise der Bereitschaft, das Kind zu übergeben, ihrerseits zuvorkomme.

§ **640**. Siehe Rechtsgrundsatz 18. (A. L. R. Einl. § 23.)
§ **648**. Siehe Rechtsgrundsatz 286. (A. L. R. I. **12**. § 617.)

Eilfter Abschnitt. Von der Einkindschaft.

§§ **717**. ff. Zweck des Einkindschaftsvertrages; Rechte der Abkömmlinge der Stiefkinder beim Einkindschaftsvertrage. — Vergl. § 349. dieses Titels.

Rechtsgr. **528**. — I. Senat. 13. April 1866. (LXIV. 67.)

a) Durch den Einkindschaftsvertrag wird eine neue, einkindschaftliche Gütergemeinschaft in der Weise gebildet, daß die vorehelichen Kinder, abgesehen von ihrem Voraus, ihren Schichttheil in der neuen gütergemeinschaftlichen Masse unabgetheilt belassen und der Stiefparens sein, nicht reservirtes, Vermögen in diese Gütergemeinschaft bringt. Die rechtliche Wirkung dieser Vereinigung besteht aber darin, daß, vermöge der rechtlichen Fiktion, die Vorkinder nun auch, in Beziehung auf ihre Erbrechte, als leibliche Kinder des Stiefparens betrachtet werden.

b) Die Abkömmlinge der Stiefkinder treten hierbei an die Stelle ihrer verstorbenen Eltern.

Titel 3. Von den Rechten und Pflichten der übrigen Mitglieder einer Familie.

§§ **9**. **10**. **15**. Siehe Rechtsgrundsatz 1117. (A. L. R. Einl. § 23.)

§§ **13**. **17**. **24**. Aufforderung der alimentationspflichtigen Verwandten zur Vorsorge für das hülfsbedürftige Familienmitglied; Anspruch gegen die Verwandten eines verpflegten Armen auf Erstattung der Pflegekosten. — Vergl. A. L. R. I. **13**. §§ 268-270.; Armenpflegegesetz vom 31. Dezember 1842 § 1.; Gesetz vom 21. Mai 1855 Art. 3. 5. 9.

Rechtsgr. **529.** — I. Senat. 5. Februar 1866. (LXII. 134)

a) Die an die alimentationspflichtigen Verwandten zu richtende Aufforderung bezüglich der Vorsorge für das hülfsbedürftige Familienmitglied ist nicht nothwendig sofort zu erlassen, sobald die Nothwendigkeit der öffentlichen Fürsorge eintritt, und ist überhaupt im Gesetz nicht vorgeschrieben, innerhalb welcher Frist die Aufforderung erfolgen muß.

b) Soll an die Verabsäumung einer solchen Aufforderung irgend ein Nachtheil geknüpft werden, dann muß sich aus den Umständen auch ergeben, daß sie erfolgen konnte und mit Unrecht unterlassen oder doch hinausgeschoben ist.

Ein unverschuldeter Nachtheil würde es sein, wenn ein Armenverband, welcher einstweilen die Fürsorge für einen Hülflosen übernommen hat, nicht die dadurch ihm selbst entstandenen nothwendigen Kosten erstattet verlangen könnte, sondern nur den Betrag, welchen der verpflichtete Verwandte vielleicht unter ganz besonders günstigen Umständen nur aufgewendet haben würde.

Titel 4. Von gemeinschaftlichen Familienrechten.

Zweiter Abschnitt. Von Familienstiftungen.

§§ **29.** ff. Siehe Rechtsgrundsatz 16. (A. L. R. Einl. § 23.)

Dritter Abschnitt. Von beständigen Familien-Fideikommissen.

§ 47. Zuwachs des von dem zeitigen Besitzer des Stamm- oder Fideikommißguts neu erworbenen Vermögens zum gebundenen Gut, nach Deutschem Adelsrecht.

Rechtsgr. **530.** — I. Senat. 8. Mai 1865. (LX. 22.)

Nach dem Deutschen Adelsrecht kann das von dem zeitigen Besitzer des Stamm- oder Fideikommißguts neu erworbene Vermögen, falls der Erwerber nicht darüber disponirt, eo ipso dem gebundenen Gute zuwachsen und mit demselben auf den Stammgutsfolger, unter Ausschluß der etwaigen Töchter und sonstigen civilrechtlichen Erben, verfällt werden.

§§ 59. 63. Siehe Rechtsgrundsatz 16. (A. L. R. Einl. § 23.)

§§ 64. 65. Akquisitivverjährung des Lehnsbesitzers und Fideikommißbesitzers gegen Agnaten und Anwärter; Stemmatisches Successionsrecht. — Vergl. A. L. R. I. **18.** §§ 657. ff.

Rechtsgr. **531.** — I. Senat. 16. Oktober 1865. (LXIV. 5.)

a) Zu einer Ersitzung des vasallus possessor, beziehungsweise des Fideikommißbesitzers gegen Agnaten resp. Anwärter ist, wie bei der Ersitzung des Vasallen gegen den Lehnsherrn, nach der Natur der Sache eine qualifizirte Verjährung erforderlich.

b) Bei Fideikommißstiftungen des deutschen Adels bedarf eine Bestimmung, wonach die nachfolgenden Besitzer über ihren neuen Erwerb nicht sollten disponiren können, sondern ihn nothwendig dem Fideikommisse zuwachsen lassen müssen, als eine exorbitante, des strengsten Beweises.

c) Der Umstand, daß Jemand Mitglied einer bestimmten Familie ist, berechtigt noch nicht zu der Annahme, daß er die Rechtsverhältnisse aller Familiengüter kennen müsse.

§§ 72. 73. 122. Siehe Rechtsgrundsatz 188. (A. L. R. I. **9.** § 521.)

Titel 5. Von den Rechten und Pflichten der Herrschaften und des Gesindes.

§§ 177. 186. Privatförster als Hausoffizianten; Entlassung derselben. — Vergl. Gesinde-Ordnung vom 8. November 1810 §§ 117. 118.

212., II. **7.** §§ 7. 18. 20. 28.; Deklaration vom 26. Juli 1847 § 2., Landgemeinde-Ordnung für Westphalen vom 19. März 1856 §§ 2. 51.

Rechtsgr. **534.** — II. Senat. 9. November 1865. (**LXI.** 223.)

a) Gemeindeglieder-Vermögen kann auch in einer Gerechtigkeit auf fremden Grundstücken bestehen.

b) Dem Rechtsbegriff einer universitas im engern Sinne steht es nicht entgegen, die Gesammtheit der den Gemeindegliedern gehörigen Grundstücke als Rechtssubjekt einer Gerechtigkeit anzunehmen.

Siehe auch Rechtsgrundsatz 535. (A. L. R. II. **7.** § 18.)

§ **80.** Siehe Rechtsgrundsatz 1130. (Gesetz vom 9. November 1843 §§ 1. ff.)

§ **133.** Siehe Rechtsgrundsatz 1008. (Verordnung vom 20. Juni 1817 § 75.)

§§ **147.** ff. Siehe Rechtsgrundsatz 536. (A. L. R. II. **7.** § 18. ff.)

Titel 7. Vom Bauerstande.

Erster Abschnitt. Vom Bauerstande überhaupt.

§ **7.** Siehe Rechtsgrundsätze 534. 535. (A. L. R. II. **6.** § 72., **7.** § 18.)

§ **12.** Siehe Rechtsgrundsatz 104. (A. L. R. I. **7.** § 61.)

Zweiter Abschnitt. Von Dorfgemeinden.

§§ **18.** ff. Rechte und Pflichten der Dorfgemeinden:

A. Ausdehnung der Nutzungen zum Nachtheile des Belasteten bei Zunehmen der Zahl der Gemeindeglieder. — Vergl. A. L. R. I. **2.** § 110., **19.** §§ 17. 22. 24., **22.** §§ 211. 212., II. **6.** § 72., **7** § 7.; Deklaration vom 26. Juli 1847 § 1.; Landgemeinde-Ordnung für Westphalen vom 19. März 1856 §§ 2. 51.

Rechtsgr. **535.** — II. Senat. 9. November 1865. (**LXI.** 223.)

Der Plenarbeschluß vom 31. Januar 1848 bestimmt zwar nur:

daß die von einer Gemeinde vollendete Verjährung einer Holzungs- oder Waldstreugerechtsame, deren Nutzungen

212., II. **7**. §§ 7. 18. 20. 28.; Deklaration vom 26. Juli 1847 § 2., Landgemeinde-Ordnung für Westphalen vom 19. März 1856 §§ 2. 51.

Rechtsgr. **534**. — II. Senat. 9. November 1865. (LXI. 223.)

a) Gemeindeglieder-Vermögen kann auch in einer Gerechtigkeit auf fremden Grundstücken bestehen.

b) Dem Rechtsbegriff einer universitas im engern Sinne steht es nicht entgegen, die Gesammtheit der den Gemeindegliedern gehörigen Grundstücke als Rechtssubjekt einer Gerechtigkeit anzunehmen.

Siehe auch Rechtsgrundsatz 535. (A. L. R. II. **7**. § 18.)

§ **80**. Siehe Rechtsgrundsatz 1130. (Gesetz vom 9. November 1843 §§ 1. ff.)

§ **133**. Siehe Rechtsgrundsatz 1008. (Verordnung vom 20. Juni 1817 § 75.)

§§ **147**. ff. Siehe Rechtsgrundsatz 536. (A. L. R. II. **7**. § 18. ff.)

Titel 7. Vom Bauerstande.

Erster Abschnitt. Vom Bauerstande überhaupt.

§ **7**. Siehe Rechtsgrundsätze 534. 535. (A. L. R. II. **6**. § 72., **7**. § 18.)

§ **12**. Siehe Rechtsgrundsatz 104. (A. L. R. I. **7**. § 61.)

Zweiter Abschnitt. Von Dorfgemeinden.

§§ **18**. ff. Rechte und Pflichten der Dorfgemeinden:

A. Ausdehnung der Nutzungen zum Nachtheile des Belasteten bei Zunehmen der Zahl der Gemeindeglieder. — Vergl. A. L. R. I. **2**. § 110., **19**. §§ 17. 22. 24., **22**. §§ 211. 212., II. **6**. § 72., **7** § 7.; Deklaration vom 26. Juli 1847 § 1.; Landgemeinde-Ordnung für Westphalen vom 19. März 1856 §§ 2. 51.

Rechtsgr. **535**. — II. Senat. 9. November 1865. (LXI. 223.)

Der Plenarbeschluß vom 31. Januar 1848 bestimmt zwar nur:

daß die von einer Gemeinde vollendete Verjährung einer Holzungs- oder Waldstreugerechtsame, deren Nutzungen den einzelnen Gemeindegliedern zustehen, auch auf den Bedarf der erst nach dem **Beginne** der Verjährung hinzugetretenen Mitglieder sich erstreckt;

er bezieht sich aber nach seinen Gründen auch auf die Theilnahme der erst **nach der Vollendung** der Ersitzung hinzugetretenen Gemeindeglieder.

B. Eigenschaft des Ortssteuer-Erhebers als Gemeindebeamter; Haftung der Gemeinden für die eingegangenen Steuern dem Fiskus gegenüber. — Vergl. A. L. R. II. **6**. § 147., **10**. § 69.; Gesetz vom 30. Mai 1820 § 7.; Gesetz vom 30. Mai 1820 §§ 6c. 9.; Gesetz vom 30. Mai 1820. §§ 34a. c. e. g. 42b.; Kabinets-Order vom vom 6. Februar 1841; Gesetz vom 1. Mai 1851 §§ 10a. b. c. 11. 15.; Gesetz vom 19. Juli 1861 § 22.

Rechtsgr. **536**. — I. Senat. 24. Februar 1865. (LVI. 357.)

Der von einer Dorfgemeinde gegen Bewilligung der zulässigen Hebegebühren mit Genehmigung der vorgesetzten Regierung zur Einziehung und Ablieferung der Steuern bestellte Steuer-Erheber ist ein im Dienste der Gemeinde stehender Beamter und als solcher der Gemeinde für die Erfüllung der übernommenen Verpflichtungen gleich einem Bevollmächtigten verantwortlich.

Die Gemeinde als solche ist dem Fiskus gegenüber für die Ablieferung der eingezogenen Steuern gesetzlich verpflichtet.

C. Eigenthum der Markgenossenschaft und Theilnahmerecht der Markgenossen.

Rechtsgr. **537**. — II. Senat. 4. April 1865. (LIX. 56.)

Eine juristische Person, die Gesammtheit der Markgenossen, muß als Subjekt des Eigenthums der Markgenossenschaft gedacht, die Ausübung der in diesem Eigenthume enthaltenen Rechte muß als selbstständige Befugniß des Einzelnen angesehen werden, weshalb die Einzelnen, als Subjekt des Eigenthums betrachtet, dieses immer ungetheilt, als Gesammteigenthum, besitzen, aber verschiedenartige Rechte der Ausübung haben können, so daß eine gleichartige Theilnahme nicht den Charakter ihres Rechts ausmacht.

Siehe auch Rechtsgrundsatz 534. (A. L. R. II. **6**. § 72.)

§§ **30**. ff. Siehe Rechtsgrundsätze 213. 566. 585. 762. 1142. (A. L. R. I. **11**. § 175., II. **11**. § 715., **15**. § 13. ff.; A. G. O. I. Einl. § 1.; Gesetz vom 11. Dezember 1845 § 43.)

§ **43**. Charakter der Kommunal-Abgaben, welche durch Beischläge zu Staatssteuern, insbesondere der Grundsteuer erhoben werden; Einfluß der Zutheilung von Grundstücken aus einer Gemeinde zur andern auf den Betrag der Kommunal-Abgaben. — Vergl. Städte-Ordnung vom 30. Mai 1853 § 4. Abs. 4.

Rechtsgr. **538**. — II. Senat. 15. Juni 1865. (LIX. 243.)

Die Kommunalabgaben, welche Gemeinden durch Beischläge zu Staatssteuern, insbesondere der Grundsteuer, von ihren Eingesessenen zu erheben befugt sind, sind nicht bestimmte auf den Grundstücken ohne Rücksicht auf die Gemeinde, zu welcher sie gehören, haftende Abgaben, sondern die Auferlegung derselben ist abhängig von dem durch das Vermögen der betreffenden Gemeinde nicht zu deckenden Bedürfniß derselben und der Genehmigung der Regierung, dergestalt, daß die Besitzer desselben Grundstückes je nach dem, zu welcher Gemeinde dasselbe geschlagen wird, mit einer höheren oder niederen Kommunal-Auflage belastet, oder auch ganz frei davon sein kann, wenn entsprechend auch die Rechte der Gemeinde auf dieselben verschieden sind.

§§ **87**. **146**. Siehe Rechtsgrundsatz 213. (A. L. R. I. **11**. § 175.)

Titel 8. Vom Bürgerstande.

Erster Abschnitt. Vom Bürgerstande überhaupt.

§ **12**. Siehe Rechtsgrundsatz 205. (A. L. R. I. **11**. § 4.)

§§ **22. 80.** Siehe Rechtsgrundsatz 34. (A. L. R. I. **2.** § 43.)

Fünfter Abschnitt. Von Brauern, Gastwirthen, Garköchen und Andern, welche mit dem Verkaufe zubereiteter Speisen oder Getränke ein Gewerbe treiben.

§§ **444.** ff. Haftung des Gastwirths:

A. Klage des Reisenden gegen den Gastwirth wegen eines weggekommenen Geldbriefes.

Rechtsgr. **539.** — IV. Senat. 19. September 1865. (LXI. 42.)

Ein von einem Gast dem Kellner des Gastwirths zur Verwahrung und demnächstigen Abgabe an den Hausknecht behufs Beförderung auf die Post übergebener deklarirter Geldbrief gehört bis zu dem Augenblick der Aushändigung des Briefes an den Hausknecht zu den Sachen, wofür der Gastwirth mit Vertretungspflicht seiner Leute haften muß.

B. Haftung des Gastwirths, welcher gegen Fahrgeld Reisende und Gepäck in seinen Gasthof fahren läßt. — Vergl. § 2459. dieses Titels; Allg. Deutsches Handelsgesetzbuch Art. 400.

Rechtsgr. **540.** — IV. Senat. 15. März 1864. (LV. 48.)

Der Gastwirth, welcher durch einen Kutscher Reisende und deren Gepäck nach seinem Gasthause fahren und sich dafür Fahrgeld von den Reisenden zahlen läßt, haftet nicht allein als Fuhrherr, sondern auch als Gastwirth, und zwar von dem Augenblick der Uebergabe der Sachen an den Kutscher, nicht erst von dem Augenblicke an, in welchem die Sachen in das Gasthaus gebracht sind.

Sechster Abschnitt. Von Apothekern.

§ **467.** Siehe Rechtsgrundsatz 1087. (Verordnung vom 31. März 1838 § 2. No. 3.)

Siebenter Abschnitt. Von Kaufleuten.

§ **475.** Siehe Rechtsgrundsatz 1150. (Kabinetsorder vom 30. April 1847.)

§§ 501. 502. Siehe Rechtsgrundsatz 297. (A. L. R. I. **13**. § 98.)

§ 507. Siehe Rechtsgrundsatz 635. (Allg. Deutsches Handelsgesetzbuch Art. 110.)

§ 551. Befugnisse des Handlungsfaktors. — Vergl. Allgem. Deutsches Handelsgesetzbuch Art. 47.

Rechtsgr. **541**. — IV. Senat. 8. Mai 1866. (LXIII. 172.)

Das von dem Handlungsfaktor gemachte Geschäft, hinsichtlich dessen er den Prinzipal vertreten und also verpflichten will, muß dem Geschäftsgebiet angehören, dem der Faktor vorstehen soll, und inwiefern dies der Fall ist, muß aus dem Zwecke der Bestellung, unter vernünftiger Berücksichtigung der vorliegenden Umstände, bestimmt werden.

Siehe auch Rechtsgrundsatz 625. (Allg. Deutsches Handelsgesetzbuch Art. 49.)

§§ 562. ff. Begründung der kaufmännischen Rechte in Berlin vor Einführung des Allgem. Deutschen Handelsgesetzbuches, namentlich in Bezug auf die Beweiskraft der Handelsbücher. — Vergl. Statut für die Kaufmannschaft in Berlin vom 2. März 1820.

Rechtsgr. **542**. — IV. Senat. 7. Juni 1864. (LIII. 303.)

Bis zum Eintritt der Gesetzkraft des Allg. Deutschen Handelsgesetzbuchs waren in Berlin und dessen Polizeibezirk alle diejenigen Kaufleute und Handeltreibenden, welche die durch das Allgem. Landrecht II. 8. näher bestimmten kaufmännischen Rechte, namentlich in Bezug auf die Glaubwürdigkeit der Handelsbücher, erlangen wollten, verpflichtet, sich in die unter der Benennung „Korporation der Berliner Kaufmannschaft" gebildeten Gesellschaft aufnehmen zu lassen; aus der anderweitigen Feststellung der Kaufmanns-Qualität kann daher die Beweiskraft der Handelsbücher nicht hergeleitet werden.

§§ 572. 596. 597. Siehe Rechtsgrundsatz 622. (Allg. Deutsches Handelsgesetzbuch Art. 34.)

§ **614**. Siehe Rechtsgrundsatz 644. (Allg. Deutsches Handelsgesetzbuch Art. 173.)

§§ **620**. **633**. Siehe Rechtsgrundsätze 635. 637. (Allg. Deutsches Handelsgesetzbuch Art. 110. 111.)

§§ **339**. **642**. Siehe Rechtsgrundsatz 374. (A. L. R. I. **17**. § 225.)

§§ **647**. **649**. Siehe Rechtsgrundsätze 636. 637. (Allg. Deutsches Handelsgesetzbuch Art. 110. 111.)

§§ **651**. **652**. Siehe Rechtsgrundsätze 371. 644. (A. L. R. I. **17** § 169.; Allg. Deutsches Handelsgesetzbuch Art. 173.)

§ **698**. Siehe Rechtsgrundsatz 296. (A. L. R. I. **13**. § 79.)

Achter Abschnitt. Von Wechseln.

§§ **873**. **900**. **901**. **942**. **999**. Siehe Rechtsgrundsatz 1038. (Kabinets-Order vom 3. Januar 1830 No. 1.)

Neunter Abschnitt. Von Handelsbillets und Assignationen.

§ **1267**. Siehe Rechtsgrundsatz 886. (Konkurs-Ordnung § 24.)

Eilfter Abschnitt. Von Rhedern, Schiffern und Befrachtern.

§ **1528**. Schleppschifffahrt als Transport-Unternehmung und Frachtvertrag. — Vergl. Allgem. Deutsches Handelsgesetzbuch Art. 390. ff. 557. ff.

Rechtsgr. **543**. — IV. Senat. 24. November 1864. (LVII. 120.)

Die für Transport-Unternehmungen geltenden positiven Normen regeln die vertragsmäßige Verhaftung des Transport-Unternehmers unter der Voraussetzung, daß in seine Gewahrsam der zu befördernde Gegenstand überging, und finden deshalb auf die Dampfschleppschifffahrt im Allgemeinen keine Anwendung.

Dreizehnter Abschnitt. Von Versicherungen.

§§ **1934**. ff. Versicherung auf Gegenseitigkeit:

A. Charakter der Versicherungsgesellschaften auf Gegenseitigkeit. — Vergl. Allg. Deutsches Handelsgesetzbuch Art. 271. No. 3.

Rechtsgr. **544**. — IV. Senat. 18. Juli 1865. (LX. 127.)

Der Assekuranzvertrag verliert dadurch nicht seinen rechtlichen Charakter, daß er auf das Prinzip der Gegenseitigkeit gegründet und der Versicherte zugleich Mitglied der Versicherungsgesellschaft wird.

B. Absicht der Theilnehmer auf Gewinn.

Rechtsgr. **545**. — IV. Senat. 27. Mai 1865. (LVIII. 325.)

Bei gegenseitigen Versicherungen kann von einem Gewinn und einer hierauf gerichteten Absicht der Theilhaber nicht die Rede sein, da sie Versicherer und Versicherte in einer Person darstellen und im besten Falle, wenn nämlich keinen der Versicherten ein Schaden trifft, nur davon die Rede sein kann, daß keiner der Theilhaber einen Schaden erlitten habe.

C. Gleichzeitige Eigenschaft als Versicherer und Versicherter. — Vergl. Reglement für die Provinzial-Feuer-Sozietät für die Provinz Posen vom 5. Januar 1836 § 58.

Rechtsgr. **546**. — IV. Senat. 10. Mai 1864. (LIV. 183.)

In dem Wesen der Versicherungsgesellschaften auf Gegenseitigkeit liegt es, daß ein Versicherter nur so lange versichert sein kann, als er zugleich Versicherer ist, und da ein solcher Versicherer und Versicherter nur der Eigenthümer des betreffenden Gebäudes sein kann, so muß, wenn nicht mit dem Eigenthumswechsel die bestehende Versicherung untergehen soll, das Versicherungsverhältniß auf den neuen Eigenthümer übergehen.

§ **1968**. Siehe Rechtsgrundsatz 55. (A. L. R. I. 5. § 75.)

§ **2008**. Einfluß des Ristorno's auf den älteren Versicherungsvertrag. — Vergl. Allgem. Deutsches Handelsgesetzbuch Art. 899-902.

Rechtsgr. **547**. — IV. Senat. 10. Januar 1865. (LVIII. 69.)

Wenn durch den älteren Versicherungsvertrag eine Summe versichert ist, welche den vollen Werth der Sache nicht erreicht, und die zweite Versicherung, welche ristornirt werden muß, auf den an jenem vollen Werthe noch fehlenden Betrag geltend bleibt, so ist dies etwas, was die ältere Versicherung gar nicht berührt, und kann daraus in keiner Weise Veranlassung entnommen werden, die Verpflichtung des Versicherers, mit dem die ältere Versicherung geschlossen war, zur Zahlung der vollen bei ihm gezeichneten Versicherungssumme in Zweifel zu ziehen, oder auch nur theilweise als eine unsichere und ungewiß gewordene zu bezeichnen.

§ **2066**. Siehe Rechtsgrundsatz 1025. (Stempelgesetz vom 7. März 1822 § 22.)

§ **2089**. Siehe Rechtsgrundsatz 55. (A. L. R. I. **5**. § 75.)

§§ **2104**. ff. Siehe Rechtsgrundsatz 1025. (Stempelgesetz vom 7. März 1822 § 22.)

§§ **2280**. **2293**. **2296**. Siehe Rechtsgrundsatz 55. (A. L. R. I. **5**. § 75.)

Fünfzehnter Abschnitt. Von Fuhrleuten.

§§ **2458**. **2459**. Begriff eines Privatfuhrmannes, namentlich beim Transport durch fremde Pferde und Wagen. — Vergl. Allg. Deutsches Handelsgesetzbuch Art. 390. ff.

Rechtsgr. **548**. — **IV**. Senat. 17. Oktober 1865. (**LXI**. 128.)

Wer den Transport von Sachen gegen Lohn übernimmt, ist im Sinne der §§ 2458. 2459. II. 8. des Allg. Landrechts als Privatfuhrmann zu betrachten, gleichviel, ob der übernommene Transport mit eigenen oder fremden Pferden und Wagen geschieht.

Siehe auch Rechtsgrundsatz 540. (§ 447. dieses Titels.)

Titel 10. Von den Rechten und Pflichten der Diener des Staates.

§ **69**. Siehe Rechtsgrundsatz 536. (A. L. R. II. **7**. § 18.)

§§ **68**. ff. Rechtliche Natur des Beamtenverhältnisses.

Rechtsgr. **549**. — I. Senat. 27. März 1865. (LVIII. 228.)

Das Beamtenverhältniß ist gemischter — theils staatsrechtlicher, theils privatrechtlicher — Natur. Dem privatrechtlichen Bestandtheile gehören die vermögensrechtlichen Ansprüche aus demselben an, welche daher nach den Grundsätzen des Privatrechts zu beurtheilen sind.

§ **85**. Siehe Rechtsgrundsatz 1162. (Verfassungs-Urkunde vom 31. Januar 1850 Art. 78. Abs. 2.)

§ **91**. Siehe Rechtsgrundsätze 389. 391. (A. L. R. I. **20**. §§ 410. 422.)

§ **104**. Siehe Rechtsgrundsatz 1162. (Verfassungs-Urkunde vom 31. Januar 1850 Art. 78. Abs. 2.)

Titel 11. Von den Rechten und Pflichten der Kirchen und geistlichen Gesellschaften.

Dritter Abschnitt. Von den Obern und Vorgesetzten der Kirchengesellschaften.

§ **157**. Siehe Rechtsgrundsatz 554. (§ 650. dieses Titels.)

Vierter Abschnitt. Von den Gütern und dem Vermögen der Kirchengesellschaften.

§ **189**. Benutzung der Kirchhöfe durch verschiedene Religionsparteien.

Rechtsgr. **550**. — I. Senat. 19. März 1866. (LXIII. 122.)

Die Ueberweisung aller Einwohner eines Ortes auf einen bestimmten Begräbnißplatz, unter Schließung der übrigen speziellen Kirchhöfe, involvirt keineswegs ohne Weiteres eine Anwendung des § 189. II. 11. des Allg. Landrechts Seitens der anweisenden Behörde; sie kann auch auf Grund der Annahme: daß der Begräbnißplatz ein allgemeiner sei, erfolgt sein.

§ **235**. Beitragspflicht der katholischen Eingesessenen der Stadt und des Amts Dülmen zum Defizit ihrer Kirche; Rechtsweg gegen die durch die Königliche Regierung erfolgte Festsetzung der Beitragspflicht zum Kirchen-Defizit. — Vergl. A. L. R. II. **14**. § 78.; Kaiserlich

Französische Dekrete vom 30. Dezember 1809, 14. Februar 1810, 10. Februar 1811.

Rechtsgr. **551**. I. Senat. 30. September 1864. (LVI. 209.)

In der Stadt und dem Amte Dülmen ist, — da es an einem zur Zeit bestehenden Gewohnheitsrecht, nach welchem das Beitragsverhältniß der katholischen Eingesessenen daselbst oder der Eingepfarrten der Kirchengemeinde in Dülmen zu dem aufzubringenden Defizit ihrer Kirche zu bestimmen wäre, fehlt, — das Kirchen-Defizit durch eine allgemeine Umlage unter sämmtlichen Pfarrgenossen nach den für solche allgemeine Korporationsverpflichtungen in Anwendung kommenden Grundsätzen, und zwar nach den von der Königlichen Regierung zu bestätigenden und für exekutorisch zu erklärenden Umlagen aufzubringen.

Gegen die solchergestalt erfolgte Festsetzung der Beitragspflicht ist der Rechtsweg nicht statthaft.

Fünfter Abschnitt. Von Parochien.

§§ **237**. ff. **260**. **261**. Begriff einer Kirchengemeinde, namentlich in Beziehung auf den Kirchenpatron. — Vergl. §§ 568. 712. ff. 720. ff. 731. dieses Titels.

Rechtsgr. **552**. — I. Senat. 20. Oktober 1865. (LXI. 140.)

Das Allgem. Landrecht versteht unter Kirchengemeinde den Inbegriff sämmtlicher Eingepfarrten und rechnet den Patron als solchen nicht zur Kirchengemeinde, stellt ihn vielmehr den Eingepfarrten gegenüber; daß der Patron, sofern er als Individuum zur Religionspartei der betreffenden Kirche sich bekennt und in deren Parochie seinen Wohnsitz hat, zu den Eingepfarrten mit gehören kann, ändert hierin nichts.

§§ **244**. **246**. ff. Siehe Rechtsgrundsatz 568. (§ 726. dieses Titels.)

Siebenter Abschnitt. Von weltlichen Kirchenbedienten.

§ **552**. Ernennung des Kirchenvorstehers durch den Patron.

Rechtsgr. **553**. — I. Senat. 27. Oktober 1865. (LXIV. 28.)

Der § 552. II. 11. des Allgem. Landrechts spricht ganz allgemein von dem Rechte des Patrons, die Kirchenvorsteher zu ernennen; nichts deutet an, daß dieses Recht irgend davon abhängig gemacht worden, daß das Patronatrecht ein nach allen Seiten hin völlig unbeschränktes sein müsse.

§ **553**. Bildung einer abweichenden Observanz hinsichtlich des Rechts zur Ernennung des Kirchenvorstehers nach Einführung des Allgem. Landrechts. — Vergl. Publikations-Patent zum Allg. Landrecht vom 5. Juli 1794 § 7.

Rechtsgr. **554**. — I. Senat. 27. Oktober 1865. (LXIV. 29.)

Auch bezüglich der Bestellung der Kirchenvorsteher, sowie in Ansehung der Dauer dieses Amtes, hat sich auch aus dem Zeitraume nach Einführung des Allgem. Landrechts eine rechtsgültige Observanz im Sinne des § 553. II. 11. des Allgem. Landrechts bilden können.

Achter Abschnitt. Von Kirchenpatronen.

§ **568**. Siehe Rechtsgrundsätze 384. 552. 561. (A. L. R. I. **19**. § 31., II. **11**. §§ 237. ff. 710.)

§§ **578-580**. Siehe Rechtsgrundsatz 384. (A. L. R. I. **19**. § 31.)

§ **584**. Siehe Rechtsgrundsätze 127. 384. (A. L. R. I. **7**. § 181., **19**. § 31.)

§ **585**. Siehe Rechtsgrundsatz 561. (§ 710. dieses Titels.)

§§ **598**. **610**. **616**. **617**. Siehe Rechtsgrundsatz 384. (A. L. R. I. **19**. § 31.)

Neunter Abschnitt. Von der Verwaltung der Güter und des Vermögens der Pfarrkirchen.

§§ **621**. **629**. **630**. **637**. **641**. **645**. Siehe Rechtsgrundsatz 561. (§ 710. dieses Titels.)

§§ **650.** ff. Legitimation zur Sache bei Streitigkeiten über die Beitragspflicht zur Kirchenbaulast bezüglich der Kirchengemeinde, der einzelnen Eingepfarrten und des Kirchenpatrons; Prozeßlegitimation eines Gemeindemitgliedes überhaupt gegen ein anderes Gemeindemitglied und gegen einen außerhalb des Gemeindeverbandes stehenden Dritten über die Verpflichtung zum höheren oder geringeren Beitrage zur Gemeindelast, namentlich auch bezüglich des Mitgliedes einer Kirchengemeinde gegenüber dem Kirchenpatron. — Vergl. §§ 157. 729. ff. dieses Titels.

Rechtsgr. **555.** — I. Senat. 20. Oktober 1865. (LXI. 141.)

a) Handelt es sich

1. um die Frage: ob Jemand von Baubeiträgen befreit sei, weil er entweder nicht Patron ist, oder weil er nicht zu den Eingepfarrten gehört, so berührt der Streit einen Gegenstand, welcher das Interesse der Kirche als solcher, resp. der ganzen Kirchengesellschaft betrifft. Er muß daher auch mit den gesetzlich geordneten Vertretern der Kirche resp. der ganzen Kirchengesellschaft geführt und zum Austrage gebracht werden.
2. Betrifft dagegen der Streit lediglich das Beitragsverhältniß unter den Eingepfarrten selbst, oder aber unter den mehreren Patronen, so sind als Prozeßparteien anzusehen im letztern Falle nur die Patrone unter sich, und zwar der gänzliche oder theilweise Befreiung beanspruchende Patron auf der einen, und die widersprechenden Patrone auf der andern Seite. Bei einem Streite unter den Eingepfarrten aber stehen sich gegenüber der eine gänzliche oder theilweise Befreiung beanspruchende einzelne Eingepfarrte den übrigen Eingepfarrten, resp. die eine solche Befreiung prätendirende Klasse der Eingepfarrten den kontradizirenden anderen Klassen derselben.

Dasselbe findet auch statt, wenn ein einzelner

Eingepfarrter oder eine Klasse derselben die höhere Heranziehung anderer eingepfarrter Personen oder Klassen prätendirt, um dadurch die Herabsetzung des eigenen Beitrages herbeizuführen.

3. Handelt es sich dagegen um einen Streit über das Beitragsverhältniß zwischen Eingepfarrten und Patron, so kommt es mit Rücksicht auf die doppelte Eigenschaft, in welcher Letzterer bei der kirchlichen Baulast konkurriren kann, nämlich für seine Person als Miteingepfarrter oder in seiner Qualität als Patron, wesentlich darauf an, in welcher Eigenschaft er in den Streit verwickelt ist. Betrifft der Prozeß die Frage, ob er innerhalb des Kreises der Eingepfarrten als dazu mit gehörig zu Beiträgen überhaupt oder zu höheren als den festgesetzten Beiträgen herangezogen werden solle, so findet das unter 2. Gesagte ohne Weiteres Anwendung, so daß jeder Einzelne durch die geschehene oder von diesem Miteingepfarrten prätendirte Vertheilung der den Eingepfarrten unter sich gemeinschaftlich obliegenden Beitragslast sich beschwert haltende Eingepfarrte zur rechtlichen Ausführung, jener sei höher heranzuziehen, berechtigt erscheint, weil er damit eben nur ein privatrechtliches auf das Theilnahmeverhältniß an der gemeinschaftlichen Verpflichtung aller Eingepfarrten sich gründendes Sonder-Interesse verfolgt. Anders dagegen, wenn es sich darum handelt, ob der Patron als solcher zu den gesetzlichen Patronatsbeiträgen heranzuziehen sei oder nicht?

b) Wenn der einzelne Eingepfarrte die Heranziehung des Patrons zur Beitragsleistung für zulässig hält, so muß er den Beschluß der Mitglieder der ganzen Kirchengemeinde hierüber extrahiren. Fällt derselbe seiner Ansicht zustimmend aus, so bleibt es der Kirchengemeinde überlassen, durch im vorgeschriebenen Wege gewählte Repräsentanten oder Bevollmächtigte den Streit mit dem Patron klagend zum Austrag zu bringen. Im entgegengesetzten Falle aber ist der betreffende Eingepfarrte an den von seiner Meinung abweichenden Beschluß gebunden, und ein eigenes Recht zur Klage gegen den Patron steht ihm nicht zu.

c) Ueber die Verpflichtung, höhere oder geringere Beiträge zu einer Gemeindelast zu leisten, kann das einzelne Gemeindemitglied zwar gegen die Gemeinde oder gegen andere einzelne Gemeindemitglieder zertiren, nicht aber gegen einen außerhalb des Gemeindeverbandes stehenden Dritten; und kann deshalb nur von der Kirchengemeinde als Korporation, nicht aber von einem einzelnen dazu Eingepfarrten, von dem Patron als solchen, d. h. als einem in dieser Qualität außerhalb der Kirchengemeinde stehenden Rechtssubjekte, die Leistung von Patronatsbeiträgen verlangt werden.

Siehe auch Rechtsgrundsätze 556. 561. 564. (A. L. R. II. **11**. §§ 661. 719.)

§§ **659**. ff. Siehe Rechtsgrundsatz 561. (§ 710. dieses Titels.)
§ **661**. Vertretung der Gemeinde-Schule in Prozessen gegen den Gutsherrn. — Vergl. A. L. R. II. **11**. §§ 651. 658., **12**. §§ 12. ff.

Rechtsgr. **556**. — I. Senat. 4. Januar 1865. (LVIII. 44.)

Der § 661. II. 11. des Allgem. Landrechts, der für den Fall eines von der Kirche gegen den Patron oder das Kirchenkollegium erforderlichen Verfahrens durch Bestellung eines Bevollmächtigten von Amtswegen Seitens der geistlichen Obern disponirt, findet auf Prozesse der Schule gegen den Gutsherrn dahin analoge Anwendung, daß derselben durch die obere Aufsichtsbehörde ein Bevollmächtigter von Amtswegen ernannt wird.

§§ 681. 682. Kirchenstellen:

A. Rechte an erblich verliehenen Kirchenstellen. — Vergl. A. L. R. I. **8.** **§** 1.

Rechtsgr. **557.** — I. Senat. 16. März 1866. (**LXII.** 228.)

In den §§ 681. 682. II. 11. des Allgem. Landrechts, betreffend die erbliche Verleihung vou Kirchenstellen, ist nur von dem Eigenthum des verliehenen Rechts im Sinne des § 1. I. 8. des Allgem. Landrechts, d. h. des Rechts zum ausschließlichen Gebrauche der Kirchenstellen, die Rede, und besteht die erbliche Verleihung einer Kirchenstelle nur in dem ausschließlichen Rechte, diese Stelle zu gebrauchen, in einem jus in re aliena.

B. Ankauf einer Kirchstelle von einem Vorbesitzer; Fortsetzung der Verjährung des Vorbesitzers in diesem Falle. — Vergl. A. L. R. I. **9.** **§§** 613. 615.

Rechtsgr. **558.** — I. Senat. 16. März 1866. (**LXII.** 229.)

Derjenige, welcher von einem Vorbesitzer eine Kirchenstelle käuflich erworben hat, kann sich zum Nachweise seines Eigenthums nicht auf diesen Erwerb berufen und ebensowenig die Verjährung des Vorbesitzers fortsetzen.

§§ 699. ff. Bauten, Reparaturen, Kosten zum Bau und zur Unterhaltung der Kirchengebäude. — Vergl. § 710. dieses Titels; A. L. R. II. **12.** **§§** 34-38.

Rechtsgr. **559.** — I. Senat. 5. Februar 1864. (**LIII.** 97.)

Aus dem Sprachgebrauche des Allgem. Landrechts ist nicht zu folgern, daß dasselbe, wenn es von „Bauten“ und „Reparaturen“ spricht, oder von den Kosten zum „Bau- und zur Unterhaltung“ der Kirchengebäude, durch diese Terminologie einen wesentlichen Unterschied hinsichtlich der Beitragspflicht in Betreff der Neu- und Reparaturbauten beabsichtigt habe.

§§ 710. ff. **Woher die Kosten zum Bau und zur Unterhaltung der Kirchengebäude zu nehmen:**

A. Nachweis observanzmäßiger Befreiung von der gesetzlichen Beitragspflicht zu Reparaturen eines Kirchengebäudes. — Vergl. A. L. R. Publikations-Patent § 7., Einl. §§ 3. 4.

Rechtsgr. **560**. — I. Senat. 5. Februar 1864. (LIII. 97.)

Der Nachweis observanzmäßiger Befreiung von der gesetzlichen Beitragspflicht zu Reparaturen eines Kirchengebäudes schließt nicht nothwendig ohne Weiteres die observanzmäßige Befreiung von Leistungen zu Neubauten dieses Gebäudes in sich, und ebensowenig ist gleichmäßiges Handeln der Betheiligten in mehrfach bei einem und demselben Kirchengebäude vorgekommenen Reparaturfällen unbedingt und unter allen Umständen für sich allein geeignet, den Nachweis zu liefern, daß sich in Ansehung der Pflicht zur Unterhaltung dieses Kirchengebäudes überhaupt — wozu beide Arten von Baulichkeiten, Reparatur- und Neubauten gehören — eine die gesetzlichen Verbindlichkeiten der Betheiligten anders, d. h. abweichend von den gesetzlichen Normen, regelnde Observanz oder Gewohnheit gebildet habe.

B. Observanz zwischen der Kirchengemeinde als juristischer Person und dem Patron; Gültigkeit der Observanz bei Streitigkeiten über gemeinschaftliche Verwendung und Verwaltung des korporativen Kirchenvermögens zwischen Patron und Kirchenvorstand. — Vergl. A. L. R. Publikations-Patent § 7., II. **11**. §§ 568. 585. 621. 629. 630. 637. 641. 645 652. 659-661.

Rechtsgr. **561**. — I. Senat. 19. September 1864. (LVI. 168.)

Der Kirchengemeinde als juristischer Person kann dem Patron gegenüber begriffsmäßig keine Observanz zur Seite stehen.

Handelt es sich dagegen um eine Beschränkung in der nach der allgemeinen Verfassung bestehenden gemeinschaftlichen Verwaltung und Verwendung des korporativen Kirchenvermögens Seitens des Patrons und des

Kirchenvorstandes, welche als eine Abweichung von der allgemeinen Gemeinde- und Kirchenverfassung für alle Zukunft und Nachfolger als objektive Rechtsnorm in Anspruch genommen wird, so ist die Statthaftigkeit der Observanz nicht in Zweifel zu ziehen.

Siehe auch Rechtsgrundsätze 7. 552. 559. 931. 981. (A. L. R. Publikations-Patent § 7., II. 11. §§ 237. ff. 699.; Provinzialrecht der Neumark § 622.; Verordnung vom 28. August 1715; Ablösegesetz vom 2. März 1850 § 35.)

§§ 714. ff. Land- und Stadtkirche; Hand- und Spanndienste:

A. Begriff einer Stadt- und einer Landkirche; zweifache Eigenschaft einer Kirche als Stadt- und zugleich Landkirche. — Vergl. §§ 731. ff. 740. ff. dieses Titels.

Rechtsgr. **562**. — I. Senat. 3. November 1865. (LXI. 203.)

Nach den Grundsätzen des Allgem. Landrechts ist die örtliche Lage als das Entscheidende für den Begriff von Stadt- und Landkirchen anzusehen; daher ist eine Stadtkirche eine solche, welche in einer Stadt sich befindet, und dagegen eine Landkirche eine solche, welche auf dem Lande, in einem Dorfe liegt.

Das Allgem. Landrecht kennt die zweifache Eigenschaft einer Kirche als Landkirche und zugleich als Stadtkirche nicht.

B. Feststellung der Eigenschaft einer Kirche als Land- oder Stadtkirche rücksichtlich der Beitragspflicht des Kirchenpatrons zu den Reparaturkosten. — Vergl. §§ 729. ff., 740. ff. dieses Titels.

Rechtsgr. **563**. — I. Senat. 3. November 1865. (LXI. 203.)

Auch die Frage, ob eine Kirche im Sinne des Allg. Landrechts in Beziehung auf die von dem Kirchenpatron zu leistenden Beiträge zu den Reparaturkosten für eine Stadtkirche oder eine Landkirche zu erachten ist, hängt nicht von der Eigenschaft der Eingepfarrten als Stadt- oder Landbewohner ab, sondern entscheidet sich nach der örtlichen Lage der Kirche, ob die letztere nämlich sich auf städtischem oder auf ländlichem Gebiet befindet.

C. Legitimation des Kirchenvorstandes zur Anstrengung eines Prozesses behufs Entscheidung der Frage, ob eine Kirche eine Landkirche sei. — Vergl. §§ 650. ff. dieses Titels.

Rechtsgr. **564.** — I. Senat. 3. November 1865. (LXI. 202.)

Der Kirchenvorstand ist nicht legitimirt, behufs Bestimmung des Beitrages des Patrons zu den Kosten kirchlicher Bauten die richterliche Entscheidung darüber zu verlangen, ob eine Kirche eine Landkirche sei; vielmehr kann der Streit hierüber nur unter den Verpflichteten selbst, dem Patron und den Eingepfarrten, entschieden werden.

D. Observanzmäßige Befreiung von Hand- und Spanndiensten und als Folge davon Befreiung von den übrigen Kirchenbaubeiträgen. — Vergl. A. L. R. Einl. §§ 89. ff.

Rechtsgr. **565.** — I. Senat. 28. Mai 1866. (LXIV. 125.)

Weder nach dem Alt-Märkischen Provinzial-, noch nach dem Allgem. Landrecht ist anzuerkennen, daß die Eingepfarrten einer Landkirche, welche bei ausreichendem Kirchenvermögen observanzmäßig von Hand- und Spanndiensten befreit waren, nach eingetretener Unzulänglichkeit des Kirchenvermögens auch von den übrigen Kirchenbaubeiträgen befreit sind.

§§ 715-717. Gespann von Kühen bei Spanndiensten. — Vergl. A. L. R. II. **7.** §§ 31. 37.

Rechtsgr. **566.** — I. Senat. 5. Februar 1864. (LIII. 96.)

Werden Kühe einmal als Zugvieh benutzt, so läßt sich bezüglich der Verbindlichkeit zur Leistung von „Spanndiensten" der Ausdruck „Gespann" auch auf sie anwenden.

§ 720. Fälle der Zulässigkeit der Bildung einer Observanz zwischen der Kirchengemeinde und dem Kirchenpatron. — Vergl. §§ 731. 733. dieses Titels.

Rechtsgr. **567**. — **I.** Senat. 20. Oktober 1865. (**LXI.** 141.)

Die Bildung einer Observanz ist statthaft:

1. insofern es sich um den nach § 720. II. 11. des Allgem. Landrechts zwischen dem Patron als solchem und den Eingepfarrten (der Kirchengemeinde) als solchen bestehenden gemeinsamen Verband handelt, zwischen diesen beiden gemeinschaftlich verpflichteten Rechtssubjekten;
2. insofern es sich um den gemeinsamen Verband handelt, welcher einerseits unter den Eingepfarrten dem Patron gegenüber (§ 731. a. a. O.), oder beim Vorhandensein mehrer Patrone (§ 733.) unter diesen, den Eingepfarrten gegenüber, besteht; im ersteren Falle unter den einzelnen Klassen der Eingepfarrten, im letzten Falle dagegen unter den einzelnen gemeinschaftlich verpflichteten Patronen.

Siehe auch Rechtsgrundsatz 552. (§ 237. dieses Titels.)

§§ **725. 726.** Benutzung der Mutterkirche von der Haupt- und Filialgemeinde, und Benutzung der Filialkirche von der Filialgemeinde zu bestimmten gottesdienstlichen Verrichtungen in seiner Wirkung auf die Kirchenbaulast der Mutterkirche. — Vergl. A. L. R. II. **11.** §§ 244. 246. 790. 791.

Rechtsgr. **568**. — **I.** Senat. 28. Mai 1866. (**LXIV.** 125.)

Der Fall, wo die Mutterkirche von der Haupt- und Filialgemeinde gemeinschaftlich, und daneben die Filialkirche von der Filialgemeinde zu bestimmten gottesdienstlichen Verrichtungen gebraucht wird, ist vom Gesetz nicht besonders vorgesehen, und ist hierfür das dem § 726. II. 11. des Allgem. Landrechts zu Grunde liegende Prinzip zur Anwendung zu bringen.

§§ **729.** ff. Siehe Rechtsgrundsätze 554. 563. (§§ 650. 714. dieses Titels.)

§ **731.** Siehe Rechtsgrundsätze 552. 567. (§§ 237. 720. dieses Titels.)

§§ **740.** ff. Siehe Rechtsgrundsatz 563. (§ 714. dieses Titels.)

Zehnter Abschnitt. Von Pfarrgütern und Einkünften.

§ **778.** Siehe Rechtsgrundsatz 187. (A. L. R. I. **9.** § 521.)

§§ **789-791.** Siehe Rechtsgrundsätze 568. 931. (§ 725. dieses Titels; Provinzialrecht der Neumark Brandenburg § 622.)

Eilfter Abschnitt. Vom Zehnten und andern Pfarrabgaben.

§ **865.** Bedeutung des Ausdrucks „gewisse Feldmark" im § 685. II. 11. des Allgem. Landrechts.

Rechtsgr. **569.** — V. Senat. 25. Oktober 1864. (LVII. 26.)

Unter dem im § 865. II. 11. des Allgem. Landrechts gebrauchten Ausdruck „gewisse Feldmark" ist nicht nothwendig der Komplex der sämmtlichen zu einem Gemeindeverbande gehörigen Grundstücke, sondern auch ein an sich abgegrenzter Bezirk, Distrikt, eine Flur zu verstehen, und genügt die Existenz einer Zehntflur, um die Präsumtion der Zehntgerechtigkeit für alle in dieser Flur belegenen Grundstücke zu begründen.

§ **870.** Widerspruchslose Besitzergreifung als Voraussetzung des Besitzes der Zehntfreiheit.

Rechtsgr. **570.** — V. Senat. 25. Oktober 1864. (LVII. 26.)

Wenn der Zehntverpflichtete die Früchte wegnimmt, welche er gemäß des bestehenden Zehntrechts hätte zurücklassen müssen, so erlangt er den Besitz des Rechts, daß der Berechtigte diese Handlung ferner leide, vorausgesetzt, daß solche ohne Widerspruch des Letzteren geschehen ist, und derselbe überhaupt Kenntniß erlangt hat von der Vornahme der Handlung; es setzt mithin der Besitz der Freiheit eine widerspruchslose Besitzergreifung voraus.

Titel 12. Von niedern und höhern Schulen.

§§ **12.** ff. Vertretung der gemeinen Schule in Prozessen gegen den Gutsherrn; fortdauernde Gültigkeit der gutsherrlichen Rechte in Ansehung der Schule; die gemeine Schule als selbstständige Korporation oder Institut einer Korporation. — Vergl. A. L. R. II. 6. §§ 22. ff.

Rechtsgr. 571. — I. Senat. 4. Januar 1865. (LVIII. 44.)

a) Der § 661. II. 11. des Allgem. Landrechts, der für den Fall eines von der Kirche gegen den Patron oder das Kirchenkollegium erforderlichen Verfahrens durch Bestellung eines Bevollmächtigten von Amtswegen Seitens der geistlichen Obern disponirt, findet auf Prozesse der Schule gegen den Gutsherrn dahin analoge Anwendung, daß derselben durch die obere Aufsichtsbehörde ein Bevollmächtigter von Amtswegen ernannt wird.

b) Zu den durch das Gesetz vom 14. April 1856, betreffend die Abänderung des Art. 42. und die Aufhebung des Art. 114. der Verfassungs-Urkunde, aufgehobenen Rechten gehören nicht die gutsherrlichen Rechte in Ansehung der Schule, über welche der Titel 12. Theil II. des Allgem. Landrechts bestimmt.

c) Den gemeinen Schulen sind nicht, gleich den Kirchengesellschaften und Dorfgemeinden, die Rechte öffentlicher Korporationen beigelegt; sie sind als Institute einer Korporation anzusehen und nicht unter eine eigene selbstständige Verwaltung gestellt.

Siehe auch Rechtsgrundsatz 556. (§ 29. dieses Titels.)

§ 22. Siehe Rechtsgrundsatz 1161. (Verfassungs-Urkunde vom 31. Januar 1850. Art. 24.)

§§ 29. ff. Schulbaulast:

A. Rechtsweg hinsichtlich der Leistungspflicht der Rittergutsbesitzer zur Schulbaulast. — Vergl. A. L. R. II. 14. § 78.; Kabinets-Order v. 19. Juni 1836; Ges. v. 24. Mai 1861. §§ 15. 16.

Rechtsgr. 572. — I. Senat. 13. April 1866. (LXII. 280.)

Ueber die Frage, ob Rittergutsbesitzer, gleich andern Einwohnern oder Hausvätern, zur Unterhaltung der Schulgebäude beizutragen haben, ist der Rechtsweg zulässig.

B. Beitragspflicht der Rittergüter als Gutsherrschaften in Ansehung der Schule.

Rechtsgr. **573**. — I. Senat. 13. April 1866. (LXII. 280.)

Zu den in den §§ 29. 34. I. 12. des Allgem. Landrechts gedachten Einwohnern und Hausvätern, denen die Last zur Unterhaltung der Schule und Schulgebäude auferlegt ist, gehört der Gutsherr nicht; erheblich ist dabei, ob das Rittergut die Gutsherrschaft in Ansehung der Schule ist; wenn dies aber nicht der Fall ist, so ist es gleichgültig, ob es in demselben Schulbezirk, oder außerhalb desselben liegt.

C. Befreiung von der Schulbaulast durch Verjährung. — Vergl. A. L. R. I. **9**. §§ 656-659., **14**. §§ 4-8. 78. 79.; Ges. v. 24. Mai 1861. § 15.

Rechtsgr. **574**. — I. Senat. 13. April 1866. (LXII. 281.)

Die Befreiung von Beiträgen zum Bau und zur Unterhaltung eines Schulhauses durch Verjährung setzt eine qualifizirte Verjährung voraus.

§§ **34**. ff. Verpflichtung der Gutsherrschaft bei Schulbauten. — Vergl. § 37. dieses Titels; Gemeinheitstheilungs-Ordnung v. 7. Juni 1821 § 101.; Ges. v. 21. Juli 1846 No. 2742. § 4.

Rechtsgr. **575**. — I. Senat. 4. Dezember 1865. (LXIV. 41.)

Nach den Bestimmungen des Allgem. Landrechts ist der Gutsherr nicht allein zur Unterhaltung der bereits bestehenden Schulgebäude, sondern auch zu Neubauten Materialien herzugeben schuldig. Auch beschränkt sich diese Verpflichtung nicht auf das eigentliche Schulhaus, sondern bezieht sich auch auf ein für den Schullehrer etwa beliebtes besonderes Wohnhaus und die für dessen Haushaltung oder Landwirthschaft nöthig befundenen Wirthschaftsgebäude.

Siehe auch Rechtsgrundsatz 559. (A. L. R. II. **11**. § 715.)

§ **36**. Charakter des § 36. II. 12. des Allgem. Landrechts als allgemeines Gesetz gegenüber von Observanzen.

Rechtsgr. **576**. — II. Senat. 6. Dezember 1864. (LVII. 152.)

Der § 36. II. 12. des Allgem. Landrechts hat den Charakter eines präzeptiven allgemeinen Gesetzes, welches nicht zunächst auf Verträge, Judikate, Gewohnheiten und Provinzialgesetze verweist, sondern sich als unbedingt geltend darstellt.

§ **37**. Einfluß der Vereinigung zweier Orte zu einer Schulsozietät und Verlegung der bisherigen Ortsschule auf die Aufbringung und Vertheilung der Schullasten. — Vergl. Regierungsinstruktion vom 30. Oktober 1817 § 18.; Kabinets-Order vom 31. Dezember 1825 D. II. 2.; Schulbaugesetz vom 21. Juli 1846 No. 2742.

Rechtsgr. **577**. — I. Senat. 16. April 1866. (LXIV. 74.)

Die Vereinigung zweier Orte zu einer Schulsozietät und die Verlegung der einen Schule in den andern Ort ist ein für die Aufbringung und Vertheilung der Schullasten gleichgültiger Umstand.

Siehe auch Rechtsgrundsatz 1147. (Schulbaugesetz vom 21. Juli 1846.)

Titel 13. Von den Rechten und Pflichten des Staates überhaupt.

§§ **6**. ff. Vom Landesherrn genehmigte Verwaltungsmaßregeln. — Vergl. Verfassungsurkunde vom 31. Januar 1850 Art. 45.

Rechtsgr. **578**. — III. Senat. 15. Mai 1865. (LVII. 346.)

Eine vom Landesherrn selbst, als dem obersten Chef der Verwaltung, genehmigte Verwaltungsmaaßregel kann nicht mit der Behauptung angegriffen werden, daß die Verwaltungsbehörden möglicher Weise durch übertriebenen Gebrauch ihrer Befugniß nachtheilig wirken können.

Titel 14. Von den Staatseinkünften und fiskalischen Rechten.

§§ **4.** ff. Siehe Rechtsgrundsätze 574. 580. (A. L. R. II. **12.** § 29., **14.** § 76.)

§§ **26. 28. 35.** Befreiung von niederen, einer Privatperson zustehenden Regalien, insbesondere der Brückenzollgerechtigkeit, durch Verjährung. — Vergl. A. L. R. I. **9.** §§ 629. ff. 634. ff., II. **15.** § 101.

Rechtsgr. **579.** — I. Senat. 4. November 1864. (LVII. 63.)

Zur Befreiung von niederen Regalien, welche von Privatpersonen erworben und besessen werden, insbesondere von der Brückenzollgerechtigkeit, ist eine dreißigjährige Verjährung zureichend.

§ **76.** Reservation eines Feldes zum Betriebe des Bergbaues durch den Fiskus; Wirkung derselben überhaupt und namentlich in Schlesien, Magdeburg, Kleve, Moers und Grafschaft Mark; Bekanntmachung und Feststellung der Reservation. — Vergl. § 6. dieses Titels; Berg-Ordnungen vom 29. April 1766; 5. Juni 1769 Kap. 1. § 1., Kap. 3. § 1.; 7. Dezember 1772; 24. Juni 1865 §§ 2. 12. 19. 39.

Rechtsgr. **580.** — III. Senat. 15. Mai 1865. (LVII. 345.)

a) Die durch die Bergverwaltungs-Behörde erklärte Reservation eines gewissen Feldes, selbst wenn sie das in den Gesetzen vorgeschriebene Maximalmaaß für Felderverleihungen überschreitet, zum Betriebe des Bergbaues für den Fiskus genügt, um der Freiheit des Bergbaues ungeachtet die Muthung desselben durch andere Baulustige auszuschließen, sofern durch provinzielle Vorschriften keine besondere Abweichung begründet ist.

b) In den provinziellen Berg-Ordnungen für Schlesien, Herzogthum Magdeburg, Kleve, Moers und Mark sind in dieser Beziehung Abweichungen nicht begründet.

c) Die Gültigkeit der Reservation eines Distriktes zum eigenen Bau für den Fiskus ist nicht von der Publikation derselben abhängig; es kommt vielmehr nur darauf an, daß die Thatsache des Anspruches für den Fiskus gehörig festgestellt ist.

d) Das vom Fiskus reservirte Feld ist als ein Ganzes zu betrachten, und ist zur Konstatirung der Förderung auf demselben, also zur Besitznahme desselben, für genügend zu erachten, daß in einem Theile desselben Bau betrieben wird.

§§ **78**. **79**. Zulässigkeit des Rechtsweges wegen Gemeindelasten.

Rechtsgr. **581**. — II. Senat. 28. Juni 1866. (LXIV. 162.)

Die Zulässigkeit des Prozesses wegen Gemeindelasten wird nach den Grundsätzen der §§ 78. und 79. II. 14. des Allgem. Landrechts beurtheilt.

Siehe auch Rechtsgrundsätze 551. 572. (A. L. R. **II**. **11**. § 235., **12**. § 29.)

Titel 15. Von den Rechten und Regalien des Staates, in Ansehung der Landstraßen, Ströme, Häfen und Meeresufer.

Erster Abschnitt. Von Land- und Heerstraßen.

§ **1**. Begriff eines öffentlichen Gemeindeweges.

Rechtsgr. **582**. — II. Senat. 14. Juni 1864. (LV. 133.)

Ein zum Gebrauch eines einzelnen Individuums bestimmter Weg ist kein öffentlicher Gemeindeweg, und wegen der Möglichkeit, daß Andere ihn bei außerordentlichen Fällen (wie bei einem Feuer) benutzen, kann er als solcher ebensowenig erachtet werden.

Siehe auch Rechtsgrundsatz 583. (§ 11. dieses Titels.)

§ **11**. Verpflichtung zur Wiederherstellung und Unterhaltung der Ueberbrückungen von der Chaussee nach den anliegenden Grundstücken. — Vergl. § 1. dieses Titels.

Rechtsgr. **583**. — III. Senat. 15. Januar 1866. (LXIII. 44.)

Aus der nach § 11. II. 15. des Allgem. Landrechts dem Staate obliegenden Verpflichtung, für die Unterhaltung der Sicherheit und Bequemlichkeit der Landstraßen zu sorgen, können die Adjazenten einer Chaussee nicht den Anspruch auf Wiederherstellung und Unterhaltung von Ueberbrückungen nach den anliegenden Grundstücken herleiten.

Siehe auch Rechtsgrundsätze 213. 988. (A. L. R. I. **11**. § 175.; Wegebaureglement vom 24. Juni 1764.)

§§ **13**. ff. Unterhaltung der Wege:

A. Geltung des Wegebau-Edikts vom 18. April 1792 als Provinzialgesetz und der bis dahin bestandenen Wegebau-Observanzen in der Kur- und Neumark Brandenburg. — Vergl. Edikt vom 18. April 1792; Verordnung vom 15. Juni 1803.

Rechtsgr. **584**. — II. Senat. 14. Juni 1864. (LV. 132.)

Wenn das Allgem. Landrecht II. 15. § 15. bezüglich der Wegebaulast nicht auf das Gewohnheitsrecht, sondern auf die Provinzialgesetze verweist und das Edikt vom 18. April 1792 sich auf die bisherigen Observanzen in der Kurmark stützt, so erhob der Landesherr dieselben, indem er sie sanktionirte, zum Provinzialgesetz, und durch die Verordnung vom 15. Juni 1803 wurde das gedachte Edikt für die Neumark ausdrücklich als Provinzialgesetz eingeführt.

B. Regulirung der Verpflichtung zum Wege- und Brückenbau in den mit den Preußischen Staaten vereinigten ehemaligen Sächsischen Provinzen. — Vergl. A. L. R. Einl. § 22., II. **7**. § 37., **15**. § 54.; Oberamtspatente vom 8. August 1673, vom 7. Juli 1685, vom 29. Januar 1715, vom 19. April 1764; Kurhessisches Straßenbaumandat vom 28. April 1781; Patent vom 15. November 1816 § 3.

Rechtsgr. **585**. — III. Senat. 19. Mai 1865. (LIX. 183.)

Auch nach dem Patent vom 15. November 1816, wegen Einführung des Allgem. Landrechts in die mit den Preußischen Staaten vereinigten ehemaligen Sächsischen Provinzen und Distrikte, bleiben die gesetzlichen Bestimmungen über die Verpflichtung zum Wege- und Brückenbau ausgeschlossen, wenn nachgewiesen wird, daß dieselbe anderweit, sei es durch Vertrag oder Observanz, geregelt ist.

Siehe auch Rechtsgrundsatz 587. (§ 63. dieses Titels.)

Zweiter Abschnitt. Von Strömen, Häfen und Meeresufern.

§§ **40**. ff. Siehe Rechtsgrundsatz 205. (A. L. R. I. **11**. § 4.)

§ **54**. Anwendung der Bestimmungen über die Wegebaulast auf die Brückenbaulast.

Rechtsgr. **586**. — III. Senat. 19. Mai 1865. (LIX. 183.)

Die für die Wegebaulast erlassenen Gesetze finden auch auf die Verpflichtung zum Bau von Brücken, als nur besonders benannter Theile eines Weges, Anwendung, und hat derjenige, welcher zur Unterhaltung des Weges verpflichtet ist, im Mangel besonderer Bestimmung, auch die darauf befindlichen Brücken zu bauen.

Siehe auch Rechtsgrundsätze 213. 585. 988. (A. L. R. I. **11**. § 175., II. **15**. §§ 13. ff.; Wegebaureglement vom 24. Juni 1764 §§ 9. ff.)

§ **63**. Anwendbarkeit der Vorschriften über die Unterhaltung der Wege auf die Befestigung des Ufers, an welchem der Weg hinläuft. — Vergl. § 13. dieses Titels.

Rechtsgr. **587**. — II. Senat. 14. Juni 1864. (LV. 133.)

Läuft ein Weg auf einem befestigten Ufer hin, so können die Vorschriften für die Unterhaltung der Wege nur dann auch auf die Befestigung des Ufers angewendet werden, wenn nachgewiesen wird, daß die Befestigung oder das Bollwerk nur des Weges wegen angelegt worden sei und keinen andern Zweck habe.

§§ **71**. ff. Siehe Rechtsgrundsatz 205. (A. L. R. I. **11**. § 4.)

Dritter Abschnitt. Von der Zollgerechtigkeit.

§ **101**. Siehe Rechtsgrundsätze 24. 579. (A. L. R. Einl. § 75., II. **14**. § 35.)

Fünfter Abschnitt. Von der Mühlengerechtigkeit.

§ **246**. Siehe Rechtsgrundsatz 136. (A. L. R. I. **8**. § 102.)

Titel 16. Von den Rechten des Staates auf herrenlose Güter und Sachen.

Zweiter Abschnitt. Von den Rechten des Staats auf erblose Verlassenschaften.

§§ **16**. **26**. Siehe Rechtsgrundsätze 180. 182. (A. L. R. I. **9**. § 500.)
§ **27**. Beginn der Verjährung der Rechte der präkludirten Erben gegen den Fiskus als Erbschaftsbesitzer. — Vergl. A. L. R. II. **18**. § 852.)

Rechtsgr. **588**. — I. Senat. 29. Mai 1865. (LIX. 215.)

Die im § 27. II. 16. des Allg. Landrechts gemeinte, gegen den rechtmäßigen Erben laufende Verjährung, welcher nach erfolgtem Präklusions-Urtheil sich meldet, beginnt erst mit der nach dem Präklusions-Urtheil erfolgten Uebergabe des Nachlasses an den Fiskus.

Vierter Abschnitt. Vom Bergwerksregal.

§§ **69**. ff. Bergstaatsrecht und Privat-Bergrecht in dem Fürstenthum Solms-Braunfels. — Vergl. §§ 154. 155. dieses Titels; Edikt vom 26. Juni 1815 § 5.; Instruktion vom 30. Juni 1820 § 23.; Kabinets-Order vom 6. Mai 1844; Regulativ vom 26. März 1846 §§ 1. 4. 8. 10.; Vertrag vom 16. Mai 1849 §§ 3. 6.

Rechtsgr. **589**. — V. Senat. 1. März 1864. (LIV. 16.)

In dem Gebiete des Fürstenthums Solms-Braunfels gilt zwar hinsichtlich der Begrenzung des Bergwerksregals in objektiver Hinsicht und des bergrechtlichen Verwaltungsrechts das Preußische Bergstaatsrecht; dagegen sind daselbst hinsichtlich des Privatbergrechts die desfallsigen Grundsätze und Vorschriften des Allgem. Landrechts nicht eingeführt worden, vielmehr gelten in dieser Beziehung die Bestimmungen des Gemeinen Deutschen Bergrechts.

§ 79. Siehe Rechtsgrundsatz 1178. (Gesetz vom 12. Mai 1851 § 18. No. 9.)

§ 105. Verlust des Bergwerks-Eigenthums wegen unterbliebener und verzögerter Zahlung der Rezeßgelder. — Vergl. Berg-Ordnung vom 29. April 1766 Kap. 7. § 3., Kap. 75. § 1.; Gesetz vom 12. Mai 1851 § 5.; Gesetz vom 22. Mai 1861.

Rechtsgr. **590.** — III. Senat. 11. November 1864. (LVII. 79.)

Der Verlust des Bergwerks-Eigenthums in Folge Nichtzahlung des Rezeßgeldes nach Ablauf eines Jahres ist durch die fortgesetzte Säumigkeit in vier Quartalen bei Abführung des Rezeßgeldes bedingt; von einer solchen fortgesetzten Säumigkeit kann aber nicht die Rede sein, wenn die Abführung des, nach den jetzt bestehenden Einrichtungen am Schlusse des Jahres zu entrichtenden Rezeßgeldes einige Tage verzögert worden ist.

§§ 112. ff. Verhältniß des Bergwerksregals gegen den Grundeigenthümer, Entschädigung des letzteren:

A. Verhältniß des Bergbautreibenden zum Grundeigenthümer überhaupt, namentlich in Beziehung auf die gesetzliche Entschädigungspflicht. — Vergl. Berggesetz vom 24. Juni 1865 §§ 22. ff. 135. ff. 158. ff. 153. ff.

Rechtsgr. **591.** — V. Senat. 16. Mai 1865. (LIX. 153.)

a) Die Verleihung des Bergbaurechtes, der Befugniß zur ausschließlichen Gewinnung der regalen Fossilien, schafft für den Beliehenen kein neben oder unter dem Eigenthum des Bodens stehendes Miteigenthum an diesem; sie hebt die fragliche Befugniß des Eigenthümers, über sein Eigenthum und namentlich dessen Oberfläche zu disponiren, nicht auf; sie verpflichtet dagegen den Bergwerksberechtigten, wo er für seine Zwecke in die Befugniß des Eigenthümers eingreift, diesen zu entschädigen, und erwirbt der Berechtigte sein Bergbaurecht nur unter der Verpflichtung, das Bodeneigenthum nicht zu beschädigen oder, wo solches geschieht, dafür Entschädigung zu leisten.

b) Das Bodeneigenthum, als das ältere, ursprüngliche,

begrifflich unumschränkte Recht, ist dem Bergrechte gegenüber mit einer gleichen Verpflichtung nicht belastet; in Betreff des Eigenthümers bewendet es bei der natürlichen Regel, daß er mit seinem Grund und Boden beliebig schalten kann und den Interessen des Bergbaues wegen der eigenen Benutzung desselben zu entsagen, daher für die Benutzung Entschädigung zu gewähren, nicht verpflichtet ist.

B. Entschädigungsforderung des Grundeigenthümers wegen des seiner Nutzung entzogenen Grund und Bodens als Grubenschuld. — Vergl. § 292. dieses Titels.

Rechtsgr. **592**. — III. Senat. 27. Juni 1864. (LV. 168.)

Die Entschädigungspflicht des Bergbauenden dem Grundeigenthümer gegenüber dauert so lange, bis der Boden wieder in einen solchen Zustand gesetzt ist, daß er gehörig benutzt werden kann, und ist diese Verpflichtung nicht davon abhängig, daß die gegenwärtigen Gewerke die Grundstücke ihrerseits benutzt haben.

Haben die jetzigen Gewerke den Besitz der Grundstücke, die früher zu bergbaulichen Zwecken in Besitz genommen worden, fortgesetzt, so sind sie auch zur Vergütung des dadurch dem Grundeigenthümer entzogenen Nutzens verpflichtet; dies ist eine die Gewerkschaft treffende, aus dem Bergbau herrührende Schuld.

C. Trennung des bisher bestandenen gleichzeitigen Eigenthums an dem Bergwerk und dem Grund und Boden und Entschädigungs-Ansprüche des neuen Erwerbers.

Rechtsgr. **593**. — III. Senat. 27. Juni 1864. (LV. 169.)

Waren die Grundstücke zu der Zeit, als sie zu bergbaulichen Zwecken benutzt worden sind, dem Eigenthümer des Bergwerks gehörig, und geht später das Eigenthum des Bergwerks und der Grundstücke in verschiedene Hände über, so kann der neue Eigenthümer der Grundstücke nicht geltend machen, er habe dieselben zum Bau und zum Betriebe des Bergwerks abgetreten und es müsse ihm der Nutzungswerth derselben so lange vergütet werden, bis die Grundstücke wieder in nutzbaren Zustand versetzt und in solchem zurückgegeben worden.

D. Rückgewähr eines zu bergbaulichen Zwecken zeitweise abgetretenen Grundstücks; Analogie der Leistungen über die Rückgewähr nach beendetem Pachtvertrage. — Vergl. A. L. R. I. **21**. §§ 433. ff. 597. ff.

Rechtsgr. **594**. — III. Senat. 11. April 1864. (LV. 62.)

a) Die zeitweise Abtretung eines Grundstückes zu bergbaulichen Zwecken gegen Entschädigung für die jährliche Abnutzung und gegen die Verpflichtung, dasselbe nach gemachtem Gebrauche in nutzbaren Kulturzustand zurückzuversetzen, läßt eine analoge Anwendung der Bestimmungen über die Rückgewähr eines Grundstückes nach beendetem Pachtvertrage zu.

b) Bei der Rückgewähr eines zu bergbaulichen Zwecken zeitweise abgetretenen Grundstückes genügt es nicht, daß dasselbe sich in solchem Zustande befindet, daß es wie andere Grundstücke Früchte trägt; vielmehr muß es in den Zustand der früheren Ertragsfähigkeit zurückversetzt werden.

E. Errichtung eines Gebäudes mit vergrößerten Druckverhältnissen und Entschädigungspflicht des Bergbauenden wegen Beschädigung desselben durch den fortschreitenden Bergbau.

Rechtsgr. **595**. — III. Senat. 27. Februar 1865. (LVII. 235.)

Der Eigenthümer des Grund und Bodens ist im Allgemeinen berechtigt, auch ein schweres Gebäude mit vergrößerten Druckverhältnissen auf demselben zu errichten, und wenn dasselbe durch den fortschreitenden Bergbau beschädigt wird, so kann der Bergbauende die ihm obliegende Entschädigungs-Verpflichtung nicht durch die

Thatsache allein abwenden, daß ein leichteres Gebäude nicht beschädigt sein würde.

Siehe auch Rechtsgrundsatz 1177. (Gesetz vom 12. Mai 1851 § 18. No. 1.)

§ **116** b. Begriff einer „neuen Anlage“ im § 116b. II. **16**. des Allg. Landrechts.

Rechtsgr. **596**. — III. Senat. 27. Februar 1865. (LVII. 235.)

Nur in den Fällen, wo der Umbau oder die Erweiterung eines vorhandenen Gebäudes eine so wesentliche Veränderung hervorbringt, daß im Vergleich mit der neuen Anlage das früher vorhandene Gebäude gar nicht in Betracht kommt, das ganze daher als eine neue Anlage betrachtet werden muß, kann eine Anwendung des § 116b. II. 16. des Allgem. Landrechts gerechtfertigt sein.

§§ **117**. **118**. **122**. Siehe Rechtsgrundsatz 185. (A. L. R. I. **9**. § 504.)

§ **154**. Vom Rechte des ersten Finders:

A. Befugniß zur Aufsuchung regaler Fossilien; Entstehung des Instituts und Zweck des Schürfscheines; Rechte des mit keinem Schürfschein versehenen ersten Finders und Muthungsfrist, nach dem Gemeinen Deutschen Bergrechte. — Vergl. Dig. **41**. 1. Lex 55., **2**. Lex 3. § 1.

Rechtsgr. **597**. — V. Senat. 1. März 1864. (LIV. 17.)

a) Nach dem Gemeinen Deutschen Bergrechte ist die Befugniß zum Aufsuchen der, der Regalität unterworfenen Mineralien als ein Naturale des frei erklärten Bergbaues zu betrachten; daher ist es der Fund an und für sich, welcher mit der Muthung die Verleihung des Bergwerks-Eigenthums begründet.

b) Der Schürfschein, dessen Erforderniß erst in verschiedenen Bergordnungen des vorigen Jahrhunderts hervorgetreten ist, verdankt seine Entstehung lediglich bergpolizeilichen Rücksichten und dem Zwecke, den Schürfer auf fremdem Grund und Boden dem Eigenthümer gegenüber zu legitimiren; dagegen wird durch den Schürfschein sowenig das Okkupationsrecht an dem Minerale auf den Privaten übertragen, als selbst der Finder auf Grund eines Schürfscheins nicht schon durch den Fund an und für sich allein, sondern erst durch die Verleihung das Bergwerks-Eigenthum erlangt.

c) Daher ist gemeinrechtlich das Recht des ersten Finders eines dem Regal angehörigen Minerals von dem Besitze eines Schürfscheins nicht abhängig, vielmehr steht auch dem zufälligen Finder das Finderrecht zu.*

d) Dem Gemeinen Deutschen Bergrechte ist eine peremtorische Frist zur Muthung und Aufschließung des gefundenen Fossils nicht bekannt; die singuläre Bestimmung des Allgem. Landrechts über die Muthungsfrist kann auf das Gemeine Bergrecht nicht übertragen werden.

B. Erforderniß des Auffindens einer Lagerstätte der Mineralien als Grundlage der Muthung und des Vorrechts bei späterer Beleihung; blinde Muthung. — Vergl. Jülich-Bergische Berg-Ordnung vom 21. März 1719 Art. 6.

Rechtsgr. **598**. — III. Senat. 22. Februar 1864. (LV. 38.)

Zur Begründung des im § 154. II. 16. des Allgem. Landrechts zugesicherten Vorzugsrechts ist erforderlich, daß eine Lagerstätte von Mineralien gefunden ist.

C. Mangelnde Identität eines höheren und eines tieferen Flötzes, namentlich eines Kohlenflötzes. — Vergl. § 158. dieses Titels.

Rechtsgr. **599**. — III. Senat. 22. Februar 1864. (LV. 38.)

Ist auf ein, in einer ungefähren Tiefe von 15 Lachtern angeblich erbohrtes Kohlenflötz Muthung eingelegt, und kann es daselbst nicht erbohrt werden, wird vielmehr erst in einer Tiefe von 42 Lachtern ein Kohlenflötz gefunden, so kann, bei dieser erheblichen Differenz, das 27 Lachter tiefer gelegene Flötz nicht als dasselbe Objekt angesehen werden, auf welches die Muthung gerichtet war.

Siehe auch Rechtsgrundsatz 589. (§ 69. dieses Titels.)

* Vergl. dagegen Rechtsgrundsatz No. 708. S. 251. Bd. 2. dieser Rechtsgrundsätze.

§ **158**. Siehe Rechtsgrundsätze 599. 865. (§ 154. dieses Titels; A. G. O. I. **32**. § 1.)

§ **169**. Muthung eines Flötzes, das sich in verschiedene Bergamtsbezirke erstreckt; Anerkennung der Muthung durch die ertheilte Belehnung Seitens der höheren Bergbehörde. — Vergl. Revidirte Berg-Ordnung für das Herzogthum Kleve, Fürstenthum Mörs und der Grafschaft Mark vom 29. April 1766 Kap. 8. § 1.; Gesetz vom 1. Juli 1821 § 6.

Rechtsgr. **600**. — III. Senat. 13. Juli 1864. (LV. 201.)

a) Erstreckt sich das gemuthete Flötz über die Grenze desjenigen Bergamtes hinaus, bei dem die Muthung eingelegt worden, so ist es, beim Mangel eines hierüber bestimmenden Gesetzes, der Ordnung entsprechend, daß entweder bei dem benachbarten Bergamte ebenfalls Muthung eingelegt, oder doch demselben von der eingelegten Muthung Kenntniß gegeben werde, und sich demnächst beide Bergbehörden über die Annahme der Muthung, sowie über die in Antrag zu bringende Belehnung verständigen.

b) Ist in einem solchen Falle das Verfahren nicht beobachtet und auf Grund einer bei einem Bergamte eingelegten Muthung von den höhern Bergbehörden eine Belehnung ertheilt, deren Gegenstand sich in den Bezirk eines benachbarten Bergamtes hineinerstreckt, so kann diese Belehnung in Beziehung auf den übergreifenden Theil nicht ohne Weiteres für ungültig erachtet werden, vielmehr ist festzuhalten, daß die Belehnung auf Grund einer eingelegten Muthung erfolgt ist und die höhere Bergbehörde, deren Amtsbefugniß sich nicht blos auf einen Bergamtsbezirk erstreckt, deren Gültigkeit anerkannt hat.

Siehe auch Rechtsgrundsätze 245. 865. (A. L. R. I. **11**. § 528.; A. G. O. I. **32**. § 1.)

§§ **170**. **172**. Siehe Rechtsgrundsatz 1178. (Gesetz vom 12. Mai 1851 § 18.)

§ **188**. Betrieb des Bergbaues auf dem reservirten Felde.

Rechtsgr. **601**. — III. Senat. 15. Mai 1865. (LVII. 346.)

Das vom Fiskus reservirte Feld ist als ein Ganzes zu betrachten, und ist zur Konstatirung der Förderung auf demselben, also zur Besitznahme desselben, für genügend zu erachten, daß in einem Theile desselben Bau getrieben wird.

Siehe auch Rechtsgrundsatz 1178. (Gesetz vom 12. Mai 1851 § 18.)

§ **212**. Siehe Rechtsgrundsatz 1175. (Gesetz vom 12. Mai 1851 § 13.)

§§ **253**. **255**. Siehe Rechtsgrundsatz 1178. (Gesetz vom 12. Mai 1851 § 18.)

§§ **264-268**. Siehe Rechtsgrundsatz 1172. (Gesetz vom 12. Mai 1851 § 1.)

§ **292**. Siehe Rechtsgrundsatz 592. (§ 112. dieses Titels.)

§ **307**. Siehe Rechtsgrundsatz 1175. (Gesetz vom 12. Mai 1851 § 13.)

§ **352**. Siehe Rechtsgrundsatz 865. (A. G. O. I. **32**. § 1.)

§§ **434**. ff. Voller und halber Neunter bei dem Anspruche des Stollens wegen der Wasser- und Wetterlösung.

Rechtsgr. **602**. — III. Senat. 13. Juli 1864. (LVI. 83.)

Weder das Allg. Landrecht noch die Schlesische Berg-Ordnung vom 5. Juni 1769 machen hinsichtlich der Vollständigkeit der Wasser- und Wetterlösung beim vollen und halben Neunten einen Unterschied.

§§ **448**. **449**. **468**. **469**. Erbstollenrechte, namentlich einer Dampfmaschine, welche zur Wasserlösung angelegt ist. — Vergl. Sächsische Stollenordnung vom 12. Juni 1749 Art. 11. unter 14., Art. 22.

Rechtsgr. **603**. — III. Senat. 14. Dezember 1864. (LVII. 164.)

Das Erbstollenrecht ist nicht dadurch bedingt, daß der Stöllner fremde Gruben löse.

Auch einer Dampfmaschine, welche in ähnlicher Weise, wie Stollen, zur Wasserlösung angelegt ist, können Erbstollenrechte beigelegt werden.

Titel 17. Von den Rechten und Pflichten des Staates zum besonderen Schutze seiner Unterthanen.

Erster Abschnitt. Von der Gerichtsbarkeit.

§ **10**. Siehe Rechtsgrundsatz 93. (A. L. R. I. **6**. § 26.)
§ **19**. Siehe Rechtsgrundsatz 782. (A. G. O. **I**. **2**. § 169.)

Titel 18. Von Vormundschaften und Kuratelen.

§§ **1**. ff. Siehe Rechtsgrundsatz 1142. (Gesetz vom 11. Dezember 1845 § 43.)
§ **4**. Siehe Rechtsgrundsatz 332. (A. L. R. I. **16**. § 41.)

Erster Abschnitt. Von den Personen, welchen Vormünder oder Kuratoren bestellt werden müssen.

§ **12**. Siehe Rechtsgrundsatz 506. (A. L. R. II. **2**. § 2.)
§ **14**. Siehe Rechtsgrundsatz 27. (A. L. R. I. **1**. § 31.)
§ **19**. Siehe Rechtsgrundsatz 506. A. L. R. II. **2**. § 2.)
§§ **28**. **29**. Siehe Rechtsgrundsatz 332. (A. L. R. I. **16**. § 41.)
§ **54**. Siehe Rechtsgrundsatz 466. (A. L. R. II. **1**. § 343.)

Fünfter Abschnitt. Von den Rechten und Pflichten der Vormünder überhaupt.

§§ **231**. ff. Stellung des Vormundes als Prozeßpartei.

Rechtsgr. **604**. — III. Senat. 22. Januar 1864. (LVI. 15.)

a) Der Vormund ist der Vertreter der juristischen Persönlichkeit des Pflegebefohlenen und daher eigentliche Partei im Prozesse.

b) Tritt Jemand in einem Prozeß zugleich als Mitkläger und als Vormund eines Mitklägers auf, so folgt daraus, daß alle seine Prozeßhandlungen, Erklärungen und Anträge nicht nur für ihn, sondern auch für seinen Pflegebefohlenen gelten müssen, soweit er nicht ausdrücklich im eigenen Namen gehandelt hat.

Siehe auch Rechtsgrundsätze 506. 605. (A. L. R. II. 2. § 2., **18.** § 499.)

§§ **236.** ff. Siehe Rechtsgrundsatz 53. (A. L. R. I. **5.** § 10.)
§ **247.** Siehe Rechtsgrundsatz 1207. (Gesetz vom 24. April 1854 § 13 No. 2.)

Siebenter Abschnitt. Von der Vorsorge für das Vermögen des Pflegebefohlenen.

§§ **424.** ff. Siehe Rechtsgrundsatz 513. (A. L. R. II. **2.** § 187.)
§§ **438. 499.** Obervormundschaftliche Bestätigung und stillschweigende Genehmigung der Verträge des Vormundes. — Vergl. A. L. R. I. **4.** §§ 37. 59., **5.** § 189., **13.** §§ 142. 146., II. **18.** §§ 231. ff.

Rechtsgr. **605.** — III. Senat. 16. November 1863. (LIII. 11.)

a) Zur Ungültigkeits-Erklärung eines vom Vormunde für den Mündel abgeschlossenen Vertrages reicht der Umstand allein,

daß die Genehmigung des Vormundschafts-Gerichts vorgeschrieben, aber nicht eingeholt ist,

nicht hin.

b) Auch durch nachträgliche stillschweigende Genehmigung der Vormundschaftsbehörde erlangen gewisse von dem Vormunde ohne obervormundschaftliche Autorisation vorgenommene Rechtsakte, namentlich die Annahme einer Kapitalszahlung, Gültigkeit.

c) Hat das kompetente Gericht unter Zuziehung des Vormundes einen Erbvergleich vorgenommen, und ihn sodann in geordneter Art, unter Unterschrift und Beidrückung des Gerichtssiegels, ausgefertigt, so hat diese Beurkundung des Theilungsaktes die Eigenschaft einer ausdrücklichen Erklärung des Gerichts.

§ **501-503. 515. 516.** Klage und Widerklage des Vormundes und Kurators ohne obervormundschaftliche Autorisation.

Rechtsgr. **606**. — I. Senat. 7. November 1864. (LIV. 350.)

Die Klage oder Widerklage eines Vormundes oder Kurators ohne Autorisation des vormundschaftlichen Gerichts ist an sich nicht unstatthaft; die Gegenpartei braucht sich vielmehr, wenn die Autorisation auf Erfordern nicht beigebracht wird, nicht ohne Weiteres darauf einzulassen. Läßt sie sich aber dennoch, ohne Widerspruch zu erheben, ein, so bleibt das Verfahren und eine dem Pflegebefohlenen günstige Entscheidung ihr gegenüber gültig, und der Vormund ist nur dem Pflegebefohlenen für einen ungünstigen Ausfall der Entscheidung verantwortlich.

§§ **550**. ff. Veräußerung von Mündelgütern; Konstituirung eines Nießbrauches, dinglichen Rechtes, sowie Ueberlassung einer Wiese zum Austorfen als Entäußerung.

Rechtsgr. **607**. — III. Senat. 29. September 1865. (LXI. 63.)

Die §§ 550. ff. II. 18. des Allgem. Landrechts betreffen lediglich den Fall der gänzlichen Eigenthumsveränderung und Entäußerung, und enthält die Konstituirung eines Nießbrauches oder eines dinglichen Rechtes, sowie die Ueberlassung einer Wiese zum gänzlichen Austorfen, keine Entäußerung im Sinne der vorangeführten Gesetzesstellen.

§§ **560. 561**. Verkauf des Grundstückes eines mehr als 18 Jahre alten Pflegebefohlenen ohne dessen Zustimmung. — Vergl. §§ 586. 587. dieses Titels; Kabinets-Order vom 7. Februar 1835; Verordnung vom 2. Januar 1849 § 14.

Rechtsgr. **608**. — III. Senat. 20. Juni 1864. (LV. 155.)

Ist bei dem Verkaufe des Grundstückes eines Pflegebefohlenen aus freier Hand der bereits über 18 Jahre alte Pflegebefohlene als Eigenthümer des Grundstückes nicht gehört, so wird dieser Mangel durch die obervormundschaftliche Genehmigung des Verkaufes gedeckt.

Anh. § **164**. zu § **574**. Siehe Rechtsgrundsatz 269. (A. L. R. **I. 12**. § 3.)

§ **586**. Siehe Rechtsgrundsatz 608. (§ 560. dieses Titels.)

§ **587**. Verkauf des Grundstückes eines Pflegebefohlenen aus freier Hand.

Rechtsgr. **609**. — **III.** Senat. 20. Juni 1864. (**LV.** 155.)

Der § 587. II. 18. des Allgem. Landrechts erfordert nicht die gerichtliche Aufnahme des Kaufvertrages.

§ **681**. Siehe Rechtsgrundsatz 513. (A. L. R. **II. 2**. § 187.)

Achter Abschnitt. Von Aufhebung der Vormundschaften.

§ **695**. Aufhebung der Vormundschaft bei eingetretener Domizilveränderung. — Vergl. A. L. R. Einl. § 23.

Rechtsgr. **610**. — V. Senat. 4. Januar 1865. (**LVIII.** 48.)

Bei einer Domizilveränderung wird die im vorigen Domizil eingeleitete Vormundschaft aufgehoben, wenn sie nach den Gesetzen des neuen Wohnortes nicht bestehen kann.

§§ **780**. ff. **797**. Erklärung über Ausschließung der ehelichen Gütergemeinschaft überhaupt und namentlich Seitens eines männlichen Pflegebefohlenen; Abgabe einer solchen Erklärung nach erfolgter Trennung der Ehe durch den Tod. — Vergl. A. L. R. **II. 1**. § 350.

Rechtsgr. **611**. — I. Senat. 4. Mai 1866. (**LXII.** 330.)

a) Ueber den Zeitpunkt nach „aufgehobener Vormundschaft" in dem § 797. II. 18. des Allgem. Landrechts ist nicht der Eintritt der Majorennität allein, sondern der Zeitpunkt zu verstehen, wo der großjährig gewordene Ehegatte zur Abgabe der Erklärung über Ausschließung der Gütergemeinschaft aufgefordert worden ist.

b) Auch von Pflegebefohlenen männlichen Geschlechts braucht die Erklärung über Ausschließung der Gütergemeinschaft nicht am Tage der erlangten Großjährigkeit abgegeben zu werden; dies kann vielmehr noch in dem sogenannten Decharge-Termin geschehen, in welchem ihnen, nach erlangter Volljährigkeit, vom Vormundschaftsrichter die Akten der über sie geführten Vormundschaft vorgelegt werden.

c) Zu diesem Zeitpunkte kann die Erklärung über Ausschließung der Gütergemeinschaft auch für den Fall noch abgegeben werden, wenn der andere Ehegatte zuvor bereits verstorben ist.

§§ **821.** ff. **835. 841.** Vereinigung der Entscheidung über die Todeserklärung und des Aufgebots der Erben. — Vergl. A. G. O. I. **37.** §§ 9. 11. 13.

Rechtsgr. **612.** — I. Senat. 17. Oktober 1864. (LVII. 5.)

Die gleichzeitige Entscheidung über die Todeserklärung und die Person des zum Nachlaß Berechtigten ist keine sachlich nothwendige, sie soll vielmehr nur zur Abkürzung des Verfahrens dienen und fällt deshalb weg, wo sie Uebelstände hat, welche einen längeren und ungewissen Zeitaufenthalt mit sich bringen können.

§§ **847-852.** Siehe Rechtsgrundsätze 180. 182. 588. (A. L. R. I. **9.** §§ 500. ff., II. **16.** § 27.)

Neunter Abschnitt. Von den Rechten und Pflichten der Kuratoren.

§ **956.** Siehe Rechtsgrundsatz 332. (A. L. R. I. **16.** § 41.)

Titel 19. Von Armenanstalten und andern milden Stiftungen.

§§ **1.** ff. Siehe Rechtsgrundsatz 613. (Gesetz vom 11. Dezember 1845 § 43.)

§§ **50.** ff. Unterstützung Hülfsbedürftiger aus öffentlichen Anstalten als Schenkung.

Rechtsgr. 613. — I. Senat. 27. April 1866. (LXIV. 94.)

Dasjenige, was öffentliche, zur Unterstützung Hülfsbedürftiger verpflichtete Anstalten gewähren, ist nicht als geschenkt anzusehen.

Einführungsgesetz zum Allgemeinen Deutschen Handelsgesetzbuch vom 24. Juni 1861.

(Gesetz-Sammlung S. 449.)

Art. **1**. Siehe Rechtsgrundsatz 629. (Allg. Deutsches Handelsgesetzbuch Art. 61.)

Titel 1. Bestimmungen, die Ergänzung des Allg. Deutschen Handelsgesetzbuches und die Abänderung bisheriger Gesetze betreffend.

I. Abschnitt. Bestimmungen für alle Landestheile.

Art. **2**. Handelssache und Handelsgeschäft. — Vergl. Allg. Deutsches Handelsgesetzbuch Art. 1.

Rechtsgr. 614. — IV. Senat. 1. November 1866. (LXIII. 361.)

Der Art. 2. des Einführungsgesetzes zum Allgem. Deutschen Handelsgesetzbuch vom 24. Juni 1861 will nur die Handelssachen mit Rücksicht auf die Bestimmung des Art. 1. des Allg. Deutschen Handelsgesetzbuches näher bezeichnen, nicht aber den, lediglich aus dem Allg. Deutschen Handelsgesetzbuch selbst zu entnehmenden, Begriff und Umfang der Handelsgeschäfte darstellen.

— No. **5**. Siehe Rechtsgrundsatz 627. (Art. 57. ff. dieses Gesetzes.)

Art. **3**. § **4**. Siehe Rechtsgrundsatz 621. (Allg. Deutsches Handels-Gesetzbuch Art. 34.)

Art. **9**. § **3**. Siehe Rechtsgrundsätze 646. 662. (Allg. Deutsches Handelsgesetzbuch Art. 271. 301.)

II. Abschnitt. Bestimmungen für die Landestheile, in welchen das Allgemeine Landrecht und die Allgemeine Gerichts-Ordnung Gesetzeskraft haben.

Art. **20**. Bekanntmachung der Ausschließung der ehelichen Gütergemeinschaft, falls einer der Eheleute dem Kaufmannsstande angehört. — Vergl. A. L. R. II. **1**. §§ 412. ff.; Gesetz vom 20. März 1837 § 4.

Rechtsgr. **615**. — **III**. Senat. 23. April 1866. (**LXIII**. 155.)

Treibt die Ehefrau ein kaufmännisches Gewerbe, der Ehemann dagegen nicht, so dürfen die Gläubiger der **Ehefrau**, wenn die Ausschließung der Gütergemeinschaft ihnen entgegengesetzt wird, den Nachweis sowohl der durch das Allgem. Landrecht vorgeschriebenen allgemeinen, als auch der durch Art. 20. des Einführungsgesetzes zum Allgem. Deutschen Handelsgesetzbuch angeordneten besonderen Publikationen verlangen. Für die Gläubiger des **Mannes** muß in einem solchen Falle aber die allgemeine Bekanntmachung genügen, welche das Gesetz für den Verkehr mit einem Nichtkaufmann überhaupt für hinreichend erklärt.

V. Abschnitt. Bestimmungen das Seerecht betreffend.

Art. **57**. §§ **4**. **5**. Gerichtliches Verfahren in Betreff der Einwendungen des bei der Haverei Betheiligten gegen die Dispache; Natur der in dem Art. 57. § 4. des Einführungsgesetzes zum Handelsgesetzbuche bestimmten vierzehntägigen Frist zur Einreichung der besonderen Klage.

Rechtsgr. **616**. — **IV**. Senat. 14. Juli 1864. (**LIII**. 345.)

a) Ob die, nach Art. 57. § 4. des Einführungsgesetzes zum Allg. Deutschen Handelsgesetzbuche, von einem bei der Haverei Betheiligten in dem Termine zur Erklärung über die Dispache geltend gemachten Einwendungen für begründet zu achten sind, kann nicht lediglich der gerichtlichen Dekretur überlassen werden: vielmehr ist darüber nach Einleitung des ordentlichen Prozeßverfahrens durch Erkenntniß zu entscheiden.

b) Die in dem Art. 57. § 4. a. a. O. bezeichnete

Frist von 14 Tagen zur Einreichung einer besonderen Klageschrift ist keine Präklusivfrist; sie bildet vielmehr nur die Norm für das in der Regel zu beobachtende Verfahren und darf daher aus Gründen, welche in der Sache selbst liegen, verlängert werden.

c) In der vorgedachten, rechtzeitig eingereichten besonderen Klageschrift können auch noch andere Einwendungen gegen die Dispache, als die in dem Erklärungstermine angemeldet waren, geltend gemacht werden.

d) Die vor endgültiger Erledigung der Einwendungen gegen die Dispache erfolgte Bestätigung der Dispache ist für nicht geschehen zu erachten.

Titel 2. Bestimmungen, die Aufhebung bisheriger Gesetze betreffend.

Art. **60**. No. **3**., Art. **61**. Siehe Rechtsgrundsätze 627. 628. (Allgem. Deutsches Handelsgesetzbuch Art. 57.)

Allgemeines Deutsches Handelsgesetzbuch.

Allgemeine Bestimmungen.

Art. **1**. Derogatorische Kraft der Handelsgebräuche.

Rechtsgr. **617**. — IV. Senat. 2. November 1865. (**LX**. 238.)

Die Art. 354. u. 357. enthalten ganz bestimmte und ausdrückliche Vorschriften, und neben diesen und gegen dieselben können etwaige Handelsgebräuche nicht in Betracht kommen, weil dergleichen Handelsgebräuchen eine den Bestimmungen des Handelsgesetzbuches derogirende Kraft nicht beiwohnt.

Siehe auch Rechtsgrundsätze 13. 614. (A. L. R. Einl. § 14.; Einführungsgesetz zum Allg. Deutschen Handelsgesetzbuch Art. 2.)

Art. **2**. Siehe Rechtsgrundsatz 656. (Allg. Deutsches Handelsgesetzbuch Art. 277.)

Erstes Buch. Vom Handelsstande.

Erster Titel. Von Kaufleuten.

Art. **4**. Siehe Rechtsgrundsatz 648. (Allg. Deutsches Handelsgesetzbuch Art. 273.; Kabinets-Order vom 30. April 1847.)

Art. **10**. Siehe Rechtsgrundsatz 649. (Allg. Deutsches Handelsgesetzbuch Art. 273.)

Dritter Titel. Von Handelsfirmen.

Art. **15**. **19**. **22**. Prozeßführung unter einer Firma:

A. Klagerecht einer Handlungsfirma, namentlich der eines Einzelnkaufmanns. — Vergl. Allg. Deutsches Handelsgesetzbuch Art. 111. 164.

Rechtsgr. **618**. — IV. Senat. 14. Februar 1865. (LVIII. 158.)

Eine Handlungsfirma, namentlich die eines Einzelnkaufmanns, ist bezüglich der Handelsgeschäfte vor Gericht klagend aufzutreten berechtigt.

B. Klagerecht der von dem bürgerlichen Namen verschiedenen Firma eines Einzelnkaufmanns. — Vergl. Allg. Deutsches Handelsgesetzbuch Art. 111.

Rechtsgr. **619**. — IV. Senat. 13. Februar 1866. (LXIII. 84.)

Auch ein Einzelnkaufmann kann unter seiner, von seinem bürgerlichen Namen verschiedenen Firma ohne Bezeichnung des Inhabers klagen.

C. Legitimation des Inhabers einer Firma bei der Eidesleistung. — Vergl. Allg. Deutsches Handelsgesetzbuch Art. 111. 164.; A. G. O. I. **10**. §§ 269. ff.

Rechtsgr. **620**. — IV. Senat. 14. Februar 1865. (LVIII. 158.)

Ist in einem, von einer Firma angestrengten Prozeß auf einen Eid für dieselbe erkannt, so ist es dann, wenn der Eid geleistet werden soll, an der Zeit, sich als Inhaber der Firma zu legitimiren.

Siehe auch Rechtsgrundsatz 695. (Allgem. Deutsche Wechsel-Ordnung Art. 2. No. 2.)

Art. **25**. Siehe Rechtsgrundsatz 635. (Allg. Deutsches Handelsgesetzbuch Art. 110.)

Vierter Titel. Von den Handelsbüchern.

Art. **34**. Beweiskraft der Handelsbücher:

A. Ueberhaupt, und namentlich bei geänderter Gesetzgebung. — Vergl. A. L. R. Einl. § 14.; Einführungsgesetz zum Allg. Deutschen Handelsgesetzbuch Art. 3. § 4.

Rechtsgr. **621**. — IV. Senat. 7. Juni 1864. (LIII. 303.)

Für die vor der Gesetzeskraft des Allgem. Deutschen Handelsgesetzbuches abgeschlossenen Handelsgeschäfte und die darauf bezüglichen Eintragungen in die Handelsbücher bleiben lediglich die älteren, dem materiellen Rechte angehörigen, Bestimmungen über die Erfordernisse beweiskräftiger Handelsbücher maaßgebend, und greift daher der Art. 34. des Allgem. Deutschen Handelsgesetzbuches nicht Platz, gleichviel, wann die Beweisaufnahme erfolgt ist.

B. Beweiskraft der Handlungsbücher für Verträge, deren Erfüllung erst an einem noch bevorstehenden Termin erfolgen soll, namentlich für gewagte Verträge der Zeitkaufs- und Differenzgeschäfte. — Vergl. A. L. R. I. **5**. §§ 1. 5. 7. 9. 131. 149. 155., II. **8**. §§ 572. 596. 597.

Rechtsgr. **622**. — IV. Senat. 23. September 1862. (LVIII. 5.)

Das Präjudiz No. 800b.:

„Ueber Gegenstände des kaufmännischen Verkehrs zwischen Kaufleuten geschlossene Verträge, deren Erfüllung von beiden Seiten erst an einem noch bevorstehenden Termin erfolgen soll, — namentlich Verträge über künftige Waarenlieferungen oder gewagte Verträge, insbesondere über den Kauf von Staatspapieren auf Zeit, — eignen sich zur Eintragung in die Handlungsbücher nicht. Ist die Eintragung dennoch erfolgt, so können sie weder einen Beweis liefern, noch die mangelnde schriftliche Form ersetzen",

ist über das Gebiet der gewagten Verträge, der Zeitkaufs- und Differenz-Geschäfte hinaus nicht auszudehnen.

Fünfter Titel. Von Prokuristen und Handlungsbevollmächtigten.

Art. **42**. Siehe Rechtsgrundsatz 297. (A. L. R. I. **13**. § 98.)

Art. **46**. Siehe Rechtsgrundsatz 635. (Allg. Deutsches Handelsgesetzbuch Art. 110.)

Art. **47**. Umfang der Befugnisse eines Handlungsbevollmächtigten:

A. Ueberhaupt.

Rechtsgr. **623**. — IV. Senat. 25. Januar 1866. (LX. 343.)

Ueber den Umfang und die Befugnisse eines Handlungsbevollmächtigten lassen sich bestimmte Regeln nicht aufstellen, vielmehr fällt die Entscheidung darüber hauptsächlich der konkreten Auslegung der ertheilten Vollmacht und der sonstigen obwaltenden Umstände anheim.

B. Begrenzung des Umfangs der Vollmacht des Handlungsbevollmächtigten und Handlungsgehülfen dem Prinzipal und Dritten gegenüber. — Vergl. Allg. Deutsches Handelsgesetzbuch Art 58.

Rechtsgr. **624**. — IV. Senat. 13. September 1866. (LXIV. 256.)

Durch die Bestimmungen des Art. 47. und 58. des Allgem. Deutschen Handelsgesetzbuches ist der Umfang der dem Handlungsbevollmächtigten und Handlungsgehülfen ertheilten Vollmacht nicht nur Dritten gegenüber, sondern zugleich auch dem Prinzipal selbst gegenüber näher bezeichnet.

Siehe auch Rechtsgrundsätze 541. 656. (A. L. R. II. **8**. § 551.; Allg. Deutsches Handelsgesetzbuch Art. 277.)

Art. **49**. Befugnisse eines Handlungsfaktors überhaupt, und namentlich rücksichtlich der Einziehung ausstehender Kaufpreise und Bewilligung von Zahlungsfristen. — Vergl. A. L. R. II. **8**. § 551.; Dig. **14**. 3. Lex 5. § 15.

Rechtsgr. **625**. — IV. Senat. 8. Mai 1866. (**LXIII**. 172.)

a) Der Art. 49. des Allg. Deutschen Handelsgesetzbuches enthält in seinen Bestimmungen: daß der zu Geschäften an auswärtigen Orten als Handlungsreisender verwendete Handlungsbevollmächtigte ermächtigt sei, den Kaufpreis aus den von ihm abgeschlossenen Verkäufen einzuziehen und dafür Zahlungsfristen zu bewilligen, — nur das Recht, welches bis dahin als gemeines Handelsrecht gegolten hatte.

b) Hinsichtlich der Befugniß der zum Waarenverkauf an auswärtigen Orten ermächtigten Handlungsreisenden zur Annahme der Zahlung kommt es nicht darauf an, ob diese Zahlung bei einem Kontantkaufe oder bei einem Verkauf auf Ziel geleistet wird.

Art. **50**. Umfang der Befugnisse eines Handlungsbevollmächtigten; Befugniß des Handlungsbevollmächtigten, Zahlungen für stattgehabte Verkäufe in Empfang zu nehmen.

Rechtsgr. **626**. — IV. Senat. 25. Januar 1866. (**LX**. 343.)

Der Umfang der für die im Art. 50. des Allgem. Deutschen Handelsgesetzbuches gedachten speziellen Klasse von Handlungsbevollmächtigten vom Gesetze vermutheten Vollmacht ist ein örtlich begrenzter und reicht über die vom Gesetze durch das Wort „daselbst“ gezogene örtliche Grenze nicht hinaus; soll letzteres der Fall sein, so muß dies für den konkreten Fall besonders nachgewiesen werden.

Art. **51**. ff. Siehe Rechtsgrundsatz 1087. (Verordnung vom 31. März 1838 § 2. No. 3.)

Sechster Titel. Von den Handlungsgehülfen.

§§ 57. ff. Handelssache oder Handelsgeschäft in Betreff der Dienstverträge zwischen Kaufleuten und Handlungsgehülfen; Anwendbarkeit der Grundsätze des Allgem. Landrechts, namentlich rücksichtlich der Schriftlichkeit auf diese Verträge. — Vergl. A. L. R. I. 5. §§ 131. 167. 168.; Einführungsgesetz zum Allgem. Deutschen Handelsgesetzbuch vom 24. Juni 1861 Art. 2. No. 5. 60. 61.; Allgem. Deutsches Handelsgesetzbuch Art. 271. ff. 317.

A. Aeltere Ansicht.

Rechtsgr. 627. — IV. Senat. 14. Januar 1864. (LXIII. 1.)

a) Nach der Ausdrucksweise des Allgem. Deutschen Handelsgesetzbuches ist ein Engagementsvertrag zwischen einem Kaufmann und einem Handlungsgehülfen zwar eine Handelssache, aber kein Handelsgeschäft.

b) Die Rechtsverhältnisse der Kaufleute zu ihren Gehülfen sind ungeachtet der Publikation des Allgem. Deutschen Handelsgesetzbuches noch jetzt nach dem Allg. Landrecht zu beurtheilen, soweit nicht Bestimmungen des Allg. Deutschen Handelsgesetzbuches entgegenstehen, so daß namentlich auch die Vorschriften über die Form der Verträge und insbesondere der § 168. I. 5. des Allg. Landrechts in Anwendung kommen.

B. Neuere Ansicht.

Rechtsgr. 628. — IV. Senat. 1. November 1866. (LXIII. 362.)

Der mit einem Handlungsgehülfen abgeschlossene Dienstvertrag ist stets, der mit einem Techniker geschlossene Vertrag nur unter der Voraussetzung, daß der Annehmende ein Kaufmann ist, als ein Handelsgeschäft auf Seiten des Annehmenden anzusehen.

Siehe auch Rechtsgrundsatz 1087. (Verordnung vom 31. März 1838 § 2. No. 3.)

Art. 58. Siehe Rechtsgrundsatz 624. (Allg. Deutsches Handelsgesetzbuch Art. 47.)

Art. 61. Dienstverträge zwischen Prinzipal und Handlungsdiener:

A. Anwendbarkeit der Bestimmungen des Allg. Deutschen Handelsgesetzbuches auf Verträge, welche vor dem 1. März 1862 abgeschlossen sind, ihrer Dauer und Wirkung nach aber in die Zeit der Herrschaft des Handelsgesetzbuches hineinreichen; namentlich in Bezug auf das Dienstverhältniß zwischen Prinzipal und Handlungsdiener. — Vergl. A. L. R. Publikations-Patent vom 5. Februar 1794 §§ 8. 9. 11.; Einführungsgesetz zum Allgem. Deutschen Handelsgesetzbuch vom 24. Juni 1861 Art. 1.

Rechtsgr. **629**. — IV. Senat. 29. November 1864. (LV. 323.)

a) Ist ein Vertrag vor Einführung des Allg. Deutschen Handelsgesetzbuches abgeschlossen, erstreckt sich aber in seiner Dauer und Wirkung in die Zeit der bereits eingetretenen Herrschaft des neuen Handelsgesetzbuches hinein, so sind bei richterlicher Beurtheilung der aus demselben entstandenen Rechte und Pflichten beider Theile die zur Zeit seines Abschlusses ausschließlich geltenden Vorschriften der landrechtlichen Gesetzgebung, und nicht die des Handelsgesetzbuches zur Anwendung zu bringen.

b) Dies greift namentlich auch bezüglich des Dienstverhältnisses zwischen Prinzipal und Handlungsdiener und der Auflösung desselben Platz.

B. Abänderung des zwischen Prinzipal und Handlungsdiener geschlossenen Vertrages während der Dauer desselben.

Rechtsgr. **630**. — IV. Senat. 4. Februar 1864. (LV. 34.)

Durch Art. 61. des Allgem. Deutschen Handelsgesetzbuches, betreffend das Dienstverhältniß zwischen dem Prinzipal und dem Handlungsdiener, ist in den Worten:

„Ist durch Vertrag eine kürzere oder längere Zeitdauer oder eine kürzere oder längere Kündigungsfrist bedungen, so hat es hierbei sein Bewenden",

keineswegs bestimmt, daß schon beim Abschlusse des Vertrages die kürzere oder längere Zeitdauer ausbedungen sein müsse; es kann vielmehr, wie auch bei dem Vertragsabschlusse selbst die Zeitdauer bestimmt gewesen sein mag, nachträglich durch wechselseitige Einwilligung eine andere Bestimmung darüber mit voller Wirkung getroffen werden.

Siehe auch Rechtsgrundsatz 14. (A. L. R. Einl. § 14.)

Art. **62**. ff. Aufhebung des Dienstverhältnisses zwischen Prinzipal und Handlungspersonal:

A. Nothwendigkeit einer vorherigen richterlichen Entscheidung vor der Dienstentlassung. — Vergl. A. L. R. I. **5**. §§ 408. ff.

Rechtsgr. **631**. — IV. Senat. 7. Dezember 1865; 10. April 1866. (LX. 288.; LXII. 264.)

Aus den Art. 62. und 64. des Allgem. Deutschen Handelsgesetzbuches ist nicht zu folgern, daß jeder Aufhebung des Dienstverhältnisses von Seiten des Prinzipals eine richterliche Entscheidung vorangehen müsse, und daß jede, ohne vorgängigen Richterspruch erfolgte Entlassung des Handlungsgehülfen den Prinzipal zur Entschädigung des Letzteren auch dann verpflichte, wenn der Grund der Entlassung in dem Entschädigungsprozesse als erheblich hat anerkannt werden müssen.

Die genannten Artikel handeln nur von den Gründen, aus welchen die Aufhebung des Dienstverhältnisses vor der bestimmten Zeit rechtlich statthaft ist.

B. Gründe der Aufhebung des Dienstverhältnisses des Handlungspersonals; Nothwendigkeit einer vorherigen richterlichen Entscheidung.

Rechtsgr. **632**. — IV. Senat. 10. April 1866. (LXII. 264.)

Das richterliche Ermessen, welchem im Art. 62. des Allgem. Deutschen Handelsgesetzbuches die Prüfung der Gründe für die Aufhebung des Dienstverhältnisses anheimgegeben ist, ist weder rücksichtlich des Prinzipals, noch rücksichtlich der Handlungsgehülfen auf die in den Artikeln 63. 64. a. a. O. hervorgehobenen Fälle beschränkt.

Siebenter Titel. Von den Handelsmäklern oder Sensalen.

Art. **67**. Siehe Rechtsgrundsätze 646. 662. (Allgem. Deutsches Handelsgesetzbuch Art. 271. 301.)

Zweites Buch. Von den Handelsgesellschaften.

Erster Titel. Von der offenen Handelsgesellschaft.

Erster Abschnitt. Von der Errichtung der Gesellschaft.

Art. **85**. ff. Nachweis des Vorhandenseins einer offenen Handelsgesellschaft und der Beschränkung auf eine Betheiligung mit gewissen Vermögenseinlagen als Kommanditist oder stiller Gesellschafter. — Vergl. Allgem. Deutsches Handelsgesetzbuch Art. 150. 250. ff.

Rechtsgr. **633**. — IV. Senat. 31. Mai 1866. (LXIV. 132.)

Zum Nachweise des Vorhandenseins einer offenen Handelsgesellschaft bedarf es eines Weiteren nicht, als daß dargethan wird, daß die beiden oder mehreren zusammengetretenen Personen sich zu der Betreibung eines Handelsgewerbes unter gemeinschaftlicher Firma vereinigt haben. Hat dagegen die eine oder andere dieser Personen nur eine ihre Betheiligung auf gewisse Vermögenseinlagen beschränkende Handelsgesellschaft abgeschlossen, so ist es ihre Sache, diese Beschränkung ihrer Betheiligung nachzuweisen, wenn sie von einem Dritten, welcher mit der Gesellschaftsfirma kontrahirt hat, als Solidarverpflichtete in Anspruch genommen wird.

Siehe auch Rechtsgrundsätze 636. 638. (Allg. Deutsches Handelsgesetzbuch Art. 105. 111.)

Zweiter Abschnitt. Von den Rechtsverhältnissen der Gesellschafter unter einander.

Art. **90**. ff. Siehe Rechtsgrundsatz 91. (A. L. R. I. **5**. §§ 450. ff.)

Art. **96**. ff. Siehe Rechtsgrundsatz 952. (Dig. **17**. 2. Lex 7. Lex 74.)
Art. **100**. Siehe Rechtsgrundsatz 636. (Art. 110.)
Art. **105**. Verpflichtung des administrativen Handelsgesellschafters zur Rechnungslegung. — Vergl. A. L. R. I. **13**. § 21. **14**. §§ 135. 136., **17**. § 219.: A. G. O. I. **45**. §§ 6. 7.

Rechtsgr. **634**. — IV. Senat. 28. Juni 1866. (LXIV. 158.)

a) Daraus, daß das Handelsgesetzbuch es für angemessen erachtet hat, dem einzelnen Gesellschafter gewisse Befugnisse, z. B. Einsicht der Bücher 2c., ausdrücklich zu gewähren, folgt nicht, daß es das allgemeine bürgerliche Recht des Gesellschafters auf Rechnungslegung gegen den administrirenden Sozius habe ausschließen wollen; vielmehr erkennt das Handelsgesetzbuch das Recht ausdrücklich an.

b) Ob in dem einzelnen Falle Bilanz und Buchführung die Stelle der Rechnungslegung vertreten könne, bleibt dem richterlichen Ermessen überlassen.

Dritter Abschnitt. Von den Rechtsverhältnissen der Gesellschaft zu dritten Personen.

Art. **110**. Vorhandensein einer Handelsgesellschaft:
A. Beweislast in Betreff des Vorhandenseins eines Gesellschaftsvertrages. — Vergl. A. L. R. II. **8**. §§ 507. 633.; Allg. Deutsches Handelsgesetzbuch Art. 25. 46. 129. Abs. 5.

Rechtsgr. **635**. — IV. Senat. 17. Januar 1865. (LVIII. 96.)

Nimmt der Kläger den Verklagten aus einem, mit einem Dritten geschlossenen Vertrage in Anspruch und behauptet, daß zwischen dem Verklagten und dem Dritten ein mündlicher Gesellschaftsvertrag eingegangen sei, so genügt es zum Beweise, wenn die Angaben und Erklärungen der Gesellschafter bezüglich des Vorhandenseins des Gesellschaftsverhältnisses in solcher Weise geschehen sind, daß Kläger sie sehr wohl hat erfahren können; Kläger hat nicht speziell den oder die Akte nachzuweisen, durch welche ihm die Kenntniß geworden ist; daß dies doch nicht der Fall gewesen, daß vielmehr dem Kläger erst nachträglich die Kenntniß geworden sei, gehört zum Gegenbeweise.

B. Beginn des Betriebes eines Handelsgeschäfts mit dem Ausstellen und Acceptiren von Wechseln. — Vergl. Allg. Deutsches Handelsgesetzbuch Art. 86. 100. 111.

Rechtsgr. **636**. — IV. Senat. 4. April 1865. (LVII. 297.)

Der Betrieb einer Handelsgesellschaft kann mit dem Ausstellen und Acceptiren von Wechseln als begonnen angenommen werden.

Art. **111**. Klagen unter Firma der Handelsgesellschaft:

A. Klage aus Geschäften, welche unter einer Firma abgeschlossen sind, bei dem Wechsel der Inhaber dieser Firma. — Vergl. A. L. R. II. 8. §§ 620. 633. 647. 649.

Rechtsgr. **637**. — IV. Senat. 25. Oktober 1864. (LVII. 36.)

Wenn aus Geschäften, die unter einer Firma abgeschlossen worden, geklagt wird, so bedarf es nicht des Nachweises, daß die jetzigen Inhaber der Firma auch die Inhaber derselben zur Zeit jenes Geschäfts-Abschlusses gewesen sind.

B. Wesen der Versicherungsgesellschaften auf Gegenseitigkeit; Versicherungsgesellschaften auf Gegenseitigkeit als Handelsgesellschaften und juristische Personen. — Vergl. Allg. Deutsches Handelsgesetzbuch Art. 85. ff. 150 ff. 207. ff. 250. 270. 271. No. 3. 272.

Rechtsgr. **638**. — IV. Senat. 27. Mai 1865. (LVIII. 325.)

Die auf Gegenseitigkeit beruhenden Versicherungsgesellschaften sind als Handelsgesellschaften im Sinne des Handelsgesetzbuches nicht anzusehen und können folgeweise auf das Privilegium des Art. 111. daselbst keinen Anspruch machen, wonach Handelsgesellschaften unter ihrer Firma als s. g. moralische oder juristische Personen im Sinne der Rechtstheorie Rechte erwerben und Verbindlichkeiten eingehen, Eigenthum und andere dingliche Rechte an Grundstücken erwerben, vor Gericht klagen und verklagt werden dürfen.

Siehe auch Rechtsgrundsätze 619. 620. 636. (Allg. Deutsches Handelsgesetzbuch Art. 15. 110.)

Art. **114-116**. Inhalt der Vertretungsbefugniß eines Handelsgesellschafters mit Rücksicht auf die sonst erforderlichen Spezialvollmachten. — Vergl. A. L. R. I. **13**. §§ 98. ff.

Rechtsgr. **639**. — IV. Senat. 8. Mai 1866. (LXIV. 117.)

Der Art. 116. des Allgem. Deutschen Handelsgesetzbuches bezüglich der Vertretungsbefugniß der Handelsgesellschaften schließt jede Beschränkung, welche sonst bei andern Vertretungen und Vollmachten gesetzlich Platz greifen, aus, und bedarf der Handelsgesellschafter der sonst nach den Landesgesetzen erforderlichen Spezialvollmacht, z. B. zur Ernennung eines Schiedsgerichts, nicht.

Vierter Abschnitt. Von der Auflösung der Gesellschaft und dem Austreten einzelner Gesellschafter aus derselben.

Art. **125**. Gründe der Auflösung einer Gesellschaft durch Richterspruch.

Rechtsgr. **640**. — IV. Senat. 1. November 1864. (LVII. 51.)

Die Aufzählung der Fälle im Art. 125. des Allgem. Deutschen Haudelsgesetzbuches, in denen die Auflösung einer Handelsgesellschaft ausgesprochen werden kann, ist keine ausschließliche und das daneben als maaßgebend hingestellte „Ermessen des Richters" beschränkende.

Siehe auch Rechtsgrundsatz 643. (Allg. Deutsches Handelsgesetzbuch Art. 133.)

Art. **129**. Siehe Rechtsgrundsatz 635. (Allg. Deutsches Handelsgesetzbuch Art. 110.)

Fünfter Abschnitt. Von der Liquidation der Gesellschaft.

Art. **133**. **134**. Befugniß, Ernennung nnd Ausschließung der Liquidatoren:

A. Vertretung der Handelsgesellschaft nach deren Auflösung durch die Gesellschafter oder die Liquidatoren. — Vergl. Allgem. Deutsches Handelsgesetzbuch Art. 137. 144.

Rechtsgr. **641**. — IV. Senat. 27. September 1866. (**LXIV**. 265.)

Nach Auflösuug der Handelsgesellschaft erhält dieselbe in den Liquidatoren ihre Organe für die Wahrnehmung und Geltendmachung der aus dem Gesellschaftsverhältnisse herrührenden Rechte, und sind die einzelnen Gesellschafter als solche nicht mehr zur Vertretung des Gesellschaftsvermögens oder ihres Antheils daran befugt.

B. Antrag auf Ernennung eines Liquidators durch den Richter.

Rechtsgr. **642**. — IV. Senat. 1. November 1864. (**LVII**. 52.)

Der Antrag auf Ernennung eines Liquidators durch den Richter kann schon vor Beginn der Liquidation gestellt werden.

C. Gründe der Ausschließung eines Gesellschafters von der Liquidation. — Vergl. Allgem. Deutsches Handelsgesetzbuch Art. 125. No. 4.

Rechtsgr. **643**. — IV. Senat. 1. November 1864. (**LVII**. 51.)

Die Ausschließung eines Sozii von der Liquidation ist gerechtfertigt durch ein begründetes Mißtrauen der andern Sozii gegen denselben; namentlich findet ein solches in dem stattgefundenen Mißbrauch der Firma seine Begründung.

Siehe auch Rechtsgrundsatz 374. (A. L. R. **I**. **17**. § 225.)

Art. **137**. **144**. Siehe Rechtsgrundsatz 641. (Allg. Deutsches Handelsgesetzbuch Art. 130.)

Zweiter Titel. Von den Kommanditgesellschaften.

Erster Abschnitt. Von der Kommanditgesellschaft im Allgemeinen.

Art. **150**. ff. Siehe Rechtsgrundsätze 633. 638. (Allg. Deutsches Handelsgesetzbuch Art. 85. 111.)

Art. **164**. Siehe Rechtsgrundsatz 620. (Allg. Deutsches Handelsgesetzbuch Art. 15.)

Zweiter Abschnitt. Von der Kommanditgesellschaft auf Aktien insbesondere.

Art. **173**. ff. Vertragsfähigkeit und persona standi in judicio der Kommanditgesellschaften auf Aktien vor Einführung des Allg. Deutschen Handelsgesetzbuches. — Vergl. A. L. R. I. **17**. §§ 169. 185. 186.. II. **8**. §§ 614. 651. 652.

Rechtsgr. **644**. — IV. Senat. 21. Juni 1866. (LXIII. 256.)

Wenn auch die Kommanditgesellschaft auf Aktien dem Namen nach in dem Allgem. Landrecht nicht vorkommt, so war sie doch der Sache nach auch vor Einführung des Allgem. Deutschen Handelsgesetzbuches eine erlaubte und übliche Gesellschaftsform, und hatten derartige Gesellschaften Vertragsfähigkeit und personam standi in judicio.

Art. **199**. Haftung der Geranten einer Kommanditgesellschaft. — Vergl. A. L. R. I. **5**. §§ 74-79.

Rechtsgr. **645**. — IV. Senat. 21. Juni 1866. (LXIII. 256.)

Ist festgestellt, daß eine Kommanditgesellschaft auf Aktien trotz veränderter Firma mit einer anderen gleichartigen Gesellschaft identisch ist, so haftet der Gerant der neuen Gesellschaft für die von dem Geranten der älteren Gesellschaft kontrahirten Schulden.

Dritter Titel. Von der Aktiengesellschaft.

Erster Abschnitt. Allgemeine Grundsätze.

Art. **207**. ff. Siehe Rechtsgrundsatz 638. (Allg. Deutsches Handelsgesetzbuch Art. 111.)

Art. **208**. Siehe Rechtsgrundsatz 1131. (Gesetz vom 9. November 1843 § 8.)

Art. **211**. Siehe Rechtsgrundsätze 1130. 1131. (Gesetz vom 9. November 1843 § 1.)

Dritter Abschnitt. Rechte und Pflichten des Vorstandes.

Art. **234**. Siehe Rechtsgrundsatz 97. (A. L. R. I. **6**. § 50.)

Drittes Buch. Von der stillen Gesellschaft und von der Vereinigung zu einzelnen Handelsgeschäften für gemeinschaftliche Rechnung.

Erster Titel. Von der stillen Gesellschaft.

Art. **250**. ff. Siehe Rechtsgrundsätze 633. 688. (Allg. Deutsches Handelsgesetzbuch Art 85. 111.)

Viertes Buch. Von den Handelsgeschäften.

Erster Titel. Von den Handelsgeschäften im Allgemeinen.

Erster Abschnitt. Begriff der Handelsgeschäfte.

Art. **271**. Siehe Rechtsgrundsätze 317. 627. 628. 662. 1070. (A. L. R. I. **14**. § 399.; Allg. Deutsches Handelsgesetzbuch Art. 57. ff. 301.; Verordnung vom 14. Dezember 1833 § 5. No. 1.)

— No. **1**. Begriff der „Werthpapiere" und der „anderweitigen Anschaffung":

A. Werth- uud Handelspapiere. — Vergl. Einführungsgesetz zum Allg. Deutschen Handelsgesetzbuch vom 24. Juni 1861 Art. 9. § 3.; Allg. Deutsches Handelsgesetzbuch Art. 67. 273. 301. ff. 313. 395. 417. 608. 646. 674. 687. 725. 896. 904. 905.

Rechtsgr. **646**. — IV. Senat. 13. März 1866. (LXII. 219.)

Werthpapiere im Sinne des Handelsgesetzbuches gehören zu den Handelspapieren.

B. Anderweitige Anschaffung. — Vergl. Allg. Deutsches Handelsgesetzbuch Art. 4.

Rechtsgr. **647**. — IV. Senat. 15. Juli 1862. (LIV. 4.)

Unter „anderweitiger Anschaffung" im Art. 271.

No. 1. des Allgem. Deutschen Handelsgesetzbuches ist nicht nur der Erwerb von einem Dritten, sondern auch die Selbstproduktion zu verstehen.

Siehe auch Rechtsgrundsätze 653. 1151. (Allg. Deutsches Handelsgesetzbuch Art. 275.; Kabinets-Order vom 30. April 1847.)

— No. **2**. Siehe Rechtsgrundsatz 1151. (Kabinets-Order vom 30. April 1847.)

— No. **3**. Siehe Rechtsgrundsätze 544. 638. (A. L. R. II. **8**. § 1934.; Allg. Deutsches Handelsgesetzbuch Art. 111.)

Art. **272**. Siehe Rechtsgrundsatz 317. (A. L. R. I. **14**. § 399.)

— No. **3**. Siehe Rechtsgrundsatz 684. (Allg. Deutsches Handelsgesetzbuch Art. 390.)

Art. **273**. Kaufmann und Handwerker:

A. Gewerbebetrieb über den Umfang des Handwerks hinaus, als Betrieb von Handelsgeschäften. — Vergl. Allg. Deutsches Handelsgesetzbuch Art. 4.

Rechtsgr. **648**. — **IV**. Senat. 14. Juni 1864. (**LVI**. 70.)

Die Feststellung darüber, ob der Betrieb eines Gewerbes über den Umfang des Handwerks hinausgehe und daher Handelsgeschäfte zum Gegenstande habe, ist nicht unbedingt auf den Nachweis des jährlichen Betriebes im Ganzen beschränkt; sie kann möglicher Weise auch bereits auf Grund einzelner Fälle erfolgen.

B. Tuchmacher als Handwerker und als Kaufmann. — Vergl. Allg. Deutsches Handelsgesetzbuch Art. 10. 274.

Rechtsgr. **649**. — **IV**. Senat. 24. April 1866. (**LXII**. 312.)

Ein Tuchmacher, welcher die Tuchmacherei auf 14 Stühlen betreibt, zur Klasse A. II. der Gewerbesteuer veranlagt ist und die gewebten Tuche zur Messe befördert, ist nicht als bloßer Handwerker, sondern als Kaufmann anzusehen.

Siehe auch Rechtsgrundsätze 317. 646. 650. 651. 656. 662. (A. L. R. I. **14**. § 399.; Allg. Deutsches Handelsgesetzbuch Art. 271. No. 1., 274., 277., 301.)

Art. **274**. Ausstellung und Annahme eines Wechsels als Handelsgeschäft. — Vergl. Art. 273.

A. Ueberhaupt.

Rechtsgr. **650**. — **IV.** Senat. 21. Mai 1864; 4. April 1865. (**LIII.** 265.; **LVII.** 297.)

Die gesetzliche Vermuthung des Art. 274. des Allg. Deutschen Handelsgesetzbuchs, — daß die von einem Kaufmanne geschlossenen Verträge in Zweifel als zum Betriebe des Handelsgewerbes gehörig gelten, — umfaßt auch die Wechselausstellung Seitens eines Kaufmanns; dieselbe ist daher als ein Handelsgeschäft anzusehen.

B. Insbesondere bei Aktiengesellschaften.

Rechtsgr. **651**. — **II.** Senat. 4. April 1865. (**LVII.** 297.)

Auch bei einer Aktiengesellschaft gehört das Ausstellen und Acceptiren von Wechseln zu den Handelsgeschäften.

Siehe auch Rechtsgrundsätze 649. 652. (Allg. Deutsches Handelsgesetzbuch Art. 273. 275.)

Art. **275**. Verträge über unbewegliche Sachen als Handelsgeschäft:

A. Miethsverträge über Immobilien, insbesondere über Handelsgeschäftsräume. — Vergl. Allg. Deutsches Handelsgesetzbuch Art. 274.

Rechtsgr. **652**. — **III** Senat. 24. Februar 1865. (**LVI.** 354.)

Miethsverträge über Immobilien, selbst wenn sie Geschäftsräume eines Handelsmannes betreffen, sind als Handelsgeschäfte nicht anzusehen.

B. Einräumung des Besitzes eines Grundstückes, um daraus gewisse, die Substanz affizirende Nutzungen zu ziehen, namentlich zum Zwecke deren Austorfung. — Vergl. Allg. Deutsches Handelsgesetzbuch Art. 271. No. 1.

Rechtsgr. **653**. — **III.** Senat. 19. März 1866. (**LXII.** 241.)

Rechtsgeschäfte, bei welchen die Einräumung des Besitzes eines Grundstückes, um daraus gewisse, die Substanz des Grundstückes affizirende Nutzungen zu ziehen, als unmittelbares Vertragsobjekt sich darstellt, wie dies bei der Uebernahme eines Grundstückes zum Austorfen der Fall ist, können als Handelsgeschäfte nicht angesehen werden.

Art. **277**. Wirkung der Eigenschaft des Rechtsgeschäftes als Handelsgeschäft auf Seiten des einen Kontrahenten auf den andern Kontrahenten:

A. Förmlichkeiten der Verträge bei Handelsgeschäften zwischen Kaufleuten und Nichtkaufleuten; mündliche Vollmachten. — Vergl. Allg. Deutsches Handelsgesetzbuch Art. 317.

Rechtsgr. **654**. — IV. Senat. 13. November 1866. (LXIV. 294.)

a) Zu den Bestimmungen des vierten Buches des Allgem. Deutschen Handelsgesetzbuches, welche auf beide Kontrahenten Anwendung finden, wenn das Rechtsgeschäft nur auf Seiten des einen Kontrahenten ein Handelsgeschäft ist, gehört auch der Art. 317. a. a. O. bezüglich der Form der Verträge.

b) Daher ist zur Gültigkeit des von dem Bevollmächtigten eines Nichtkaufmanns mit einem Kaufmanne abgeschlossenen Handelsgeschäfts eine mündliche Vollmacht des Bevollmächtigten ausreichend.

B. Form der Handelsgeschäfte, insbesondere einer Bürgschaft, nach dem Allg. Deutschen Handelsgesetzbuche. — Vergl. A. L. R. I. **14**. § 203.; Allg. Deutsches Handelsgesetzbuch Art. 281. 317.

Rechtsgr. **655**. — IV. Senat. 10. März 1864. (LIV. 33.)

a) Die Regel des Handelsgesetzbuchs über die Form für die Abschließung der Handelsgeschäfte läßt sich nicht auf solche Rechtsgeschäfte ausdehnen, welche Verpflichtungen hervorbringen, die zu der aus dem Handelsgeschäft entstehenden Obligation nur in dem Verhältniß einer accessorischen stehen.

b) Dies ist insbesondere bei der Obligation aus der Verbürgung der Fall; es sei denn, daß die Bürgschaft selbst ein Handelsgeschäft ist.

C. Mündlicher Auftrag zur Acceptirung eines Wechsels. — Vergl.

A. L. R. I. **5.** §§ 116. 131. 133., **13.** §§ 5. 7. 8.; Allgem. Deutsches Handelsgesetzbuch Art. 2. 47. 317.; Allgem. Deutsche Wechsel-Ordnung Art. 21.

Rechtsgr. **656.** — IV. Senat. 21. Mai 1864. (LIII. 265.)

a) Auf den Bezogenen, welcher den in einem zum Betriebe des Handelsgeschäfts von einem Kaufmann auf ihn gezogenen Wechsel enthaltenen Zahlungs-Auftrag annimmt, seine Accept-Erklärung auf den Wechsel setzt, diesen begiebt und dadurch mit dem Aussteller in ein Vertragsverhältniß tritt, finden die Bestimmungen des vierten Buches des Handelsgesetzbuches mit den sich aus Art. 277. a. a. O. etwa ergebenden Einschränkungen Anwendung.

b) Der Nichtkaufmann, welcher einem Dritten mündlich den Auftrag ertheilt, den von einem Kaufmann in dessen Handelsgeschäften auf ihn gezogenen Wechsel in seinem Namen zu acceptiren, wird durch die Befolgung dieses Auftrages rechtsgültig verpflichtet.

D. Form des Stundungsvertrages bezüglich einer Wechselforderung aus dem von einem Kaufmann auf einen Nichtkaufmann gezogenen Wechsel. — Vergl. Allgem. Deutsches Handelsgesetzbuch Art. 317.

Rechtsgr. **657.** — IV. Senat. 16. Mai 1865. (LIX. 148.)

Der von einem Kaufmann mit einem Nichtkaufmann abgeschlossene Stundungsvertrag bezüglich eines von ersterem auf den letzteren in Handelsgeschäften gezogenen und von diesem acceptirten Wechsels ist bezüglich beider Theile nach den Vorschriften des Handelsgesetzbuches zu beurtheilen, und bedarf deshalb der schriftlichen Abfassung zu seiner Gültigkeit nicht.

Zweiter Abschnitt. Allgemeine Bestimmungen über Handelsgeschäfte.

Art. **281.** Bürgschaft nach Handelsrecht.

Rechtsgr. **658.** — IV. Senat. 10. März 1864. (LIV. 34.)

Unter der im Art. 281. des Allg. Deutschen Handelsgesetzbuches gedachten Bürgschaft, welche „selbst ein Handelsgeschäft ist", ist nur eine solche zu verstehen, welche sich auf Seiten des Bürgen als Handelsgeschäft charakterisirt.

Art. **290**. Siehe Rechtsgrundsatz 296. (A. L. R. I. **13**. § 79.)

Art. **291**. Kontokurrentverhältniß:

A. Wirkung desselben. — Vergl. A. L. R. I. **16**. § 147.; Allgem. Deutsches Handelsgesetzbuch Art. 323. 374.

Rechtsgr. **659**. — IV. Senat. 8. März 1866. (LX. 359.)

Das Kontokurrentverhältniß äußert seine Wirkung darin, daß jeder eingetragene Posten, auch Zahlung, als Aktivposten betrachtet wird, und daß das nach Aufstellung der Rechnung zu Gunsten des einen oder anderen Theils sich ergebende Guthaben, beziehungsweise Schuld, der Saldo, sofern er anerkannt ist, als eine selbstständige Forderung angesehen wird, indem die übrigen in der Rechnung aufgeführten Posten als durch Ausgleichung der gegenseitigen Werthe absorbirt gelten.

B. Wirkung des Saldirens in kürzeren als Jahresperioden, sowie des Anerkenntnisses und der Berichtigung eines solchen Saldos. — Vergl. A. L. R. I. **16**. § 147.

Rechtsgr. **660**. — IV. Senat. 8. März 1866. (LX. 359.)

Wird bei einem Kontokurrentverhältniß in kürzeren als Jahresperioden ein Saldo gezogen, und ist der in einem solchen Rechnungsabschluß gezogene Saldo anerkannt und berichtigt, so hat dies die im § 147. I. 16. des Allg. Landrechts angegebene Wirkung, daß auf Posten früherer Rechnungen nicht zurückgegangen werden darf.

C. Anspruch auf Berichtigung einzelner Posten bei bestehendem Kontokurrentverhältniß unter Kaufleuten. — Vergl. A. L. R. I. **16**. § 147.

Rechtsgr. **661**. — IV. Senat. 8. März 1866. (LX. 359.)

Es ist unter Kaufleuten, welche in laufender Rechnung

stehen, nicht gebräuchlich, auch nach der Natur des Kontokurrentverhältnisses nicht zulässig, einzelne Posten aus dem in dieser Weise bestehenden Verkehr herauszureißen und deren spezielle Berichtigung zu verlangen; durch Uebereinkunft beider Theile kann dies allerdings geschehen, aber dann muß dies auch bei einer solchen Spezialberechnung kenntlich gemacht, und die Einwirkung derselben auf den dadurch gestörten gewöhnlichen Verkehr festgestellt werden.

Siehe auch Rechtsgrundsatz 346. (A. L. R. I. **16.** § 166.)

Art. **301.** ff. Order- und Inhaber-Papiere:

A. Charakter-Eigenthümlichkeit derselben. — Vergl. Einführungsgesetz zum Allg. Deutschen Handelsgesetzbuch vom 24. Juni 1861 Art. 9. § 3.; Allg. Deutsches Handelsgesetzbuch Art. 67. 271. 273. 313. 395. 417. 608. 646. 674. 687. 725. 896. 904. 905.

Rechtsgr. **662.** — **IV.** Senat. 13. März 1866. (**LXII.** 219.)

Die Charakter-Eigenthümlichkeit der Order- und Inhaberpapiere ist ihr selbstständiger Werth, vermöge dessen diese Papiere, abgesehen von der ihrer Ausstellung zum Grunde liegenden Obligation, als Vertragsobjekte, beziehungsweise Zahlungsmittel im Handelsverkehr betrachtet werden, und erscheinen demgemäß diese Papiere als eigene Träger und Organe der in ihrem Inhalt ausgedrückten Obligation.

B. Verpflichtung des Ausstellers eines kaufmännischen Verpflichtungsscheins.

Rechtsgr. **663.** — **IV.** Senat. 25. September 1866. (**LXIV.** 261.)

Die Ausstellung eines Verpflichtungsscheins an sich ist als ein, einen selbstständigen Verpflichtungsgrund enthaltenden Formal-Akt, bei welchem auf die der Ausstellung zum Grunde liegenden Verhandlungen nicht zurückgegangen werden darf, nicht anzusehen; von einer solchen unbedingten Verpflichtung des Ausstellers kann namentlich in dem Falle, wo der Verpflichtungsschein nicht auf Order lautet und sich auch noch in den Händen des ersten Inhabers befindet, keine Rede sein.

Siehe auch Rechtsgrundsätze 646. 686. (Allg. Deutsches Handelsgesetzbuch Art. 271. 403.)

Art. **307**. **308**. Siehe Rechtsgrundsatz 324. (A. L. R. I. **15**. § 47.)

Art. **311**. Siehe Rechtsgrundsatz 664. (Allg. Deutsches Handelsgesetzbuch Art. 343.)

Art. **313**. Siehe Rechtsgrundsatz 662. (Allg. Deutsches Handelsgesetzbuch Art. 271. 301.)

Art. **317**. Siehe Rechtsgrundsätze 13. 317. 627. 628. 654. 656. 657. (A. L. R. Einl. § 14., I. **14**. § 399.; Allg. Deutsches Handelsgesetzbuch Art. 57. 61. 277.)

Dritter Abschnitt. Abschließung der Handelsgeschäfte.

Art. **323**. Siehe Rechtsgrundsatz 659. (Allg. Deutsches Handelsgesetzbuch Art. 291.)

Vierter Abschnitt. Erfüllung der Handelsgeschäfte.

Art. **324**. Siehe Rechtsgrundsatz 670. (Allg. Deutsches Handelsgesetzbuch Art. 349.)

Zweiter Titel. Vom Kauf.

Art. **337**. **338**. Siehe Rechtsgrundsatz 207. (A. L. R. I. **11**. § 46.)

Art. **342**. Siehe Rechtsgrundsatz 670. (Allg. Deutsches Handelsgesetzbuch Art. 349.)

Art. **343**. Verkauf der Waare Seitens des Verkäufers bei dem Verzuge des Käufers in Betreff der Empfangnahme, namentlich bei nicht marktgängigen Waaren. — Vergl. Allgem. Deutsches Handelsgesetzbuch Art. 311. 348. 354.

Rechtsgr. **664**. — IV. Senat. 6. September 1864. (LIV. 279.)

a) Ist bei einem Handelsgeschäft der Käufer mit der Empfangnahme der Waare, welche keinen Börsen- oder Marktpreis hat, wie z. B. Blutegel, im Verzug, so folgt aus der Unstatthaftigkeit des nicht öffentlichen Verkaufes durch einen Handelsmäkler oder, in Ermangelung eines solchen, durch einen zu Versteigerungen befugten Beamten nicht die Befugniß des Verkäufers zum völlig freien, unbeschränkten Privatverkauf, sondern es folgt die Nothwendigkeit des öffentlichen Verkaufes als die vorgeschriebene Regel.

b) Eine Abweichung von dieser Regel kann nicht dadurch gerechtfertigt werden, daß der Beweis versucht wird, der bei dem Privatverkauf erzielte Preis sei der höchste gewesen, der überhaupt zu erwarten gestanden.

Art. **345**. Siehe Rechtsgrundsatz 670. (Allg. Deutsches Handelsgesetzbuch Art. 349.)

Art. **346**. Zurücksendung der gesammten Waarensendung wegen Mehrlieferung über die Bestellung hinaus; Mehrsendung von Waaren über den bestellten Betrag als Vertrags-Offerte. — Vergl. Art. 347. dieses Handelsgesetzbuches.

Rechtsgr. **665**. — IV. Senat. 12. Oktober 1865. (LX. 202.)

a) Die Art. 346. 347. des Allgem. Deutschen Handelsgesetzbuches lassen nicht erkennen, daß ein Käufer, welchem mehr Waaren übersendet worden, als er bestellt hatte, lediglich wegen dieser Mehrsendung auch die Annahme des bestellten Theiles der Sendung zurückweisen dürfe.

b) Eine Mehrsendung von Waaren über die bestellte Quantität hinaus enthält, soweit diese Ueberschreitung reicht, nur eine Offerte, nicht aber einen Vertrag.

Art. **347**. Unverzügliche Untersuchung der von einem andern Orte übersandten Waare und sofortige Anzeige von deren vertrags- oder gesetzwidrigen Beschaffenheit:

A. Form dieser Anzeige und Feststellung der „sofortigen" Anzeige.

Rechtsgr. **666**. — IV. Senat. 6. Februar 1865. (LXI. 346.)

a) Der Art. 347. des Allgem. Deutschen Handelsgesetzbuches erfordert nur die Thatsache der Anzeige des Mangels der vertrags- oder gesetzmäßigen Eigen schaften der Waare, um das Präjudiz der Genehmigung derselben von dem Käufer fern zu halten; eine bestimmte, namentlich die schriftliche Form der Anzeige ist nicht vorgeschrieben.

b) Die Entscheidung der Frage: ob die nach Art. 347. des Allgem. Deutschen Handelsgesetzbuches erforderliche Anzeige, betreffend den Mangel der vertrags- oder gesetzmäßigen Eigenschaften der Waare, als eine sofortige anzusehen sei, unterliegt dem, durch die vorwaltenden Umstände geleiteten freien Ermessen des Richters und ist einem Angriff durch die Nichtigkeitsbeschwerde nicht zugänglich.

B. Beziehung der Untersuchungs- und Anzeigepflicht des Käufers auf die Beschaffenheit, nicht auf die Quantität der Waare.

Rechtsgr. **667a.** — IV. Senat. 12. Oktober 1865. (LX. 203.)

Die Bestimmung des Art. 347. des Allg. Deutschen Handelsgesetzbuches, — nach welcher der Käufer die ihm von einem anderen Orte übersandte Waare ohne Verzug zu untersuchen und, wenn dieselbe sich nicht als vertragsmäßig ergiebt, dem Verkäufer sofort davon Anzeige zu machen verpflichtet ist, widrigenfalls die Waare als genehmigt gilt, — bezieht sich nur auf die Beschaffenheit (Qualität), nicht aber auf die Quantität der übersendeten Waare.

C. Nichtanwendbarkeit des Art. 347. des Handelsgesetzbuchs auf Platzgeschäfte; Begründung der Klage auf Gewährleistung. — Vergl. Art. 348. dieses Handelsgesetzbuches.

Rechtsgr. **667b.** — IV. Senat. 25. Januar 1866. (LXIII. 62.)

a) Der Art. 347 des Allgem. Deutschen Handelsgesetzbuchs findet auf sogenannte Platzgeschäfte keine Anwendung.

b) Zu der das Gewährleistungsrecht des Käufers geltend machenden Klage ist der Nachweis der sofortigen

Benachrichtigung des Verkäufers, betreffend die wahrgenommenen Mängel der Waare, erforderlich.

D. Begründung des Einwandes des nichterfüllten Vertrages Seitens des Empfängers der Waare beim Kaufvertrage, nach Handelsrecht.

Rechtsgr. **668**. — IV. Senat. 12. Mai 1863. (LIV. 5.)

Beim Kaufvertrage setzt der von dem Empfänger der übersendeten Waare erhobene Einwand des nicht erfüllten Vertrages nach dem Handelsrecht voraus:

„daß von dem Empfänger der Waare nichts verabsäumt worden ist, namentlich daß er in Gemäßheit des Art. 347. des Allgem. Deutschen Handelsgesetzbuches dieselbe nach dem Empfange untersucht oder, wenn die Mängel sich erst später gezeigt, nach ihrer Entdeckung dem Absender sofort Anzeige gemacht hat, widrigenfalls die Waare als genehmigt gilt, und der Mangel nicht mehr geltend gemacht werden kann."

Siehe auch Rechtsgrundsätze 665. 670. dieses Handelsgesetzbuchs.

Art. **348**. Aufbewahrung der beanstandeten Waare und spätere Untersuchung derselben durch Sachverständige:

A. Anwendung dieses Artikels auf den Fall der nicht erfolgten Ablieferung der Waare. — Vergl. Art. 407. dieses Handelsgesetzbuchs.

Rechtsgr. **669a**. — IV. Senat. 22. März 1866. (LXIII. 126.)

Der Art. 348. des Allgem. Deutschen Handelsgesetzbuches setzt nicht voraus, daß die von einem andern Orte übersandte Waare an den Käufer a b g e l i e f e r t und von demselben in E m p f a n g g e n o m m e n ist.

B. Voraussetzung des Art. 348.; Anzeige von den später entdeckten Mängeln, namentlich Absendung der Anzeige später als sechs Monate nach Ablieferung der Waare an den Käufer.

Rechtsgr. **669b**. — IV. Senat. 27. Februar 1866. (LX. 349.)

a) Der Art. 348. des Allgem. Deutschen Handelsgesetzbuchs setzt zu seiner Anwendung voraus, daß die unter dem Präjudiz des Art. 347. Abs. 2. angeordnete

Benachrichtigung des Verkäufers von Seiten des Käufers, betreffend die wahrgenommenen Mängel der Waare, bereits stattgefunden hat.

b) Die Verpflichtung des Käufers zur Benachrichtigung des Verkäufers, betreffend die an einer, von einem anderen Orte übersandten Waare sich ergebenden Mängel, tritt mit dem Zeitpunkte der Wahrnehmung der Mängel Seitens des Käufers ein und ist von der durch Art. 348. des Allg. Deutschen Handelsgesetzbuches in die Befugniß gestellte Untersuchung durch Sachverständige unabhängig.

Siehe auch Rechtsgrundsätze 664. 686. (Allg. Deutsches Handelsgesetzbuch Art. 343. 403.)

Art. **349.** Erlöschung der Klagen und Einreden des Käufers wegen vertrags- oder gesetzwidriger Beschaffenheit der Waare:

A. Rüge augenfälliger Fehler der von einem anderen Orte übersandten Waare durch den Käufer, namentlich wenn ein anderer Ort, als der Wohnort des Käufers, als Erfüllungsort gilt, nach Handelsrecht. — Vergl. A. L. R. I. **11.** §§ 128. 130.; Allg. Deutsches Handelsgesetzbuch Art. 324. 342. 345. ff.

Rechtsgr. **670.** — IV. Senat. 14. Dezember 1865. (LXII. 95.)

Die Art. 347. 349. des Allgem. Deutschen Handelsgesetzbuches bringen das Prinzip zur Geltung, daß dem Käufer alle rechtlichen Einwendungen wider die Beschaffenheit der von einem andern Orte ihm zugesendeten Waare bis zu deren Eintreffen am Bestimmungsorte vorbehalten bleiben, und dies Recht blos durch den Umstand, daß ein anderer Ort vertragsmäßig als Ort der Erfüllung gilt, keine Einschränkung erleidet.

B. Verlust dieser Einreden bei unterlassener Anzeige sofort nach der Entdeckung des Mangels und innerhalb sechs Monaten nach der Ablieferung.

Rechtsgr. **671.** — IV. Senat. 12. Mai 1863. (LIV. 5.)

Der Sinn der Bestimmung im Art. 349. des Allg. Deutschen Handelsgesetzbuches:

die Einreden sind erloschen, wenn die im Art. 347. vorgeschriebene sofortige Einsendung der Anzeige des Mangels nicht innerhalb sechs Monaten nach der Ablieferung von dem Käufer geschehen ist,

geht dahin, daß die Anzeige sofort nach der Entdeckung und außerdem innerhalb sechs Monaten nach der Ablieferung der Waare von dem Käufer erstattet sein muß, um die Einrede zu bewahren, und daß, wenn eines dieser Erfordernisse fehlt, die Einrede verloren geht.

C. Verlust der Ansprüche wegen der bei der sofortigen Untersuchung der Waare nicht erkennbaren Mängel nach sechs Monaten seit der Ablieferung.

Rechtsgr. **672**. — IV. Senat. 27. Februar 1866. (LX. 349.)

Auch wenn die, bei der sofortigen Untersuchung der von einem anderen Orte übersandten Waare nicht erkennbaren Mängel erst später wahrgenommen sind und demnächst die Anzeige davon sofort an den Verkäufer gemacht ist, können daraus doch keine Ansprüche weiter geltend gemacht werden, wenn seit Ablieferung der Waare an den Käufer ein Zeitraum von sechs Monaten verflossen ist.

Art. **354**. Rechte des Verkäufers gegen den säumigen Käufer, nach Handelsrecht; Klage auf Preisdifferenz; Gültigkeit der Handelsgebräuche gegen die Bestimmungen des Handelsgesetzbuches, namentlich der Art. 354. und 357.

Rechtsgr. **673**. — IV. Senat. 2. November 1865. (LX. 238.)

a) Durch die Art. 354. und 357. des Allg. Deutschen Handelsgesetzbuches sind dem Verkäufer ausdrücklich nur drei Arten der Verfolgung und Geltendmachung seiner Rechte gegen den säumigen Käufer eingeräumt worden; eine vierte und weitere Art kennt das Handelsgesetzbuch nicht, und namentlich ist der Verkäufer im Falle des Verzuges des Käufers nicht berechtigt, nach dem Stichtage ohne Weiteres die Differenzsumme zu fordern und einzuklagen.

b) Die Art. 354. und 357. enthalten ganz bestimmte und ausdrückliche Vorschriften, und neben diesen und gegen dieselben können etwaige Handelsgebräuche nicht in Betracht kommen, weil dergleichen Handelsgebräuchen eine den Bestimmungen des Handelsgesetzbuches derogirende Kraft nicht beiwohnt.

Siehe auch Rechtsgrundsätze 664. 678. (Allg. Deutsches Handelsgesetzbuch Art. 343. 359.)

Art. **355**. Rücktrittsrecht des Käufers wegen verspäteter Uebersendung der Waare:

A. Wahrung dieses Rücktrittsrechts.

Rechtsgr. **674**. — IV. Senat. 12. Oktober 1865. (LX. 203.)

Zur Wahrung des Rechts des Käufers, wegen verzögerter Uebersendung der Waare vom Vertrage wieder abzugehen, genügt es, daß er im Stande ist, dem Verkäufer die Waare in dem Zustande zurückzusenden, in welchem er sie erhalten hat; das Rücktrittsrecht wird nicht dadurch aufgehoben, daß der Käufer, welcher mit der bei dem Verkäufer bestellten Waare seine eigenen Kunden hatte versorgen wollen, den Versuch gemacht hat, ob diese Kunden die Waare, der verspäteten Absendung ungeachtet, noch annehmen würden.

B. Sofortiges Wahlrecht des Käufers bei ausdrücklicher Weigerung des Verkäufers, die verkaufte Waare zu überliefern. — Vergl. Art. 356.

Rechtsgr. **675**. — IV. Senat. 27. September 1866. (LXIII. 353.)

Die Ausübung des dem Käufer im Art. 355. des Allgem. Deutschen Handelsgesetzbuchs wegen des Verzuges des Verkäufers mit der Uebergabe der Waare eingeräumten Wahlrechts ist von einer Anzeige und Fristbewilligung in dem Falle nicht abhängig, wenn der Verkäufer bereits erklärt hat, die Waare überhaupt nicht übergeben zu wollen.

Siehe auch Rechtsgrundsatz 678. (Allg. Deutsches Handelsgesetzbuch Art. 359.)

Art. 356. 357. Festbestimmte Zeit der Lieferung der verkauften Waare.

Rechtsgr. **676.** — IV. Senat. 19. Mai 1864. (LIII. 261.)

a) Die Anwendbarkeit des Art. 357. des Allgem. Deutschen Handelsgesetzbuches ist nicht auf den Fall eingeschränkt, daß bedungen worden, die Waare sei „zu einer bestimmten Zeit oder binnen einer bestimmten Frist" zu liefern; vielmehr liegt es allgemein im Zweck dieser Gesetzesstelle, die nach Art. 356. a. a. O. statthafte purgatio morae und die Möglichkeit auszuschließen, noch auf lange Zeit hinaus auf Kosten des Säumigen zu spekuliren.

b) Der Art. 357. greift daher auch dann Platz, wenn in der Zeit der Erfüllung ein Spielraum gewährt ist.

Siehe auch Rechtsgrundsatz 675. (Allg. Deutsches Handelsgesetzbuch Art. 354. 359.)

Art. 357. Abs. **3.** Schadensersatz-Anspruch des Käufers wegen Nichterfüllung des Vertrages über marktgängige Waaren Seitens des Verkäufers; Preisdifferenz; erweislich höherer Schaden.

Rechtsgr. **677.** — IV. Senat. 21. März 1865. (LVII. 262.)

Der Art. 357. Abs. 3. des Allgem. Deutschen Handelsgesetzbuches, welcher dem Käufer das Recht vorbehält, statt der Differenz zwischen dem Kaufpreise und dem Marktpreise der Lieferzeit

„einen erweislich höheren Schaden geltend zu machen", hat nicht die Bedeutung, daß der Käufer seine Schadensersatzforderung auf Monate oder Jahre hinaus verschieben und sie nach dem dann vielleicht auf das Doppelte und Dreifache gestiegenen Marktpreise berechnen, also auf Kosten des Verkäufers mit der erkauften Waare fortspekuliren dürfe; vielmehr ist mit jener Bestimmung nur gesagt, daß dem Käufer, wenn er aus besondern Gründen Gelegenheit gehabt hätte, das Verkaufsobjekt zur vertragsmäßigen Lieferzeit höher, als zu dem damaligen Marktpreise, zu verwerthen, ihm dieser höhere Betrag nicht versagt werden soll.

Art. **359**. Einfluß des Verzuges betreffs einzelner Leistungen auf den ganzen Vertrag. — Vergl. Allg. Deutsches Handelsgesetzbuch Art. 354. 355. 357.

Rechtsgr. **678**. — **IV**. Senat. 1. Dezember 1864. (**LVII**. 136.)

Ist die Erfüllung des Vertrages auf beiden Seiten theilbar, so ergreift der Verzug betreffs der einzelnen Leistungen den ganzen Vertrag.

Siehe auch Rechtsgrundsatz 1100. (Instruktion vom 7. April 1839.)

Dritter Titel. Von dem Kommissionsgeschäft.

Art. **363**. Siehe Rechtsgrundsatz 294. (A. L. R. **I**. **13**. § 49.)

Art. **374**. Siehe Rechtsgrundsatz 659. (Allg. Deutsches Handelsgesetzbuch Art. 291.)

Art. **376**. **377**. Kommissionsgeschäft und Propergeschäft:

A. Wirkung des Zeitpunktes der Anzeige des Kommissionärs über die Ausführung des Ein- oder Verkaufes als Propergeschäft auf den zu gewährenden Börsen- oder Marktpreis.

Rechtsgr. **679**. — **IV**. Senat. 11. Mai 1865. (**LIX**. 136.)

Bei der Kommission zum Einkauf oder zum Verkauf von Waaren, Wechseln oder Werthpapieren, welche einen Börsen- oder Marktpreis haben, ist die Anzeige des Kommissionärs über die Ausführung des Auftrages als das, das Propergeschäft nach Inhalt und Zeit definitiv fixirende Moment, mithin auch für die Bestimmung des Börsen- und Marktpreises als Kaufpreises, als allein entscheidend anzunehmen.

B. Uebergang des Kommissionsgeschäfts in das Propergeschäft.

Rechtsgr. **680**. — **IV**. Senat. 26. November 1866. (**LXIV**. 301.)

a) Nach der Bedeutung des Art. 376. des Allgem. Deutschen Handelsgesetzbuches verwandelt die ursprüngliche Kommission sich nicht von selbst in ein Propergeschäft, wenn der Kommissionär dasselbe stillschweigend als ein solches auffaßt, behandelt und entwickelt und das Resultat dieser Entwickelung erst hinterher, nachdem er es herbeigeführt hat, zur Geltung bringt; vielmehr setzt die Befugniß des Kommissionärs, als Selbstkontrahent aufzutreten, voraus, daß er seinen Entschluß manifestirt und davon dem Kommittenten Anzeige macht.

Erst in dieser Anzeige liegt die Acceptation der, in dem Thatbestande des Alinea 1. Art. 376. enthaltenen stillschweigenden Offerte des Kommittenten, den Kommissionär eventuell als Selbstkontrahenten gelten zu lassen.

b) Im Falle des Alinea 3. a. a. O. offerirt der Kommissionär durch Nichtnamhaftmachung eines Dritten sich stillschweigend als Selbstkontrahenten, und der Kommittent ist dann berechtigt, zu erklären, ihn als solchen ansehen zu wollen, und kann ihn als solchen in Anspruch nehmen.

c) Der Fall des Alinea 3. a. a. O. giebt nur dem Kommittenten das Recht, den Kommissionär als Selbstverkäufer anzusehen, nicht aber dem Kommissionär die Befugniß, als solcher aufzutreten, und daraus herzuleiten, daß ihn der Kommittent als Selbstverkäufer ansehen müsse.

Vierter Titel. Von den Speditionsgeschäften.

Art. **382**. Siehe Rechtsgrundsatz 687. (Allg. Deutsches Handelsgesetzbuch Art. 409.)

Fünfter Titel. Von dem Frachtgeschäft.

Erster Abschnitt. Vom Frachtgeschäft überhaupt.

Art. **390**. ff. Reisegepäck als Frachtgut. — Vergl. Allgem. Deutsches Handelsgesetzbuch Art. 395. 425.

Rechtsgr. **681**. — IV. Senat. 12. September 1865. (**LXI.** 21.)

Unter „Frachtgut“ ist auch das Reisegepäck der Passagiere aller öffentlichen Transport-Anstalten zu verstehen.

Siehe auch Rechtsgrundsätze 543. 548. 689. (A. L. R. II. **8**. § 1528. 2458.; Allg. Deutsches Handelsgesetzbuch Art. 421.)

Art. **392**. Unterschrift des Frachtbriefes durch den Absender des Gutes.

Rechtsgr. **682**. — IV. Senat. 13. September 1864. (LVIII. 21.)

Daß der Frachtbrief von dem Absender unterschrieben werden muß, ist aus dem Art. 392. des Allgem. Deutschen Handelsgesetzbuches nicht zu entnehmen.

Siehe auch Rechtsgrundsatz 689. (Allg. Deutsches Handelsgesetzbuch Art. 421.)

Art. **394**. Rücktritt des Absenders vom Frachtvertrage bei Eintritt eines Hindernisses vor dem Antritte oder der Fortsetzung der Reise. — Vergl. A. L. R. I. **6**. § 36.

Rechtsgr. **683**. — IV. Senat. 12. April 1864. (LIV. 76.)

a) Die Befugniß des Absenders, bei zeitweiliger, durch Naturereignisse oder sonstige Zufälle herbeigeführter Verhinderung des Frachtführers an dem Antritte oder der Fortsetzung der Reise von dem Frachtvertrage zurücktreten, braucht nicht sofort bei Eintritt dieses Hindernisses ausgeübt zu werden; diese Befugniß dauert vielmehr so lange, als das Hinderniß selbst andauert und noch nicht aufgehoben ist.

b) Der Frachtführer kann wegen dieses Hindernisses von dem Frachtvertrage nicht zurücktreten und darf daher anderweites Frachtgut in seinem Fahrzeuge nicht anfnehmen und weiter befördern. Auch steht ihm ein Entschädigungs-Anspruch wegen des während der Liegezeit entbehrten, durch Annahme und Beförderung von anderem Frachtgute mit seinem Fahrzeuge zu erlangen gewesenen anderweitigen Frachtverdienstes nicht zu.

Art. **395**. Reisegepäck als Frachtgut; Haftbarkeit der öffentlichen Transport-Anstalten für das Reisegepäck der Passagiere, namentlich bei Empfangnahme desselben durch den Kutscher. — Vergl. Allg. Deutsches Handelsgesetzbuch Art. 272. No. 3. 425.

Rechtsgr. **684**. — IV. Senat. 12. September 1865. (LXI. 22.)

a) Die öffentlichen Transport-Anstalten haften im

Allgemeinen für das Reisegepäck der Passagiere, wie für gewöhnliches Frachtgut, und findet der Art. 395. des Allgem. Deutschen Handelsgesetzbuches auch auf Personenfuhrwerk Anwendung.

b) Der Inhaber einer öffentlichen Transport-Anstalt oder eines Personenfuhrwerks haftet für das Reisegepäck, welches sein Kutscher von einem durch ihn angenommenen Passagier übergeben erhalten hat, und macht es dabei keinen Unterschied, ob die Uebergabe mehrere Stunden oder kurz vor Beginn der Reise erfolgt ist.

Siehe auch Rechtsgrundsätze 646. 662. 681. 689. (Allg. Deutsches Handelsgesetzbuch Art. 271. 301. 390. 421.)

Art. **396**. Siehe Rechtsgrundsatz 690. (Allg. Deutsches Handelsgesetzbuch Art. 427.)

Art. **398**. Siehe Rechtsgrundsatz 689. (Allg. Deutsches Handelsgesetzbuch Art. 421.)

Art. **400**. Siehe Rechtsgrundsatz 540. (A. L. R. II. 8. § 447.)

Art. **401**. ff. Verhältniß des Absenders des Frachtguts gegen die spätern Frachtführer; Klagerecht gegen dieselben; Verfügungsrecht des Absenders des Frachtguts bis zur Ankunft desselben am Bestimmungsorte, vorzeitige Aushändigung an den im Frachtbriefe bezeichneten Empfänger.

Rechtsgr. **685**. — IV. Senat. 14. Juli 1866. (LXIII. 311.)

a) Dadurch, daß der Frachtführer, welcher auf einen anderen Frachtführer folgt, das Gut mit dem ursprünglichen Frachtbrief annimmt, vollzieht sich eine aktive und passive Cession der in dem ursprünglichen Frachtvertrage enthaltenen Rechte und Verbindlichkeiten, und kommt der folgende Frachtführer zu dem Absender in dieselbe obligatorische Beziehung, wie sie der ursprüngliche Frachtführer übernommen hatte.

Deshalb kann der Absender den folgenden Frachtführer wegen seiner Verbindlichkeiten direkt in gerichtlichen Anspruch nehmen.

b) Der Absender ist berechtigt, über das abgeforderte

Frachtgut bis zu dem Zeitpunkt, in welchem dasselbe am Ort der Ablieferung angekommen und der Frachtbrief dort übergeben ist, zu disponiren, und darf der Frachtführer das Frachtgut vor Ankunft an dem Ablieferungsorte dem bezeichneten Empfänger nicht aushändigen.

Siehe auch Rechtsgrundsatz 687. (Allg. Deutsches Handelsgesetzbuch Art. 409.)

Art. **403.** ff. Ansprüche des Schiffers auf Entschädigung durch Zahlung von Liegegeldern. — Vergl. Allg. Deutsches Handelsgesetzbuch Art. 303. 348. 413-417. 419. 615.

Rechtsgr. **686.** — IV. Senat. 28. November 1865. (**LX.** 282.)

Nicht aus dem Besitze des Ladescheins für sich allein, vielmehr nur in Verbindung mit der Annahme der darin verzeichneten Ladung ist für den Schiffer dem Dritten gegenüber das Recht herzuleiten, ihn wegen verweigerter, beziehungsweise verzögerter An- und Abnahme der Ladung auf Entschädigung durch Zahlung von Liegegeldern zu belangen.

Siehe auch Rechtsgrundsatz 689. (Allg. Deutsches Handelsgesetzbuch Art. 421.)

Art. **407.** Siehe Rechtsgrundsatz 672. (Allg. Deutsches Handelsgesetzbuch Art. 347.)

Art. **409.** Verlust des Pfandrechts des Spediteurs. — Vergl. A. L. R. I. **20.** § 71.; Allg. Deutsches Handelsgesetzbuch Art. 382. 402. 412.

Rechtsgr. **687.** — IV. Senat. 24. Mai 1866. (**LXII.** 352.)

Ist der Frachtschein und das Frachtgut dem Adressaten vorbehaltsfrei und ohne irgend eine dabei gemachte Dispositionsbeschränkung ausgeantwortet worden, so ist dadurch sowohl für den letzten Spediteur als dessen Vormänner die Detention — die Gewahrsam am Gute — und damit die nächste und erste Voraussetzung des Pfandrechts wegen der Fracht, der Provision, der Auslagen, der Kosten und Verwendungen und wegen der dem Versender auf das Gut geleisteten Vorschüsse und dessen Ausübung verloren.

Siehe auch Rechtsgrundsatz 688. (Allg. Deutsches Handelsgesetzbuch Art. 402.)

Art. **410**. Siehe Rechtsgrundsatz 689. (Allg. Deutsches Handelsgesetzbuch Art. 421.)

Art. **412**. Haftung des im Frachtbrief bezeichneten Empfängers des Frachtgutes für das Frachtlohn und die Auslagen dem Schiffer gegenüber, bei stattgehabtem Verkauf des Frachtgutes und Ablieferung desselben an den Käufer ohne Geltendmachung des Pfandrechtes Seitens des Schiffers. — Vergl. Allgem. Deutsches Handelsgesetzbuch Art. 409.

Rechtsgr. **688**. — **IV.** Senat. 27. Februar 1866. (**LXII.** 171.)

Hat der im Frachtbrief bezeichnete Empfänger des Frachtguts dieses weiter verkauft und der Frachtführer dasselbe an diesen Käufer abgeliefert, ohne dabei wegen Bezahlung des Frachtlohns und seiner Auslagen sein ihm gesetzlich an der Ladung zustehendes Pfandrecht geltend zu machen, so schließt dies den Anspruch des Frachtführers an den im Frachtbrief bezeichneten Ladungsempfänger nicht aus.

Siehe auch Rechtsgrundsatz 687. (Allg. Deutsches Handelsgesetzbuch Art. 409.)

Art. **413**. ff. Siehe Rechtsgrundsatz 686. (Allg. Deutsches Handelsgesetzbuch Art. 403.)

Art. **414**. Siehe Rechtsgrundsatz 689. (Allg. Deutsches Handelsgesetzbuch Art. 421.)

Art. **417**. Siehe Rechtsgrundsätze 646. 662. (Allg. Deutsches Handelsgesetzbuch Art. 271. 301.)

Art. **418**. Siehe Rechtsgrundsatz 689. (Allg. Deutsches Handelsgesetzbuch Art. 421.)

Art. **419**. Siehe Rechtsgrundsatz 686. (Allg. Deutsches Handelsgesetzbuch Art. 403.)

Art. **421**. Verpflichtung des Frachtführers, das Frachtgut in die Wohnung des Empfängers abzuliefern; Gültigkeit des mit einer Eisenbahngesellschaft abgeschlossenen Frachtvertrages auch für den Transport der Güter von der Eisenbahn bis in die Wohnung des Empfängers. — Vergl. Allg. Deutsches Handelsgesetzbuch Art. 390. 392. 395-398. 403. 410. 414. 418.

Rechtsgr. **689**. — IV. Senat. 13. September 1864. (LVIII. 21.)

Der Frachtvertrag verpflichtet den Frachtführer nicht blos zum Transport an den Wohnort des Empfängers, sondern auch zur Ablieferung an denselben. Bei Abschluß des Frachtvertrages mit einer Eisenbahngesellschaft endigt mithin die Verpflichtung des Frachtführers nicht mit der Ankunft am Ende der Schienen, oder im Orte des Empfängers; vielmehr bleibt auch für den Transport vom Bahnhofe bis in die Wohnung des Empfängers, der Frachtvertrag mit der Eisenbahn maaßgebend.

Zweiter Abschnitt. Von dem Frachtgeschäft der Eisenbahnen insbesondere.

Art. **425**. Siehe Rechtsgrundsätze 681. 684. (Art. 390. 395. dieses Handelsgesetzbuches.)

Art. **427**. Begriff der böslichen Handlungsweise im Art. 427. des Allg. Deutschen Handelsgesetzbuches. — Vergl. Allg. Deutsches Handelsgesetzbuch Art. 396.

Rechtsgr. **690**. — V. Senat. 2. Februar 1864. (LVIII. 19.)

Unter „bösliche Handlungsweise" im Art. 427. No. 2. Absatz 2. des Allg. Deutschen Handelsgesetzbuches ist nur der dolus und der höchste Grad der Nachlässigkeit begriffen.

Fünftes Buch. Vom Seehandel.

Dritter Titel. Von dem Schiffer.

Art. **517**. Umfang des zu gewährenden freien Unterhalts namentlich bezüglich der Bekleidung des Schiffers.

Rechtsgr. **691**. — IV. Senat. 20. März 1866. (LXII. 245.)

Hat der Schiffer einen Anspruch auf freie Zurückbeförderung in den Heuerhafen und damit auf **Unterhalt** während der Reise, so ist in diesem **Unterhalt** nur die Beköstigung, nicht aber die Bekleidung inbegriffen.

Siehe auch Rechtsgrundsatz 692. (Allg. Deutsches Handelsgesetzbuch Art. 542.)

Art. **526**. Siehe Rechtsgrundsatz 692. (Allg. Deutsches Handelsgesetzbuch Art. 542.)

Vierter Titel. Von der Schiffsmannschaft.

Art. **542**. **544**. Anspruch des Schiffers auf freien Unterhalt bei der Zurückbeförderung in den Heuerhafen. — Vergl. Allgem. Deutsches Handelsgesetzbuch Art. 517. 526.

Rechtsgr. **692**. — IV. Senat. 20. März 1866. (LXII. 245.)

Auch bei Beendigung des Heuervertrages in den im Art. 542. des Allgem. Deutschen Handelsgesetzbuches aufgeführten Fällen umfaßt der Anspruch der Schiffsmannschaft auf freie Zurückbeförderung nach dem Heuerhafen den **Unterhalt** während dieser Reise.

Fünfter Titel. Von dem Frachtgeschäft zur Beförderung von Gütern.

Art. **557**. ff. Siehe Rechtsgrundsatz 543. (A. L. R. II. **8**. § 1528.)

Art. **608**. Siehe Rechtsgrundsätze 646. 662. (Allg. Deutsches Handelsgesetzbuch Art. 271. 301,)

Art. **615**. Siehe Rechtsgrundsatz 686. (Allg. Deutsches Handelsgesetzbuch Art. 403.)

Art. **646**. Siehe Rechtsgrundsätze 646. 662. (Allg. Deutsches Handelsgesetzbuch Art. 271. 301.)

Sechster Titel. Von dem Frachtgeschäft zur Beförderung von Reisenden.

Art. **674**. Siehe Rechtsgrundsätze 646. 662. (Allg. Deutsches Handelsgesetzbuch Art. 271. 301.)

Siebenter Titel. Von der Bodmerei.

Art. **687. 725. 896.** Siehe Rechtsgrundsätze 646. 662. (Allg. Deutsches Handelsgesetzbuch Art. 271. 301.)

Elfter Titel. Von der Versicherung gegen die Gefahren der Seeschifffahrt.

Siebenter Abschnitt. Aufhebung der Versicherung und Rückzahlung der Prämie.

Art. **899-902.** Siehe Rechtsgrundsatz 547. (A. L. R. II. **8.** § 2008.)
Art. **904. 905.** Siehe Rechtsgrundsätze 646. 662. (Allg. Deutsches Handelsgesetzbuch Art. 271. 301.)

Gesetz wegen Einführung der Allgemeinen Deutschen Wechsel-Ordnung in Preußen vom 15. Februar 1850.

(Gesetz-Sammlung S. 53.)

---

§ **6.** Gerichtsstand des Ausländers in Wechselsachen, namentlich bezüglich der Acceptirung eines im Inlande domizilirten Wechsels Seitens des Ausländers.

Rechtsgr. **693.** — IV. Senat. 7. Februar 1867. (LXIV. 346.)

a) Die Bestimmungen des § 6. des Preußischen Einführungsgesetzes zur Allgem. Deutschen Wechsel-Ordnung vom 15. Februar 1850 verbinden nur die Angehörigen des Preußischen Staates und beziehen sich nicht auf den internationalen Wechselverkehr; für diesen ist vielmehr das bestehende Recht maaßgebend geblieben.

b) In der bloßen Acceptirung eines im Inlande domizilirten Wechsels ist keine Unterwerfung des Ausländers unter einen diesseitigen Gerichtsstand zu finden.

Siehe auch Rechtsgrundsätze 706. 731. (Allgem. Deutsche Wechsel-Ordnung Art. 12. 73.)

§ 7. Antritt eines unvollständigen Zeugenbeweises und nothwendiger Eid über die nicht vollständig bewiesenen Einreden des Verklagten, im Wechselprozesse. — Vergl. A. G. O. I. **27.** § 26.; Verordnung vom 14. Dezember 1833 § 5. No. 2., No. 10c.; Deklaration vom 6. April 1839 Art. 3. No. 5.

Rechtsgr. **694.** — IV. Senat. 16. Januar 1866. (LX. 330.)

a) Im Wechselprozeß ist in Betreff der Einreden des Verklagten auch ein unvollständiger Zeugenbeweis gestattet, welcher durch einen nothwendigen Eid des Verklagten, beziehungsweise des Klägers, zum vollständigen Beweise erhoben oder ganz beseitigt werden kann.

b) Der § 7. des Einführungsgesetzes vom 15. Februar 1850 enthält nur eine für die Nichtigkeitsbeschwerde nicht wesentliche Prozeßvorschrift.

Siehe auch Rechtsgrundsatz 253. (A. L. R. I. **11.** § 646.)

Allgemeine Deutsche Wechsel-Ordnung.

Erster Abschnitt. Von der Wechselfähigkeit.

Art. **1.** Siehe Rechtsgrundsätze 54. 461. (A. L. R. I. **5.** § 31., II. **1.** § 319.)

Art. **2.** No. **2.** Begriff einer Firma; Wechselausstellung zu Gunsten einer Regierungs-Hauptkasse. — Vergl. Allg. Deutsches Handelsgesetzbuch Art. 15. ff. Art. 4. No. 3. Art. 96. No. 3. dieser Wechsel-Ordnung.

Rechtsgr. **695.** — IV. Senat. 3. Oktober 1865. (LX. 177.)

Der Ausdruck „Firma“ umfaßt auch den unpersönlichen, von dem objektiven Zwecke hergenommenen Namen einer juristischen Persönlichkeit im Sinne des Art. 2. No. 2. der Allgem. Deutschen Wechsel-Ordnung, und kann daher ein Wechsel auch zu Gunsten des Fiskus und einer Regierungs-Hauptkasse ausgestellt werden.

Zweiter Abschnitt. Von gezogenen Wechseln.

I. Erfordernisse eines gezogenen Wechsels.

Art. **4**. Siehe Rechtsgrundsätze 350. 741. (A. L. R. I. **16**. § 205.; Allg. Deutsche Wechsel-Ordnung Art. 82.)

— No. **2**. Angabe der zu zahlenden Summe in einem Wechsel mit „49 Rthlrn. 29 Sgr. 11 Pf. oder Werth" (Werthwechsel).

Rechtsgr. **696**. — IV. Senat. 19. Juli 1866. (LXIII. 321.)

Wenn nach einer sich als Wechsel bezeichnenden Urkunde

„die Summe von 49 Rthlrn. 29 Sgr. 11 Pf. Pr. Kour. (oder Werth)"

gezahlt werden soll, so ist in unstatthafter Weise in das Ungewisse gestellt, was eigentlich auf den Wechsel geleistet werden soll, und ist deshalb hierdurch der Urkunde die Wechselkraft entzogen.

— No. **3**. Aeußerlich erkennbare Merkmale eines Wechsels bezüglich der Unterzeichnung des Trassanten und Remittenten.

Rechtsgr. **697**. — IV. Senat. 12. Oktober 1865. (LX. 212.)

a) Die Vorschrift, daß der Wechsel enthalten muß:

Den Namen der Person oder der Firma, an welche oder an deren Firma gezahlt werden soll, (des Remittenten), die Unterschrift des Ausstellers (Trassanten) mit seinem Namen oder seiner Firma;

beziehen sich auf äußerlich erkennbare Merkmale des Wechsels, denen genügt ist, wenn das geschehen, was formell das Gesetz verlangt, ohne daß es dabei auf Untersuchungen über etwaige Absichten und auf Eventualitäten ankommt, welche dahin hinauslaufen, zu untersuchen, wie es sich verhalten würde, wenn die Unterschrift anders gegeben wäre, als sie wirklich gegeben ist.

b) Daher ist aus der Unterschrift des Ausstellers: „der General-Bevollmächtigte der Bruck'schen Erben,

Oskar Bruck", — der letztere selbst als Aussteller verhaftet.

Siehe auch Rechtsgrundsätze 695. 704. 732. (Art. 2. No. 2., Art. 6. 9. 76. dieser Wechsel-Ordnung.)

— No. **4**. Wechselzahlungszeit „bis an einen bestimmten Tag". — Vergl. Art. 7., 98. No. 4. dieser Wechsel-Ordnung.

Rechtsgr. **698**. — IV. Senat. 18. Mai 1865. (**LXII**. 6.)

Eine als Wechsel bezeichnete schriftliche Urkunde, in welcher die Zahlungszeit bis an einen bestimmten Tag, z. B. „bis am 16. August 1864" angegeben ist, entbehrt der Wechselkraft; es ist hierbei, sowie in dem Falle, wenn die Zahlungszeit bis zu einem bestimmten Tage, z. B. „bis zum 1. August 1855" bezeichnet ist, gleich, ob die Urkunde ihrem sonstigen Inhalte nach sich als trockener oder als gezogener Wechsel darstellt.

— No. **5**. Unterschrift des Wechsels:

A. Wesentliche Erfordernisse eines Wechsels rücksichtlich des Vorhandenseins und der Richtigkeit der Namens-Unterschriften.

Rechtsgr. **699**. — IV. Senat. 8. März 1866. (**LXII**. 196.)

Nur das Vorhandensein, nicht aber die Richtigkeit der Namens-Unterschriften der im Art. 4. der Allgem. Deutschen Wechsel-Ordnung bezeichneten Personen gehört zu den wesentlichen Erfordernissen eines Wechsels.

B. Vorname bei der Wechsel-Unterschrift. — Vergl. Art. 12. 21. dieser Wechsel-Ordnung.

Rechtsgr. **700**. — IV. Senat. 12. Juli 1866. (**LXIII**. 288.)

Derjenige, welcher den Wechsel, resp. das Giro oder das Accept, mit dem Familiennamen unterschrieben hat, ist — abgesehen von dem Falle des Art. 95. der Allg. Deutschen Wechsel-Ordnung — aus dieser Unterschrift nicht wechselmäßig verhaftet, wenn die vor dem Familiennamen stehenden, den Vornamen bezeichnenden Buchstaben eine andere von dem Schreibenden verschiedene Person erkennbar machen.

C. Perfektion des Wechselacceptationsvertrages. — Vergl. A. L. R. I. 5. §§ 78. ff.

Rechtsgr. **701**. — IV. Senat. 12. Dezember 1865. (LX. 292.)

Im Wechselverkehr kommt der Acceptationsvertrag zur Perfektion durch die vom Blanketsempfänger in der Eigenschaft als Trassant geleistete Unterschrift des das Accept des Trassaten tragenden Wechselformulars.

— No. **6**. Zeitfolge der Herstellung der wesentlichen Bestandtheile eines Wechsels.

Rechtsgr. **702**. — II. Senat. 6. September 1864. (LVI. 252.)

Ueber die Zeitfolge, in welcher die wesentlichen Bestandtheile eines Wechsels hergestellt werden müssen, ist in der Allgem. Deutschen Wechsel-Ordnung ausdrücklich nichts gesagt.

Siehe auch Rechtsgrundsatz 741. (Art. 82. dieser Wechsel-Ordnung.)

— No. **8**. Ort der Adresse des Bezogenen, resp. der Ausstellung bei gezogenen, beziehungsweise eigenen Wechseln in seiner Wirkung auf den Gerichtsstand. — Vergl. Art. 97. dieser Wechsel-Ordnung.

Rechtsgr. **703**. — IV. Senat. 7. Februar 1867. (LXIV. 346.)

Bei gezogenen und eigenen Wechseln, wenn sie nicht domizilirt werden, gilt der Ort der Adresse des Bezogenen, resp. der Ort der Ausstellung, als Wohnort des Bezogenen, resp. des Ausstellers, nur für den Zweck der Präsentation; er gilt aber nicht als Wohnsitz mit allen sonstigen von dem eigentlichen Wohnsitz abhängigen Wirkungen.

Siehe auch Rechtsgrundsatz 1038. (Kabinets-Order vom 3. Januar 1830 No. 1.)

Art. **6**. Bezeichnung der Order im Wechsel. — **Vergl. Art. 4. No. 3.** dieser Wechsel-Ordnung.

Rechtsgr. **704**. — IV. Senat. 19. April 1866. (LXII. 296.)

Die in einem Wechsel gebrauchten Worte: „an die Order von selbst" enthalten keine genügende Bezeichnung des Remittenten.

Siehe auch Rechtsgrundsätze 705. 706. 732. (Art. 9. 12. 76. dieser Wechsel-Ordnung.)

Art. **7**. Siehe Rechtsgrundsätze 698. 705. (Art. 4. No. 4., Art. 9. dieser Wechsel-Ordnung.)

II. Verpflichtung des Ausstellers.

Art. **8**. Siehe Rechtsgrundsatz 709. (Art. 14. dieser Wechsel-Ordnung.)

III. Indossament.

Art. **9**. Wechselkraft eines Schriftstückes, enthaltend die Worte: „an die Order von uns selbst, nicht Order." — Art. 4. No. 3., Art. 6. 7. dieser Wechsel-Ordnung.

Rechtsgr. **705**. — IV. Senat. 17. April 1866. (LXII. 291.)

Ist ein sich als Wechsel bezeichnendes Schriftstück dahin gefaßt:

„an die Order von uns selbst, nicht Order",

so fehlt es an einer bestimmten Bezeichnung des Remittenten, und ist daher dem Schriftstück die Wechselkraft abzusprechen.

Siehe auch Rechtsgrundsätze 244. 709. 726. (A. L. R. I. **11**. § 421.; Allg. Deutsche Wechsel-Ordnung Art. 14. 51.)

Art. **10**. Siehe Rechtsgrundsätze 244. 350. 726. (A. L. R. I. **11**. § 421., **16**. § 235.; Allg. Deutsche Wechsel-Ordnung Art. 51.)

Art. **12**. Blanko-Prokuraindossament. — Vergl. Einführungsgesetz zu dieser Wechsel-Ordnung § 6.

Rechtsgr. **706**. — IV. Senat. 21. Juni 1866. (LXIV. 149.)

Auch der Wechsel-Inhaber, welcher mittelst Blankogiro den Wechsel nur zum Inkasso übergeben erhalten hat, ist zur Klage gegen den Acceptanten legitimirt, und hat die Adzitation des Ausstellers auf den Antrag des Verklagten wegen der gegen denselben erhobenen Einreden nicht das Ausscheiden des Klägers aus dem Prozesse zur Folge.

Siehe auch Rechtsgrundsätze 700. 717. (Art. 4. No. 5., Art. 36. dieser Wechsel-Ordnung.)

Art. **13**. Siehe Rechtsgrundsätze 717. 728. (Art. 36. 55. dieser Wechsel-Ordnung.)

Art. **14**. Wirkung der Klausel „ohne Gewähr":

A. Wechselgiro „ohne Gewähr."

Rechtsgr. **707**. — IV. Senat. 24. Mai 1864. (LIII. 270.)

Die Befreiung des Indossanten von der Verbindlichkeit aus dem Indossament durch die seiner Namens-Unterschrift hinzugefügten Worte „ohne Gewähr" tritt in beiden Fällen ein, die Hinzufügung mag vor oder hinter der Namens-Unterschrift erfolgt sein.

B. Verhaftung des Ausstellers eines an eigne Order gezogenen und mit der Klausel „ohne Gewähr" oder einer andern befreienden Klausel girirten Wechsels.

Rechtsgr. **708**. — IV. Senat. 17. Januar 1865. (LVIII. 89.)

Die Frage:

ob durch die von dem Aussteller eines an eigene Order gezogenen Wechsels seinem ersten Indossamente beigefügte Bemerkung „ohne Gewähr" der Aussteller nicht blos von der Verbindlichkeit aus diesem seinen Indossamente, sondern auch von der Verhaftung aus dem an eigene Order gezogenen Wechsel selbst für befreit zu halten ist?

ist zu verneinen.

C. Verhaftung des Ausstellers eines an eigene Order gezogenen und mit der Klausel „ohne Gewähr" oder einer andern befreienden Klausel girirten Wechsels beim Vorhandensein mehrerer Indossamente; Wirkung der gleichzeitigen ausdrücklichen Ausschließung der Wechselverpflichtung als Aussteller. — Vergl. Art. 8. 9. 36. 82. dieser Wechsel-Ordnung.

Rechtsgr. **709**. — IV. Senat. 8. November 1866. (**LXIV**. 287.)

a) Hat der Aussteller eines an eigene Order gezogenen Wechsels seinem ersten Indossament die Bemerkung: „ohne Gewährleistung, ohne Obligo" oder einen gleichbedeutenden Vermerk beigefügt, so kommt es bei dem gegen ihn als Aussteller zu nehmenden Regreß nicht darauf an, ob ein solcher Wechsel nur mit einem Indossament oder mit mehreren versehen ist.*

b) Selbst in dem Falle, wo der von dem Aussteller eines an eigene Order gezogenen Wechsels seinem ersten Indossamente einen ausdrücklichen Vermerk dahin beigefügt hat, daß er von jeder Wechselverbindlichkeit sowohl als Indossant wie als Aussteller befreit sein wolle, z. B. durch die Worte: „ohne welche Gewähr auch auf der zweiten Seite", bleibt seine Wechselverbindlichkeit als Aussteller bestehen.

Siehe auch Rechtsgrundsätze 244. 732. (A. L. R. I. **11**. § 421.; Allg. Deutsche Wechsel-Ordnung Art. 76.)

Art. **16**. Indossament nach Verfall:

A. Weiterbegebung eines nach erhobenem Protest Mangels Zahlung rückläufigen Wechsels. — Vergl. Art. 36. 82. dieser Wechsel-Ordnung.

Rechtsgr. **710**. — IV. Senat. 26. Mai 1864. (**LIII**. 273.)

Ist ein Mangels Zahlung protestirter Wechsel nach dieser Zeit von einem Indossanten auf dessen Vormänner einschließlich des Wechsel-Ausstellers zurückgegangen, demnächst aber mit dem nicht ausgestrichenen Blankogiro wieder in den Besitz eines Indossatars gelangt, welcher aus demselben im Wechselprozeß seine Legitimation führt so sinken die Indossanten dadurch nicht zur Bedeutung von Cessionaren herab, und kann der Wechselbeklagte daher die ihm gegen die Vormänner des Wechselklägers zu-

* Vergl. dagegen den Rechtsgrundsatz 752. Bd. 2. dieser Rechtsgrundsätze.

stehenden Einwendungen nicht gegen den Letztern geltend machen.

B. Wirkung der Wechselklage nach Verfall auf Zahlung bei demnächstiger Weiterbegebung des Wechsels. — Vergl. Art. 41. 48. dieser Wechsel-Ordnung.

Rechtsgr. **711.** — IV. Senat. 6. Oktober 1864. (LIV. 294.)

Die Wechselklage nach Verfall auf Zahlung steht dem Proteste Mangels Zahlung nicht gleich.

Siehe auch Rechtsgrundsätze 717. 726. (Art. 36. 51. dieser Wechsel-Ordnung.)

V. Annahme (Acceptation).

Art. **21.** Siehe Rechtsgrundsätze 656. 700. (Allg. Deutsches Handelsgesetzbuch Art. 277.; Allgem. Deutsche Wechsel-Ordnung Art. 4. No. 5.)

Art. **23.** Gefälligkeits-Accepte; Deckungsklage des Acceptanten gegen den Trassanten:

A. Ansprüche aus Gefälligkeits- und Gegengefälligkeits-Accepten.

Rechtsgr. **712.** — IV. Senat. 11. Januar 1866. (LX. 314.)

a) Daraus allein, daß ein Wechsel-Accept als Vergütung für frühere Gefälligkeiten ähnlicher Art gegeben worden, ist eine bestimmte obligatorische Verabredung nicht zu folgern; vielmehr folgt daraus die Existenz eines Gegengefälligkeits-Acceptes, welches ebenfalls ein Gefälligkeits-Accept ist.

b) Bei Gefälligkeits- und bei Gegengefälligkeits-Accepten ist die Absicht der Schenkung nicht vorhanden; vielmehr soll nur der Kredit des Acceptanten dem Zieher dienen, wogegen dieser die Pflicht hat, das lediglich für ihn Ausgegebene dem Acceptanten wieder zu erstatten.

B. Nichtbestehende Vermuthung für das Vorhandensein eines Schuldverhältnisses zwischen dem Acceptanten und Zieher des Wechsels; Beweislast in dieser Beziehung.

Rechtsgr. 713. — IV. Senat. 13. Dezember 1864. (LVII. 161.)

Die Allgem. Deutsche Wechsel-Ordnung enthält keine Vorschrift, nach welcher zu vermuthen sei, daß jedes Accept auf Grund einer Schuldverpflichtung des Acceptanten gegen den Zieher gegeben worden; nicht unbedingt kann deshalb dem Acceptanten der Beweis aufgebürdet werden, daß ein Schuldverhältniß seinerseits zu dem Zieher nicht existirt habe, vielmehr kann geeigneten Falles dem Zieher der Nachweis des Schuldverhältnisses obliegen.

Siehe auch Rechtsgrundsätze 350. 715. (A. L. R. II. **16**. § 235.; Allg. Deutsche Wechsel-Ordnung Art. 31.)

Art. **24**. Domizilvermerk Seitens eines Dritten, namentlich des Acceptanten, im Auftrage oder in sonstigem Einverständniß mit dem Aussteller des Wechsels; Feststellung des Einverständnisses des Ausstellers durch Rücknahme des mit einem Domizilvermerk Seitens des Acceptanten versehenen Wechsels. — Vergl. Art. 43. dieser Wechsel-Ordnung.

Rechtsgr. 714. — IV. Senat. 6. Februar 1864. (LVI. 29.)

a) Durch das Präjudiz No. 2606.:

„Nur solche Wechsel, auf welchen der Aussteller einen von dem Wohnort des Bezogenen verschiedenen Zahlungsort angegeben hat, sind für Domizilwechsel zu erachten. Die von dem Bezogenen dem Accepte beigefügte Bezeichnung eines andern Zahlungsortes ist nach den Regeln der beschränkten Accepte zu beurtheilen",

ist nicht als ausgeschlossen anzusehen, daß der Domizilvermerk von einem Dritten, und mithin auch von dem Acceptanten, im Auftrage des Ausstellers oder im sonstigen Einverständnisse mit dem Letztern, auf den Wechsel geschrieben werden kann.

b) Ein solches Einverständniß ist als vorliegend anzunehmen, wenn der Aussteller des Wechsels nach der bei der Acceptation geschehenen Hinzufügung eines anderweitigen Zahlungsortes Seitens des Acceptanten den

Wechsel zurückempfangen und, ohne seine Mißbilligung des beigefügten Vermerkes zu erkennen zu geben, weiter begeben hat.

Siehe auch Rechtsgrundsatz 1038. (Kabinets-Order vom 3. Januar 1830. No. 1.)

VI. Regreß auf Sicherstellung.

2. Wegen Unsicherheit des Acceptanten.

Art. **29**. Siehe Rechtsgrundsatz 722. (Art. 43. dieser Wechsel-Ordnung.)

VII. Erfüllung der Wechselverbindlichkeit.

1. Zahlungstag.

Art. **31**. Verjährung der Wechselklage aus gezogenen und eigenen (trockenen) Wechseln nach Sicht. — Vergl. Art. 23. 43. 77. 98. dieser Wechsel-Ordnung.

Rechtsgr. **715**. — IV. Senat. 16. September 1865. (LIX. 341.)

a) Bei gezogenen, schlechthin „nach Sicht“ zahlbaren, von dem Bezogenen acceptirten Wechseln geht der wechselmäßige Anspruch nur gegen die in der Regreßpflicht stehenden Wechselverbundenen, nicht aber auch gegen den Acceptanten dadurch verloren, daß ihnen der Wechsel nicht nach Maaßgabe der besonderen darin enthaltenen Bestimmungen oder, in deren Ermangelung, binnen zwei Jahren nach der Ausstellung zur Zahlung präsentirt worden ist.

b) Bei eigenen (trocknen), schlechthin „nach Sicht“ gestellten Wechseln geht der wechselmäßige Anspruch auch gegen den Aussteller verloren, wenn der Wechsel ihm nicht nach Maaßgabe der darin enthaltenen besonderen Bestimmungen, oder in deren Ermangelung, binnen zwei Jahren nach der Ausstellung zur Zahlung präsentirt worden ist.

2. Zahlung.

Art. **36.** Legitimation des Wechselklägers:

A. Lediglich durch Zusammenhang der Indossamente. — Vergl. Art. 82. dieser Wechsel-Ordnung.

Rechtsgr. **716.** — IV. Senat. 3. Oktober 1865. (LX. 177.)

Bezüglich der Aktivlegitimation des Wechselklägers entscheidet lediglich der Zusammenhang der Indossamente, wie er sich äußerlich und formell auf dem Wechselpapier darstellt, und kann von dem Wechselschuldner die etwa von der Berechtigung eines Vorindossanten abhängige materielle Wirksamkeit eines in der Reihe befindlichen Giro's nicht in Frage gestellt werden.

B. Eines protestirten Wechsels durch Blankogiro nach Durchstreichung des ausgefüllten Giro's. — Vergl. Art. 12. 13. 16. 51. 55. dieser Wechsel-Ordnung.

Rechtsgr. **717.** — IV. Senat. 6. März 1866. (LXII. 188.)

Befand sich zur Zeit der Protest-Erhebung Mangels Zahlung auf dem Wechsel hinter dem Blankogiro des Remittenten ein ausgefülltes Giro, und ist dieses, um die Legitimation des aus dem Wechsel nicht als Inhaber hervorgehenden Wechselklägers vermittelst des gedachten Blankogiros des Remittenten zu erbringen, durchstrichen worden, so ist diese Prozedur zur Legitimation des Klägers geeignet zu erachten.

C. Wirkung des Ueberklebens eines Stückes Papiers über die auf der Rückseite befindlichen Vermerke.

Rechtsgr. **718.** — IV. Senat. 25. Januar 1866. (LX. 340.)

Die Frage, welche Wirkung das Ueberkleben eines Stückes Papiers über die auf der Rückseite des Wechsels befindlichen Vermerke äußert, läßt sich nicht aus dem Art. 36. der Allgem. Deutschen Wechsel-Ordnung beantworten, da diese Vorschrift nur der durchstrichenen Indossamente gedenkt, eine Gleichstellung der Durchstreichung und Ueberklebung aber nicht von selbst folgt.

D. Legitimation zur Wechselklage durch die Cessions-Urkunde. — Vergl. Art. 94. dieser Wechsel-Ordnung.

Rechtsgr. **719.** — IV. Senat. 23. Februar 1865. (LVIII. 167.)

Die Legitimation des Wechsel-Inhabers zur Wechselklage kann auch durch eine, in einer vom Wechsel getrennten Urkunde enthaltenen Cession geführt werden.

E. Wechsel mit Blankogiro als Werthpapier auf den Namen des Inhabers; Verkauf oder Cession solcher Wechsel. — Vergl. A. L. R. I. **11.** §§ 135. ff. 153. 192. 198. 376. 377. 401. 423-425.

Rechtsgr. **720.** — IV. Senat. 6. September 1866. (LXIV. 230.)

Das Blankogiro verleiht dem Wechsel den Charakter eines Werthpapiers auf den Namen des Inhabers, welcher zur Uebertragung des Eigenthums keiner Cession bedarf und wird ein solcher Wechsel als Gegenstand des Kaufes und nach dessen Grundsätzen übertragen und beurtheilt.

Siehe auch Rechtsgrundsätze 244. 709. 710. 728. (A. L. R. I. **11.** § 421.; Allg. Deutsche Wechsel-Ordnung Art. 16. 55.)

Art. **39.** Siehe Rechtsgrundsatz 1038. (Kabinets-Order vom 3. Januar 1830 No. 1.)

VIII. Regreß Mangels Zahlung.

Art. **41.** Frist zur Erhebung des Wechselprotestes am zweiten Werktage nach dem Zahlungstage. — Vergl. Art. 92. dieser Wechsel-Ordnung.

Rechtsgr. **721.** — IV. Senat. 21. Februar 1867. (LXIV. 351.)

Der Sonntag oder allgemeine Feiertag scheidet aus der Frist zur Erhebung des Wechselprotestes nur dann aus, wenn er auf den spätesten zweiten dafür zulässigen Tag fällt, nicht aber dann, wenn er mit dem ersten Tage nach dem Tage, an welchen die Zahlung gefordert werden konnte, zusammenfällt.*

Siehe auch Rechtsgrundsatz 711. (Art. 16. dieser Wechsel-Ordnung.)

Art. **43**. Regreß Mangels Zahlung bei domizilirten Wechseln:

A. Erhaltung des Wechselrechts gegen den Acceptanten aus einem domizilirten Wechsel bei Eröffnung des Konkurses über das Vermögen des Acceptanten; Protest auf Sicherstellung als Ersatz des Protestes Mangels Zahlung. — Vergl. Art. 29. 44. dieser Wechsel-Ordnung; Gesetz vom 27. Mai 1863.

Rechtsgr. **722**. — IV. Senat. 18. Februar 1864. (LIII. 145.)

Bei domizilirten Wechseln mit benanntem Domiziliaten ist zur Erhaltung des Wechselrechts gegen den Acceptanten die Erhebung des Protestes Mangels Zahlung bei dem Domiziliaten auch dann nothwendig, wenn über das Vermögen des Acceptanten inzwischen der Konkurs eröffnet worden ist.

Der Protest auf Sicherstellung vor dem Verfalltage kann den Protest Mangels Zahlung vor oder nach dem Zahlungstage nicht ersetzen.

B. Nothwendigkeit der Protest-Erhebung bei gezogenen domizilirten Wechseln.

Rechtsgr. **723**. — IV. Senat. 30. Oktober 1866. (LXIII. 355.)

Bei gezogenen domizilirten Wechseln bedarf es der Protest-Erhebung nur dann, wenn eine von dem Wechselgläubiger verschiedene Person als Domiziliat bezeichnet ist.

Siehe auch Rechtsgrundsätze 714. 715. 743. 1038. (Art. 24. 31. 87. dieser Wechsel-Ordnung; Kabinets-Order vom 3. Januar 1830 No. 1.)

Art. **44**. Siehe Rechtsgrundsätze 722. 743. (Art. 43. 87. dieser Wechsel-Ordnung.)

* Vergl. dagegen die Einleitung und das Nachwort zu diesem Rechtsfall Bd. 64. S. 351. des Archivs für Rechtsfälle.

Art. **45. 47**. Siehe Rechtsgrundsatz 727. (Art. 51. dieser Wechsel-Ordnung.)

Art. **48**. Quittirung oder Rückgiro eines Wechsels, namentlich Seitens des letzten Inhabers des Wechsels, welcher Zahlung von einem Vormann erhält. — Vergl. Art. 51. dieser Wechsel-Ordnung.

Rechtsgr. **724**. — IV. Senat. 20. Oktober 1864. (LVII. 14.)

Der letzte Inhaber eines Wechsels, welcher am Verfalltage vom Remittenten und ersten Indossanten Zahlung erhält, ist nicht zur Girirung des Wechsels an diesen seinen Vormann, sondern nur über das Empfangene zu quittiren und dem Zahlungsleister die Schuld-Urkunde, den Wechsel, auszuliefern verpflichtet.

Siehe auch Rechtsgrundsätze 711. 726. (Art. 16. 51. dieser Wechsel-Ordnung.)

Art. **50**. Siehe Rechtsgrundsatz 244. (A. L. R. I. **11**. § 421.)

Art. **51**. Ansprüche des den Wechsel einlösenden Indossanten:

A. Ueberhaupt.

Rechtsgr. **725**. — IV. Senat. 6. März 1866. (LXII. 188.)

Der Art. 51. der Allgem. Deutschen Wechsel-Ordnung hat lediglich den Umfang der Ansprüche zum Gegenstande, welche der den Wechsel einlösende, oder als Rimesse empfangende Indossant gegen einen früheren Indossanten, oder den Aussteller geltend machen darf; für die Beantwortung der Frage, auf welchem Wege die Legitimation eines Wechsel-Inhabers vermittelt werden kann, ist daher aus demselben nichts zu entnehmen.

B. Rechte des am Verfalltage Zahlung leistenden Indossanten aus der Quittung des letzten Inhabers, namentlich bei zuvor nicht erhobenem Protest. — Vergl. Art. 9. 10. 16. 48. dieser Wechsel-Ordnung.

Rechtsgr. **726**. — IV. Senat. 20. Oktober 1864. (LVII. 14.)

Der Indossant, welchem vom letzten Inhaber gegen Zahlung der Valuta nicht ein Rückgiro, sondern bloße Quittung auf dem Wechsel ertheilt ist, kann die ihm nach

Art. 51. der Allgem. Deutschen Wechsel-Ordnung zustehenden Rechte, gleich jedem andern Forderungsrecht, auf einen Dritten übertragen, und dieser Uebertragung müssen, weil das übertragene Recht auf dem Wechsel, dessen Einlösung und Besitz beruht, alle in den Art. 9. und 10. der Allgem. Deutschen Wechsel-Ordnung bezeichneten Wirkungen des Indossaments auch gegen den Aussteller des Wechsels beigelegt werden, falls zur Zeit der Uebertragung die für die Protest-Erhebung Mangels Zahlung bestimmte Frist noch nicht abgelaufen, auch der Protest Mangels Zahlung noch nicht erhoben ist.

C. Begriff der dem Indossanten, welcher den Wechsel von seinem Vormann oder dem Aussteller eingelöst hat, zu erstattenden Kosten. — Art. 45. 47. dieser Wechsel-Ordnung.

Rechtsgr. **727**. — IV. Senat. 31. Mai 1866. (LXII. 364.)

Unter den „ihm entstandenen Kosten", welche nach Art. 51. der Allgem. Deutschen Wechsel-Ordnung der den Wechsel einlösende Indossant von dem früheren Indossanten oder von dem Aussteller zu fordern berechtigt ist, sind nur solche zu verstehen, welche dem einlösenden Indossanten eben durch die Einlösung und in Folge derselben erwachsen sind.

Daher sind gerichtliche und außergerichtliche Kosten des von ihm gegen den Acceptanten angestrengt gewesenen Prozesses zu den „ihm entstandenen Kosten" nicht zu rechnen.

Siehe auch Rechtsgrundsätze 244. 717. 724. (A. L. R. I. **11**. § 421.; Allg. Deutsche Wechsel-Ordnung Art. 36. 48.)

Art. **55**. Durchstreichen des eigenen Indossaments und des Indossaments der Nachmänner durch den den Wechsel einlösenden Indossanten:

A. Theilweises Durchstreichen eines Indossaments und Durchstreichen anderer Vermerke, insbesondere eines Quittungsvermerkes auf einem Wechsel; Nichtumwandlung des Rechtsverhältnisses durch dieses Durchstreichen. — Vergl. Art. 13. 36. dieser Wechsel-Ordnung.

Rechtsgr. 728. IV. Senat. 26. Mai 1864. (LIII. 272.)

a) Macht ein Indossant von dem ihm nach Art. 55. der Allgem. Deutschen Wechsel=Ordnung zustehenden Recht des Durchstreichens von Indossamenten Gebrauch, so muß das ganze Indossament als solches ausgestrichen sein, wenn dasselbe als nicht geschrieben angesehen werden soll.

b) Sind andere auf dem Wechsel befindliche Vermerke ausgestrichen, so können diese wegen des Durchstrichenseins nicht ohne Weiteres als nicht geschrieben angesehen werden; insbesondere gilt dies, wenn nur einzelne Worte und zwar solche Worte des Vermerkes durchstrichen werden, welche dazu bestimmt sind, den letztern eine besondere Qualifikation und rechtliche Bedeutung beizulegen.

c) Deshalb kann in Folge des Durchstreichens einzelner Worte in einem Wechselvermerk das durch sie beurkundete Rechtsverhältniß nicht als in ein anderes, davon verschiedenes Rechtsverhältniß umgeschaffen angenommen werden, namentlich kann ein unterschriebener Quittungs=Vermerk: „Inhalt empfangen" durch das Durchstreichen dieser Worte nicht die Eigenschaft eines Blankogiros erhalten.

B. Ausstreichen der auf dem Wechsel befindlichen Quittung Seitens des zahlenden Indossanten.

Rechtsgr. 729. — IV. Senat. 20. Oktober 1864. (LVII. 15.)

Der den Wechsel einlösende Indossant ist befugt, auch das gesetzliche Zeichen der Befriedigung des letzten Inhabers, die auf den Wechsel gesetzte Quittung desselben, auszustreichen, und somit, wenn er der Remittent und Aussteller gewesen ist, die unmittelbare Verbindung seines Namens als Remittent mit seinem weitern Giro herzustellen.

Siehe auch Rechtsgrundsätze 244. 717. (A. L. R. I. **11.** § 421.; Allg. Deutsche Wechsel-Ordnung Art. 36.)

IX. Intervention.

Art. **56. 62.** Wechselprotest Mangels Zahlung bei der Nothadresse; ausdrückliche Angabe des Wohnortes bei der Nothadresse. — Vergl. Art. 97. dieser Wechsel-Ordnung.

Rechtsgr. **730.** — IV. Senat. 15. Januar 1867. (LXIV. 332.)

a) Bei Erhebung des Wechselprotestes Mangels Zahlung sind nur solche auf dem Wechsel befindliche Nothadressen zu berücksichtigen, aus welchen selbst hervorgeht, daß der Nothadressat am Zahlungsorte wohnt.

b) Es genügt daher nicht, wenn überhaupt nur aus dem Wechsel die Existenz der Nothadresse am Zahlungsorte hervorgeht, insbesondere ist in dieser Beziehung auf die auf dem Wechsel etwa befindlichen bloßen Firmenstempel, welche von den Handlungshäusern lediglich in ihrem persönlichen Interesse beigefügt zu werden pflegen, um gegen falsche, unter ihrer Firma auf den Wechsel zu setzende Indossamente 2c. geschützt zu werden, keine Rücksicht zu nehmen.*

XI. Abhanden gekommene Wechsel.

Art. **73.** Wechselklage gegen den Acceptanten eines abhanden gekommenen Wechsels. — Vergl. Einführungsgesetz zur Allgem. Deutschen Wechsel-Ordnung vom 15. Februar 1850 § 6.

Rechtsgr. **731.** — IV. Senat. 19. April 1864. (LIII. 237.)

Der Eigenthümer eines abhanden gekommenen Wechsels kann nach Einleitung des Amortisationsverfahrens den Acceptanten im Wechselprozeß, und namentlich auch bei dem Gerichte des Zahlungsorts, in Anspruch nehmen.

Siehe auch Rechtsgrundsatz 339. (A. L. R. I. **16.** § 125.)

XII. Falsche Wechsel.

Art. **75. 76.** Begriff des Wechsel-Ausstellers und Indossanten in dem Art. 76. der Allg. Deutschen Wechsel-Ordnung; Wechselverpflichtung des Ausstellers eines Wechsels an eigne Order aus seinem Giro im

* Siehe dagegen Rechtsgrundsatz 917. in Bd. 3. S. 353. dieser Rechtsgrundsätze.

Gegensatz zur Ausstellungs-Unterschrift; Einwand der Unächtheit des Indossaments Seitens des Ausstellers eines Wechsels an eigne Order. — Vergl. Art. 4. 6. 14. dieser Wechsel-Ordnung.

Rechtsgr. **732**. — IV. Senat. 21. März 1865. (LVII. 256.)

a) Unter dem im Art. 76. der Allg. Deutschen Wechsel-Ordnung gedachten Aussteller kann nur ein solcher Aussteller verstanden werden, dessen Wechsel-Unterschrift schon an sich und ohne Hinzutritt eines Indossaments eine wechselmäßige Verpflichtung begründet, also der Aussteller eines, eine dritte Person als Remittenten bezeichnenden Wechsels, nicht aber der Aussteller eines an eigne Order gezogenen Wechsels, dessen Wechsel-Unterschrift für sich allein noch keine Wechsel-Verpflichtung begründet.

b) Der Aussteller eines Wechsels an eigne Order kommt als Wechsel-Verpflichteter nur in seiner Eigenschaft als Indossant in Betracht und ist deshalb unter den im Art. 76. der Allgem. Deutschen Wechsel-Ordnung gedachten Indossanten begriffen.

c) Der Aussteller eines Wechsels an eigne Order ist nur dann wechselmäßig verpflichtet, wenn sein Indossament, der alleinige Träger und Rechtsgrund seiner Wechselverpflichtung, ächt ist.

XIII. Wechselverjährung.

Art. **77**. Siehe Rechtsgrundsätze 715. 903. (Art. 31. dieser Wechsel-Ordnung; Konkurs-Ordnung § 171.)

Art. **80**. Unterbrechung der Verjährung:

A. Durch die im Sterbehause erfolgte Insinuation der gegen den Erblasser gerichteten Klage. — Vergl. A. G. O. I. 7. § 32.

Rechtsgr. **733**. — IV. Senat. 13. September 1864. (LVI. 113.)

Ist der Wechselverpflichtete vor Behändigung der Klage verstorben, die gegen seinen Namen lautende Klage aber bei noch nicht erfolgter Erbschaftstheilung im Sterbehause insinuirt, so ist damit dem Art. 80. der Allg. Deutschen

Wechsel-Ordnung genügt, und die Wechselverjährung ist für unterbrochen zu achten.

B. Eintritt von Hindernissen für die Klagebehändigung in seinem Einfluß auf die Wechselverjährung.

Rechtsgr. **734.** — IV. Senat. 15. Januar 1867. (LXIV. 343.)

Der Artikel 80. der Allgem. Deutschen Wechsel-Ordnung wird durch den Eintritt von Hindernissen für die Klage-Insinuation, die in einem ordnungswidrigen Geschäftsgange des Gerichts ihre Ursache haben, nicht unanwendbar.

C. Anwendung der civilrechtlichen Vorschriften über die Verjährung auf die Verjährung des Wechselrechts, insbesondere Lauf der Wechselverjährung bei Zurücknahme der Wechselklage nach erfolgter Klagebehändigung. — Vergl. A. L. R. Einl. §§ 46. 59., I. **9.** §§ 551. bis 557.

Rechtsgr. **735.** — IV. Senat. 16. Januar 1866. (LX. 334.)

a) In Fällen, wo die Allgem. Deutsche Wechsel-Ordnung spezielle Vorschriften über die Verjährung nicht enthält, ist auf die allgemeinen Grundsätze des Civilrechts über die Verjährung durch Nichtgebrauch zurückzugehen.

b) Daher beseitigt die vor ergehender richterlicher Entscheidung erfolgte Zurücknahme der Wechselklage nicht die Wirkungen der durch deren Behändigung erfolgten Unterbrechung der Verjährung, und es beginnt mit dem Tage der Zurücknahme der Klage oder der bei Gericht erfolgten oder als gesetzlich geschehen anzunehmenden Verzichtleistung auf Fortsetzung des Prozesses der Lauf einer neuen Klageverjährung.

XIV. Klagerecht des Wechselgläubigers.

Art. **81.** Siehe Rechtsgrundsätze 244. 737. (A. L. R. I. **11.** § 421.; Art. 82. dieser Wechsel-Ordnung.)

Art. **82.** Einreden des Wechselschuldners im Wechselprozeß:

A. Einreden gegen den Wechselkläger aus Rechten, die an den Wechselverklagten erst von einem Dritten gediehen sind.

Rechtsgr. **736**. — IV. Senat. 24. Mai 1864. (LV. 106.)

Indem Art. 82. der Allgem. Deutschen Wechsel-Ordnung solche civilrechtliche Einreden des Wechselschuldners, welche ihm unmittelbar gegen den jedesmaligen Kläger zustehen, für zulässig erklärt, unterscheidet er nicht, ob die Rechte, welche solchen Einreden zum Grunde liegen, dem Verklagten ursprünglich zugestanden haben, oder erst durch Dritte an ihn gediehen sind.

B. Einwand des Mangels der Vertragserfüllung, insbesondere der nicht erhaltenen Wechselvaluta, Seitens des Wechsel-Ausstellers dem Remittenten gegenüber. — Vergl. Art. 81. dieser Wechsel-Ordnung.)

Rechtsgr. **737**. — IV. Senat. 25. Oktober 1864. (LVII. 32.)

Der Remittent eines Wechsels, welcher denselben vom Acceptanten einlöst und vorschriftsmäßig Mangels Zahlung bei demselben Protest erheben läßt, kann seinen Wechselregreß wider den Wechsel-Aussteller nehmen, und steht Letzterm der Einwand des Mangels der Vertragserfüllung, insbesondere der nicht erhaltenen Wechselvaluta, nicht zu.

C. Auftrag des Indossanten an den Indossatar, die Wechselsumme einzuziehen und an ihn abzuführen, als Einwand gegen den Regreßanspruch des klagenden Indossatars.

Rechtsgr. **738**. — IV. Senat. 10. Januar 1867. (LXIV. 330.)

Liegt dem Blanko-Indossament des Verklagten dem Wechselkläger gegenüber ein Auftragsverhältniß zu Grunde, wonach letzterer den ihm ausgehändigten mit dem Blankogiro versehenen Wechsel für Rechnung des Verklagten verkaufen und den Erlös an ihn abführen sollte, so hat der Kläger aus dem ihm ertheilten Giro einen wechselmäßigen Anspruch gegen den Verklagten nicht erlangt, vielmehr steht ihm nur das Recht zu, seine etwaigen Ansprüche aus dem Auftragsgeschäft mit der actio mandati contraria im Wege des gewöhnlichen Civilprozesses geltend zu machen.

D. Theilnahme des Wechsel-Indossatars an dem Betruge des Ausstellers und Indossanten.

Rechtsgr. 739. — IV. Senat. 21. Juni 1866. (LXIV. 149.)

Hat der Aussteller des an eigne Order gezogenen und von dem Bezogenen in Blanko acceptirten Wechsels der Abrede zuwider in demselben einen früheren Fälligkeitstag aufgenommen und hiernächst den Wechsel weiter begeben; so steht dem Giratar, wenn er von diesem betrüglichen Verfahren bei dem Empfange des Wechsels Kenntniß hatte und gleichwohl den Wechsel vor dem verabredeten Fälligkeitstermin einklagt, die Einrede der Theilnahme an dem Betruge des Ausstellers entgegen, ohne daß es außerdem noch des Beweises seiner Theilnahme an der Unredlichkeit des Ausstellers selbst durch positive Handlungen bedarf.

E. Einsendung des Wechselbetrages an den Domiziliaten Seitens des Acceptanten auf Anweisung des Trassanten, und exceptio doli Seitens des Acceptanten auf die Wechselklage des Trassanten.

Rechtsgr. 740. — IV. Senat. 27. Mai 1865. (LVIII. 331.)

Hat der Trassant eines Wechsels den Acceptanten angewiesen, den Wechselbetrag zur Verfallzeit an den Domiziliaten einzusenden, und ist dieser Betrag demgemäß eingesendet, der Wechsel aber von dem Domiziliaten nicht eingelöst worden, so steht der Wechselklage des Trassanten gegen den Acceptanten die exceptio doli entgegen.

F. Verhältniß des Datums der Ausstellung des Wechsels zum Tage der Wechselunterschrift. — Vergl. Art. 4. dieser Wechsel-Ordnung.

Rechtsgr. 741. — IV. Senat. 10. April 1866. (LXII. 267.)

Dem Aussteller eines Wechsels oder dessen Erben steht es, abgesehen von dem Falle des dolus, nicht frei, die Nichtübereinstimmung des Datums der Wechsel-Ausstellung mit dem Tage der Wechsel-Unterschrift zu dem Zwecke zu rügen, um daraus eine Ungültigkeit des Wechsels herzuleiten, gestützt auf Umstände, die außerhalb des Wechsels selbst liegen.

Siehe auch Rechtsgrundsätze 54. 350. 709. 710. 716. (A. L. R. I. **5.** § 31., **16.** § 235.; Allg. Deutsche Wechsel-Ordnung Art. 14. 16. 36.)

Art. **83.** Charakter der im Art. 83. der Allg. Deutschen Wechsel-Ordnung vorbehaltenen Klage als Bereicherungsklage, nicht als Schadensklage. — Vergl. A. L. R. I. **13.** Abschn. 2. 3.; Allgem. Deutsche Wechsel-Ordnung Art. 98. No. 10.

Rechtsgr. **742.** — IV. Senat. 9. Juni 1864. (LV. 117.)

a) Von einer Klage auf Erstattung des dem Wechsel-Inhaber durch die Nichtbezahlung des Wechsels erwachsenen Schadens ist in dem Art. 83. der Allgem. Deutschen Wechsel-Ordnung überall nicht die Rede; die von einer solchen Schadensklage durchaus verschiedene sogenannte Bereicherungsklage, welche in diesem Artikel dem Inhaber eines verjährten oder präjudizirten Wechsels gegen den Aussteller oder Acceptanten nachgelassen ist, beruht auf dem in den Bestimmungen des zweiten und dritten Abschnitts Titel 13. Theil I. des Allgem. Landrechts anerkannten und dort näher zur Geltung gebrachten Prinzip, daß Niemand sich mit dem Schaden eines Andern bereichern darf.

b) Eine Bereicherung des Wechsel-Ausstellers mit dem Schaden des Wechsel-Inhabers liegt vor, wenn von dem Wechsel-Inhaber dem Aussteller ein baares Darlehn gegeben und von Letzterm darüber ein Wechsel ausgestellt worden, dieser Wechsel aber verjährt oder präjudizirt ist, und nunmehr der Wechsel-Aussteller das empfangene Darlehn nicht an den Wechsel-Inhaber zurückzahlen, vielmehr für sich behalten will.

Siehe auch Rechtsgrundsatz 254. (A. L. R. I. **11.** § 730.)

XVI. Protest.

Art. **87. 88.** Beweis der geschehenen Protestaufnahme und Inhalt der Protesturkunde:

A. Beweis der geschehenen Protestaufnahme bei abhanden gekommener Protest-Urkunde. — Vergl. Art. 43. 44. 90. dieser Wechsel-Ordnung.

Rechtsgr. **743.** — IV. Senat. 19. April 1864. (LIII. 238.)

Der Beweis, daß ein Protest überhaupt aufgenommen worden, und daß die aufgenommene Urkunde den Bestimmungen der Art. 87. 88. der Allgem. Deutschen Wechsel-Ordnung entsprechend gewesen, kann auch auf andere Weise, als durch die Urkunde selbst, geführt werden, und dies namentlich dann, wenn die Protest-Urkunde abhanden gekommen ist; es ist in den Art. 43. 44. 87. 88. der Allgem. Deutschen Wechsel-Ordnung nicht vorgeschrieben, daß zur Verfolgung des Anspruches aus einem Wechsel die Beibringung der Original-Protest-Urkunde erforderlich sei.

B. Zweck der Protest-Urkunde und Eigenschaft derselben als Beweismittel; Auslegung des Inhalts und Beurtheilung der Beweiskraft einer Protest-Urkunde. — Vergl. A. G. O. I. **13.** § 28.; Verordnung vom 14. Dezember 1833 §§ 10. 16.; Instruktion vom 7. April 1839 No. 17.

Rechtsgr. **744.** — IV. Senat. 14. Juni 1864. (LIII. 313.)

a) Der Zweck der Protest-Urkunde geht lediglich dahin, nachzuweisen, daß der in ihr dokumentirte Akt in der vorgeschriebenen Form vor sich gegangen ist; die Protest-Urkunde gehört deshalb zu den Beweismitteln.

b) Die Auslegung des Inhaltes einer Protest-Urkunde und die Beurtheilung ihrer Beweiskraft im Prozesse fällt in das Gebiet der thatsächlichen Erwägungen und Feststellungen der Instanzrichter, deren Ergebniß einem Angriffe durch die Nichtigkeitsbeschwerde nicht unterworfen ist.

C. Schreibfehler in der Wechsel-Protest-Urkunde. — Vergl. Verordnung vom 14. Dezember 1833 §§ 10. 16.; Instruktion vom 7. April 1839 No. 17.

Rechtsgr. **745.** -- IV. Senat. 11. Mai 1865. (LVIII. 292.)

Die Ausführung des Appellations-Richters, daß eine auf einem Schreibfehler beruhende Unrichtigkeit des in dem Wechselproteste enthaltenen Datums der Zahlungsaufforderung die Ungültigkeit des Protestes zur Folge habe oder nicht zur Folge habe, kann zum Gegenstande des Angriffes in der Nichtigkeitsbeschwerde nicht für geeignet erachtet werden.

D. Legitimation des Wechselklägers rücksichtlich der Angabe in der Protest-Urkunde, auf wessen Veranlassung dieselbe augenommen ist.

Rechtsgr. **746.** — IV. Senat. 26. Mai 1864. (LIII. 273.)

Für die Legitimation des Klägers im Wechselprozeß ist es gleichgültig, auf wessen Veranlassung der Protest erhoben worden ist.

Art. **90.** Siehe Rechtsgrundsatz 743. (Art. 87. dieser Wechsel-Ordnung.)

XVII. Ort und Zeit für die Präsentation und andere im Wechselverkehr vorkommende Handlungen.

Art. **91.** Begriff des „Geschäftslokals", Wohnungsermittelung:

A. Bedeutung von „Geschäftslokal" im Art. 91. der Allg. Deutschen Wechsel-Ordnung.

Rechtsgr. **747.** — IV. Senat. 6. Oktober 1864. (LVI. 218.)

a) Unter „Geschäftslokal" im Art. 91. der Allgem. Deutschen Wechsel-Ordnung ist nicht jede Stelle, wo ein Wechselverpflichteter, z. B. ein Beamter, Handwerker, Arbeiter, seine Geschäfte vornimmt, sondern nur das zu solchen Wechselgeschäften vorzugsweise geeignete und bestimmte Geschäftslokal, Komtoir eines Kaufmanns, gemeint.

b) Es hängt deshalb von den Umständen ab, ob ein gewisses Lokal als ein Geschäftslokal im Sinne des Art. 91.

der Allgem. Deutschen Wechsel-Ordnung anzusehen ist, und kann, wo letzteres zweifelhaft ist, und der Protest von dem protesterhebenden Notar in der Wohnung aufgenommen wird, weil er das fragliche Lokal nicht für ein im Art. 91. vorausgesetztes Geschäftslokal erachtet, der solchergestalt aufgenommene Protest, resp. die Wechselpräsentation nicht für einen dem Art. 91. widersprechenden Akt erachtet werden.

B. Inhalt der Protest-Urkunde rücksichtlich der Ermittelung der Wohnung des Protestaten; Nachfrage bei der Polizeibehörde.

Rechtsgr. **748**. — IV. Senat. 24. April 1866. (LXII. 312.)

a) Ist auf dem Wechsel die Wohnung des Domiziliaten nach Straße und Hausnummer angegeben, der Protest aber nicht dort, sondern Inhalts der Protest-Urkunde in der „jetzigen“ Wohnung des Domiziliaten aufgenommen, so liegt ein gültiger Protest vor, und bedurfte es zur Vollständigkeit der Protest-Urkunde nicht der Angabe, auf welchem Wege der Notar zu der Kunde von der jetzigen Wohnung des Domiziliaten gelangt sei.

b) Des Vermerkes, daß der Notar oder der Gerichtsbeamte bei der Polizeibehörde des Ortes wegen der Wohnung des Protestaten nachgefragt habe, bedarf es nur dann, wenn diese Nachfrage ohne Erfolg geblieben ist.

Art. **92**. Siehe Rechtsgrundsatz 721. (Art. 41. dieser Wechsel-Ordnung.)

XVIII. Mangelhafte Unterschriften.

Art. **94**. Siehe Rechtsgrundsatz 719. (Art. 36. dieser Wechsel-Ordnung.)

Dritter Abschnitt. Von eignen Wechseln.

Art. **96**. Nachträgliche Ergänzung des Datums der Ausstellung des Wechsels.

Rechtsgr. **749**. — IV. Senat. 10. April 1866. (LXII. 267.)

Der Wechselnehmer, welchem ein eigener, auf einen

bestimmten Verfalltag ausgestellter Wechsel übergeben ist, ist ohne Zeitbeschränkung, und auch noch während der nach dem Verfalltage laufenden dreijährigen Verjährungsfrist, befugt, das fehlende Datum der Ausstellung zu ergänzen.

Siehe auch Rechtsgrundsatz 695. (Art. 2. No. 2. dieser Wechsel-Ordnung.)

Art. **97**. Siehe Rechtsgrundsätze 703. 730. (Art. 4. No. 8., Art. 56. dieser Wechsel-Ordnung.)

Art. **98**. No. **4**. Siehe Rechtsgrundsatz 698. (Art. 4. No. 4. dieser Wechsel-Ordnung.)

— No. **5**. Siehe Rechtsgrundsatz 715. (Art. 31. dieser Wechsel-Ordnung.)

— No. **10**. Siehe Rechtsgrundsätze 254. 742. (A. L. R. I. **11**. § 730.; Art. 83. dieser Wechsel-Ordnung.)

Berggesetz vom 24. Juni 1865.

(Gesetz-Sammlung S. 705.)

Erster Titel. Allgemeine Bestimmungen.

§ **2**. Siehe Rechtsgrundsatz 580. (A. L. R. I. **14**. § 76.)

Zweiter Titel. Von der Erwerbung des Bergwerkseigenthums.

Zweiter Abschnitt. Vom Muthen.

§§ **12**. **19**. **22**. **39**. Siehe Rechtsgrundsätze 580. 591. (A. L. R. I. **14**. § 76., **16**. §§ 112. ff.)

Vierter Titel. Von den Rechtsverhältnissen der Mitbetheiligten eines Bergwerks.

§§ **94**. ff. Siehe Rechtsgrundsätze 1172. 1173. (Gesetz vom 12. Mai 1851 §§ 1. 4.)

§ **115**. Siehe Rechtsgrundsatz 783. (A. G. O. I. **2**. § 170.)

§§ **117**. ff. Siehe Rechtsgrundsätze 1176. 1177. (Gesetz vom 12. Mai 1851 § 18.)

§§ **135**. ff. **148**. ff. **153**. ff. Siehe Rechtsgrundsatz 591. (A. L. R. I. **16**. § 112.)

Siebenter Titel. Von den Knappschaftsvereinen.

§§ **165**. ff. Siehe Rechtsgrundsatz 1103. (Statut vom 28. November 1842 § 4.)

Gesetz vom 14. April 1851 über die Einführung des Strafgesetzbuches für die Preußischen Staaten.

Art. **18**. Schiedsmanns-Attest in Injurien-Sachen:

A. Charakter desselben. — Vergl. Verordnung vom 14. Dezember 1833 § 5. No. 10b.

Rechtsgr. **750**. — Senat für Strafsachen, I. Abth. 19. Mai 1865. (**LVIII**. 301.)

Das durch Art. 18. des Einführungsgesetzes zum Strafgesetzbuch vorgeschriebene Schiedsmanns-Attest kommt im Injurienprozeß nicht als Beweismittel über eine Thatsache, sondern zunächst nur zur Konstatirung einer von Amtswegen zu beachtenden Förmlichkeit in Betracht.

B. Beweis des stattgehabten Schiedsmanns-Aktes außerhalb des Schiedsmanns-Attestes. — Vergl. Instruktion vom 1. Mai 1841 § 3.

Rechtsgr. **751**. — Senat für Strafsachen, I. Abth. 19. Mai 1865. (**LVIII**. 302.)

Das Schiedmanns-Attest im Injurienprozesse dient nur zum Beweise des Schiedsmanns-Aktes, und dieser Beweis kann nöthigenfalls auch durch andere Beweise ersetzt werden.

C. Beweis der erfolgten Ladung der Parteien.

Rechtsgr. **752**. — Senat für Strafsachen, II. Abth. 26. Nov. 1863. (LIII. 26.)

In Injuriensachen hat der Kläger die Richtigkeit der von dem angegangenen Schiedsmann erlassenen Ladung nicht zu prüfen.

Strafgesetzbuch für die Preußischen Staaten vom 14. April 1851.

Erster Theil. Von der Bestrafung der Verbrechen und Vergehen im Allgemeinen.

Erster Titel. Von den Strafen.

§§ **11. 12. 21.** Verfügungsfähigkeit eines Zuchthäuslers, insbesondere Vertretung desselben im Ehescheidungsprozeß. — Vergl. A. G. O. I. **1.** § 4.

Rechtsgr. **753**. — I. Senat. 9. Mai 1864. (LIV. 180.)

a) Die zur Zuchthausstrafe Verurtheilten sind während ihrer Strafzeit nur unfähig, über ihr Vermögen unter Lebenden zu verfügen und dasselbe zu verwalten; die über sie einzuleitende Vormundschaft erstreckt sich mithin nur auf die Vertretung in diesen ihren Vermögens-Angelegenheiten, nicht auf die Vertretung ihrer ganzen Persönlichkeit.

b) Der Zuchthäusler kann daher in Ehescheidungsprozessen durch seinen Vormund nicht allein vertreten werden, vielmehr hat er selbst als Verklagter sich einzulassen und zu verhandeln.

Die Zuziehung des Vormundes bei diesen Prozessen ist aber aus dem Grunde geboten, weil es sich bei der Ehescheidung, und namentlich bei der Frage über die überwiegende oder alleinige Schuld des einen oder andern Theils, wesentlich auch um Vermögensrechte und um deren Vertheidigung handelt.

Siehe auch Rechtsgrundsätze 817. 818. (A. G. O. I. **13**. § 25.)

Vierter Titel. Von den Gründen, welche die Strafe ausschließen oder mildern.

§§ **42**. **43**. Siehe Rechtsgrundsatz 332. (A. L. R. I. **16**. § 41.)

Zweiter Theil. Von den einzelnen Verbrechen und Vergehen und deren Bestrafung.

Achter Titel. Meineid.

§§ **125**. **129**. **132**. Siehe Rechtsgrundsatz 816. (A. G. O. I. **13**. § 24.)

Zwölfter Titel. Verbrechen und Vergehen gegen die Sittlichkeit.

§§ **140**. **144**. Siehe Rechtsgrundsatz 1206. (Gesetz vom 24. April 1854 § 9. Littr. d.)

Dreizehnter Titel. Verletzung der Ehre.

§ **156**. Begriff der Verleumdung im Gegensatz zur Beleidigung:
A. Anwesenheit dritter Personen bei dem Behaupten oder Vorbringen der unwahren Thatsachen.

Rechtsgr. **754**. — Senat für Strafsachen, I. Abth. 16. Dezember 1864. (LVIII. 41.)

Ein Behaupten oder Vorbringen unwahrer Thatsachen, welche Jemanden in der öffentlichen Meinung dem Hasse oder der Verachtung aussetzen, ist nur denkbar, wenn dergleichen gegen dritte Personen, oder doch in deren Beisein vorgebracht worden sind, wogegen eine bloße Aeußerung solcher Thatsachen gegen die betreffende Person allein höchstens als Beleidigung aufgefaßt werden kann.

B. Begriff des Verbreitens von Thatsachen.

Rechtsgr. **755.** — Senat für Strafsachen, I. Abth. 7. Juli 1865. (LIX. 293.)

Dem Charakter der Verleumdung, der nach § 156. des Strafgesetzbuches unter Anderm auch in einem Verbreiten bestehen kann, widerspricht es nicht, die mehrmals und gegen verschiedene Personen ausgesprochene Behauptung derselben Thatsache als ein Ganzes aufzufassen.

C. Verurtheilung in erster Instanz wegen Verleumdung, Feststellung der Absicht, zu beleidigen, in zweiter Instanz ohne neue oder weitere Beweisaufnahme. — Vergl. Strafgesetzbuch §§ 158. 343.; Gesetz No. 3245. vom 11. März 1850 § 8.; Gesetz vom 3. Mai 1852 Art. 101. 103.

Rechtsgr. **756.** — Senat für Strafsachen, II. Abth. 15. Februar 1866. (LXIII. 89.)

Hat der erste Richter sich nur mit dem Thatbestande der Verleumdung beschäftigt, so kann der Appellations-Richter ohne neue oder erneute Beweisaufnahme die zum Begriff der Beleidigung aus § 158. beziehungsweise § 343. des Strafgesetzbuches erforderliche beleidigende Absicht nicht feststellen.

§ **157**. Siehe Rechtsgrundsatz 922. (Kriminal-Ordnung § 392.)

§ **158**. Feststellung der beleidigenden Absicht im Falle des § 158. des Strafgesetzbuchs durch den Appellations-Richter. — Vergl. Gesetz vom 3. Mai 1852 Art. 101. 103.

Rechtsgr. **757.** — Senat für Strafsachen, II. Abth. 15. März 1866. (LXIII. 119.)

Hat im Falle des § 158. des Strafgesetzbuches der erste Richter die beleidigende Absicht ausdrücklich verneint, so kann der Appellations-Richter ohne eine von ihm veranlaßte neue oder reproduzirte Beweisaufnahme das Dasein einer beleidigenden Absicht nicht feststellen.

Siehe auch Rechtsgrundsatz 756. (Strafgesetzbuch § 156.)

§§ **160**. ff. Charakter der Injurien; Uebergang der von dem Beleidigten angestellten Injurienklage auf die Erben desselben. — Vergl. A. L. R. I. **9**. §§ 350. 360.

Rechtsgr. 758. — Senat für Strafsachen, I. Abth. 4. Oktober 1865. (LIX. 350.)

a) Die Injurie ist nach dem jetzt geltenden Preußischen Rechte kein Privatdelikt; ihr eigenthümlicher Charakter besteht darin, daß sie nur auf Antrag des Beleidigten strafbar ist, eine öffentliche Strafe zur Folge hat, und — sofern der Staatsanwalt nicht einschreitet — im Civilprozesse verfolgt wird.

b) Der innerhalb des Injurienprozesses eintretende Tod des Klägers, als des Beleidigten, hebt den einmal erhobenen Strafantrag nicht auf; die Erben desselben treten insoweit hinsichtlich der Verfolgung dieses Antrages an die Stelle des Klägers, sie vertreten, wie dieser selbst, zugleich das öffentliche Interesse, dessen Wahrung durch den Tod des Verletzten nicht alterirt wird.

Fünfundzwanzigster Titel. Strafbarer Eigennutz.

§ **272**. Siehe Rechtsgrundsatz 332. (A. L. R. I. **16**. § 41.)

Dritter Theil. Von Uebertretungen.

Dritter Titel. Uebertretungen in Beziehung auf die persönliche Sicherheit, Ehre und Freiheit.

§ **343**. Siehe Rechtsgrundsatz 756. (Strafgesetzbuch § 156.)

§ **345**. No. **11**. Begriff von „andern Bauwerken“ in dieser Gesetzesstelle.

Rechtsgr. **759**. — I. Senat. 9. Juni 1865. (LX. 77.)

Unter „andern Bauwerken“ im § 345. No. 11. des Strafgesetzbuches gehört auch die Ausschachtung von Sand- und Lehmgruben.

Allgemeine Gerichts-Ordnung.

Theil I. Prozeß-Ordnung.

Einleitung.

§ 1. Zulässigkeit des Rechtsweges:

A. Gesetzliche Ausschließung des Rechtsweges in privatrechtlichen Streitigkeiten.

Rechtsgr. **760**. — II. Senat. 14. Juli 1864. (LIII. 338.)

Der Rechtsweg in Betreff privatrechtlicher Streitigkeiten ist nur dann für ausgeschlossen zu erachten, wenn die Ausschließung auf ausdrücklicher gesetzlicher Vorschrift beruht; Vorschriften dieser Art dürfen nicht ausdehnend erklärt und nur insoweit angewendet werden, als die Voraussetzungen, unter welchen nach diesen Vorschriften der Rechtsweg nicht stattfinden soll, vollständig vorhanden sind.

B. Besitzstörung Seitens des Fiskus als vermeintlichen Eigenthümers; Ausschließung des Rechtsweges. — Vergl. A. L. R. I. **4**. § 14., **9**. § 581.; Kabinets-Order vom 4. Dezember 1831; Regulativ vom 10. September 1828 und Kabinets-Order vom 30. September 1829.

Rechtsgr. **761**. — III. Senat. 3. Juni 1864. (LIII. 295.)

Wenn der Fiskus bei Besitzstreitigkeiten nur als vermeintlicher Eigenthümer des streitigen Terrains in privatrechtlicher Hinsicht in Betracht kommt, und weder ein öffentliches Interesse, noch die polizeiliche Anordnung einer Festungsbehörde vorliegt, so ist weder der Rechtsweg ausgeschlossen, noch auch die auf Hoheitsrechte sich beziehende Allerhöchste Order vom 4. Dezember 1831 und das durch die Allerhöchste Order vom 30. September 1828 vollzogene Regulativ vom 10. desselben Monats anwendbar.

C. Zulässigkeit des Rechtsweges, betreffend den Streit der Schulgemeinde der Konfessionsschule und der Ortsgemeinde über Deckung des Schulgeldes für arme Kinder. — Vergl. A. L. R. II. **7**. §§ 30. ff.

Rechtsgr. **762**. — I. Senat. 26. Mai 1865. (LVIII. 318.)

Ueber die Frage, ob die Schulgemeinde der Konfessionsschule, oder die Ortsgemeinde die Ausfälle an Schulgeld für arme Kinder zu tragen hat, und ob namentlich die erstere von der letzteren die Deckung dieses unbeibringlichen Schulgeldes zu verlangen berechtigt sei, ist der Rechtsweg zulässig.

Siehe auch Rechtsgrundsätze 781. 1039. 1122. (A. G. O. I. **2**. § 167.; Regulativ vom 7. September 1830.; Gesetz vom 28. Februar 1843 § 2.)

§ **3**. Siehe Rechtsgrundsatz 391. (A. L. R. I. **20**. § 422.)

§§ **16**. **27**. Siehe Rechtsgrundsatz 54. (A. L. R I. **5** § 31.)

§§ **64**. **66**. Folgen und Wirkung rechtskräftiger richterlicher Entscheidungen:

A. Grundsätze über die Wirkung rechtskräftiger Entscheidungen als zum materiellen Recht gehörig. — Vergl. A. G. O. I. **16**. § 1.; Verordnung vom 14. Dezember 1833 § 4. No. 1.; Verordnung vom 21. Juli 1846 § 18.

Rechtsgr. **763**. — Senat für Strafsachen, I. Abth. 7. Juli 1865. (LIX. 293.)

Die Grundsätze, wonach ein rechtskräftiges Erkenntniß nicht mehr angegriffen, vielweniger abgeändert werden kann, gehören in das Gebiet des materiellen Rechts.

B. Einwand der rechtskräftig entschiedenen Sache und Erfordernisse desselben nach Preußischem und Gemeinem Prozeßrecht.

Rechtsgr. **764**. — IV. Senat. 12. April 1864. (LV. 65.)

a) Nach Preußischem Prozeßrecht kann von einer res judicata nur da die Rede sein, wo — wenn nicht ausdrücklich doch wenigstens virtualiter — nur der Gegenstand des unter denselben Parteien entstandenen späteren Prozesses durch den dispositiven Ausspruch des rechtskräftigen Vorprozeß-Urtheils mit entschieden ist.

b) Nach den Grundsätzen des Preußischen Prozeßrechtes ist an der auch für den Gemeinen Deutschen Civilprozeß aufgestellten Regel festzuhalten: daß ein Judikat, um den Einwand der res judicata zu ermöglichen, in seinen entscheidenden Worten (verbis decisivis), also im Tenor der Entscheidung zum Unterschiede von deren Gründen, das später verfolgte Parteirecht aberkannt, beziehungsweise die beanspruchten Verbindlichkeiten auferlegt haben müsse.

C. Einwand der rechtskräftig entschiedenen Sache auf Grund der Entscheidung der Streitfrage dem Prinzip nach im Vorprozeß. — Vergl. A. G. O. I. **13**. § 38.

Rechtsgr. **765**. — IV. Senat. 4. Januar 1866. (LX. 305.)

Ist im Vorprozesse die Entscheidung im Prinzip, d. h. hinsichtlich der Rechtsfrage, gegen den Kläger ausgefallen, so ist dadurch jede weitere Geltendmachung der Forderung und Ermittelung deren Höhe von selbst ausgeschlossen, und steht dieser neuen Klage die exceptio rei judicatae entgegen.

D. Einwand der rechtskräftig entschiedenen Sache auf Grund einer Abweisung in der angebrachten Art, und unbedingte Abweisung in Folge dessen. — Vergl. A. G. O. I. **13**. § 38.

Rechtsgr. **766**. — IV. Senat. 4. Januar 1866. (LX. 305.)

Ist im Vorprozeß eine Forderung „angebrachtermaaßen" rechtskräftig abgewiesen worden, und wird die Forderung in einem neuen Prozesse in derselben Weise und in keiner andern Art, als früher, begründet, so ist diese Klage auf Grund des Einwandes der rechtskräftig entschiedenen Sache nicht wiederum nur angebrachtermaaßen, sondern unbedingt abzuweisen.

E. Verstattung des Verklagten zu einem nothwendigen Eide in dem Erkenntniß erster Instanz und Abweisung des Klägers für den Schwörungsfall; Abweisung des Klägers angebrachtermaaßen auf die von ihm eingelegte Appellation als Abänderung zum Nachtheil des Appellanten. — Vergl. A. G. O. I. **14**. § 11.

Rechtsgr. **767**. — III. Senat. 24. November 1865. (LXI. 258.)

Hat der erste Richter die Entscheidung von einem dem Verklagten anvertrauten Eide abhängig gemacht, im Falle der Ableistung den Kläger abgewiesen, im Falle der Nichtableistung den Verklagten nach dem Klageantrage verurtheilt, und erkennt der Appellations-Richter auf die von dem Kläger allein eingelegte Appellation ohne Eid auf Abweisung in der angebrachten Art, so liegt hierin ein Verkennen der Natur und des wesentlichen Charakters der Rechtskraft des Erkenntnisses.

F. Wirkung des rechtskräftigen Wechsel-Erkenntnisses und des rechtskräftigen Mandats im Mandatsprozesse; Separatverfahren gegen das auf Grund eines Wechsel-Erkenntnisses erlassene Mandat im Mandatsprozeß. — Vergl. A. G. O. I. **27**. §§ 52. ff.; Verordnung vom 1. Juni 1833 §§ 3. 4.

Rechtsgr. **768**. — IV. Senat. 10. Oktober 1865. (LXI. 90.)

a) Die Rechtskraft des Wechsel-Erkenntnisses und des im Mandatsprozesse erlassenen Mandats bezieht sich nur auf die Unanfechtbarkeit der Ausführung der in dem Erkenntniß oder dem Mandat ausgesprochenen Zahlungsverpflichtung.

b) Ist auf Grund eines im Wechselprozeß ergangenen Erkenntnisses nach Verlauf des Exekutionsjahres der Mandatsprozeß angestrengt, und ist dieses Mandat rechtskräftig geworden, so können die gegen die Wechselforderung dem Separatverfahren vorbehaltenen Einwendungen auch jetzt noch in dem durch § 4. der Verordnung vom 1. Juni 1833 geordneten Separatverfahren zur Geltung gebracht werden.

G. Wirkung des zwischen dem Gläubiger und dem Schuldner ergangenen Erkenntnisses dem Bürgen gegenüber. — Vergl. A. L. R. I. **14**. §§ 310. ff.; Dig. **44**. 1. Lex 19.

Rechtsgr. **769.** — IV. Senat. 4. Januar 1866. (LXI. 308.)

Der Richter, welcher das zwischen dem Gläubiger und dem Hauptschuldner rechtskräftig ergangene Erkenntniß dem Bürgen gegenüber nur als Beweisdokument für die Existenz und Richtigkeit der verbürgten Forderung betrachtet, verletzt die Grundsätze von der res judicata nicht.

H. Wirkung der Blödsinnigkeitserklärung derjenigen Partei, welcher durch rechtskräftiges Erkenntniß ein Eid auferlegt ist, auf die anderweitige Feststellung des zu leistenden Eides.

Rechtsgr. **770.** — IV. Senat. 3. Mai 1866. (LXIII. 163.)

Wird die Partei, welcher durch ein rechtskräftiges Erkenntniß ein Eid auferlegt ist, vor Ableistung dieses Eides gerichtlich für blödsinnig erklärt, so ist nicht ohne Weiteres die Einschiebung des ihr bestellten Vormundes und dessen Verstattung zur Ableistung des auferlegten und in die Norm de ignorantia umgewandelten Eides zulässig; vielmehr ist darüber: ob und in welcher Weise und von wem der Eid abzuleisten sei, durch ein besonderes Erkenntniß zu entscheiden.

I. Rechtskräftige Abweisung mit dem Antrage auf Erfüllung eines Kauf- oder Lieferungsgeschäftes, eventuell Zahlung einer Entschädigung und spätere Klage auf Rückzahlung des Angeldes. — Vergl. A. L. R. I. **16**. §§ 200. ff.

Rechtsgr. **771.** — IV. Senat. 31. Januar 1865. (LVI. 338.)

Ist in einem Vorprozeß der Kläger mit dem Antrage:

den Verklagten zur Erfüllung eines Kauf- oder Lieferungsvertrages, eventuell aber — falls er sich hierzu außer Stande gesetzt haben sollte — zur Zahlung einer Entschädigung von bestimmtem Betrage zu verurtheilen,

rechtskräftig abgewiesen, so steht dem neuen Klageantrage auf Rückzahlung des Angeldes der Einwand der rechtskräftig entschiedenen Sache nicht entgegen, wenngleich in der Entschädigungssumme des Vorprozesses das zurückgeforderte Angeld bereits mit berechnet war.

K. Rechtskräftige Abweisung im Expropriationsverfahren wegen des Mehrbetrages über die Expropriationstaxe und wegen Anlegung eines neuen Weges und spätere Klage auf Erhöhung der Grundentschädigung wegen des nicht gewährten Weges.

Rechtsgr. **772**. — III. Senat. 8. Februar 1864. (LIII. 119.)

Ist im Expropriationsverfahren dem Besitzer des expropriirten Grundstücks zwar ein Mehrbetrag über den Betrag der Expropriationstaxe zuerkannt, derselbe aber mit dem höheren Mehrwerthe und mit dem gleichzeitigen Anspruche auf Anlegung eines neuen Weges rechtskräftig abgewiesen worden, so steht seiner neuen Klage auf Erhöhung der Grundentschädigung wegen des nicht gewährten Weges der Einwand der rechtskräftigen Entscheidung entgegen.

Siehe auch Rechtsgrundsätze 810. 828. 829. 918. (A. G. O. I. **10**. § 310., **14**. § 2.; Konkurs-Ordnung § 394; Gesetz vom 9. Mai 1855 § 1.)

Titel 1. Von den Personen, welche vor Gericht klagen oder belangt werden können.

§ **3**. Siehe Rechtsgrundsatz 774. (§ 13. dieses Titels.)

§ **4**. Stellung des Vormundes als Prozeßpartei.

Rechtsgr. **773**. — III. Senat. 22. Januar 1864. (LVI. 15.)

Der Vormund ist der Vertreter der juristischen Persönlichkeit des Pflegebefohlenen und daher eigentliche Partei im Prozesse.

Siehe auch Rechtsgrundsätze 753. 774. 775. (Strafgesetzbuch § 11.; A. G. O. I. **1**. §§ 13. 36.)

§§ **13**. **14**. Fähigkeit eines großjährigen, in väterlicher Gewalt stehenden Sohnes, vor Gericht zu erscheinen. — Vergl. A. L. R. II. **2**. §§ 125. 131. 165.; A. G. O. I. **1**. §§ 3. 4., **16**. § 2. No. 4.

Rechtsgr. **774.** — IV. Senat. 31. Januar 1865. (**LVIII. 131.**)

Der großjährige Haussohn, falls er wegen blos persönlicher Verpflichtungen, namentlich aus Verträgen, belangt wird, ist befähigt, als Verklagter ohne Beistand seines Vaters vor Gericht aufzutreten.

Siehe auch Rechtsgrundsatz 835. (A. G. O. I. **16**. § 2. No. 4.)

§ **19**. Siehe Rechtsgrundsatz 455. (A. L. R. I. **1**. § 187.)

§ **36**. Wirkung der Eigenschaft des Vormundes als Mitklägers auf die abgegebenen Erklärungen und gestellten Anträge — Vergl. § 4. dieses Titels.

Rechtsgr. **775.** — III. Senat. 22. Januar 1864. (**LVI. 15.**)

Tritt Jemand in einem Prozeß zugleich als Mitkläger und als Vormund eines Mitklägers auf, so folgt daraus, daß alle seine Prozeßhandlungen, Erklärungen und Anträge nicht nur für ihn, sondern auch für seinen Pflegebefohlenen gelten müssen, soweit er nicht etwa ausdrücklich im eigenen Namen gehandelt hat.

Titel 2. Vom Gerichtsstande.

§ **20**. Fortsetzung des Wohnsitzes des verstorbenen Vaters durch die Kinder.

Rechtsgr. **776.** — I. Senat. 3. Juni 1864. (**LIII. 298.**)

Kinder, welche am Todestage des Vaters noch nicht aus der väterlichen Gewalt ausgeschieden waren, bleiben so lange dem Wohnsitze ihres Vaters angehörig, als sie nicht einen eigenen Wohnsitz genommen haben.

§ **21**. Siehe Rechtsgrundsatz 19. (A. L. R. Einl. § 32.)

§§ **111**. **116**. Dinglicher Gerichtsstand bei Klagen auf Ungültigkeitserklärung eines über ein Grundstück abgeschlossenen Vertrages, insbesondere nach der Konvention zwischen Preußen und Braunschweig vom 4. und 9. Dezember 1841.

Rechtsgr. **777.** — IV. Senat. 20. Juni 1865. (**LIX. 257.**)

Die Klage auf Anfechtung eines über ein Grundstück

abgeschlossenen Kaufvertrages ist im dinglichen Gerichtsstand anhängig zu machen, wenn mit der Anfechtung des Vertrages auch das Eigenthum des darin erwähnten Grundstückes verfolgt wird.

Dies findet auch auf die, in der Konvention zwischen Preußen und Braunschweig vom 4. u. 9. Dezember 1841 zur Regelung der gegenseitigen Gerichtsbarkeits-Verhältnisse enthaltenen Bestimmungen über den dinglichen Gerichtsstand Anwendung.

§ 143. Geltung der für das berufene Gericht maaßgebenden Gesetze auch für das substituirte Gericht. — Vergl. Verordnung vom 2. Januar 1849 Eingang; Gesetz vom 26. April 1851 Art. V. No. 2.

Rechtsgr. **778.** — I. Senat. 15. Januar 1866. (**LIX.** 361.)

Das substituirte Gericht hat nicht nur die materiellen, sondern auch die formellen Gesetze zu beobachten, welche für das eigentlich berufene Gericht, dem es substituirt worden, maaßgebend sind, und auf welche die ihm sonst nicht untergebenen Parteien ein Recht haben.

§ 150. Gerichtsstand des geschlossenen Vertrages nach Gemeinem Prozeß für denjenigen Inländer, welcher sich am Vertragsorte nicht antreffen läßt. — Vergl. Verfassungs-Urkunde vom 31. Januar 1850 Art. 7.

Rechtsgr. **779.** — IV. Senat. 12. Januar 1865. (**LVIII.** 78.)

Greift nach dem Gemeinen Prozeß der Gerichtsstand des geschlossenen Vertrages Platz, so muß der verklagte Inländer, auch wenn er außerhalb jenes Gerichtssprengels, in welchem der Gemeine Prozeß gilt, wohnt, daselbst Recht nehmen, selbst wenn er an dem Orte, wo der Vertrag verbindliche Kraft erhalten hat oder in Erfüllung gebracht werden soll, sich nicht antreffen läßt; der Rechtsgrundsatz:

„Niemand soll seinem ordentlichen Richter entzogen werden",

wird dadurch nicht verletzt.

§ **154**. Gerichtsstand der geführten Verwaltung gegen den Verwaltungsrath einer Aktiengesellschaft.

Rechtsgr. **780**. — **IV**. Senat. 15. März 1866. (**LXIII**. 112.)

Haben sich der Verwaltungsrath einer Aktiengesellschaft oder einzelne Mitglieder desselben mit der Verwaltung des Vermögens der Gesellschaft befaßt, so ist rücksichtlich der daraus entspringenden Ansprüche der Gerichtsstand der geführten Verwaltung begründet.

§§ **167**. ff. Unstatthaftigkeit eines Schiedsspruchs Seitens der General-Versammlung der Mitglieder einer Assekuranz-Sozietät auf Gegenseitigkeit in dem Rechtsstreite zwischen der Gesammtheit dieser Mitglieder und einem einzelnen Mitgliede der Sozietät. — Vergl. A. G. O. Einl. § 1.

Rechtsgr. **781**. — **IV**. Senat. 6. Februar 1866. (**LXIV**. 55.)

Mit der rechtlichen Natur des Kompromisses ist unvereinbar, daß zunächst die Direktion einer Assekuranz-Sozietät, als deren Vertreterin, und dann weiter die Generalversammlung der Gesellschaftsmitglieder den Rechtsstreit zwischen der Gesammtheit dieser Mitglieder und einem einzelnen Mitgliede der Sozietät entscheide. Daher entbehrt eine desfallsige Bestimmung der Gesellschafts-Statuten der rechtlichen Gültigkeit.

Siehe auch Rechtsgrundsatz 297. (A. L. R. I. **13**. § 98.)

§§ **169**. ff. Von Schiedsrichtern:

A. Rechtliche Natur des Kompromißvertrages und des schiedsrichterlichen Urtheils. — Vergl. A. L. R. I. **13**. §§ 74. 78. 79., II. **17**. § **19**.; A. G. O. I. **23**. § 25.; Verordnung vom 2. Januar 1849 § 29.; Verfassungs-Urkunde vom 31. Januar 1850 Art. 86.

Rechtsgr. **782**. — **IV**. Senat. 17. Januar 1865. (**LVI**. 299.)

Die nach der Allgem. Gerichts-Ordnung zulässige Uebereinkunft der Parteien, ihren Rechtsstreit, statt vom Gericht, von Privatpersonen entscheiden zu lassen, hat der Natur der Sache nach nur die Wirkung eines Vergleichs, und der Schiedsrichterspruch ist wesentlich nichts

anderes, als die **Ausführung** des Kompromiß-Vertrages und ein Bestandtheil desselben; keineswegs aber ist der Schiedsspruch als ein Akt des Richteramtes und der Schiedsrichter als Personal einer Gerichtsbehörde aufzufassen.

B. Wahl eines Schiedsrichters. — Vergl. Gesetz vom 12. Mai 1851 § 9.; Berggesetz vom 24. Juni 1865 § 115.

Rechtsgr. **783.** — IV. Senat. 16. März 1865. (LVIII. 211.)

Weder, der § 170. I. 2. der Allgem. Gerichts-Ordnung, noch der § 9. des Gesetzes über die Verhältnisse der Miteigenthümer eines Bergwerkes vom 12. Mai 1851, verbieten, daß sich das Vertrauen und die Wahl der streitenden Parteien — der Kompromittenten — auf ein und dieselbe Person vereinige und damit zugleich die sonst möglicher Weise erforderliche Wahl eines Obmanns erübrigt werde.

C. Benutzung seiner Privatwissenschaft Seitens des Schiedsrichters bei Fällung des Schiedsspruches, namentlich bei Entscheidung technischer Fragen.

Rechtsgr. **784.** — IV. Senat. 16. März 1865. (LVIII. 212.)

Es ist nicht für unstatthaft zu erachten, daß in Fällen, wo der Schiedsspruch mehr die Natur eines technischen Gutachtens annimmt und die Parteien für ihre verschiedenen Ansichten keine besonderen Gründe an die Hand gegeben haben, der zur Entscheidung ihres Streites berufene Techniker die ihm durch langjährige Erfahrung bekannt gewordene Lage der Sache zur Schöpfung seines Urtheils mit heranzieht.

D. Abmessung der Liquidation der Belohnung der Schiedsrichter und Anspruch derselben auf Erstattung der Mandatariengebühren. — Vergl. Kostengesetz vom 10. Mai 1851 § 8., vom 12. Mai 1851 § 8. und vom 9. Mai 1854.

Rechtsgr. 785. — IV. Senat. 17. Januar 1865. (LVI. 299.)

a) Die Liquidation der Belohnung der Schiedsrichter ist nicht nach den Gerichtskosten-Gesetzen abzumessen, auch ist eine analoge Anwendung derselben nicht geeignet, wofern nicht das Kompromiß oder ein besonderer Vertrag dies ausdrücklich bestimmen.

b) In dem Verfahren vor Schiedsrichtern ist der Anspruch auf Erstattung der dem eignen Mandatar gezahlten Gebühren von dem Gegner nicht nach den Grundsätzen, welche bei Prozessen vor Königlichen Gerichten maaßgebend sind, zu beurtheilen.

Titel 3. Von der Pflicht der Parteien, die Instruktion ihrer Prozesse persönlich abzuwarten, und in wiefern sie sich dabei richterlicher Beistände und Bevollmächtigter bedienen können.

§§ **25.** ff. **54.** Rechtfertigung der eingelegten Revision durch einen nicht mit Vollmacht versehenen Anwalt. — Vergl. A. G. O. I. **16.** § 2. No. 5.; Kabinets-Order vom 17. Oktober 1833 No. 4.; Deklaration vom 6. April 1839 Art. 7. Abs. 3.; Verordnung vom 21. Juli 1846 § 23. Littr. d.

Rechtsgr. 786. — IV. Senat. 21. Dezember 1865. (LX. 303.)

Ist die vorschriftsmäßig angemeldete Revision von dem Anwalt ohne Beibringung der Vollmacht gerechtfertigt worden, so ist, wenn dieser der ihm wiederholt gewordenen Aufforderung, sich durch Vollmacht zu legitimiren, kein Genüge geleistet hat, der Einführung und Rechtfertigung der Revision umsoweniger eine rechtliche Wirkung und Bedeutung zuzugestehen, als der Revident durch sein Ausbleiben in dem Audienztermin zu erkennen giebt, daß er das Rechtsmittel von seiner Seite nicht genehm halte und ratihabire. Das Rechtsmittel ist alsdann für desert anzusehen.

Titel 5. Von Aufnehmung und Instruktion der Klage selbst, und was dabei zu beobachten.

§ 4. Siehe Rechtsgrundsätze 335. 793. (A. L. R. I. **16**. § 86.; A. G. O. I. **7**. § 48b.)

§ 4. No. 8. Passivlegitimation:

A. Prüfung der Passivlegitimation von Amtswegen und Suppeditirung von Rechtseinwänden. — Vergl. Deklaration vom 6. April 1839 Art. 3. No. 1.

Rechtsgr. **787**. — II. Senat. 7. Juli 1864. (LV. 193.)

Die Verpflichtung beziehungsweise Berechtigung des Richters, die Passivlegitimation von Amtswegen zu prüfen, darf nicht bis zur Suppeditirung von Rechtseinwänden ausgedehnt werden.

B. Definitive Abweisung oder Abweisung in der angebrachten Art wegen mangelnder Passivlegitimation des Verklagten.

Rechtsgr. **788**. — I. Senat. 5. Januar 1866. (LX. 312.)

Ist der Verklagte passiv nicht legitimirt, so kann der Kläger mit seinem auf Verurtheilung des Verklagten gerichteten Antrage nicht blos angebrachtermaaßen, sondern immer nur schlechthin abgewiesen werden.

Siehe auch Rechtsgrundsatz 790. (§ 17. dieses Titels.)

§§ 17. 21. ff. Inhalt der Klage; Veränderung des Klagefundamentes:

A. Begriff des Klagefundaments in Beziehung auf Thatsachen und rechtliche Argumentation; Ausscheiden einzelner Thatsachen oder Hinzutreten neuer Thatsachen zur Begründung eines neuen Klagefundaments. — Vergl. A. G. O. I. **10**. § 5a.

Rechtsgr. **789**. — III. Senat. 9. Mai 1864. (LV. 91.)

a) Das Klagefundament wird durch die der Klage zu Grunde liegenden Thatsachen, nicht durch die rechtliche Argumentation gebildet.

b) Die in der Klage vorgetragenen Thatsachen bilden in ihrer Gesammtheit und in der rechtlichen Bedeutung, welche sie hiernach wirklich haben, das Klagefundament.

Wenn daher die eine oder die andere derselben sich als unwahr ergeben hat, so können die übrigbleibenden eine andere rechtliche Bedeutung erhalten und deshalb ein anderes Klagefundament darstellen, und ebenso können dieselben Thatsachen in Verbindung mit andern neuen Thatsachen ein anderes Klagefundament darstellen.

B. Veränderung des Klagefundaments. — Vergl. A. G. O. I. **5**. § 4. No. 8., **10**. § 5a.

Rechtsgr. **790**. — III. Senat. 26. Mai 1865. (LXIII. 26.)

a) Zum Klagefundament gehören nicht nur die Thatsachen, welche ergeben, daß eine gewisse Verbindlichkeit entstanden ist, sondern es muß daraus auch das Recht des Klägers erhellen, die Erfüllung dieser Verpflichtung von dem Verklagten zu verlangen.

b) Es ist daher eine unzulässige Veränderung des Klagegrundes, wenn der Verklagte in der Klage als Eigenthümer einer Grube, später aber als Mitgewerke, vermöge der die Mitgewerken treffenden solidarischen Verpflichtung, in Anspruch genommen wird.

Titel 7. Von Abfassung und Insinuation gerichtlicher Verordnungen.

§ **1**. Siehe Rechtsgrundsatz 878. (A. G. O. III. **1**. § 44.)

§§ **20**. **21**. Vorschriften über das Verfahren bei Insinuation richterlicher Verordnungen als nicht wesentliche Prozeßvorschriften. — Vergl. Verordnung vom 14. Dezember 1833 § 5.; Deklaration vom 6. April 1839 Art. 3.

Rechtsgr. **791**. — IV. Senat. 8. November 1866. (LXIV. 292.)

Die in den §§ 20. 21. I. 7. der Allgem. Gerichts-Ordnung enthaltenen Vorschriften über das Verfahren bei Insinuation richterlicher Verordnungen gehören zu den nicht wesentlichen Prozeßvorschriften.

§ **32**. Behändigung der Klage im Sterbehause.

Rechtsgr. 792. — IV. Senat. 13. September 1864. (LVI. 112.)

a) Wenn sich nach Anstellung einer vermögensrechtlichen Klage ergiebt, daß der Verklagte — sei es vor oder nach Eingang der Klage — gestorben ist, so darf die Insinuation derselben auch an die Erben, und zwar, falls die Erbschaft noch ungetheilt ist, im Sterbehause erfolgen, und ist es namentlich im letztern Falle nicht unbedingt erforderlich, daß die Ladung wirklich an die Erben gerichtet ist, es kann dieselbe vielmehr auch noch auf den Namen des Erblassers lauten.

Siehe auch Rechtsgrundsatz 733. (Allg. Deutsche Wechsel-Ordnung Art. 80.)

§ 48. Siehe Rechtsgrundsatz 848. (A. G. O. I. 24. § 9.)

§ 48b. Anhängigmachung der Klage zur Erhaltung des Entschädigungsanspruches nach den allgemeinen Policebedingungen der Versicherungsgesellschaft Deutscher Phönix in Frankfurt a. M. — Vergl. A. G. O. I. 5. § 4. No. 2.

Rechtsgr. 793. — IV. Senat. 7. Juni 1866. (LXIV. 138.)

Die im Art. 20. der allgemeinen Policebedingungen der Versicherungsgesellschaft Deutscher Phönix zu Frankfurt a. M. enthaltene Bestimmung:

„Alle nicht innerhalb 6 Monaten vom Tage des Brandes an entweder durch beiderseitige schriftliche Uebereinkunft festgesetzten oder durch eine förmliche und vollständige Klage des Versicherten vor dem zuständigen Civilgerichte anhängig gemachten Ansprüche auf Entschädigung sind kraft dieses Versicherungsvertrages erloschen",

läßt sich nicht so verstehen, daß diese Klage binnen der 6 Monate der Versicherungsgesellschaft behändigt sein müßte; sondern es genügt, daß die fraglichen Ansprüche durch eine derartige Klage vor dem erwähnten Gericht innerhalb der stipulirten Frist geltend gemacht werden.

§ 48c. Wirkung der gehörig erfolgten Klagebehändigung:

A. Zustand zur Zeit der Klagebehändigung als Grundlage für die Entscheidung.

Rechtsgr. **794**. — II. Senat. 19. Januar 1865. (LVI. 309.)

Der Richter hat bei der Entscheidung allein auf den Zustand zur Zeit der Klagebehändigung Rücksicht zu nehmen.

B. Verhältniß der Folgen der Klagebehändigung bezüglich des Verklagten und des dritten Erwerbers einer streitigen Sache. — Vergl. A. G. O. I. **24**. § 9.

Rechtsgr. **795**. — III. Senat. 22. Dezember 1865. (LXI. 301.)

Der § 48. Littr. c. I. 7. der Allgem. Gerichts-Ordnung bestimmt nur diejenigen Wirkungen, welche die Veräußerung der streitigen Sache nach gehörig insinuirter Citation in Beziehung auf den veräußernden Verklagten hat, betrifft aber nicht das Verhältniß des Berechtigten zu dem dritten Erwerber, für welchen Fall allein § 9. I. 24. der Allgem. Gerichts-Ordnung maaßgebend ist.

§ **48d**. Siehe Rechtsgrundsätze 313. 334. (A. L. R. I. **14**. § 258., **16**. § 71.)

Titel 8. Von Anberaumung und Verlegung der Termine, und von den rechtlichen Folgen des ungehorsamen Ausbleibens.

§ **5**. Verlegung des Subhastationstermins wegen des Wahltages zum Abgeordnetenhause. — Vergl. A. L. R. I. **11**. § 348; A. G. O. I. **52**. §§ 30. 32.; Subhastations-Verordnung vom 4. März 1834 § 8.

Rechtsgr. **796**. — III. Senat. 29. April 1864. (LIV. 134.)

Fallen auf den Tag des Subhastationstermins die Wahlen zum Abgeordnetenhause, so gilt der Termin als auf den folgenden Wochentag verlegt.

§ **14**. Siehe Rechtsgrundsatz 1046. (Verordnung vom 1. Juni 1833 § 36.)

§ **16**. Siehe Rechtsgrundsatz 901. (Konkurs-Ordnung § 170.)

Titel 9. Von Aufnehmung der Antwort auf die Klage, und was darauf zu verfügen.

§§ **2**. **6**. **11**. Siehe Rechtsgrundsatz 321. (A. L. R. I. **15**. § 25.)

Titel 10. Von der Instruktion der Sache zum Definitiv-Erkenntniß.

§ **5a**. Siehe Rechtsgrundsätze 789. 790. (A. G. O. I. **5**. §§ 17. 21.)

Erster Abschnitt. Von der näheren Vernehmung der Parteien, und Regulirung des status causae et controversiae.

§ **40**. Verurtheilung zum Ersatz eines im besonderen Verfahren zu ermittelnden Schadens.

Rechtsgr. **797**. — II. Senat. 15. November 1864. (LVII. 93.)

Die Verurtheilung zum Ersatz eines im besondern Verfahren zu ermittelnden Schadens setzt voraus, daß wenigstens im Allgemeinen feststeht, daß ein Schaden entstanden und nur die Höhe desselben noch nicht ermittelt ist.

§§ **53**. **54**. Recht und Gesetz der jetzt Preußischen Lande, bevor dieselben mit dem Preußischen Staate verbunden waren.

Rechtsgr. **798**. — II. Senat. 9. November 1865. (LX. 257.)

Das Recht oder das Gesetz, welches in jetzt Preußischen Landen, bevor diese mit dem Preußischen Staate verbunden worden, gegolten hat und die Entscheidung für vergangene Fälle begründet, kann als ein fremdes nicht erachtet werden, und ist der Preußische Richter dasselbe zu kennen schuldig.

§ **55**. Siehe Rechtsgrundsatz 12. (A. L. R. Einl. § 12.)

Zweiter Abschnitt. Vom Beweise durch Zugeständniß.

§ **86**. Siehe Rechtsgrundsatz 832. (A. G. O. I. **14**. § 14a.)

Dritter Abschnitt. Vom Beweise durch Urkunden.

§ **126**. Einwendungen gegen gerichtlich beurkundete Rechtsgeschäfte, insbesondere gegen einen gerichtlichen Schuldschein — Vergl. A. L. R. I. **11**. §§ 732. ff.

Rechtsgr. **799**. — IV. Senat. 21. Dezember 1865. (**LX**. 298.)

a) Durch § 126. I. 11. der Allg. Gerichts-Ordnung, wonach die Willenserklärung, welche in einer gerichtlichen Urkunde niedergelegt ist, als wirklich abgegeben angesehen werden soll, sofern nicht ein bei der Aufnahme der Urkunde vorgefallener Irrthum behauptet und nachgewiesen wird, sind nicht die Einwendungen ausgeschlossen, welche dem gerichtlich beurkundeten Rechtsgeschäft selbst entgegenstehen.

b) Daher ist auch gegen einen gerichtlichen Schuldschein über ein empfangenes Darlehn der Beweis der nicht vollständig erhaltenen Valuta zulässig.

§ **128**. Siehe Rechtsgrundsatz 1133. (Verordnung vom 28. Juni 1844 § 10.)

§§ **134**. **135**. Diffession einer Urkunde:

A. Rekognition der im Audienztermin dem Bevollmächtigten der Partei vorgelegten Urkunden; Eintritt der Kontumazialfolgen. — Vergl. Verordnung vom 1. Juni 1833 §§ 18. 24. 25.; Instruktion vom 24. Juli 1833 § 33; Prozeß-Ordnung vom 21. Juli 1846 § 9.

Rechtsgr. **800**. — IV. Senat. 14. Juni 1866. (**LXIII**. 230.)

a) Urkunden, welche dem Bevollmächtigten einer Partei im Audienztermin vorgelegt werden, sind in Kontumaziam für rekognoscirt zu erachten, wenn derselbe sich über den Diffessionseid nicht sofort erklärt, sondern die Vorlegung an seinen Machtgeber selbst verlangt. Einer ausdrücklichen Aufforderung Seitens des Richters an die Produkten zu einer ausdrücklichen Erklärung über Rekognition oder Diffession der Urkunde bedarf es nach dem neuen Prozeßverfahren nicht mehr.

b) Die Realisation dieses Kontumazial-Präjudizes ist

nicht an den Antrag des Gegners gebunden, vielmehr hat der Richter das bezüglich einer Urkunde gesetzlich vorgeschriebene Rekognitions- oder Diffessions-Verfahren nach den darüber bestehenden Vorschriften von Amtswegen zu leiten.

Siehe auch Rechtsgrundsatz 1145. (Verordnung vom 21. Juli 1846 § 21.)

B. Norm des Diffessionseides in Neu-Vorpommern und Rügen; Zweck des zweiten Theiles des Diffessionseides, betreffend die Unterschrift durch einen Dritten, und Nothwendigkeit der Ableistung des Eides, insbesondere im Wechselprozesse. — Vergl. Schwedische Tribunals-Ordnung von 1657. Thl. II. Tit. 28. §§ 3. 6.; Schwedische Hofgerichts-Ordnung von 1672 Thl. II. Tit. 2. § 6.

Rechtsgr. **801**. — IV. Senat. 4. April 1865. (LIX. 46.)

a) Die in dem § 134. I. 10. der Allgem. Gerichts-Ordnung vorgeschriebene Norm des Diffessions-Eides stimmt mit der gemeinrechtlichen Doktrin und Praxis überein und ist daher auch für Neu-Vorpommern und Rügen für maaßgebend zu erachten.

b) Der zweite Theil des Diffessionseides:

„daß die Namens-Unterschrift auch nicht an des Schwörenden Statt von einem Andern mit seinem Wissen und Willen geschrieben worden sei“,

ist nicht nur dazu bestimmt, etwaige Mental-Reservationen des Schwörenden abzuschneiden, sondern auch überhaupt festzustellen, daß der Schwörende bei der Unterschrift in keiner Weise betheiligt gewesen sei. Hat dagegen eine solche Betheiligung stattgefunden, so hat zugleich der Diffessionseid den Zweck, den Schwörenden zu müßigen, bestimmt anzuzeigen, in welcher Weise die Unterschrift, namentlich durch einen Anderen, für ihn zu Stande gekommen ist; und wenn eine solche Anzeige gemacht ist, so kann die Ableistung des Diffessionseides nicht weiter in Frage kommen, vielmehr ist erst alsdann zu prüfen, ob die von einem Andern für den Schwörenden gemachte Unterschrift auch Gültigkeit und rechtsverbindliche Kraft habe.

c) Der Grundsatz unter b. gilt gemeinrechtlich auch im Wechselprozesse in Betreff der Wechsel-Unterschriften.

Siehe auch Rechtsgrundsatz 1154. (Verordnung vom 21. Juli 1846 § 21.)

§§ 149a. 149b. Schriftvergleichung über die Unterschrift allein; Feststellung der Echtheit der Unterschrift durch richterliches Arbitrium.

Rechtsgr. **802**. — I. Senat. 23. Februar 1866. (LXII. 151.)

Durch die Bestimmung des § 149b. I. 10. der Allg. Gerichts-Ordnung:

„Ueber die bloße Unterschrift allein soll daher keine Vergleichung der Handschriften stattfinden“,

ist auch ausgeschlossen, daß der Beweis, ob die bestrittene Unterschrift mit anderen vom Kläger herrührenden Unterschriften übereinstimme, durch richterliches Arbitrium erbracht werden kann.

Vierter Abschnitt. Von Aufnehmung des Beweises durch Zeugen.

§ 227. Siehe Rechtsgrundsatz 817. (A. G. O. I. **13**. § 25.)

Fünfter Abschnitt. Von Aufnehmung des Beweises durch den Eid.

§§ 245. ff. Beweiskraft des von der einen Prozeßpartei in einem andern Prozeß einem Dritten gegenüber geleisteten Eides.

Rechtsgr. **803**. — I. Senat. 8. Januar 1864. (LV. 14.)

Der von der einen Prozeßpartei in einem andern Prozeß einem Dritten gegenüber abgeleistete Eid kann nicht unbedingt für ein völlig beweisloses Beweismittel angesehen werden.

§§ 252. ff. Eideszuschiebung über das Bekanntsein einer Thatsache.

Rechtsgr. **804.** — IV. Senat. 20. Oktober 1864. (LVII. 15.)

Ist über das Bekanntsein einer Thatsache der Eid zugeschoben, so muß zugleich angegeben werden, wodurch die Thatsache bekannt geworden sein soll.

§§ 260. 269. ff. Eidesleistung Seitens eines Litiskonsorten auch für die übrigen Litiskonsorten, namentlich eines mitklagenden Vormundes als Prozeßpartei.

Rechtsgr. **805.** — III. Senat. 22. Januar 1864. (LVI. 14.)

a) Die Vorschrift des § 269. I. 10. der Allgem. Gerichts-Ordnung, welche dem Deferenten freistellt, die Leistung des Eides von einem oder mehreren der Litiskonsorten im Namen der Uebrigen zu verlangen, ist nicht dahin zu verstehen, daß der von dem Deferenten Bezeichnete nur ausdrücklich im Namen der Uebrigen resp. für dieselben zu schwören habe, und daß der Eid eine dem entsprechende Fassung erhalten, oder eine ausdrückliche Erklärung des Schwörenden, daß er auch für die Uebrigen schwöre, erfolgen müsse; der Sinn des Schlußpassus des § 269. ist vielmehr nur der, daß, wenn der Deferent von dem ihm gestatteten Wahlrechte Gebrauch gemacht hat, durch die Ableistung oder Nichtleistung des Eides Seitens des von ihm bezeichneten Litiskonsorten die Streitfrage auch den Uebrigen gegenüber nach Verschiedenheit der Fälle als erwiesen oder widerlegt angenommen wird.

b) Ist einer der Litiskonsorten Vormund eines andern Litiskonsorten, so ist nicht erforderlich, daß in den zu leistenden Eid die ausdrückliche Erklärung aufgenommen werde, daß derselbe zugleich für den Bevormundeten abgeleistet werde.

Siehe auch Rechtsgrundsatz 620. (Allg. Deutsches Handelsgesetzbuch Art. 15.)

§§ 270. ff. Auferlegung eines Eides einer Gemeinde; Verfahren bei Normirung dieses Eides; Rechtsmittel im Streitfalle.

Rechtsgr. **806**. — II. Senat. 17. November 1864. (LVII. 100.)

Wird in einem Erkenntnisse einer Gemeinde ein Eid auferlegt, so kann dasjenige, worüber geschworen werden soll, im Erkenntniß nur im Allgemeinen festgesetzt, es kann aber die Norm, in welcher die einzelnen Mitglieder den Eid, und ob und inwieweit sie denselben de veritate oder de ignorantia zu schwören haben werden, noch nicht näher bestimmt werden, die diesfällige Erörterung und Bestimmung muß vielmehr dem darüber nach Eintritt der Rechtskraft stattfindenden Verfahren vorbehalten bleiben; entsteht hierbei Streit, so muß darüber vorbehaltlich der Rechtsmittel entschieden werden.

§§ **275**. ff. Anwendbarkeit der Schlußvorschrift des § 275. I. **10**. der Allg. Gerichts-Ordnung auf Litiskonsorten überhaupt; Auferlegung eines nothwendigen Eides mehreren Litiskonsorten bei einem Streit über eine theilbare Sache; Folgen der Eidesweigerung Seitens Eines derselben. — Vergl. A. L. R. I. **17**. §§ 10. 127. 131. 151.

Rechtsgr. **807**. — III. Senat. 16. Juni 1864. (LV. 138.)

a) Die Schlußvorschrift des § 275. I. 10. der Allg. Gerichts-Ordnung:

„daß bei einem theilbaren Objekte diejenigen Mitglieder einer Kommune, welche einen gerichtlichen Eid nicht leisten wollen, sich die rechtlichen Folgen davon für ihren Theil gefallen lassen müssen“,

findet auch auf andere Litiskonsorten Anwendung, die keine moralische Person bilden, insbesondere auch auf Miterben, die eine Nachlaßforderung gemeinschaftlich einklagen.

b) Klagen deshalb mehrere Miterben eine theilbare Sache ein, und ist den Klägern ein nothwendiger Eid auferlegt, so ist die Verurtheilung des Verklagten nicht davon abhängig zu machen, daß sämmtliche Kläger den Eid leisten, und kann nicht für den Fall, daß Einer von ihnen den Eid nicht leisten sollte, dennoch die Abweisung der Kläger mit der ganzen Forderung ausgesprochen werden; vielmehr muß für diesen Fall die Verurtheilung des Verklagten nach Verhältniß der Erbquote der Schwörenden ausgesprochen und demgemäß nur auf theilweise Entbindung des Verklagten von deren Ansprüchen erkannt werden.

c) Der Umstand, daß die Erbschaft noch nicht getheilt, resp. daß der Erbtheil, und ob der Schwörende überhaupt bei definitiver Erbtheilung noch etwas auf diesen Erbantheil erhalten werde, sich nicht übersehen lasse, steht dem nicht entgegen.

§§ 286. ff. Wirkung eines in erster Instanz eventuell deferirten Eides bei nicht erfolgter Wiederholung der Delation in zweiter Instanz. — Vergl. A. L. R. I. **4.** §§ 60. 90-102., **16.** § 381.; Verordnung vom 14 Dezember 1833 § 5. No. 2.

Rechtsgr. **808.** — IV. Senat. 18. Januar 1866. (**LXI.** 333.)

Daß prinzipiell eine in erster Instanz erfolgte eventuelle Eidesdelation in zweiter Instanz nicht nothwendig ausdrücklich wiederholt zu werden braucht, schließt nicht absolut aus, auf das prozessualische Verhalten der Partei in jedem einzelnen Falle Rücksicht zu nehmen und daraus, daß sie nach erfolgter anderweiter Beweisaufnahme auf die eventuelle Eidesdelation gar nicht zurückkommt und den Richter nicht um eine Eröffnung über das Resultat der anderweiten Beweisaufnahme angeht, zu folgern, daß die eventuelle Eidesdelation fallen gelassen sei. Eine solche Erwägung des Appellations-Richters hat die Bedeutung einer aus dem prozessualischen Verhalten der Partei gezogenen faktischen Schlußfolgerung und Feststellung.

§ 288. Siehe Rechtsgrundsatz 336. (A. L. R. I. **16.** § 106.)

§ 296. Annahme eines in der Appellationsrechtfertigungsschrift referirten Eides im Audienztermin. — Vergl. Verordnung vom 14. Dezember 1833 § 5. No. 2.

Rechtsgr. **809**. — IV. Senat. 28. April 1864. (LIV. 125.)

Hat der Appellations-Richter, weil die Erklärung über die Annahme eines bereits in der Appellations-Rechtfertigungsschrift referirten Eides nicht bereits in der Appellations-Beantwortungsschrift, sondern erst im Audienztermine erfolgt ist, Kontumazialfolgen eintreten lassen, so liegt hierin nicht eine Verletzung einer wesentlichen Prozeßvorschrift.

§ **297**. Siehe Rechtsgrundsatz 1068. (Verordnung vom 14. Dezember 1833 § 7.)

§§ **310**. ff. Abänderung der rechtskräftig erkannten Eidesnorm:

A. Schranke der Abänderung. — Vergl. A. G. O. Einl. §§ 65. 66., I. **22**. § 45.

Rechtsgr. **810**. — IV. Senat. 1. September 1864. (LIV. 269.)

Die nach den §§ 310. 311a. und 311b. I. 10. und § 45. I. 22. der Allgem. Gerichts-Ordnung in gewissen Fällen der Partei zustehende Befugniß, den zu leistenden nothwendigen oder deferirten Eid, auch wenn auf denselben rechtskräftig erkannt worden, abzuändern, ist nicht auf Abänderung der nach dem Inhalt der Eidesnorm erkanntermaaßen für erheblich und entscheidend erachteten Thatsachen auszudehnen, welche als solche die im Urtheil erkannten Folgen der Eidesleistung oder Nichtleistung bedingen.

B. Abänderung der rechtskräftig erkannten Eidesnorm hinsichtlich der zu beschwörenden Quantität überhaupt:

Rechtsgr. **811**. — IV. Senat. 3. Mai 1866. (LXIV. 115.)

Die §§ 310. 311a. I. 10. der Allgem. Gerichts-Ordnung gestatten zwar da, wo ein gewisses Quantum zu beschwören ist, daß der Eid nicht wegen des vollen Quantums geschworen wird; im Uebrigen bleibt aber die Regel in Kraft, daß ein rechtskräftig feststehender Eid nicht in einzelne Theile zerlegt und theils geschworen, theils nicht geleistet werden darf, insofern die Entscheidung der Sache von dem Gesammteide in dem rechtskräftigen Erkenntnisse abhängig gemacht wurde.

C. Abänderung der rechtskräftig erkannten Eidesnorm, Falls in derselben eine bestimmte Quantität nicht angegeben ist.

Rechtsgr. **812**. — IV. Senat. 15. Juni 1865. (LIX. 251.)

Der § 310. I. 10. der Allgem. Gerichts-Ordnung, betreffend die Angabe eines Minderbetrages gegenüber dem in der Eidesnorm angegebenen Quantum im Schwörungstermin, ist auch dann anwendbar, wenn ohne die Angabe eines bestimmten Quantums in der Eidesnorm sachlich die Voraussetzungen der bezogenen Gesetzesstelle vorhanden sind; namentlich findet dies auch auf nothwendige Eide Anwendung.

§ **312**. Auferlegung eines Veritäts- oder Ignoranz-Eides als Verletzung einer nicht wesentlichen Prozeßvorschrift. — Vergl. Verordnung vom 14. Dezember 1833 § 5.; Deklaration vom 6. April 1839 § 11.

Rechtsgr. **813**. — IV. Senat. 14. Juli 1866. (LXIV. 225.)

Der § 312. I. 10. der Allgem. Gerichts-Ordnung enthält nur eine Vorschrift über die Modalität eines Beweismittels, mithin nur eine Prozeßvorschrift, und zwar eine solche, welche in der Verordnung vom 14. Dezember 1833 und deren Deklaration vom 6. April 1839 als wesentlich nicht bezeichnet ist.

§ **375**. Siehe Rechtsgrundsatz 1068. (Verordnung vom 14. Dezember 1833 § 7.)

§ **376**. Bedenken der Prozeßpartei gegen die Ableistung eines ihr auferlegten Eides und ausdrückliche Erklärung derselben, diesen Eid nicht leisten zu können oder zu wollen.

Rechtsgr. **814**. — IV. Senat. 16. Februar 1865. (LVIII. 161.)

Hat eine Partei, welcher ein Eid auferlegt ist, nur ein Bedenken, ob sie denselben in normirter Weise leisten könne und solle, angedeutet, nicht aber zu erkennen gegeben, daß sie ihn nicht leisten könne oder wolle; so kann ein solchergestalt vorgebrachtes Bedenken das Gericht zu einer Vorhaltung, allenfalls zu einer Verhandlung zwischen ihr und dem Gegner über eine Modifikation der Eidesnorm innerhalb der rechtskräftig feststehenden Grenzen, berechtigen; keineswegs kann die Erklärung als eine Eidesweigerung aufgefaßt werden, deren Folgen erst eintreten, wenn die Partei erklärt, daß sie den Eid nicht leisten könne oder wolle.

§ 377. Fixirung der Funktion des purifizirenden Richters.

Rechtsgr. **815.** — I. Senat. 5. Januar 1866. (LXIII. 39.)

Die Funktion des purifizirenden Richters fixirt sich dahin, daß er lediglich nur eine der verschiedenen Alternativen des purifizirenden Erkenntnisses festzusetzen, eine weitere Dezision dagegen nicht zu treffen hat. Tritt dabei ein Inzidentpunkt hervor, der erheblich und von der Beschaffenheit ist, daß er eine besondere, im Haupterkenntnisse nicht vorgesehene Festsetzung und Entscheidung erforderlich macht, so liegt diese unzweifelhaft außerhalb des Bereiches der Purifikations-Resolution. Dieselbe muß daher besonders getroffen, aber deshalb auch im Wege des gewöhnlichen Verfahrens, mithin unter Zulassung der gegebenen Rechtsmittel, erledigt werden.

Titel 11. Vom Versuch der Sühne, und wie dabei zu verfahren.

§ 13. Siehe Rechtsgrundsatz 901. (Konkurs-Ordnung § 170.)

Titel 13. Von Abfassung und Publikation der Erkenntnisse.

§ 24. Unstatthaftigkeit der Auferlegung eines Eides über eine Thatsache, deren Gegentheil von derselben Partei früher eidesstattlich versichert ist. — Vergl. Strafgesetzbuch §§ 125. 129. 132.

Rechtsgr. **816**. — I. Senat. 30. Mai 1864. (LV. 109.)

Hat eine Partei in einem Vorprozesse über eine in dem spätern Prozeß streitige Thatsache eine eidesstattliche Versicherung abgegeben, so darf dieselbe in diesem späteren Prozesse nicht in die Lage gebracht werden, namentlich nicht durch Auferlegung eines nothwendigen Eides, einen Eid entgegengesetzten Inhalts zu leisten.

§ **25**. Bestrafung mit Zuchthausstrafe und Verlust der bürgerlichen Ehrenrechte in seinem Einfluß auf die Verstattung zum nothwendigen Eide:

A. Einfluß des Verlustes der bürgerlichen Ehre auf die Verstattung zum Erfüllungs- oder Reinigungseide; Abnahme eines rechtskräftig auferlegten Eides in diesem Falle. — Vergl. Strafgesetzbuch §§ 11. 12. 21.; A. G. O. I. **10**. §§ 227. 228.

Rechtsgr. **817**. — III. Senat. 20. April 1866. (LXIII. 137.)

a) Der Plenarbeschluß vom 4. Juli 1864:

„Der Verlust der bürgerlichen Ehre im Sinne des Strafgesetzbuches vom 14. April 1851 macht nach § 25. I. 13. der Allgem. Gerichts-Ordnung zur Ableistung eines Erfüllungs- oder Reinigungseides unfähig",

hat nur die Auslegung und den Fall des § 25. a. a. O. zum Gegenstande.

b) Ist für eine Partei, welche mit dem Verlust der bürgerlichen Ehre bestraft ist, rechtskräftig auf einen Eid erkannt, so ist derselbe abzunehmen.

B. Anfechtung eines Erkenntnisses, durch welches die zu einer Zuchthausstrafe verurtheilte Partei zu einem nothwendigen Eide verstattet ist, im Wege der Nichtigkeitsbeschwerde. — Vergl. Strafgesetzbuch § 11.

Rechtsgr. **818**. — IV. Senat. 1. Mai 1866. (LXIV. 111.)

Die Verstattung der zu einer Zuchthausstrafe verurtheilten Prozeßpartei zu einem nothwendigen Eide kann mit der Nichtigkeitsbeschwerde mit Grund angefochten werden.

Siehe auch Rechtsgrundsätze 115. 382. 744. 1186. (A. L. R. I. **7.** § 106., **19.** § 4.; Allg. Deutsche Wechsel-Ordnung Art. 87.; Deklaration vom 24. Mai 1853 § 1.)

§ **28.** Anwendung der Regel, daß Aenderungen nicht vermuthet werden.

Rechtsgr. **819.** — I. Senat. 16. Oktober 1865. (LXIV. 5.)

Die gesetzliche Bestimmung, daß Aenderungen nicht vermuthet werden, greift zwar dann nicht Platz, wenn eine Aenderung des gegebenen Zustandes kraft dessen Natur nothwendig oder auch nur regelmäßig in einer bestimmten Richtung nach einem gewissen Gesetze erfolgt; wohl aber leidet sie Anwendung auf Aenderungen, welche, wenn auch häufig, doch nur in zufälliger Weise, regellos nach dieser oder jener Richtung hin eintreten.

§§ **36.** ff. Definitive Abweisung, Abweisung in der angebrachten Art und zur Zeit:

A. Zurückweisung einer unsubstanziirten Klage in der angebrachten Art oder unbedingt.

Rechtsgr. **820.** — V. Senat. 19. April 1864. (LIV. 103.)

Der Grundsatz, daß eine nicht substanziirte Klage unbedingt abzuweisen sei, läßt sich in seiner Allgemeinheit als richtig nicht anerkennen.

B. Abweisung wegen mangelnder Aktivlegitimation beim Eingehen auf die Sache selbst in den Gründen.

Rechtsgr. **821.** — IV. Senat. 21. September 1865. (LXI. 45.)

Hat der Appellations-Richter in seinem Urtheilstenor die Abweisung als eine wegen mangelnder Legitimation erfolgende bezeichnet, ist jedoch nach Ausweis seiner Urtheilsgründe auf Beurtheilung der Sache selbst eingegangen, so steht dem nichts entgegen, bei Vernichtung des Appellations-Erkenntnisses definitiv auf Abweisung zu erkennen.

C. Abweisung „in der angebrachten Art" und „zur Zeit" im Verhältniß zu einander, namentlich bezüglich einer reformatio in pejus. — Vergl. A. G. O. I. **14**. § 11.

Rechtsgr. **822**. — IV. Senat. 4. April 1865. (LVII. 293.)

In der Regel wird die Abweisung einer Klage „in der angebrachten Art", welche nur begründet ist, wenn der Klageantrag auf einem unrichtigen Fundamente beruht, als eine nachtheiligere für den Kläger gelten müssen, als die Abweisung „zur Zeit", mag dabei an einen durch einen Kalendertag bestimmten, oder an einen vom Eintritte einer Bedingung oder eines Ereignisses abhängigen Zeitabschnitt gedacht sein.

Siehe auch Rechtsgrundsätze 765. 766. (A. G. O. Einl. § 64.)

§ 40. Befugniß des Appellations-Richters, in dem Tenor des Erkenntnisses die Grundsätze festzustellen, nach denen die Höhe eines streitigen Betrages, über welchen in erster Instanz nicht erkannt war, berechnet werden soll.

Rechtsgr. **823**. — I. Senat. 10. März 1865. (LVIII. 191.)

Hat der erste Richter es unterlassen, über den Betrag einer von ihm zurückgewiesenen Forderung zu erkennen, so kann der Appellations-Richter über die Grundsätze, welche er für die weitere Entscheidung über den Betrag der eingeklagten Ansprüche als die leitenden ansieht, im Tenor sich aussprechen und damit eine den ersten Richter bindende Grundlage für die Berechnung der Forderung feststellen.

§ 44. Siehe Rechtsgrundsatz 878. (A. G. O. III. **1**. § 44.)

Titel 14. Von Appellationen, und wie mit der Instruktion derselben zu verfahren.

Erster Abschnitt. In welchen Fällen die Appellation zulässig ist, und von der Wirkung derselben.

§ 1. Deklaration eines publizirten Urtheils:

A. Zulässigkeit der Deklaratoria überhaupt; Irrthum in der Normirung eines auferlegten Eides. — Vergl. A. G. O. I. **15**. §§ 26. ff., **23**. § 22.

Rechtsgr. **824**. — IV. Senat. 26 Mai 1864. (LIII. 287.)

a) Bei Ertheilung der Deklaration eines Erkenntnisses darf eine materielle Aenderung dieses Erkenntnisses nicht vorgenommen werden.

b) Betrifft daher der Irrthum des erkennenden Richters bei Normirung des der einen Partei auferlegten Eides eine materielle Partei-Erklärung, so kann dieser Irrthum nicht im Wege der Deklaration, sondern, wie jede andere Unrichtigkeit in der materiellen Auffassung und Beurtheilung der Sache Seitens des erkennenden Richters, nur durch die Anwendung eines ordentlichen Rechtsmittels beseitigt werden.

B. Rechenfehler in dem angegriffenen Erkenntniß und Wirkung der darauf gegründeten Nichtigkeitsbeschwerde. — Vergl. Verordnung vom 14. Dezember 1833 § 4. No. 1.

Rechtsgr. **825**. — I. Senat. 19. März 1855. (LVIII. 313.)

Erweist sich der Irrthum in der angegriffenen Entscheidung des Appellations-Richters lediglich als ein Rechenfehler, so kann die Nichtigkeitsbeschwerde nur dann Erfolg haben, wenn die richtige Berechnung aufgenommen wird, und ist die Nichtigkeitsbeschwerde, welche die Vernichtung der ganzen angefochtenen Entscheidung bezweckt, unter der als Maaßgabe beizufügenden Beschränkung der Berichtigung, hinfällig.

C. Deklarationsgesuch in der Revisionsbeschwerde.

Rechtsgr. 826. — IV. Senat. 10. November 1864. (LVII. 73.)

Enthält die Revisionsbeschwerde zugleich ein Gesuch um Deklaration des ersten Urtheils, so ist darüber nicht in dem Revisions-Urtheil zu entscheiden, Revident damit vielmehr an das Gericht erster Instanz zu verweisen.

D. Rechtsmittel der Appellation gegen die Deklaratoria.

Rechtsgr. 827. — IV. Senat. 20. März 1866. (LXII. 250.)

Wenn der Richter erster Instanz die Grenzen der Deklaratoria überschritten und statt des früheren Urtheils ein materiell davon verschiedenes Urtheil zum Nachtheil des einen oder andern Theils erlassen hat, so ist die Appellation gegen diese Deklaratoria statthaft.

§ 2. Appellation gegen Erkenntnisse mit nothwendigen Eiden:

A. Appellation gegen im Erkenntnisse eventuell auferlegte Eide. — Vergl. A. G. O. Einl. §§ 65. 66.; Verordnung vom 14. Dezember 1833 § 5. No. 2.

Rechtsgr. 828. — I. Senat. 10. Juni 1864. (LIV. 225.)

Ist in dem Erkenntniß erster Instanz *prinzipaliter* dem *Verklagten* über einen Einwand ein Eid auferlegt, durch welchen das *Klagefundament* *vernichtet* wird, so hat derselbe weder eine Veranlassung noch eine Verpflichtung, wegen des dem *Kläger* *eventuell* über das Klagefundament anvertrauten Erfüllungseides zur Appellation zu schreiten.

B. Rechtskraft der Erkenntnisse mit prinzipaliter und eventualiter auferlegten Eiden, insbesondere in Schwängerungsprozessen. — Vergl. A. G. O. Einl. §§ 65. 66.; Verordnung vom 14. Dezember 1833 § 5. No. 2.

Rechtsgr. 829. — I. Senat. 3. Juni 1864. (LIV. 221.)

a) Unterläßt die Partei, welche mit dem, dem Gegner auferlegten *eventuellen* Eide unzufrieden ist, die Appellation einzulegen, so geht der betreffende Theil dieses Urtheils gegen sie in Rechtskraft über.

b) Ist im Schwängerungs-Prozesse in dem Erkenntnisse erster Instanz prinzipaliter der Klägerin über das Klagefundament des Beischlafs mit dem Verklagten, dem Letzteren dagegen eventuell über den das Klagefundament beseitigenden Einwand des Beischlafs der Klägerin mit anderen Mannspersonen während der Konzeptionszeit ein Eid anvertraut, dieser Eid aber durch das Erkenntniß zweiter Instanz der Klägerin ebenfalls anvertraut, so ist in Betreff des schon in erster Instanz der Klägerin auferlegten Eides das erste Erkenntniß dem Verklagten, welcher nicht appellirte, gegenüber rechtskräftig.

c) Ist im Schwängerungsprozesse dagegen in dem Erkenntnisse erster Instanz prinzipaliter dem Verklagten über den Beischlaf der Klägerin mit Anderen während der Konzeptionszeit der Eid auferlegt, und erst eventualiter der Klägerin ein Eid über das Klagefundament des Beischlafs mit dem Verklagten anvertraut, so hat der Verklagte keine Veranlassung zur Appellation, und steht ihm demnach in jenem Falle die Rechtskraft der Entscheidung nicht entgegen.

Siehe auch Rechtsgrundsatz 1068. (Verordnung vom 14. Dezember 1833 § 7.)

§§ 3. 4a. Zulässige Rechtsmittel in der Exekutions-Instanz, namentlich im Possessorienprozeß. — Vergl. A. G. O. I. 24. § 54.; Exekutions-Verordnung vom 4. März 1834 § 10.

Rechtsgr. 830. — III. Senat. 30. Januar 1865. (LVI. 336.)

a) In der Exekutions-Instanz können nicht andere und nicht mehr ordentliche Rechtsmittel stattfinden, als der Gegenstand des Hauptprozesses gesetzlich zuläßt.

b) Ist auf Grund eines Possessorien-Urtheils die Festsetzung der auf den Uebertretungsfall angedrohten Strafe beantragt, dieser Antrag jedoch durch Erkenntniß erster

Instanz zurückgewiesen, so ist hiergegen das Rechtsmittel der Appellation nicht zulässig.

Siehe auch Rechtsgrundsatz 831. (§ 12. dieses Titels.)

§ 11. Siehe Rechtsgrundsätze 767. 822. (A. G. O. Einl. § 65., I. **13**. § 36.)

§ 12. Die Appellation als gemeinschaftliche Rechtswohlthat im Gegensatz zum Rechtsmittel des Rekurses. — Vergl. A. L. R. Einl. § 59.; A. G. O. I. **14**. § 3. No. 2., **26**. § 18.; Kabinets-Order vom 8. August 1832; Verordnung vom 1. Juni 1833 § 74. und vom 14. Dezember 1833 § 19.; Gesetz vom 20. März 1854 §§ 5-12.

Rechtsgr. **831**. — II. Senat. 28. Juni 1866. (LXIII. 265.)

Die Bestimmung des § 12. I. 14. der Allgem. Gerichts-Ordnung, betreffend den Ausnahmefall der Zulässigkeit der nachträglichen Appellation Seitens des Appellaten, ist durch die neuen Prozeßvorschriften nicht aufgehoben; eine Ausdehnung dieser für das ordentliche Rechtsmittel der Appellation nachgelassenen Ausnahmen auf das außerordentliche Rechtsmittel des Rekurses findet jedoch nicht statt.

§ 14a. Nichtigkeit eines Kontumazial-Erkenntnisses gegen einen einzelnen Streitgenossen, insbesondere auch im Possessorienprozesse. — Vergl. A. L. R. I. **13**. § 120.; A. G. O. I. **10**. § 86.

Rechtsgr. **832**. — III. Senat. 7. Dezember 1863. (LIV. 9.)

Das in Prozessen über eine untheilbare Sache, insbesondere auch in Possessorienprozessen, gegen einen einzelnen Streitgenossen wegen Nichterscheinens in dem Klagebeantwortungs- und Verhandlungs-Termine abgefaßte Kontumazial-Erkenntniß unterliegt, wenn die übrigen Streitgenossen erschienen sind und die Klage auch für ihn beantwortet haben, der Vernichtung.

Zweiter Abschnitt. Von Einwendung der Appellation und der ferneren Instruktion dieses Rechtsmittels.

§ 21. Siehe Rechtsgrundsatz 355. (A. L. R. I. **16**. § 392.)

§ **28**. Ein als unzulässig zurückgewiesenes Restitutionsgesuch in seiner Wirkung als Appellations-Anmeldung. — Vergl. Deklaration vom 6. April 1839 Art. 3. No. 2.; Verordnung vom 21. Juli 1846 §§ 16. 31.

Rechtsgr. **833**. — IV. Senat. 24. Januar 1865. (LVIII. 114.)

Das gegen ein Kontumazial-Erkenntniß angebrachte, nicht zulässige Restitutionsgesuch ist als Anmeldung der Appellation zu betrachten und zu behandeln.

Titel 15. Von Revisionen, und wie dabei zu verfahren.

§ **8**. Siehe Rechtsgrundsatz 1195. (Gesetz vom 20. März 1854 § 3.)

§ **18**. Berücksichtigung der erst in der Revisions-Instanz erhobenen Einwendungen.

Rechtsgr. **834**. — I. Senat. 9. Juli 1866. (LXIV. 213.)

Ist ein Einwand in den früheren Instanzen nicht erhoben, der bezügliche Gesichtspunkt vielmehr erst in der Revisionsrechtfertigung aufgestellt worden, so kann dieser Einwand, insofern es sich bei demselben wesentlich nur um eine rechtliche Beurtheilung handelt, nicht als verspätet angesehen, und aus diesem formellen Grunde nicht ohne Weiteres zurückgewiesen werden.

§ **26**. Siehe Rechtsgrundsatz 824. (A. G. O. I. **14**. § 2.)

Titel 16. Von den Wirkungen eines rechtskräftigen Urtheils.

§ **1**. Siehe Rechtsgrundsätze 355. 763. 772. (A. L. R. I. **16**. § 392.; A. G. O. Einl. § 65., I. **10**. § 376.; Verordnung vom 9. Mai 1855 § 1.)

§ **2**. No. **4**. Vollstreckbarkeit des gegen einen großjährigen, in väterlicher Gewalt stehenden Sohn ergangenen rechtskräftigen Kontumazial-Erkenntnisses. — Vergl. A. L. R. II. **2**. §§ 121. 131. 158. ff.; A. G. O. I. **1**. §§ 13. 14.

Rechtsgr. 835. — IV. Senat. 31. Januar 1865. (LVIII. 131.)

Das gegen den großjährigen, unter väterlicher Gewalt stehenden Sohn ergangene rechtskräftige Kontumazial-Erkenntniß ist in das jetzige oder künftige freie Vermögen desselben, sowie nach Aufhebung der väterlichen Gewalt unbedingt vollstreckbar.

Siehe auch Rechtsgrundsatz 774. (A. G. O. I. 1. § 13.)

— No. 5. Siehe Rechtsgrundsätze 786. 1061. (A. G. O. I. 3. §§ 25. ff.; Verordnung vom 14. Dezember 1833 § 5. No. 1.)

§§ 12-16. Restitutionsklage wegen Minderjährigkeit.

Rechtsgr. 836. — I. Senat. 27. Oktober 1865. (LX. 233.)

Die §§ 12. und 13. I. 16. der Allgem. Gerichts-Ordnung erfordern zur Rechtfertigung der Restitutionsklage nur, daß im Prozesse dem Pflegebefohlenen ein erheblicher Nachtheil widerfahren sei. Daß das mit der Restitutionsklage anzugreifende Erkenntniß erster Instanz nach Lage der Sache vollständig gerechtfertigt und für den Vormund darnach gar kein Grund zur Appellation vorhanden gewesen sei, ist ebenso unerheblich, wie die Prüfung, ob dem Vormunde oder gar dem Pflegebefohlenen im Vorprozeß ein Versehen zur Last falle.

Titel 17. Von der Litisdenunziation, Adzitation und Nomination.

§§ 2. 3. Siehe Rechtsgrundsatz 837. (§ 8. dieses Titels.)

§§ 8. 10. 24. Nothwendigkeit der Adzitation.

Rechtsgr. 837. — IV. Senat. 11. Januar 1866. (LX. 314.)

Der § 8. I. 17. der Allgem. Gerichts-Ordnung, legt die Pflicht der Adzitation und die im § 10. a. a O. an die Unterlassung geknüpften Folgen nur dem ob, der sich an einen Vormann halten will.

§ 25. Stellung des Adzitaten dem Adzitanten gegenüber. — Vergl. Verordnung vom 14. Dezember 1833 § 4. No. 2.

Rechtsgr. **838**. — IV. Senat. 6. September 1864. (LVI. 95.)

Die Vorschrift, wonach der Adzitat bei der Instruktion und Verhandlung der Hauptsache mit dem Adzitanten Eine Person vorstellt uud alle die Rechte und Verbindlichkeiten hat, welche diesem zukommen oder obliegen, ist eine prozessualische, welche von den Gesetzen nicht als eine wesentliche bezeichnet ist.

Titel 19. Von der Rekonvention oder Widerklage.

§§ 1. ff. Siehe Rechtsgrundsatz 321. (A. L. R. I. **15**. § 25.)

§ 10. Verhandlung der Forderungen und Gegenforderungen aus verschiedenen Geschäften in Einem Prozesse bei Einklagung eines kaufmännischen Rechnungssaldo:

A. Nicht wesentliche Prozeßvorschrift dieser Gesetzesstelle; Voraussetzung der Einklagung eines Rechnungssaldo.

Rechtsgr. **839**. — IV. Senat. 8. Mai 1866. (LXII. 346.)

a) Der § 10. I. 19. der Allg. Gerichts-Ordnung, — betreffend die Zulässigkeit der Verhandlung von Forderungen und Gegenforderungen aus verschiedenen Geschäften in Einem Prozesse bei Einklagung eines kaufmännischen Rechnungssaldo, — enthält eine nicht wesentliche Prozeßvorschrift.

b) Die Einklagung eines Rechnungssaldo setzt voraus, daß der Kläger eine Gesammtberechnung über sein Verhältniß zu der Person anlegt, mit welchem er in laufender Rechnung oder sonst in fortgesetztem Verkehr gestanden hat, und daß er das hieraus zu seinen Gunsten sich ergebende Resultat zum Gegenstande der Klage macht.

B. Gegenforderung eines Kaufmanns aus fortgesetztem Verkehr und laufender Rechnung mit dem Kläger. — Vergl. A. L. R. I. **13**. § 65., **16**. §§ 177. 178.

Rechtsgr. **840**. — IV. Senat. 12. September 1865. (LIX. 334.)

Der § 10. I. 19. der Allgem. Gerichts-Ordnung ist nicht auf den Verkehr unter Kaufleuten zu beschränken, und seine Anwendbarkeit ist nicht deshalb ausgeschlossen, weil der Verkehr der Parteien nicht auf einem dauernden Vertrag, d. h. einem seine Dauer prospizirenden und feststellenden Vertrag beruht, oder weil der unter den Parteien fortgesetzte Verkehr in einer Reihenfolge verschiedener und nicht unter einander zusammenhängender Geschäfte besteht.

Titel 20. Litisreassumtion und Renunziation.

§§ 1. 2. Unwesentliche Prozeßvorschrift in dieser Gesetzesstelle. — Vergl. Verordnung vom 14. Dezember 1833 § 5.

Rechtsgr. 841. — IV. Senat. 23. November 1865. (LXI. 255.)

Die Vorschriften der §§ 1. und 2. I. 20. der Allgem. Gerichts-Ordnung, betreffend das Verfahren bei eintretendem Tode einer Prozeßpartei, sind unwesentliche Prozeßvorschriften.

§§ 9. 11. Sistirung der Prozesse in Betreff der Militärpersonen während eines Krieges.

Rechtsgr. 842. — III. Senat. 30. September 1864. (LIV. 292.)

a) Der § 11. I. 20. der Allgem. Gerichts-Ordnung läßt nicht alle gegen eine Militärperson anhängigen Prozesse, sondern nur die auf Grund neuer Klagen während des Krieges einzuleitenden Prozesse bis zum Frieden aussetzen.

b) Ueber die vorher schon anhängig gewordenen Prozesse disponirt der § 9. a. a. O. unter Beschränkungen der Sistirung eines solchen Prozesses, weshalb dessen Fortführung durch das Eintreten des Krieges allein nicht ausgeschlossen ist.

Titel 21. Von Kautionen.

§ 13. Kautionsleistung für die Kosten Seitens des klagenden Ausländers.

Rechtsgr. **843**. — IV. Senat. 23. April 1864. (LV. 77.)

Der § 13. I. 21. der Allg. Gerichts-Ordnung, welcher bestimmt, in welchem Falle der von einem Ausländer belangte Verklagte eine Kaution für seine Kosten fordern und bis zu deren Bestellung die Einlassung auf die Klage aussetzen darf, ist nicht eine Vorschrift des materiellen Rechts, sondern eine solche, die den Prozeß und die Bedingungen der Einleitung desselben betrifft. Diese Vorschrift gehört nicht zu den wesentlichen Prozeßvorschriften.

Titel 22. Von den in Prozessen vorkommenden nothwendigen Eiden.

§ **45**. Siehe Rechtsgrundsatz 810. (A. G. O. I. **10** § 310.)

Titel 23. Von Kosten, Strafen, Schäden, Zinsen, Früchten und Abnutzungen.

§§ **3**. **6**. **7**. Regulirung des Kostenpunktes.

Rechtsgr. **844**. — IV. Senat. 13. September 1866. (LXIV. 256.)

Die §§ 3. 6. 7. I. 23. der Allg. Gerichts-Ordnung enthalten Grundsätze des materiellen Rechts.

§ **22**. Siehe Rechtsgrundsatz 824. (A. G. O. I. **14**. § 1.)
§ **25**. Siehe Rechtsgrundsatz 782. (A. G. O. I. **2**. § 164.)
§§ **28**. **29**. No. 3. Siehe Rechtsgrundsatz 971. (Münsterische Polizei-Ordnung vom 18. Januar 1592 Kap. 7. § 14.)
§ **35**. Verstattung zum Armenrecht in Beziehung auf die Einziehung und Erstattung der Gerichtskosten.

Rechtsgr. **845**. — IV. Senat. 23. April 1864. (LV. 77.)

Der § 35. I. 23. der Allgem. Gerichts-Ordnung, der die Wirkung der Verstattung zum Armenrecht in Beziehung auf die Einziehung und Erstattung der Gerichtskosten bestimmt, enthält keine Vorschrift des materiellen Rechts, sondern eine Prozeßvorschrift, welche nicht zu den wesentlichen zu zählen ist.

Titel 24. Von der Vollstreckung der rechtskräftigen Urtheile.

Erster Abschnitt. Von Nachsuchung und Verfügung der Exekution.

§ 4. Siehe Rechtsgrundsatz 901. (Konkurs-Ordnung § 170.)

§ 5. Vollstreckung der Exekution gegen den Ehemann in der von der Ehefrau allein gemietheten Wohnung. — Vergl. A. L. R. I. **13.** §§ 3. 4., II. **1.** §§ 194. 211. 212.

Rechtsgr. **846.** — III. Senat. 10. März 1865. (LVII. 247.)

Vermag die Ehefrau nicht zu behaupten, daß sie die von ihr gemiethete Wohnung allein bewohne, und daß etwa ihr Ehemann von deren Besitz ausgeschlossen sei, so ist die Vollstreckung der Exekution gegen den Ehemann in dieser ehelichen Wohnung statthaft.

§ 6. Siehe Rechtsgrundsatz 914. (Konkurs-Ordnung § 357.)

§ 9. Exekution gegen den Inhaber einer res litigiosa:

A. Anwendbarkeit dieser Gesetzesstelle auf Rechte zur Sache. — Vergl. A. L. R. I. **2.** §§ 124. 137., **10.** § 25., **11.** §§ 264. 265. 311., **18.** § 461., **19.** §§ 2. 4-7., **20.** § 630., **21.** §§ 5. 359.

Rechtsgr. **847.** — III. Senat. 22. Dezember 1865. (LXI. 301.)

Wenngleich die Voraussetzung des § 9. I. 24. der Allgem. Gerichts-Ordnung, daß das Recht, über welches in dem anhängigen Prozesse entschieden wird, auch gegen den dritten Erwerber der Sache verfolgbar sei, der Regel nach nur bei dinglichen Rechten zutrifft, so ist die Bestimmung des § 9. a. a. O. doch nicht auf diese Rechte einzuschränken; derselbe findet vielmehr auch Anwendung auf die Fälle, in denen ein blos persönlicher Anspruch auf Uebertragung des Eigenthums einer Sache gegen den Singularsuccessor des Verpflichteten geltend gemacht werden kann.

B. Wirkung eines, gegen den bisherigen Inhaber des streitigen Gegenstandes ergangenen Judikats gegen dessen Singular-Successor. — Vergl. A. G. O. I. **7**. § 48.

Rechtsgr. **848**. — IV. Senat. 3. März 1864. (LIII. 200.)

Der § 9. I. 24. der Allgem. Gerichts-Ordnung, — betreffend die Wirksamkeit eines gegen den Vorbesitzer des streitigen Gegenstandes ergangenen Judikats gegen den Besitznachfolger, — bezieht sich auf Sachen, beziehungsweise auf bestimmte Vermögens-Objekte, deren Eigenthum oder dingliche Verhaftung oder aus dem Eigenthum abgeleitete dingliche Rechte den Gegenstand des Streits bildeten und nach insinuirter Klage durch irgend welchen, zum Eigenthums-Erwerb geeigneten Titel auf einen Dritten übergingen.

Daher unterliegen bloße Schuldforderungen, welche von dem Gläubiger gegen den Schuldner geltend gemacht werden, der Vorschrift des § 9. a. a. O. nicht.

C. Anwendbarkeit dieser Gesetzesstelle beim Zuschlag in nothwendiger Subhastation.

Rechtsgr. **849**. — III. Senat. 24. April 1865. (LVII. 313.)

Der § 9. I. 24. der Allgem. Gerichts-Ordnung findet für den Fall des Zuschlages bei nothwendiger Subhastation keine Anwendung.

Siehe auch Rechtsgrundsatz 795. (A. G. O. I. **7**. § 48c.)

§§ **15**. ff. Siehe Rechtsgrundsatz 914. (Konkurs-Ordnung § 357.)

§ **36**. Einreden in der Exekutions-Instanz, insbesondere Einrede der Deposition und Retention eines Theiles des Kaufgeldes wegen Gewährsmängel. — Vergl. A. L. R. I. **11**. § 222., **16**. §§ 213. 226.; Exekutions-Verordnung vom 4. März 1834 § 6.

Rechtsgr. **850**. — IV. Senat. 18. Februar 1864. (LIII. 148.)

a) Außer den in dem § 36. I. 24. der Allgem. Gerichts-Ordnung gemeinten, in der Exekutions-Instanz noch zulässigen Einreden der Zahlung, Kompensation, des Erlasses und des Vergleiches sind auch andere Einreden, welche auf demselben Prinzip beruhen, noch in der Exekutions-Instanz zuzulassen, wenn sie entweder die objektive Aufhebung der judikatmäßigen Obligation betreffen, z. B. Angabe an Zahlungsstatt, Novation, oder, wenn sie die Auflösung der Obligation in Bezug auf den Gläubiger zum Gegenstande haben, z. B. Anweisung oder gehörig bekannt gemachte Cession.

b) Zu diesen anderweiten, noch in der Exekutions-Instanz zulässigen Einreden gehört auch die Einrede der Retention und Deposition eines Theiles des Kaufgeldes wegen Gewährsmängel.

Zweiter Abschnitt. Von Vollstreckung der Exekution.

§§ 45. ff. Eigenthum an der gewonnenen Auktionslosung bis zur Auszahlung derselben an den Exekutionssucher. — Vergl. Konkurs-Ordnung §§ 1. 2.

Rechtsgr. **851.** — IV. Senat. 1. September 1864. (LIV. 262.)

Wenn auch der Richter mit den Exekutionsmaaßregeln Namens des Extrahenten der Exekution und für denselben handelt, so bleibt dennoch, so lange die Auszahlung der aus den abgepfändeten Gegenständen gewonnenen Auktionslosung an diesen oder dessen Bevollmächtigten nicht bewirkt ist, letztere Eigenthum des Exequenden und fließt bei Eröffnung des Konkurses zur Konkursmasse.

§ 54. Siehe Rechtsgrundsatz 830. (A. G. O. I. **14**. § 3.)
§§ 75. ff. Siehe Rechtsgrundsatz 929. (Provinzialrecht der Kurmark § 377.)
§§ 101. 113. Siehe Rechtsgrundsatz 415. (A. L. R. I. **21**. § 358.)

Titel 26. Vom Verfahren in Bagatell-Sachen.

Zweiter Abschnitt. Vom Verfahren in Bagatell-Sachen bei Untergerichten.

§ 18. Siehe Rechtsgrundsatz 831. (A. G. O. I. **14**. § 12.)

Titel 27. Vom Wechselprozesse.

§§ **1**. **4**. Nichtwesentliche Prozeßvorschrift in Betreff der Begründung der Wechselklage. — Vergl. Verordnung vom 14. Dezember 1833 § 5.; Deklaration vom 6. April 1839 Art. 3.; Instruktion vom 7. April 1839 No. 11.

Rechtsgr. **852**. — **IV**. Senat. 19. April 1864. (**LIII**. 238.)

Die §§ 1. 4. I. 27. der Allg. Gerichts-Ordnung, — welche vorschreiben, daß der Wechselprozeß nur aus trockenen und gezogenen Wechseln stattfinde, und wie die Wechselklage begründet werden müsse, — enthalten keinen Grundsatz des materiellen Rechts, sondern eine nicht wesentliche Prozeßvorschrift.

§§ **9**. **26**. Siehe Rechtsgrundsätze 253. 694. (A. L. R. I. **11**. § 646.; Einführungs-Gesetz zur Wechsel-Ordnung vom 15. Februar 1850 § 7.)

§§ **52**. ff. Siehe Rechtsgrundsatz 768. (A. G. O. Einl. § 64.)

§ **54**. Wechselseparatum:

A. Wirkung eines im Wechselprozesse rechtskräftig ergangenen Kontumazialbescheides.

Rechtsgr. **853**. — **IV**. Senat. 31. März 1864. (**LIV**. 42.)

Gegen ein im Wechselprozesse ergangenes Kontumazial-Urtheil ist das Wechselseparatum auch wegen behaupteter Wechselfälschung, namentlich wegen behaupteter Fälschung des Wechsel-Accepts, zulässig.

B. Zulässigkeit der Einreden im Wechselseparatum. — Vergl. Verordnung vom 14. Dezember 1833 § 4. No. 1.

Rechtsgr. **854**. — **IV**. Senat. 31. März 1864. (**LIV**. 42.)

Der § 54. I. 27. der Allgem. Gerichts-Ordnung enthält in Bezug auf die Zulässigkeit der Einreden im Wechselseparatum einen Grundsatz des materiellen Rechts.

Siehe auch Rechtsgrundsatz 1216. (Anfechtungsgesetz vom 9. Mai 1855 § 5.)

Titel 29. Von Arresten, und wie dabei zu verfahren.

§§ 2. ff. Bestimmungen über Anlegung und Wirkung des Arrestes als Rechtsgrundsätze; Bestimmungen über das Verfahren, betreffend die Wiederaufhebung des Arrestes, als nicht wesentliche Prozeßvorschriften. — Vergl. §§ 37. 63. 64. 80. ff. dieses Titels; Verordnung vom 14. Dezember 1833.

Rechtsgr. **855.** — IV. Senat. 28. November 1865. (LX. 280.)

Die Grundsätze über die Anlegung und Wirkung des Arrestes sind ihrer materiellen Bedeutung wegen rechtsgrundsätzlichen Inhalts; dagegen gehören solche Gesetze, welche bestimmen, in welcher Art ein prozessualisches Verfahren über die Wiederaufhebung des Arrestes stattfinden soll, dem Prozeßverfahren an, und sind die §§ 37. 63. 64. I. 29. der Allgem. Gerichts-Ordnung zu den nicht wesentlichen Prozeßvorschriften zu zählen.

§ 10. No. **4.** Siehe Rechtsgrundsatz 260. (A. L. R. I. **11.** § 760.)

§§ 11. „Schuldenmachen" Seitens einer Ehefrau. — Vergl. A. L. R. II. **1.** § 326.

Rechtsgr. **856.** — IV. Senat. 26. Oktober 1865. (LXI. 166.)

Der Ausdruck „Schulden machen" im § 11. I. 29. der Allgem. Gerichts-Ordnung bezieht sich nicht auf den Verkauf von Sachen, oder auf Verträge überhaupt, welche die Ehefrau für den Mann, beziehungsweise die Gütergemeinschaft eingehen kann, sondern auf die spezielle Art des Schuldenmachens durch Borgen von Sachen, Geldern oder Waaren.

Erster Abschnitt. Von Arresten in schleunigen und dringenden Fällen.

§ 37. Siehe Rechtsgrundsatz 855. (§ 2. dieses Titels.)

§ 39. Unzulässigkeit eines Rechtsmittels gegen den Beschluß im schleunigen Arrestverfahren, daß es bei dem verhängten Arrest sein Bewenden haben soll.

Rechtsgr. **857**. — IV. Senat. 28. November 1865. (LX. 280.)

Der nach § 39. I. 29. der Allg. Gerichts-Ordnung im schleunigen Arrestverfahren darüber zu fassende Beschluß:

„daß es bei dem verhängten Arrest sein Bewenden habe; und auf wie hoch die von dem Extrahenten anfänglich unbestimmt geleistete Kaution zu bestimmen, auch wie nunmehr die Sache zur ferneren rechtlichen Erörterung einzuleiten sei",

ist ein endgültiger, gegen welchen ein Rechtsmittel nicht stattfindet.

Zweiter Abschnitt. Vom Verfahren bei ordentlichen und gewöhnlichen Arresten.

§ **54**. Siehe Rechtsgrundsatz 332. (A. L. R. I. **16**. § 41.)

§§ **63**. **64**. **80**. Siehe Rechtsgrundsatz 855. (§ 2. dieses Titels.)

§§ **81**. ff. Cession einer laut Vermerkes im Hypothekenbuch mit Arrest belegten Forderung. — Vergl. Allg. Hypotheken-Ordnung II. § 213. No. 5., § 233.

Rechtsgr. **858**. — III. Senat. 13. März 1865. (LVII. 251.)

Der auf eine Hypothekenforderung gelegte und in das Hypothekenbuch eingetragene Arrest steht dem Cessionar dieser Forderung entgegen, selbst wenn der Titel zur Cession älter ist, als die Arrestverschreibung im Hypothekenbuch.

Siehe auch Rechtsgrundsatz 415. (A. L. R. I. **21**. § 358.)

Titel 30. Vom Verfahren in Merkantil- oder Meß- und Handlungs-, desgleichen Assekuranz-Sachen.

§§ **1**. ff. Siehe Rechtsgrundsätze 122. 124. (A. G. O. I. **7**. § 146.)

§§ **48**. ff., Anh. § **113**. zu § **56**. Von Assekuranzstreitigkeiten:
A. Ausschließung des Rechtsmittels der Revision überhaupt.

Rechtsgr. **859**. — IV. Senat. 18. Juli 1865. (LIX. 329.)

In den Prozessen aus einem Assekuranzkontrakte ist das Rechtsmittel der Revision ausgeschlossen und nur das außerordentliche Rechtsmittel der Nichtigkeitsbeschwerde zulässig.

B. Unzulässigkeit der Revision auch in Rechtsstreitigkeiten aus, auf dem Prinzip der Gegenseitigkeit beruhenden Versicherungsverträgen. — Vergl. Kabinets-Order vom 10. April 1832.

Rechtsgr. **860**. — IV. Senat. 18. Juli 1865. (LX. 127.)

In Assekuranzsachen ist das Rechtsmittel der Revision auch in den Fällen unzulässig, wenn der Versicherungsvertrag auf dem Prinzip der Gegenseitigkeit beruht und der daraus hergeleitete Klageanspruch Sozietätsbeiträge zum Gegenstande hat.

Titel 31. Vom Verfahren im possessorio summarissimo und in Spoliensachen.

§§ 1. ff. 12. Possessorienklage bezüglich eines Verlagsrechts, namentlich auf Grund eines erworbenen Untersagungsrechtes. — Vergl. § 17. dieses Titels; Gesetz vom 11. Juni 1837.

Rechtsgr. **861**. — III. Senat. 11. Januar 1864. (LVII. 1.)

a) Bezüglich des Verlagsrechtes greift der Grundsatz Platz, daß die Possessorienklage von dem Nachweise des Rechts nicht abhängig gemacht werden darf.

b) In Ermangelung eines aus dem Verlagsrechte sich ergebenden ausschließlichen Besitzes kann ein solcher nur durch ein erlangtes Untersagungsrecht nachgewiesen werden.

Siehe auch Rechtsgrundsätze 122. 124. (A. L. R. I. 7. § 146.)

§ 12. Vernehmnng von Zeugen im Possessorienprozesse. — Vergl. Verordnung vom 14. Dezember 1833 § 5. No. 2. 3.

Rechtsgr. **862**. — III. Senat. 11. Juli 1864. (LX. 1.)

Durch die Vorschrift, daß im Possessorienprozesse nur die im Audienztermine angezeigten und vorbereiteten oder in diesem Termine zur Stelle gebrachten Beweismittel, namentlich Zeugen, zu berücksichtigen sind, wird das Einverständniß der Parteien über die Vernehmung solcher Zeugen, welche in dem zur sonstigen Beweisaufnahme anberaumten Termine erst aufgestellt werden, nicht ausgeschlossen.

§ 14. Vermuthung für den fehlerfreien Besitz; Beweislast hinsichtlich des Prekariums; Anfang der Verjährung einer Grundgerechtigkeit durch Besitz nach dem Preußischen Landrecht von 1721. — Vergl. A. L. R. I. **7**. §§ 81. 82. 106-108., **9**. §§ 589. 596, **22**. § 14.; Preußisches Landrecht von 1721 Buch 3. Tit. 2. Art. 3. § 5., Tit. 4. Art. 1. § 10.

Rechtsgr. **863**. — III. Senat. 26. Februar 1864. (LIII. 167.)

a) Sind Besitzhandlungen vorgenommen worden, die nicht auf einen fehlerhaften Erwerb schließen lassen, so gehört der Nachweis eines besonderen Fehlers zu den Einwendungen des Verklagten, wie auch in dem § 14. I. 31. der Allgem. Gerichts-Ordnung vorausgesetzt ist.

b) Ist daher von dem angeblich Berechtigten die freie und öffentliche, ohne Widerspruch oder Störung Seitens des angeblich Verpflichteten erfolgte Ausübung des in Anspruch genommenen Rechts erwiesen, so liegt nicht dem Ersteren der Nachweis ob, daß sein Besitz kein prekärer gewesen sei, vielmehr hat der Letztere das Prekarium darzuthun.

c) Die vorstehenden Grundsätze kommen auch hinsichtlich des Anfangs der Verjährung einer Grundgerechtigkeit durch Besitz nach den Bestimmungen des Preußischen Landrechts von 1721 zur Anwendung.

§ 17. Siehe Rechtsgrundsatz 861. (§ 1. dieses Titels.)

Titel 32. Von Diffamations- und Provokations-Prozessen.

§ 1. No. **1**., §§ **2**. **3**. Diffamationsklage:

A. **Wegen behaupteter, unmittelbar aus dem Gesetze entspringender Ansprüche.**

Rechtsgr. **864.** — I. Senat. 13. Januar 1865. (LVI. 275.)

Die Diffamationsklage ist nicht zulässig gegen den, welcher nicht auf Grund eines speziellen Rechtstitels, sondern unmittelbar vermöge gesetzlicher Bestimmungen behauptet, ein Anderer sei ebenfalls unmittelbar aus dem Gesetze neben ihm verpflichtet, oder aber, er könne unmittelbar aus dem Gesetze von demselben eine Leistung, Handlung oder Unterlassung fordern.

B. Diffamationsklage wegen Einlegung einer Muthung. — Vergl. A. L. R. II. **16.** §§ 158. 169. 352.; Gesetz vom 10. Juni 1861 §§ 3-5.

Rechtsgr. **865.** — III. Senat. 5. September 1864. (LIV. 274.)

Die bloße Einlegung einer Muthung an sich enthält ein zur Begründung der Diffamationsklage erforderliches „Berühmen" selbst dann noch nicht, wenn der Gegenstand derselben schon anderweitig bestrickt ist.

Siehe auch Rechtsgrundsatz 1138. (Gesetz vom 31. Januar 1845.)

§§ **8. 18. 20.** Siehe Rechtsgrundsatz 1138. (Gesetz vom 31. Januar 1845.)

Titel 34. Vom Verfahren in Injuriensachen.

Anh. §§ **229. 232.** zu § **16.** Siehe Rechtsgrundsatz 921. (Konkurs-Ordnung § 392.)

Titel 37. Vom Verfahren gegen Verschollene.

§§ **9. 11. 13.** Rechtsmittel der Appellation und Revision in Todeserklärungssachen; Vereinigung der Entscheidung über die Todeserklärung und das Aufgebot der Erben. — Vergl. A. L. R. II. **18.** §§ 821. ff. 835. 841.; Verordnung vom 31. Dezember 1833 § 1.; Instruktion vom 7. April 1839 No. 1.

Rechtsgr. **866**. — I. Senat. 17. Oktober 1864. (LVII. 5.)

a) Geht in dem Verfahren die Beschwerde dahin, daß auf Todes-Erklärung erkannt oder nicht erkannt worden, so ist die Appellation und Revision das geeignete Rechtsmittel.

b) Die gleichzeitige Entscheidung über die Todes-Erklärung und die Person des zum Nachlaß Berechtigten ist keine sachlich nothwendige, sie soll vielmehr nur zur Abkürzung des Verfahrens dienen und fällt deshalb weg, wo sie Uebelstände hat, welche einen längeren und ungewissen Zeitaufenthalt mit sich bringen können.

Titel 38. Von dem Verfahren bei der Erklärung eines Menschen für einen Blödsinnigen oder Verschwender.

§ 18. Wirkung des gerichtlich bestätigten und öffentlich bekannt gemachten Vergleichs zwischen dem der Verschwendung Angeklagten und dem Ankläger nach § 18. I. **38**. der Allg. Gerichts-Ordnung.

Rechtsgr. **867**. — IV. Senat. 31. März 1864. (LIII. 222.)

Ein nach § 18. I. 38. der Allgem. Gerichts-Ordnung zwischen dem, der Verschwendung Angeklagten und demjenigen, von welchem diese Anklage ausgegangen ist, geschlossener Vertrag über gewisse Maaßregeln, wodurch den Besorgnissen einer ferneren Verbringung des Vermögens vorgebeugt werden könne, ist, auch nach dessen gerichtlicher Bestätigung und der öffentlichen Bekanntmachung seines Inhalts, seiner Wirkung nach einem Prodigalitäts-Erkenntniß nicht gleich zu achten.

Titel 40. Vom Verfahren in Sponsalien und Ehesachen.

§ 51. Siehe Rechtsgrundsatz 500. (A. L. R. II. **1**. § 745.)

Titel 42. Von Grenz- und Bausachen.

§§ **1.** ff. Siehe Rechtsgrundsatz 375. (A. L. R. I. **17.** § 362.)
§ **13.** Siehe Rechtsgrundsatz 376. (A. L. R. I. **17.** § 372.)
§§ **34-42.** Formen und Fristen der Rechtsmittel in Prozessen über schleunige Bausachen. — Vergl. Verordnung vom 14. Dezember 1833 § 3.; Deklaration vom 6. April 1839 Art. 14. Littr. c. d.; Verordnung vom 21. Juli 1846 §§ 13. 27.

Rechtsgr. **868.** — II. Senat. 30. Juni 1864. (LVI. 81.)

a) Der Plenarbeschluß (No. 1179.) vom 5. September 1842, welcher lautet:

Die Vorschrift im Art. 14. Littr. d. der Deklaration vom 6. April 1839 wegen der in Bausachen zur Einlegung der Nichtigkeitsbeschwerde bestimmten Frist findet auf alle Prozesse Anwendung, welche ihrem Gegenstande nach zu den in den §§ 34—41. I. 42. der Allgem. Gerichts-Ordnung bezeichneten schleunigen Bausachen gehören, sie mögen auf die hier vorgeschriebene Art in den vorigen Instanzen behandelt sein, oder nicht,

findet auf die nach Emanation der Prozeßverordnung vom 21. Juli 1846 anhängig gewordenen Prozesse in schleunigen Bausachen keine Anwendung.

b) Nach der gegenwärtigen Gesetzgebung kommt es vielmehr in Betreff der Formen und Fristen der Rechtsmittel in schleunigen Bausachen nicht mehr auf den Gegenstand des Prozesses, sondern lediglich darauf an: ob in der Sache nach dem für dergleichen Bausachen vorgeschriebenen Prozeßgang verfahren ist.

Siehe auch Rechtsgrundsatz 1146. (Verordnung vom 21. Juli 1846 § 27.)

Titel 44. Vom Verfahren in Pacht- und Miethssachen.

§§ **46.** ff. Siehe Rechtsgrundsatz 407. (A. L. R. I. **21.** § 130.)

Titel 45. Von Rechnungssachen.

§§ **6**. **7**. Siehe Rechtsgrundsatz 634. (Allg. Deutsches Handelsgesetzbuch Art. 105.)

Titel 46. Von Erbsonderungen und Auseinandersetzungen.

§§ **2**. **3**. Siehe Rechtsgrundsätze 181. 182. (A. L. R. I. **9**. § 500.)

§ **312**. Siehe Rechtsgrundsatz 891. (Konkurs-Ordnung vom 8. Mai 1855 § 80.

§§ **373**. **393**. No. 5. Siehe Rechtsgrundsatz 888. (Konkurs-Ordnung vom 8. Mai 1855 § 50.)

§§ **406**. **418**. Siehe Rechtsgrundsatz 891. (Konkurs-Ordnung vom 8. Mai 1855 § 80.)

§ **447**. Siehe Rechtsgrundsatz 890. (Konkurs-Ordnung vom 8. Mai 1855. § 72.)

Titel 50. Von Konkursen, und wie dabei zu verfahren.

§§ **48**-**57**. **99**-**112**. Siehe Rechtsgrundsatz 1218. (Anfechtungsgesetz vom 9. Mai 1855 § 7. No. 1.)

Titel 51. Von Liquidationsprozessen und Aufbietungen.

§ **5**. Siehe Rechtsgrundsatz 1073. (Subhastations-Verordnung vom 4. März 1834 § 16.)

§ **103a**. Aufhebung dieser Gesetzesstelle. — Vergl. A. L. R. I. **22** § 24. Anh. § 58.

Rechtsgr. **869**. — II. Senat. 30. November 1865. (LXII. 54.)

Der § 103a. I. 51. der Allg. Gerichts-Ordnung, — betreffend das Aufgebot von Grundstücken zur Erlangung einer Präklusion gegen unbekannte Grundgerechtigkeiten oder Servituten, — ist durch § 58. des Anhangs zum Allgem. Landrecht für aufgehoben zu erachten.

Titel 52. Vom Subhastationsprozesse.

Erster Abschnitt. Von der nothwendigen Subhastation.

§ 5. Siehe Rechtsgrundsatz 226. (A. L. R. I. **11**. § 340.)

§ 28. Unwesentliche Prozeßvorschrift dieser Gesetzesstelle. — Vergl. Verordnung vom 14. Dezember 1833 § 4. No. 2.)

Rechtsgr. **870**. — III. Senat. 23. Oktober 1863. (LIII. 1.)

Der § 28. I. 52. der Allgem. Gerichts-Ordnung enthält eine unwesentliche Prozeßvorschrift.

§§ 30-32. Siehe Rechtsgrundsätze 796. 1081. (A. G. O. I. **8**. § 5.; Gesetz vom 2. Dezember 1837 § 4.)

§§ 33. ff. Ort der Abhaltung der Subhastation; örtliche Verlegung des Termins während der Abhaltung desselben. — Vergl. Subhastations-Verordnung vom 4. März 1834 §§ 4. 8.

Rechtsgr. **871**. — III. Senat. 7. Dezember 1866. (LXIV. 326.)

Der Subhastationstermin muß an der Stelle, wo er angesetzt worden, abgehalten, d. h. nicht blos dort begonnen, sondern auch weiter fortgesetzt werden, also, wenn er um die Mittagszeit abgebrochen wird, am Nachmittage bis zu der im § 37. I. 52. der Allgem. Gerichts-Ordnung und § 10. der Verordnung vom 4. März 1834 zur Anbringung neuer Gebote von neuen Bietern bestimmten Schlußstunde — sechs Uhr Abends — in der Regel, und wenn nicht dringende Hindernisse eintreten, an derselben Stelle abgehalten werden. Welche Vorkehrungen bei etwa eintretenden Hindernissen zu treffen sind, ist in solchem besonderen Falle näher zu erwägen.

§ 37. Fortsetzung des Lizitationstermines am Nachmittage. — Vergl. Subhastations-Verordnung vom 4. März 1834 § 10.

Rechtsgr. **872**. — III. Senat. 2. Oktober 1865. (LXI. 70.)

Der § 37. I. 52. der Allgem. Gerichts-Ordnung enthält keine Bestimmung darüber, wann die am Vormittage nicht abgeschlossene Lizitation am Nachmittage fortzusetzen sei, sondern nur: daß sie am Nachmittage wieder fort=

gesetzt werden soll, und daß nach sechs Uhr Abends neue Gebote nicht anders als mit Einwilligung sämmtlicher Interessenten zugelassen werden sollen.

§ 41. Zeitliche Grenze zur Wahrnehmung der Rechte der Subhastations-Interessenten. -- Vergl. Subhastations-Verordnung vom 4. März 1834 §§ 12. 13.

Rechtsgr. **873.** — III. Senat. 6. Oktober 1865. (LX. 196.)

Nicht die Tageszeit 6 Uhr Abends, sondern erst der Schluß des Bietungstermins bildet die Grenze zur Wahrnehmung der Rechte der Subhastations-Interessenten. Wann dieser Schluß eintritt, ist in jedem einzelnen Falle nach dem thatsächlichen Hergange zu beurtheilen.

§§ 43. ff. Siehe Rechtsgrundsätze 386. 875. (A. L. R. I. **20.** § 154.; A. G. O. I. **52.** § 57.)

§ 57. Widerspruch gegen die dem Käufer gemachten Bedingungen:

A. Unwesentliche Prozeßvorschrift. — Vergl. Verordnung vom 14. Dezember 1833 § 4. No. 2.

Rechtsgr. **874.** — III. Senat. 23. Oktober 1863. (LIII. 1.)

Der § 57. I. 52. der Allgem. Gerichts-Ordnung enthält nur unwesentliche Prozeßvorschriften.

B. Verfahren bei der Subhastation des mit einer Leibzucht belasteten Grundstückes, Verkauf mit und ohne Leibzucht, Ertheilung des Zuschlags. — Vergl. §§ 43. ff. dieses Titels; Instruktion vom 7. April 1839 No. 21.

Rechtsgr. **875.** — III. Senat. 2. Oktober 1865. (LXI. 71.)

Wenn der Leibzüchter den Zuschlag des subhastirten Grundstückes mit dem Uebergange der Leibzucht, die andern im Subhastationstermin anwesenden Interessenten ohne Uebergang derselben verlangen, so hat der Subhastations-Richter zu prüfen, ob das Recht des einen oder andern dem Leibzüchter wegen seiner Leibzucht vorgehenden Gläubiger auf Befriedigung bei einem Zuschlage mit übergehender Leibzucht geschmälert werde. Der Streit kann nicht durch Mehrheit der Stimmen der bei der Sache interessirenden Realberechtigten, welche nach der Summe ihrer aus dem Hypothekenscheine erhellenden Kapitalsforderungen berechnet werden, und der im Kapital veranschlagten Leibzucht entschieden werden, da es sich hier nicht um eine Differenz über eine zu stellende Kaufbedingung, sondern um die Höhe des Gebots, überhaupt eine materielle Kollision zwischen prälozirten und postlozirten Posten handelt.

§§ **58**. ff. Kompetenz des adjudizirenden Richters, über die Existenz eines streitigen Vorkaufsrechtes zu erkennen. — Vergl. Subhastations-Verordnung vom 4. März 1834 §§ 10. ff.

Rechtsgr. **876**. — III. Senat. 6. Oktober 1865. (LX. 196.)

Der Grundsatz, daß der adjudizirende Richter nicht befugt sei, in der Adjudikatoria über die Existenz eines streitigen Vorkaufsrechts zu erkennen, ist in dieser Allgemeinheit nicht anzuerkennen; vielmehr kommt es auf die Umstände des konkreten Falles an.

Siehe auch Rechtsgrundsätze 226. 228. (A. L. R. I. **11**. § 340.)

§§ **61**. ff. Siehe Rechtsgrundsatz 228. (A. L. R. I. **11**. § 340.)

Theil II. Von dem gerichtlichen Verfahren in nicht streitigen Angelegenheiten.

Titel 1. Von Handlungen der freiwilligen Gerichtsbarkeit überhaupt und was dazu gehöre.

§ **6**. No. **2**. Siehe Rechtsgrundsatz 16. (A. L. R. Einl. § 23.)
§ **10**. No. **4**. Siehe Rechtsgrundsatz 490. (A. L. R. II. **1**. § 682.)

Titel 2. Von dem Verfahren bei den Handlungen der freiwilligen Gerichtsbarkeit überhaupt.

§ **2**. Aufnahme der Taxe eines Grundstückes Seitens einer Gerichtsperson ohne Auftrag des Gerichts.

Rechtsgr. 877. — III. Senat. 20. Juni 1864. (LV. 155.)

Hat eine Gerichtsperson ohne ausdrücklichen Auftrag des Gerichts eine Taxe aufgenommen, das Gericht aber später die so aufgenommene Taxe einem Beschlusse zu Grunde gelegt, so kann nicht geltend gemacht werden, daß die Taxe nicht eine gerichtliche sei.

§§ 31. 32. Siehe Rechtsgrundsatz 1046. (Verordnung vom 1. Juni 1833 § 36.)

Theil III. Von den Pflichten der bei der Justiz angesetzten Personen.

Titel 1. Von den Landesjustizkollegien überhaupt, deren Verrichtungen und Pflichten.

§ 44. Zurücknahme eines zu den Akten registrirten, aber noch nicht bekannt gemachten oder zur Ausführung gebrachten Beschlusses des vormundschaftlichen Gerichts. — Vergl. A. G. O. I. **7.** § 1., **13.** § 44.

Rechtsgr. 878. — III. Senat. 20. Juni 1864. (LV. 154.)

Ein nur zu den Akten registrirter Beschluß des vormundschaftlichen Gerichts kann, so lange er in keiner Weise dem andern Betheiligten bekannt gemacht und in keiner Weise zur Ausführung gebracht worden, zurückgenommen werden.

§§ 51-54. Siehe Rechtsgrundsatz 1169. (Ferien-Ordnung vom 16. April 1850.)

Titel 5. Von den Subalternen bei den Justizkollegien.

Zweiter Abschnitt. Von dem Amte der Registraturbedienten.

§§ 27. ff. Post-Ausgabevermerk als Gegenbeweis gegen den gerichtlichen Präsentationsvermerk.

Rechtsgr. 879. — IV. Senat. 29. September 1864. (LVI. 202.)

Der auf dem Kouvert befindliche Post-Ausgabevermerk ist nicht geeignet, den erforderlichen vollen Gegenbeweis gegen den gerichtlichen Präsentationsvermerk herzustellen.

Konkurs-Ordnung vom 8. Mai 1855.

Titel 1. Von den Rechtsverhältnissen im Konkurse.

Erster Abschnitt. Gegenstand und Wirkung des Konkurses im Allgemeinen.

§ 1. Träger der zur Konkursmasse gehörigen Rechte und Verbindlichkeiten und Begrenzung derselben:

A. Nicht bestehende juristische Persönlichkeit der Masse; Stellung des Gemeinschuldners vor, während und nach dem Konkurse. — Vergl. § 4. dieser Konkurs-Ordnung.

Rechtsgr. 880. — IV. Senat. 27. September 1864. (LIV. 288.)

Der Gemeinschuldner und die Masse bilden nicht eine besondere juristische Persönlichkeit, deren Repräsentant die Gläubigerschaft, beziehungsweise der Konkursverwalter ist; vielmehr bleibt der ursprüngliche Schuldner vor, während und nach dem Konkurse dasselbe Rechtssubjekt und ist fortwährend der Träger der Verbindlichkeiten und Rechte.

B. Wirkung der Konkurseröffnung auf die vor derselben abgeschlossenen Rechtsgeschäfte. — Vergl. §§ 2. 4. dieser Konkurs-Ordnung.

Rechtsgr. 881. — IV. Senat. 12. Dezember 1865. (LX. 292.)

Der Grund, aus welchem die Konkurs-Ordnung den Kreis der Gläubiger dahin fixirt, daß später entstandene Forderungen der Gläubiger nicht zugelassen werden, trotzdem daß der Konkurs sich auch auf das Vermögen des

Gemeinschuldners erstreckt, welches er während der Dauer des Konkurses erlangt, nämlich der:

„daß der Gemeinschuldner jede die Masse berührende Dispositionsbefugniß verliert",

greift nicht Platz bei Forderungen aus Rechtsgeschäften, welche von Seiten des Gemeinschuldners bei freiem Verfügungsrechte ausgeführt wurden und demnächst ohne jede weitere Konkurrenz desselben zur Perfektion gelangen.

C. Ausübung der Wahl zwischen dem Erwarten der dereinstigen vollen Intestatportion oder dem Anspruche auf sofortige Herausgabe des bloßen Pflichttheils durch die Gläubigerschaft oder den Verwalter der Konkursmasse des Gemeinschuldners. — Vergl. A. L. R. I. **9**. §§ 383. ff. 391., II. **2**. § 436.; Konkurs-Ordnung §§ 4. 131. 215.; Dig. **5**. 2. Lex 8. pr.

Rechtsgr. **882**. — I. Senat. 18. Juni 1866. (LXIII. 235.)

Die Wahl zwischen dem Erwarten der dereinstigen vollen Intestatportion oder dem Anspruche auf sofortige Herausgabe des bloßen Pflichttheils bildet keinen Gegenstand des „der Exekution unterliegenden" Vermögens des Gemeinschuldners; sie kann mithin auch nicht an seiner Stelle durch die Gesammtheit der Konkursgläubiger (Gläubigerschaft) und insbesondere also auch nicht durch den sie vertretenden Massenverwalter selbstständig und gegen den Willen des eigentlichen Pflichttheilsberechtigten ausgeübt werden.

Siehe auch Rechtsgrundsätze 851. 884. 1234. (A. G. O. I. **24**. § 45.; Konkurs-Ordnung § 15.; Gesetz vom 27. Mai 1863 Art. 2. No. 1.)

§ **2**. Siehe Rechtsgrundsätze 851. 881. 884. (A. G. O. I. **24**. § 45.; Konkurs-Ordnung § 15.)

§ **4**. Siehe Rechtsgrundsätze 880-882. 884. 900. 902. 1234. (§§ 1. 15. 170. ff. dieser Konkurs-Ordnung; Gesetz vom 27. Mai 1863 Art. 2. No. 1.)

§ **8**. Uebergang bereits anhängiger Rechtsstreitigkeiten auf die Gläubigerschaft. — Vergl. §§ 169. 176. 177. 233. dieser Konkurs-Ordnung; Ministerial-Instruktion vom 6. August 1855 §§ 23. 42.

Rechtsgr. **883**. — IV. Senat. 24. Oktober 1865. (LX. 225.)

Ist zur Zeit der Konkurseröffnung über das Vermögen des Schuldners vom Gläubiger die Klage bereits angestrengt, so kann letzterer nicht genöthigt werden, seine Forderung anzumelden, oder bis dahin den Prozeß sistiren zu lassen.

Siehe auch Rechtsgrundsatz 1234. (Gesetz vom 27. Mai 1863 Art. 3. No. 1.)

§ **9**. Siehe Rechtsgrundsätze 415. 1234. (A. L. R. I. **21**. § 358.; Gesetz vom 27. Mai 1863 Art. 2. No. 1.)

Zweiter Abschnitt. Wirkung der Konkurseröffnung auf die vor derselben von dem Gemeinschuldner eingegangenen Rechtsgeschäfte.

§§ **15**. ff. Bezüglich des Wechselverkehrs:

A. Blanko-Accepte im Besitze der Konkursmasse und nachträgliche Ergänzung der Unterschrift des Gemeinschuldners als Wechselziehers; Blanko-Accepte des Gemeinschuldners und nachträgliche Ergänzung der Unterschrift des Wechselziehers. — Vergl. §§ 1. 2. 4. dieser Konkurs-Ordnung.

Rechtsgr. **884**. — IV. Senat. 12. Dezember 1865. (LX. 293.)

a) Die Konkursmasse muß das Wechselgeschäft so übernehmen, wie es zur Zeit der Konkurseröffnung in dem Wechselpapier dargestellt vorliegt, und hat der Konkursverwalter nicht die Befugniß, auf einem in der Masse vorgefundenen Accepte die noch fehlende Unterschrift des Gemeinschuldners, als Zieher des Wechsels, nachträglich zu ergänzen.

b) Dem vom Gemeinschuldner noch bei voller Verfügungsfähigkeit ertheilten Blanko-Accept wird durch die spätere Eröffnung des Konkurses die rechtliche Wirksamkeit nicht entzogen, und ist der Blanketsempfänger berechtigt, seine fehlende Unterschrift als Wechselzieher nach der Eröffnung des Konkurses zu ergänzen.

B. Wirkung der Konkurs-Eröffnung auf das Abkommen in Betreff Umschaffung eines Wechsels in eine hypothekarische Schuld unter Wegfall der Wechselforderung.

Rechtsgr. **885**. — III. Senat. 9. Dezember 1864. (LV. 331.)

Soll durch Umschaffung eines Wechsels in eine hypothekarische Schuld dem zum Grunde liegenden Anspruche bessere Sicherheit verschafft werden und dagegen die Wechselforderung als solche wegfallen, so gehört ein solches auf Vergleich beruhendes Abkommen unter die Rechtsgeschäfte, von welchen § 16. der Konkurs-Ordnung spricht.

Siehe auch Rechtsgrundsatz 941. (Code Napoléon Art. 1613.)

Dritter Abschnitt. Vindikationsansprüche.

§ **24**. Handels- und Werthpapiere im Sinne der Konkurs-Ordnung und des Handels-Gesetzbuches. — Vergl. A. L. R. I. **11**. §§ 653. 793., II. **8**. § 1267.; Konkurs-Ordnung §§ 44. 101. No. 3., § 143. No. 3.

Rechtsgr. **886**. — IV. Senat. 13. März 1866. (LXII. 218.)

Die Konkurs-Ordnung will den Begriff des Handelspapiers weder auf geldwerthe Papiere, noch auf Wechsel beschränkt wissen; vielmehr ist der fragliche Begriff im Sinne der Konkurs-Ordnung auf Papiere auszudehnen, welche den Gegenstand von Handelsgeschäften bilden oder als Zahlungsmittel bei deren Erfüllung verwendet zu werden pflegen, und stimmt mit der Charakter-Eigenthümlichkeit der Werthpapiere im Sinne des Handelsgesetzbuches überein.

§§ **26**. **27**. Siehe Rechtsgrundsatz 941. (Code Napoléon Art. 1613.)

Vierter Abschnitt. Ansprüche der Gläubiger auf abgesonderte Befriedigung.

§§ **32-39**. Siehe Rechtsgrundsatz 415. (A. L. R. I. **21**. § 358.)

Fünfter Abschnitt. Ansprüche der Massegläubiger.

§ 44. Siehe Rechtsgrundsatz 886. (§ 24. dieser Konkurs-Ordnung.)

Sechster Abschnitt. Rangordnung der Realgläubiger in Beziehung auf Immobilien.

§§ 46. 49. Charakter der Verpflichtung der Grundeigenthümer in Berlin, den Bürgersteig zu pflastern und das Pflaster zu unterhalten. — Vergl. A. L. R. I. **8.** §§ 78. ff.; Hypotheken-Ordnung I. § 48.; Baupolizei-Ordnung für Berlin vom 21. April 1853 § 100.

Rechtsgr. **887.** — **III.** Senat. 16. November 1866. **(LXIV.** 296.)

Die Verpflichtung der Grundeigenthümer in Berlin, den Bürgersteig an ihren Grundstücken nach näherer Anweisung der Polizeibehörde zu pflastern und das Pflaster zu unterhalten, gehört zu den im § 48. I. der Allgem. Hypotheken-Ordnung und dem § 49. der Konkurs-Ordnung vom 8. Mai 1855 erwähnten „gemeinen Lasten und Pflichten" oder „Abgaben und Leistungen."

Siehe auch Rechtsgrundsatz 213. (A. L. R. I. **11.** § 175.)

§ 50. Dinglicher Charakter der Gutsliedlöhne; Erfordernisse des Vorzugsrechtes der Gutsliedlöhne aus § 50. der Konkurs-Ordnung vom 8. Mai 1855. — Vergl. A. G. O. I. **50.** §§ 373. 393. No. 5.; Konkurs-Ordnung § 77.

Rechtsgr. **888.** — **III.** Senat. 10. Juni 1864. **(LIV.** 227.)

a) Beim Privilegium des § 50. der Konkurs-Ordnung vom 8. Mai 1855 ist der leitende Gedanke der gewesen, daß die daselbst bevorzugten Personen mit dem Gute in nähere Verbindung getreten sind und ihre Kräfte in das Gut selbst zum Vortheil der Realberechtigten verwendet haben.

b) Das Vorzugsrecht des § 50. der Konkurs-Ordnung ist davon abhängig, daß das Dienstverhältniß zur Zeit der Konkurs-Eröffnung oder der Einleitung der Subhastation noch fortbesteht, und im Falle der vor jenem

Zeitpunkte bereits stattgehabten Auflösung des Dienstverhältnisses an die Bedingung geknüpft, daß wegen des Lohns bereits geklagt und der Prozeß oder die Exekution ununterbrochen fortgesetzt worden ist.

§ **56**. Feststellung des Werthsverhältnisses der einzelnen Grundstücke, auf denen eine Forderung ungetheilt haftet, bei nicht gleichzeitiger Subhastation sämmtlicher Grundstücke. — Vergl. A. L. R. I. **2**. § 116.; Konkurs-Ordnung § 395.

Rechtsgr. **889**. — III. Senat. 3. Juni 1864. (LIV. 218.)

Erfolgt die Subhastation der mit einer ungetheilten Forderung behafteten mehreren Grundstücke nicht gleichzeitig, so erübrigt behufs Feststellung deren verhältnißmäßigen Beitrags zur Berichtigung der Forderung nur, die Werths-Verhältnisse derselben durch Abschätzung sämmtlicher Grundstücke zu ermitteln.

Achter Abschnitt. Rangordnung der Konkursgläubiger.

§ **72**. Vorzugsrecht eines immittirten Gläubigers. — Vergl. A. G. O. I. **50**. § 477.

Rechtsgr. **890**. — IV. Senat. 1. September 1864. (LIV. 263.)

Der Konkurs-Ordnung vom 8. Mai 1855 ist der Begriff und das Vorrecht eines immittirten Gläubigers des § 477. I. 50. der Allgem. Gerichts-Ordnung fremd.

§ **77**. Siehe Rechtsgrundsatz 888. (§ 50. dieser Konkurs-Ordnung.)

§ **80**. Vorzugsrecht des Vermögens der Kinder, namentlich des von der Mutter ererbten, in dem Konkurse über das Vermögen des Vaters. — Vergl. A. L. R. II. **2**. §§ 176. 177.; A. G. O. I. **50**. §§ 312. 406. 418.

Rechtsgr. **891**. — IV. Senat. 4. Mai 1865. (LXIII. 18.)

a) Die Konkurs-Ordnung vom 8. Mai 1855 kennt nicht den Unterschied, welchen das Allgem. Landrecht in den §§ 176. 177. II. 2. aufstellt, zwischen dem von der Mutter auf die Kinder gediehenen und dem nicht freien

Vermögen der Kinder. Die Konkurs-Ordnung gewährt den Kindern, gleichviel, ob der Vater Kaufmann ist oder nicht, das ihnen verliehene Vorrecht ganz allgemein, ohne irgend einen Unterschied zu machen, je nachdem das Vermögen ihnen von Fremden oder von ihrer Mutter zugefallen ist.

b) Im § 80. der Konkurs-Ordnung vom 8. Mai 1855 ist nicht auf das Wort „gekommen", sondern auf das Wort „gesetzlich" der Nachdruck zu legen.

c) Der Plenarbeschluß vom 9. Mai 1842, wonach der § 418. I. 50. der Allg. Gerichts-Ordnung auf eine Schuldforderung von dem Gemeinschuldner, welche durch Erbgangsrecht Eigenthum seiner Kinder geworden ist, keine Anwendung findet, hat mit Aufhebung der gedachten Gesetzstelle seine Basis verloren, und sind seine Motive nicht mehr überall maaßgebend für die Auffassung des § 80. der Konkurs-Ordnung vom 8. Mai 1855.

§ 82. Siehe Rechtsgrundsatz 415. (A. L. R. I. **21**. § 358.)

Neunter Abschnitt. Ansprüche der Ehefrau des Gemeinschuldners.

§ 88. Baares Geld als bewegliche Sache im Sinne dieser Gesetzesstelle. — Vergl. A. L. R. I. **2**. § 56.

Rechtsgr. **892**. — IV. Senat. 3. November 1864. (LVII. 57.)

Unter die allgemeine Rubrik „bewegliche Sachen" im § 88. der Konkurs-Ordnung gehört auch das baare Geld.

Siehe auch Rechtsgrundsatz 460. (A. L. R. II. **1**. § 240.)

§ 90. Wirkung der Ueberweisung von Sachen und Forderungen der Ehefrau durch das Konkursgericht zur Konkursmasse.

Rechtsgr. **893**. — IV. Senat. 3. November 1864. (LVII. 57.)

Die Ueberweisung zur Konkursmasse, welche der § 90. der Konkurs-Ordnung anordnet, ist nur eine formelle

Maaßregel, welche die Ehefrau zur Rolle der Klägerin nöthigt, ohne auf das materielle Recht Einfluß auszuüben. Es sind deshalb bei dieser Klage nicht die Grundsätze des Tit. 15. Thl. I. des Allg. Landrechts, betreffend die Vindikation einer Sache gegen einen unredlichen oder redlichen Besitzer, zur Anwendung zu bringen; vielmehr ist der Anspruch nach den allgemeinen Gesetzen über die Güterverhältnisse der Eheleute und den Spezialgesetzen in den §§ 88. ff. der Konkurs-Ordnung zu beurtheilen.

Elfter Abschnitt. Befugniß der Gläubiger zur Anfechtung der vor der Konkurseröffnung vorgefallenen Rechtshandlungen.

§§ 99-113. Siehe Rechtsgrundsatz 1218. (Anfechtungs-Gesetz vom 9 Mai 1855 § 7. No. 1.)

§§ 100. 101. Anfechtung der vom Gemeinschuldner innerhalb der durch § 101. der Konkurs-Ordnung festgesetzten Zeit vorgenommenen Rechtshandlungen, namentlich mit Bezug auf den Wechselverkehr; Verhältniß der Anfechtungsklage der §§ 100. und 101. der Konkurs-Ordnung.

Rechtsgr. **894**. — IV. Senat. 29. November 1866. (LXIV. 308.)

a) Auch der Wechselverkehr ist von dem Rechtsgebiet des § 101. der Konkurs-Ordnung nicht ausgeschlossen.

b) Wenn einer der in dem § 101. der Konkurs-Ordnung erwähnten Fälle vorliegt, so bedarf es zur Begründung der Anfechtungsklage des Nachweises nicht, welchen der § 100. a. a. O. bei anderen Rechtshandlungen verlangt.

§ 101. No. 1. Novation einer Schuld des Gemeinschuldners innerhalb der, der Konkurseröffnung nächst vorhergehenden zehn Tage und Anfechtung des für die novirte Schuld bestellten Pfandrechts.

Rechtsgr. **895**. — IV. Senat. 7. September 1865. (LXI. 8.)

Der § 101. No. 1. der Konkurs-Ordnung vom 8. Mai 1855:

Rechtshandlungen des Gemeinschuldners, welche innerhalb der (dem Tage der Zahlungs-Einstellung) nächst vorher gegangenen zehn Tage vorgenommen worden sind, unterliegen der Anfechtung, wenn sie zum Gegenstande haben:

1. die Bestellung von Pfand oder Hypothek zur Sicherheit von Verbindlichkeiten, die bereits vor der Einräumung des dinglichen Rechtes entstanden sind, sofern die Pfand- oder Hypothekbestellung nicht sogleich bei Entstehung der Verbindlichkeit oder doch vor den oben erwähnten zehn Tagen ausbedungen worden ist,

setzt eine innerhalb der zehn Tage neu entstandene Verbindlichkeit voraus, mit welcher sogleich die Pfand- oder Hypothekbestellung verbunden worden ist. Wird aber innerhalb der zehn Tage eine schon zuvor bestandene ältere Verbindlichkeit novirt, und für die also novirte neue Verbindlichkeit, wenn auch sofort bei der Novation, von dem Gemeinschuldner ein Pfand oder eine Hypothek bestellt, so trifft jener Ausnahmefall nicht zu. Es liegt vielmehr eine der Anfechtung unterworfene nachträgliche Pfand- oder Hypothekbestellung vor.

§ 101. No. 2. 3. Anfechtung von Rechtshandlungen des Gemeinschuldners auf Grund des § 101. No. 2. 3. der Konkurs-Ordnung.

Rechtsgr. **896**. — IV. Senat. 2. März 1865. (LVIII. 175.)

Hatte der Gemeinschuldner einen Kauf oder ein Cessionsgeschäft geschlossen und von dem Käufer, beziehungsweise von dem Cessionar, die Zahlung nicht baar oder in Handelspapieren erhalten, war dieselbe vielmehr durch Kompensation bewirkt worden, so stellt nicht der Kauf oder das Cessionsgeschäft, sondern diese Kompensation die nach § 101. der Konkurs-Ordnung vom 8. Mai 1855 anfechtbare Rechtshandlung dar.

Siehe auch Rechtsgrundsatz 886. (§ 24. dieser Konkurs-Ordnung.)

§ 102. Siehe Rechtsgrundsätze 1217. 1220. (Anfechtungsgesetz vom 9. Mai 1855 § 5. No. 3. § 16.)

§§ 105. ff. Rückforderungsrecht und Anfechtungsrecht der Gläubigerschaft im Konkurse. — **Vergl.** Anfechtungsgesetz vom 9. **Mai** 1855 §§ 5. ff. 12. ff. 16.

A. Bedeutung von „Erwerber" in § 106. der **Konkurs-Ordnung**: **Voraussetzung des** Rückforderungsrechts.

Rechtsgr. **897**. — IV. Senat. 29. Mai 1866. (**LXII.** 358.)

Unter dem „Erwerber" in dem § 106. der Konkurs-Ordnung vom 8. Mai 1855:

„Dasjenige, was durch eine anfechtbare Rechtshandlung von dem Gemeinschuldner aus seinem Vermögen, oder von den Erben aus dem Nachlasse weggegeben oder veräußert worden ist, kann die Gläubigerschaft von dem Erwerber zur Konkursmasse zurückfordern",

ist der erste Erwerber der veräußerten Sache gemeint und vorausgesetzt, daß er sie zur Zeit der Insinuation der Anfechtungsklage, beziehungsweise der Geltendmachung des Anfechtungsrechts im Wege der Einrede, noch besitzt.

B. Verhältniß der Anfechtungsklage zur Rückforderungsklage im Konkurse.

Rechtsgr. **898**. — IV. Senat. 7. September 1865. (**LXI.** 10.)

Die Ungültigkeitserklärung der vom Gemeinschuldner abgeschlossenen Rechtshandlungen ist ohne Einfluß auf die Gültigkeit und Rechtsverbindlichkeit derjenigen Geschäfte, welche später der Gegenkontrahent des Gemeinschuldners mit einem Dritten abgeschlossen hat; diese Ungültigkeitserklärung muß allerdings durch richterlichen Ausspruch eingetreten sein, wenn gegen den dritten Besitzer der aus dem Vermögen des Gemeinschuldners in fraudem creditorum weggegebenen oder veräußerten Gegenstände die Rückforderungsklage zur Konkursmasse stattfinden soll; dieselbe ist jedoch nicht aus dem Gesichtspunkte einer die Anfechtung des mit dem dritten Besitzer abgeschlossenen Rechtsgeschäftes bezweckenden Klage zu nehmen, sondern greift zur Geltendmachung des Eigenthums der

Konkursmasse an den in fraudem creditorum ungültiger Weise weggegebenen oder veräußerten Gegenständen, mithin gleichsam als eine Vindikation Platz.

C. Verpflichtung des Erwerbers im guten Glauben bei Ausübung des Anfechtungsrechtes im Falle des Konkurses oder des Anfechtungsgesetzes.

Rechtsgr. **899**. — IV. Senat. 29. Mai 1866. (LXII. 359.)

Nach den §§ 106—108. der Konkurs-Ordnung vom 8. Mai 1855 und den §§ 12—15. des Anfechtungsgesetzes vom 9. Mai 1855 geht die Verpflichtung des Erwerbers im guten Glauben, gegen den das Anfechtungsrecht ausgeübt wird, nur dahin: gegen Erstattung Alles dessen, was er seinerseits gegeben hat, dasjenige zurückzugeben, was er erhalten hat; nur die Bereicherung, die ihm durch das Rechtsgeschäft wurde, soll ihm entzogen werden.

Siehe auch Rechtsgrundsätze 1218. 1220. (Anfechtungsgesetz vom 9. Mai 1855 § 7. No. 1., § 16.)

Titel 2. Von dem Verfahren im kaufmännischen Konkurse.

Dritter Abschnitt. Von dem gerichtlichen Kommissar und dem einstweiligen Verwalter der Masse.

§ **131**. Siehe Rechtsgrundsätze 882. 912. 918. (§§ 1. 270. 394. dieser Konkurs-Ordnung.)

Vierter Abschnitt. Von der Verhaftung des Gemeinschuldners, sowie von der Siegelung, dem offenen Arrest und der Beschlagnahme der Immobilien.

§ **143**. No. **3**. Siehe Rechtsgrundsatz 886. (§ 24. dieser Konkurs-Ordnung.)

Sechster Abschnitt. Von der Berufung der Konkursgläubiger und Prüfung der Ansprüche derselben.

§§ **169**. ff. Siehe Rechtsgrundsätze 883. 900. (§§ 8. 201. dieser Konkurs-Ordnung.)

§§ **170.** ff. Feststellung der angemeldeten Forderungen:

A. Charakter der neuen Konkurs-Ordnung als ein großer Akt der Exekutionsvollstreckung; Eigenschaft der Feststellung einer Forderung im Konkurse als Judikat; Ausschließung der kurzen Verjährungsfristen durch Feststellung einer Forderung im Konkurse, namentlich bezüglich von Wechselforderungen. — Vergl. §§ 4. 20. 169. 206 dieser Konkurs-Ordnung.

Rechtsgr. **900**. — IV. Senat. 1. Dezember 1864. (LV. 326.)

Die neue Konkurs-Ordnung geht von dem Grundgedanken aus, daß der Konkurs nur ein großer Akt der Exekutionsvollstreckung ist, und da sie, im Gegensatz zu dem alten Rechte, ohne Präklusion und Klassifikation ein Verfahren für die endgültige Feststellung der Forderungen anordnet, so ist damit einer solchen Feststellung die Wirksamkeit eines Judikats — der exekutivische Titel — beigelegt.

Diese Beschaffenheit der Feststellung im Prüfungs-Termin ist nicht von dem Abschlusse des Akkordes abhängig.

B. Wirkung der nach den §§ 170. ff. der Konkurs-Ordnung erfolgten Feststellung der Richtigkeit einer angemeldeten Forderung im Konkurse. Einrede des Kridars gegen diese Feststellung der Forderung nach Beendigung des Konkurses durch Akkord. — Vergl. A. L. R. I. **14**. §§ 313. 314.; A. G. O. I. **8**. § 16., **11**. § 13., **24**. § 4.

Rechtsgr. **901**. — IV. Senat. 20. Oktober 1864. (LIV. 336.)

a) Der im Konkurse nach den §§ 170. ff. der Konkurs-Ordnung erfolgten richterlichen Feststellung der Richtigkeit der angemeldeten Forderungen ist die Wirkung einer rechtskräftigen Agnitions-Resolution beizumessen.

b) Daher kann eine im Konkurse richterlich als richtig festgestellte Forderung, über welche ein rechtskräftig bestätigter Akkord abgeschlossen worden, hinsichtlich ihrer Richtigkeit von dem früheren Gemeinschuldner und dem selbstschuldnerischen Bürgen deshalb nicht mehr angefochten werden; vielmehr ist es denselben nur gestattet, gegen die exekutivische Vollstreckung des Akkordes solche Einreden vorzubringen, welche in der Exekutions-Instanz noch zulässig sind.

C. Wirkung der Anerkennung und Feststellung der Forderung für die Zeit nach Beendigung des Konkurses. — Vergl. §§ 4. 201. dieser Konkurs-Ordnung.

Rechtsgr. **902**. — IV. Senat. 27. September 1864. (LIV. 288.)

Wenn der Verwalter die Forderung eines sich meldenden Gläubigers an Stelle des Gemeinschuldners als richtig anerkennt, dieselbe also auf diese Weise und auch gegenüber dem Gemeinschuldner festgestellt wird, da sie aus dessen Vermögen bezahlt werden soll, so reicht diese Feststellung nicht blos so weit, als aus der Konkursmasse eine Zahlung erfolgt, während der nicht bezahlte Theil durch das Anerkenntniß nicht berührt wird; vielmehr muß das Anerkenntniß und die dadurch bewirkte Feststellung, weil sie die ganze Forderung betrifft und zur Zeit der Abgabe auch mit verbindender Kraft in diesem Umfange geschehen konnte, diese Wirkung gegen den Gemeinschuldner, an dessen Stelle es gegeben ist, behalten, auch wenn der Konkurs zu Ende gegangen ist.

D. Ausschließung der kurzen Verjährungsfristen durch Feststellung der Forderung im Konkurse, namentlich bezüglich der Wechselforderungen. — Vergl. Allg. Deutsche Wechsel-Ordnung Art. 77. ff.; Gesetz vom 31. März 1838 § 10.

Rechtsgr. **903**. — IV. Senat. 1. Dezember 1864. (LV. 326.)

Durch die Feststellung einer Forderung im Konkurse wird der Einwand der kürzeren Verjährung beseitigt und tritt die ordentliche Verjährung ein; dies greift namentlich auch für Wechselforderungen Platz.

§§ 176. 177. Siehe Rechtsgrundsatz 883. (§ 8. dieser Konkurs-Ordnung.)

§ 180. Siehe Rechtsgrundsatz 906. (§§ 190. ff. dieser Konkurs-Ordnung.)

Siebenter Abschnitt. Von dem Akkorde.

I. Von der Zulässigkeit und dem Abschlusse des Akkordes.

§§ 181. ff. Siehe Rechtsgrundsatz 905. (§§ 190. ff. dieser Konkurs-Ordnung.)

§ 186. No. 3. Gewährung „gleicher Rechte" für alle bei dem Akkorde betheiligten Konkursgläubiger, insbesondere bei Eintritt mehrerer Akkordbürgen.

Rechtsgr. **904.** — IV. Senat. 21. Februar 1865. (LVII. 229.)

a) Unter dem Ausdruck „Rechte" in den Worten des § 186. No. 3. der Konkurs-Ordnung vom 8. Mai 1855: „daß der Akkord allen Gläubigern, deren Forderungen durch denselben betroffen werden, gleiche Rechte gewähren muß", — sind alle den Gläubigern in Beziehung auf ihre Forderungen eingeräumten Befugnisse, also auch das Recht, ihre Befriedigung nöthigenfalls von einem Dritten zu fordern, zu verstehen.

b) Ist für die Erfüllung der Akkordbedingungen eine Bürgschaft übernommen, so muß dieselbe allen, auch den unbekannten, Konkursgläubigern gegenüber eine gleiche sein. Es ist daher das Eintreten verschiedener Akkordbürgen für die bekannten und für die unbekannten Gläubiger nicht statthaft.

II. Von der gerichtlichen Bestätigung des Akkordes.

§§ 190. ff. Zweck des Akkordes und Einigungen bei der Bestätigung: A. Zweck des Akkordes und Würdigkeit des Gemeinschuldners. — Vergl. § 18. dieser Konkurs-Ordnung.

Rechtsgr. **905.** — IV. Senat. 4. September 1866. (LXIII. 324.)

Der Zweck des Akkordes ist eine besondere Vergünstigung des Gemeinschuldners, welcher durch sein bisheriges tadelfreies Verhalten dieselben für seine Person verdient und die Bürgschaft bietet, daß er bei einer erneuerten Erwerbthätigkeit das Publikum nicht gefährde.

Daher wird nicht nur die Zulassung zum Akkord, sondern auch insbesondere die gerichtliche Bestätigung des Akkordbeschlusses überhaupt durch die Würdigkeit des Gemeinschuldners bedingt.

B. Freie Beurtheilung durch den Richter, namentlich rücksichtlich der Art und Weise, wie die Stimmenmehrheit für den Akkord beschafft ist. — Vergl. § 180. dieser Konkurs-Ordnung.

Rechtsgr. **906.** — IV. Senat. 29. Juni 1858. (LIV. 1.)

a) Bei der Bestätigung des Akkordes hat der Richter nach freiem Ermessen darüber zu befinden, ob durch dieselbe einerseits das allgemeine Interesse des Staates und der bürgerlichen Gesellschaft, andrerseits das der Gläubiger gefährdet sei; es können jedoch die Gründe für die Versagung der Bestätigung des Akkordes nur aus dem Inhalte des Letztern selbst oder daraus hergenommen werden, daß der Richter bei der Lage der Sache der Beendigung des Konkurses durch Akkord überhaupt entgegentreten zu müssen glaubt.

b) Der Richter darf auf Grund des § 193. No. 3. der Konkurs-Ordnung vom 8. Mai 1855 die Bestätigung des Akkordes nicht aus solchen Erwägungen versagen, welche sich auf die Art und Weise, wie die Stimmenmehrheit für den Akkord herbeigeführt worden, insbesondere darauf stützen, daß ein Mandatar bei den Verhandlungen über den Vergleich seinen Verpflichtungen gegen den Mandanten nicht nachgekommen sei.

C. Versagung der Bestätigung des Akkordes im Interesse der öffentlichen Ordnung; Einfluß der Verurtheilung des Gemeinschuldners wegen einfachen Bankerutts auf den Akkordvertrag und die Bestätigung des Akkordschlusses.

Rechtsgr. **907.** — IV. Senat. 4. September 1866. (LXIII. 324.)

a) Ein Akkord kann nicht bestätigt werden, wenn das

Interesse der öffentlichen Ordnung nicht gerade durch den Inhalt des Akkordes selbst, sondern schon durch die Zulassung der Akkordschließung benachtheiligt erscheint.

b) Die Bestimmung des § 189. Abs. 2. der Konkurs-Ordnung vom 8. Mai 1855:

„durch die Eröffnung der Untersuchung und die Verurtheilung des Gemeinschuldners wegen einfachen Bankerutts wird der Akkord nicht ausgeschlossen",

bezieht sich nur auf die Zulässigkeit des Antrages auf Schließung des Akkordes und verbietet nicht unbedingt die Berücksichtigung jener Verurtheilung bei der richterlichen Entscheidung über den demnächst abgeschlossenen Akkord; vielmehr ist auch im Falle des einfachen Bankerutts die Frage über die Zulässigkeit des Akkordes dem freien Ermessen des Gerichts überlassen.

D. Legitimation der Konkursgläubiger zur Einklagung der Akkordbürgschaftssumme ad depositum bei unterbliebener Erfüllung des Akkordes Seitens des Gemeinschuldners. — Vergl. A. L. R. Einl. §§ 89. 90., I. **5.** §§ 450. 453., **9.** § 382., **17.** §§ 1. 10. 12. ff. 54. 115-117. 151. 280. ff.

Rechtsgr. **908.** — IV. Senat. 7. November 1865. (LXII. 19.)

Ist für die Erfüllung der Akkordbedingungen im Konkurse eine Bürgschaft auf Höhe einer bestimmten Summe geleistet, so ist jeder Konkursgläubiger legitimirt, dieses gemeinschaftliche Objekt im Interesse aller Betheiligten herbeizuschaffen und im Wege der Klage die Einzahlung der Bürgschaftssumme ad depositum zu verlangen.

III. Von den Wirkungen des bestätigten Akkordes.

§ 201. Siehe Rechtsgrundsätze 900. 902. (§ 170. dieser Konkurs-Ordnung.)

V. Von den Folgen der Nichtigkeit des Akkordes.

§ 206. Siehe Rechtsgrundsatz 900. (§ 170. dieser Konkurs-Ordnung.)

§ 209. Einfluß der Eröffnung eines zweiten Konkurses nach geschlossenem Akkorde auf die für Erfüllung desselben geleistete Bürgschaft.

Rechtsgr. **909**. — IV. Senat. 7. November 1865. (LXII. 19.)

Wenn ohne vorherige Wiederaufhebung des Akkordes ein neuer Konkurs über das Vermögen des Gemeinschuldners eröffnet wird, so bleibt es an sich bei dem Akkorde, und erlöschen die für die Erfüllung desselben gegebenen Bürgschaften nicht.

Achter Abschnitt. Von dem definitiven Verwalter der Masse und dem Verwaltungsrathe.

§ 215. Der definitive Verwalter einer Konkursmasse als Bieter im Subhastations-Termin in Betreff des Grundstücks eines Hypothekenschuldners des Kridars. — Vergl. A. L. R. I. **13**. § 106., **14**. § 109.; Konkurs-Ordnung §§ 221-223.

Rechtsgr. **910**. — II. Senat. 19. Juni 1865. (LVII. 362.)

Der Ankauf eines Grundstückes in nothwendiger Subhastation zu dem Behufe, um eine auf dem bezüglichen Grundstücke für den Gemeinschuldner haftende unsichere Hypothek zu retten, liegt nicht innerhalb der Befugnisse des Verwalters der Konkursmasse und kann auch nicht für diese Masse, sondern nur für die einzelnen Massengläubiger erfolgen.

Siehe auch Rechtsgrundsatz 882. (§§ 1. 270. dieser Konkurs-Ordnung.)

Neunter Abschnitt. Von der Liquidation der Masse.

§§ 221-223. No. **2**. Siehe Rechtsgrundsatz 910. (§ 215. dieser Konkurs-Ordnung.)

Zehnter Abschnitt. Von der Feststellung der streitigen Forderungen der Konkursgläubiger.

§ 233. Siehe Rechtsgrundsatz 883. (§ 8. dieser Konkurs-Ordnung.)

Eilfter Abschnitt. Von der Vertheilung an die Konkursgläubiger.

§§ **243.** ff. Ausdrückliche Bezeichnung des Appellaten in Prioritätssachen. — Vergl. § 372. dieser Konkurs-Ordnung.

Rechtsgr. **911.** — IV. Senat. 1. November 1864. (LVII. 54.)

Appellirt in einer Prioritätssache derjenige, dem ein Vorzugsrecht aberkannt ist, so sind die Appellaten von selbst diejenigen, welchen die Masse zuerkannt ist, die sie bei jenem Vorzugsrecht nicht erhalten konnten; besondere Anmeldungen gegen die verschiedenen Betheiligten bedarf es nicht; auch schadet dem Appellanten eine falsa demonstratio nicht.

Zwölfter Abschnitt. Von der abgesonderten Befriedigung der Erbschaftsgläubiger und Legatare.

§ **257.** Siehe Rechtsgrundsatz 918. (§ 394. dieser Konkurs-Ordnung.)

Dreizehnter Abschnitt. Von der abgesonderten Befriedigung der Realgläubiger.

§§ **269. 270.** Legitimation der Interessenten der Konkurs-Immobiliarmasse zur Klage gegen den Verwalter, daß ein zur Gemeinmasse geflossener Betrag zur Immobiliarmasse gezogen werde. — Vergl. §§ 131. 215. dieser Konkurs-Ordnung.

Rechtsgr. **912.** — IV. Senat. 28. Juni 1864. (LV. 183.)

Wenn Streit darüber entsteht, ob ein in die Gemeinmasse gelangtes Objekt nicht in diese, sondern in die Immobiliarmasse gehört, so muß entweder der Verwalter bei der Masse selbst dafür sorgen, daß es dahin genommen wird, wohin es gehört, oder er muß den Interessenten der Immobiliarmasse gestatten, die Zugehörigkeit des Objekts zu der Masse selbst und gegen ihn geltend zu machen.

Vierzehnter Abschnitt. Von der Beendigung des Konkurses.

§ **280.** Siehe Rechtsgrundsatz 1234. (Gesetz vom 27. Mai 1863 Art. 2 § 1.)

Vierter Titel. Von dem erbschaftlichen Liquidationsverfahren.

§§ 342. ff. Zweck des erbschaftlichen Liquidationsverfahrens.

Rechtsgr. **913.** — IV. Senat. 15. Februar 1866. (LXI. 349.)

Der Zweck des erbschaftlichen Liquidationsverfahrens besteht darin, daß dem Erben eine Uebersicht über die Nachlaßschulden und damit zugleich eine feste Unterlage für sein Verhalten den sämmtlichen Gläubigern gegenüber gewährt werde.

§§ 357. ff. Klagerecht des Nachlaßgläubigers nach beendetem erbschaftlichem Liquidationsverfahren gegen den Benefizialerben und Antrag auf Konkurseröffnung. — Vergl. A. G. O. I. **24.** §§ 6. 15. ff.; Exekutions-Verordnung vom 4. März 1834 § 2.

Rechtsgr. **914.** — IV. Senat. 15. Februar 1866. (LXI. 349.)

Nach Beendigung des erbschaftlichen Liquidationsverfahrens steht dem Nachlaßgläubiger nicht die Wahl zu, entweder die Forderung gegen den Benefizialerben zur Vollstreckung zu bringen, oder die Eröffnung des Konkurses zu beantragen; vielmehr ist der, von dem Nachweise der Unzulänglichkeit des Nachlasses unabhängige, Antrag auf Konkurseröffnung das alleinige dem Nachlaßgläubiger zustehende Zwangsrecht.

Fünfter Titel. Von dem Prioritätsverfahren in der Exekutions-Instanz.

Erster Abschnitt. Von dem Prioritätsverfahren bei Exekutionsvollstreckungen in das bewegliche Vermögen.

§ 362. Beitritt zu einer bereits vollstreckten Exekution in seiner Anwendung auf das Konkursverfahren.

Rechtsgr. **915.** — IV. Senat. 1. September 1864. (LIV. 263.)

Die Vorschrift des § 362. der Konkurs-Ordnung vom 8. Mai 1855:

daß, wenn ein Gläubiger im Wege der Exekution bewegliche Sachen oder Forderungen seines Schuldners in Beschlag genommen oder sich zur Einklagung habe anweisen lassen, auch andere Gläubiger desselben Schuldners wegen Forderungen, welche gegen denselben vollstreckbar seien, der Beschlagnahme oder der Ermächtigung zur Einklagung der angewiesenen Forderung beitreten und aus derselben ihre Befriedigung suchen könnten,

leidet auch für das Konkursverfahren Anwendung, welches seinem Charakter nach das umfangreichste Prioritätsverfahren über das Vermögen eines Schuldners dar- und sämmtliche Forderungen an denselben unter Exekution stellt.

§§ **363**. ff. Siehe Rechtsgrundsatz 415. (A. L. R. I. **21**. § 358.)

§ **372**. Siehe Rechtsgrundsatz 911. (§ 243. dieser Konkurs-Ordnung.)

Dritter Abschnitt. Von der Vertheilung der Kaufgelder bei nothwendigen Subhastationen.

§§ **383**. ff. Siehe Rechtsgrundsatz 917. (§ 392. dieser Konkurs-Ordnung.)

§ **386**. Nachträgliche Präklusion eines nicht eingetragenen Realgläubigers wegen Ausbleibens im Kaufgelderbelegungstermin.

Rechtsgr. **916**. — III. Senat. 16. November 1866. (LXIV. 296.)

Ist ein nicht eingetragener Realgläubiger ungeachtet der Ladung im Kaufgelderbelegungstermin ausgeblieben, und hat der Richter die bereits liquidirte Forderung dieses Realgläubigers ohne Widerspruch der Hypothekengläubiger zum Depositum genommen, so können diese nicht nachträglich noch auf Präklusion des Realanspruches dringen.

§§ **392. 393**. Schuldner im Sinne des § 392. der Konkurs-Ordnung; Nichtbefugniß des persönlichen Schuldners zur Bestreitung der Hypothekenrechte im Kaufgelderbelegungstermin. — **Vergl.** §§ 383. ff. 401. 411. dieser Konkurs-Ordnung.

Rechtsgr. 917. — III. Senat. 14. Oktober 1864. (LIV. 325.)

a) Unter „Schuldner“ im § 392. der Konkurs-Ordnung ist nur der Subhastat zu verstehen.

b) Der persönliche Schuldner der im Kaufgelderbelegungstermine liquidirten Hypothekenposten ist als solcher zu einem Widerspruch gegen deren Auszahlung nicht für befugt zu erachten.

§ 394. Bestreiten einer Forderung in Ansehung der Richtigkeit, des Hypothekenrechts, oder des Vorrechts:

A. Wirkung der rechtskräftigen Feststellung einer Forderung gegen den Schuldner gegenüber den im Kaufgelderbelegungsverfahren anfechtenden Realgläubigern. — Vergl. A. G. O. Einl. §§ 64. ff.; Konkurs-Ordnung §§ 131. 257. 263.

Rechtsgr. 918. — III. Senat. 20. März 1865. (LVIII. 216.)

Ist gegen den Konkursverwalter wegen einer Schuld des Gemeinschuldners, für welche Hypothek bestellt ist, ein rechtskräftiges Erkenntniß erstritten, und wird bei der Kaufgelderbelegung die Forderung von den betheiligten Realgläubigern angefochten, so ist jenem Erkenntnisse die Bedeutung beizulegen, daß der Gläubiger sich zur Durchführung seines Anspruches zunächst auf dasselbe gründen kann, wogegen den anfechtenden Realgläubigern frei bleibt, ihre Rechte, namentlich betreffend die Verität der Forderung, geltend zu machen.

B. Natur der in dieser Gesetzesstelle bestimmten vierzehntägigen Frist zur Einreichung der besonderen Klage.

Rechtsgr. 919. — IV. Senat. 14. Juli 1864. (LIII. 346.)

Die in dem § 394. der Konkurs-Ordnung bezeichnete vierzehntägige Frist zur Einreichung einer besonderen Klage wegen der Kaufgelder-Streitmasse ist keine unter allen Umständen innezuhaltende Präklusivfrist; der Realgläubiger kann jedoch die angebrachte Klage nicht mit Vorbehalt seiner Ansprüche zurücknehmen und hierdurch die Vertheilung der Streitmasse auf unbestimmte Zeit aufhalten.

§ **395**. Siehe Rechtsgrundsatz 889. (§ 56. dieser Konkurs-Ordnung.)

§ **399**. Siehe Rechtsgrundsatz 1073. (Subhastations-Verordnung vom 4. März 1834 § 16.)

§ **401**. Siehe Rechtsgrundsatz 917. (§ 392. dieser Konkurs-Ordnung.)

Vierter Abschnitt. Von dem Aufgebote der bei der Kaufgelderverteilung im Falle der nothwendigen Subhastation gebildeten Spezialmassen.

§ **411**. Siehe Rechtsgrundsatz 917. (§ 39. dieser Konkurs-Ordnung.)

Kriminal-Ordnung vom 11. Dezember 1805.

§ **140**. Attest eines praktischen Arztes zur Feststellung des Thatbestandes in Injuriensachen.

Rechtsgr. **920**. — Senat für Strafsachen, I. Abth. 13. Januar 1864. (LVI. 8.)

Das von einem praktischen Arzte ausgestellte Attest ist zur Feststellung des objektiven Thatbestandes der Mißhandlungen in Injuriensachen hinreichend.

§ **392**. Eid in Injuriensachen. — Vergl. Kabinets-Order vom 1. Februar 1811.; Verordnung vom 21. Juli 1849 §§ 37. 39. 60.

A. Nothwendiger Eid in Injuriensachen, nach Gemeinem Recht. — Vergl. A. G. O. I. **34**. § 16., Anh. §§ 229. 232.; Kabinets-Order vom 11. Oktober 1831; Gesetz vom 3. Mai 1852 Art. 103.

Rechtsgr. **921**. — Senat für Strafsachen, II. Abth. 13. Sept. 1866. (LXIII. 333.)

Auch für die Landestheile des Gemeinen Rechts ist in Injuriensachen die Auferlegung eines nothwendigen Eides unstatthaft.

B. Eid als Beweismittel in Injuriensachen im Bezirke des Appellations-Gerichts zu Greifswald. — Vergl. Strafgesetzbuch § 157.; Dig. **47**. 10. Lex 5. § 8.

Rechtsgr. **922**. — Senat für Strafsachen, I. Abth. 26. Mai 1865. (LVII. 358.)

Auch für den Bezirk des Appellations-Gerichts zu

Greifswald ist der Eid in Injuriensachen ein unzulässiges Beweismittel.

§§ 534. ff. **563. 564. 565. 623.** Bekleidungskosten der Transportaten; Detention und Transport von Gefangenen und Kosten des Transports; Transport zur Korrektion und Transport zur Verbüßung der erkannten Strafe. — Vergl. General-Transport-Instruktion vom 16. September 1816 §§ 4. 12. 17.; Reskripte vom 17. Februar 1823 und 9. Februar 1824; Reglement vom 14. Januar 1848 Reskripte vom 3. Oktober 1856 und 3. März 1857.

Rechtsgr. **923.** — I. Senat. 13. Oktober 1865. (LXI. 107.)

a) Die Bekleidungskosten der auf den Transport gegebenen Transportaten sind zu den Transportkosten zu rechnen.

b) Die neuere Gesetzgebung, welche nur das Untersuchungsverfahren berührt, hat den Zweck und die Fälle der Detention und des Transportes der Gefangenen nicht geändert und folglich auch die Bestimmung des Landarmenreglements vom 14. Januar 1848, daß die Transporte auf Kosten des Landarmenverbandes zu bewirken sind, nicht beseitigt.

c) Der Transport zur Korrektion nach verbüßter Strafe gehört nicht mehr zur Vollstreckung des Erkenntnisses, und andererseits ist der Transport zur Verbüßung der erkannten Strafe nicht zur Untersuchung zu rechnen, sondern ist als eine Exekutionsmaaßregel aufzufassen.

Allgemeine Hypotheken-Ordnung.

Titel 1. Von der Form und Einrichtung der Hypothekenbücher überhaupt.

§ 14. Siehe Rechtsgrundsatz 1233. (Gesetz vom 1. Juni 1861.)

§§ **48**. **49**. Siehe Rechtsgrundsätze 208. 213. 887. (A. L. R. I. **11**. §§ 58. 175.; Konkurs-Ordnung vom 8. Mai 1855 § 46.)

Titel 2. Von Verwaltung des Hypothekenwesens und Führung der Bücher bei den Ober-Kollegiis.

§ **18**. Eintragung einer Protestation zur Konservation des Ortes im Hypothekenbuche. — Vergl. A. L. R. I. **5**. §§ 131. 132., **13**. §§ 7. 8. 123.

Rechtsgr. **924**. — III. Senat. 10. November 1865. (LXII. 30.)

Die Voraussetzung des § 18. Tit. II. der Allgem. Hypotheken-Ordnung: daß nur bei den äußeren rechtlichen Erfordernissen des einzutragenden Aktes, bei dem Legitimationspunkte, bei der Fassung oder äußeren Form des Instrumentes, oder auch bei der Vollmacht Etwas zu erinnern ist, — findet statt, wenn das Rechtsgeschäft, der Titel zum dinglichen Rechte, an sich rechtsbeständig sein mag, der Hypothekenrichter nur bei dem ihm hierüber oder sonst, um ihn zu der vorzunehmenden Eintragung zu ermächtigen, zu führenden Nachweise Etwas zu erinnern findet, nicht aber, wenn das einzutragende Geschäft selbst noch gar nicht rechtsbeständig geschlossen ist; insbesondere, was die Vollmacht betrifft, dann, wenn die erforderliche Vollmacht ertheilt sein mag, der Richter nur, bevor er darauf eine Eintragung gründet, noch Etwas zu erinnern findet, nicht aber, wenn die zu dem Geschäfte erforderliche Vollmacht überhaupt fehlt.

§§ **24**. ff. Siehe Rechtsgrundsatz 394. (A. L. R. I. **20**. § 520.)

§ **49**. Siehe Rechtsgrundsatz 1025. (Stempelgesetz vom 7. März 1822 § 5. litt. g.)

§ **100**. Siehe Rechtsgrundsatz 228. (A. L. R I. **11**. § 340.)

§§ **171**. **172**. Siehe Rechtsgrundsatz 255. (A. L. R. I. **11**. § 738.)

§§ **175** ff. Siehe Rechtsgrundsätze 255. 257. (A. L. R. I. **11**. § 738.)

§§ **180** ff. Siehe Rechtsgrundsatz 259. (A. L. R. I. **11**. § 738.)

§§ **205**. **213**. No. 3. Siehe Rechtsgrundsatz 1189. (Hypotheken-Novelle vom 24. Mai 1853 § 15.)

§§ **213**. No. 5. **233**. Siehe Rechtsgrundsatz 858. (A. L. R. I. **20**. § 81.)

Titel 4. Wie bei Anlegung neuer Hypothekenbücher zu verfahren.

§§ **29**. **30**. Streit über das Eigenthum an ländlichen Grundstücken, von welchen eine jährliche Abgabe entrichtet wird, nach erfolgter Besitztitelberichtigung bei Anlegung des Hypothekenbuchs. — Vergl. Verordnung vom 31. März 1834 § 9.

Rechtsgr. **925**. — III. Senat. 5. September 1864. (LVI. 90.)

Die Streitfrage, ob ein Besitzer von ländlichen Grundstücken, welcher von denselben eine jährliche Abgabe entrichtet, Zeitpächter, und der Empfänger der Abgabe Eigenthümer, oder ob jener Eigenthümer, dieser aber nur Abgabeberechtigter sei, kann nicht darnach entschieden werden, wer von ihnen Beiden nach Anleitung der Vorschriften über Einrichtung des Hypothekenwesens die Eintragung des Grundstückes auf seinen Namen im Hypothekenbuch erlangt hat.

Sachsenspiegel.

(Ausgabe von Homeyer, Berlin, 1835.)

Buch **I**. Art. **28**. Verjährungsfrist zur Ersitzung des Eigenthums, nach Sächsischem Recht; Nichterforderniß des Nachweises eines Titels bei derselben. — Vergl. A. L. R. I. **9**. § 625.; Kursächsische decisio I. vom Jahre 1746.; Patent vom 15. November 1816.

Rechtsgr. **926**. — II. Senat. 9. November 1865. (LX. 256.)

a) Nach Sächsischem Recht ist zur Ersitzung des Eigenthums an Grundstücken eine Verjährungsfrist von 31 Jahren 6 Wochen und 3 Tagen erforderlich.

b) Für diese Ersitzung ist, namentlich in denjenigen Landestheilen, in welchen später das Allgem. Landrecht eingeführt ist, der Beweis eines Titels nicht erforderlich.

Ostpreußisches Provinzialrecht.

(Berlin, 1801-1802.)

Zusatz **1**. § **3**. Siehe Rechtsgrundsatz 988. (Wegebaureglement vom 24. Juni 1764.)

Zusatz **213**. § **7**. Untergang des den Königlichen und adeligen Vorwerken zuständigen Privilegii der Befreiung von großer und kleiner Kalende, Zapfengeld, Real- und Sackzehnten, nach Ostpreußischem Provinzialrecht.

Rechtsgr. **927**. — I. Senat. 25. November 1864. (LV. 299.)

Das den Königlichen und adeligen Vorwerken zustehende Privilegium der Befreiung von großer und kleiner Kalende, Zapfengeld, Real- und Sackzehnten geht nur dann verloren, wenn Dominial- oder adeliger Besitz mit Bauern besetzt wird; es bleibt aber erhalten, sobald der Dominialbesitz in seiner Totalität auf einen einzigen nicht bäuerlichen Besitzer übergeht.

Zusatz **226**. Siehe Rechtsgrundsatz 988. (Wegebaureglement vom 24. Juni 1764.)

Provinzialrecht für Westpreußen.

(Gesetz-Sammlung von 1844 S. 103.)

§ **17**. Siehe Rechtsgrundsätze 312. 470. (A. L. R. I. **14**. § 221., II. **1**. § 378.)

Verbessertes Landrecht für das Königreich Preußen von 1721.

Buch **III.** Tit. **2.** Art. **3.** § **5.**, Tit. **4.** Art. **1.** § **10.** Siehe Rechtsgrundsatz 863. (A. G. O. I. **31.** § 14.)

Revidirtes Lübisches Recht.

(Ausgabe von Kollius, Hamburg, 1586.)

Buch **III.** Tit. **8.** Art. **2.**, Tit. **12.** Art. **13.** Anfang der einjährigen Verjährung zur Anfechtung eines neu errichteten Gebäudes, nach Lübischem Recht.

Rechtsgr. **928.** — V. Senat. 22. Juni 1865. (**LVIII.** 358.)

Die einjährige Verjährung des Art. 2. Tit. 8. Buch 3. des Lübischen Rechts, welcher verordnet:

> Wenn über Jahr und Tag ein Gebäude unangesprochen gestanden, das kann nach Jahr und Tag nicht mehr angefochten werden,

beginnt erst mit dem Tage, wo das neue Gebäude vollständig vollendet war, nicht aber mit demjenigen, an welchem die den Nachbarn benachtheiligenden Einrichtungen dieses Gebäudes schon vorhanden und für den Nachbar mit Bestimmtheit zu erkennen waren.

Provinzialrecht der Kurmark Brandenburg.

(Dr. v. Scholtz und Hermensdorff, das bestehende Provinzialrecht der Kurmark Brandenburg, II. Ausg., Entwurf und Motive, Berlin 1854.)

Thl. **I.** § **335.** Siehe Rechtsgrundsatz 463. (A. L. R. II. **1.** § 321.)

§§ **377. 385. 386.** Rechtliche Folgen der Erklärung **des** Märkischen überlebenden Ehegatten, nach dem Statut Theilung halten zu wollen; Verhältniß der Gläubiger des überlebenden, erbnehmenden Märkischen Ehegatten zu den Erben des Vorverstorbenen; Verfügungsbeschränkung des überlebenden Märkischen Ehegatten nach der Erklärung, nach dem Statut Theilung halten zu wollen; Miteigenthum der Miterben; Rechte der Gläubiger des überlebenden Ehegatten auf Exekutionsvollstreckung in das eingeworfene Vermögen. — Vergl. A. L. R. I. **17.** §§ 10. 115. ff.; A. G. O. I. **24.** § 75. ff.; Constitutio Joachimica von 1527 §§ 1-3.; Erbschaftsedikt vom 30. April 1765 Abth. II. §§ 6. 7.; Exekutions-Verordnung vom 4. März 1834 § 13.

Rechtsgr. **929.** — IV. Senat. 16. März 1865. (LVIII. 202.)

a) Durch die Erklärung des Märkischen überlebenden Ehegatten und der Erben des erstverstorbenen Gatten, über den Nachlaß statutarische Theilung halten zu wollen, wird der Nachlaß mit dem Vermögen des Ueberlebenden, sowohl hinsichtlich der Aktiva als der Passiva, zu Einem Vermögens-Inbegriff verschmolzen.

b) Die vor der statutarischen Theilung nicht befriedigten besonderen Gläubiger des überlebenden Märkischen Ehegatten sind berechtigt, sich ihrer Befriedigung wegen auch an die Erben des erstverstorbenen Ehegatten unmittelbar, jedoch, wenn diese Benefizialerben sind, nur insoweit zu halten, als diese Erben vermöge der Einwerfung des Vermögens des Ueberlebenden mehr als die Hälfte des reinen Nachlasses des erstverstorbenen Ehegatten erhalten haben.

c) Für die Märkische Wittwe, welche mit den Erben ihres verstorbenen Ehemannes über dessen Nachlaß statutarisch Theilung zu halten erklärt, wird die Befugniß ausgeschlossen, einseitig und ohne Zuziehung resp. Zustimmung ihrer Miterben über Objekte und Aktiva ihres nunmehr gemeinschaftlich gewordenen Sondervermögens durch freiwillige Willensakte in ihrem alleinigen und ausschließlichen Interesse zu verfügen.

d) Mit dieser Verfügungsbeschränkung steht jedoch das Recht des, einen exekutivischen Titel für sich habenden Sondergläubigers und das Recht des Richters, denselben gegen den überlebenden Ehegatten und dessen Sondergut zur Geltung zu bringen, nicht auf gleicher Linie; vielmehr stehen der Exekutionsvollstreckung die Miteigenthumsrechte der Miterben nicht entgegen.

§§ **438.** ff. **457. 462.** Beitragspflicht des Kirchenpatrons zu den Bauten und Reparaturen der Kirchen, Pfarrgebäude und Küsterhäuser nach Kurmärkischem Provinzialrecht; verhältnißmäßiger Beitrag mehrerer Kirchenpatrone.

Rechtsgr. **930.** — I. Senat. 13. Januar 1865. (LVI. 275.)

a) Nach dem Kurmärkischen Provinzialrecht besteht der zu den Bauten und Reparaturen der Kirchen, Pfarrgebäude und Küsterhäuser von dem Patron als solchem zu leistende Beitrag nicht in einer Quote der Gesammtbaukosten, sondern in der bestimmten Verpflichtung zur Hergabe der Hauptbaumaterialien (Holz, Kalk, Steine).

b) Konkurriren hierbei mehrere Patrone, so haben dieselben unter sich verhältnißmäßig beizutragen.

Entwurf des Provinzialrechts der Neumark Brandenburg.

(Von v. Kunow, Berlin, 1836.)

---

§§ **608. 622.** Beitragspflicht der Patrone der Mutterkirche zu den Pfarrbauten in der Neumark Brandenburg. — Vergl. A. L. R. II. **11.** §§ 710. 789. 790.; Spezial-Reskript vom 17. Juni und 14. Juli 1712.

Rechtsgr. **931.** — I. Senat. 15. Juli 1864. (LIII. 350.)

Nach dem Provinzialrecht der Neumark Brandenburg

haben die Patrone der Tochterkirchen zu den Pfarrbauten ebensoviel beizutragen, wie der Patron der Mutterkirche.

Entwurf des Statutar- und Gewohnheitsrechts des Herzogthums Westphalen.

(Seibertz, Arnsberg, 1839.)

§ **182**. und Motive S. **283**. **511**. ff. Geltung des Rechtsgrundsatzes: „längst Leib, längst Gut", in den Ländern des Gemeinen Rechts; Bildung einer Observanz in Betreff des ausschließlichen Intestaterbrechts kinderloser Eheleute daselbst, insbesondere im Herzogthum Westphalen. — Vergl. A. L. R. Publikationspatent vom 5. Februar 1794 § 7., Einl. §§ 3. 4.; Publikationspatent vom 21. Juni 1825 § 4.

Rechtsgr. **932**. — I. Senat. 15. Januar 1864. (LIII. 61.)

a) Im Allgemeinen ist da, wo Gemeines Recht gilt, bei kinderloser Ehe der Grundsatz: „längst Leib, längst Gut" nicht als die zunächst geltende Rechtsnorm zu erachten; vielmehr bedarf es dazu des Nachweises, daß dieser Grundsatz als allgemeine deutsch-rechtliche Rechtsnorm sich eine solche Geltung verschafft habe, daß dafür die Vermuthung streite.

Dieser Grundsatz kommt auch im Herzogthum Westphalen zur Anwendung.

b) In dem Herzogthum Westphalen ist die Bildung einer Observanz in Betreff des ausschließlichen Intestat-Erbrechts kinderloser Eheleute nicht an den Zeitraum vor dem 1. Dezember 1825 gebunden.

Eine solche Observanz ist in dem Kirchspiele Coerbecke für bestehend zu erachten.

Revidirter Entwurf des Provinzialrechts der Grafschaft Mark, der Stadt und der Grafschaft Dortmund und der Städte Soest und Lippstadt.

(Berlin, 1836.)

§ 13. Siehe Rechtsgrundsatz 486. (A. L. R. II. **1.** § 653.)
§ 69. Motive S. **78.** Siehe Rechtsgrundsatz 980. (Soester 12 Artikel vom 26. März 1714.)

Revidirter Entwurf des Provinzialrechts des Fürstenthums Paderborn.

(Berlin, 1841.)

§ 86. Motive S. **67.** Dispositionsbefugnisse der Ehegatten nach der Minden-Ravensbergischen und Paderborner ehelichen Gütergemeinschaft. — Vergl. Entscheidung der Gesetzkommission vom 22. Juli 1790.

A. Einseitige Dispositionsbefugnisse des Ehemannes.

Rechtsgr. **933.** — IV. Senat. 5. Februar 1863. (LVI. 1.)

Ein lästiger Vertrag unter Lebenden, welcher von einem in der Minden-Ravensberger oder Paderbornschen Gütergemeinschaft lebenden Ehemann in stehender Ehe ohne Zuziehung seiner Ehefrau abgeschlossen ist, kann von der Ehefrau aus dem Grunde allein, weil der Vertrag den ganzen gemeinschaftlichen Vermögens-Inbegriff zum Gegenstande habe, nicht angefochten werden.

Siehe auch Rechtsgrundsatz 472. (A. L. R. II. **1.** § 381.)

B. Rechte des überlebenden Ehegatten nach der Paderborner und Minden-Ravensbergischen Gütergemeinschaft; Schenkung des Ehemannes in fraudem uxoris, und des überlebenden Ehegatten in fraudem liberorum; Voraussetzung der Schenkung in fraudem uxoris seu liberorum; Schenkung des überlebenden Ehegatten an einen Ascendenten zum Zweck des späteren Erwerbs durch Erbschaft als Alleineigenthum als Schenkung in fraudem liberorum. — Vergl. Provinzialrecht des Fürstenthums Minden I. 2. § 25. Anmerkung.

Rechtsgr. **934**. — IV. Senat. 22. September 1864. (LVI. 182.)

a) Nach den Grundsätzen der Ravensberger Gütergemeinschaft hat, wenn die Ehe, aus welcher Kinder nachbleiben, durch den Tod eines Ehegatten aufgelöst wird, der Ueberlebende in Ansehung des Gesammtgutes die völlig freie Disposition in derselben Weise, wie sie während der Ehe der Ehemann hatte.

b) Gleichwie nach den Grundsätzen der Ravensberger Gütergemeinschaft der Ehemann nicht in fraudem uxoris einseitige Schenkungen machen soll, so darf auch der überlebende Ehegatte dergleichen nicht in fraudem der Kinder vornehmen.

c) Daß eine Schenkung in fraudem uxoris, beziehungsweise der in der communio prorogata stehenden Kinder geschehen sei, setzt voraus, daß die Absicht, in der die Schenkung vollzogen wird, gerade die Benachtheiligung der Gemeinschafter zum Ziel hatte und das bewegende Motiv auch nicht in der besondern Lage einen Entschuldigungsgrund finden kann.

Ob eine solche Schenkung vorliege, kann nur in jedem konkreten Falle nach den bei demselben vorwaltenden Umständen beurtheilt werden.

d) Schenkt der überlebende Ehegatte, welcher mit den Kindern in communio prorogata steht, einen entsprechenden Theil des gütergemeinschaftlichen Vermögens einem seiner Eltern mit dem Endzielpunkt, dieses der Gemeinschaft entzogene Vermögen durch Erbschaft als Alleineigenthum zu erwerben, so liegt eine Schenkung in fraudem liberorum vor.

§ 90. Mangelnde Testirfähigkeit eines jeden Ehegatten nach der Paderborner und Minden-Ravensberger Gütergemeinschaft. — Verstärkung einer solchen einseitigen Verfügung durch Anerkenntniß Seitens des Erben oder Legatars. — Vergl. A. L. R. I. **12**. §§ 9. 611.; Provinzialrecht von Minden-Ravensberg § 62. Motive S. 78.

Rechtsgr. **935**. — I. Senat. 22. April 1864. (LIV. 110.)

Nach der auf Gewohnheitsrecht beruhenden Paderborner und Minden-Ravensberger ehelichen Gütergemeinschaft können Eheleute in stehender Ehe über das gemeinschaftliche Vermögen oder über einen Theil desselben nicht einseitig, sondern nur gemeinschaftlich letztwillig — sei es durch Testament oder durch Erbvertrag — gültiger Weise verfügen.

Eine solche einseitige letztwillige Verfügung erlangt lediglich durch Anerkenntniß des überlebenden Ehegatten keine Gültigkeit.

Revidirter Entwurf des Provinzialrechts des Fürstenthums Minden.

(Wigand, Berlin, 1840.)

Bd. **1**. Buch **1**. Abschn. **1**. Tit. **2**. §§ **20**. **21**. **25**. **28**. Siehe Rechtsgrundsatz 742. (A. L. R. II. **1**. § 381.)

Bd. **1**. Buch **2**. § **25**. Anmerkung. Siehe Rechtsgrundsatz 934. (Provinzialrecht des Fürstenthums Paderborn.)

Revidirter Entwurf des Provinzialrechts des Fürstenthums Minden, der Grafschaft Ravensberg und des Amts Reckenberg.

(Berlin, 1841.)

§ **62**. Motive S. **78**. Siehe Rechtsgrundsatz 935. (Provinzialrecht des Fürstenthums Paderborn.)

Revidirter Entwurf des Provinzial-, Kirchen- und Schulrechts des Herzogthums Kleve ostseits Rheins und der Grafschaften Essen, Werden und Elten, der Herrschaft Broich und der Dorfschaft Klein-Netterden.

(Berlin, 1841.)

§§ **31**. **32**. Verträge des Ehemannes unter Lebenden über das Erbgut (die Immobilien) und einseitige Verfügung des Ehemannes über dasselbe von Todeswegen.

Rechtsgr. **936a**. — I. Senat. 10. März 1865. (LVIII. 197.)

Der § 32. des revidirten Entwurfes des, das Duisburger Statutarrecht darstellenden, Provinzialrechts des Herzogthums Kleve ostseits Rheins, nach welchem der Ehemann in stehender Ehe nicht befugt ist, einseitig und ohne gerichtliche Einwilligung der Frau Erbgüter zu veräußern und zu verpfänden, — handelt nur von Verfügungen unter Lebenden.

Die in dem § 31. des vorgedachten revidirten Entwurfs enthaltenen Worte: „letzte Willensordnungen“ sind nicht lediglich auf gemeinschaftlich von beiden Eheleuten errichtete letzte Willensordnungen zu beziehen.

Duisburger alte Stadtkör.

(Sammlung der bürgerlichen Rechte und Statuten der Stadt Duisburg, aus alten Signaten-, Gerichts- und Körbüchern gezeichnet, 1662; v. Kamptz Jahrbücher Bd. 29. S. 194.)

— Artikel „von Koepen und Verkoepen“. Charakter der Duisburger Statuten als Sammlung des Gewohnheitsrechts; Verträge des Ehemannes unter Lebenden über das Erbgut (die Immobilien) und einseitige Verfügung des Ehemannes über dasselbe von Todeswegen, nach dem Duisburger Statutarrechte.

Rechtsgr. **936b.** — I. Senat. 10. März 1865. (LVIII. 196.)

a) Die Statuten der Stadt Duisburg sind kein jus scriptum, sondern sie enthalten nur eine amtliche Sammlung und Zusammenstellung des Gewohnheitsrechts.

b) Die Bestimmung des Artikels der Duisburger Statuten: "von Koepen und Verkoepen", welche dahin lautet:

"Ein Man oder Wyff mach gyn Erfguedere verkoepen buiten des andern Willen und Consens",

spricht nur von Verträgen unter Lebenden, und bedarf es bei solchen Verträgen nicht nothwendig der gerichtlichen Form der Einwilligung der Frau.

Code Napoléon.

Art. **24**. Siehe Rechtsgrundsatz 940. (Art. 790. ff. dieses Code.)

Art. **205**. **207**. **209**. Siehe Rechtsgrundsatz 955. (Dig. **25**. 3. Lex 5.)

Art. **241**. **245-249**. Beweisverfahren im Ehescheidungsprozeß, nach Rheinischem Recht.

Rechtsgr. **937**. — V. Senat. 19. September 1865. (LXI. 35.)

Nach Rheinischem Verfahren ist im Ehescheidungsprozeß nach Abschluß des in der öffentlichen Audienz zugelassenen Beweis- und Gegenbeweisverfahrens die Zulassung eines Beweises auch noch über andere, sich erst später ereignende Thatsachen ausgeschlossen.

Art. **328**. Siehe Rechtsgrundsatz 180. (A. L. R. I. **9**. § 500.)

Art. **340**. Siehe Rechtsgrundsatz 18. (A. L. R. Einl. § 23.)

Art. **538**. **544**. **545**. Siehe Rechtsgrundsatz 1160. (Verfassungs-Urkunde vom 31. Januar 1850 Art. 9.)

Art. **558**. Siehe Rechtsgrundsatz 180. (A. L. R. I. **9**. § 500.)

Art. **644**. **645**. Anwendung dieser Gesetzesstelle auf die Wasserbenutzung überhaupt.

Rechtsgr. **938**. — V. Senat. 27. Juni 1865. (LX. 83.)

Das den Art. 644. 645. des Code Napoléon zu Grunde liegende Prinzip besteht darin, daß das jedem Uferbesitzer verliehene Recht sich überhaupt auf die Grenzen zu beschränken hat, daß neben derselben das Recht des anderen bestehen kann, und daß für die erfolgte Beeinträchtigung, wie für jedes andere verletzte Privatrecht, der Schutz der Gerichte angerufen werden kann. Dieses Prinzip ist nicht nur auf die qualitative Benutzung des Wassers und zwar für Zwecke der Agrikultur zu beschränken, sondern ist von ausgedehnter Tragweite.

Art. **678**. **681**. Siehe Rechtsgrundsatz 1160. (Verfassungs-Urkunde vom 31. Januar 1850 Art. 9.)

Art. **718**. Siehe Rechtsgrundsatz 940. (Code Napoléon Art. 790. ff.)

Art. **725**. Erbeseinsetzung nicht existenter Stiftungen, nach Römischem und Rheinischem Recht; Errichtung einer milden Stiftung durch Testament, nach Rheinischem Recht. — Vergl. Code Napoléon Art. 796. 896. 902. 906. 910. 987. 896.; Codex **1**. 2. Lex 13. 23., **1**. 3. Lex 24. 28. 46. pr., Lex 49.; Gesetz vom 4. August 1789; Gesetz vom 28. März 1790; Dekrete vom 22. Brumaire XIV. (13. November 1805) und 9. April 1809 Art. 6.; Gesetz vom 13. Mai 1833.

Rechtsgr. **939**. — V. Senat. 7. Februar 1865. (LIX. 1.)

a) Der Grundsatz des Römischen Rechts, nach welchem die Erbeseinsetzung auch einer erst durch ein Testament errichteten Stiftung zu wohlthätigen Zwecken als rechtsbeständig anerkannt und dieser wohlthätige Zweck der Stiftung, die pia causa, als die juristische Person, als die persona certa der Erbeseinsetzung, angesehen wird, findet auch unter der Rheinischen Gesetzgebung Anwendung.

b) Die zunächst auf physische Personen sich beziehende Vorschrift der Art. 725. 796. des Code Napoléon, nach welcher die Fähigkeit, durch Testament zu erwerben, davon abhängt, daß der eingesetzte Erbe oder Legatar zur Zeit der Eröffnung der Erbschaft existire, ist bei der Errichtung von Stiftungen in dem Sinne aufzufassen, daß ihre thatsächliche Existenz durch den Willen des Testators, welcher mit seinem Tode in Kraft tritt, hervorgerufen wird.

Art. **789**. **790**. Frist zur Errichtung eines Inventars und Erhaltung der Benefizialerben-Eigenschaft, nach Rheinischem Recht. — Vergl. Code Napoléon Art. 24. 718. 797-800.

Rechtsgr. **940**. — IV. Senat. 10. Januar 1865. (**LVIII.** 53.)

Wenn der Erbe keine, nur einem Erben zustehende Handlung unternommen hat, und wenn kein rechtskräftiges Urtheil wider den Erben vorhanden ist, welches ihn in der Eigenschaft eines unbedingten Erben verurtheilt, so hat der Erbe auch nach Ablauf der im Art. 795. des Code Napoléon bestimmten Frist von drei Monaten und vierzig Tagen, und selbst nach Ablauf derjenigen Frist, welche er in Gemäßheit des Art. 798. a. a. O. etwa vom Richter erhalten hat, sofern nur die dreißigjährige Verjährungsfrist noch nicht abgelaufen ist, noch das Recht, ein Inventarium zu errichten und sich als Benefizial-Erben darzustellen.

Art. **796**. Siehe Rechtsgrundsatz 939. (Art. 725. dieses Code.)
Art. **797-800**. Siehe Rechtsgrundsatz 940. (Art. 789. dieses Code.)
Art. **816**. Siehe Rechtsgrundsatz 180. (A. L. R. I. **9**. § 500.)
Art. **841**. Siehe Rechtsgrundsatz 1024. (Stempelsteuergesetz vom 7. März 1822 § 5. Littr. f.)
Art. **876**. Siehe Rechtsgrundsatz 180. (A. L. R. I. **9**. § 500.)
Art. **883**. Siehe Rechtsgrundsätze 1024. 1027. (Stempelsteuergesetz vom 7. März 1822; Tarif zum Stempelsteuergesetz unter „Kaufvertrag".)
Art. **889**. Siehe Rechtsgrundsatz 1024. (Stempelsteuergesetz vom 7. März 1822.)
Art. **896**. **906**. **910**. **987**. Siehe Rechtsgrundsatz 939. (Art. 725. dieses Code.)
Art. **1183**. **1184**. **1351**. Siehe Rechtsgrundsatz 941. (Art. 1613. dieses Code.)
Art. **1476**. **1582**. Siehe Rechtsgrundsatz 1024. (Stempelsteuergesetz vom 7. März 1822.)

Art. **1613. 1654.** Wirkung der Konkurs-Eröffnung auf abgeschlossene Geschäfte, nach Rheinischem Recht. — Vergl. Konkurs-Ordnung §§ 16. 26. 27.; Art. 1183. 1184. dieses Code; Code de commerce Art. 576. 577.)

Rechtsgr. **941.** — V. Senat. 12. Mai 1863. (**LV. 4.**)

Ein rechtskräftig festgestelltes Rechtsverhältniß kann durch das spätere Falliment des Empfängers und Käufers nicht mehr alterirt werden; nur tritt an Stelle des Kridars die Fallitmasse.

Art. **1696.** Siehe Rechtsgrundsatz 1024. (Stempelsteuergesetz vom 7. März 1822 § 5. Littr. f.)

Art. **1720. 1754. 1755.** Siehe Rechtsgrundsatz 1006. (Dekret vom 6. November 1813.)

Art. **1845. 1872.** Siehe Rechtsgrundsatz 1024. (Stempelsteuergesetz vom 7. März 1822.)

Art. **1985.** Siehe Rechtsgrundsatz 291. (A. L. R. I. **13.** § 8.)

Art. **2102.** Siehe Rechtsgrundsatz 1006. (Dekret vom 6. November 1813.)

Art. **2114. 2124. 2127. 2134. 2148. 2166.** Entstehung der vertragsmäßigen Hypothek gegen den Besitzer eines Grundstücks.

Rechtsgr. **942.** — **III.** Senat. 29. Mai 1865. (**LIX. 205.**)

Nach Rheinischem Recht entsteht die vertragsmäßige Hypothek durch bloße Bestellung in einer von zwei Notaren oder von einem Notar in Gegenwart zweier Zeugen aufgenommenen öffentlichen Urkunde als ein wirkliches Hypothekenrecht, welches gegen den sie bestellenden Besitzer des Grundstücks, auch wenn es nicht in die Hypotheken-Register inskribirt worden ist, dazu berechtigt, das verpfändete Grundstück zur Versteigerung zu bringen.

Nur gegen dritte Personen ist die Wirksamkeit des Hypothekenrechts von der Inskription dahin abhängig gemacht, daß es ohne solche gegen einen neuen Erwerber des Grundstücks nicht verfolgt werden kann, und daß unter den mehreren Hypothekgläubigern die Hypothek nur von dem Tage der Inskription an einen Rang hat.

Art. **2181. 2182. 2186. 2188. 2194.** Erlöschung der gesetzlichen, nicht eingetragenen Hypotheken der Minderjährigen und Ehefrauen an den Immobilien ihrer Vormünder und Ehemänner durch Zwangsverkauf, auch ohne ihre Zuziehung, nach Rheinisch-Französischem Rechte. — Vergl. Code de procédure Art. 749. 750.

Rechtsgr. **943.** — V. Senat. 12. Juli 1865. (**LIX.** 318.)

Nach Rheinisch-Französischem Rechte werden auch die gesetzlichen, nicht eingetragenen Hypotheken der Minderjährigen und Ehefrauen an den Immobilien ihrer Vormünder beziehungsweise Ehemänner durch den im Wege des Zwangsverkaufs (nothwendige Subhastation) ergangenen Zuschlag auch dann beseitigt, wenn die Minorennen und Ehefrauen nicht zugezogen sind.

Der Adjudikatar erwirbt daher die subhastirten Immobilien der Vormünder oder Ehemänner frei von allen Hypotheken.

Code de commerce.

Art. **576. 577.** Siehe Rechtsgrundsatz 941. (Code Napoléon Art. 1613.)

Code de procédure civile.

Art. **69.** No. **5.** Siehe Rechtsgrundsatz 1141. (Gemeinde-Ordnung vom 26. Juli 1845 § 44.)

Art. **130. 131.** Vertheilung der Kostenlast nach Rheinischem Verfahren.

Rechtsgr. **944.** — V. Senat. 10. April 1866. (**LXII.** 274.)

Die Handhabung der Regel, daß das Unterliegen in der Hauptsache die Pflicht, die Kosten zu tragen, bedingt, schließt das Ermessen des Richters in Bezug auf die Frage, wer im gegebenen Falle im Wesentlichen als der unterliegende Theil anzusehen ist, nicht aus, und ist es deshalb gestattet, dem Verklagten sämmtliche Kosten zur Last zu legen, wenn der Anspruch im Prinzip bestritten und die Mehrforderung des Klägers, mit welcher er abgewiesen worden, höhere Kosten nicht verursacht hat.

Art. **283**. Begriff von serviteurs et domestiques in dem Art. 283. des Code de procédure. — Vergl. Dig. **22**. 5. Lex 6.

Rechtsgr. **945**. — V. Senat. 7. März 1865. (**LIX**. 12.)

Unter den in dem Art. 283. des Code de procedure civile aufgeführten serviteurs et domestiques, welche als Zeugen reprochirt werden können, sind nur solche gegen Lohn arbeitende Personen zu verstehen, welche entweder zur unmittelbaren Bedienung ihrer Herrschaft, beziehungsweise zur Verrichtung häuslicher Arbeiten bestimmt sind, oder die wegen ihrer sonstigen dienstlichen Verhältnisse sich in einer direkten persönlichen Abhängigkeit von der betreffenden Partei befinden; es sind deshalb nicht schlechthin alle diejenigen Personen zu jener Kategorie zu rechnen, welche als Angestellte, Künstler oder Handwerker für Andere bestimmte Arbeiten zeitweise oder dauernd gegen Gehalt oder Lohn übernehmen, insofern dieselben sich nicht in einem allgemeinen Abhängigkeitsverhältnisse befinden.

Art. **749**. **750**. Siehe Rechtsgrundsatz 943. (Code **Napoléon** Art. 2181.)

Corpus juris civilis.

1. Institutiones.

Lib. **2**. Tit. **1**. de rerum divisione et qualitate:
— § **39**. Siehe Rechtsgrundsatz 159. (A. L. R. I. **9**. § 81.)

Lib. **2**. Tit. **23**. de fideicommissariis hereditatibus:
— § **12**. Siehe Rechtsgrundsatz 278. (A. L. R. I. **12**. § 172.)
Lib. **3**. Tit. **24**. de locatione et conductione:
— § **2**. Siehe Rechtsgrundsatz 65. (A. L. R. I. **5**. § 155.)
Lib. **4**. Tit. **6**. de actionibus:
— **20**. Einforderung der Antheile des Miterben an einer Erbschaftsschuld. — Vergl. Dig. **10**. 1. Lex 10., **10**. 2. Lex 2. § 3., Lex 22. § 4.

Rechtsgr. **946**. — V. Senat. 19. April 1864. (LIV. 102)

Nach dem Grundsatze: "credita et debita hereditatis ipso jure sunt divisa" bedarf es zur Einforderung der Antheile der Miterben an einer Erbschaftsschuld nicht erst einer Theilungsklage; diese Einforderung kann vielmehr jederzeit erfolgen, wenn die Forderung nicht etwa in einem bereits anhängigen Theilungsprozeß zum Gegenstande der Verhandlung geworden ist.

2. Digesta.

Lib. **1**. Tit. **6**. de his, qui sui vel alieni juris sunt:
— Lex **6**. Siehe Rechtsgrundsatz 947. (Dig. **2**. 4. Lex 5.)
Lib. **2**. Tit. **4**. de in jus vocando:
— Lex **5**. Gegenbeweis gegen die Vermuthung der Rechtmäßigkeit der in stehender Ehe geborenen Kinder, nach Gemeinem Recht. — Vergl. A. L. R. II. **2**. §§ 1-4.; Dig. **1**. 6. Lex 6., **25**. 3. Lex 1. § 14.

Rechtsgr. **947**. — I. Senat. 18. Juni 1866. (LXIV. 143.)

Das Gemeine Recht stellt nach der Regel: "pater est quem nuptiae demonstrant" die gleiche Präsumtion auf, wie der § 1. II. 2. des Allg. Landrechts, und läßt nur in ähnlicher Weise, wie das Allgem. Landrecht, den Gegenbeweis der Unmöglichkeit zu.

Lib. **3**. Tit. **1**. de postulando:
— Lex **1**. § **10**., Lex **3**. § **1**. Siehe Rechtsgrundsatz 1217. (Gesetz vom 9. Mai 1855 § 5. No. 3.)

Lib **4**. Tit. **3**. de dolo malo:

— Lex **7**. princ. Siehe Rechtsgrundsatz 979. (Triersches Landrecht von 1713. Tit. 10. §§ 1. 2.)

Lib. **5**. Tit. **2**. de inofficioso testamento:

— Lex **8**. princ. Siehe Rechtsgrundsatz 882. (Konkurs-Ordnung vom 8. Mai 1855 § 1.)

Lib. **5**. Tit. **3**. de hereditatis petitione:

— Lex **20**. § **20**. Haftung des malae fidei possessor für die von ihm veräußerten Sachen. — Vergl. A. L. R. I. **15**. §§ 15. 16.; Dig. **6**. 1. Lex 27. § 3.

Rechtsgr. **948**. — V. Senat. 17. Oktober 1865. (**LXI**. 130.)

Derjenige, welcher den Besitz einer Sache mala fide erlangt hat, haftet nach Gemeinem Recht, wenn er sich desselben entäußert hat, unbedingt so, als ob er noch besitze, ohne daß es des Nachweises bedarf, daß er arglistiger Weise, um die Rechtsverfolgung des Eigenthums zu erschweren, die Veräußerung vorgenommen habe.

— Lex **50**. § **1**. Siehe Rechtsgrundsatz 399. (A. L. R. I. **20**. § 537.)

Lib. **6**. Tit. **1**. de rei vindicatione:

— Lex **27**. § **3**. Siehe Rechtsgrundsatz 948. (Dig. **5**. 3. Lex 20. § 20.)

— Lex **38**. Siehe Rechtsgrundsatz 399. (A. L. R. I. **20**. § 537.)

Lib. **8**. Tit. **1**. de servitutibus:

— Lex **2**. Verkauf der gemeinschaftlichen Sache durch den Miteigenthümer. — Vergl. Cod. **4**. 52. Lex 1. 4.

Rechtsgr. **949**. — V. Senat. 17. Oktober 1865. (**LXI**. 130.)

Nach den Grundsätzen des Gemeinen Rechts ist der Verkauf einer gemeinschaftlichen Sache durch einen Miteigenthümer nicht absolut nichtig, vielmehr hat der konkurrirende Miteigenthümer nur die Befugniß, seinen Antheil an der Sache mit der Reivindikation in Anspruch zu nehmen.

— Lex **15**. § **1**. Siehe Rechtsgrundsätze 422. 440. (A. L. R. I. **22**. §§ 12. 197.)

Lib. **8**. Tit. **4**. communia praediorum tam urbanorum, quam rusticorum:

— Lex **13**. § **1**. Freiheit und Willkür in der Ackerbestellung gegenüber einer gemeinrechtlichen Hütungsbefugniß. — Vergl. A. L. R. I. **22**. §§ 31. ff.; Dig. **8**. 5. Lex 9.; Cod. **3**. 34. Lex 6. 7.

Rechtsgr. **950**. — V. Senat. 14. November 1865. (LXII. 39.)

In der Regel hindert das jus pascendi die Willkür und Freiheit der Ackerbestellung nicht, und begründet auch die gemeinrechtliche Hütungsbefugniß für den Servienten eine Verbindlichkeit, sich der Kultur zu enthalten, nicht; es ist vielmehr das allgemeine und umfassende Hütungsrecht allemal nur salva cultura zu verstehen und das Recht, die Kultur zu verbieten, eine an sich in dem Hütungsrecht nicht enthaltene Befugniß.

Lib. **8**. Tit. **5**. si servitus vindicetur vel ad alium pertinere negetur:

— Lex **8**. §§ **5**. **6**. Siehe Rechtsgrundsatz 1116. (Gesetz vom 28. Februar 1843 § 1.)

— Lex **9**. Siehe Rechtsgrundsatz 950. (Dig. **8**. 4. Lex 13. § 1.)

Lib. **10**. Tit. **1**. finium regundorum:

— Lex **1**. **2**. **4**. §§ **5**-**8**. Actio finium regundorum im Gegensatz zur possessorischen oder petitorischen Klage, nach Gemeinem Recht. — Vergl. Lex 10. dieses Titels.

Rechtsgr. **951**. — V. Senat. 5. Februar 1866. (LXIII. 203.)

Die actio finium regundorum setzt einen Streit über die ungewiß gewordenen Grenzen verschiedener aneinanderstoßender ländlicher Grundstücke voraus und ertheilt in dieser Voraussetzung jedem der Grundstücks-Eigenthümer das Recht zur Anstellung der Grenzberichtigungsklage.

Handelt es sich dagegen um das Eigenthum einer in gewissen Grenzmarken eingeschlossenen Landparzelle, so kann dieser Streit nicht im Wege der Grenzregulirungsklage, sondern nur im Wege einer possessorischen oder petitorischen Klage ausgetragen werden.

— Lex **10**. Siehe Rechtsgrundsätze 946. 951. (Inst. **4**. 6. § 10.; Dig. **10**. 1. Lex 1.)

Lib. **10**. Tit. **2**. familiae erciscundae.
— Lex **2**. § **3**., Lex **22**. § **4**. Siehe Rechtsgrundsatz 946. (Inst. **4**. 6. § 20.)
Lib. **10**. Tit. **3**. communi dividundo:
— Lex **10**. § **2**. Siehe Rechtsgrundsatz 1024. (Stempelsteuergesetz vom 7. März 1822 § 5. Littr. f.)
Lib. **12**. Tit. **1**. de rebus creditis, si certum petetur, et de condictione:
— Lex **23**. Siehe Rechtsgrundsatz 347. (A. L. R. I. **16**. § 179.)
Lib. **12**. Tit. **6**. de condictione indebiti:
— Lex **33**. Siehe Rechtsgrundsatz 407. (A. L. R. I. **21**. § 130.)
Lib. **14**. Tit. **3**. de institutoria actione:
— Lex **5**. § **15**. Siehe Rechtsgrundsatz 625. (Allg. Deutsches Handelsgesetzbuch Art. 49.)
Lib. **15**. Tit. **3**. de in rem verso:
— Lex **3**. § **4**. Siehe Rechtsgrundsatz 407. (A. L. R. I. **21**. § 130.)
Lib. **17**. Tit. **2**. pro socio:
— Lex **7**. **8**. **74**. Erwerb für die Gesellschaft durch den einzelnen Gesellschafter; Voraussetzungen für solchen Erwerb. — Vergl. A. L. R. I. **17**. §§ 233. ff.; Allg. Deutsches Handelsgesetzbuch Art. 96. 97.

Rechtsgr. **952**. — V. Senat. 13. September 1864. (**LVI**. 116.)

a) Jeder Gesellschafter ist verpflichtet, denjenigen Erwerb, den er in Angelegenheiten der Gesellschaft und für deren Zwecke macht, in dieselbe einzubringen.

b) Um diesen Grundsatz zur Anwendung zu bringen, muß feststehen, daß der Umfang der gesellschaftlichen Verpflichtungen ein solcher ist, daß dadurch dem einzelnen Gesellschafter die Erwerbung für eigene Rechnung untersagt ist, und daß die Erwerbsart sich als ein, durch die eigentlich der Gesellschaft verschuldete Thätigkeit — opera — erzeugter Erwerb im wahren Sinne darstellt.

Lib. **18**. Tit. **3**. de lege commissoria:
— Lex **4**. § **4**., Lex **8**. Siehe Rechtsgrundsatz 325. (A. L. R. I. **16**. § 16.)
Lib. **19**. Tit. **1**. de actionibus emti et venditi:
— Lex **13**. § **8**. Siehe Rechtsgrundsatz 399. (A. L. R. I. **20**. § 537.)
— Lex **24**. § **1**. Siehe Rechtsgrundsatz 347. (A. L. R. I. **16**. § 179.)
Lib. **19**. Tit. **2**. locati, conducti:

— Lex **19**. § **4**., Lex **55**. § **1**. Siehe Rechtsgrundsatz 407. (A. L. R. I. **21**. § 130.)

Lib. **19**. Tit. **5**. de praescriptis verbis et in factum actionibus:

— Lex **17**. § **3**. Siehe Rechtsgrundsatz 65. (A. L. R. I. **5**. § 155.)

Lib. **21**. Tit. **1**. de aedilicio edicto et redhibitione, et quanti minoris:

— Lex **43**. § **6**. Siehe Rechtsgrundsatz 80. (A. L. R. I. **5**. § 328.)

Lib. **22**. Tit. **1**. de usuris, et fructibus, et causis, et omnibus accessionibus, et mora:

— Lex **17**. § **3**. Siehe Rechtsgrundsatz 325. (A. L. R. I. **16**. § 16.)

— Lex **17**. § **4**., Lex **32**. § **2**., Lex **38**. § **15**. Geltung der Regel: "dies interpellat pro homine" nach dem Gemeinen Rechte, insbesondere in dem Fürstenthum Schaumburg-Lippe. — Vergl. A. L. R. I. **16**. §§ 15. 16. 20. 54. 64.; Dig. **45**. 1. Lex 114.; Reichsdeputations-Abschied von 1600 § 139.

Rechtsgr. **953**. — IV. Senat. 28. September 1865. (LXI. 57.)

a) Für das Gemeine Recht ist der Grundsatz: "dies interpellat pro homine" anzuerkennen.

b) Nach dem im Fürstenthum Schaumburg-Lippe geltenden Gemeinen Recht kommt der Schuldner mit dem Ablauf des fest bestimmten Leistungstermins ohne weitere Mahnung in Verzug.

Lib. **22**. Tit. **3**. de probationibus et praesumptionibus:

— Lex **25**. § **3**. Beweiskraft eines Schuldscheins und eines Zahlungsversprechens, Einfluß der falsa causa auf dieselbe.

Rechtsgr. **954**. — V. Senat. 19. April 1864. (LIV. 102.)

Ein Schuldschein oder jedes andere Zahlungsversprechen hat nur dann rechtliche Wirksamkeit, wenn eine causa der Verpflichtung erwiesen ist; der Schuldschein verliert aber gänzlich seine Wirksamkeit, wenn die in demselben etwa angegebene causa als eine falsa sich erweist.

Lib. **22**. Tit. **5**. de testibus:

— Lex **6**. Siehe Rechtsgrundsatz 945. (Code de procédure Art. 283.)

Lib. **24**. Tit. **1**. de donationibus inter virum et uxorem:

— Lex **21**. pr. Siehe Rechtsgrundsatz 55. (A. L. R. I. **5**. § 75.)

Lib. **24**. Tit. **3**. Soluto matrimonio dos quemadmodum petatur:

— Lex **21**. Siehe Rechtsgrundsatz 979. (Triersches Landrecht von 1713 Tit. 10. §§ 1. 2.)

— Lex **22**. § **8**. Siehe Rechtsgrundsatz 55. (A. L. R. I. **5**. § 75.)

Lib. **25**. Tit. **3**. de agnoscendis et alendis liberis, vel parentibus, vel patronis, vel libertis:

— Lex **1**. § **14**. Siehe Rechtsgrundsatz 947. (Dig. **2**. 4. Lex 5.)

— Lex **5**. Alimentations-Verbindlichkeit der Eltern, namentlich der Mutter, den hülfsbedürftigen Kindern gegenüber nach Gemeinem und Französischem Recht; thatsächliche Feststellung der Voraussetzungen der Alimentations-Verbindlichkeit durch den Appellations-Richter. — Vergl. Code Napoléon Art. 205. 207-209.

Rechtsgr. **955**. — IV. Senat. 20. Juni 1865. (LIX. 261.)

a) Die nach dem Gemeinen Recht, wie nach dem Französischen Civilrecht den Eltern, und mithin auch der Mutter, obliegende Verpflichtung, ihren dürftigen Kindern Alimente zu geben, wenn sie selbst dazu im Stande sind, ist nach beiden Gesetzgebungen eine bedingte, nämlich durch Bedürftigkeit auf der einen Seite und Ueberfluß auf der andern Seite, und setzt die Bedürftigkeit voraus, daß die zu alimentirende Person unfähig ist, sich selbst Unterhalt zu erwerben.

b) Ob die eine oder andere Bedingung, oder beide vorhanden sind, hängt hauptsächlich von thatsächlichen Umständen und Verhältnissen ab, zu welchen auch gerechnet werden muß, inwiefern Stand oder Lebensverhältnisse die Grenzen des Umfangs der Unterstützung weiter oder enger ziehen.

Die bezügliche Feststellung des Appellations-Richters entzieht sich der Beurtheilung der Nichtigkeitsbeschwerde.

Lib. **28**. Tit. **5**. de heredibus instituendis:

— Lex **35**. § **3**. Siehe Rechtsgrundsatz 270. (A. L. R. I. **12**. § 4.)

Lib. **32**. de legatis et fideicommissis (III.):

— Lex **36**. Wirkung der Kodizillarklausel auf ein Testament, in welchem Kinder wissentlich übergangen sind. — Vergl. Entscheidung der Gesetzkommission vom 9. September 1783.

Rechtsgr. **956**. — I. Senat. 27. Juni 1864. (**LV**. 175.)

Ein Testament, worin Kinder wissentlich übergangen worden, besteht vermöge der kodizillarischen Klausel als Fideikommiß, und sind die Kinder gehalten, den Nachlaß nach Abzug der legitima und trebelliana den eingesetzten Erben zu restituiren.

Lib. **34**. Tit. **5**. de rebus dubiis:
— Lex **12**. **24**. Siehe Rechtsgrundsatz 479. (A. L. R. II. **1**. § 492.)
Lib. **41**. Tit. **1**. de acquirendo rerum dominio:
— Lex **7**. § **5**. Siehe Rechtsgrundsatz 166. (A. L. R. I. **9**. § 246.)
— Lex **31**. § **1**. Siehe Rechtsgrundsatz 159. (A. L. R. I. **9**. § 75.)
— Lex **55**. Siehe Rechtsgrundsatz 597. (A. L. R. II. **16**. § 154.)
Lib. **41**. Tit. **2**. de acquirenda vel amittenda possessione:
— Lex **3**. § **1**. Siehe Rechtsgrundsatz 597. (A. L. R. II. **16**. § 154.)
— Lex **3**. § **3**. Siehe Rechtsgrundsatz 159. (A. L. R. I. 9. § 81.)
— Lex **3**. § **6**., Lex **12**. § **1**., Lex **13**. § **1**., Lex **30**. § **4**. Wesen der Dereliktion. — Vergl. Dig. **41**. 7. Lex 1. 2.

Rechtsgr. **957**. — IV. Senat. 12. Januar 1865. (**LVIII**. 79.)

Das Wesen der Dereliktion besteht darin, daß von dem Eigenthümer oder Besitzer einer Sache der animus possidendi aufgegeben worden; solches muß aber auf eine bestimmt erkennbare Weise geschehen sein, wenn dadurch schon allein der Besitz als verloren gegangen angesehen werden soll.

— Lex **63**. pr. u. §§ **1-3**. Siehe Rechtsgrundsatz 159. (A. L. R. I. **9**. § 75.)
Lib. **41**. Tit. **7**. pro derelicto:
— Lex **1**. **2**. Siehe Rechtsgrundsatz 957. (Dig. **41**. 2. Lex 3. § 6.)
Lib. **42**. Tit. **3**. de cessione bonorum:
— Lex **1**. ff. Siehe Rechtsgrundsatz 976. (Reichsschluß vom 17. Februar 1671 Art. 10.)
Lib. **42**. Tit. **8**. quae in fraudem creditorum facta sunt, ut restituantur:
— Lex **9**. **10**. pr. und § **22**. Siehe Rechtsgrundsatz 1218. (Anfechtungsgesetz vom 9. Mai 1855 § 7. No. 1.)

Lib. **44**. Tit. **1**. de exceptionibus, praescriptionibus et praejudiciis:
— Lex **10**. Siehe Rechtsgrundsatz 769. (A. G. O. Einl. § 65.)
Lib. **44**. Tit. **2**. de exceptione rei judicatae:
— Lex **25**. § **1**. Siehe Rechtsgrundsatz 80. (A. L. R. I. **5**. § 328.)
Lib. **44**. Tit. **4**. de doli mali et metus exceptione:
— Lex **14**. Siehe Rechtsgrundsatz 407. (A. L. R. I. **21**. § 130.)
Lib. **45**. Tit. **1**. de verborum obligationibus:
— Lex **80**. Siehe Rechtsgrundsatz 479. (A. L. R. II. **1**. § 492.)
— Lex **114**. Siehe Rechtsgrundsatz 953. (Dig. **22**. 1. Lex 32. § 2.)
Lib. **47**. Tit. **10**. de injuriis:
— Lex **5**. § **8**. Siehe Rechtsgrundsatz 922. (Kriminal-Ordnung § 392.)
Lib. **49**. Tit. **14**. de jure fisci et famosis libellis:
— Lex **3**. § **10**. Siehe Rechtsgrundsatz 159. (A. L. R. I. **9**. § 81.)
Lib. **50**. Tit. **17**. de diversis regulis juris antiqui:
— Lex **12**. **67**. Siehe Rechtsgrundsatz 479. (A. L. R. II. **1**. § 492.)

3. Codex.

Lib. **1**. Tit. **2**. de sacrosanctis ecclesiis et de rebus et privilegiis earum:
— Lex **13**. **23**. Siehe Rechtsgrundsatz 939. (Code Napoléon Art. 725.)
Lib. **1**. Tit. **3**. de episcopis et clericis:
— Lex **24**. **28**. **46**. pr., Lex **49**. Siehe Rechtsgrundsatz 939. (Code Napoléon Art. 725.)
Lib. **2**. Tit. **11**. ut quae desunt advocatis partium, judex suppleat:
— Lex unica. Suppeditiren von Thatsachen, im Gemeinen Prozeß. — Vergl. Verordnung vom 21. Juli 1849 § 63.

Rechtsgr. **958**. — II. Senat. 2. Juni 1864. (LVI. 39.)

Das sogenannte officium suppletorium judicis ist auch im Gemeinen Prozeß nicht gänzlich ausgeschlossen; es kann vielmehr nur darauf ankommen, ob in einem gegebenen Falle eine Partei ungehört auf Grund eines Umstandes, über welchen sie hätte gehört werden müssen, verurtheilt worden ist.

Lib. **3**. Tit. **31**. de petitione hereditatis:
— Lex **7**. Erbschaftsklage des wahren Erben gegen den Erbschaftsbesitzer. — Vergl. Cod. **7**. 34. Lex 4.

Rechtsgr. **959**. — I. Senat. 13. April 1866. (**LXIV**. 68.)

Die hereditatis petitio des wahren Erben, welche gegen den pro herede vel possessore Besitzenden erhoben wird, unterliegt nach Römischem Recht nicht der praescriptio longi temporis.

Lib. **3**. Tit. **32**. de rei vindicatione:
— Lex **5**. **16**. Siehe Rechtsgrundsatz 399. (A. L. R. **I**. **20**. § 537.)
Lib. **3**. Tit. **34**. de servitutibus et aqua:
— Lex **6**. **7**. Siehe Rechtsgrundsatz 950. (Dig. **8**. 4. Lex 13. § 1.)
— Lex **10**. Siehe Rechtsgrundsatz 1116. (Gesetz vom 28. Februar 1843 § 1.)
Lib. **3**. Tit. **38**. communia utriusque judicii, tam familiae erciscundae, quam communi dividundo:
— Lex **1**. Siehe Rechtsgrundsatz 1024. (Stempel-Gesetz vom 7. März 1822 § 5. litt. f.)
Lib. **4**. Tit. **35**. Mandati:
— Lex **22**. **23**. Beschränkte Anwendbarkeit der Lex Anastasiana.

Rechtsgr. **960**. — V. Senat. 10. Mai 1864. (**LV**. 102.)

a) Die Lex Anastasiana kommt da nicht zur Anwendung, wo die Natur des Geschäfts eine genaue Ausmittelung der Summe, welche für die abgetretene Forderung gegeben wurde, unmöglich macht.

b) Dies ist der Fall, wenn für eine Gesammtheit von Forderungen eine deren Nominialbetrag nicht erreichende Summe in Pausch und Bogen gezahlt ist.

Lib. **4**. Tit **52**. de communium rerum alienatione:
— Lex **1**., Lex **4**. Siehe Rechtsgrundsatz 949. (Dig. **8**. 1. Lex 2.)
Lib. **6**. Tit. **42**. de fideicommissis:
— Lex **12**. Siehe Rechtsgrundsatz 278. (A. L. R. I. **12**. § 172.)
— Lex **16**. Siehe Rechtsgrundsatz 270. (A. L. R. I. **12**. § 4.)
Lib. **7**. Tit. **34**. In quibus causis cessat longi temporis praescriptio:
— Lex **4**. Siehe Rechtsgrundsatz 959. (Cod. **3**. 31. Lex 7.)
Lib. **7**. Tit. **39**. de praescriptione XXX. vel XL. annorum:
— Lex **3**. pr. Siehe Rechtsgrundsatz 180. (A. L. R. I. **9**. § 500.)
— Lex **7**. pr. und § **5**. Unterbrechung der Klageverjährung durch Klageanmeldung, nach heutigem Gemeinen Recht. — Vergl. A. L. R. I. **9**. §§ 551. ff.

Rechtsgr. **961**. — V. Senat. 8. Mai 1866. (LXIV. 121.)

Nach dem heutigen Gemeinen Recht ist es die sola conventio, welche die Klageverjährung unterbricht; hierunter ist aber in dem deutschen Gerichtsverfahren keine andere Handlung zu verstehen, als diejenige, durch welche die Hülfe des in der Sache zuständigen Richters angerufen wird, wenn die rechtzeitige Anstellung der Klage durch nachfolgende Vorladung des Verklagten aufrecht erhalten wird.

Lib. **7**. Tit. **62**. de appellationibus et consultationibus:
— Lex **6**. Zurückweisung der Entscheidung in die erste Instanz durch den Appellations-Richter, nach Gemeinem Recht. — Vergl. Extra Decretum Gratiani **2**. 28. cap. 35. 59. 61.; Reichskammergerichts-Ordnung von 1555; Verordnung vom 21. Juli 1849 §§ 13. 55. 57. 63.

Rechtsgr. **962**. — V. Senat. 19. April 1864. (LIV. 93.)

Es ist als ein wesentlicher Grundsatz des gemeinrechtlichen Civilprozesses zu betrachten, daß in allen Fällen, in welchen in erster Instanz eine Klage aus einem mit dem Fundamente derselben zusammenhängenden Grunde definitiv — sei es unbedingt, oder bedingt und angebrachtermaaßen — abgewiesen ist, der Appellations-Richter, indem er, jenen Grund mißbilligend, reformatorisch erkennt, die Sache nicht wieder in die erste Instanz zurückweisen darf, sondern in der Appellations-Instanz fortsetzen und durch Entscheidung zur Erledigung bringen muß.

Lib. **7**. Tit. **71**. qui bonis cedere possunt:
— Lex **1**. ff. Siehe Rechtsgrundsatz 976. (Reichsschluß vom 17. Februar 1671 Art. 10.)

Lib. **8**. Tit. **52**. de infantibus expositis, liberis et servis, et de his, qui sanguinolentos nutriendos acceperunt:
— Lex **1**. Siehe Rechtsgrundsatz 399. (A. L. R. I. **20**. § 537.)

Lib. **10**. Tit. **15**. de thesauris:
— Lex unica. Siehe Rechtsgrundsatz 159. (A. L. R. I. **9**. § 81.)

4. Novellae.

Nov. 69. Ut omnes obtemperent et pareant magistratibus provinciarum tam in criminalibus quam pecuniariis causis:
— **Cap. 1.** Gerichtsstand des geschlossenen Vertrages nach Römischem Recht.

Rechtsgr. **963.** — IV. Senat. 12. Januar 1865. (LVIII. 79.)

Nach dem neuesten Römischen Recht, ohne Rücksicht auf dessen Gestaltung durch die Praxis, ist für die Begründung des Gerichtsstandes des geschlossenen Vertrages nur erforderlich, daß unter dem angetretenen Gerichte die klagbar gemachte Verbindlichkeit entstanden ist, nicht aber außerdem, daß der Verklagte sich daselbst antreffen läßt, oder dort Vermögen besitzt.

5. Feudorum libri.

Lib. 2. Tit. **8.** de investitura de re aliena facta:
— princ. und § **2.** Siehe Rechtsgrundsatz 188. (A. L. R. I. **9.** § 521.)

Corpus juris canonici.

1. Decretum Gratiani.

Pars **II.** causa **10.** quaest. **1.** can. **1.** Siehe Rechtsgrundsatz 997. (Französisches Dekret vom 30. Dezember 1809 Art. 77.)

2. Libri V. extra Decretum Gratiani.

Lib. **2.** Tit. **26.** de praescriptionibus:
— Cap. **5. 20.** Erforderniß der bona fides bei der Klageverjährung in Neuvorpommern und Rügen; mala fides superveniens nach vollendeter Verjährung.

Rechtsgr. **964**. — IV. Senat. 15. September 1864. (LVI. 159.)

a) Nach der Praxis in Neuvorpommern und Rügen ist auch bei der Klageverjährung bona fides erforderlich, und zwar gilt dies nicht minder von den durch die Verordnung vom 6. Juli 1845 eingeführten kürzeren Verjährungsarten, als von der gewöhnlichen dreißigjährigen Verjährung.

b) Einer erst nach Vollendung der Verjährung eingetretenen mala fides superveniens ist nicht eine die vollendete Verjährung aufhebende Wirkung beizulegen.

Lib. **2**. Tit. **28**. de appellationibus, recusationibus et relationibus:
— Cap. **35**. Zurücksendung der Akten in die erste Instanz durch den Appellations-Richter.

Rechtsgr. **965**. — V. Senat. 19. April 1864. (LIV. 93.)

Das Cap. 35. Lib. 2. Tit. 28. extra Decret. Grat. bezeichnet in seinem Schlusse nur den Fall, wo bei der Abstandnahme von der Appellation die Zurücksendung der Verhandlung an den Richter erster Instanz begehrt ist.

Siehe auch Rechtsgrundsatz 962. (Cod. **7**. 62. Lex 6.)

Lib. **3**. Tit. **48**. de ecclesiis aedificandis vel separandis:
— Cap. **3**. Siehe Rechtsgrundsatz 966. (Conc. Trident. sess. 21. cap. 5.)

Concilium Tridentinum (von 1563).

(Emminghaus, corp. jur. germ., Zweite Aufl., Jena 1844, Thl. 1. S. 325.)

Sessio **21**. de reformatione:
— Cap. **5**. Uebertragung der Berechtigung der Mutterkirche und der Verpflichtung der Besitzer von Zehntrechten auf die zur neuen Parochialkirche konstituirte Tochterkirche. — Vergl. extra Decret. Grat. **3**. 48. cap. 3.; cap. 74. dieser Sessio 21.

Rechtsgr. 966. — II. Senat. 9. Juni 1864. (LV. 123.)

Soll die Berechtigung der Mutterkirche und die Verpflichtung der Besitzer von Zehntrechten in dem zu einer neuen Parochie abgezweigten Bezirk auf die zur neuen Parochialkirche konstituirte Tochterkirche übertragen werden, so ist hierzu eine unter Leitung und Anordnung der geistlichen Obern getroffene rechtsverbindliche Festsetzung erforderlich, und kann eine solche Festsetzung nicht eher erfolgen, als die dadurch betheiligten Dezimatoren gehört sind.

— Cap. 7. Kirchengebäude und Zubehör desselben:

A. Begriff eines Kirchengebäudes; Umfang der Kirchenbaulast; Kirchthurm als Pertinenz des Kirchengebäudes; Kirchenbaulast in den Hohenzollernschen Landen.

Rechtsgr. 967. — V. Senat. 8. November 1864. (LVII. 65.)

a) Bei dem Begriff eines Kirchengebäudes kommen nicht nur die Umfassungsmauern und das Dach, sondern auch solche innere und äußere Einrichtungen in Betracht, welche dem Zwecke des Gebäudes — der Ausübung des Gottesdienstes — entsprechen und zu diesem Behufe mit dem Kirchengebäude selbst in dauernder Verbindung stehen. Eine Beschränkung solcher Einrichtungen auf diejenigen Bestandtheile, ohne welche ein Gebäude nicht als Kirche erscheint, ist weder gesetzlich ausgesprochen, noch durch innere Gründe bedingt, vielmehr sind hierbei Sitten, Gebräuche, Herkommen, Größe der Gemeinde, Vermögensverhältnisse und andere Umstände maaßgebend.

b) Das Tridentiner Konzil verpflichtet zur Kirchenbaulast, wenn das Kirchenvermögen nicht ausreicht, die Patrone und alle andern Personen, welche aus dem Kirchenvermögen Einkünfte beziehen, namentlich also die Dezimatoren geistlicher Zehnten und, in deren Ermangelung, die Parochianen; ein Unterschied in dem Umfange dieser

Verpflichtung ist zwischen der Kirchenfabrik und den subsidiarisch Verpflichteten nicht gemacht.

c) Die Thürme bilden einen Theil des Kirchengebäudes, wenn sie an dasselbe angebaut sind.

d) Die gemeinrechtliche Vorschrift des Tridentiner Konzils über die Kirchenbaulast hat in den Hohenzollernschen Landen eine Abänderung nicht erlitten, weder durch ein publizirtes Gesetz, noch durch eine sich gebildete Observanz.

B. Zehnten als Zubehör der Pfarrkirche und Uebergang derselben in Laienhände; Rechtsvermuthung für den kirchlichen Ursprung des Zehnten. — Vergl. Drittes Lateranisches Konzil von 1197.

Rechtsgr. **968.** — V. Senat. 30. Januar 1866. (LXIII. 69.)

Die Grundsätze des Kanonischen Rechts und der Konzilien, daß der Zehnte in der Parochie der Pfarrkirche zugehöre und in weltliche Hände nicht übergehen könne, sind in diesem allgemeinen Sinne für Deutschland nicht zur Geltung gekommen, und besteht deshalb eine Rechtsvermuthung, welche für den kirchlichen Ursprung der in Laienhänden befindlichen Zehnten streite, und dieselben solange für baupflichtig erachte, bis ihr weltlicher Ursprung von dem Inhaber nachgewiesen sei, nicht.

— Cap. **74.** Siehe Rechtsgrundsatz 966. (Cap. 5. dieser Sessio 21.)
Sessio **22.** de reformatione:
— Cap. **8. 9.** Siehe Rechtsgrundsatz 997. (Dekret vom 30. Dezember 1809 Art. 77.)

Einzelne Gesetze und Verordnungen.

1197. Drittes Lateranisches Konzil. (van Espen. Tom. II. Pars II. Sect. IV. Tit. II. No. 28.)
— Siehe Rechtsgrundsatz 968. (Conc. Trid. Sess. 21. cap. 7.)

1527, Mittwoch nach Franzisci. Konstitution, Willkür und Ordnung der Erbfälle und andern Sachen, wie damit durch die ganze Mark Brandenburg und zugehörenden Landen hinfüro soll gehalten werden. (Rabe, Samml. Bd. 1. Abth. 1. S. 2.)

— **§§ 1-3**. Siehe Rechtsgrundsatz 929. (Provinzialrecht der Kurmark Brandenburg § 377.)

1555. Des Heil. Römischen Reichs Kammergerichts-Ordnung. (Teutsche Reichs-Abschiede, Thl. III. S. 43.)

— **Thl. 3. Tit. 50. § 5**. Siehe Rechtsgrundsatz 962. (Cod. **7**. 62. Lex 6.)

1590. Kurkölnische Erblandesvereinigung. (Scotti, Samml. Abth. 1. Thl. 1. S. 159.)

— Beschränkung des Familienhauptes bei der letztwilligen Disposition durch die Erblandesvereinigung vom Jahre 1590.

Rechtsgr. **969**. — **I.** Senat. 8. Mai 1865. (**LX.** 20.)

In der Kurkölnischen Erblandesvereinigung vom Jahre 1590 ist von einer Beschränkung in der letztwilligen Disposition des Familienhauptes nicht die Rede; namentlich reserviren die Worte im § 9. daselbst:

„da auch die Gebrüder ohne absteigende eheliche Kinder ..... verstorben, soll denen weltlichen Schwestern ..... nicht abgeschnitten werden, was ihnen vermög gemeinen beschriebenen Recht gepüert",

einfach den Schwestern ein subsidiäres Intestat-Erbrecht, stehen aber einer dasselbe schmälernden letztwilligen Disposition nicht entgegen.

1592, Januar 18. Polizei-Ordnung der Haupt- und Residenzstadt Münster. (Schlüter, Provinzialrecht der Provinz Westphalen Bd. 1. S. 117. ff.)

— Kap. **6. 7**. §§ **9-11**. Mangelnde Testirfreiheit eines jeden Ehegatten nach der Münsterischen ehelichen Gütergemeinschaft. — Vergl. A. L. R. **I. 12**. § 9.; Adjektum vom 20. Dezember 1601.

Rechtsgr. **970**. — **I.** Senat. 22. April 1864. (**LIV.** 110.)

Nach der Münsterischen statutarrechtlichen ehelichen Gütergemeinschaft können bei beerbter Ehe die Eheleute nur gemeinsam letztwillig verfügen, und sind daher Verfügungen, welche der eine Ehegatte ohne Zuziehung des andern errichtet hat, ungültig.

— Kap. **7**. § **14**. Nießbrauch des überlebenden an dem Nachlasse des in kinderloser Ehe verstorbenen Ehegatten, und Verpflichtung des überlebenden Ehegatten zur Legung eines Nachlaß-Inventars, nach der Münsterischen ehelichen Gütergemeinschaft. — Vergl. A. L. R. II. **1**. §§ 497. 498. 645.; A. G. O. I. **23**. §§ 28. 29. 63.; Münsterische Erbpachts-Ordnung vom 21. September 1783 § 117.

Rechtsgr. **971**. — I. Senat. 20. Juni 1864. (LVI. 73.)

a) Nach der statutarischen Münsterischen ehelichen Gütergemeinschaft ist jeder Ehegatte berechtigt, den im Fall seines kinderlosen Absterbens an seinem eingebrachten Vermögen und an seiner Hälfte des ehelichen Erwerbes dem überlebenden Ehegatten gebührenden lebenslänglichen Nießbrauch demselben durch eine letztwillige Verordnung zu entziehen.

b) Bei unbeerbter Ehe ist der überlebende Ehegatte, welcher mit dem verstorbenen Ehegatten in der Münsterischen Gütergemeinschaft gelebt hat, in dem Falle, wenn der verstorbene Ehegatte einen Dritten durch Testament zu seinem Erben ernannt und dem überlebenden Ehegatten auch nicht den Nießbrauch an dem gütergemeinschaftlichen Vermögen vermacht hat, nicht berechtigt, von dem Testamentserben die Legung eines Inventars über das ganze gütergemeinschaftliche Vermögen zu verlangen.

1600. Reichsdeputations-Abschied. (Emminghaus, Corp. jur. Germ. Thl. 1. S. 417.)

— § **139**. Siehe Rechtsgrundsatz 953. (Dig. **22**. 1. Lex 32. § 2.)

1601, Dezember 20. Adjektum zum Kap. 6. der Münsterischen Polizei-Ordnung vom 18. Januar 1592. (Schlüter, Provinzialrecht der Provinz Westphalen Bd. 1. S. 117. ff.)

— Siehe Rechtsgrundsatz 970. (Polizei-Ordnung vom 18. Januar 1592.)

1657. Schwedische Tribunals-Ordnung. (Wismar, 1657 und Stralsund, 1739.)

— Thl. 2. Tit. 2. § 6. Siehe Rechtsgrundsatz 801. (A. G. O. I. 10. § 134.)

1659, Juni 20. Fürstlich Münsterisches Edikt, die Wegebesserung und Abwässerung betreffend. (Schlüter, Provinzialrecht der Provinz Westphalen Bd. 1. S. 179. ff.)

— Wegebaulast nach den Münsterischen Wege-Edikten. — Vergl. Münsterische Wegebauedikte vom 15. Juni 1676, 3. Juni 1682, 20. Juni 1695, 28. Januar 1719, 1. September 1726, 5. Juni 1765.

Rechtsgr. 972. — II. Senat. 15. Juni 1865. (LIX. 244.)

Nach den Münsterischen Wege-Ordnungen kommt es in Betreff der Verpflichtung zur Wegebesserung nicht auf den Nachweis einer Verpflichtung und ihres Ursprunges, insbesondere der Verjährung oder der Voraussetzungen einer Observanz an; sondern es muß der Nachweis für jeden Fall genügen, daß von Alters her ein Anderer, als die Städte, Wigbolten, Flecken, Dörfer oder Kirchspiele, in deren Bezirk die betreffenden Wege belegen, sich deren Unterhaltung, und zwar als eine ihm aufliegende Last unterzogen hat.

1662, März 20. Synodal-Statuten für das Erzbisthum Köln. (Scotti, Kölnische Verordnungen 1. Abth. 1. S. 283.)

— Thl. 3. Tit. 7. Kap. 2. §§ 2. 3.:

A. Die Kurkölnische Verordnung vom 20. März 1662 und die Clementina vom 28. August 1715 als landesherrliche Gesetze; fortdauernde Gültigkeit derselben als Provinzialgesetze. — Vergl. ordinatio Clementina vom 28. August 1715; Ablösungsgesetz vom 2. März 1850 § 60.

Rechtsgr. 973. — II. Senat. 16. Juni 1864. (LV. 144.)

Die von dem Erzbischof und Kurfürsten Max Heinrich zu Köln am 20. März 1662 für das Erzbisthum Köln erlassenen Synodal-Statuten und ebenso die Clementina vom 28. August 1715 sind nicht nur als Vorschriften anzusehen, welche der Erzbischof dem Klerus ertheilt habe, sondern umfassen auch privatrechtliche Verhältnisse der Unterthanen, namentlich die Kirchenbaulast des Zehntberechtigten, des Pfarrers, der Gemeinden und der Eingepfarrten; dieselben sind landesherrliche allgemein verbindende Gesetze und als solche auch nach Einführung des Allgem. Landrechts als Provinzialgesetze in Kraft geblieben.

B. Kirchenbaulast bei Filialkirchen.

Rechtsgr. **974**. — II. Senat. 9. Juni 1864. (LV. 123.)

Nach den provinzialrechtlich in Westphalen maaßgebenden Synodal-Statuten für das Erzbisthum Köln vom 20. März 1662 Theil III. Tit. 7. Kap. 2. und der Ordinatio Clementina vom 28. August 1715 trifft die Kirchenbaulast bei Filialkirchen nur diejenigen Parochianen, zu deren Vortheil das Filial errichtet wurde, und sind namentlich die Dezimatoren zur Tragung der Kirchenbaulast bei Tochterkirchen nicht verpflichtet.

1662, Mai 20. Kleve-Märkische reformirte Kirchen-Ordnung. (Scotti, Sammlung der Gesetze rc. Thl. 1. S. 391.)

— Kap. **5**. **7**. **8**. §§ **72**. **73**. Gültigkeit der Kleve-Märkischen reformirten Kirchen-Ordnung vom 20. Mai 1662; Repräsentation der Parochie nach der Jülich-Kleve-Berg- und Märkischen Kirchenverfassung überhaupt und namentlich bei Predigerwahlen. — Vergl. Publikationspatent vom 5. Februar 1794 §§ 2. 3.; Dekret vom 12. November 1809 Art. 3.

Rechtsgr. **975**. — III. Senat. 18. Juni und 2. Juli 1866. (LXIV. 181.)

a) Die vom Kurfürsten Friedrich Wilhelm für Kleve-Mark am 20. Mai 1662 erlassene reformirte Kirchen-Ordnung ist ein Provinzialgesetz, welches durch § 2. des Publikations-Patents vom 5. Februar 1794 nicht aufgehoben, sondern nach § 3. in Kraft geblieben ist und auch unter der Herrschaft des Code Napoléon, weil derselbe über Kirchenrecht keine Bestimmungen enthält, nach Art. 3. des Kaiserlichen Dekrets vom 12. November 1809 in Voerde fortgegolten hat.

b) Die ältere Jülich-Kleve-Berg- und Märkische Kirchenverfassung kennt als Repräsentation der Parochie regelmäßig nur das Presbyterium (Konsistorium, Kirchenrath), und hat regelmäßig nur bei Predigerwahlen die ganze Gemeinde dem Herkommen nach mitgewirkt, oder es wurden aus ihr noch Andere dem Presbyterium hinzugefügt.

1662, Juni 26. Synodal-Statuten des Erzbischofs Max Heinrich.
— Pars **III**. Tit. **7**. Cap. **3**. § **3**. Siehe Rechtsgrundsatz 1006. (Dekret vom 6. November 1813.)

1671, Februar 17. Reichsschluß den punctum commerciorum betreffend. (Sammlung der Reichsabschiede Thl. 4. S. 78.)
— Art. **10**. Erfordernisse der cessio bonorum nach Gemeinem Recht. — Vergl. Dig. **42**. 3. Lex 1.; Cod. **7**. 71. Lex 1.

Rechtsgr. **976**. — V. Senat. 10. Mai 1864. (LIV. 193.)

a) Die gemeinrechtliche Theorie erfordert von demjenigen, welcher auf cessio bonorum provozirt, auch die Beweisführung, daß er nicht durch eigenes Verschulden in den Zustand der Insolvenz gerathen sei.

b) Die im Reichsschluß vom 17. Februar 1671 für die cessio bonorum hervorgehobene Voraussetzung „ohne Verschulden" enthält keinen bestimmten technischen Begriff, sondern ist nach den Thatumständen des einzelnen Falles zu ermessen.

1672. Schwedische Hofgerichts-Ordnung für das Herzogthum Vorpommern und das Fürstenthum Rügen. (Ausgabe von 1774.)
— Thl. **2**. Tit. **2**. § **6**. Siehe Rechtsgrundsatz 801. (A. G. O. I. **10**. § 134.)

1673, August 8. Ober-Bergamtspatent. (Kollection der für die Oberlausitz erlassenen Gesetze und Verordnungen Thl. I. S. 500.)
— Siehe Rechtsgrundsatz 585. (A. L. R. II. **15**. §§ 13. ff.)

1685 Juli 7. Ober-Bergamtspatent. (Kollektion der für die Oberlausitz erlassenen Gesetze und Verordnungen Thl. I. S. 507.)
— Siehe Rechtsgrundsatz 585. (A. L. R. II. **15**. §§ 13. ff.)

1704, November 26. Kaiserliches Patent de mercede proxenetica. (v. Weingarten, Codex Ferdinandeo-Leopoldiano No. 615. S. 649.; Suarez, Samml. Thl. 1. S. 101.)

— Mäklergebühren in Schlesien.

Rechtsgr. **977**. — IV. Senat. 20. Dezember 1864. (LV. 354.)

a) Das in Schlesien als Provinzialrecht geltende Kaiserliche Patent de mercede proxenetica vom 26. November 1704 ist dagegen gerichtet, daß Personen, welche Geld suchen, sei es direkt als Darlehn oder gegen Veräußerung ihrer Mittel (Aktiva), hierbei nicht den ungemessenen Forderungen der Vermittler ausgesetzt sein sollen, und daß hierfür dem Zubringer ein Mehres, als ein Prozent zu nehmen, nicht gestattet sein soll, wobei Wechsel- und Handelsbrauch ausdrücklich ausgenommen sind.

b) Hiernach darf in Schlesien für die Nachweisung des Käufers einer Hypothek mehr als ein Prozent des Kapitals gültig nicht versprochen werden.

1712, Juni 17. Reskript an die Neumärkische Regierung, die Streitigkeiten zwischen den Dörfern Kunersdorf und Trettin, den Beitrag zu den Pfarrgebäuden betreffend. (Rabe, Samml. Bd. 1. Abth. 1. S. 304.)

— Siehe Rechtsgrundsatz 931. (Provinzialrecht der Neumark § 622.)

1712, Juli 14. Reskript an die Neumärkische Regierung und Konsistorium, wie es bei Erbauung des Pfarrhauses von Matre und Filia zu halten. (Rabe, Samml. Bd. 1. Abth. 1. S. 304.)

— Siehe Rechtsgrundsatz 931. (Provinzialrecht der Neumark § 622.)

1713. Erneuerte und verbesserte Landesordnung für das gesammte Erzstift Trier, durch Karl, Erzbischof zu Trier. (Maurenbrecher, Rheinpreußische Landrechte Bd. 2. S. 47.)

— Tit. **6**. §§ **16**. **25**. **26-29**. **30**. **37**. Einseitige, in stehender Ehe kontrahirte Schulden des einen Ehegatten; Verhaftung des Errungenschaftsvermögens für solche Schulden, namentlich nach beendeter Ehe; Vorzugsrecht der Leibzucht, nach Trierschem Landrecht.

Rechtsgr. **978**. — V. Senat. 19. April 1864. (LIV. 96.)

a) Nach dem Trierschen Landrechte sind Schulden,

die der Ehemann während der Ehe ohne Vorwissen der Ehefrau macht, gerade so, wie Schulden, welche die Ehefrau ohne Konsens des Mannes macht, gemäß der in den §§ 26. und 27. Tit. 6. des Trierschen Landrechts über voreheliche Schulden getroffenen Verordnungen, nicht aus der Errungenschaft, sondern während bestehender Ehe aus dem Sondergute und demnächst aus dem Nachlasse des einseitigen Kontrahenten abzustatten.

b) Nach eingetretener Schichtung der Gemeinschaft durch Auflösung der Ehe muß derjenige Ehegatte, welcher ohne Wissen des andern Ehegatten in stehender Ehe Schulden kontrahirt hat, beziehungsweise dessen Erben, mit dem ihm aus der Errungenschaft zugefallenen Vermögen seinen Gläubigern ebenso aufkommen, wie mit seinem übrigen Vermögen.

c) Mit Beendigung der Ehe hört das Exekutionshinderniß in das Errungenschaftsvermögen wegen vorehelicher und einseitig während der Ehe kontrahirter Schulden auf, und der Leibzucht des überlebenden Ehegatten steht ein Vorzugsrecht nicht zu.

— Tit. **10**. §§ **1**. **2**. Verpflichtung des Miterben, seine Forderung an den Nachlaß den übrigen Miterben mitzutheilen. — Vergl. Dig. **4**. 3. Lex 7. pr., **24**. 3. Lex 21.

Rechtsgr. **979**. — V. Senat. 19. April 1864. (LIV. 102.)

Weder aus den §§ 1. und 2. Tit. 10. des Trierschen Landrechts, noch aus der Natur des Verhältnisses der Erben unter einander ist zu entnehmen, daß die Erben unter sich verpflichtet seien, vor Ablauf der Erklärungsfrist über den unbedingten Antritt der Erbschaft die allenfallsigen Forderungen gegen die Erbmasse sich wechselseitig mitzutheilen.

1714, März 26. Soester zwölf Artikel, oder declaratio über einige Statuten. (Emminghaus, memorabilia S. 246.)

— Dispositionsbefugniß des Ehemanns über die gütergemeinschaftlichen Grundstücke während der Ehe, nach dem Gewohnheitsrechte der Stadt Soest und der Soester Börde. — Vergl. A. L. R. II. **1**. §§ 365. 378.; Revidirter Entwurf des Provinzialrechts der Grafschaft Mark, der Stadt und Grafschaft Dortmund und der Städte Soest und Lippstadt § 69. und Motive S. 78.

Rechtsgr. **980**. — **III**. Senat. 23. Januar 1865. (**LVIII**. 107.)

Daraus, daß die s. g. Soester zwölf Artikel vom Jahre 1714, welche eine nicht vollständige Kodifikation über das eheliche Güterrecht enthalten, über die Befugniß des Ehemannes, während der Ehe auch Grundstücke und Gerechtigkeiten ohne Einwilligung der Frau gültig zu veräußern oder zu verpfänden, schweigen, — ist eine Lücke in dem gegoltenen Rechte, und mithin die Anwendbarkeit der betreffenden Bestimmungen des Allgem. Landrechts nicht zu folgern.

1715, Januar 29. Ober-Amtspatent für die Ober-Lausitz, die Unterhaltung der Dorf- und Gemeindewege betreffend. (Kollektion der für die Ober-Lausitz erlassenen Gesetze und Verordnungen Thl. 3. S. 203.)
— Siehe Rechtsgrundsatz 585. (A. L. R. II. **15**. § 13.)

1715, August 28. Ordinatio Clementina archiepiscopalis circa repartitiones ecclesiarum et aedium pastoralium. (Schlüter, Westphälisches Provinzialrecht Bd. 3. S. 168.; Scotti, Kölnische Verordnungen 1. Abth. 1. S. 603.)
— A. Kirchenbaulast der Zehntherren nach Ablösung des Zehnten, insbesondere im Herzogthum Westphalen. — Vergl. A. L. R. II. **11**. §§ 710. 711.; Ablöse-Ordnung für Westphalen vom 18. Juni 1840 §§ 102—104; Ablöse-Gesetz vom 2. März 1850 §§ 1. 35. 60. 100. 101—112.

Rechtsgr. **981**. — **II**. Senat. 12. April 1864. (**LIV**. 68.)

a) Die Bestimmungen der Verordnung des Kurfürsten Joseph Klemens von Köln vom 28. August 1715, soweit sie die subsidiäre und die interimistische Bauverbindlichkeit der Zehntherrn betrifft, findet noch gegenwärtig Anwendung.

b) Daraus, daß durch die Ablösung des Zehnten dem Zehntpflichtigen gegenüber das *Zehntrecht* selbst erlischt, folgt nicht, daß die bisherigen *Verpflichtungen* des Zehntberechtigten auch *dritten* Personen gegenüber untergegangen sind, sofern nicht diese dritten Personen gleichfalls bei der Ablösung zugezogen und wegen ihrer Rechte abgefunden sind. Vielmehr bleibt gegen dritte Personen die frühere Verbindlichkeit bestehen, nur tritt an die Stelle des dinglich verpflichteten Zehntens das dafür gegebene Aequivalent.

c) Die Kirche im Herzogthum Westphalen ist berechtigt, rücksichtlich des ihr nach der Klementinischen Verordnung vom 28. August 1715 zustehenden Anspruches an den Zehntherrn auf Theilnahme an der Kirchenbaulast, nach Ablösung des Zehnten die Sicherstellung des Ablösungskapitals zu fordern.

Hieran ist durch das Ablösegesetz vom 2. März 1850 in Beziehung auf die Sicherstellung dritter Personen, deren Rechte nicht gleichzeitig abgelöst sind, nichts geändert worden.

— B. Kirchenbaulast der Dezimatoren rücksichtlich der Errichtung einer Kirche.

Rechtsgr. **982**. — II. Senat. 9. Juni 1864. (LV. 122.)

Nach der im Herzogthum Westphalen als Provinzialgesetz geltenden Verordnung des Kurfürsten und Erzbischofs Joseph Klemens von Köln vom 28. August 1715 kann die Kirchenbaulast der Dezimatoren auf die Kosten der Errichtung ganz neuer Kirchen und deren Reparatur nicht ausgedehnt werden, mag dieselbe definitiv oder provisorisch in Anspruch genommen werden.

Siehe auch Rechtsgrundsätze 973. 974. 1006. (Synodal-Statuten vom 20. März 1662; Dekret vom 6. November 1813.)

1719, Januar 28. Fürstlich Münsterisches Wegebesserungs-Edikt. (*Schlüter*, Provinzialrecht der Provinz Westphalen Bd. 1. S. 183—185.)

— Siehe Rechtsgrundsatz 972. (Wegebesserungs-Edikt vom 20. Juni 1659.)

1719, März 21. Jülich-Bergische Bergordnung. (Brassert, Bergordnungen S. 759.)

— Art. **6**. Siehe Rechtsgrundsatz 598. (A. L. R. **II**. **16**. § 154.)

1741, November 26. Königlich Preußische Eigenthums-Ordnung des Fürstenthums Minden und der Grafschaft Ravensberg. (Wigand, Provinzialrecht des Fürstenthums Minden Bd. 2. S. 382. ff.; Rabe, Sammlungen Bd. 1. Abth. 2. S. 154.; Stengel, Beiträge Bd. 14. S. 12. ff.)

— **Kap. 7. 12. § 9.** Siehe Rechtsgrundsatz 1156. (Verordnung vom 18. Dezember 1848 §§ 1. ff.)

— **Kap. 10. § 4.** Determinirung, Berechnung und Vererbung des Brautschatzes nach der Minden-Ravensbergischen Eigenthums-Ordnung vom 26. November 1741. — Vergl. Gesetz No. 938. vom 21. April 1825; Deklaration vom 24. November 1833.

Rechtsgr. **983**. — **I.** Senat. 6. Juli 1866. (**LXIV. 201.**)

a) Nachdem die alten Vererbungsgrundsätze bei den heimfallspflichtigen Gütern auch rücksichtlich der Auseinandersetzung der Erben unter einander wiederhergestellt worden, sind auch die Grundsätze der Minden-Ravensberg'schen Eigenthums-Ordnung vom 26. November 1741, welche nach Kap. 10. § 4. bei Determinirung der Brautschätze der Obrigkeit, wenn darüber zwischen dem Eigenthumsherrn und dem Kolon, der ein Kind aussteuern wollte, eine Uebereinstimmung nicht zu erlangen war, zur Norm dienen sollten, insofern wieder in Kraft getreten, als sie auch für den Fall einen Anhalt für die Arbitrirung des von dem Hofesnachfolger seinen Geschwistern zu gewährenden Brautschatzes liefern, wenn der Vorbesitzer und Kolon, der nach Aufhebung der Eigenbehörigkeit hierin freie, an die Zustimmung des Gutsherrn nicht weiter gebundene, Verfügung hatte, in dieser Hinsicht nicht selbst bereits eine Bestimmung getroffen haben möchte.

b) Die Bestimmungen des Kap. 10. § 4. der Minden-Ravensberg'schen Eigenthums-Ordnung vom 26. November 1741, nach welchen bei Berechnung des Brautschatzes die Schulden in Abzug kommen sollen und ebenso die Hofwehr, setzen eine Berechnung voraus, nach welcher auf der anderen Seite der aktive Bestand der Brautschatzmasse nicht blos auf den Werth der Hofesgebäude und Einfriedigungen beschränkt, sondern auch auf den Werth der übrigen im § 4. a. a. O. gedachten, dem Anerben verbliebenen Gegenstände ausgedehnt und solchergestalt festgestellt worden ist.

Stirbt ein zum Brautschatz berechtigtes Kind unverheirathet und vor Errichtung einer eigenen Wirthschaft, so vererbt sich dessen Brautschatz nicht, sondern verbleibt dem Kolonate oder stirbt demselben zu.

1743, August 19. Kurfürstlich Sächsisches Mandat wegen Entdeckung der Steinkohlenbrüche. (Codex Aug., Erste Fortsetzung Abtheilung I. S. 1379.)

— Siehe Rechtsgrundsatz 1233. (Gesetz vom 1. Juni 1861.)

1746, Kursächsische decisio I., ob und inwieweit zur Erlangung und zum Beweis des Eigenthums die Lehn nöthig sei. (C. C. Aug., Erste Forts. Abth. I. S. 349.)

— Siehe Rechtsgrundsatz 926. (Sachsenspiegel Buch 1. Art. 28.)

1747, März 25. Notifikation und Edikt, wegen angelegter und eingerichteter gemeiner Armen-, Arbeits- und Zuchthäuser in Schlesien zu Brieg und Jauer. (Korn's Edikten-Sammlung Bd. 2. S. 453.)

— **§§ 11-21**. Befreiung der Zuchthaus-Anstalten zu Brieg und Jauer von Kommunallasten. — Vergl. A. L. R. Einl. §§ 1. 61.; Gesetz vom 24. Februar 1850 § 2. litt. g.; Städte-Ordnung vom 30. Mai 1853 § 4.; Grundsteuer-Gesetz vom 21. Mai 1861 § 4. litt. a.; Gebäudesteuer-Gesetz vom 21. Mai 1861 § 3. No. 6.

Rechtsgr. **984**. — II. Senat. 17. November 1864. (LVII. 103.)

Die aus dem Edikt vom 25. März 1747 herstammende Befreiung der Zuchthaus-Anstalten zu Brieg und Jauer von Kommunallasten ist durch die Städte-Ordnung

vom 30. Mai 1853, namentlich in Betreff des Zuchthauses zu Brieg, nicht aufgehoben.

1747, Dezember 14. Schlesisches Edikt wegen Ausrottung der Bettler und anderen lüderlichen Gesindels. (Korn, Edikten-Samml. Bd. 2. S. 540.)
— „Grundherrschaft auf dem Lande" nach diesem Edikt.

Rechtsgr. **985**. — I. Senat. 29. Juni 1866. (LXIV. 170.)

Unter dem Ausdruck „Grundherrschaft auf dem Lande" in dem Schlesischen Edikt wegen Ausrottung der Bettler und anderen lüderlichen Gesindels vom 14. Dezember 1747 ist nur die Gutsherrschaft als Besitzerin von Grund und Boden in der Gemeinde zu verstehen.

— **§ 1**. Verpflichtung der Gutsbesitzer in Schlesien zu Beiträgen zu den Armenpflegekosten mit Rücksicht auf das Auenrecht. — Vergl. Armenpflegegesetz vom 31. Dezember 1842 § 6.

Rechtsgr. **986**. — I. Senat. 15. Juli 1864. (LIV. 254.)

Die Gutsbesitzer in Schlesien sind auch dann zu den Armenpflegekosten beizutragen verpflichtet, wenn sie in der betreffenden Gemeinde keinen Gebäudebesitz haben und nur noch mit solchen Grundstücken angesessen sind, deren Eigenthum ihnen vermöge des Schlesischen Auenrechts zusteht.

1749, Juni 12. Sächsische Stollen-Ordnung. (Brassert, Berg-Ordnungen S. 467.)
— Art. **11**. No. **14**., Art. **22**. Siehe Rechtsgrundsatz 603. (A. L. R. II. **16**. § 448.)

1764, April 30. Sächsisches Lehns-Mandat. (Codex Saxonicus, Erste Fortsetzung Abth. 1. S. 1022.)
— Tit. **6**. **§ 1**. Rechte der Mitbelehnten bei Verschuldungen und Veräußerungen des Lehns, nach Kursächsischem Lehnrechte; Erneuerung der Mitbelehnung zur gesammten Hand, insbesondere bei Bauerlehnen; Einrede der Ersitzung gegen die Provokatorienklage der Mitbelehnten. — Vergl. A. L. R. I. **18**. §§ 290. ff. 665. ff.; Verordnung vom 16. Juni 1820 § 21.; Ablösegesetz vom 2. März 1850 § 2. No. 1.; Gesetz vom 18. April 1855 §§ 1—4.

Rechtsgr. **987**. — I. Senat. 27. Juni 1864. (LIV. 243.)

a) Nach Kursächsischem Lehnrechte bleiben die Rechte

der Mitbelehnten, namentlich auch hinsichtlich der ohne ihren Konsens über das Lehn getroffenen Verfügungen, unabhängig von ihrer Eintragung in das Hypothekenbuch, — die Realrechte Dritter mögen vor oder nach Vollendung des Hypothekenbuchs entstanden sein.

b) Das Gesetz vom 18. April 1855 fordert erst für spätere Dispositionen über das Kursächsische Lehn die Anmeldung der Mitbelehnschaftsrechte.

c) Nach Kursächsischem Lehnrecht hat bei Bauerlehnen die Unterlassung der Erneuerung der Mitbelehnung zur gesammten Hand den Verlust des Rechts der Mitbelehnten nicht zur Folge.

d) Der dritte Erwerber eines Kursächsischen Lehns kann sich gegen die Provokatorienklage nicht eingetragener Mitbelehnten nach Umständen durch die Berufung auf die gewöhnliche Verjährung durch Besitz schützen.

1764, Juni 24. Wegereglement in dem Königreich Preußen. (Rabe, Sammlung Bd. 1. Abth. 3. S. 33.)

— **§ 9-14**. Umfang der Wegebaulast in Ostpreußen. — Vergl. Ostpreußisches Provinzialrecht Zus. 1. § 3., Zus. 226.; Publikations-Patent vom 4. August 1801 § 2.; A. L. R. Publikationspatent vom 5. Februar 1794, II. **15**. §§ 11-15. 54.

Rechtsgr. **988**. — III. Senat. 5. Juni 1864. (LIII. 291.)

Das Wegebau-Reglement für das Königreich Preußen vom 24. Juni 1764 ist für aufgehoben zu achten, und der Umfang der Wegebaulast im Bezirke des Ostpreußischen Provinzialrechts ist lediglich nach dessen Zusatze No. 226. und, wenn dieser Nichts bestimmt, nach den §§ 11—14. II. 15. des Allgemeinen Landrechts zu bestimmen.

1765, April 30. Allgemeine Verordnung, wie es bei den Erbschaftsanfällen zu halten; desgleichen die Erbfolge zwischen Eheleuten in der Mark Brandenburg, nach der Constitutio Joachimica von 1527. (N. C. C. Tom. 3. Kol. 713. ff.)

— Abth. **II.** §§ **6**. **7**. Siehe Rechtsgrundsatz 929. (Provinzialrecht der Kurmark Brandenburg §§ 377.)

1765, Juni 5. Fürstlich Münsterisches Wegebesserungs-Edikt. (Schlüter, Provinzialrecht von Westphalen Bd. 1. S. 233-239.)

— § 23. Siehe Rechtsgrundsatz 972. (Edikt vom 20. Juni 1659.)

1766, April 29. Revidirte Berg-Ordnung für das Herzogthum Kleve, Fürstenthum Moers und die Grafschaft Mark. (N. C. C. Tom. 4. Kol. 317. ff.; Rabe, Samml. Bd. 1. Abth. 3. S. 168.)

— Kap. **3**. § **1**. Siehe Rechtsgrundsatz 600. (A. L. R. II. **16**. § 169.)

— Kap. **7**. § **3**., Kap. **75**. § **1**. Siehe Rechtsgrundsätze 580. 590. (A. L. R. II. **14**. § 76., **16**. § 105.)

1769, Juni 5. Revidirte Berg-Ordnung vor das souveräne Herzogthum Schlesien und vor die Grafschaft Glatz. (N. C. C. Tom. 4. Alte Aufl. Kol. 5827. No. 43., Neue Aufl. Kol. 5449.; Brassert, Berg-Ordnungen S. 953.; Korn, Edikten-Samml. Bd. 2. S. 89.)

— Kap. **1**. § **3**., Kap. **3**. § **1**., Kap. **14**. §§ **1**. **2**. Kap. **18**. Siehe Rechtsgrundsatz 580. (A. L. R. II. **14**. § 76.)

— Kap. **21**. **22**. Voller und halber Neunter bei dem Anspruche des Stollens wegen der Wasser- und Wetterlösung.

Rechtsgr. **989**. — III. Senat. 13. Juli 1864. (LVI. 83.)

Die Schlesische Bergordnung vom 5. Juni 1769 macht, gleich dem Allg. Landrechte, hinsichtlich der Vollständigkeit der Wasser= und Wetterlösung beim vollen und halben Neunten keinen Unterschied.

— Kap **31**. § **1**. Siehe Rechtsgrundsatz 185. (A. L. R. I. **9**. § 504.)

— Kap. **87**. § **3**. Siehe Rechtsgrundsatz 1. (A. L. R. Publikationspatent 17. Februar 1794 § 1.)

1772, Dezember 7. Revidirte Berg-Ordnung für das Herzogthum Magdeburg, Fürstenthum Halberstadt, die Grafschaften Mannsfeld, Hohenstein und Reinstein, auch inkorporirte Herrschaften. (Nov. Corp. Const. Tom. V[b.] pag. 621. ff.; Rabe, Samml. Bd. 1. Abth. 4. S. 446.)

— Siehe Rechtsgrundsatz 580. (A. L. R. II. **14**. § 76.)

1777, Juni 14. Kur- und Neumärkisches Ritterschaftliches Kredit-Reglement. (Rabe, Samml. Bd. 11. S. 268.)

— Gekündigte und eingelöste Kur- und Neumärkische Pfandbriefe. — Vergl. Reglement vom 2. April 1784 §§ 283. 284.

Rechtsgr. **990**. — III. Senat. 14. November 1864. (LV. 287.)

Gekündigte und eingelöste Kur= und Neumärkische Pfandbriefe können nicht ferner Gegenstand des Verkehrs sein, sie müssen vielmehr in dem Hypothekenbuche gelöscht werden, und es haben die hinter ihnen eingetragenen Gläubiger einen Anspruch auf die Bewirkung dieser Löschung.

1781, April 28. Kursächsisches Straßenbau-Mandat. (Codex Augusteus Pars II. pag. 671.)
— Siehe Rechtsgrundsatz 585. (A. L. R. II. **15**. § 13.)

1783, September 9. Entscheidung der Gesetz-Kommission, betreffend die Kraft eines mit der Kodizillarklausel versehenen Testaments, worin leibliche Kinder übergangen worden. (Klein's Annalen Bd. 1. S. 84. ff.)
— Siehe Rechtsgrundsatz 956. (Dig. **32**. [III.] Lex 36.)

1783, September 21. Fürstlich Münsterische Erbpachts-Ordnung. (Schlüter, Provinzialrecht von Westphalen Bd. 1. S. 338.)
— **§ 117**. Siehe Rechtsgrundsatz 971. (Münsterische Polizei-Ordnung vom 18. Januar 1792 Kap. 7. § 14.)

1784, April 2. Nachtrag zum Kur- und Neumärkischen Kredit-Reglement vom 14. Juni 1777. (Rabe, Samml. Bd. 12. S. 198.)
— Siehe Rechtsgrundsatz 990. (Kredit-Reglement vom 14. Juni 1777.)

1785, Januar 20. Instruktion für die Haupt-Urbarien-Kommission in Breslau und Glogau. (Korn, Schlesische Edikten-Samml. Bd. 18. S. 265. 292.)
— Abschn. **III**. §§ **36**. ff. **42**. Konfirmirte Schlesische Urbarien; interimistische Urbarien; Wirkung dieser Urbarien dritten Personen gegenüber. — Vergl. Deklaration vom 16 April 1788; Ablösegesetz vom 2. März 1850 § 40.

Rechtsgr. **991**. — II. Senat. 30. Juni 1866. (LXII. 124.)

Plenarbeschluß vom 26. Februar 1844: Um die Existenz eines der Gutsherrschaft zustehenden Rechtes, von Rustikalgrundstücken bei Besitzveränderungen Laudemien zu fordern, anzunehmen, genügt der in einem konfirmirten Schlesischen Urbarium enthaltene Vermerk über das ge=

dachte Recht durch sich selbst, und ohne daß aus dem Urbarium der Rechtsgrund (Titel) dieses Rechts erhellt.

b) Die Vermerke über unstreitige Punkte in interimistischen von der Haupt=Urbarien=Kommission zu Breslau und Glogau bestätigten Urbarien genügen zum Beweise der Existenz der dadurch festgestellten Rechte und Verpflichtungen, wenn auch der Entstehungsgrund derselben nicht angegeben ist.

c) Außer der Gemeinde, den Gemeindemitgliedern und den Gutsherrschaften begründet das Urbarium für dritte Personen, welche bei dessen Errichtung nicht zuzuziehen waren, keinen Rechtstitel in Ansehung der durch das Urbarium festgestellten Punkte.

1786, Juni 21. Reskript der Minden-Ravensbergischen Regierung in Betreff der Instruktion an sämmtliche Markeintheilungs-Kommissarien. (Wigand, Provinzialrecht des Fürstenthums Minden Bd. 2. S. 454.)
— Rechte der Heuerlinge, Heuerleute, Häuslinge.

Rechtsgr. **992**. — II. Senat. 4. April 1865. (LIX. 56.)

Das Reskript der Minden=Ravensberger Regierung vom 21. Juni 1786, wenn dasselbe auch kein Gesetz, sondern nur eine an sämmtliche Markentheilungs=Kommissionen des Bezirks erlassene Instruktion war, gewährt doch eine unbezweifelt glaubhafte Auskunft darüber, daß den Heuerlingen, Heuerleuten oder Häuslingen gewisse Nutzungsrechte in der Mark eingeräumt worden, für welche ihnen bei der bevorstehenden Theilung der Mark ein Surrogat gewährt werden sollte.

1788, April 16. Deklaration wegen der Urbarien in Schlesien. (Vater, Repertorium der Preußisch-Schlesischen Verfassung S. 513.)
— Siehe Rechtsgrundsatz 991. (Instruktion vom 20. Januar 1785.)

1789, August 4. und **1790**, März 28. Gesetze der Französischen National-Versammlung, betreffend die gänzliche Abschaffung der Feudalrechte, die Ablösung der Grundrenten und die Aufhebung des Eigenthums der todten Hand. (Graeff, Chronologische Samml. S. 80.)

— Siehe Rechtsgrundsatz 939. (Code Napoléon Art. 726.)

1790, Juli 22. Entscheidung der Gesetz-Kommission, betreffend die Befugniß eines in Gütergemeinschaft lebenden Ehemannes, Schenkungen zum Nachtheile der Ehefrau vorzunehmen. (Samml. der Entscheidungen der Gesetz-Kommission Bd. 1. S. 215. No. 163.; Klein's Annalen Bd. 6. S. 353.; Rabe, Samml. Preußischer Gesetze und Verordnungen Bd. 13. S. 202.)

— §§ **1**. **2**. Siehe Rechtsgrundsätze 472. 933. 934. (A. L. R. II. **1**. § 381.; Provinzialrecht von Paderborn § 86. Motive S. 67.)

1791, September 12. Französisches Dekret, betreffend die Verwaltung der Staatsdomänen. (Graeff, Samml. S. 171.)

— Art. **4**. Siehe Rechtsgrundsatz 1230. (Gesetz vom 24. Mai 1861 § 11.)

1792, April 18. Edikt über die Verbindlichkeit der Unterthanen in der Kurmark Brandenburg in Ansehung des Chausseebaues. (N. C. C. Tom. IX. S. 933.; Rabe, Samml. Bd. 2. S. 299.)

— Eigenschaft dieses Ediktes und der bis dahin in der Kurmark Brandenburg bezüglich der Wegebaulast bestandenen Observanzen als Provinzialgesetz in der Kur- und Neumark Brandenburg.

Rechtsgr. **993**. — II. Senat. 14. Juni 1864. (LV. 132.)

Wenn das Allgem. Landrecht II. 15. § 15. bezüglich der Wegebaulast nicht auf das Gewohnheitsrecht, sondern auf die Provinzialgesetze verweist, das Edikt vom 18. April 1792 aber sich auf die bisherigen Observanzen in der Kurmark stützt, so erhob der Landesherr dieselben, indem er sie sanktionirte,, zum Provinzialgesetz, und durch die Verordnung vom 15. Juni 1803 wurde das gedachte Edikt für die Neumark ausdrücklich als Provinzialgesetz eingeführt.

Siehe auch Rechtsgrundsatz 584. (A. L. R. **II**. **15**. § 13. ff.)

1794, März 28. Edikt, betreffend die in Südpreußen geltenden Gesetze und Rechte. (Rabe, Samml. Bd. 2. S. 608.)

— Beseitigung des Kanonischen Rechts in dem Großherzogthum Posen bei Einführung der Preußischen Gesetze. — Vergl. A. L. R. Publikations-Patent vom 5. Februar 1794 § 7.; Deklaration vom 30. Apri 1797.

Rechtsgr. **994**. — I. Senat. 27. Oktober 1865. (LXIV. 28.)

In dem Großherzogthum Posen ist das zum Gemeinen Recht gehörige Kanonische Recht bei Einführung der Preußischen Gesetze in das ehemalige Südpreußen durch das Edikt vom 28. März 1794 beseitigt worden. Daher kann, wo daselbst die Ernennung der Kirchenvorsteher von dem Geistlichen auf Grund der Bestimmungen des Kanonischen Rechts bewirkt worden, von Bildung einer desfallsigen von dem gemeingeltenden Rechte abweichenden Observanz nicht die Rede sein.

1794, Oktober 13. Reskript an das Kurmärkische Pupillen-Kollegium, wiefern ein im Pflichttheil eingesetzter Erbe im Fall der Theilung auf Subhastation des im Nachlaß befindlichen Immobiles anzutragen befugt ist. (Stengel, Beiträge, zweite Aufl. Bd. 1. S. 383.)

— Siehe Rechtsgrundsatz 259. (A. L. R. I. **12**. § 3.)

1795, September 29. (7. Vendémiaire IV.) Gesetz der Französischen National-Versammlung, die Ausübung des Gottesdienstes betreffend. (Gräff, Chronologische Samml. 288.)

— Art. **9**. **10**. Siehe Rechtsgrundsatz 1006. (Dekret vom 6. November 1813.)

1797, April 30. Deklaration des Edikts vom 28. März 1794 wegen der in Südpreußen geltenden Gesetze und Rechte. (Rabe, Samml. Bd. 4. S. 104.)

— Siehe Rechtsgrundsatz 994. (Edikt vom 28. März 1794.)

1798, Dezember 12. (22. Frimaire VII.) Französisches Gesetz über die Einregistrirung. (Gräff, Samml. S. 398.)

— Siehe Rechtsgrundsatz 1230. (Gesetz vom 24. Mai 1861 §§ 11. ff.)

1800, Februar 3. Verordnung wegen der Schäfer und deren Vorvieh in der Kur- und Neumark Brandenburg und dem Herzogthum Pommern. (Rabe, Samml. Bd. 6. S. 14.)

— Siehe Rechtsgrundsatz 1088. (Gesetz vom 31. März 1838 § 2. No. 3.)

1800, Februar 17. (28. Pluviose VIII.) Französisches Gesetz, die Eintheilung der Republik in Departements und Arrondissements und die Verwaltung betreffend.

— Siehe Rechtsgrundsf. 1141. (Gemeinde-Ordnung v. 20. Juli 1845 § 86.)

1801, August 4. Patent wegen Publikation des Provinzialrechts für Ostpreußen, Litthauen, Ermeland und den Marienwerderschen landräthlichen Kreis, insoweit solches die Zusätze zu dem ersten Theil und den vier ersten Titeln des zweiten Theils des Allg. Landrechts enthält. (Rabe, Samml. Bd. 6. S. 568.)

— **§ 2**. Siehe Rechtsgrundsatz 988. (Wegebaureglement v. 24. Juli 1764.)

1802, April 8. (18. Germinal X.) Französisches Gesetz, die Organisation des Gottesdienstes betreffend. (Gräff, Chronologische Samml. S. 465.)

— Siehe Rechtsgrundsatz 1006. (Dekret vom 6. November 1813.)

1803, Juni 15. Verordnung wegen der Chausseebauten in der Neumark Brandenburg. (Rabe, Samml. Bd. 13. S. 562.)

— Siehe Rechtsgrundsatz 584. (A. L. R. II. **15**. § 13.)

1805, Oktober 5. Forst- und Jagd-Ordnung für Westpreußen und den Netzdistrikt. (Rabe, Samml. Bd. 8. S. 354.)

— Tit. **II**. § **6**. Ausübung der Waldhütung durch einen gemeinschaftlichen Hirten nach der Forst- und Jagd-Ordnung für Westpreußen und den Netzdistrikt.

Rechtsgr. **995**. — II. Senat. 19. September 1865. (LXII. 99.)

Den Guts- und Vorwerksbesitzern ist durch die Forst- und Jagd-Ordnung des Netzdistrikts vom 8. Oktober 1805 nur die Beschränkung auferlegt, die Waldhütung mit „ihrem und ihrer (also ihrer eigenen) Einsassen" Vieh gemeinschaftlich durch einen Hirten und nicht in kleinen Haufen ausüben zu lassen; zu der Annahme gewährt aber die Gesetzesstelle keinen Anhalt, daß auch die Besitzer verschiedener Güter oder Vorwerke haben verpflichtet werden oder für verpflichtet erklärt sein sollen, ihr Vieh zusammen unter einem gemeinschaftlichen Hirten eintreiben zu lassen, sei es auch, daß sie in demselben Orte wohnen.

1806, Mai 5. Französisches Gesetz, die Unterhaltung der Kirchen betreffend. (Gräff, Chronologische Samml. S. 576.)

— Siehe Rechtsgrundsatz 1006. (Dekret vom 6. November 1813.)

1808, Juli 9. Großherzoglich Hessische Verordnung zur Beförderung der Kultur im Herzogthum Westphalen durch Gemeinheitstheilungen, Befugnisse der Weideberechtigten und Theilung größerer Bauergüter in kleinere Etablissements. (Großherzogl. Hessische Verordnuggen Heft 1. S. 135.)

— § **125**. Huberecht nach der Großherzoglich Hessischen Gemeinheitstheilungs-Ordnung.

Rechtsgr. **996**. — II. Senat. 15. Juni 1865. (**LIX**. 254.)

Die Vorschrift des § 125. der Großherzoglich Hessischen Gemeinheitstheilungs-Ordnung vom 9. Juli 1809 ist auf Grundstücke, welche mit Klee bestellt sind, nur insofern anwendbar, als die Gattung von Klee, mit welcher die Bestellung geschehen, sich ihrer Natur nach zur Aberndtung, welches Wort das Einbringen der Früchte in sich schließt, eignet.

Nach dem genannten Gesetz ist nicht die Annahme gerechtfertigt, daß der Hudeberechtigte durch die Hude des Eigenthümers von dem Gebrauche seines Rechts ausgeschlossen werde, vielmehr liegt es in dem Zwecke und der Absicht des Gesetzes, daß dies nur mit Rücksicht auf die von dem Eigenthümer vorzunehmende Aberndtung geschehen soll.

1809, November 12. Großherzoglich Bergisches Dekret wegen Einführung des Code Napoléon. (v. Daniels, Handbuch 2c. der Gesetze aus der Zeit der Fremdherrschaft Bd. 7. S. 107.)

— Siehe Rechtsgrundsatz 975. (Kirchen-Ordnung vom 20. Mai 1662.)

1809, Dezember 30. Kaiserliches Dekret, die Kirchenfabriken betreffend. (v. Daniels, Handbuch Bd. 7. S. 436.)

— Prozeßlegitimation der Kirchenfabriken in der Rheinprovinz. — Vergl. Decret. Grat. Pars II. caus. X. quaest. 1. can. 1.; Conc. Trident. Sess. 22. de reformatione cap. 8. 9.; Verfassungs-Urkunde vom 31. Januar 1850 Art. 15. 109.

Rechtsgr. **997**. — V. Senat. 11. Juli 1865. (**LIX**. 314.)

Die Kirchenfabriken in der Rheinprovinz bedürfen zu der Anstellung von Prozessen der Autorisation der Königlichen Regierung.

Siehe auch Rechtsgrundsätze 551. 1006. (A. L. R. II. **11**. § **235**.; Dekret vom 6. November 1813.)

1810, Februar 14. Kaiserliches Dekret, die Kirchenfabriken betreffend. (Bulletin des lois Ser. 4. Bd. 14. S. 175. No. 6528.)
— Siehe Rechtsgrundsätze 551. 1006. (A. L. R. II. 2. § 235.; Dekret vom 6. November 1813.)

1810, März 17. Regulativ für das Servis- und Einquartierungswesen. (Rabe, Samml. Bd. 13. S. 858-883.)
— Andauernde Gültigkeit dieses Regulativs. — Vergl. Gesetz vom 11. Mai 1851 § 20.

Rechtsgr. **998**. — I. Senat. 22. September 1865. (LX. 154.)

Das allgemeine Regulativ über das Servis- und Einquartierungswesen vom 17. März 1810 ist als Regel noch jetzt maaßgebend.

1810, Oktober 8. Verordnung wegen Einrichtung des Justizwesens in Neuvorpommern und Rügen. (Sonnenschmidt, Samml. Bd. 2. S. 165.)
— § **31**. Befugniß des Pfarrers, nicht auch des Diakonus der Gemeinde, zur Aufnahme von Testamenten.

Rechtsgr. **999**. — I. Senat. 27. Juni 1864. (LV. 176.)

Der § 31. der Verordnung wegen Einrichtung des Justizwesens in Neuvorpommern und Rügen vom 8. Oktober 1810 erklärt nur den Pfarrer der Gemeinde, nicht auch den Diakonus, für befugt, unter Zuziehung zweier Zeugen vom Gesinde und von den zur Klasse der dienenden Kathenleute, Dienstbauern und Handwerkern gehörigen Personen auf dem platten Lande letztwillige Verordnungen aufzunehmen.

1810, Oktober 28. Edikt No. 10. wegen der Mühlengerechtigkeit und Aufhebung des Mühlenzwanges, des Bier- und Branntweinzwanges in der ganzen Monarchie. (Ges.-Samml. S. 95.)
— Gesetzliche Ausschließung des Rechtsweges in privatrechtlichen Streitigkeiten, insbesondere über den Eingriff in das Rechtsgebiet eines Anderen bei Anlage einer Mühle oder bei Veränderung derselben, insbesondere des Fachbaums; Entscheidungsnormen für den Richter. — Vergl. Gesetz vom 1. Juli 1861 §§ 1. 6. 10.

Rechtsgr. **1000**. — II. Senat. 14. Juli 1864. (LIII. 338.)

a) Auch wenn bei der Verwaltungsbehörde über die

Zulässigkeit einer Mühlen-Anlage oder einer daran vorzunehmenden Veränderung verhandelt wird, sind Streitigkeiten privatrechtlicher Natur, welche dabei entstehen, d. h. solche, wobei es sich davon handelt, ob durch die beabsichtigte Veränderung ein Eingriff in das Rechtsgebiet eines Andern bewirkt wird, von der Kompetenz der Verwaltungsbehörde ausgeschlossen und der richterlichen Entscheidung vorbehalten.

Daher ist die gerichtliche Kompetenz auch in dem Falle nicht ausgeschlossen, wenn die Veränderung, z. B. eines Fachbaumes, von Demjenigen, welcher sie bewirkt, eigenmächtig, wenigstens ohne gehörige Beobachtung jener Vorschriften vorgenommen, und ein Verfahren bei der kompetenten Verwaltungs-Behörde nicht beantragt und nicht eingeleitet ist.

b) Rücksichten, welche der Landespolizeibehörde bei Ertheilung des Konsenses zur Errichtung und Veränderung von Mühlen-Anlagen als Entscheidungsnorm vorgeschrieben sind, können für die richterliche Entscheidung über die dabei vorkommenden privatrechtlichen Streitigkeiten der Regel nach nicht maaßgebend sein.

1810, November 2. Edikt über die Einführung einer allgemeinen Gewerbesteuer. (Ges.-Samml. S. 79.)

— §§ **1**. **2**. **9**. **16**. Verträge gegen die Gewerbefreiheit. — Vergl. Kabinets-Order vom 19. April 1813, vom 7. Februar 1835; Gewerbe-Ordnung vom 17. Januar 1845 §§ 1. 2. 16. 55.

Rechtsgr. **1001**. — II. Senat. 6. Dezember 1864. (LVII. 154.)

Der Vertrag, durch welchen der Inhaber der Konzession zum Betriebe eines Schankgewerbes sich zur Aufgabe desselben verpflichtet und sich dagegen eine jährliche Rente ausbedingt, verstößt nicht gegen die Gewerbefreiheit.

1810, November 8. Gesinde-Ordnung für sämmtliche Provinzen der Preußischen Monarchie. (Ges.-Samml. S. 101.)

— §§ **117**. **118**. Siehe Rechtsgrundsatz 532. (A. L. R. II. **5**. § 177.)

— §§ 160. 167. Polizeilicher Sühnversuch:
A. Nachsuchung der polizeilichen Sühne Seitens des entlassenen Gesindes; beharrliche Weigerung der Herrschaft.

Rechtsgr. **1002**. — I. Senat. 20. Februar 1865. (LVII. 225.)

Durch das einmal ohne Erfolg geschehene Anrufen der Polizeibehörde Seitens des entlassenen Gesindes wird die vom Gesetze zur Begründung der Entschädigungsklage erforderte beharrliche Weigerung der Herrschaft genügend festgestellt.

B. Polizeiliche Sühne in Gesindesachen, falls der Dienstherr Inhaber der Polizei-Obrigkeit ist. — Vergl. Landgemeinde-Ordnung für Westphalen vom 19. März 1856 § 74.

Rechtsgr. **1003**. — I. Senat. 9. Dezember 1864. (LVII. 157.)

Ist der Dienstherr Inhaber der Polizei-Obrigkeit, so hat das Gesinde, welches wegen einer ohne Grund geschehenen Dienstentlassung Klage erheben will, die Sühne bei der vorgesetzten Polizei-Behörde nachzusuchen.

Siehe auch Rechtsgrundsatz 90. (A. L. R. I. **5**. § 408.)

— § **171**. Verweigerung des Dienstentlassungsscheins Seitens des Dienstherrn. — Vergl. A. L. R. I. **9**. § 58.; Gesetze vom 29. September 1846 und vom 24. April 1854 § 1.

Rechtsgr. **1004**. — I. Senat. 8. Dezember 1865. (LXII. 68.)

Der Dienstherr, welcher von dem Rechte, das Gesinde im Dienste auch wider dessen Willen festzuhalten, keinen Gebrauch macht, ist nicht berechtigt, demselben das nach § 171. der Gesinde-Ordnung zu ertheilende Zeugniß vorzuenthalten.

1811, Februar 1. Kabinets-Order wegen Aufhebung der Privatgenugthuung bei Injurienklagen. (Ges.-Samml. S. 149.)
— Siehe Rechtsgrundsätze 921. 922. (Kriminal-Ordnung § 392.)

1811, Februar 10. Kaiserl. französisches Dekret, betreffend die Einführung der französischen Dekrete vom 30. Dezember 1809 und 14. Februar 1810 auch in den Departements in Rees, Münster, Steinfurt

und Neuhausen und in dem Departement der Ober-Yssel. — (Bulletin des lois ser. 4. Bd. 14. S. 175. No. 6528.)
— Siehe Rechtsgrundsatz 551. (A. L. R. II. **11**. § 235.)

1811, September 14. Edikt No. 52., die Regulirung der gutsherrlichen und bäuerlichen Verhältnisse betreffend. (Ges.-Samml. S. 281.)
— §§ **1**. ff. Siehe Rechtsgrundsatz 1166. (Ablösegesetz vom 2. März 1850 § 74.)
— §§ **3**. **35**. Besitzungen, die von den Besitzern auf ihre Descendenten oder Seitenverwandten bisher vererbt wurden.

Rechtsgr. **1005**. — II. Senat. 21. April 1864. (LIII. 241.)

Der in dem § 3. des Edikts vom 14. September 1811 gebrauchte Ausdruck: „Besitzungen, die von den Besitzern auf ihre Descendenten oder Seitenverwandten bisher vererbt wurden", — ist nicht lediglich von der thatsächlichen Nachfolge im Besitze, sondern von der rechtlichen Succession zu verstehen.

1811, September 14. Edikt No. 53. zur Beförderung der Landeskultur. (Ges.-Samml. S. 300.)
— § **2**. Siehe Rechtsgrundsatz 409. (A. L. R I. **21**. § 199.)
— § **17**. Siehe Rechtsgrundsatz 428. (A. L. R. I. **22**. § 31.)
— § **25**. Siehe Rechtsgrundsatz 440. (A. L. R. I. **22**. § 197.)
— § **27**. Siehe Rechtsgrundsätze 428. 440. (A. L. R. I. **22**. §§ 31. 197.)

1812, Dezember 11. Reglement für die Berliner Feuer-Versicherungs-Gesellschaft.
— Siehe Rechtsgrundsatz 34. (A. L. R. I. **2**. § 43.)

1813, April 19. Kabinets-Order, betreffend die zwischen verschiedenen Kontrahenten bestehenden Verträge, welche die gesetzlich gegebene Gewerbefreiheit beschränken. (Ges.-Samml. S. 69.)
— Siehe Rechtsgrundsatz 1001. (Edikt vom 2. November 1810.)

1813, November 6. Französisches Dekret wegen Erhaltung und Verwaltung der Güter der Geistlichkeit. (Gräff, Chronologische Sammlung, S. 942.)
— Verpflichtung der Civilgemeinde zur Reparatur der Pfarrhäuser in den Rheinlanden. — Vergl. Synodal-Statuten des Erzbischofs Max

Heinrich vom 26. Juni 1662 Pars III. Tit. 7. cap. 3. § 3.; Kurkölnische Verordnung vom 28. August 1715 No. 3.; Französisches Gesetz vom 29. September 1795 (7. Vendemiaire IV.) Art. 9. 10.; Französisches Gesetz vom 8. April 1801 (18. Germinal X.); Dekret vom 5. Mai 1806; Kaiserlich Französisches Dekret vom 30. Dezember 1809 Art. 41—44. 46. 71. 72. 75. 76. 92—94. 103.; Gesetz vom 14. Februar 1810; Gesetz vom 14. März 1845; Code Napoléon Art. 1720. 1754. 1755. 2102.

Rechtsgr. **1006**. — V. Senat. 12. April 1865. (LIX. 81.)

Der Art. 21. des Dekrets vom 6. November 1813, — betreffend die Erhaltung und Verwaltung der Güter der Geistlichkeit in verschiedenen Theilen des Kaiserreichs, — deklarirt die damalige Gesetzgebung dahin, daß die Reparatur der Pfarrhäuser, mit Ausnahme der dem Pfarrer anheimfallenden Lokativ-Reparaturen, eine Pflicht der Civilgemeinde sei, und gestattet die vorzügliche Verwendbarkeit des aus dem Ertrage unterdrückter Kirchen- und Pfarrhäuser nach dem Dekrete vom 30. Mai 1806 gewonnenen Spezialfonds für die Kirchen und Pfarrwohnungen der fortbestehenden Pfarreien eine ausdehnende Anwendung auf die Belastung anderer Kirchenfonds für Pfarrhausbauten nicht.

Hierin ist auch durch das Gesetz vom 14. März 1845 nichts geändert.

1814, September 3. Gesetz, betreffend die allgemeine Verpflichtung zum Kriegsdienste. (Ges.-Samml. S. 79.)

— **§ 9.** Siehe Rechtsgrundsatz 1037. (Kabinets-Order vom 22. April 1829.)

1814, September 9. Patent wegen Wiedereinführung des Allgem. Landrechts und der Allgem. Gerichts-Ordnung in die vom Preußischen Staate getrennt gewesenen, mit demselben wieder vereinigten Provinzen (Ges.-Samml. S. 89.)

— **§ 2.** Siehe Rechtsgrundsätze 2. 1014. (Publikations-Patent zum A. L. R. § 7.; Verordnung vom 16. Juni 1820.)

1815, Mai 22. Patent No. 298. wegen Einführung des Hypothekenwesens in die Provinzen zwischen Elbe und Weser. (Ges.-Samml. S. 186.)

— Siehe Rechtsgrundsätze 1014. 1074. (Verordnung vom 16. Juni 1820; Verordnung vom 31. März 1834 § 15.)

1815, Juni 8. Deutsche Bundesakte. (Ges.-Samml. für 1818 Anh. S. 143.)

— Art. **14**. No. **3**. Littr. c. Privilegirter persönlicher Gerichtsstand der in Preußen wohnenden Standesherren, deren vormalige reichsunmittelbare Besitzungen in einem anderen Deutschen Bundesstaate liegen. — Vergl. Verordnung vom 21. Juni 1815; Instruktion vom 30. Mai 1820; Verordnung vom 2. Januar 1849 § 9.; Verfassungs-Urkunde vom 31. Januar 1850 Art. 4.; Gesetz vom 10. Juni 1854; Verordnung vom 12. November 1855.

Rechtsgr. 1007. — I. Senat. 6. Mai 1864. (LIV. 177.)

Auch diejenigen, in Preußen wohnenden Deutschen Standesherren, deren vormals reichsunmittelbare Besitzungen in einem anderen Deutschen Bundesstaate liegen, haben in Preußen einen privilegirten persönlichen Gerichtsstand.

1815, Juni 21. Verordnung No. 291., betreffend die Verhältnisse der vormals unmittelbaren deutschen Reichsstände in den Preußischen Staaten. (Ges.-Samml. S. 106.)

— **§ 5**. Siehe Rechtsgrundsätze 589. 1007. (A. L. R. **II. 16**. § 69.; deutsche Bundesakte vom 8. Juni 1815.)

1815, September 6. Kabinets-Order wegen der Einwirkung des Chefs der Justiz in die formellen Verfügungen der Gerichtsbehörden. (Ges.-Samml. S. 198.)

— Siehe Rechtsgrundsatz 1169. (Ferien-Ordnung vom 16. April 1850.)

1816, Mai 29. Deklaration des Edikts vom 14. September 1811, wegen Regulirung der gutsherrlich-bäuerlichen Verhältnisse. (Ges.-S. S. 154.)

— Art. **4b. 5. 6**. Siehe Rechtsgrundsatz 1186. (Deklaration vom 24. Mai 1853 § 1.)

1816, August 30. Verordnung wegen Verwaltung des Kirchenpatronats über christliche Kirchen auf solchen Gütern, die sich im Besitzthum jüdischer Glaubensgenossen befinden. (Ges.-Samml. S. 207.)

— Siehe Rechtsgrundsatz 384. (A. L. R. **I. 19**. § 31.)

1816, September 16. General-Transport-Instruktion. (v. Kamptz, Jahrbücher Bd. 1. S. 110.)
— Siehe Rechtsgrundsatz 923. (Kriminal-Ordnung § 534.)

1816, November 15. Patent wegen Einführung des Allgem. Landrechts in die mit den Preußischen Staaten vereinigten ehemals Sächsischen Provinzen und Distrikte. (Ges.-Samml. S. 233.)
— Siehe Rechtsgrundsätze 585. 926. (A. L. R. **II. 15**. § 13.; Sachsenspiegel Buch 1. Art. 28.)

1817, Februar 9. Verordnung über die Justizverwaltung in dem Großherzogthum Posen. (Ges.-Samml. S. 37.)
— § **30**. Siehe Rechtsgrundsatz 1046. (Verordnung vom 1. Juni 1833 § 36.)

1817, Juni 20. Verordnung No. 430. wegen Organisation der Generalkommissionen und der Revisionskollegien zur Regulirung der gutsherrlichen und bäuerlichen Verhältnisse, ingleichen wegen des Geschäftsbetriebes bei diesen Behörden. (Ges.-Samml. S. 161.)
— § **3**. No. **3**. Siehe Rechtsgrundsatz 1009. (§§ 90. 91. dieser Verordnung.)
— §§ **75**. **82**. **85**. **86**. Majoritätsbeschlüsse anwesender Interessenten über Gegenstände eines gemeinschaftlichen Interesse, insbesondere die Wahl von Bevollmächtigten. — Vergl. § 152. dieser Verordnung; A. L. R. II. **6**. §§ 51. ff. 133.

Rechtsgr. **1008**. — II. Senat. 1. März 1864. (LIII. 173)

Der § 85. der Verordnung vom 20. Juni 1817, — betreffend die Gültigkeit der Beschlüsse der Mehrheit der anwesenden Interessenten auch für die abwesenden, gehörig vorgeladenen Interessenten, — findet auch auf den Fall des Abschlusses eines Mandatsvertrages zwischen Machtgebern und Deputirten Anwendung.

b) Die zwar erschienenen, aber, ohne Erklärungen abzugeben, sich wieder entfernt habenden Interessenten sind in Betreff der Kontumazialfolge den Abwesenden gleich zu erachten.

c) Zur Gültigkeit des Beschlusses der Theilhaber eines

gemeinsamen Interesse, namentlich auch des Beschlusses zur Ausstellung einer Vollmacht, ist es erforderlich:

1. daß sämmtliche Interessenten zu der Versammlung, in welcher der Beschluß zu fassen ist, 'gehörig eingeladen sind;
2. daß der Beschluß durch die Mehrheit der Erschienenen gefaßt wird;
3. daß, wenn der Gegenstand der Berathung bei der Einladung nicht im Allgemeinen bekannt gemacht worden, die Versammlung wenigstens aus zwei Dritteln der Interessenten bestanden hat. Es gelten in dieser Beziehung die Vorschriften des Allg. Landrechts II. 6. §§ 53. ff. u. 133. Ein der einen oder der anderen derselben zuwider abgefaßter Beschluß ist nichtig.

d) Das in den §§ 51. ff. II. 6. des Allgem. Landrechts von Korporationen Bestimmte findet in dem Verfahren vor den General-Kommissionen auf andere, ein gemeinsames Interesse verfolgende Interessenten keine Anwendung.

— §§ **90. 91.** Wirkung des öffentlichen Aufgebots im Gemeinheitstheilungsverfahren auf die wegeberechtigten Dritten. — Vergl. § 3. No. 3., §§ 170. ff. dieser Verordnung; Gemeinheitstheilungs-Ordnung vom 7. Juni 1821 §§ 2. 141. 142. 146.; Verordnung vom 30. Juni 1834 §§ 23. 26.

Rechtsgr. **1009.** — II. Senat. 30. November 1865. (LXII. 55.)

Ein wegeberechtigter Dritter ist bei der Auseinandersetzung immer nur bedingt und eventuell betheiligt, und auf solche Interessenten erstrecken sich die Wirkungen eines allgemeinen öffentlichen Aufgebots nicht; ein solcher Dritter kann nur dann für einen unmittelbaren und wirklichen Interessenten gelten, wenn er thatsächlich zum Auseinandersetzungsverfahren zugezogen war.

— § 152. Siehe Rechtsgrundsatz 1008. (§ 75. dieser Verordnung.)
— §§ 159. 169. Siehe Rechtsgrundsatz 52. (A. L. R. I. 5. § 1.)
— § 170. Wirkung des bestätigten Auseinandersetzungs-Rezesses:
A. Im Allgemeinen.

Rechtsgr. **1010**. — II. Senat. 16. Januar 1866. (LXI. 331.)

Die Bestimmung des § 170. der Verordnung vom 20. Juni 1817, daß nach Bestätigung des Auseinandersetzungs-Rezesses

„die zur Sache zugezogenen Interessenten nicht nur mit keinen Einwendungen wegen der hierin bestimmten Gegenstände, sondern auch mit keinen Nachforderungen auf Rechte, welche ihnen hinsichtlich dieser Regulirung zuständig gewesen waren und dabei übergangen sind, weiter gehört werden können",

ist dahin aufzufassen, daß, selbst wenn der Anspruch früher vollkommen rechtsbeständig war, für den ehemals Verpflichteten gar keine, auch nicht eine blos moralische Verbindlichkeit — eine s. g. obligatio naturalis — bestehen bleibt.

B. Rücksichtlich der umgetauschten und nicht umgetauschten Grundstücke, sowie auf die begonnene Akquisitivverjährung.

Rechtsgr. **1011**. — II. Senat. 15. November 1864. (LXIII. 12.)

a) Bei dem Gemeinheitstheilungs-Verfahren sind die nicht umgetauschten Grundstücke mit den umgetauschten rücksichtlich der Wirkungen des bestätigten Rezesses nach ganz gleichen Grundsätzen zu beurtheilen.

b) Durch den bestätigten Rezeß im Gemeinheitstheilungs-Verfahren sind alle Besitzakte bezüglich der erwerbenden Verjährung, z. B. an einer Wegegerechtigkeit, aus der Zeit vor dem Rezesse erledigt.

Siehe auch Rechtsgrundsätze 52. 1009. (A. L. R. I. 5. § 1.; Verordnung vom 20. Juni 1817 § 90.)

— § 189. Berücksichtigung neuer Punkte im Laufe der zweiten Instanz in Landeskultur-Sachen. — Vergl. Verordnung vom 22. November 1844 § 16.

Rechtsgr. **1012.** — **II.** Senat. 17. Februar 1866. (**LXIII.** 93.)

Der § 189. der Verordnung vom 20. Juni 1817:

Kommen dabei (der Instruktion des Appellatoriums) ganz neue Punkte, welche mit andern bisher schon streitig gewesenen in Verbindung stehen oder von solchen abhängig sind, vor; so muß auch darauf die Instruktion gerichtet und hierüber in dem Appellations-Erkenntniß erkannt werden,

ist durch § 16. der Verordnung vom 22. November 1844 nicht aufgehoben, vielmehr ist es dem richterlichen Ermessen überlassen, ob der Appellations-Richter sogleich über die neuen Punkte erkennen, oder dieselben zur ersten Instanz zurückweisen will.

1817, Oktober 23. Instruktion (No. 440.) zur Geschäftsführung der Regierungen. (Ges.-Samml. S. 248.)

— § **18**. Siehe Rechtsgrundsatz 577. (A. L. R. **II**. **12**. § 37.)

— § **19**. Die Regierungs-Hauptkassen als Zahlungsempfänger für die dem Fiskus als juristischer Person zu leistenden Zahlungen. — Vergl. A. L. R. I. **14**. § 1.; Kabinets-Order vom 31. Dezember 1825.

Rechtsgr. **1013.** — **IV.** Senat. 30. Oktober 1865. (**LX.** 176.)

Die Regierungs-Hauptkasse stellt sich als dasjenige Organ des Fiskus dar, an welches kraft der gesetzlichen Organisation die dem Fiskus, als juristischer Persönlichkeit, zuständigen Forderungen gezahlt werden.

1818, Mai 26. Gesetz über den Zoll und die Verbrauchssteuer. (Ges.-Samml. S. 65.)

— § **27**. Siehe Rechtsgrundsatz 24. (A. L. R. Einl. § 75.)

1820, März 2. Statut für die Kaufmannschaft zu Berlin. (Ges.-Samml. S. 46.)

— Siehe Rechtsgrundsatz 542. (A. L. R. **II**. **8**. §§ 562. ff.)

1820, Mai 30. Instruktion (No. 607.) wegen Ausführung des Ediktes vom 21. Juni 1815, die Verhältnisse der vormals unmittelbaren Deutschen Reichsstände in der Preußischen Monarchie betreffend. (Ges.-Samml. S 88.)

— §§ **17. 23**. Siehe Rechtsgrundsätze 589. 1007. (A. L. R. II. **16**. §§ 69. ff.; Deutsche Bundesakte vom 5. Juni 1815 Art. 14.)

1820, Mai 30. Gesetz No. 617. wegen Einführung der Klassensteuer. (Ges.-Samml. S. 140.)

— § **6c**., § **9**. Siehe Rechtsgrundsätze 536. 1170. (A. L. R. II. **7**. § 18.; Gesetz vom 1. Mai 1851 § 10.)

1820, Mai 30. Gesetz No. 619. wegen Einrichtung des Abgabewesens. (Ges.-Samml. S. 134.)

— § **7**. Siehe Rechtsgrundsätze 536. 1170. (A. L R. II. **7**. § 18.; Gesetz vom 1. Mai 1851 § 10.)

1820, Mai 30. Gesetz wegen Entrichtung der Gewerbesteuer. (Ges.-Samml. S. 147.)

— § **34a. c. e. g**., § **42b**. Siehe Rechtsgrundsätze 536. 1170. (A. L. R. II. **7**. § 18.; Gesetz vom 1. Mai 1851 § 10.)

1820, Juni 1. Gesetz wegen Löhnung und Umzug der Schäfer in Neuvorpommern und Rügen. (Ges.-Samml. S. 109.)

— §§ **1-3**. Siehe Rechtsgrundsatz 1088. (Gesetz vom 31. März 1838 § 2. No. 3.)

1820, Juni 16. Verordnung No. 609. über die Erwerbung und Ausübung der Realrechte auf Grundstücke, insbesondere der Hypothekenrechte, bei nicht vollständig eingerichtetem Hypothekenwesen. (Ges.-Samml. S. 106.)

— Nichtanwendbarkeit der Verordnung vom 16. Juni 1820 auf die vor dem 1. Januar 1815 in den von Preußen getrennten und damit wiedervereinigten Provinzen erworbenen Hypothekenrechte; Entstehung der vertragsmäßigen Hypothek gegen den Besitzer des Grundstücks und gegen dritte Personen, nach Rheinischem Rechte. — Vergl. Patente vom 9. September 1814 und vom 22. Mai 1815.

Rechtsgr. **1014**. — III. Senat. 29. Mai 1865. (LIX. 205.)

Die Verordnung vom 16. Juni 1820, betreffend die Erwerbung und Ausübung der Realrechte auf Grundstücke, insbesondere der Hypothekenrechte, bei nicht vollständig eingerichtetem Hypothekenwesen, bezieht sich als eine nothwendig gewordene Modifikation der §§ 411. 412. I. 20. des Allgem. Landrechts lediglich auf die Erwerbung neuer

Hypotheken nach der durch das Patent vom 9. September 1814 mit dem 1. Januar 1815 erfolgten Wiedereinführung des Allgem. Landrechts in die von dem Preußischen Staate getrennt gewesenen und wieder damit vereinigten Provinzen, nicht aber auf die vor dem 1. Januar 1815 unter der Herrschaft der damaligen Gesetzgebung gültig erworbenen Hypothekenrechte, für welche es lediglich darauf ankommt, inwiefern dieselben nach den Grundsätzen des Patents vom 22. Mai 1815, wegen Einrichtung des Hypothekenwesens in den mit Preußen wiedervereinigten Provinzen jenseits der Elbe und Weser, ihre Gültigkeit behalten haben; mithin schadet es solchen älteren Hypothekenrechten nicht, wenn für dieselben eine Rekognition nach Anleitung der §§ 2—5. der Verordnung vom 16. Juni 1820 nicht ertheilt ist.

Siehe auch Rechtsgrundsatz 987. (Kursächsisches Lehnsmandat vom 30. April 1764.)

1820, Juni 16. Verordnung wegen Einrichtung des Hypothekenwesens in dem mit dem Preußischen Staate vereinigten Herzogthum Sachsen. (Ges.-Samml. S. 101.)

— Siehe Rechtsgrundsatz 444. (A. L. R. I. **23**. § 23.)

1821, Juni 7. Gemeinheitstheilungs-Ordnung. (Ges.-Samml. S. 53.)

— § **2**. Siehe Rechtsgrundsatz 1009. (Verordnung vom 20. Juni 1817 § 90.)

— §§ **11**. **12**. Siehe Rechtsgrundsatz 1015. (§ 147. dieses Gesetzes.)

— § **17**. Siehe Rechtsgrundsatz 1015. (Deklaration vom 26. Juli 1847.)

— § **101**. Siehe Rechtsgrundsatz 575. (A. L. R. II. **12**. § 34.)

— §§ **141**. **142**. **146**. Siehe Rechtsgrundsatz 1009. (Verordnung vom 20. Juni 1817 § 90.)

— §§ **147-155**. Nothwendigkeit der Meldung beim Gemeinheitstheilungsverfahren. — Vergl. §§ 11. 12. 17. dieses Gesetzes; Verordnung vom 30. Juni 1834 § 8.; Gesetz vom 29. Juni 1835 § 1.

Rechtsgr. **1015**. — I. Senat. 30. Oktober 1865. (LXI. 176.)

Nach der der Auseinandersetzungsbehörde gesetzlich eingeräumten Befugniß müssen die bei der Auseinandersetzung betheiligten Personen sich darauf gefaßt machen, daß mit derselben auch Geschäfte, die zur bessern Regulirung der Auseinandersetzung gereichen, verbunden werden; sie verlieren daher, wenn sie sich bei dem Verfahren überhaupt nicht melden, ihre Zuziehung gar nicht verlangen, zugleich die Einwendungen gegen die Geschäfte der letztern Art.

— §§ **171**. **172**. **174-180**. Anwendbarkeit und Voraussetzung des Verfahrens der §§ 178-180. der Gemeinheitstheilungs-Ordnung im Falle der Schmälerung und anderweitigen Anweisung des Weidebedarfes. — Vergl. A. L. R. I. **22**. § 81.

Rechtsgr. **1016**. — II. Senat. 9. Februar 1865. (**LVIII. 149.**)

Das in den §§ 178—180. der Gemeinheitstheilungs-Ordnung vom 7. Juni 1821 vorgeschriebene Verfahren bezieht sich auch auf den in den §§ 174—176. daselbst ausdrücklich gedachten Fall des § 81. I. 22. des Allgem. Landrechts, und ist die Kompetenz des ordentlichen Richters dadurch ausgeschlossen; Voraussetzung dabei ist aber, daß das Weiderecht und dessen Umfang, sowie das belastete Grundstück festgestellt ist.

1821, Juli 1. Gesetz, die Verleihung des Bergwerkeigenthums auf Flötzen betreffend. (Ges.-Samml. S. 106.)
— § **6**. Siehe Rechtsgrundsatz 600. (A. L. R. II. **16**. § 169.)

1822, März 7. Gesetz No. 709. wegen der Stempelsteuer. (Ges.-Samml. S. 57.)
— §§ **1**. ff. Grundsätze bei Auslegung dieses Gesetzes:
A. Bei Eigenthümlichkeiten der provinziellen Gesetzgebung.

Rechtsgr. **1017**. — V. Senat. 22. November 1864. (**LVI. 243.**)

Dem für den ganzen Umfang der Monarchie erlassenen und eine gleichmäßige Besteuerung in den verschiedenen Rechtsgebieten derselben herbeizuführen bestimmten Stempelgesetz und den generellen Grundsätzen dieses Gesetzes gegenüber müssen Eigenthümlichkeiten der provinziellen Civilgesetzgebung, soweit sie zu einer den erkennbaren Absichten des Stempelgesetzes widersprechenden Behandlung der Stempelfrage führen könnten, in den Hintergrund treten.

B. Bei einzelnen Bestimmungen dieses Gesetzes.

Rechtsgr. **1018**. — V. Senat. 30. April 1864. (LIV. 145.)

Bei Auslegung einzelner Bestimmungen des Stempelgesetzes und Tarifs vom 7. März 1822 streitet die Vermuthung für denjenigen Sinn desselben, wodurch die Gleichmäßigkeit der Stempelsteuer in allen Theilen des Staats am Meisten gewahrt wird.

C. Stempelsteuer als Urkundensteuer; Beurtheilung der Stempelpflichtigkeit einer Urkunde aus dem sichtbar hervortretenden Inhalt derselben.

Rechtsgr. **1019**. — I. Senat. 7. November 1864. (LV. 269.)

a) Bei Beurtheilung der Stempelpflichtigkeit einer Urkunde kommt es lediglich darauf an, daß dieselbe ihrem sichtbar hervortretenden Inhalte nach einen vollendeten Vertrag von derjenigen Gattung, welche der Tarif dem bestimmten Stempelbetrage unterwirft, darstellen muß; es entscheidet mithin die Urkunde selbst darüber, ob und in welcher Höhe der Stempel dazu verwendet werden muß, was auch der Natur und der praktischen Ausführbarkeit der Stempelsteuer als einer Urkundensteuer entspricht.

b) Deshalb ist die Frage, ob das Geschäft wegen anderer im Vertrage nicht enthaltener Umstände zur Ausführung kommen könne oder nicht, beziehungsweise die Klage auf Erfüllung deshalb verhindert werde, auf die Beurtheilung der Stempelsteuer ohne Einfluß.

D. Verschiedener rechtlicher Charakter eines Rechtsgeschäfts in den verschiedenen Landestheilen und Erhebung der Stempelsteuer danach.

Rechtsgr. **1020**. — I. Senat. 19. Dezember 1864. (LV. 342.)

Hat ein Rechtsgeschäft, z. B. der Erbschaftskauf, in dem einen Landestheile nach der dort geltenden Gesetzgebung einen anderen rechtlichen Charakter, als in einer anderen Provinz, so unterliegt dasselbe auch einer verschiedenen Behandlung hinsichtlich der Stempelsteuer.

— § 2. Feststellung der Stempelpflichtigkeit einer Urkunde nach Vernichtung derselben, namentlich bei Kaufverträgen. — Vergl. Kabinets-Order vom 19. Juni 1834.

Rechtsgr. **1021.** — I. Senat. 16. Juni 1865. (LVIII. 348.)

Ist die über ein Kaufgeschäft abgeschlossene Urkunde vor Verwendung des Stempels wieder vernichtet worden, so genügt zur Feststellung ihrer Stempelpflichtigkeit keineswegs der bloße Nachweis, daß darin die Essentialien eines Kaufs enthalten gewesen sind; vielmehr muß deren ganzer Inhalt dargethan werden.

— § **3a**. Stempelpflichtigkeit der Versicherungspolicen.

Rechtsgr. **1022.** — I. Senat. 4. November 1864. (LV. 258.)

Bei mehrjährigen Versicherungs-Policen ist für die Frage der Stempelpflichtigkeit oder der Stempelfreiheit der Betrag der ganzen Prämie, nicht blos der Betrag für ein Jahr, als der wahre Gegenstand der Assekuranz-Police zu betrachten.

Siehe auch Rechtsgrundsatz 1151. (Kabinets-Order vom 30. April 1847.)

— § **4**. Siehe Rechtsgrundsätze 1026. 1028. (§ 22. dieses Gesetzes, Tarif unter „Erbschaften", „Kaufvertrag".)

— § **5**. Littr. e. Siehe Rechtsgrundsatz 1132. (Kabinets-Order vom 21. Juni 1844.)

— § **5**. Littr. f. Stempelpflichtigkeit einer Urkunde über die Veräußerung von Grundstücken oder Gerechtigkeiten mit Gegenständen anderer Art: A. Berechnung des Stempels von Erbschaftskäufen.

Rechtsgr. **1023.** — I. Senat. 19. Dezember 1864. (LV. 342.)

Gehören zu der verkauften Erbschaft Immobilien und Mobilien, so kommen behufs Berechnung der Stempelsteuer die Vorschriften des § 5. Littr. f. des Stempelgesetzes vom 7. März 1822 zur Anwendung.

Ist daher in dem Vertrage der Kaufpreis der Erbschaft in nur einer Summe bestimmt worden, ohne daß ein besonderer Werth für die zur Erbschaft gehörigen unbeweglichen, beziehungsweise beweglichen Gegenstände angegeben ist, so ist der Stempelsatz von dieser Summe dergestalt zu berechnen, als ob sie ganz für Grundstücke oder Gerechtigkeiten gezahlt worden wäre.

Ist dagegen in dem Vertrage ein besonderer Werth für die unbeweglichen, beziehungsweise beweglichen Gegenstände angegeben, so macht in Betreff der letzteren ein drittel Prozent des Kaufpreises den zu erhebenden Stempel aus.

B. Begriff von Tausch- und Kaufverträgen. — Vergl. § 10. dieses Gesetzes; Kabinetsorders vom 14. April 1832, 24. Dezember 1834, 21. Juni 1844; Deklaration vom 26. September 1845; Finanz-Ministerialreskript vom 6. Juli 1842; Gesetz vom 24. Mai 1861 §§ 11-14.; A. L. R. I. **11**. §§ 1. 363. 364., **17**. §§ 5. 60. 63. 64. 97. 103. 198-200. 306.; Code Napoléon Art. 841. 883. 889. 1476. 1582. 1696. 1845. 1872.; Dig. **10**. 3. Lex. 10. § 2.; Cod. **3**. 38. Lex. 1.

Rechtsgr. **1024**. — V. Senat. 30. April 1864. (LIV. 146.)

Die Stempelgesetzgebung versteht unter „Tausch- und Kaufverträgen" auch die Verträge zwischen Theilhabern einer Gemeinschaft zum Zwecke der Auseinandersetzung, welche die allgemeinen Kennzeichen vom Kaufe oder Tausch unter Dritten an sich tragen.

— § **5**. Littr. g. Stempelsteuer bei dem Verkaufe eines mit einem Erbpachts- (Erbzins-) Kanon belasteten Grundstückes. — Vergl. A. L. R. I. **11**. §§ 183. 188. ff.; Allgem. Hypotheken-Ordnung II. § 49.; Gesetz vom 2. März 1850 § 2.; Gesetz vom 22. Juli 1861 § 1. No. 1-4.

Rechtsgr. **1025a**. — I. Senat. 28. November 1864. (LV. 314.)

Der auf einem verkauften Grundstücke haftende Erbpachts- (Erbzins-) Kanon unterliegt dem Kaufstempel nicht.

Siehe auch Rechtsgrundsatz 1028. (§ 22. dieses Gesetzes, Tarif unter „Kaufvertrag".)

— § 9. Siehe auch Rechtsgrundsatz 1026. (§ 22. dieses Gesetzes, Tarif unter „Erbschaft.")

— § 10. Siehe Rechtsgrundsätze 1024. 1027. (§ 2. dieses Gesetzes und Tarif unter „Kaufvertrag.")

— § 20. Siehe Rechtsgrundsatz 1038. (Kabinets-Order vom 3. Januar 1830 No. 1.)

— § 22. Lösung des Stempels für Versicherungspolicen Seitens des Ausstellers der Police. — Vergl. A. L. R. II. 8. §§ 2066. 2104. ff.)

Rechtsgr. **1025b**. — I. Senat. 4. November 1864. (LV. 258.)

Der Aussteller einer Police, nicht aber derjenige Beamte, welcher über den Empfang der Prämie quittirt hat, trägt die Verantwortlichkeit zur Lösung des Stempels der Police.

— Stempel-Tarif:

— Erbschaften; Erbschaftsstempel bei einem Anfall von mehr als 300 Rthlrn. an Personen, welche in Diensten und Lohn des Erblassers gestanden haben. — Vergl. Stempelgesetz §§ 4. 9.

Rechtsgr. **1026**. — I. Senat. 17. Februar 1865. (LVI. 351.)

Ist einer Person, welche in Diensten und Lohn des Erblassers gestanden hat, eine Erbschaft, Vermächtniß oder Legat von mehr als 300 Rthlrn. hinterlassen, so ist der Erbschaftsstempel nicht erst von dem Betrage, welcher über 300 Rthlr. hinausgeht, sondern von dem vollen Betrage zu entrichten.

— Kaufvertrag:

A. Stempelbetrag bei Auseinandersetzungen, bezüglich eines Immobiles. — Vergl. Stempel-Gesetz § 5. Littr. f., § 10.; Kabinets-Ordern vom 14. Oktober 1832 Littr. a., vom 21. Juni 1844 und 10. November 1845; Code Napoléon Art. 883.

Rechtsgr. **1027**. — V. Senat. 22. November 1864. (LVI. 243.)

Die Uebertragung des Antheils des einen Miteigenthümers an einem gemeinschaftlichen Immobile auf den andern zum Zwecke der Auseinandersetzung unter festgesetzten lästigen Bedingungen, bei welchen keine der in den Kabinetsordern vom 21. Juni 1844 und 10. November 1845 vorgesehenen Fälle eintritt, unterliegt als Kaufgeschäft der Besteuerung.

B. Immobiliarkaufstempel bei Kaufverträgen über den Abbau von Braunkohlenlagern. — Vergl. Stempel-Gesetz §§ 4. 5.

Rechtsgr. **1028**. — I. Senat. 17. Oktober 1864. (LVI. 229.)

Die Kohlenbaugerechtigkeit ist für eine Grundgerechtigkeit im Sinne des Stempeltarifs zu erachten.

— Schuldverschreibungen; besondere Stempelpflichtigkeit und Pfandbestellung in einem sonst stempelpflichtigen Vertrage.

Rechtsgr. **1029**. — I. Senat. 20. Januar 1865. (LVI. 316.)

Die gleiche Besteuerung der hypothekarischen und der persönlichen Schuldverschreibungen ist nur eine ausnahmsweise und kann auf andere Verträge, mit welchen eine Pfandbestellung verbunden ist, nicht ausgedehnt werden.

1822, Mai 13. Gesetz wegen der Löhnung und des Umzuges der Schäfer und Schäferknechte in den Provinzen Sachsen und Westphalen, in dem Kottbusser Kreise und in den zu den Regierungsbezirken Potsdam, Frankfurt und Liegnitz geschlagenen vormals Sächsischen Landestheilen, desgleichen wegen des Umzugstermins in der Provinz Schlesien. (Ges.-Samml. S. 147.)

— Siehe Rechtsgrundsatz 1088. (Gesetz vom 31. März 1838 § 2. No. 3.)

1822, Juli 4. Gesetz No. 735., betreffend den Verkauf ausstehender Forderungen und Kours habender Schuldpapiere im Wege der Exekution. (Ges.-Samml. S. 178.)

— §§ **1**. **4**. Ueberweisung einer zum Nachlaß gehörigen Forderung bis zu einem bestimmten Betrage im Wege der Exekution an den Gläubiger eines Miterben, und Befugniß des Erstern, die Gegenforderung zur Nachlaßmasse einzuklagen. — Vergl. A. L. R. Einl. §§ 89. 100., I. **17**. § 151.

Rechtsgr. **1030**. — III. Senat. 16. September 1864. (LV. 230.)

a) Gleichwie der Erbe seinen Antheil an einer zur Erbmasse gehörigen Forderung, soweit er bei der künftigen Nachlaßtheilung auf sein Erbtheil fallen wird, einem Dritten vorbehaltlich der Rechte der Miterben übereignen darf und dies auch auf Höhe einer bestimmten Summe zu thun berechtigt ist, kann auch der Richter im Wege der

Exekution einen Gläubiger des Erben die Forderung antheilsweise übereignen, ohne daß eine völlige Ungültigkeit dieser Cession und Ueberweisung daraus folgt, daß der Nachlaß überhaupt oder rücksichtlich der betreffenden Post unter den Erben noch nicht getheilt ist, vielmehr hängt es von der Nachlaßtheilung, beschränke sie sich auch nur auf die streitige Forderung, ab, ob und inwieweit diese Cession oder Ueberweisung zur Realisation gelangt und wirksam wird.

b) Ist dem Gläubiger eines Erben ein Theil einer zur Erbmasse gehörigen Forderung bis auf einen bestimmten Betrag im Wege der Exekution überwiesen, so ist er damit ermächtigt, die ganze Forderung zur Nachlaßmasse einzuklagen.

c) Die Verfügung, durch welche dem Gläubiger eines Miterben eine zum Nachlaß gehörige Forderung bis auf einen bestimmten Betrag im Wege der Exekution überwiesen wird, überweist auch die intellektuelle Erbquote bis zu der bestimmten Grenze.

Siehe auch Rechtsgrundsatz 332. (A. L. R. I. **16** § 41.)

1823, Februar 17. } Reskripte, die Verpflichtung des Justizfiskus zur
1824, Februar 9. } Tragung der Kosten des Transportes der Gefangenen betreffend. (v. Kamptz, Jahrbücher Bd. 21. S. 330., Bd. 23. S. 99.)

— Siehe Rechtsgrundsatz 923. (Kriminal-Ordnung § 534.)

1824, April 3. Deklaration No. 856. des § 52. des Anhangs zum Allgem. Landrechte in Betreff der an den Eigenthümer eines Grundstückes bezahlten, annoch ungelöschten Hypothekenforderungen. (Ges.-Samml. S. 77.)

A. Zweck und Inhalt der Deklaration vom 3. April 1824; Frist zur Ausstellung der Quittung.

Rechtsgr. **1031**. — III. Senat. 23. April 1866. (**LXIV**. 83.)

a) Die Deklaration vom 3. April 1824 hat als eigentlichen Zweck nur den, die Zweifel zu beseitigen, welche gegen die Anwendbarkeit des § 52. des Anhanges zum § 484. I. 16. des Allgem. Landrechts für den Fall entstanden waren, wenn der Grundbesitzer, welcher einen Hypothekengläubiger befriedigt, nicht Cession, sondern Quittung erhalten hat.

b) Wenn die Deklaration die Quittung in ihrer Wirkung der Cession gleich stellt und den Grundbesitzer alle Rechte eines Cessionars genießen läßt und sagt:

„ohne Unterschied, ob ihm bei der Auszahlung eine förmliche Cession oder nur eine Quittung ertheilt worden ist;"

so ist auf den Ausdruck „bei der Auszahlung" kein Gewicht zu legen, und hat es im Sinne der Deklaration nicht gelegen, eine Frist für die Ausstellung der Quittung festzusetzen, damit diese die Wirkung einer Cession erlange.

B. Uebergabe eines bei der Hypothekenbehörde befindlichen Hypotheken-Instruments durch Anweisung; Verfügungsbefugniß des zahlenden Hypothekenschuldners vor ertheilter Cession oder Quittung Seitens des Gläubigers. — Vergl. A. L. R. I. **11**. § 394., **20**. § 15.

Rechtsgr. **1032**. — III. Senat. 9. Oktober 1865. (LXI. 86.)

Der zahlende Hypothekenschuldner ist von dem Augenblicke der geleisteten Zahlung an Eigenthümer der Forderung und materiell zur Verfügung über dieselbe berechtigt; nur, um seine Legitimation als Cessionar darzuthun, bedarf er einer vom bezahlten Gläubiger ihm schriftlich ertheilten Cession oder Quittung.

1825, März 12. Ministerial-Reskript wegen Bestätigung der Preußischen See-Assekuranz in Stettin. (Ges.-Samml. S. 41.)

— Siehe Rechtsgrundsatz 1212. (Revidirte Statuten dieser Assekuranz-Gesellschaft vom 30. April 1855.)

1825, April 21. Gesetz No. 938. über die den Grundbesitz betreffenden Rechtsverhältnisse und über die Realberechtigungen in den Landestheilen, welche vormals eine Zeit lang zum Königreiche Westphalen gehört haben. (Ges.-Samml. S. 74.)

— Siehe Rechtsgrundsatz 983. (Eigenthums-Ordnung vom 26. November 1741.)

1825, April 30. Pensions-Reglement für die Civil-Staatsdiener. (v. Kamptz Annalen Bd. 16. S. 843.)

— §§ **9**. **11**. Berechnung des Kriegsdienstes nach dem Civil- und nach dem Militair-Pensions-Reglement. (Siehe auch Militair-Pensions-Reglement vom 13. Juni 1825 § 8.)

Rechtsgr. **1033**. — I. Senat. 20. April 1866. (LXIII. 141.)

a) Das Civil-Pensions-Reglement vom 30. April 1820 stellt als Regel auf, daß ein Militärdienst dem Civilbeamten nur von Anfang seines 21. Lebensjahres angerechnet wird, jedoch mit der Ausnahme, daß eine vor dem Kriege stattgefundene Dienstzeit auch vor begonnenem 21. Lebensjahre zählen soll, welche Ausnahme jedoch nicht auf den Fall und die Zeit, wann und in welcher der betreffende Truppentheil während des Krieges dem Feinde gegenüber gestanden hat, beschränkt werden darf, indem dafür eine besondere Bestimmung getroffen ist und die Zeit des vor dem Feinde geleisteten Militärdienstes doppelt gerechnet werden soll.

b) Das Militär-Pensions-Reglement vom 13. Juni 1825, welches ebenfalls eine bestimmte Zeit, die es als die des Kriegsdienstes bezeichnet, doppelt gerechnet wissen will, weicht von dem Civil-Pensions-Reglement darin ab, daß allgemein die Zeit vom Eintritt in den Dienst, nicht erst vom zurückgelegten 20. Lebensjahre ab, in Anrechnung gebracht wird.

Siehe auch Rechtsgrundsatz 1037. (Kabinets-Order vom 22. April 1829.)

— §§ **12**. **15**. **21**. ff. Beamtengehalt, Natur der Lokal- und Funktions-Zulagen und der Dienstaufwands-Entschädigung der Beamten; Bedingung der Fortdauer des Anspruchs auf dieselben. — Vergl. Regulativ vom 29. Juni 1850 § 7. No. 1. 2.; Gesetz vom 21. Juli 1852 § 87.

Rechtsgr. **1034**. — I. Senat. 11. November 1864. (LV. 275.)

a) Der als Lokalzulage einem Beamten gewährte Gehaltsbetrag hat den Charakter einer, das Normalgehalt der betreffenden Amtsklasse übersteigenden, durch besondere örtliche Verhältnisse für angemessen oder nothwendig erachteten, außerordentlichen Zuwendung.

b) Der Anspruch eines Beamten auf Lokalzulage, — sie mag als Entschädigung für die unabweislich erachteten Mehrausgaben wegen des theueren Lebensunterhaltes gerade an dem Orte des Wohnsitzes des Beamten, oder als Vergütung für seine größeren Repräsentationskosten daselbst bewilligt worden sein, — ist bedingt durch die Fortdauer der Nothwendigkeit des Aufenthalts und der Repräsentation an diesem bestimmten Orte. Dieser Anspruch fällt daher mit dem Aufhören jener Nothwendigkeit von selbst hinweg, — mithin in der Regel bei eintretender Versetzung oder Abberufung des Beamten von dem Amte resp. von dem betreffenden Orte.

c) Auch der Anspruch auf die von der Lokalzulage eines Beamten verschiedene Funktionszulage desselben für die Erfüllung besonderer amtlicher Verrichtungen ist von der Fortdauer dieser besonderen amtlichen Funktionen abhängig.

d) Lokal-Funktions-Zulagen und Dienstaufwands-Entschädigungen eines Beamten, von welchen etatsmäßig keine Pensionsbeiträge zu entrichten sind, gehören nicht zu dessen eigentlichem festen Diensteinkommen.

1825, Juni 11. Kabinets-Order, betreffend die Vergütung für die von Grundbesitzern aus ihren Feldmarken zum Chausseebau hergegebenen Feldsteine, Sand und Kies. (Ges.-Samml. S. 152.)

— Verpflichtung des Grundeigenthümers zur unentgeltlichen Hergabe der

Materialien zum Chausseebau; Verkauf an Ort und Stelle; Feststellung des Materialienwerthes.

Rechtsgr. **1035**. — III. Senat. 30. Mai 1864. (**LXIII.** 5.)

a) Aus der Kabinets-Order vom 11. Juni 1825, betreffend die Vergütung für die von den Grundbesitzern aus ihren Feldmarken zum Chausseebau hergegebenen Steine, Sand und Kies, läßt sich nicht entnehmen, daß dem Chausseebau-Unternehmer gegenüber unter Verkauf an Ort und Stelle nur ein solcher zu verstehen sei, welcher zum Zwecke der Verwendung der verkauften Steine an Ort und Stelle oder in dessen Nähe erfolgt ist.

b) Auch folgt daraus allein, daß die Steine nach erfolgtem Verkaufe oder zu diesem Zwecke geworben oder verfahren werden müssen, nicht, daß der Verkauf nicht an Ort und Stelle erfolgt ist, vielmehr hat hierdurch nur angedeutet werden sollen, daß der reine Materialienwerth Gegenstand der Entschädigung ist.

c) Dieser Materialienwerth ergiebt sich, wenn der Käufer die Werbung und Abfuhre übernimmt, von selbst, wenn der Verkäufer aber diese Leistungen vertragsmäßig verrichtet, stellt sich der Materialienwerth nach Abzug des Werths dieser Leistungen dar.

1825, Juni 13. Militair-Pensions-Reglement. (Bachstein, Handbuch der Königl. Preuß. Pensionsgesetzgebung, II. Aufl. S. 1. ff., Leipzig 1859.)

— **§§ 1.** ff. Siehe Rechtsgrundsatz 1037. (Kabinets-Order vom 22. April 1829.)

— **§ 8.** Siehe Rechtsgrundsatz 1033. (Civil-Pensions-Reglement vom 30. April 1825 § 9.)

1825, Juni 13. Kabinets-Order betreffend die Berechnung der Zeit des Kriegsdienstes für die Feldzüge 1806, 1807, 1814 und 1815. (Pensionsgesetzgebung S. 28.)

Rechtsgr. **1036**. — I. Senat. 20. April 1866. (**LXIII.** 143.)

Die Modifikation, welche die Kabinets-Order vom

13. Juni 1825, betreffend die Berechnung der Zeit des Kriegsdienstes für die Feldzüge von 1806, 1807, 1814 und 1815 zu Gunsten der Pensionäre in dem Pensions-Reglement getroffen hat, besteht in der Zulegung eines vollen Jahres zu der Zeit des wirklich geleisteten Kriegsdienstes.

1825, Juni 21. Patent No. 949. wegen Einführung des Allg. Landrechts und der Allg. Gerichts-Ordnung in das Herzogthum Westphalen. (Ges.-Samml. S. 153.)

— § **3**. Siehe Rechtsgrundsatz 21. (A. L. R. Einl. § 73.)

— § **4**. Siehe Rechtsgrundsatz 932. (Statutar- und Gewohnheitsrecht im Herzogthum Westphalen § 182.)

1825, Dezember 31. Kabinets-Order, betreffend eine Abänderung in der bisherigen Organisation der Provinzial-Verwaltungsbehörden. (Gesetz-Samml. 1826 S. 5.)

— Siehe Rechtsgrundsätze 577. 1013. (A. L. R. II. **12**. § 37.; Instruktion vom 23. Oktober 1817 § 5.)

1828, September 10. Regulativ über das Verfahren bei baulichen Anlagen oder sonstigen Veränderungen der Erdoberfläche innerhalb der nächsten Umgebungen der Festungen. (Ges.-Samml. S. 119.)

— Siehe Rechtsgrundsätze 23. 761. (A. L. R. § 74.; A. G. O. Einl. § 1.)

1828, September 30. Kabinets-Order über das Verfahren bei baulichen Anlagen oder sonstigen Veränderungen der Erdoberfläche innerhalb der nächsten Umgebungen der Festungen. (Ges.-Samml. S. 120.)

— Siehe Rechtsgrundsatz 721. (A. G. O. Einl. § 1.)

1829, April 22. Kabinets-Order, betreffend die Berechnung der Dienstzeit der vor vollendetem 17. Lebensjahre in die Armee Eingetretenen. (Striethorst, Archiv Bd. 63. S. 147.) — Vergl. Gesetz vom 3. September 1814 § 9.; Civil-Pensions-Reglement vom 30. April 1825; Militair-Pensions-Reglement vom 13. Juni 1825; Reskripte vom 8. Juni 1837 und 30. September 1839.)

Rechtsgr. **1037**. — I. Senat. 20. April 1866. (**LXIII. 142.**)

Die Kabinets-Order vom 22. April 1829, betreffend die Berechnung der Dienstzeit des vor vollendetem 17. Lebensjahre in die Armee Eingetretenen, betrifft lediglich das Militär-Pensions-Reglement, steht mit dem Civil-Pensions-Reglement in keinem Zusammenhang und ist zu einer analogen Anwendung auf das letztere nicht geeignet.

1830, Januar 3. Kabinets-Order über die Stempel-Abgabe beim Verkehr mit Wechseln. (Ges.-Samml. S. 9.)

— Stempelfreiheit der im Auslande ausgestellten, auf einen Ort des Inlandes gezogenen und im Auslande domizilirten Wechsel. — Vergl. A. L. R. II. 8. §§ 873. 900. 901. 942. 999.; Allg. Deutsche Wechsel-Ordnung Art. 4. No. 8., Art. 24. 39. 43.; Stempelgesetz vom 7. März 1822 § 20.

Rechtsgr. **1038**. — I. Senat. 15. Januar 1866. (LX. 319.)

Die Bestimmung der Kabinets-Order vom 3. Januar 1830 zu 1.:

„Wechsel, welche, im Auslande ausgestellt und auf einen Ort im Auslande gezogen, innerhalb der diesseitigen Staaten in Umlauf kommen, sind nicht stempelpflichtig",

bezieht sich nur auf die sogenannten Transitowechsel, das heißt solche Wechsel, die von einem Orte des Auslandes auf einen Handelsort des Auslandes gezogen sind, also die Preußischen Staaten nur während ihres Kurses berühren; die Stempelfreiheit ist aber nicht auf solche domizilirte Wechsel auszudehnen, bei denen der Acceptant im Inlande wohnt, und der Wechsel im Auslande domizilirt ist.

1830, September 7. Regulativ für die Verwaltung des Charité-Krankenhauses in Berlin. (Ges.-Samml. S. 130.)

— § 7. Befugniß der Direktion des Königlichen Charité-Krankenhauses zu Berlin zur Einziehung der Kur- und Pflegekosten der in demselben verpflegten Armen von den betreffenden Ortsarmenverbänden. — Vergl. A. L. R. Einl. §§ 54. ff.; A. G. O. Einl. § 1.; Armenpflegegesetz vom 31. Dezember 1842 §§ 1-13. 17-35.; Kabinets-Order vom 17. April 1846 und vom 30. Juni 1855.

Rechtsgr. **1039.** — I. Senat. 23. Februar 1866. (LXII. 157.)

a) Das Regulativ für die Verwaltung des Charité-Krankenhauses zu Berlin vom 7. September 1830, insbesondere dessen § 7., welcher bestimmt:

„daß zur Vermeidung aller Weitläuftigkeiten die städtischen Behörden oder sonstigen Kommunen für die Kur- und Verpflegungskosten eines jeden ihnen angehörigen, in die Charité aufgenommenen und daselbst verpflegten Kranken vorzüglich haften und demnach auf Erfordern des Kuratorii die Zahlung für denselben, ohne die Behörde erst an den Zahlungspflichtigen selbst zu verweisen, nach den niedrigsten Zahlungssätzen, zu leisten haben, wobei es ihnen immerhin unbenommen bleibt, sich durch den Zahlungspflichtigen selbst, inwiefern er zahlungsfähig ist, wieder entschädigen zu lassen",

und die Kabinets-Order vom 17. April 1846 sind durch das Armenpflegegesetz vom 31. Dezember 1842 nicht aufgehoben.

b) Insbesondere ist rücksichtlich der Ansprüche der Verwaltung des Charité-Krankenhauses gegen einen Armenverband wegen der Verpflegungskosten durch § 34. des Armenpflege-Gesetzes der Rechtsweg nicht ausgeschlossen.

1831, August 1. Kabinets-Order betreffend die Erhaltung der Landtagsfähigkeit ritterschaftlicher Güter nach Ablösung der Reallasten. (Ges.-Samml. S. 171.)

— No. 7. Fortbestehen subjektiv dinglicher politischer Rechte nach Ablösung oder Aufhebung von privatrechtlichen Gerechtsamen.

Rechtsgr. **1040.** — I. Senat. 3. April 1865. (LVII. 282.)

Subjektiv dingliche politische Rechte hören nicht durch die Ablösung oder Aufhebung von privatrechtlichen Gutsgerechtsamen von selbst auf; es bedarf vielmehr dazu besonderer gesetzlicher Bestimmungen.

Siehe auch Rechtsgrundsatz 384. (A. L. R. I. **19.** § 31.)

1831, Oktober 11. Kabinets-Order wegen Einführung der Kriminal-Ordnung in den Bezirk des Justiz-Senats Ehrenbreitenstein. (Lottner, Samml. Bd. 3. S. 402.)
— Siehe Rechtsgrundsatz 921. (Kriminal-Ordnung § 392.)

1831, Dezember 4. Kabinets-Order, betreffend die genauere Beobachtung der Grenzen zwischen landeshoheitlichen und fiskalischen Rechtsverhältnissen. (Ges.-Samml. S. 255.)
— Siehe Rechtsgrundsätze 24. 761. (A. L. R. Einl. § 75.; A. G. O. Einl. § 1.)

1832, April 10. Kabinets-Order wegen Anwendbarkeit der §§ 48. bis 56. **I. 30.** der Allg. Gerichts-Ordnung auf alle Arten der Assekuranzen. (Ges.-Samml. S. 132.)
— Siehe Rechtsgrundsatz 860. (A. G. O. **I. 30.** Anh. § 113. zu § 56.)

1832, April 14. Kabinets-Order wegen Abänderung der Bestimmungen von § 5. Littr. a. b. des Stempelgesetzes vom 7. März 1822. (Ges.-Samml. S. 137.)
— Siehe Rechtsgrundsatz 1024. (Stempelgesetz vom 7. März 1822 § 5. Littr. f.)

1832, Juli 4. Kabinets-Order No. 1365. wegen des Gerichtsstandes minderjähriger oder großjähriger, noch unter väterlicher Gewalt stehender Personen, welche sich im Dienste Anderer befinden, sowie dergleichen Lehrlinge, Gesellen, Handlungsdiener, Kunstgehülfen, Hand- und Fabrikarbeiter. (Ges.-Samml. S. 175.)
— Siehe Rechtsgrundsatz 18. (A. L. R. Einl. § 23.)

1832, August 8. Kabinets-Order, betreffend das Rechtsmittel des Rekurses. (Ges.-Samml. S. 199.)
— Siehe Rechtsgrundsatz 831. (A. G. O. **I. 14.** § 12.)

1833, Mai 13. Gesetz No. 1428. über Schenkungen und letztwillige Zuwendungen an Anstalten und Gesellschaften. (Ges.-Samml. S. 49.)
— Siehe Rechtsgrundsatz 939. (Code Napoléon Art. 725.)

1833, Juni 1. Verordnung No. 1426. über den Mandats-, den summarischen und Bagatellprozeß. (Ges.-Samml. S. 37.)
— § **1**. Nichtigkeitsbeschwerde wegen Verletzung der Vorschriften über die Statthaftigkeit des Mandatsprozesses.

Rechtsgr. **1041**. — IV. Senat. 6. Juli 1865. (LIX. 288.)

Die Vorschrift des § 1. No. 1. der Prozeß-Verordnung vom 1. Juni 1833, — betreffend die Statthaftigkeit des Mandats-Prozesses wegen der Verbindlichkeiten aus einseitigen Geschäften, worüber eine öffentliche inländische Urkunde errichtet worden, — enthält eine für nicht wesentlich zu erachtende Prozeßvorschrift.

Siehe auch Rechtsgrundsatz 1050. (Instruktion vom 24. Juli 1833 § 6.)

— § **3**. Vom Mandatsprozeß:

A. §§ **3**. ff. Einreden der Litisdenunziaten im Mandatsprozesse.

Rechtsgr. **1042**. — III. Senat. 7. November 1864. (LV. 265.)

Im Mandatsprozesse sind auch die außerhalb der Mandatsfrist liegenden Einreden des Litisdenunziaten nicht zu berücksichtigen.

B. Nähere Substanziirung des in erster Instanz im Mandatsprozeß aufgestellten Einwandes der Zahlung in zweiter Instanz. — Vergl. A. L. R. I. **20**. §§ 422. 423.

Rechtsgr. **1043**. — III. Senat. 13. April 1866. (LXII. 278.)

Der im Mandatsprozeß aufgestellte und vom ersten Richter zurückgewiesene Einwand des Verklagten, daß er an den Cedenten des Klägers bereits Zahlung geleistet habe, kann nicht in zweiter Instanz durch die weiter aufgestellte Behauptung der mala fides des Klägers näher substanziirt werden; es ist diese neue Anführung vielmehr als verspätet nicht zu berücksichtigen.

Siehe auch Rechtsgrundsatz 768. (A. G. O. Einl. § 65.)

— § **4**. Siehe Rechtsgrundsatz 768. (A. G. O. Einl. § 65.)

— § **8**. Siehe Rechtsgrundsatz 1044. (§ 27. dieses Gesetzes.)

— §§ **18**. **24**. **25**. Siehe Rechtsgrundsatz 800. (A. G. O. I. **10**. § 134.)

— § **27**. Begründung der einzelnen Rechnungsposten bei Einklagung eines Saldo's; Unstatthaftigkeit der Abweisung angebrachtermaaßen bei Begründung des bezüglichen Postens in der Replik. — Vergl.

§ 8. dieser Verordnung; Instruktion vom 24. Juli 1833 § 29.; Verordnung vom 21. Juli 1846 §§ 7. 8.

Rechtsgr. **1044**. — IV. Senat. 10. November 1864. (LVII. 73.)

Ist ein Saldo, als Rechnungsresultat, Gegenstand des Klageantrages, so kann nicht eine einzelne Rechnungsposition deshalb angebrachtermaaßen abgewiesen werden, weil nicht schon in der Klage das diesem Posten zu Grunde liegende Geschäft aufgedeckt ist, und zwar umsoweniger dann, wenn eine erst in der Replik vorgebrachte Erläuterung und Ergänzung des thatsächlichen Materials durch die in der Klagebeantwortung enthaltene Monitur des betreffenden Rechnungspostens veranlaßt ist.

— **§ 35**. Nicht wesentliche Prozeßvorschrift; Nicht-Bestimmung eines Präjudizes und eines Präklusivtermins für den Produkten im § 35. der Prozeß-Verordnung vom 1. Juni 1833. — Vergl. Verordnung vom 14. Dezember 1833 § 5. No. 2. 3.

Rechtsgr. **1045**. — III. Senat. 7. Juli 1865. (LVI. 16. und LIX. 297.)

Der § 35. der Verordnung vom 1. Juni 1833:

„Das Gericht darf die Aufnahme neuer Beweise, sobald derselben eine der Parteien widerspricht, nur dann gestatten, wenn sich dieselben erst aus dem aufgenommenen Beweise als vorhanden ergeben haben. Die Eideszuschiebung ist jedoch bis zur Abfassung des Erkenntnisses zulässig",

stellt eine wesentliche Prozeßvorschrift im Sinne des Nichtigkeitsgesetzes nicht auf, und enthält insbesondere weder die Androhung eines Präjudizes für den Produkten, noch einen Präklusivtermin.

Siehe auch Rechtsgrundsatz 1196. (Gesetz vom 20. März 1854 § 3.)

— **§ 36**. Nichtigkeitsbeschwerde gegen eine Agnitions-Resolution wegen unterbliebener Vorlesung des, das Anerkenntniß enthaltenden Audienzprotokolls und wegen mangelnder Unterschrift desselben Seitens der betreffenden Partei. — Vergl. A. G. O. I. **8**. § 14., II. **2**. §§ 31.

32.; Verordnung vom 9. Februar 1817; Instruktion vom 24. Juli 1833 § 41.; Reskript vom 24. April 1841; Gutachten des Ober-Tribunals vom 12. Juni 1843; Verordnung vom 28. Juni 1844 § 29.; Kabinets-Order vom 11. Dezember 1845; Verordnung vom 21. Juli 1849 § 24.

Rechtsgr. **1046**. — I. Senat. 27. Oktober 1865. (LIX. 354.)

a) Das von den anwesend gewesenen Richtern unterzeichnete Audienzprotokoll, Inhalts dessen der Verklagte den Klageanspruch als richtig anerkannt hat, verliert dadurch, daß dasselbe den Parteien nicht vorgelesen und von ihnen nicht genehmigt ist, Nichts von seiner Beweiskraft hinsichtlich der Richtigkeit dieses Anerkenntnisses.

b) Das über die mündliche Verhandlung vor versammeltem Gerichte aufzunehmende Protokoll bedarf auch dann nicht der Unterschrift der Parteien, wenn dies Protokoll ein Anerkenntniß des eingeklagten Anspruchs enthält und mithin ein Agnitionsprotokoll im Sinne des § 14. I. 8. der Allgem. Gerichts-Ordnung darstellt.

— § **44**. Anbringung neuer Thatsachen Seitens des Appellanten nach erfolgter Appellations-Beantwortung. — Vergl. Instruktion vom 24. Juli 1833 § 45.; Verordnung vom 14. Dezember 1833 § 5. No. 3.; Verordnung vom 21. Juli 1846 § 20.

Rechtsgr. **1047**. — IV. Senat. 27. April 1865. (LVIII. 270.)

Die im § 20. der Verordnung vom 21. Juli 1833 enthaltene Vorschrift, wonach neue Thatsachen nach erfolgter Appellations-Beantwortung vom Appellanten nicht mehr vorgebracht werden dürfen, bildet eine nicht wesentliche Prozeßvorschrift, welche auch unter die, von Ueberschreitung von Präklusivfristen handelnde No. 3. des § 5. der Verordnung vom 14. Dezember 1833 nicht zu subsumiren ist.

Siehe auch Rechtsgrundsatz 1062. (Verordnung vom 14. Dezember 1833 § 5. No. 2.)

— § 45. Kontumazialfolgen bei verspäteter Einreichung der Appellations-Beantwortung. — Vergl. Verordnung vom 21. Juli 1846 § 20.

Rechtsgr. **1048**. — IV. Senat. 3. November 1864. (LVIII. 39.)

Die Kontumazialfolge der nicht zur gesetzlichen Zeit bewirkten Einreichung der Appellations-Beantwortung ist nicht auf die bereits in erster Instanz bestrittenen Behauptungen auszudehnen.

Siehe auch Rechtsgrundsatz 1062. (Verordnung vom 14. Dezember 1833 § 5. No. 2.)

— §§ **49**. ff. Siehe Rechtsgrundsätze 1062. 1145. (Verordnung vom 14. Dezember 1833 § 5. No. 2.; Verordnung vom 21. Juli 1846 § 21.)

— § **53**. Nichtwesentliche Prozeßvorschrift in dieser Gesetzesstelle. — Vergl. Verordnung vom 14. Dezember 1833 § 5. No. 2.

Rechtsgr. **1049**. — III. Senat. 22. Januar 1864. (LVI. 16.)

Die Bestimmung des § 53. der Verordnung vom 1. Juni 1833 gehört zu den nicht wesentlichen Prozeßvorschriften.

— § **74**. Siehe Rechtsgrundsatz 831. (A. G. O. I. **14**. § 12.)

1833, Juli 14. Justiz-Ministerial-Instruktion für die Gerichte zur Ausführung der Verordnung No. 1426. über den Mandats-, den summarischen und den Bagatellprozeß. (v. Kamptz, Jahrbücher Bd. 41. S. 452.)

— §§ **6**. **7**. Begründung der Mandatsklage wegen eines Hypothekenkapitals durch Bezugnahme auf die nicht ausgefertigte, in den Hypotheken-Akten befindliche Original-Urkunde. — Vergl. Verordnung vom 1. Juni 1833 § 1.; Verordnung vom 24. Mai 1853 § 17.

Rechtsgr. **1050**. — III. Senat. 21. November 1864. (LXIII. 17.)

Nach der streng formalen Natur des Mandatsprozesses kann, wenn es sich um das Kapital einer Hypothekenforderung handelt, die Bestimmung des § 6. der Instruktion vom 24. Juli 1833:

Jeder Mandatsklage muß die Urkunde, worauf sie sich gründet, in der Original-Ausfertigung beigelegt werden, nicht durch Berufung auf die in den Hypotheken-Akten

befindliche Original=Verhandlung ersetzt werden, und zwar auch dann nicht, wenn eine Ausfertigung dieser Verhandlung nicht ertheilt worden ist. Hierin hat auch die Verordnung vom 24. Mai 1853 nichts geändert.

— § **29**. Siehe Rechtsgrundsatz 1044. (Verordnung vom 1. Juni 1833 § 27.)
— § **33**. Siehe Rechtsgrundsatz 800. (A. G. O. I. **10**. § 134.)
— § **41**. Siehe Rechtsgrundsatz 1046. (Verordnung vom 1. Juni 1833 § 36.)
— § **45**. Siehe Rechtsgrundsatz 1047. (Verordnung vom 1. Juni 1833 § 44.)

1833, Oktober 17. Kabinets-Order, betreffend die Ausführung der Verordnung vom 1. Juni 1833 über den Mandats-, summarischen und Bagatellprozeß. (Ges.-Samml. S. 119.)
— No. **4**. Siehe Rechtsgrundsatz 786. (A. G. O. I. **3**. § 25.)

1833, November 24. Kabinets-Order, betreffend die Deklaration der §§ 37. und resp. 24. und 23. der Gesetze vom 21. April 1825 über die gutsherrlich-bäuerlichen Verhältnisse. (Ges.-Samml. S. 292.)
— Siehe Rechtsgrundsatz 983. (Eigenthums-Ordnung vom 26. November 1741.)

1833, Dezember 14. Verordnung über das Rechtsmittel der Revision und der Nichtigkeitsbeschwerde. (Ges.-Samml. S. 302.)
— §§ **1-3**. Statthaftigkeit des Rechtsmittels der Revision oder der Nichtigkeitsbeschwerde:

A. Unbedingte Zulässigkeit der Revision bei Prozessen über Familienverhältnisse ohne Rücksicht auf den Werth des angegebenen Streitgegenstandes.

Rechtsgr. **1051**. — I. Senat. 30. Mai 1864. (LV. 109.)

a) Zur Beurtheilung der Zulässigkeit der Revision kommt es bei Streitigkeiten über Familienverhältnisse nicht auf die Summe des Werthes an. Daher ist in einem solchen Prozesse auch dann, wenn der Werth des Prozeßgegenstandes „als unschätzbar auf nur 60 Rthlr." angegeben worden, dennoch die Revision zulässig.

b) Der Gegenstand des Prozesses wird dadurch kein anderer, daß das Urtheil die Frage in Betreff der in dem Prozeß erörterten Familienverhältnisse nur unter den streitenden Theilen und nicht allgemein entscheidet, und Kläger etwa zur Erörterung dieser Frage im Allgemeinen gar nicht legitimirt ist.

B. Zulässigkeit der Revision über die Ansprüche der im Brautstande Geschwängerten. — Vergl. Gesetz vom 24. April 1854 § 2.

Rechtsgr. **1052**. — I. Senat. 18. Dezember 1865. (LXI. 282.)

In Prozessen wegen der auf Grund des § 2. des Gesetzes vom 24. April 1854 zu erhebenden Ansprüche der im Brautstande Geschwängerten ist die Zulässigkeit der Revision, wie in allen das Vermögen betreffenden Prozessen, nach § 2. der Verordnung vom 14. Dezember 1833 zu beurtheilen und abhängig von dem Inhalte der Vorentscheidungen und dem Gegenstande der Beschwerde.

C. Zulässigkeit der Rechtsmittel bei „unschätzbaren" Vermögensobjekten. — Vergl. Instruktion vom 7. April 1839 No. 5.; Verordnung vom 21. Juli 1843 §§ 5. 6.; Gesetz vom 10. Mai 1851 § 11. No. 4. 5., § 12. No. 2.

Rechtsgr. **1053**. — I. Senat. 15. Juli 1864. (LIV. 253.), IV. Senat. 12. Oktober 1865. (LXI. 101.)

Plenarbeschluß vom 4. Juli 1864: Wenn die Parteien einen, zum Vermögen gehörigen Gegenstand des Prozesses, welcher nicht durch besondere gesetzliche Vorschriften von der Revision ausgeschlossen ist, als unschätzbar bezeichnet, zugleich aber dessen Werth in einer bestimmten Summe angegeben haben, so ist diese Werthsangabe nicht blos auf den Ansatz der Kosten zu beziehen, sondern sie gilt auch für die Entscheidung der Frage über die Zulässigkeit des Rechtsmittels der Revision und der Nichtigkeitsbeschwerde.

D. Rechtsmittel der Revision wegen Abweisung angebrachtermaaßen.

Rechtsgr. 1054. — I. Senat. 30. September 1864. (LVI. 209.)

Ist die Klage wegen eines an sich revisiblen Gegenstandes in erster Instanz gänzlich, in zweiter Instanz angebrachtermaaßen abgewiesen worden, so ist die Revision das zulässige Rechtsmittel.

Siehe auch Rechtsgrundsätze 432. 866. 868. (A. L. R. I. 22. § 59. A. G. O. I. 37. § 11., 42. §§ 34. ff.)

— § 4. Prozeßvorschrift und Rechtsgrundsatz; Beweislast; Gewohnheitsrecht:

A. Begriff einer Prozeßvorschrift und eines Rechtsgrundsatzes.

Rechtsgr. 1055. — IV. Senat. 8. Mai 1866. (LXII. 345.)

Die Prozeßvorschriften regeln entweder das Prozeßverfahren selbst und die richterliche Thätigkeit in solchem, oder die Rechte und Pflichten der Parteien in Beziehung auf die Art und Weise, wie sie ihre Rechte innerhalb des Prozeßverfahrens zur Geltung zu bringen haben. Den Gegensatz geben Rechtsgrundsätze, die einen von einem Prozeßverfahren unabhängigen Titel in sich schließen, der als Norm für das materielle Recht gilt, und daher nicht blos bei prozessualischen Entscheidungen, sondern auch außer solchen, überhaupt in allen Fällen zur Anwendung kommen kann, wo es auf eine Beurtheilung von Rechten und Rechtsverhältnissen ankommt.

B. Grundsätze über die Beweislast als nichtwesentliche Prozeßvorschriften.

Aeltere Ansicht.

Rechtsgr. 1056. — IV. Senat. 4. Januar 1866. (LXI. 309.)

Die Grundsätze von der Beweislast, und namentlich des Grundsatzes, daß der Kläger sein Klagefundament zu erweisen habe, sind prozessualischer Natur, als solche aber in den Gesetzen über das Nichtigkeitsverfahren nicht als wesentliche bezeichnet, deren Verletzung als Nichtigkeitsgrund geltend zu machen sei.*

* Vergl. dagegen Bd. 3. No. 1463. dieser Rechtsgrundsätze.

C. Irrthum in der Vertheilung der Beweislast als Verstoß gegen Rechtsgrundsätze oder Prozeßvorschriften.

Aeltere Ansicht.

Rechtsgr. **1057**. — IV. Senat. 1. Februar 1866. (LXI. 345.)

Hat der Richter in der Vertheilung der Beweislast geirrt, so liegt darin kein Verstoß gegen einen Rechtsgrundsatz, für welchen die prozessualischen Regeln von der Beweislast nicht anzusehen sind.

D. Neuere Ansicht, gegenüber den Grundsätzen zu B. und C.

Rechtsgr. **1058**. — I. Senat. 3. Dezember 1866. (LXIV. 311.)

Hat der Appellations-Richter die Beweislast unrichtig geregelt und vertheilt und lediglich in Folge dessen die verurtheilende Entscheidung des ersten Richters für gerechtfertigt erklärt, so hat er dadurch nicht etwa blos gegen eine unwesentliche Prozeßvorschrift gefehlt, sondern in der That einen Rechtsgrundsatz, im Sinne des § 4. No. 1. der Verordnung vom 14. Dezember 1833 verletzt.

E. Begründung der Nichtigkeitsbeschwerde hinsichtlich der Rüge der Verletzung der Rechtsgrundsätze von dem Gewohnheitsrecht.

Rechtsgr. **1059**. — I. Senat. 27. November 1863. (LIII. 29.)

Wird in der Nichtigkeitsbeschwerde die Verletzung der Rechtsgrundsätze von dem Gewohnheitsrechte gerügt, so kommt es auf die Motivirung dieser Beschwerde nicht besonders an, vielmehr genügt schon die bloße Rüge rechtsgrundsätzlicher Verletzung.

Siehe auch Rechtsgrundsätze 9. 32. 763. 825. 838. 854. 870. 874. (A. L. R. Einl. § 2., I. **2**. § 42.; A. G. O. Einl. § 65., **14**. § 1., **17**. § 25., **27**. § 54., **52**. §§ 28. 57.)

— § 5. Bestimmte Bezeichnung der verletzten wesentlichen Prozeßvorschriften in der Nichtigkeitsbeschwerde. — Vergl. Deklaration vom 6. April 1839 Art. 8.

Rechtsgr. **1060**. — IV. Senat. 21. November 1865. (LXI. 248.)

Eine Nichtigkeitsbeschwerde ist formell nicht gehörig

substanziirt, wenn in derselben nur der § 5. der Verordnung vom 14. Dezember 1833 in Bezug genommen, nicht aber näher angegeben ist, welche von den verschiedenen in diesem Paragraphen aufgeführten wesentlichen Prozeßvorschriften als verletzt bezeichnet werden sollen.

Siehe auch Rechtsgrundsätze 841. 852. (A. G. O. I. **20**. § 1., **27**. § 1.)

— § **5**. No. **1**. Nichtigkeitsbeschwerde gegen ein Kontumazial-Erkenntniß. — Vergl. A. G. O. I. **16**. § 2. No. 5. und 6.; extra Decret. Grat. I. 33. cap. 8.

Rechtsgr. **1061**. — III. Senat. 14. März 1864. (LIV. 40.)

a) Ist dem Beklagten die Ladung zum Klagebeantwortungs-Termine gar nicht insinuirt und derselbe daher nicht vorschriftsmäßig gehört worden, so findet gegen das wider ihn dennoch erlassene und ihm gehörig insinuirte Kontumazial-Erkenntniß die Nichtigkeitsbeschwerde statt.

b) Dieser Grundsatz findet auch in dem Falle Anwendung, wenn ein bevormundeter Minderjähriger verklagt, und die Ladung nicht an den Vormund, sondern an einen Dritten als vermeintlichen Vormund insinuirt worden ist.

Siehe auch Rechtsgrundsatz 1093. (Deklaration vom 6. April 1839 Art. 2c.)

— § **5**. No. **2**. Irrige Anwendung eines prozessualischen Präjudizes, insbesondere im Wechselprozesse auf den Fall des Nichterscheinens des Klägers und Appellaten in dem Audienztermin bei eingereichter schriftlicher Appellations-Beantwortung. — Vergl. Verordnung vom 1. Juni 1833 §§ 44. 45. 49-53., vom 21. Juli 1846 §§ 20. 22. 27.

Rechtsgr. **1062**. — IV. Senat. 21. November 1865. (LXI. 248.)

a) Der Vorwurf eines prozessualischen Verstoßes im Sinne des § 5. No. 2. der Verordnung vom 14. Dezember 1833 ist dann nicht begründet, wenn das in den Gesetzen angedrohte Präjudiz zur Anwendung gebracht, jedoch unrichtiger Weise realisirt ist. Voraussetzung ist vielmehr, daß statt des für den bestimmten Fall angedrohten Präjudizes ein anderes, für diesen Fall nicht gegebenes Präjudiz zur Anwendung gebracht worden.

b) Wenn daher im Wechselprozesse von dem Appellations-Richter gegen den in dem Audienztermin zweiter Instanz nicht erschienenen Kläger und Appellaten, des bestreitenden Inhalts der von demselben eingereichten schriftlichen Appellations-Beantwortung ungeachtet, das ihm in der Vorladung zu diesem Termine angedrohte Präjudiz des Kontumazialverfahrens realisirt wird, so macht er, selbst wenn er hierin gefehlt haben sollte, sich dadurch doch der Verletzung einer wesentlichen Prozeßvorschrift im Sinne des § 5. No. 2. der Verordnung vom 14. Dezember 1833 nicht schuldig.

Siehe auch Rechtsgrundsätze 694. 791. 808. 809. 813. 828. 829. 862. 1045. (Einführungsgesetz zur Allgem. Deutschen Wechsel-Ordnung § 7.; A. G. O. I. **7**. § 20., **10**. §§ 286. 296. 312., **14** § 2., **31**. § 12.; Verordnung vom 1. Juni 1833 §§ 35. 53.)

— § **5**. No. **3**. Begriff des gesetzlichen Präklusivtermins in dieser Gesetzesstelle.

Rechtsgr. **1063**. — **III**. Senat. 7. Juli 1865. (**LIX**. 297.)

Der § 5. No. 3. der Verordnung vom 14. Dezember 1833, wenn derselbe von gesetzlichen Präklusivterminen spricht, setzt voraus, daß ein nach Monaten, Wochen oder Tagen bestimmter Zeitraum im Gesetze angeordnet worden, innerhalb dessen von einer Befugniß bei Vermeidung des Verlustes derselben Gebrauch gemacht werden kann, oder daß doch zur Geltendmachung eines Anspruches bei Verlust desselben dem Gesetze gemäß vor Gericht ein Termin anberaumt worden ist.

Siehe auch Rechtsgrundsätze 1045. 1047. (A. G. O. I. **31**. § 12.; Verordnung vom 1. Juni 1833 §§ 35. 44.)

— § **5**. No. **8**. Kompetenz des Richters:

A. Inkompetenz des Richters.

Rechtsgr. **1064**. — IV. Senat. 18. Juli 1865. (LX. 127.)

Der § 5. No. 8. der Verordnung vom 14. Dezember 1833 betrifft die Inkompetenz für den ganzen Prozeß und nicht die Frage, in welchem Umfange der Richter in dem vor ihm anhängig gemachten Rechtsstreite bezüglich einzelner Streitigkeiten auf autonomische Befugnisse Rücksicht zu nehmen hat.

B. Beurtheilung der Kompetenz des Gerichts gegenüber einem Schieds-Gericht.

Rechtsgr. **1065**. — IV. Senat. 3. November 1864. (LVIII. 31.)

Die Vorschrift des § 5. No. 8. der Verordnung vom 14. Dezember 1833 hat nur den Zweck, die Ueberschreitung der gesetzlich angeordneten Kompetenz der Gerichte zu schützen, nicht aber maaßgebend zu sein bei der streitigen Frage: ob statt der ordentlichen gesetzlichen Gerichtsbarkeit kraft Vertrages ein Schiedsgericht einzutreten hat.

— § 5. No. **10a**. Nichterwähnung einer in den Prozeßschriften enthaltenen Thatsache als Grund der Nichtigkeit eines Urtheils.

Rechtsgr. **1066**. — I. Senat. 23. April 1866. (LXIV. 89.)

Die Fassung der Vorschrift der Verordnung vom 14. Dezember 1833 in dem § 5. No. 10. Littr. a., lautend:

Wenn eine in den Prozeßvorschriften enthaltene, oder zu Protokoll erklärte und mit Angabe der Beweismittel unterstützte Thatsache, welche eine entgegengesetzte Entscheidung begründen würde, in den Urtheilsgründen gar nicht erwähnt ist;

zeigt, daß die vom Richter nicht erwähnte Thatsache von einer Partei angeführt sein muß, um darauf einen Anspruch oder einen Einwand zu gründen.

Siehe auch Rechtsgrundsatz 694. (Einführungsgesetz zur Allg. Deutschen Wechsel-Ordnung § 7.)

— § 5. No. 10b. Negirung von thatsächlichen Behauptungen und von Akten- und Wortwidrigkeiten.

Rechtsgr. 1067. — IV. Senat. 4. Januar 1866. (LXI. 308.)

Die bloße Negirung von thatsächlichen Behauptungen enthält keine positive, dem § 5. No. 10. der Verordnung vom 14. Dezember 1833 entsprechende Erklärung und läßt daher den Vorwurf einer Akten- und Wortwidrigkeit im Sinne dieser Vorschrift nicht zu.

— § 5. No. 10b. Siehe Rechtsgrundsatz 750. (Einführungsgesetz zum Strafgesetzbuch Art. 18.)

— § 7. Purifikatoria:

A. Appellation gegen eine Purifikationsresolution. — Vergl. A. G. O. I. 10. §§ 297. 375., 14. § 2.

Rechtsgr. 1068. — IV. Senat. 3. November 1864. (LIV. 344.)

a) Für die rechtliche Wirkung und Bedeutung der in Beziehung auf die rechtskräftige, noch zu purifizirende Entscheidung des Prozesses in Erkenntnißform ergangenen anderweiten Entscheidung des Prozesses erster Instanz ist entscheidend, ob der Richter beabsichtigt hat, das frühere rechtskräftige Erkenntniß nicht einfach zu purifiziren, sondern in der Sache selbst, vorbehaltlich der Rechtsmittel, zu erkennen. Hierbei ist es unerheblich, daß der Tenor des anderweiten Erkenntnisses ganz so lautet, als sei eine bloße Purifikations-Resolution abgefaßt.

b) Daher ist gegen ein solches Erkenntniß die Appellation, nicht die Nichtigkeitsbeschwerde, das zulässige Rechtsmittel.

B. Statthaftigkeit der Nichtigkeitsbeschwerde gegen eine Purifikatoria nach erfolgter Zurückweisung des Restitutionsgesuches. — Vergl. Verordnung vom 28. März 1840 § 5.

Rechtsgr. 1069. — I. Senat. 16. Dezember 1864. (LVII. 176.)

a) Die Partei, gegen welche wegen Nichterscheinens in Kontumaziam eine Purifikations-Resolution erlassen worden, geht dadurch, daß ein dagegen auf Grund des

Gesetzes vom 28. März 1840 eingelegtes Restitutionsgesuch zurückgewiesen ist, der sonst zulässigen Nichtigkeitsbeschwerde nicht verlustig.

b) Noch weniger kann die Nichtigkeitsbeschwerde dann versagt werden, wenn trotz der bereits bewilligten Restitution und ungeachtet kein neuer Ungehorsam von der Partei bewiesen worden ist, das Gericht die früher in Kontumaziam erlassene Purifikation wieder aufrecht erhält.

— § **14**. Sachverhältniß:

A. Beurtheilung eines Rechtsgeschäfts als Handelsgeschäft. — Vergl. Allg. Deutsches Handelsgesetzbuch Art. 271. 272.; Deklaration vom 6. April 1839 Art. 3. No. 1.

Rechtsgr. **1070**. — IV. Senat. 19. April 1866. (LXIII. 135.)

Die Beurtheilung darüber, ob ein Rechtsgeschäft als Handelsgeschäft zu betrachten sei, ist von verschiedenen thatsächlichen Voraussetzungen abhängig, über welche sich auszusprechen dem Gegentheil Gelegenheit gegeben werden muß, und folgt daraus, daß die Parteien, welche ein Rechtsgeschäft als ein Handelsgeschäft darstellen wollen, dies in den Vorinstanzen thun müssen.*

B. Verspätete Anfechtung eines Schuldanerkenntnisses aus formellen Gründen erst in der Nichtigkeitsbeschwerde. — Vergl. A. L. R. II. **2**. § 137.

Rechtsgr. **1071**. — III. Senat. 5. Januar 1865. (LVI. 262.)

Ist die Gültigkeit des Anerkenntnisses einer Schuld in den früheren Instanzen nur aus materiellen Gründen, nicht aber wegen des formellen Grundes aus der singulären Vorschrift des § 137. II. 2. des Allgem. Landrechts angefochten, so ist ein hierauf gerichteter Angriff in der Nichtigkeitsbeschwerde nicht mehr statthaft.

Siehe auch Rechtsgrundsätze 744. 745. (Allg. Deutsche Wechsel-Ordnung Art. 87.)

* Vergl. dagegen Bd. 51. S. 214. des Archivs für Rechtsfälle.

— § **19**. Siehe Rechtsgrundsatz 831. (A. G. O. I. **14**. § 12.)

1834, März 4. Verordnung No. 1511. über die Exekution in Civilsachen. (Ges.-Samml. S. 31.)
— § **2**. Siehe Rechtsgrundsatz 914. (Konkurs-Ordnung § 357.)
— § **6**. Siehe Rechtsgrundsatz 840. (A. G. O. I. **24**. § 36.)
— § **9**. Siehe Rechtsgrundsätze 216. 348. (A. L. R. I. **11**. § 190., **16**. § 200.)
— § **10**. Siehe Rechtsgrundsatz 830. (A. G. O. I. **14**. § 3.)
— § **13**. Siehe Rechtsgrundsatz 929. (Provinzialrecht der Kurmark Brandenburg § 377.)
— §§ **15**. ff. Siehe Rechtsgrundsatz 415. (A. L. R. I. **21**. § 358.)
— § **22**. Siehe Rechtsgrundsatz 1173. (Gesetz vom 12. Mai 1851 § 4.)

1834, März 4. Verordnung No. 1512. über den Subhastations- und Kaufgelder-Liquidationsprozeß. (Ges.-Samml. S. 39.)
— § **2**. Siehe Rechtsgrundsatz 1092. (Verordnung vom 6. April 1839.)
— § **3**. Siehe Rechtsgrundsatz 1073. (§ 16. dieser Verordnung.)
— § **4**. Siehe Rechtsgrundsatz 871. (A. G. O. I. **52**. § 33.)
— § **8**. Siehe Rechtsgrundsätze 796. 871. 1081. (A. G. O. I. **8**. § 5., **52**. § 33.; Gesetz vom 2. Dezember 1837 § 4.)
— §§ **10**. ff. Siehe Rechtsgrundsätze 402. 872. 876. (A. L. R. I. **20**. § 616.; A. G. O. I. **52**. §§ 37. 58.)
— § **12**. Siehe Rechtsgrundsatz 873. (A. G. O. I. **52**. § 41.)
— § **13**. Einfluß der Anzeige des Gläubigers, daß er wegen der eingeklagten Forderung nebst Kosten befriedigt sei, auf das anhängige Subhastationsverfahren und den Zuschlagsbescheid.

Rechtsgr. **1072**. — III. Senat. 25. September 1865. (LXI. 55.)

Zeigt der Gläubiger dem Gericht an, daß der Subhastat

„die eingeklagte Forderung nebst Kosten bezahlt habe",

so hat das Gericht das Subhastationsverfahren aufzuheben; der trotzdem dem Meistbietenden ertheilte Zuschlag unterliegt der Vernichtung.

Siehe auch Rechtsgrundsatz 873. (A. G. O. I. **52**. § 41.)

— § **16**. ff. Konvalescenz der Hypothek für ein noch nicht gegebenes Darlehn durch spätere Berichtigung der Valuta; Anfechtung dieser

Hypothek durch die nachstehenden Gläubiger. — Vergl. A. L. R. I. **11**. §§ 738. 739., **20**. §§ 11-14.; A. G. O. I. **51**. § 5.; Subhastations-Verordnung vom 4. März 1834 § 3.; Konkurs-Ordnung vom 8. Mai 1855 § 399.

Rechtsgr. **1073**. — III. Senat. 19. Mai 1865. (LVIII. 307.)

Soll die für ein noch nicht gegebenes Darlehn bestellte Hypothek durch nachträgliche Zahlung der verschriebenen Summe konvalesciren, so muß diese Zahlung mindestens vor der Publikation des Adjudikationsbescheides, betreffend das zum Pfand bestellte und inzwischen subhastirte Grundstück, erfolgt sein.

— §§ **19**. **20**. Siehe Rechtsgrundsätze 226. 228. (A. L. R. I. **11**. § 340.)

1834, März 31. Verordnung No. 1513. wegen Einrichtung des Hypothekenwesens in dem Herzogthum Westphalen. (Ges.-Samml. S. 47.)

— § **9**. Siehe Rechtsgrundsatz 925. (Allg. Hypotheken-Ordnung IV. § 29.)

— §§ **15**. **20**. Begriff von „Schuldner" im § 15. der Verordnung wegen Einrichtung des Hypothekenwesens im Herzogthum Westphalen vom 31. März 1834; Präklusion der Realberechtigten, insofern das Grundstück noch in den Händen des Schuldners oder dessen Erben sich befindet. — Vergl. Patent vom 22. Mai 1815; Verordnung vom 22. März 1844 § 2.

Rechtsgr. **1074**. — II. Senat. 2. November 1865 und 11. Oktober 1866. (LXIV. 274.)

a) Unter dem „Schuldner", gegen welchen der Realberechtigte nach § 15. der Verordnung wegen Einrichtung des Hypothekenwesens im Herzogthum Westphalen vom 31. März 1834, beziehungsweise § 2. der Verordnung wegen allgemeinen Aufrufes der im § 20. jener Verordnung bezeichneten Realberechtigten vom 22. März 1844, die dort bezeichneten Rechte behält, kann nach dem Wortlaut und Zusammenhang dieser Gesetze nur derjenige verstanden werden, gegen welchen dieselben dem Berechtigten beim Ablauf der Anmeldungsfrist zugestanden, d. h. Derjenige, welcher das betreffende Grundstück beim Ablauf dieser Frist besaß.

b) War derselbe, entweder, weil der Rechtstitel, worauf die Abgabe beruhte, von ihm herrührte, oder aus irgend einem anderen Grunde persönlich verpflichtet, so verbleiben nach den zitirten Paragraphen die diesfälligen Gerechtsame dem Berechtigten, auch wenn die Anmeldung im Hypothekenbuche unterblieben ist; die Rechte an dem Grundstück aber verbleiben ihm danach so lange, als dasselbe sich noch in den Händen des Schuldners, d. h. desjenigen, welcher solches beim Ablauf der Frist besaß, oder dessen Erben befindet. Daß diese Rechte mit Ablauf der Frist verloren gehen, wenn der derzeitige Besitzer nicht aus dem vor dem 1. Dezember 1825 entstandenen Titel persönlich verpflichtet war, liegt weder in den Worten noch im Sinne des Gesetzes.

c) Plenarbeschluß vom 4. Juni 1866: Die im Hypotheken-Patente vom 2. Mai 1815 § 9., in der Verordnung wegen Einführung des Hypothekenwesens im Herzogthum Westphalen rc. vom 31. März 1834 § 15. und in der Verordnung wegen Aufrufs der Realberechtigten rc. vom 22. März 1844 enthaltene Vorschrift, wonach diejenigen Realberechtigten, welche ihre Ansprüche innerhalb der Präklusivfrist zur Eintragung in das Hythekenbuch nicht angemeldet haben, sich nach Ablauf der Frist noch an das belastete Grundstück halten können, insofern sich dasselbe noch in den Händen des Schuldners oder dessen Erben befindet, ist nicht auf den Fall zu beschränken, wenn das Grundstück durch Beerbung desselben auf dessen Besitznachfolger übergegangen ist; sondern es ist dieselbe auch in dem Falle zur Anwendung zu bringen, wenn der Vorbesitzer sein gesammtes Vermögen einschließlich des Grundstückes durch einen sogenannten Ueber-

tragungs-Kontrakt, resp. Vitalizien- oder Alimenten-Kontrakt einem seiner Descendenten unter Lebenden abgetreten hat.

1834, Juni 19. Kabinets-Order, betreffend die Erläuterung der Vorschriften des Tarifs zum Stempelgesetz vom 7. März 1822 wegen Stempelpflichtigkeit der Punktationen. (Ges.-Samml. S. 81.)
— Siehe Rechtsgrundsätze 1021. 1231. (Stempelgesetz vom 7. März 1822 § 2.; Gesetz vom 24. Mai 1861 § 12.)

1834, Juni 30. Verordnung No. 1542. wegen des Geschäftsbetriebes in den Angelegenheiten der Gemeinheitstheilungen, Ablösungen und Regulirung der gutsherrlich-bäuerlichen Verhältnisse, als Anhang zu der Verordnung vom 20. Juni 1817 und dem Gesetze vom 7. Juni 1821. (Ges.-Samml. S. 96.)
— § **8**. Siehe Rechtsgrundsatz 1015. (Gemeinheitstheilungs-Ordnung vom 7. Juni 1821 § 147.)
— §§ **23**. **26**. Siehe Rechtsgrundsatz 1009. (Verordnung vom 20. Juni 1817 § 90.)

1835, Februar 7. Kabinets-Order, betreffend den Kleinhandel mit Getränken auf dem Lande und den Gast- und Schankwirthschaftsbetrieb überhaupt für alle Theile der Monarchie. (Ges.-Samml. S. 18.)
— Siehe Rechtsgrundsatz 1001. (Edikt vom 2. November 1810 § 1.)

1835, Februar 7. Deklaration der Kabinets-Order vom 23. September 1812, betreffend die Veräußerung des Grundeigenthums der Pflegebefohlenen. (Ges.-Samml. S. 17.)
— Siehe Rechtsgrundsatz 608. (A. L. R. II. **18**. § 560.)

1835, März 21. Deklaration des § 54. I. **20**. des Allg. Landrechts, die Uebernahme von Pfand- und Hypothekenschulden betreffend. (Ges.-Samml. S. 42.)
— Verpflichtung des Käufers hinsichtlich der auf das Kaufgeld übernommenen Hypothekenschulden; Wirkung der Uebernahme einer Hypothekenforderung in Abrechnung auf die Kaufgelder; ausdrückliche Verpflichtung des Käufers zur Tilgung der übernommenen Hypothek. — Vergl. A. L. R. I. **16**. § 484. und Anh. § 52. zu § 484.; **20**. § 54.

Rechtsgr. **1075**. — IV. Senat. 4. April 1865. (LVII. 302.)

a) Wird eine Hypothek Seitens des neuen Erwerbers

des Pfandgrundstückes in Abrechnung auf das Kaufgeld übernommen, so ist der Veräußerer, beziehungsweise derjenige, welcher sich die Rechte desselben hat cediren lassen, befugt, sofort Zahlung der übernommenen, an sich nicht an besondere Zahlungsfristen gebundenen Post von dem Käufer zu verlangen.

b) Zur Begründung der Verbindlichkeiten des Käufers in Betreff der in Abrechnung auf das Kaufgeld übernommenen Hypothekenschulden genügt die bloße Uebernahme der Post in Anrechnung auf das Kaufgeld ohne weitere ausdrückliche, im § 3. der Deklaration vom 21. März 1835 nur beispielsweise angeführte Verpflichtung des Käufers zur Tilgung der übernommenen Hypothek.

Siehe auch Rechtsgrundsatz 361. (A. L. R. I. **16**. Anh. § 52. zu § 484.)

1835, April 26. Gesetz über Verträge zahlungsunfähiger Schuldner zum Nachtheil der Gläubiger. (Ges.-Samml. S. 53.)

— Siehe Rechtsgrundsätze 1217. 1218. (Anfechtungsgesetz vom 9. Mai 1855 § 5. No. 3., § 7. No 1.)

1835, August 8. Regulativ, die sanitätspolizeilichen Vorschriften bei den am häufigsten vorkommenden ansteckenden Menschen-Krankheiten enthaltend. (Ges.-Samml. 1835 Anh. S. 1.)

— Siehe Rechtsgrundsatz 218. (A. L. R. I. **2**. Anh. § 14. zu § 204.)

1835, Dezember 5. Kabinets-Order, betreffend den Gerichtsstand minderjähriger oder großjähriger, noch unter väterlicher Gewalt befindlicher Personen. (Ges.-Samml. S. 294.)

— Siehe Rechtsgrundsatz 18. (A. L. R. Einl. § 23.)

1836, Januar 5. Reglement 1694. für die Provinzial-Feuer-Sozietät der Provinz Posen. (Ges.-Samml. S. 85.)

— § **11**. Siehe Rechtsgrundsatz 1077. (§ 46. dieses Reglements.)

— § **24**. Versicherung des Bauholzes Seitens des zur Lieferung des freien Bauholzes Verpflichteten. — Vergl. A. L. R. I. **2**. § 43.)

Rechtsgr. **1076**. — IV. Senat. 10. Mai 1864. (LIV. 183.)

Hat der zur Lieferung des freien Bauholzes Verpflichtete

auf Grund des § 24. des Reglements für die Provinzial-Feuer-Sozietät für die Provinz Posen das Bauholz versichert, so tritt der Anspruch auf die Versicherungssumme nicht mit der Zerstörung des Gebäudes durch Feuer ein, sondern es wird derselbe erst existent, wenn die Lieferung des freien Bauholzes stattgefunden hat.

— §§ **46**. **52**. **57**. **58**. **65**. **66**. Berechtigung zu den Feuer-Versicherungsgeldern. — Vergl. § 11. dieses Reglements.

Rechtsgr. **1077**. — III. Senat. 2. Oktober 1865. (LX. 171.)

Hat der in der Posener Feuersozietät Versicherte nach erlittenem Brandschaden und Erstattung des ersten Dritttheils der Brandentschädigungssumme, ohne den Aufbau zu beginnen, das Grundstück, auf welchem sich das abgebrannte Gebäude befand, verkauft, so ist der Käufer, welcher nunmehr aufbaut, an sich nicht berechtigt, von dem Verkäufer die Zahlung des erhaltenen Dritttheils der Brandentschädigungsgelder zu verlangen.

Siehe auch Rechtsgrundsatz 546. (A. L. R. II. 8. § 1934.)

1836, April 8. Großherzoglich Mecklenburg-Strelitzische Verordnung, betreffend Abwendung und Eröffnung des Konkurses. (Scharenberg und Genzken, Gesetz-Sammlung für die Mecklenburg-Strelitzischen Lande, zweite Abtheilung, II. Civilprozeß S. 355. — Neustrelitz 1860.)
— Einfluß der Präklusion der Forderung eines Inländers in dem bei einem Großherzoglich Mecklenburgischen Gerichte anhängig gewesenen Konkurse über das Vermögen des daselbst wohnenden Schuldners. — Vergl. A. L. R. Einl. § 33. ff., I. **5**. §§ 111-114.; Deklaration vom 8. September 1843.

Rechtsgr. **1078**. — IV. Senat. 12. April 1864. (LIV. 82.)

Ist ein Inländer in dem bei einem Großherzoglich Mecklenburgischen Gerichte anhängig gewesenen Konkurse mit seiner Forderung an den Kridar auf ergangene Ediktalzitation präkludirt worden, so gehört zur Begründung der, nach Arrestlegung auf einen hiernächst im Inlande befindlichen Vermögensgegenstand des gewesenen

Kridars, bei dem inländischen Gerichte angestellten Klage auf Befriedigung aus diesem Gegenstande der Nachweis, daß der Verklagte inzwischen zu besseren Vermögensverhältnissen gelangt sei.

Unerheblich ist es hierbei, ob das Geschäft, aus welchem das Forderungsrecht des Klägers entstanden, in Mecklenburg abgeschlossen ist, oder nicht.

1836, Juni 19. Verordnung No. 1719. über die exekutivische Einziehung der Kirchen-, Pfarr- und Schulabgaben. (Ges.-Samml. S. 198.) — Siehe Rechtsgrundsatz 572. (A. L. R. II. **12**. § 29.)

1836, Juli 13. Gesetz No. 1730. über die bäuerliche Erbfolge in der Provinz Westphalen. (Ges.-Samml. S. 209.)

— §§ **1**. **5**. **9**. **15**. **16**. Anerbenrecht bei heimfallpflichtigen Kolonaten in der Provinz Westphalen nach den Bestimmungen des bäuerlichen Erbfolgegesetzes vom 13. Juli 1836. — Vergl. Verordnungen vom 18. Dezember 1848 § 5. und vom 13. November 1849 § 5.

Rechtsgr. **1079**. — I. Senat. 25. Januar 1864. (LIII. 65.)

a) Die Vorschrift des § 5. Absatz 2. der Verordnung vom 18. Dezember 1848, — betreffend den Fall des Eintritts der Nothwendigkeit der Auseinandersetzung des überlebenden Ehegatten mit den Kindern auf Grund des Gesetzes vom 13. Juli 1836 erst nach der Gesetzeskraft jener Verordnung, — findet keine Anwendung, wenn der überlebende Ehegatte bereits vorher wieder geheirathet und dadurch die Auseinandersetzung im gesetzlichen Sinne nöthig gemacht hatte.

b) Für die Succession in das Bauergut nach den Bestimmungen des Gesetzes vom 13. Juli 1836 ist der nach der gewöhnlichen Erbfolge sich bestimmende Erbanfall maaßgebend.

c) Unter den im dritten Absatz des § 16. des Erbfolgegesetzes vom 13. Juli 1836 „zur Zeit der Auseinandersetzung obwaltenden Umständen" sind die Umstände zur Zeit der, nach dem Provinzial- oder Statutarrecht vorzunehmenden Auseinandersetzung, namentlich der Wiederverheirathung zu verstehen.

d) Durch die spätere Verheirathung des nach dem Erbfolgegesetze vom 13. Juli 1836 zu bestimmenden Anerben mit einer Kolonatsbesitzerin im Sinne des § 9. Littr. a. dieses Erbfolgegesetzes wird derselbe seines Anerbenrechts nicht wieder verlustig.

— **§§ 16. 18.** Verkauf des gütergemeinschaftlichen Bauerguts Seitens des überlebenden Ehegatten behufs Beseitigung des § 16. des Gesetzes über die bäuerliche Erbfolge in Westphalen.

Rechtsgr. **1080.** — I. Senat. 11. Dezember 1865. (LXII. 71.)

Hat der überlebende Ehegatte vor seiner Wiederverheirathung das gütergemeinschaftliche Bauergut verkauft, so kann aus dem Umstande, daß dies in der deutlichen und bewußten Absicht geschehen ist, die Wirkung des § 16. des Gesetzes über die bäuerliche Erbfolge in Westphalen vom 13. Juli 1836 nicht eintreten zu lassen, die Unverbindlichkeit des Kaufvertrages nicht hergeleitet werden.

1837, März 20. Gesetz No. 1792. über Errichtung und Bekanntmachung der Verträge wegen Einführung oder Ausschließung der ehelichen Gütergemeinschaft. (Ges.-Samml. S. 63.)

— **§ 4.** Siehe Rechtsgrundsatz 615. (Einführungsgesetz zum Allgem. Deutschen Handelsgesetzbuch vom 24. Juni 1861 Art. 20.)

1837, Juni 8. Justizministerial-Reskript wegen der Grundsätze bei Pensionsanträgen der Beamten. (v. Kamptz, Jahrbücher Bd. 49. S. 486.)

— Siehe Rechtsgrundsatz 1037. (Kabinets-Order vom 22. April 1829.)

1837, Juni 11. Gesetz zum Schutz des Eigenthums an Werken der Wissenschaft und Kunst gegen Nachdruck und Nachbildung. (Gesetz-Samml. S. 165.)

— Siehe Rechtsgrundsatz 861. (A. G. O. I. **31.** § 1.)

1837, August 24. Kabinets-Order, betreffend die Befugnisse des Justiz-Ministers zur Ertheilung von Geschäfts-Instruktionen. (Ges.-Samml. S. 143.)

— Siehe Rechtsgrundsatz 1169. (Ferien-Ordnung vom 16. April 1850.)

1837, Dezember 2. Verordnung über die Subhastation von Grundstücken von geringem Werthe. (Ges.-Samml. S. 219.)

— **§ 4**. Beweis des erfolgten Aushanges des Subhastationspatents. — Vergl. A. G. O. I. **52**. § 30.; Subhastations-Verordnung vom 4. März 1834 § 8.)

Rechtsgr. **1081**. — III. Senat. 13. Januar 1865. (LX. 5.)

Aus der Bestimmung im § 4. der Verordnung vom 2. Dezember 1837, nach welcher es, betreffend den Aushang des Subhastationspatentes, „lediglich auf den Bericht des Gerichtsboten über die erfolgte Anheftung ankommt", folgt nicht, daß nur auf solche und nicht auf eine andere Weise die erfolgte Anheftung des Patents erwiesen werden könne; vielmehr ist in jenem Gesetz nur bestimmt, daß, wenn der Bote die Anheftung bezeugt, nicht weiter nachzuforschen ist, wo das nicht vorhandene Patent geblieben sei, und ist ein anderweitiger Beweis über den erfolgten Aushang im Subhastationsprozeß überhaupt statthaft.

1838, Januar 23. Das mit den zollvereinbarten Staaten vereinbarte Zollgesetz. (Ges.-Samml. S. 100.)

— **§ 23**. Siehe Rechtsgrundsatz 24. (A. L. R. Einl. § 75.)

1838, März 31. Gesetz No. 1885. wegen Einführung kürzerer Verjährungsfristen. (Ges.-Samml. S. 249.)

— Ausschließliche Anwendbarkeit dieses Gesetzes auf Forderungen aus freiem Uebereinkommen.

Rechtsgr. **1082**. — I. Senat. 29. Januar 1866. (LXI. 340.)

Das Gesetz wegen Einführung kürzerer Verjährungsfristen vom 31. März 1838 hat nur solche Forderungen im Auge, die auf freiem Uebereinkommen beruhen.

— **§ 1**. No. **1**. Zweijährige Verjährung der Forderungen der Zimmermeister für Lieferung des fertigen Bauholzes zu einem Wohnhause und Aufrichtung desselben.

Rechtsgr. **1083**. — IV. Senat. 30. Januar 1866. (LXIII. 64.)

Die Forderung eines Zimmermeisters für die Lieferung des fertigen Bauholzes zu einem Wohnhause und für die Aufrichtung desselben an Ort und Stelle ist der zweijährigen Verjährung des § 1. des Gesetzes vom 31. März 1838 unterworfen.

— **§ 1. No. 3.** Begriff einer Anstalt im Sinne des § 1. No. 3. dieses Gesetzes; Armenverbände als Anstalten in diesem Sinne; Verjährung der Ansprüche der Armenverbände gegen die alimentationspflichtigen Verwandten eines verpflegten Verarmten. — Vergl. Armenpflegegesetz vom 31. Dezember 1842 §§ 1. 20.

Rechtsgr. **1084**. — I. Senat. 29. Januar 1866. (LXI. 340.)

a) Als eine Anstalt der im § 1. No. 3. des Gesetzes vom 31. März 1838 bezeichneten Art kann nur eine solche betrachtet werden, deren alleiniger oder mindestens Hauptzweck auf Erziehung und Verpflegung der ihr zu diesem Behufe überlassenen Personen gerichtet ist. Stadtgemeinden in ihrer Eigenschaft als örtlicher Armenverband sind als Anstalten der vorbezeichneten Art nicht zu erachten.

b) Die einer Stadtgemeinde in ihrer Eigenschaft als örtlicher Armenverband durch die Fürsorge für einen ihr zugehörigen Verarmten gegen die alimentationsverpflichteten Verwandten desselben erwachsenen Ansprüche sind der Verjährungsfrist des § 1. No. 3. des Gesetzes vom 31. März 1838 nicht unterworfen.

— **§ 1. No. 5.** Zweijährige Verjährung der Lohnforderungen der Werkmeister in einer Fabrik. — Vergl. Gewerbe-Ordnung vom 17. Januar 1845 §§ 134-161.

Rechtsgr. **1085**. — I. Senat. 23. Mai 1865. (LIX. 196.)

Die rückständigen Lohnforderungen der Werkmeister in einer Fabrik unterliegen auch dann der zweijährigen Verjährung nach § 1. No. 3. des Gesetzes vom 31. März 1838, wenn:

a) der Werkmeister als Meister, z. B. als Schiffsbaumeister, eine höhere Stellung einnimmt;
b) die Remuneration zeit- und theilweise in einer Akkordsumme sich darstellt;
c) es sich um Herstellung eines bestimmten Werkes, z. B. eines Schiffes, handelt;
d) der Werkmeister die Arbeiter gestellt und ihnen den von dem Fabrikherrn vorzuschießenden Lohn auszahlt;

die Eigenschaft als Fabrikarbeiter im Sinne des allegirten Gesetzes wird dadurch nicht berührt.

— § 2. No. 2. Nichtbeziehung der vierjährigen Verjährung der Gebühren des civilrechtlichen Mandatars auf die Provision des kaufmännischen Kommissionärs.

Rechtsgr. **1086**. — IV. Senat. 17. Januar 1865. (LVII. 217.)

Die kürzere Verjährungsfrist des § 2. No. 2. des Gesetzes vom 31. März 1838 kann nicht über die, dem civilrechtlichen Mandatar zukommenden Gebühren hinaus auch auf die Provision des kaufmännischen Kommissionärs ausgedehnt werden; eine solche Provision unterliegt daher nicht der vierjährigen Verjährung.*

— § 2. No. 3. Vierjährige Verjährung der Forderungen der Handlungsgehülfen und des Gesindes:

A. Begriff eines Handlungsgehülfen im Sinne dieses Gesetzes; Provisoren einer Apotheke. — Vergl. A. L. R. II. 8. § 467.; Allgem. Deutsches Handelsgesetzbuch Art. 51. ff. 57. ff.

Rechtsgr. **1087**. — IV. Senat. 12. Oktober 1865. (LXI. 93.)

Unter der Bezeichnung „Handlungsgehülfen“ im § 2. No. 3. des Gesetzes vom 31. März 1838 ist das gesammte Handlungspersonal, auch der Faktor, sofern er als ein Gehülfe in der Handlung angenommen ist, zu verstehen, auch ist der Provisor in einer Apotheke mit einbegriffen.

* Vergl. Bd. 2. S. 483. No. 1214. dieser Rechtsgrundsätze.

B. Natur des Antheilsrechts des (Menge-) Schäfers an den Nutzungen der Heerde; Verjährung desselben. — Vergl. Verordnung vom 3. Februar 1800; Gesetz vom 1. Juni 1820 §§ 1-3.; Gesetz vom 13. Mai 1822.

Rechtsgr. **1088**. — **I.** Senat. **4.** April 1864. (**LIII.** 227.)

Das Antheilsrecht des Schäfers an den Nutzungen der Heerde der Herrschaft hat die Natur eines Dienstemoluments und unterliegt der kurzen Verjährung.

— § **2**. No. **5**. Wirkung der rechtskräftigen Verurtheilung der im § 2. No. 5. des Gesetzes vom 31. März 1838. gedachten Forderungen auf die Verjährungsfrist. — Vergl. § 10. dieses Gesetzes.

Rechtsgr. **1089**. — **I.** Senat. 7. Juli 1865. (**LIX.** 299.)

Die Ausnahme des § 10. des Gesetzes vom 31. März 1838, wonach für den Fall, daß wegen des Anspruches eine rechtskräftige Verurtheilung erfolgt ist, anstatt der ursprünglich kürzeren die ordentliche Verjährungsfrist eintritt, setzt für die im § 2. No. 5. a. a. O. gedachten vorbedungenen Zinsen, Mieths- und Pachtgelder, Pensionen, Besoldungen, Alimente, Renten und alle andern zu bestimmten Zeiten wiederkehrenden Abgaben und Leistungen, es mag das Recht dazu im Hypothekenbuche eingetragen sein oder nicht, voraus, daß die Raten zur Zeit der Verurtheilung fällig und rückständig waren, wogegen es in Betreff der künftig fällig werdenden Raten bei der Regel der ursprünglich vierjährigen Verjährungsfrist bewendet.

Siehe auch Rechtsgrundsatz 903. (Konkurs-Ordnung § 171.)

1838, April 7. Verordnung über die Rechte der Ehefrau auf ihre eingebrachten Mobilien gegen die Gläubiger des Ehemannes. (Gesetz-Samml. S. 255.)

— Siehe Rechtsgrundsatz 482. (A. L. R. II. **1**. § 559.)

1838, November 3. Gesetz über die Eisenbahnunternehmungen. (Ges.-Samml. S. 505.)

— §§ **5**. **8**. Verlegung von Flüssen, Eisenbahn-Anlagen halber; Beurtheilung durch die Verwaltungsbehörden; möglicher Fall der richterlichen Kompetenz; thatsächliche Feststellung durch die Verwaltungsbehörden.

Rechtsgr. **1090**. — II. Senat. 15. November 1864. (LVII. 93.)

a) Die Entscheidung darüber, ob zu einer Eisenbahn-Anlage ein Flußbett zu verlegen sei, steht in jedem einzelnen Falle der Regierung mit Vorbehalt des Rekurses an das Ministerium zu.

b) Eine richterliche Kompetenz könnte nach § 8. des Eisenbahngesetzes vom 3. November 1838 allenfalls nur dann eintreten, wenn feststeht, daß es für die im § 5. a. a. O. bezeichneten Zwecke gleichgültig ist, ob die Verlegung eines Flußbettes stattfinde oder nicht; die Feststellung der Thatfrage kann jedoch nur durch die Verwaltungsbehörden erfolgen.

— § **11**. Siehe Rechtsgrundsatz 125. (A. L. R. I. **7**. § 150.)

— § **14**. Siehe Rechtsgrundsätze 205. 1160. (A. L. R. I. **11**. §§ 4. ff.; Verfassungs-Urkunde vom 31. Januar 1850 Art. 9.)

— § **25**. Entschädigungspflicht der Eisenbahngesellschaften.

Rechtsgr. **1091**. — I. Senat. 24. November 1865. (LXII. 51.)

Nach § 25. des Eisenbahngesetzes vom 3. November 1838 ist die Verpflichtung der Eisenbahngesellschaften zum Schadensersatz davon abhängig gemacht, daß der Schaden bei Beförderung auf der Bahn entstanden ist, und besteht ein Anspruch auf Schadensersatz nicht, wenn die Beschädigung nicht während der Thätigkeit der Beförderungsmittel und aus Veranlassung dieser Thätigkeit eingetreten ist.

1839, Januar 21. Grundsteuergesetz (No. 1964.) für die Westphälischen Provinzen. (Ges.-Samml. S. 30.)

— § **5**. Siehe Rechtsgrundsatz 1165. (Ablösungsgesetz vom 2. März 1850 § 66.)

— § **14**. No. 4. Siehe Rechtsgrundsätze 30. 194. (A. L. R. I. **2**. § 41., **9**. § 579.)

1839, April 6. Verordnung No. 1988., betreffend das Verfahren bei freiwilligen Subhastationen. — Vergl. Subhastations-Verordnung vom 4. März 1834 § 2.; Instruktion vom 20. Mai 1839 § 7.; Verordnung vom 11. August 1843 § 1.

— Nothwendige Subhastation auf Antrag der Miteigenthümer.

Rechtsgr. **1092.** — III. Senat. 23. Oktober 1863. (LIII. 1.)

Die Vorschrift der Verordnung vom 6. April 1839 und des § 7. der Ministerial-Instruktion vom 20. Mai 1839, betreffend die Regulirung der Kaufbedingungen bei freiwilligen Subhastationen, findet bei nothwendigen Subhastationen auf Antrag der Miteigenthümer keine Anwendung.

1839, April 6. Deklaration No. 1989 der Verordnung vom 14. Dezember 1833, betreffend das Rechtsmittel der Revision und der Nichtigkeitsbeschwerde. (Ges.-Samml. S. 126.)

— Art. **2c**. Zuschlag eines selbstständigen Grundstückes, welches irrthümlich als Pertinenz mit anderen angesehen ist; Rechtshülfe der Realgläubiger betreffs des irrthümlich zugeschlagenen Grundstücks. — Vergl. Verordnung vom 14. Dezember 1833 § 5. No. 1.

Rechtsgr. **1093.** — III. Senat. 24. April 1865. (LVII. 313.)

Ist bei der nothwendigen Subhastation ein Grundstück als Zubehör eines andern angesehen und so dem Meistbietenden adjudizirt worden, während das angebliche zubehörige Grundstück in der That ein selbstständiges mit einem gesonderten Hypothekenfolio ist, so steht dem bei der Subhastation nicht zugezogenen Realgläubiger dieses letzten Grundstücks die abgesonderte nachträgliche Verfolgung seines Hypothekrechts gegen den Ersteher nicht zu, vielmehr kann er nur mittelst der Nichtigkeitsbeschwerde gegen die Adjudikatoria sich Abhülfe verschaffen.

— Art. **3.** Siehe Rechtsgrundsätze 791. 852. 1056. (A. G. O. I. 7. § 20., **27.** § 1.; Verordnung vom 14. Dezember 1833 § 4.)

— Art. **3.** No. **1.** Aushändigung und Girirung des im Auftrage und Namen des Bezogenen acceptirten Wechsels und Annahme des Prozeßrichters, daß die Aushändigung und Begebung dem durch die Acceptation manifestirten Willen gemäß erfolgt sei.

Rechtsgr. **1094**. — IV. Senat. 21. Mai 1864. (LIII. 266.)

Ist der im Auftrage und Namen des Bezogenen acceptirte Wechsel ausgehändigt und zum Giriren gelangt, so enthält die Annahme des Prozeß-Richters, daß die Aushändigung und Begebung auch dem durch die angeordnete Acceptation manifestirten Willen gemäß erfolgt sei, nicht die Suppeditirung einer Thatsache, sondern eine aus den vorliegenden Verhältnissen gezogene Folgerung.

Siehe auch Rechtsgrundsätze 519. 787. 1070. (A. L. R. II. **2**. § 210.; A. G. O. I. **5**. § 4. No. 8.; Verordnung vom 14. Dezember 1833 § 5. No. 1.)

— Art. **3**. No. **2**. Siehe Rechtsgrundsatz 833. (A. G. O. I. **14**. § 28.)

— Art. **5**. Siehe Rechtsgrundsatz 694. (Einführungsgesetz zur Allgem. Deutschen Wechsel-Ordnung vom 15. Februar 1850 § 7.)

— Art. **7**. Abs. **3**. Siehe Rechtsgrundsatz 786. (A. G. O. I. **3**. § 25.)

— Art. **8**. Bestimmtheit der Beschwerdepunkte in der Nichtigkeitsbeschwerde; hypothetische Aufstellung der Nichtigkeitsbeschwerde.

Rechtsgr. **1095**. — I. Senat. 21. Oktober 1864. (LV. 248.)

Der Art. 8. der Deklaration vom 6. April 1839 fordert für die Nichtigkeitsbeschwerde eine bestimmte Angabe der gesetzlichen Vorschriften oder des Rechtsgrundsatzes, deren Verletzung behauptet wird; es darf mithin dem Richter nicht überlassen werden, festzustellen, ob die Voraussetzung eingetreten ist, unter welcher die Beschwerde Geltung haben soll. Die hypothetische Aufstellung einer Beschwerde genügt nicht.

Siehe auch Rechtsgrundsatz 1060. (Verordnung vom 14. Dezember 1833 § 5.)

— Art. **11**. Charakter der bei Vernichtung eines Erkenntnisses und Zurückweisung der Sache zum Behuf einer neuen Ausmittelung von dem Ober-Tribunal durch sein Erkenntniß festgestellten Rechtsgrundsätze und Normen.

Rechtsgr. **1096**. — IV. Senat. 13. September 1866. (**LXIV. 247.**)

a) Durch den Art. 11. Abs. 3. der Deklaration vom 6. April 1839:

„Wird in Folge der ausgesprochenen Vernichtung die Sache zum Behufe einer neuen Ausmittelung in die unteren Instanzen zurückgewiesen, so haben die Gerichte bei dem Verfahren und bei der anderweiten Entscheidung sich nach den durch das Erkenntniß des Geheimen Ober-Tribunals festgestellten Rechtsgrundsätzen und Normen zu achten",

ist bestimmt, daß den solchergestalt festgestellten Rechtsgrundsätzen für die weitere Entscheidung der betreffenden Sache die Rechtskraft der res judicata beiwohnt, dergestalt, daß weder die unteren Instanzrichter, noch auch, wenn die Sache anderweit an das Ober-Tribunal gelangt, dieses letztere selbst von jenen bereits festgestellten Rechtsgrundsätzen wieder abzugehen und an deren Stelle etwas Anderes anzunehmen befugt sind.

b) Der Art. 11. Abs. 3. der Deklaration vom 6. April 1839 enthält einen Rechtsgrundsatz.

Siehe auch Rechtsgrundsatz 813. (A. G. O. **I. 10**. § 312.)

— Art. **13**. Doppelfristen zur Einlegung von Rechtsmitteln:

A. Doppelfrist des mütterlichen Großvaters eines außerehelichen Kindes zur Einlegung von Rechtsmitteln im Alimentationsprozesse. — Vergl. A. L. R. Anh. § 95. zu **II. 2**. § 614.

Rechtsgr. **1097**. — I. Senat. 5. Mai 1865. (**LIX. 116.**)

Dem mütterlichen Großvater, welcher in dem angestellten Alimentationsprozesse die Rechte des unehelichen Kindes seiner Tochter lediglich auf Grund und nach Maaßgabe des § 95. des Anhangs zum Allg. Landrecht wahrnimmt, kommt bei Einlegung von Rechtsmitteln die Doppelfrist nicht zu statten.

B. Frist zur Eintragung von Rechtsmitteln für Versicherungsgesellschaften auf Aktien.

Rechtsgr. **1098.** — IV. Senat. 18. Juli 1865. (LIX. 329.)

Den Versicherungsgesellschaften auf Aktien steht die Doppelfrist zur Einlegung der Rechtsmittel der Appellation, Revision, des Rekurses und der Nichtigkeitsbeschwerde nicht zu.

— Art. **14**. Littr. c. d. Siehe Rechtsgrundsätze 868. 1146. (A. G. O. I. **42**. § 34.; Prozeß-Verordnung vom 21. Juli 1846 § 27.)

1839, April 7. Instruktion zur Ausführung der Verordnung über das Rechtsmittel der Revision und der Nichtigkeitsbeschwerde. (Gesetz-Samml. S. 135.)

— No. **1**. Siehe Rechtsgrundsatz 866. (A. G. O. I. **37**. § 11.)

— No. **5**. Siehe Rechtsgrundsatz 1053. (Verordnung vom 14. Dezember 1833 § 2.)

— No. **9**. Von Rechtsgrundsätzen:

A. Verkennung von Rechtsbegriffen.

Rechtsgr. **1099**. — I. Senat. 5. Februar 1864. (LIII. 96.)

Die Bestimmung der No. 9. der Instruktion vom 7. April 1839 ist auf die Verkennung von Rechtsbegriffen nicht anzuwenden.

B. Theilbarkeit der Erfüllung eines Vertrages als Thatsachenfrage; Einfluß des Verzugs betreffs einzelner Leistungen auf den ganzen Vertrag. — Vergl. Allgem. Deutsches Handelsgesetzbuch Art. 359.

Rechtsgr. **1100**. — IV. Senat. 1. Dezember 1864. (LVII. 136.)

Die Frage, ob die Erfüllung eines Vertrages theilbar ist oder nicht? ist eine rein thatsächliche; eine solche Thatsachenfrage kann einen Rechtsgrundsatz nicht darstellen.

— No. **11**. Siehe Rechtsgrundsatz 852. (A. G. O. I. **27**. § 1.)

— No. **17**. Siehe Rechtsgrundsätze 744. 745. (Allg. Deutsche Wechsel-Ordnung Art. 87.)

— No. **21**. Siehe Rechtsgrundsatz 875. (A. G. O. I. **52**. § 57.)

1839, Mai 20. Justizministerial-Instruktion wegen des von den Gerichten bei freiwilligen Subhastationen zu beobachtenden Verfahrens. (Justizministerial-Blatt S. 191.)

— § 7. Siehe Rechtsgrundsatz 1092. (Verordnung vom 6. April 1839.)

1839, September 30. Finanzministerial-Reskript wegen doppelter Berechnung der Zeit, während welcher Kriegsdienste geleistet sind, bei Pensionirungen der Beamten. (v. Kamptz, Jahrbücher Bd. 39. S. 359.)

— Siehe Rechtsgrundsatz 1037. (Kabinets-Order vom 22. April 1829.)

1840, Februar 15. Gesetz über die Familienschlüsse bei Familien-Fideikommissen, Familienstiftungen und Lehnen.

— **§§ 15.** ff. Schiedsrichterlicher Ausspruch beim Widerspruch der Anwärter gegen Dispositionen über ein Fideikommiß.

Rechtsgr. **1101.** — I. Senat. 30. Oktober 1865. (**LXI.** 176.)

Die Bestimmung des Gesetzes vom 15. Februar 1840, daß ein Widerspruch der Anwärter gegen Dispositionen über ein Fideikommiß nur durch schiedsrichterlichen Ausspruch beseitigt werden könne, findet keine Anwendung, wenn es sich um die Frage handelt, ob eine Verbindlichkeit überhaupt das Fideikommiß und somit die Anwärter, oder aber nur die Person des zeitigen Besitzers berühre.

1840, März 28. Verordnung (No. 2082.) über das Rechtsmittel der Restitution gegen Purifikations-Resolutionen. (Ges.-Samml. S. 102.)

— Siehe Rechtsgrundsatz 1069. (Verordnung vom 14. Dezember 1833 § 7.)

1840, Juni 18. Ordnung wegen Ablösung der Reallasten im Herzogthum Westphalen. (Ges.-Samml. S. 156.)

— **§§ 102-104.** Siehe Rechtsgrundsatz 981. (Verordnung vom 28. August 1715.)

1841, Februar 6. Kabinets-Order, betreffend die Erhebung der Klassen- und Gewerbesteuer in den westlichen Provinzen (Ges.-Samml. S. 29.)

— Siehe Rechtsgrundsatz 536. (A. L. R. **II. 7.** § 18.; Gesetz vom 1. Mai 1851 § 10.)

1841, Mai 1. Justizministerial-Instruktion, betreffend das Verfahren vor Schiedsrichtern. (Justizministerial-Blatt S. 236.)

— **§ 3.** Siehe Rechtsgrundsatz 751. (Einführungsgesetz zum Strafgesetzbuch Art. 18.)

1841, Oktober 31. Landgemeinde-Ordnung für das Herzogthum Westphalen. (Ges.-Samml. S. 322.)
— §§ **24**. **26**. Siehe Rechtsgrundsatz 21. (A. L. R. Einl. § 73.)

1841, Dezember 4. und 9. Uebereinkunft zwischen Preußen und Braunschweig zur Regelung der gegenseitigen Gerichtsbarkeitsverhältnisse. (Ges.-Samml. 1842 S. 7.)
— Art. **23-25**. Siehe Rechtsgrundsatz 777. (A. G. O. I. **2**. §§ 111-116.)

1842, Mai 11. Gesetz No. 2273. über die Zulässigkeit des Rechtsweges in Beziehung auf polizeiliche Verfügungen. (Ges.-Samml. S. 192.)
— §§ **1**. **2**. **4**. **6**. Entschädigungsansprüche gegen polizeiliche Verfügungen.

Rechtsgr. **1102**. — II. Senat. 5. Juli 1866. (LXIV. 184.)

Die nach den §§ 4. und 5. des Gesetzes vom 11. Mai 1842, betreffend die Zulässigkeit des Rechtsweges in Beziehung auf polizeiliche Verfügungen, zu gewährende Entschädigung ist nicht davon abhängig, daß gegen die polizeiliche Verfügung zunächst der Beschwerdeweg eingeschlagen worden ist.

Siehe auch Rechtsgrundsatz 1160. (Verfassungs-Urkunde vom 31. Januar 1850 Art. 9.)

1842, Juli 6. Finanz-Ministerial-Reskript, betreffend den zu einem Sozietäts-Vertrage zu verwendenden Stempel. (Schmidt, Kommentar zum Stempelgesetz, zweite Ausgabe, Nachtrag S. 306.)
— Siehe Rechtsgrundsatz 1024. (Stempelsteuergesetz vom 7. März 1822 § 5.)

1842, November 28. Statut des Knappschaftsvereins des Mühlheimer Reviers. — Vergl. Berggesetz vom 24. Juni 1865 §§ 165. ff.
— § **4**. Ansprüche auf Invalidenpension gegen den Mühlheimer Knappschaftsverein bei Aufnahme von Personen über das statutenmäßige Alter hinaus.

Rechtsgr. **1103**. — III. Senat. 14. Mai 1866. (LXIV. 123.)

Das Statut des Knappschaftsvereins des Mühlheimer Reviers, welches im § 4. unter den Voraussetzungen, un=

ter denen sich ein Bergarbeiter als ständiges Mitglied oder Knappschaftsgenosse melden könne, bestimmt:

„wenn er durch Taufzeugniß nachweist, daß er nicht unter 25 Jahre und nicht über 39 Jahre alt ist",

enthält kein absolutes Verbot der Aufnahme älterer Personen, vielmehr ist auch dann, wenn ein über 39 Jahre alter Arbeiter einmal aufgenommen worden und seine Beiträge geleistet hat, damit ein für den Knappschaftsverein bindendes obligatorisches Verhältniß entstanden.

1842, Dezember 31. Gesetz No. 2317. über die Aufnahme neu anziehender Personen. (Ges.-Samml. 1843 S. 5.)

— **§ 1**. Siehe Rechtsgrundsätze 1108. 1228. (Armenpflegegesetz vom 31. Dezember 1842 § 1.; Kartell-Konvention vom 8. August 1857 Art. 23.)

— **§ 8**. Widerspruch der Ortsgemeinde gegen die Niederlassung des Neuanziehenden.

Rechtsgr. **1104**. — **I.** Senat. 29. Juni 1866. (**LXIV**. 170.)

Die Meldung eines Neuanziehenden, an einem Orte seinen Aufenthalt nehmen zu wollen, und die faktische Ausführung reicht zur Begründung des Wohnsitzes für sich allein nicht aus, wenn von der Ortsgemeinde wider die Niederlassung Widerspruch erhoben ist.

Siehe auch Rechtsgrundsatz 1223. (Gesetz vom 21. Mai 1855 Art. 1.)

— **§§ 9. 10**. Siehe Rechtsgrundsatz 1223. (Gesetz vom 21. Mai 1855 Art. 1.)

— **§ 13**. Siehe Rechtsgrundsatz 1228. (Kartell-Konvention vom 8 August 1857 Art. 23.)

1842, Dezember 31. Gesetz No. 2318. über die Verpflichtung zur Armenpflege. (Ges.-Samml. 1843 S. 11.)

— Begriff von Fürsorge und Verpflegung in diesem Gesetz, namentlich in Bezug auf die Sorge für den Unterricht armer Kinder.

Rechtsgr. **1105**. — **I.** Senat. 26. Mai 1865. (**LVIII**. 318.)

a) In dem Armenpflegegesetz vom 31. Dezember 1842

sind die Begriffe „Fürsorge" und „Verpflegung" als ganz gleichbedeutend zu betrachten.

b) Unter der Fürsorge, beziehungsweise Verpflegung der Armen und ihrer Kinder im Armenpflege-Gesetz vom 31. Dezember 1842 ist die Sorge für den Unterricht der letzteren und die Verpflichtung zur Entrichtung von Schulgeld für dieselben nicht einbegriffen.

Siehe auch Rechtsgrundsatz 1142. (Gesetz vom 11. Dezember 1845 § 43.)

— § 1. Verpflichtung zur Armenpflege rücksichtlich der wiederverheiratheten Wittwe, der heirathenden Frauensperson und des Ausländers:

A. Einfluß der anderweitigen Verheirathung einer Wittwe auf die anderweitige Begründung eines örtlichen Armendomizils. — Vergl. §§ 9. 17. 22. dieses Gesetzes.

Rechtsgr. **1106**. — I. Senat. 23. Februar 1866. (LXIII. 99.)

Wird durch die anderweitige Verheirathung der Wittwe für diese und deren Kinder aus früherer Ehe ein neues Armendomizil begründet, so gilt dieses doch nur von dem Falle, wenn sie dadurch in ein neues örtliches Armendomizil übergeht.

B. Einfluß der Verheirathung einer Frauensperson auf das Armendomizil. — Vergl. §§ 7. 9. 17. dieses Gesetzes.

Rechtsgr. **1107**. — I. Senat. 23. Februar 1866. (LXIII. 99.)

Frauenspersonen verlieren durch Verheirathung und mit dem Augenblicke derselben ihr früheres Armendomizil, gleichviel, ob derselbe ein örtlicher oder Landarmenverband ist.

C. Verpflichtung zur Armenpflege in Betreff eines Ausländers wegen dessen Gemeindemitgliedschaft, Wohnsitzes oder dreijährigen Aufenthaltes. — Vergl. §§ 29. 38. dieses Gesetzes; Heirathsgesetz vom 31. Dezember 1842 § 1.

Rechtsgr. **1108**. — I. Senat. 3. Februar 1864. (LIII. 94.)

a) Der § 1. des Armenpflege-Gesetzes vom 31. Dezember 1842 bedingt sowohl bei dem bloßen Aufenthalte, als bei der Gemeindemitgliedschaft und bei dem Wohnsitze, die Preußenbürgerschaft.

b) Daher ist der dreijährige gewöhnliche Aufenthalt eines **Ausländers** an einem Orte in Beziehung auf die Verpflichtung zur Armenpflege ohne alle rechtliche Folge.

Siehe auch Rechtsgrundsätze 529. 1039. 1084. 1112. 1113. 1223. 1228. (A. L. R. II. **3**. § 24.; Regulativ vom 7. September 1830; Gesetz vom 31. März 1838 § 1. No. 3.; Armenpflegegesetz vom 31. Dezember 1842 §§ 21. 24.; Gesetz vom 21. Mai 1835 Art. 1.; Kartell-Konvention vom 8. August 1857 Art. 23.)

— § **3**. Siehe Rechtsgrundsatz 1112. (§ 21. dieses Gesetzes.)

— § **4**. Dreijährige Abwesenheit des Verarmten und Grund der Abwesenheit.

Rechtsgr. **1109**. — I. Senat. 5. Mai 1865. (LIX. 118.)

Der § 4. des Armenpflegegesetzes vom 31. Dezember 1842 setzt, betreffend das Erlöschen der Verpflichtung der Gemeinde, für den Verarmten zu sorgen, als Grund der Abwesenheit nicht eine **rechtliche** Nothwendigkeit voraus; vielmehr kommt es auf den Grund der Abwesenheit an und für sich wesentlich nicht an, sondern hauptsächlich nur darauf, ob sie eine blos **vorübergehende** ist.

— Siehe Rechtsgrundsätze 1113. 1223. (§ 34. dieses Gesetzes; Gesetz vom 21. Mai 1855 Art. 1.)

— § **6**. Siehe Rechtsgrundsatz 986 (Schlesisches Edikt vom 14. Dezember 1744 § 1.; Verordnung vom 14. Dezember 1833 § 2.)

— §§ **7**. **9**. Siehe Rechtsgrundsatz 1107. (§ 1. dieses Gesetzes.)

— §§ **17**. ff. Begründung des Hülfsdomizils für die von ihrem Manne „**befugterweise**" getrennt lebende Ehefrau. — Vergl. A. L. R. II. **1**. § 175.

Rechtsgr. **1110**. — I. Senat. 4. April 1864. (LIV. 51.)

Zur Begründung des besonderen Hülfsdomizils der von ihrem Manne an einem anderen Orte getrennt lebenden Ehefrau genügt nicht, daß dieselbe, nachdem ihr Mann sie verlassen und anderswo seinen Wohnsitz genommen, vor ihrer Verarmung lange Zeit hindurch, ohne wegen ihrer Abholung und Aufnahme bei ihrem Manne Schritte zu thun, an ihrem bisherigen gemeinschaftlichen Wohnorte von ihm getrennt gelebt und sich selbstständig ernährt hat.

Siehe auch Rechtsgrundsätze 1039. 1107. 1222. 1223. (§ 34. dieses Gesetzes; Regulativ vom 7. September 1830; Gesetz vom 21. Mai 1855 § 1.)

— § **20**. Verpflichtung zur Armenpflege für eheliche und uneheliche Kinder. — Vergl. § 22. dieses Gesetzes.

Rechtsgr. **1111**. — I. Senat. 7. April 1865. (LIX. 76.)

In den §§ 20. 22. des Armenpflegegesetzes vom 31. Dezember 1842 ist nur bestimmt, welcher Armenverband die Fürsorge für eheliche und uneheliche Kinder zu übernehmen verbunden sei; wann aber die Nothwendigkeit solcher Fürsorge eintritt, wann insbesondere Jemand als verarmt zu betrachten, ist nach anderen allgemeinen Vorschriften zu beurtheilen; namentlich ist in den angeführten §§ 20. 22. nicht gesagt, daß von einer Verbindlichkeit zur Armenpflege für ein uneheliches Kind erst dann die Rede sein könne, wenn die Hülfsbedürftigkeit der noch lebenden Mutter festgestellt sei.

Siehe auch Rechtsgrundsätze 1084. 1223. (Gesetz vom 31. März 1838 § 1. No. 3.; Gesetz vom 21. Mai 1855 Art. 1.)

— § **21**. Fortdauer des Hülfsdomizils ehelicher Kinder nach der Wiederverheirathung ihrer Mutter. — Vergl. §§ 1. 3. dieses Gesetzes; A. L. R. II. **2**. § 64.

Rechtsgr. **1112**. — I. Senat. 6. April 1864. (LIV. 54.)

a) Eheliche Kinder, welche während des Wittwenstandes der Mutter der öffentlichen Fürsorge anheimgefallen sind, behalten das bisherige Hülfsdomizil ihrer Mutter auch nach deren Wiederverheirathung und dadurch für dieselbe begründetem anderweiten Hülfsdomizil bei.

b) Hinsichtlich der Fortdauer des vorgedachten Hülfsdomizils ist es unerheblich, ob die Hülfsmittel zum Unterhalte der hülfsbedürftigen Kinder denselben unmittelbar, oder mittelbar, durch deren Verabreichung an die Mutter, gewährt worden sind.

Siehe auch Rechtsgrundsatz 1223. (Gesetz vom 21. Mai 1855 Art. 1.)

— § **22**. Siehe Rechtsgrundsätze 1106. 1111. (§§ 1. 20. dieses Gesetzes.)
— § **28**. Siehe Rechtsgrundsatz 1108. (§ 1. dieses Gesetzes.)
— § **34**. Landespolizeibehörde:

A. Wirkung der Feststellung der Hülfsbedürftigkeit der Angehörigen auf die Beurtheilung der Hülfslosigkeit des Familienoberhauptes. — Vergl. §§ 1. 4. 17. ff. dieses Gesetzes.

Rechtsgr. **1113**. — I. Senat. 3. Februar 1865. (LVIII. 142.)

In dem Bedürfnisse einer öffentlichen Unterstützung für die Angehörigen liegt auch das Unvermögen des Familienoberhauptes, und die Entscheidung der Landespolizeibehörde über die Hülfsbedürftigkeit jener enthält von selbst die Hülfsbedürftigkeit des Letztern.

B. Rechtsweg hinsichtlich des Streites unter zwei Armenverbänden über die Verpflichtung zur Armenpflege; Erfordernisse der Entscheidung der Landespolizeibehörde.

Rechtsgr. **1114**. — I. Senat. 5. Oktober 1864. (LV. 240.)

a) Der Grundsatz, daß hinsichtlich des Streites zwischen zwei Armenverbänden, welcher von beiden zur öffentlichen Fürsorge der mehrverpflichtete Armenverband sei? der Rechtsweg erst nach vorheriger desfallsiger Entscheidung der Landespolizeibehörde zulässig ist, greift auch bei einem Streite darüber Platz, ob der Verklagte für sich einen gesonderten Armenverband bildet oder etwa in dieser Beziehung mit dem Kläger vereinigt ist.

b) Die nach § 34. des Armenpflegegesetzes vom 31. Dezember 1842 erforderliche Entscheidung der Landespolizeibehörde setzt voraus, daß beide Theile gehört sind, und kann nicht durch einen auf einseitigen Vortrag

erlassenen Bescheid ersetzt werden, selbst wenn in demselben zum Rechtswege verwiesen ist.

C. Feststellung durch die Verwaltungsbehörde über das Vorhandensein, die Fortdauer und Beendigung der Hülfsbedürftigkeit. — Vergl. Gesetz vom 21. Mai 1855 Art. 1.

Rechtsgr. **1115**. — I. Senat. 30. April 1866. (**LXIV**. 98.)

Hat allein die Verwaltungsbehörde darüber zu entscheiden, wer als arm zu betrachten ist und daher der Hülfe bedarf, so muß ihr nothwendig auch allein die Entscheidung darüber zustehen, wann das Bedürfniß der Unterstützung aufhört.

Siehe auch Rechtsgrundsatz 1221. (Gesetz vom 21. Mai 1855 Art. 1.)

— § **38**. Siehe Rechtsgrundsatz 1108. (§ 1. dieses Gesetzes.)

1842, Dezember 31. Gesetz No. 2319. (Indigenatsgesetz) über die Erwerbung und den Verlust der Eigenschaft als Preußischer Unterthan, sowie über den Eintritt in fremde Staatsdienste. (Ges.-Samml. 1843 S. 15.)

— §§ **10**. **21**. Siehe Rechtsgrundsatz 1223. (Gesetz vom 21. Mai 1855 Art. 1.)

1843, Februar 28. Gesetz über die Benutzung der Privatflüsse. (Ges.-Samml. S. 41.)

— Das Gesetz im Allgemeinen:

A. Anwendbarkeit dieses Gesetzes überhaupt. — Vergl. A. L. R. Einl. §§ 89. 92. 94., I. **3**. §§ 11. 17., **6**. §§ 8-16. 36-38., **8**. §§ 26-28. 99. ff. 129. 130., **9**. §§ 285. 287.; Dig. **8**. 5. Lex 8. §§ 5. 6.; Cod. **3**. 34. Lex 10.

Rechtsgr. **1116**. — II. Senat. 1. März 1864. (**LIII**. 193.)

Die Vorschriften des Gesetzes vom 28. Februar 1843, insbesondere des § 1., können nicht über dessen Wortlaut hinaus auf andere als die dort bezeichneten Gewässer ausgedehnt werden.

B. Zulässigkeit des Rechtsweges der Adjazenten in Betreff Beeinträchtigung ihrer Rechte durch Handlungen und Einrichtungen der in den §§ 2-6. des Gesetzes vom 28. Februar 1843 gedachten Art; Wirkung des Einschreitens der Polizei-Obrigkeit auf die Beurtheilung der Privatrechte.

Rechtsgr. **1117.** — V. Senat. 27. Juni 1865. (LX. 82.)

Durch die Zulässigkeit eines polizeilichen Einschreitens bezüglich mißbräuchlicher Ausübung der Wasserberechtigung an Privatflüssen auf Grund des Gesetzes vom 28. Februar 1843 ist der Rechtsschutz für das durch rechtswidrige Handlungen des einen Uferbesitzers verletzte Privatrecht des andern Uferbesitzers nicht ausgeschlossen; dagegen stellt sich eine Art der Wasserbenutzung, weil sie zu einem polizeilichen Einschreiten im öffentlichen Interesse Anlaß geben kann, darum noch nicht mit Nothwendigkeit unter den privatrechtlichen Gesichtspunkt einer Rechtsverletzung. Das Gesetz vom 28. Februar 1843 läßt diese Seite des Verhältnisses im Wesentlichen unberührt, und ist hinsichtlich der Frage, wo privatrechtlich die Grenzlinie liegt, auf welche sich die Berechtigung des einen Uferbesitzers der des andern gegenüber zu beschränken hat, auf die allgemeinen Grundsätze des Civilrechts zurückzugehen.

— § 1. Seen, Wasserbenutzung, Ersitzung:

A. Seen, welche einen Abfluß haben.

Rechtsgr. **1118.** — II. Senat. 1. März 1864. (LIII. 193.)

Die Worte des § 1. des Gesetzes vom 28. Februar 1843: „welche einen Abfluß haben“ beziehen sich nur auf das unmittelbar vorhergehende Wort „Seen.“

B. Benutzung des Wassers der Privatflüsse für die angrenzenden Grundstücke.

Rechtsgr. **1119.** — II. Senat. 17. Juli 1866. (LXIII. 318.)

Der § 1. des Gesetzes über die Benutzung der Privatflüsse vom 28. Februar 1843 setzt zu seiner Anwendung das unmittelbare Vorbeifließen des Wassers voraus; es ist hierbei gleichgültig, ob ein dazwischen liegender

Streifen sich im Privat-Eigenthum befindet, oder zu Kommunalzwecken benutzt wird.

C. Ersitzung eines den Uferbesitzer eines Privatflusses beschränkenden Rechtes; Beginn der Verjährung mit Rücksicht auf das Gesetz über die Benutzung der Privatflüsse. — Vergl. Publikations-Patent vom 5. Februar 1794 § 17., Einl. § 14., I. **8.** § 99., **9.** § 664.; Gesetz vom 28. Februar 1848 § 13.

Rechtsgr. **1120.** — II. Senat. 26. Oktober 1865. (**LXI.** 161.)

Eine vor Emanation des Gesetzes über die Benutzung der Privatflüsse vom 28. Februar 1843 begonnene und nach den bisherigen Gesetzen zulässige Verjährung steht, wenn sie bereits vollendet war, dem Uferbesitzer bezüglich des Rechts zur Benutzung des vorüberfließenden Wassers entgegen; dagegen kann ihm eine vorher angefangene aber noch nicht vollendete Verjährung nicht entgegengesetzt werden.

D. Ersitzung eines den unterhalb belegenen Uferbesitzer beschränkenden Rechts bezüglich der Privatflusses. — Vergl. Publikations-Patent vom 5. Februar 1794 § 17.; A. L. R. Einl. § 14., I. **8.** § 99.; Gesetz vom 28. Februar 1843 § 13. No. 2.

Rechtsgr. **1121.** — II. Senat. 19. Oktober 1865. (**LXI.** 135.)

Der Anfang der Verjährung zur Erwerbung des Rechtes Seitens des oberhalb liegenden Uferbesitzers, das abgeleitete Wasser eines Privatflusses wenigstens zum großen Theil nicht wieder zurückzuleiten, kann erst seit Publikation des Gesetzes über die Benutzung der Privatflüsse vom 28. Februar 1843 angenommen werden.

— **§§ 2-6.** Rechtsweg und Schadensfeststellung:

A. Zulässigkeit des Rechtsweges der Adjazenten in Betreff Beeinträchtigung ihrer Rechte durch Handlungen und Einrichtungen der in den §§ 2-6. des Gesetzes vom 28. Februar 1843 gedachten Art, insbesondere hinsichtlich der Beeinträchtigung des Rechts der Zuleitung des Grubenwassers in einen Mühlenbach während der Beflößungszeit. — Vergl. A. G. O. Einl. § 1.

Rechtsgr. **1122**. — II. Senat. 14. Juli 1864. (LIII. 335.)

a) Durch die den Verwaltungsbehörden in den §§ 2. bis 6. des Gesetzes vom 28. Februar 1843 im allgemeinen Interesse oder zum Schutz eines Inbegriffs von Adjazenten der Privatflüsse eingeräumten Befugnisse ist der Rechtsweg für Denjenigen, welcher auf Grund eines besonderen Rechts Beseitigung der Beeinträchtigung seines Rechts verlangt, nicht ausgeschlossen.

b) Der vorstehende Grundsatz findet namentlich auch auf die Beeinträchtigung des Rechts, das Grubenwasser einem Mühlenbach auch während der Beflößungszeit zuzuleiten, Anwendung.

B. Feststellung des Schadens der Wassernutzung Seitens der Adjazenten.

Rechtsgr. **1123**. — V. Senat. 27. Juni 1865. (LX. 83.)

Die Schranke für das Wasserbenutzungsrecht der einzelnen Uferbesitzer kann nicht nach einem theoretischen Prinzip ein für allemal, sondern nur in dem einzelnen Falle nach Maaßgabe der lokalen Verhältnisse und Bedürfnisse und der dadurch bedingten Art der Benutzung erfolgen; deshalb wird nach Verschiedenheit der Zwecke, für welche das Wasser, den örtlichen Verhältnissen entsprechend, verwendet wird, und des Bedürfnisses, dem diese Verwendung dienstbar ist, bald diese bald jene Schranke zu ziehen sein, und in dem einen Falle mehr die zu verwendende Menge des Wassers, in dem andern mehr die von der Beimischung fremdartiger Stoffe abhängige Beschaffenheit in Betracht kommen und das Bedürfniß zu einer Regelung oder Einschränkung hervortreten lassen.

— **§ 7.** Urbarien als Lokalstatuten im Sinne dieses Gesetzes.

Rechtsgr. **1124**. — II. Senat. 30. Januar 1866. (LXII. 125.)

Als ein Lokalstatut in Betreff der Räumung eines auch andere Grundbesitzer berührenden Privatflusses im

Sinne des § 7. des Gesetzes vom 28. Februar 1843 kann ein Urbarium nicht angesehen werden.

— § 13. Bewirkung der Ueberschwemmung des Grundstücks des Nachbars durch Stauungs-Anlagen in Gräben und Kanälen.

Rechtsgr. **1125**. — II. Senat. 1. März 1864. (LIII. 193.)

Der Eigenthümer eines Grundstückes ist nicht berechtigt, durch Stauungs-Anlagen in einem über dasselbe gehenden Graben oder Kanal eine Ueberschwemmung des dem Nachbar gehörigen Grundstücks zu bewirken.

Siehe auch Rechtsgrundsatz 1121. (§ 1. dieses Gesetzes.)

1843, Juli 21. Verordnung No. 2368. über die Befugnisse der Justizkommissarien zur Anfertigung und Legalisirung von Rechtsschriften aller Art. (Ges.-Samml. S. 295.)

— § 2. Siehe Rechtsgrundsatz 1145. (Verordnung v. 21. Juli 1846 § 21.)

1843, Juli 21. Verordnung No. 2370. über die Grundsätze, wonach der Werth des Streitgegenstandes in Civilprozessen zu berechnen ist. (Ges.-Samml. S. 297.)

— Festsetzung des Streitgegenstandes behufs Ermittelung der Zulässigkeit von Rechtsmitteln. — Vergl. Gesetz vom 10. Mai 1851 § 12. No. 1—3.

Rechtsgr. **1126**. — I. Senat. 14. Juli 1865. (LIX. 325.)

Das Gesetz vom 10. Mai 1851, betreffend den Ansatz und die Erhebung der Gerichtskosten, ist für die Zulässigkeit der Rechtsmittel überhaupt nicht maaßgebend, vielmehr ist der Sitz der Materie bezüglich der Werthsermittelung für die Zulassung von Rechtsmitteln fortwährend die Verordnung vom 21. Juli 1843.

— § 1. Festsetzung des Streitwerthes nach Publikation des Erkenntnisses zweiter Instanz behufs Berechnung der außergerichtlichen Kosten und Beurtheilung des Rechtsmittels dritter Instanz hiernach. — Vergl. § 6. dieses Gesetzes.

Rechtsgr. **1127**. — I. Senat. 3. Februar 1865. (LVIII. 141.)

Die nach Publikation des Erkenntnisses zweiter Instanz der Berechnung der außergerichtlichen Kosten wegen

erfolgte Festsetzung des Streitobjektes ist für die Zulässigkeit des Rechtsmittels dritter Instanz nicht maaßgebend.

— **§§ 2. 5. 6.** Siehe Rechtsgrundsätze 1053. 1127. 1145. (Verordnung vom 14. Dezember 1833 § 2.; Verordnung vom 21. Juli 1846 § 1.)

1843, August 11. Verordnung, betreffend die zum Zwecke von Auseinandersetzungen eingeleiteten Subhastationen. (Ges.-Samml. S. 323.)
— **§ 1.** Siehe Rechtsgrundsatz 1092. (Verordnung von 6. April 1839.)

1843, September 8. Deklaration der Großherzoglich Mecklenburgischen Verordnung vom 8. April 1836, betreffend Abwendung und Eröffnung des Konkurses. (Scharenberg und Genzken, Gesetzsammlung für Mecklenburg-Strelitz, zweite Abth., II. S. 362.)
— Siehe Rechtsgrundsatz 1078. (Verordnung vom 8. April 1836.)

1843, Oktober 11. Hohenzollernsche Dienstpragmatik. (Hohenzollern-Hechingisches Verordnungs- u. Intelligenzblatt, 1843. No. 42. S. 277.)
— **§§ 25-27.** Anspruch der vormaligen Hohenzollernschen, jetzt Preußischen Staatsbeamten auf künftige Versorgung ihrer Wittwen und Waisen. — Vergl. Hechingische Verfassungsurkunde vom 16. Mai 1848 § 23.; Staatsordnung vom 7. Dezember 1849 § 5.; Gesetz vom 12. März 1850; Allerh. Erlasse vom 6. Februar und 26. August 1854.

Rechtsgr. **1128.** — V. Senat. 1. März 1864. (LIII. 182.)

a) Die Hohenzollernsche Dienstpragmatik vom 11. Oktober 1843 ist weder ihrer Form, noch ihrem Inhalte nach ein Vertrag zwischen dem Landesherrn und seinen Beamten, sondern ein Akt der Gesetzgebung zur Regelung des Staatsdienstverhältnisses.

b) Haben vormals Hohenzollernsche, in den Preußischen Staatsdienst übernommene Beamte nach Aufhebung der vorgedachten Dienstpragmatik durch den Staatsvertrag vom 7. Dezember 1849 und das Gesetz vom 12. März 1850 sich verheirathet, so können sie weder für sich, noch für diese ihre Ehegattinnen ein wohlerworbenes Versorgungsrecht aus jener Dienstpragmatik in Anspruch nehmen; vielmehr sind in dieser Beziehung die zur Zeit der

Heirath herrschenden Preußischen Gesetze über die Staatsdienstverhältnisse maaßgebend.

1843, Oktober 19. Regulativ für den Betrieb und die Beaufsichtigung der Stein- und Braunkohlengruben in den ehemals zum Königreich Sachsen gehörigen Landestheilen der Königlich Preußischen Provinz Sachsen. (Berlin 1843.)

— Fortdauernde Gültigkeit des Regulativs vom 19. Oktober und 13. November 1843, betreffend den Stein- und Braunkohlenbau in den vormals zum Königreich Sachsen gehörigen Landestheilen, namentlich gegenüber den Gesetzen vom 12. Mai 1851 und 21. Mai 1860. — Vergl. Regulativ vom 13. November 1843; Gesetz vom 12. Mai 1851 §§ 1. 18; Ministerial-Instruktion vom 6. März 1852 No. **V.**; Gesetz vom 21. Mai 1860.

Rechtsgr. **1129**. — III. Senat. 3. Februar 1864. (LV. 18.)

a) Das Gesetz vom 12. Mai 1851 ordnet im Allgemeinen die Verhältnisse der Miteigenthümer eines Bergwerks in der ganzen Monarchie mit Ausschluß der linken Rheinseite und berührt nicht die besonderen provinziellen Bestimmungen, welche das Regulativ vom 19. Oktober und 13. November 1843 für den Stein- und Braunkohlenbau in den vormals zum Königreich Sachsen gehörigen Landestheilen, in welchen Braun- und Steinkohlen ein accessorisches Eigenthum des Grund und Bodens sind, gegeben hat.

b) Die §§ 1. 18. des Gesetzes vom 12. Mai 1851 über das Verhältniß der Miteigenthümer eines Bergwerks und die dazu erlassene Ministerial-Instruktion vom 6. März 1852 unter V. enthalten keine Außerkraftsetzung der §§ 26. 28c. des Regulativs vom 19. Oktober und 13. November 1843, betreffend den Stein- und Braunkohlenbau in den vormals zum Königreich Sachsen gehörigen Landestheilen.

c) Die §§ 26. 28c. vom 19. Oktober und 13. November 1843, betreffend den Stein- und Braunkohlenbau in den vormals zum Königreich Sachsen gehörigen Landestheilen, sind überhaupt bisher nicht außer Kraft gesetzt, vielmehr sind die darin enthaltenen Bestimmungen durch das Gesetz vom 21. Mai 1860, betreffend die Aufsicht der Bergbehörden über den Bergbau und das Verhältniß der Berg- und Hüttenarbeiter, nur gemildert.

Siehe auch Rechtsgrundsatz 1233. (Gesetz vom 1. Juni 1861.)

1843, November 9. Gesetz No. 2391. über die Aktiengesellschaften. (Ges.-Samml. S. 341.)

— §§ **1**. ff. Begründung einer Aktiengesellschaft nach den vor Einführung des Allgem. Deutschen Handelsgesetzbuches gültigen Bestimmungen; Zweck der landesherrlichen Genehmigung. — Vergl. A. L. R. I. **17**. §§ 170. ff., II. **6**. §§ 6. 11-13. 23. 26. 80.; Handelsgesetzbuch Art. 211.

Rechtsgr. **1130**. — IV. Senat. 12. November 1863. (**LVIII**. 16.)

Nach dem vor Einführung des Allgem. Deutschen Handelsgesetzbuches geltenden Gesetzen gelangte eine Aktiengesellschaft faktisch und rechtlich sofort zur Existenz, sobald der Gesellschaftsvertrag, das Statut, abgeschlossen worden, und war ihr Rechtsverhältniß, namentlich was die Rechte und Pflichten der einzelnen Mitglieder gegen einander betrifft, nach den Bestimmungen des abgeschlossenen Gesellschaftsvertrages zu beurtheilen; der landesherrlichen Genehmigung bedurfte es nur dann erst, wenn die Gesellschaft die Rechte einer juristischen Person und die in dem Gesetze vom 9. November 1843 gedachten Rechte erwerben sollte.

— § **8**. Aktiengesellschaften als privilegirte Gesellschaften. — Vergl. A. L. R. II. **6**. §§ 22. ff. 25.; Handelsgesetzbuch Art. 208. 211.

Rechtsgr. **1131**. — IV. Senat. 18. Juli 1865. (**LIX**. 330.)

Aktiengesellschaften, welche durch die landesherrliche Genehmigung die Eigenschaft juristischer Personen erworben haben, sind dadurch nicht den im § 25. II. 6. des Allgem. Landrechts gedachten Korporationen, sondern nur den im § 22. daselbst erwähnten „vom Staate ausdrücklich genehmigten und privilegirten Gesellschaften" gleichgestellt, welche nach dem § 23. a. a. O. in der Regel nur mit andern erlaubten Gesellschaften gleiche Rechte haben.

1843, November 9. Verordnung No. 2392. wegen des Verkaufs der Früchte auf dem Halme und des künftigen Zuwachses. (Ges.-Samml. S. 347.)
— Siehe Rechtsgrundsatz 104. (A. L. R. I. 7. § 61.)

1843, November 13. Kabinets-Order wegen Genehmigung des Regulativs vom 19. Oktober 1843 für den Betrieb und die Beaufsichtigung der Stein- und Braunkohlen-Gruben in den ehemals zum Königreich Sachsen gehörigen Landestheilen der Königlich Preußischen Provinz Sachsen. — (Ges.-Samml. 1861 S. 357.)
— Siehe Rechtsgrundsätze 1129. 1233. (Regulativ vom 19. Oktober 1843; Gesetz vom 1. Juni 1861.)

1844, März 22. Verordnung wegen allgemeinen Aufrufes der im § 20. der Verordnung wegen Einrichtung des Hypothekenwesens im Herzogthum Westphalen vom 31. März 1834 bezeichneten Realberechtigten. (Ges.-Samml. S. 71.)
— § 2. Siehe Rechtsgrundsatz 1074. (Verordnung vom 31. März 1834 §§ 15. 20.)

1844, Juni 21. Kabinets-Order No. 2474., betreffend die Aufhebung des Werthstempels für die Uebernahme von Nachlaßgrundstücken bei Auseinandersetzungen zwischen mehreren Erben. (Ges.-Samml. S. 253.)
— Stempelfreiheit der Kauf- und Tauschverhandlungen unter Theilnehmern einer Erbschaft zum Zwecke der Erbtheilung. — Vergl. Stempelgesetz vom 7. März 1822 § 3. Littr. e.

Rechtsgr. **1132**. — V. Senat. 5. Dezember 1865. (LXIV. 51.)

Die in der Kabinets-Order vom 21. Juni 1844 bewilligte Stempelfreiheit für Kauf- und Tauschverhandlungen unter Theilnehmern einer Erbschaft zum Zwecke der Erbtheilung gilt auch für diejenigen Fälle, in welchen zum Zwecke der Auseinandersetzung zwischen den Theilnehmern an der Erbschaft Sachen aus dieser von einem Erben gegen Zahlung einer Geldsumme oder gegen Hingabe von Sachen aus seinem übrigen Vermögen durch Kauf oder Tausch erworben werden.

— Siehe Rechtsgrundsatz 1024. (Stempelsteuergesetz vom 7. März 1822 § 5. Littr. f.)

1844, Juni 28. Verordnung No. 2462. über das Verfahren in Ehesachen. (Ges.-Samml. S. 184.)

— § **10**. Form des geistlichen Sühne-Attestes in Ehesachen. — Vergl. A. G. O. I. **10**. § 128.

Rechtsgr. **1133**. — I. Senat. 25. Januar 1864. (LVI. 21.)

Für die geistlichen Sühne-Atteste im Ehescheidungsprozeß ist eine besondere Form nicht vorgeschrieben, namentlich nicht die im § 128. I. 10. der Allg. Gerichts-Ordnung für Zeugnisse aus den Kirchenbüchern bestimmte; wesentlich ist nur der Inhalt und die Qualität des Ausstellers; dagegen ist einerlei, ob der Inhalt in Form eines Attestes, oder eines amtlichen Berichtes Seitens des Geistlichen kundgegeben wird, sofern nur daraus ersichtlich, daß die Kundgebung eine in amtlicher Eigenschaft erfolgte ist.

— § **29**. Siehe Rechtsgrundsatz 1046. (Verordnung vom 1. Juni 1833 § 36.)

— § **53**. Zurücknahme der Ehescheidungsklage unter Vorbehalt. — Vergl. A. L. R. II. **1**. § 721.

Rechtsgr. **1134**. — I. Senat. 6. Juli 1864. (LIII. 324.)

Die Bestimmung des § 53. der Ehescheidungs-Verordnung vom 28. Juni 1844 verbindet mit der Zurücknahme der Klage ganz uneingeschränkt die Folge, daß die Thatsachen, aus welchen geklagt war, nicht mehr als selbstständige Scheidungs-Ursache dienen können, und macht davon auch alsdann keine Ausnahme, wenn sie unter gewissen Vorbehalten geschehen war.

Siehe auch Rechtsgrundsatz 497. (A. L. R. II. **1**. § 721.)

— § **63**. Nothwendiges Erforderniß einer bestimmten Frist in dem an einen Ehegatten zu erlassenden Rückkehrmandat; zeitweise Rückkehr der Ehefrau nach Behändigung des Rückkehrmandats.

Rechtsgr. **1135.** — I. Senat. 30. Januar 1865. (LVI. 334.)

Das nach § 63. der Verordnung vom 28. Juni 1844 zu erlassende Rückkehrmandat muß eine Fristbestimmung enthalten, damit darauf die Ehescheidungsklage wegen böslicher Verlassung angestellt werden kann.

— § **67**. Siehe Rechtsgrundsätze 489. 492. (A. L. R. II. **1.** § 677. 685.)

1844, Juli 23. Revidirtes Feuersozietäts-Reglement für die Städte der Kur- und Neumark (mit Ausnahme der Stadt Berlin), sowie für die Städte der Niederlausitz und der Aemter Senftenberg und Finsterwalde. (Ges.-Samml. S. 334.)

— §§ **72-74**. Verzug bei Auszahlung der Brand-Entschädigungsgelder für die bei der ständischen Feuersozietät der Kur- und Neumark Brandenburg und der Niederlausitz versicherten Gebäude; Verpflichtung zur Zahlung von Verzugszinsen. — Vergl. A. L. R. I. **11.** § 395., **16** §§ 213. 216. 222. 229.

Rechtsgr. **1136.** — IV. Senat. 6. Februar 1866. (LXII. 142.)

Ist ein bei der ständischen Feuersozietät der Kur- und Neumark (mit Ausnahme der Stadt Berlin), sowie für die Städte der Niederlausitz und der Aemter Senftenberg und Finsterwalde versichertes Gebäude erst nach dem Brande und nach Aufstellung der Schadensliquidation in andre Hände übergegangen, so ist, wenn auch der Nachweis der Wiederherstellung des abgebrannten Gebäudes durch den neuen Erwerber geführt ist, die Feuersozietät doch erst von dem Zeitpunkt mit der Zahlung der Brand-Entschädigungsgelder im Verzuge, zu welchem ihr der Nachweis geführt wird, daß dem neuen Besitzer die Brand-Entschädigungsgelder mit überlassen sind, und hat die Sozietät auch erst von diesem Zeitpunkt ab Verzugszinsen zu zahlen.

1844, November 22. Verordnung, betreffend den Geschäftsgang und

Instanzenzug bei den Auseinandersetzungsbehörden. (Ges.-Samml. 1845 S. 19.)

— Siehe Rechtsgrundsatz 1012. (Verordnung vom 20. Juni 1817 § 189.)

1845, Januar 17. Allgemeine Gewerbe-Ordnung. (Ges.-Samml. S. 41.)

— **§§ 1. 4.** Fleischbankgerechtigkeit.

Rechtsgr. **1137**. — **II.** Senat. 4. Juni 1864. (**LVI.** 41.)

Die Fleischbankgerechtigkeit gehört nicht zu den in den §§ 1. und 4. der Allg. Gewerbe-Ordnung vom 17. Januar 1845 aufgehobenen Berechtigungen.

Siehe auch Rechtsgrundsatz 1001. (Edikt vom 2. November 1810 § 1.)

— **§§ 16. 55.** Siehe Rechtsgrundsatz 1001. (Edikt vom 2. November 1810 § 1.)

— **§§ 134-161.** Siehe Rechtsgrundsatz 1085. (Gesetz vom 31. März 1838 § 1. No. 5.)

1845, Januar 31. Gesetz über das Verfahren in Wald-, Feld- und Jagdfrevelsachen. (Ges.-Samml. S. 95.)

— Anwendbarkeit der Bestimmungen des Gesetzes vom 31. Januar 1845 über das Verfahren in Wald-, Feld- und Jagdfrevelsachen bei Civil-Einreden ausschließlich auf das Verfahren in Untersuchungssachen im Gegensatz zum Diffamationsprozeß. — Vergl. A. G. O. I. 32. §§ 1-3. 5. 8. 18. 20.; Gesetz vom 2. Juni 1852 § 49.

Rechtsgr. **1138**. — **III.** Senat. 26. September 1864. (**LV.** 235.)

Die Bestimmungen des Gesetzes über das Verfahren in Wald-, Feld- und Jagdfrevelsachen bei Civileinreden vom 31. Januar 1845 betreffen nur das Verfahren in Untersuchungssachen, nicht aber im Diffamationsprozeß.

1845, März 14. Gesetz, betreffend die Verpflichtung zur Aufbringung der Kosten für die kirchlichen Bedürfnisse der Pfarrgemeinden in den Landestheilen des linken Rhein-Ufers. (Ges.-Samml. S. 163.)

— Siehe Rechtsgrundsatz 1006. (Dekret vom 6. November 1813.)

1845, Juli 6. Verordnung wegen Einführung kürzerer Verjährungsfristen für die Landestheile, in welchen noch Gemeines Recht gilt. (Ges.-Samml. S. 484.)

— Rechtliche Beurtheilung der Verjährung nach dieser Verordnung.

Rechtsgr. **1139**. — IV. Senat. 15. September 1864. (LVI. 159.)

Bei der Anwendung der Verordnung vom 6. Juli 1845 wegen Einführung kürzerer Verjährungsfristen für die Landestheile, in welchen noch Gemeines Recht gilt, ist auf die Grundsätze des Gemeinen Rechts über die Extinktiv- oder Klageverjährung, deren Erfordernisse und Wirkungen zurückzugehen.

1845, Juli 11. Gesetz No. 2598. über das Verfahren bei Aufnahme von Notariats-Instrumenten. (Ges.-Samml. S. 487.)

— §§ **14**. **15**. Schlußattest des instrumentirenden Notars. — Vergl. A. L. R. I. **3**. § 40., **5**. §§ 116. 172. 174.; Notariats-Ordnung §§ 41. 42.

Rechtsgr. **1140**. — III. Senat. 30. Juni 1865. (LIX. 280.)

a) Das nach § 15. der Notariats-Ordnung vom 11. Juli 1845 unter einer Urkunde befindliche Attest:

„Diese Verhandlung ist demnächst den Komparenten in Gegenwart des Notars und der Instrumentszeugen laut vorgelesen, von ihnen genehmigt und vom Verkäufer, welcher angab, des Schreibens nicht kundig zu sein, mit drei Kreuzen, von der Käuferin aber mit ihrer Namens-Unterschrift eigenhändig unterzeichnet worden",

sowie das von den Instrumentszeugen am Schlusse der Notariats-Urkunde vollzogene Attest:

„daß die vorstehende Verhandlung so, wie sie niedergeschrieben worden, stattgefunden hat, den Komparenten in unserer Gegenwart laut vorgelesen, von ihnen genehmigt und, wie vorsteht, eigenhändig unterzeichnet worden ist, attestiren wir hierdurch.

„August Repp." „Gottlob Zemisch."

kann auch als ein Attest des Notars nicht angesehen werden, wenngleich derselbe jene Erklärungen mit den Worten:

“a. u. s.”

abgeschlossen und hiernächst seine Unterschrift beigefügt hat. Die Urkunde ist daher wegen des fehlenden Attestes nach § 14. der Notariats-Ordnung als eine notarielle nicht anzusehen.

b) Ein solches Protokoll hat demnach in Ansehung desjenigen Kontrahenten, von welchem dasselbe nur unterkreuzt worden, auch nicht die Wirkung eines schriftlichen Vertrages.

— § **17**. Siehe Rechtsgrundsatz 396. (A. L. R. I. **20**. § 522.)
— §§ **41**. **42**. Siehe Rechtsgrundsatz 1140. (§§ 14. 15. dieser Notariats-Ordnung.)

1845, Juli 23. Gemeinde-Ordnung. (Ges.-Samml. S. 520.)
— §§ **44**. **86**. **88**. Nichtbeschränkung der Befugniß des Bürgermeisters in den Rheinlanden, ein Rechtsmittel durch die Instanzen zu verfolgen. durch Gemeindebeschluß und Entscheidung der Regierung. — Vergl. Gesetz vom 19. Oktober 1796 Art. 3.; Gesetz vom 17. Februar 1800 Art. 13.; Code de proced. Art. 69. No. 5.

Rechtsgr. **1141**. — V. Senat. 12. April 1865. (LIX. 81.)

Der Bürgermeister, welcher die Gemeinde in Prozessen vertritt und demgemäß allein legitimirt ist, dieselbe auch in dem Kassationsverfahren zu vertreten, kann durch einen Gemeindebeschluß und eine Entscheidung der Regierung an der Verfolgung des Rechtsmittels nicht gehindert werden.

1845, September 26. Deklaration der Kabinets-Order vom 21. Juni 1844 wegen Befreiung der Erbtheilungsverhandlungen von der Stempelsteuer. (Schmidt, Kommentar zum Stempelsteuer-Gesetz 2. Ausg. S. 65.)
— Siehe Rechtsgrundsatz 1024. (Stempelsteuer-Gesetz vom 7. März 1822 § 5. Littr. f.)

1845, November 10. Justiz-Ministerial-Reskript bezüglich der Kabinets-Order vom 26. September 1845, betreffend die Erbtheilungen und Auseinandersetzungen zwischen dem überlebenden und den Erben des verstorbenen Ehegatten. (Schmidt, Kommentar zu den Preußischen Stempelgesetzen, zweite Auflage S. 65. 66.)
— Siehe Rechtsgrundsatz 1027. (Tarif zum Stempelsteuer-Gesetz vom 7. März 1822, siehe unter Kaufverträge.)

1845, Dezember 11. Schul-Ordnung für die Elementarschulen der Provinz Preußen. (Ges.-Samml. für 1846 S. 1.)

— § **43**. Ausschließung armer Kinder von der Schule wegen Nichtentrichtung des Schulgeldes. — Vergl. A. L. R. II. **7**. §§ 30 ff., **19**. §§ 1. ff.; Gesetz vom 31. Dezember 1842; Verfassungs-Urkunde vom 31. Januar 1850 Art. 25. 26. 112.

Rechtsgr. **1142**. — I. Senat. 26. Mai 1865. (LVIII. 319.)

Arme Kinder können deshalb, weil sie Schulgeld nicht entrichten können, von der Schule nicht ausgeschlossen werden, und ist eine Verpflichtung der Armen-Anstalten, ein Schulgeld für dieselben an die Schul-Anstalt zu entrichten, aus den Gesetzen nicht zu entnehmen.

1845, Dezember 11. Deklaration, betreffend die Unterzeichnung der Audienzprotokolle durch die Parteien. (Ges.-Samml. 1846 S. 18.)

— Siehe Rechtsgrundsatz 1046. (Verordnung vom 1. Juni 1833 § 36.)

1846, April 17. Kabinets-Order, betreffend die Befugniß der Charité-Direktion in Berlin zur unmittelbaren Einziehung der Kur- und Verpflegungskosten für die in die Charité aufgenommenen Kranken von den städtischen Behörden und sonstigen Kommunen. (Ges.-Samml. S. 166.)

— Siehe Rechtsgrundsatz 1039. (Regulativ vom 7. September 1830.)

1846, Juli 21. Verordnung No. 2729. über das Verfahren in Civil-Prozessen. (Ges.-Samml. S. 291.)

— §§ **7**. **8**. Siehe Rechtsgrundsatz 1044. (Verordnung vom 1. Juni 1833 § 27.)

— § **9**. Siehe Rechtsgrundsatz 800. (A. G. O. I. **10**. § 134.)

— § **13**. Siehe Rechtsgrundsatz 868. (A. G. O. I. **42**. § 34.)

— § **16**. Erweiterung der limitirten Beschwerde der Appellations-Anmeldung in der Rechtfertigungsschrift.

Rechtsgr. **1143**. — IV. Senat. 1. November 1864. (LVII. 54.)

Eine limitirte Erklärung über die Beschwerde in der Anmeldung der Appellation ist dem Appellanten unschädlich, wenn er dieselbe in der Einführungsschrift erweitert hat.

Siehe auch Rechtsgrundsatz 833. (A. G. O. I. **14**. § 28.)

— § **17**. Siehe Rechtsgrundsätze 1145. 1159. 1169. (Verordnung vom

21. Juli 1846 § 17.; Verordnung vom 21. Juli 1849 § 45.; Ferien-Ordnung vom 16. April 1850.)

— **§ 18.** Angabe bestimmter Beschwerdepunkte in der Appellations-Einführungs- und Rechtfertigungsschrift.

Rechtsgr. **1144**. — I. Senat. 23. Januar 1865. (LVI. 332.)

Dem Erforderniß des § 18. der Verordnung vom 21. Juli 1846, wonach jede Einführungs- und Rechtfertigungsschrift bestimmte Beschwerdepunkte enthalten muß, ist genügt, wenn es in derselben auch nur heißt: „Gegen die abweisende Entscheidung vom .... ist Appellation eingelegt."

Siehe auch Rechtsgrundsatz 763. (A. G. O. Einl. § 65.)

— **§ 20**. Siehe Rechtsgrundsätze 1047. 1048. 1062. (Verordnung vom 1. Juni 1833 §§ 44. 45.; Verordnung vom 14. Dezember 1833 § 5. No. 2.)

— **§ 21**. Unterzeichnung der Prozeßschriften, namentlich der Appellations-Rechtfertigungsschrift, durch die Partei. — Vergl. A. G. O. I. **10**. § 134.; Verordnung vom 1. Juni 1833 § 49.; Verordnung vom 21. Juli 1843 § 2.; Verordnung vom 21. Juli 1846 § 17.

Rechtsgr. **1145**. — IV. Senat. 13. September 1864. (LV. 221.)

Daß außer den im § 21. der Verordnung vom 21. Juli 1846 und § 2. der Verordnung vom 21. Juli 1843 vorgeschriebenen Förmlichkeiten auch noch erforderlich sei, daß die Partei selbst den betreffenden Schriftsatz unterzeichne, um zu verhüten, daß sie nicht des angemeldeten Rechtsmittels der Appellation für verlustig erklärt werde, ist weder in den §§ 17. u. 21. der Verordnung vom 21. Juli 1846, noch sonst in den Gesetzen vorgeschrieben.

— **§ 22**. Siehe Rechtsgrundsatz 1062. (Verordnung vom 14. Dezember 1833 § 5. No. 2.)

— **§ 23.** Littr. d. Siehe Rechtsgrundsatz 786. (A. G. O. I. **3**. § 25.)

— **§ 27**. Verfahren in schleunigen Prozessen, namentlich in schleunigen Bausachen; Anmeldung und Einführung der Nichtigkeitsbeschwerde. — Vergl. A. G. O. I. **42**. §§ 34-42.; Deklaration vom 6. April 1839 Art. 14. Littr. d.

Rechtsgr. **1146**. — II. Senat. 7. April 1864. (LIV. 56.)

Hat der Appellations-Richter zwar bei Einleitung des Appellationsverfahrens das in dem § 27. der Verordnung vom 21. Juli 1846 vorgeschriebene Verfahren für die dort bezeichneten schleunigen Sachen, namentlich für schleunige Bausachen, nicht eintreten lassen, durch das Erkenntniß jedoch die Appellation wegen unterbliebener Beobachtung der für diese schleunigen Sachen gegebenen Vorschriften für nicht angebracht erachtet und dadurch zu erkennen gegeben, daß er die Sachen in den schleunigen Prozeß zurückführe und sein Erkenntniß für ein in dieser Prozeßform ergangenes erachtet wissen wolle: so muß auch die Richtigkeitsbeschwerde gegen dasselbe nach § 27. a. a. O. binnen drei Tagen nach der Insinuation bei dem ersten Richter angemeldet und eingeführt werden.

Siehe auch Rechtsgrundsätze 868. 1062. (A. G. O. I. **42**. § 34.; Verordnung vom 14. Dezember 1833 § 5. No. 2.)

— § **31**. Siehe Rechtsgrundsatz 833. (A. G. O. I. **14**. § 28.)

— §§ **34**. **35**. Siehe Rechtsgrundsatz 1169. (Ferien-Ordnung vom 16. April 1850.)

1846, Juli 21. Gesetz No. 2742., betreffend den Bau und die Unterhaltung der Schul- und Küsterhäuser. (G. S. S. 343.)

— Anwendung dieses Gesetzes auf spätere Fälle. — Vergl. A. L. R. II. **12**. § 37.

Rechtsgr. **1147**. — I. Senat. 16. April 1866. (LXIV. 74.)

Das durch das Gesetz vom 21. Juli 1846, betreffend den Bau und die Unterhaltung der Schul- und Küsterhäuser, unter Abänderung des § 37. II. 12. des Allgem. Landrechts, eingeführte neue Prinzip findet auf alle späteren Fälle einer Erweiterung von Küsterhäusern zu Schulzwecken Anwendung, und sind Küsterhäuser, die erst später zugleich die Bestimmung von Schulhäusern erhalten, von dem Prinzip nicht ausgeschlossen.

— § **4**. Siehe Rechtsgrundsätze 575. 577. (A. L. R. II. **12**. § 34.)

— § 6. Erweiterungsbauten an Küsterhäusern zu Schulzwecken

Rechtsgr. 1148. — I. Senat. 16. April 1866. (LXIV. 75.)

Der § 6. des Gesetzes vom 21. Juli 1846 hält die Verbindlichkeit der zu Pfarrbauten Verpflichteten auch rücksichtlich der Erweiterungsbauten an Küsterhäusern zu Schulzwecken aufrecht, sofern sie auf einem Spezialtitel beruht.

1846, September 29. Gesetz wegen Einführung der Gesindebücher. (Ges.-Samml. S. 467.)

— Siehe Rechtsgrundsatz 1004. (Gesinde-Ordnung vom 8. November 1810 § 171.)

1846, Oktober 28. Wiesen-Ordnung für den Kreis Siegen. (Ges.-Samml. S. 485.)

— **§§ 1. 5. 13. 14. 17.** Zulässigkeit des Rechtsweges, betreffend die Streitigkeiten über Benutzung des Wassers zur Wiesenkultur nach der Wiesen-Ordnung für den Kreis Siegen vom 28. Oktober 1846.

Rechtsgr. 1149. — II. Senat. 6. März 1866. (LXIII. 106.)

Gründet sich das Recht eines Grundstücksbesitzers auf Benutzung des Wassers zur Bewässerung seines Grundstücks behufs der Wiesenkultur auf bereits bestehende Rechte und Verbindlichkeiten, so ist nach der Wiesen-Ordnung für den Kreis Siegen vom 28. Oktober 1846 die richterliche Kompetenz nicht ausgeschlossen. Ist dagegen der Anspruch im Interesse der Wiesen durch keinen speziellen Rechtstitel begründet, so sind die gesetzlichen Rechte bei dem Wiesenschöffen zu verfolgen.

1847, April 30. Kabinets-Order, betreffend den Stempel zu Kauf- und Lieferungsverträgen im kaufmännischen Verkehr. (Ges.-Samml. S. 201.)

A. Kaufmännischer Verkehr, Begriff und Feststellung desselben, namentlich bezüglich der Stempel zu Kauf- und Lieferungsverträgen nach der Kabinets-Order vom 30. April 1847. — Vergl. A. L. R. II. 8. § 475.; Tarif zum Stempelsteuergesetz vom 7. März 1822, unter „Kautions-Instrumente“ und „Schuldverschreibungen.“

Rechtsgr. 1150. — I. Senat. 20. Januar 1865. (LVI. 315.)

a) Eine besondere Legaldefinition des kaufmännischen Verkehrs stellt weder die Kabinets-Order vom 30. April 1847 auf, noch findet sich eine solche im Allg. Landrecht, oder in den neuen dahin einschlagenden Gesetzen, insbesondere auch nicht in der Konkurs-Ordnung vom 8. Mai 1855 oder in dem Allgem. Deutschen Handelsgesetzbuch vor.

b) Die Frage, ob ein bestimmter Kauf- oder Lieferungs-Vertrag als „im kaufmännischen Verkehr" abgeschlossen anzusehen sei oder nicht? beruht keineswegs auf einer rechtlichen Beurtheilung, sondern ist zum Theil und sogar vorwiegend von den obwaltenden besondern Umständen des einzelnen Falles abhängig.

c) Ist in einem im kaufmännischen Verkehr abgeschlossenen Kauf- oder Lieferungsvertrage zur Sicherung der Erfüllung eine Pfandbestellung enthalten, so ist für diese der für Kautions-Instrumente festgesetzte Stempel besonders zu entrichten.

B. Stempelpflichtigkeit der im kaufmännischen Verkehr vorkommenden Kauf- und Lieferungsverträge; objektives Handelsgeschäft. — Vergl. Allg. Deutsches Handelsgesetzbuch Art. 271. No. 1. 2.; Stempelsteuergesetz vom 7. März 1822 §§ 2. 3. Littr. c.; Reskript vom 17. Juli 1847.

Rechtsgr. **1151**. — V. Senat. 25. April 1865. (LVIII. 263.)

Zur Anwendbarkeit der Kabinets-Order vom 30. April 1847, betreffend den Stempel zu Kauf- und Lieferungsverträgen im kaufmännischen Verkehr, ist nicht der Umstand maaßgebend, ob der Verkäufer oder Lieferer zur Klasse der Kaufleute gehört, und ob der von ihm geschlossene Vertrag in dem kaufmännischen Verkehr, in dem er sich bewegt, seine Grundlage gefunden hat; vielmehr muß das fragliche Geschäft den objektiven Charakter eines Handelsgeschäfts haben.

1847, Juli 17. Finanz-Ministerial-Reskript, betreffend die Auslegung der Kabinets-Order vom 30. April 1847 hinsichtlich des Stempels zu Kauf- und Lieferungsverträgen im kaufmännischen Verkehr. (Centralblatt der Abgabe- und Gewerbegesetzgebung in den Königlich Preußischen Staaten von 1847 S. 141.)

— Siehe Rechtsgrundsatz 1151. (Kabinets-Order vom 30. April 1847.)

1847, Juli 26. Deklaration einiger Vorschriften des Allg. Landrechts und der Gemeinheitstheilungs-Ordnung vom 7. Juni 1821, betreffend das nutzbare Gemeindevermögen. (Ges.-Samml. S. 327.)

— Beweislast hinsichtlich des privatrechtlichen Charakters der von Gemeindemitgliedern auf Korporations-Eigenthum ausgeübten Befugniß; Ausübung von Bürgergerechtsamen, die mit dem Besitz einer Sohlstätte verbunden sind, durch einen Nicht-Bürger. — Vergl. Gemeinheitstheilungs-Ordnung vom 7. Juni 1821 § 17.

Rechtsgr. **1152**. — II. Senat. 22. Dezember 1864. (LVII. 198.)

a) Dasjenige Gemeindemitglied, welches behufs Auseinandersetzung den privatrechtlichen Charakter der von ihm auf Korporations-Eigenthum ausgeübten Befugniß behauptet, hat die positiven Thatsachen, welche diese rechtliche Eigenschaft der Nutzungsbefugniß erkennbar machen, zu erbringen.

b) Daraus, daß die mit dem Besitz von Grundstücken verkauft gewesene Bürgergerechtsame auch ausgeübt worden, wenn ausnahmsweise ein Nichtbürger die Sohlstätte erworben hat, kann ein Beweis dafür, daß die Bürgergerechtsame auf einem von der Gemeinde-Mitgliedschaft unabhängigen, eine besondere Rechtsquelle der Korporation der Gemeinde gegenüber bildenden Rechtstitel beruht habe, nicht entnommen werden.

— § **1**. Siehe Rechtsgrundsätze 534. 535. (A. L. R. II. **6**. § 72., **7**. § 18.)

— § **2**. Bedeutung der Worte „andern Rechtstitel" in dieser Gesetzesstelle.

Rechtsgr. **1153**. — II. Senat. 18. Mai 1865. (LIX. 172.)

Im § 2. der Deklaration vom 26. Juli 1847, betreffend einige Vorschriften des Allgem. Landrechts und der Gemeinheitstheilungs-Ordnung vom 7. Juni 1821:

„Nutzungsrechte der Gemeindemitglieder oder Einwohner am Gemeindeglieder=Vermögen, welche denselben nicht vermöge dieser Eigenschaft, sondern aus einem andern Rechtstitel gebühren, gehören nicht zum Gemeindevermögen, sondern zum Privatvermögen der Nutzungsberechtigten, in welches daher auch die auf diese Rechte bei der Gemeinheitstheilung fallenden Abfindungen übergehen",

ist unter „andern Rechtstitel" ein wahrer privatrechtlicher Rechtstitel gemeint.

1847, November 1. Feldpolizei-Ordnung für alle Landestheile, in denen das Allg. Landrecht Gesetzeskraft hat, mit Ausschluß der Kreise Rees und Duisburg. (Ges.-Samml. S. 376.)

— §§ **16**. **44**. Abweichung vom Wege über fremde Grundstücke; Uebertreiben von Vieh vom eigenen Grundstück, welches keinen Zugang hat, über ein fremdes Grundstück.

Rechtsgr. **1154**. — II. Senat. 11. Mai 1865. (LVII. 336.)

a) Wenn aus der schlechten Beschaffenheit eines Weges die im zweiten Satze des § 44. der Feldpolizei=Ordnung vom 1. November 1847 ertheilte Befugniß, über das fremde Grundstück zu reiten, zu fahren oder Vieh zu treiben, hergeleitet werden soll, so darf dieser Weg kein Privatweg, sondern muß ein zum gemeinen Gebrauch bestimmter Weg sein, worunter alle öffentlichen Wege zu verstehen sind.

b) Aus der singulären Vorschrift des § 44. der Feldpolizei=Ordnung vom 1. November 1847 kann nicht abgeleitet werden, daß derjenige, welcher mit seinem Vieh nicht anders, als über ein fremdes Grundstück, zu dem seinigen gelangen kann, dasselbe ohne Weiteres über jenes treiben dürfe.

1848, Januar 14. Reglement über die Landarmenpflege und die Behandlung der Landstreicher, Bettler und Arbeitsscheuen in der Kurmark Brandenburg. (Ges.-Samml. S. 37.)

— Eigenschaft dieses Reglements als Provinzial-Verordnung.

Rechtsgr. **1155**. — I. Senat. 13. Oktober 1865. (LXI. 107.)

Das Reglement über die Landarmenpflege und die Behandlung der Landstreicher, Bettler und Arbeitsscheuen in der Kurmark Brandenburg vom 14. Januar 1848 fällt unter die im § 2. der Einleitung zum Allg. Landrecht erwähnten Provinzialverordnungen, welche durch landesherrliche Bestätigung Gesetzeskraft erhalten, und sind die einzelnen Bestimmungen desselben daher nicht Vertragsstipulationen, sondern gesetzliche Normen.

1848, Mai 16. Fürstlich Hechingische Verfassungs-Urkunde. (Hohenzollern-Hechingisches Verordnungs- und Intelligenzblatt, 1848.)

— **§ 23**. Siehe Rechtsgrundsatz 1128. (Dienstpragmatik vom 11. Oktober 1843 § 25.)

1848, Dezember 5. Verfassungs-Urkunde für den Preußischen Staat. (Ges.-Samml. S. 375.)

— Art. **40**. Siehe Rechtsgrundsatz 409. (A. L. R. I. **22**. § 199.)

1848, Dezember 18. Verordnung, betreffend die bäuerliche Erbfolge in Westphalen. (Ges.-Samml. S. 425.)

— **§§ 1.** ff. Rechte des Ehegatten des Mahlzählers und des zweiten Ehegatten des Ersteren in Betreff der Mahljahre und Leibzucht und Rechte der Kinder dieser Eheleute auf Brautschatz-Abfindung, nach der Minden-Ravensbergischen Eigenthums-Ordnung. — Vergl. Minden-Ravensbergische Eigenthums-Ordnung vom 26. November 1741 Kap. 7. 12. § 9.; Gesetz vom 2. März 1850 § 37.

Rechtsgr. **1156**. — I. Senat. 8. Januar 1864. (LIII. 51.)

a) Nach der Minden-Ravensbergischen Eigenthums-Ordnung kann nach dem Tode des mahljährigen Besitzers der auf Mahljahre sitzende Stiefvater oder die Stiefmutter des Anerben vor Beendigung der Mahljahre auf der Stätte wieder heirathen, und gebührt nach beendigten Mahljahren beiden Stiefeltern die Leibzucht, sowie den in dieser Ehe während der Mahljahre erzeugten Kindern ein Recht auf Brautschatz-Abfindung von dem Kolonate.

b) Die vorstehenden Grundsätze finden auch in dem

Falle Anwendung, wenn der Schichtungsvertrag erst nach erfolgter Aufhebung der besonderen bäuerlichen Erbfolge-Ordnung bei den heimfallpflichtigen Gütern durch die Verordnung vom 18. Dezember 1848 geschlossen, und in diesem Vertrage der Anerbe im Sinne der gedachten Eigenthums-Ordnung ernannt worden ist.

Auch ist die Erwerbung dieser Rechte auf Leibzucht und Brautschatz seit Aufhebung der Einwirkung des Gutsherrn auf die Regulirung der Leibzucht und der Brautschätze nicht mehr an die Bedingung geknüpft, daß die Ehe unter den Stiefeltern des Anerben nach Verschreibung der Mahljahre und unter Zahlung des Weinkaufs zu Stande gekommen sei.

c) Die vorgedachten Rechte der Mahlzähler auf Mahljahre und Leibzucht, sowie ihrer Kinder auf Brautschatz-Abfindung, sind dinglicher Natur und daher auf Verlangen der Berechtigten in das Hypothekenbuch einzutragen.

d) Der Anerbe ist nicht verpflichtet, wegen der elterlichen Kolonatsschulden sich mit den Mahlzählern vor Beendigung der Mahljahre und der Feststellung der Leibzucht auseinanderzusetzen.

— **§ 5.** Siehe Rechtsgrundsatz 1079. (Erbfolgegesetz vom 13. Juli 1836 § 1.)

1849, Januar 2. Verordnung über die Aufhebung der Privatgerichtsbarkeit und des eximirten Gerichtsstandes, sowie über die anderweitige Organisation der Gerichte. (Ges.-Samml. S. 1.)

— Eingang. Siehe Rechtsgrundsatz 778. (A. G. O. I. **2**. § 143.)

— **§ 9.** Siehe Rechtsgrundsatz 1007. (Deutsche Bundes-Akte vom 8. Juni 1815 Art. 14. No. 3. Littr. c.)

— **§ 14.** Siehe Rechtsgrundsatz 608. (A. L. R. II. **18**. § 560.)

— **§ 19.** Siehe Rechtsgrundsatz 782. (A. G. O. I. **2**. § 169.)

1849, Juli 21. Verordnung No. 3053. über das Verfahren in Civilprozessen in den Bezirken des Appellationsgerichts zu Greifswald und des Justiz-Senats zu Ehrenbreitstein. (Ges.-Samml. S. 307.)

— § 1. No. 1. § 2. Unbedingtes Mandatsverfahren.

Rechtsgr. 1157. — V. Senat. 1. März 1864. (LIV. 30.)

a) Die Verordnung vom 21. Juli 1849 setzt in Betreff der Zulässigkeit des unbedingten Mandatsverfahrens aus inländischen notariellen Urkunden über Verbindlichkeiten aus einseitigen Rechtsgeschäften voraus: daß diese Verbindlichkeit auch sofort unzweifelhaft erkennbar sein und, vorbehaltlich der im § 2. daselbst in beschränktem Maaße zugelassenen Einwendungen, festgestellt sein muß.

b) Ist daher der unbedingte Mandatsprozeß aus dem notariellen Schuldbekenntnisse über ein Darlehn eingeleitet und von dem Verklagten die Einrede der nicht erhaltenen Valuta erhoben worden, so ist, unter dem Vorbehalt anderweiter Geltendmachung des Anspruchs im geeigneten Verfahren, die Mandatsklage abzuweisen.

— § 13. Siehe Rechtsgrundsatz 962. (Cod. 7. Lex 6.)

— § 23. Unterbliebene Vorausschickung einer Geschichtserzählung im Erkenntnisse als keine Verletzung einer wesentlichen Prozeßvorschrift nach der Verordnung vom 21. Juli 1849. — Vergl. §§ 52. 60. No. 2. dieser Verordnung.

Rechtsgr. 1158. — III. Senat. 27. März 1865. (LVII. 272.)

Im Bereich der Verordnung über das Verfahren in Civilprozessen in den Bezirken des Appellations-Gerichts zu Greifswald und des Justiz-Senats zu Ehrenbreitstein vom 21. Juli 1849 sind die Richter nicht verpflichtet, den Entscheidungsgründen eine Geschichtserzählung voranzuschicken; die Unterlassung enthält somit keine Verletzung einer wesentlichen Prozeßvorschrift.

— § 24. Siehe Rechtsgrundsatz 1046. (Verordnung vom 1. Juni 1833 § 36.)

— §§ 37. 39. Siehe Rechtsgrundsätze 921. 922 (Kriminal-Ordnung § 392.)

— § 45. Verlängerung der Prozeß- und Nothfristen durch Uebereinkunft der Parteien. — Vergl. Verordnung vom 21. Juli 1846 § 17.; Verordnung vom 21. Juli 1849 § 67.)

Rechtsgr. **1159**. — IV. Senat. 1. Mai 1866. (LXII. 327.)

Die nach dem Gemeinen Prozeßrecht bestehende Befugniß der Parteien, sich die Prozeß- und Nothfristen, mit alleiniger Ausnahme des zehntägigen Interpositions-Fatales, durch gegenseitige Uebereinkunft zu verlängern, ist für die im § 45. der Verordnung über das Verfahren in Civilprozessen in den Bezirken des Appellations-Gerichts zu Greifswald und des Justiz-Senats zu Ehrenbreitstein vom 21. Juli 1849 gedachte Einführungs- und Rechtfertigungsfrist aufgehoben.

— **52**. Siehe Rechtsgrundsatz 1158. (§ 23. dieser Verordnung.)
— **§§ 55. 57**. Siehe Rechtsgrundsatz 962. (Cod. **7**. Lex 6.)
— § **60**. No. **2**. Siehe Rechtsgrundsatz 1158. (§ 23. dieser Verordnung.)
§ **60**. Siehe Rechtsgrundsatz 921. 922. 958. (Kriminal-Ordnung § 392. Cod. **2**. 11. Lex un., **7**. Lex 6.)
— § **67**. Siehe Rechtsgrundsatz 1159. (§ 45. dieser Verordnung.)
— **83**. Siehe Rechtsgrundsatz 18. (A. L. R. Einl. § 23.)

1849, November 13. Bekanntmachung der von den Kammern ertheilten Genehmigung zu der unter dem 18. Dezember 1848 erlassenen Verordnung über die bäuerliche Erbfolge in der Provinz Westphalen. (Ges.-Samml. S. 406.)
— Siehe Rechtsgrundsatz 1079. (Erbfolgegesetz vom 13. Juli 1836 § 1.)

1849, Dezember 7. Staatsvertrag zwischen Seiner Majestät dem Könige von Preußen und Ihren Durchlauchten den regierenden Fürsten von Hohenzollern-Hechingen und von Hohenzollern-Sigmaringen wegen Abtretung der Fürstenthümer Hohenzollern-Hechingen und Hohenzollern-Sigmaringen. (Ges.-Samml. 1850 S. 289.)
— Art. **5**. Siehe Rechtsgrundsatz 1128. (Dienstpragmatik vom 11. Oktober 1843 § 25.)

1850, Januar 31. Verfassungs-Urkunde No. 3212. für den Preußischen Staat. (Ges.-Samml. S. 17.)
— Art. **4**. Siehe Rechtsgrundsatz 1007. (Deutsche Bundesakte vom 8. Juni 1815 Art. 14.)
— Art. **7**. Siehe Rechtsgrundsatz 779. (A. G. O. I. **2**. § 150.)

— Art. **9.** Rechte der Adjazenten öffentlicher Straßen in Städten oder Dörfern und Entschädigungsanspruch bei einer im öffentlichen Interesse vorgenommenen Veränderung der Straße. — Vergl. Code Napoléon Art. 538. 544. 678. 681.; Gesetz vom 3. November 1838 § 14.; Gesetz vom 11. Mai 1842 § 4.

Rechtsgr. **1160.** — V. Senat. 10. April 1866. (LXII. 273.)

Den Eigenthümern der die Straße begrenzenden Wohnhäuser und Gebäude muß dasjenige Recht der Benutzung der Straße und der ungeschmälerten Kommunikation mit derselben, dessen sie ihrer Lage nach bedürftig sind, nicht blos vergönnungsweise oder nach administrativem Ermessen, sondern dauernd und mit dem Charakter eines wohlerworbenen Rechtes gewährt werden, und Veränderungen in der Anlage oder dem Nivellement der Straße, durch welche jenen Rechten Eintrag geschieht, wo solche durch Gründe des öffentlichen Wohles geboten sind, dürfen nur gegen Entschädigung der Beeinträchtigten vorgenommen werden.

Siehe auch Rechtsgrundsatz 205. (A. L. R. I. **11.** § 4.)

— Art. **12.** Siehe Rechtsgrundsatz 272. (A. L. R. I. **12.** § 36.)

— Art. **15.** Siehe Rechtsgrundsatz 997. (Dekret vom 30. Dezember 1809 Art. 77.)

— Art. **24. 25. 26.** Betheiligung der Gemeinden bei der Anstellung der Lehrer der öffentlichen Volksschulen. — Vergl. A. L. R. II. **12.** § 22.; Verfassungs-Urkunde Art. 111.

Rechtsgr. **1161.** — I. Senat. 26. Februar 1864. (LIV. 11.)

a) Eine Betheiligung der Gemeinden bei der Anstellung der Lehrer der öffentlichen Volksschulen nach Artikel 24. der Verfassungs-Urkunde vom 31. Januar 1850 kann nur da stattfinden, wo diese Betheiligung bereits gesetzlich geordnet ist; ist dieselbe noch nicht gesetzlich geordnet, so fehlt es an der Möglichkeit der Ausführung der Bestimmung in dem Art. 24. a. a. O.

b) Dadurch allein, daß die Gemeinde ausschließlich die Beiträge zum Bau der Schule und zur Besoldung der bei derselben angestellten Lehrer aufzubringen, und daß sie ein thatsächliches Interesse dabei hat, wer als Lehrer an der von ihr unterhaltenen Schule fungire, folgt ihre Berechtigung nicht, im Wege der Klage zu beantragen, daß einem Dritten die Befugniß zur Berufung der Lehrer abgesprochen werde.

Siehe auch Rechtsgrundsatz 1142. (Gesetz vom 11. Dezember 1845 § 43.)

— Art. **30**. Siehe Rechtsgrundsatz 272. (A. L. R. I. **12**. § 36.)
— Art. **42**. Siehe Rechtsgrundsätze 409. 1225. (A. L. R. I. **21** § 199.; Gesetz vom 14. April 1856.)
— Art. **45**. Siehe Rechtsgrundsatz 578. (A. L. R. II. **13**. § 6.)
— Art. **62**. Siehe Rechtsgrundsatz 1169. (Ferien-Ordnung vom 16. April 1850.)
— Art. **78**. Abs. **2**. Stellvertretungskosten der in den Landtag eingetretenen Beamten. — Vergl. A. L. R. II. **10**. §§ 85. 104.

Rechtsgr. **1162**. — I. Senat. 27. März 1865. (LVIII. 229.)

Der Beamte, welcher durch seinen Eintritt in den Landtag an Wahrnehmung seines Amtes verhindert ist, ist verpflichtet, die Kosten eines für nöthig erachteten Stellvertreters zur Fortführung der Geschäfte zu tragen.

— Art. **86**. Siehe Rechtsgrundsätze 782. 1169. (A. G. O. I. **2** § 169.; Ferien-Ordnung vom 16. April 1850.)
— Art. **109**. Siehe Rechtsgrundsatz 997. (Dekret vom 30. Dezember 1809 Art. 77.)
— Art. **111**. Siehe Rechtsgrundsatz 1161. (Art. 24. dieser Verfassungs-Urkunde.)
— Art. **112**. Siehe Rechtsgrundsatz 1142. (Gesetz vom 11. Dezember 1845 § 43.)
— Art. **114**. Siehe Rechtsgrundsatz 1225. (Gesetz vom 14. Dezember 1856.)

1850, Februar 24. Gesetz (No. 3228.) wegen Abänderung einiger Bestimmungen des Gesetzes vom 3. Januar 1845, betreffend die Zertheilung von Grundstücken. (Ges.-Samml. S. 62.)
— § **2**. Littr. g. Siehe Rechtsgrundsatz 984. (Edikt vom 7. März 1747 § 11.)

1850, März 2. Gesetz No. 3233., betreffend die Ablösung der Reallasten und die Regulirung der gutsherrlichen und bäuerlichen Verhältnisse. (Ges.-Samml. S. 77.)

— § **1**. Siehe Rechtsgrundsatz 981. (Verordnung vom 28. August 1715.)

— § **2**. Siehe Rechtsgrundsätze 24. 401. (A. L. R. Einl. § 75.; I. **20**. § 607.; Stempelsteuergesetz vom 7. März 1822 § 5.)

— § **2**. No. **1**. Siehe Rechtsgrundsatz 987. (Kursächsisches Lehnsmandat vom 30. April 1764 Tit. 6. § 1.)

— § **3**. No. **2**. Siehe Rechtsgrundsatz 409. (A. L. R. I. **21**. § 199.)

— § **3**. No. **10**. Rechtliche Natur der Schoßabgaben.

Rechtsgr. **1163**. — II. Senat. 23. Mai 1865. (LIX. 199.)

a) Der Name „Geschoß" deutet auf eine Abgabe steuerartiger Natur.

b) Die historisch erweisliche Regel, daß der Schoß ein Ausfluß der Obergerichtsbarkeit gewesen, rechtfertigt bis zum Nachweise des Gegentheils die Annahme, daß überall da, wo die Besitzer der Obergerichte auch Schoß erheben, dieses in jener Eigenschaft geschehen sei.

— § **35**. Siehe Rechtsgrundsatz 981. (Verordnung vom 28. August 1715.)

— § **37**. Siehe Rechtsgrundsätze **24**. 1156. (A. L. R. Einl. § 75.; Verordnung vom 18. Dezember 1848 § 1.)

— § **40**. Anerkenntniß einer Besitzveränderungs-Abgabe in einer öffentlichen Urkunde.

Rechtsgr. **1164**. — II. Senat. 25. Februar 1864. (LIII. 164.)

a) Der § 40. des Ablösegesetzes vom 2. März 1850, — betreffend die Wirkung des in einer öffentlichen Urkunde enthaltenen Anerkenntnisses einer Besitzveränderungs-Abgabe Seitens des Besitzers eines Grundstücks, — enthält nur eine Beweisregel, entscheidet aber Nichts über die Natur der Abgabe.

b) Der Besitzer kann sich zum Nachweise der gesetzlichen Aufhebung der anerkannten Besitzveränderungs-Abgabe auf die, aus gewissen, auf Gerichtshandlung deutenden Benennungen der Abgabe begründete gesetzliche Vermuthung für deren Sportel-Eigenschaft berufen, insofern nicht in dem Anerkenntnisse selbst eine entgegenstehende Benennung enthalten ist.

Siehe auch Rechtsgrundsatz 991. (Instruktion vom 20. Januar 1785 Abschn. III. § 36.)

- **§ 59.** Siehe Rechtsgrundsatz 1165. (§ 66. dieses Gesetzes.)
- **§ 60.** Siehe Rechtsgrundsätze 973. 981. 1165. (Verordnungen vom 20. März 1662 und 28. August 1715; § 66. dieses Gesetzes.)
- **§§ 65. 66.** Wegfall der vertragsmäßig zu leistenden Staatsgrundsteuer-Vergütung bei Ablösung der Reallasten, im Gegensatz zu den Kommunal-Geldbeiträgen, welche als Zuschlag zur Staatsgrundsteuer erhoben werden. — Vergl. Gesetz vom 21. Januar 1839 § 5.; Ablösungsgesetz vom 2. März 1850 §§ 59. 60. 65. 96.

Rechtsgr. **1165.** — II. Senat. 1. Dezember 1864. (LVII. 143.)

a) Der Grundsatz:

„Der dem Besitzer eines mit Reallasten beschwerten Grundstücks gegen den Berechtigten vertragsmäßig zustehende Anspruch auf Vertretung, beziehungsweise Erstattung der auf dem belasteten Grundstücke haftenden Grundsteuer ist in Folge des § 66. des Reallasten-Ablösungsgesetzes vom 2. März 1850 durch die Ablösung der Reallasten ohne Weiteres aufgehoben",

gilt lediglich für die Staatsgrundsteuer, findet aber keine Anwendung auf die in gleicher Weise übernommenen Kommunal-Geldbeiträge oder Beischläge, welche als Zuschläge zur Staatsgrundsteuer erhoben werden; derartige Kommunalzuschläge sind vielmehr als eine bei der Ablösung der Reallasten in Anschlag zu bringende Gegenleistung zu erachten.

b) Nicht nur im § 66. des Ablösungsgesetzes vom 2. März 1850, sondern überhaupt in den, die Grundsteuer betreffenden Gesetzen, findet sich der Sprachgebrauch, daß, wenn das Wort Grundsteuer ohne ein entgegenstehendes Eigenschaftswort gebraucht wird, keine andere, als die an den Staat zu entrichtende Grundsteuer gemeint ist.

— § **74**. Beweis der Regulirungsfähigkeit bäuerlicher Stellen. — Vergl. Regulirungs-Edikt vom 14. September 1811 § 1.; Deklaration vom 24. Mai 1853 § 1.

Rechtsgr. **1166**. — II. Senat. 21. April 1864. (LIII. 241.)

In Betreff der Regulirungsfähigkeit bäuerlicher Stellen nach § 74. des Gesetzes vom 2. März 1850 und der Deklaration vom 24. Mai 1853 kommt eine vor dem Zeitpunkte der Verkündigung des Edikts vom 14. September 1811 zwar bestandene, hiernächst aber wieder beseitigte Steuerpflicht nicht in Betracht.

Siehe auch Rechtsgrundsatz 1186. (Dekret vom 24. Mai 1853 § 1.)

— § **96**. Siehe Rechtsgrundsatz 1165. (§ 66. dieses Gesetzes.)

— §§ **100**. **106-112**. Siehe Rechtsgrundsatz 981. (Verordnung vom 28. August 1715.)

1850, März 7. Jagdpolizeigesetz. (Ges.-Samml. S. 165.)

— § **2**. Lage der Grundstücke behufs eigner Ausübung des Jagdrechts Seitens des Grundeigenthümers.

Rechtsgr. **1167**. — II. Senat. 12. Januar 1865. (LVIII. 87.)

Zur eigenen Ausübung des Jagdrechts Seitens des Grundeigenthümers ist es ausreichend, wenn die Grundstücke, welche das gesetzlich erforderliche Areal von 300 Morgen herstellen, land- oder forstwirthschaftlich benutzt werden und dergestalt belegen sind, daß die Jagd auf ihnen ausgeübt werden kann, ohne daß ein fremdes Grundstück betreten wird; es ist aber nicht erforderlich, daß auch das den Zusammenhang herstellende Grundstück land- oder forstwirthschaftlich benutzt wird.

Siehe auch Rechtsgrundsatz 35. (A. L. R. I. **2**. § 48.)

— §§ **4**. **10**. Siehe Rechtsgrundsatz 35. (A. L. R. I. **2**. § 48.)

1850, März 11. Gesetz No. 3245, betreffend die Aufhebung der Cirku-

larverordnung vom 20. Februar 1799, wegen Bestrafung der Diebstähle und ähnlicher Verbrechen und die Abänderung der Injurienstrafen. (Ges.-Samml. S. 174.)
— Siehe Rechtsgrundsatz 756. (Strafgesetzbuch § 156.)

1850, März 11. Gesetz No. 3256. über die Polizeiverwaltung. (Gesetz-Samml. S. 265.)
— §§ **1**. ff. Siehe Rechtsgrundsatz 93. (A. L. R. I. **6**. § 26.)
— § **2**. Besoldung der Polizeibeamten bei einstweiliger und kommissarischer Uebernahme der Polizeiverwaltung durch die Königlichen Behörden.

Rechtsgr. **1168**. — II. Senat. 12. Dezember 1865. (LXII. 83.)

Hat die Staats-Regierung die Oberleitung der örtlichen Polizeiverwaltung einstweilen und kommissarisch übernommen, namentlich auch als eine mit der definitiven Uebernahme im Zusammenhang stehende organisatorische Maaßregel, so findet auf diese Zeit der § 2. des Gesetzes über die Polizeiverwaltung vom 11. März 1850 und der Plenarbeschluß vom 8. April 1861 keine Anwendung.

1850, März 12. Gesetz, betreffend die Vereinigung der Fürstenthümer Hohenzollern-Hechingen und Hohenzollern-Siegmaringen mit dem Preußischen Staatsgebiete. (Ges.-Samml. S. 289.)
— Siehe Rechtsgrundsatz 1128. (Dienstpragmatik vom 11. Oktober 1843 § 25.)

1850, April 16. Ferien-Ordnung. (Justiz-Ministerialblatt S. 129.)
— § **4**. Berechnung der Prozeßfristen während der Erndteferien. — Vergl. A. G. O. III. **1**. §§ 51-54.; Kabinets-Orders vom 6. September 1815 und 24. August 1837; Verordnung vom 21. Juli 1846 §§ 17. 34. 35.; Verfassungs-Urkunde Art. 62. 86.; Gesetz vom 3. Mai 1852 Art. 12-17.

Rechtsgr. **1169**. — I. Senat. 17. Juni 1864. (LV. 147.)

Die Fristen zur Einführung und Rechtfertigung der eingelegten Rechtsmittel, sowie zu deren Beantwortung, deren Endpunkt in die durch die Ferien-Ordnung vom 16. April 1850 eingeführten Erndteferien fallen würde, laufen in nicht schleunigen Prozeßsachen erst mit dem Ende der Ferien ab, wenn auch auf ihre Verlängerung nicht ausdrücklich angetragen ist.

1850, Juni 29. Regulativ, die Umzugskosten der Konsularbeamten betreffend. (König, Preußens Konsular-Reglement, I. Aufl. S. 33., II. Aufl. S. 614.)

— § **7**. No. **1**. **2**. Siehe Rechtsgrundsatz 1034. (Pensions-Reglement vom 30. April 1825 § 12.)

1850, November 12. Verordnung in Betreff der Kriegsleistungen und deren Vergütung. (Ges.-Samml. S. 493.)

— **§§ 1-3**. Siehe Rechtsgrundsatz 1171. (Gesetz vom 11. Mai 1851 §§ 1-3.)

1851, April 26. Gesetz, betreffend die Zusätze zu der Verordnung vom 2. Januar 1849 über die Aufhebung der Privatgerichtsbarkeit und des eximirten Gerichtsstandes, sowie über die anderweite Organisation der Gerichte. (Ges.-Samml. S. 183.)

— Art. **5**. No. **2a**. Siehe Rechtsgrundsatz 778. (A. G. O. I. **2**. § 143.)

1851, Mai 1. Gesetz, betreffend die Einführung einer Klassen- und klassifizirten Einkommensteuer. (Ges.-Samml. S. 193.)

— **§ 10a. b. c., §§ 11. 15**. Einziehung und Ablieferung der Staatssteuern als Gemeinde-Angelegenheit; Eigenschaft des Orts-Steuer-Erhebers als Gemeinde-Beamter. — Vergl. Gesetze vom 30. Mai 1820 No. 617. §§ 6c. 9., No. 616. § 7. und No. 619. §§ 34a. c. e. g. 42b.

Rechtsgr. **1170**. — I. Senat. 24. Februar 1865. (LVI. 357.)

Die Einziehung und Ablieferung der Grund-, Klassen-, Gewerbe- und klassifizirten Einkommensteuer in den östlichen Provinzen ist eine Gemeinde-Angelegenheit.

Siehe auch Rechtsgrundsatz 536. (A. L. R. II. **7**. §§ 18. ff.)

1851, Mai 10. Gesetz No. 3450, betreffend den Ansatz und die Erhebung der Gerichtskosten. (Ges.-Samml. S. 622.)

— § **8**. Siehe Rechtsgrundsatz 785. (A. G. O. I. **2**. § 169.)

— § **11**. No. **45**. Siehe Rechtsgrundsatz 1053. (Verordnung vom 14. Dezember 1833 § 2.)

— **§ 12. No. 1-3.** Siehe Rechtsgrundsatz 1126. (Verordnung vom 21. Juli 1843.)

— **§ 12. No. 4. 5.** Siehe Rechtsgrundsatz 1053. (Verordnung vom 14. Dezember 1833 § 2.)

1851, Mai 11. Gesetz No. 3402. wegen der Kriegsleistungen und deren Vergütung. (Ges.-Samml. S. 362.)

— Anwendbarkeit des Gesetzes vom 11. Mai 1851 bei theilweiser Mobilmachung der Armee; Wirkung der theilweisen Mobilmachung der Armee auf die nicht mobilisirten Truppentheile; Garnison und Kantonnirung. — Vergl. Gesetz vom 12. November 1850 §§ 1-3.; Instruktion vom 8. Januar 1854.

Rechtsgr. **1171**. — I. Senat. 22. September 1865. (LX. 153.)

a) Das Gesetz vom 11. Mai 1851 wegen der Kriegsleistungen und deren Vergütung setzt zu seiner Anwendbarkeit nicht die Mobilmachung der ganzen Armee voraus; dasselbe findet vielmehr auch bei Mobilmachung eines Theiles der Armee Anwendung.

b) Eine Fiktion dahin:

daß für sämmtliche Feldtruppen mit dem Tage, an welchem die Armee theilweise oder ganz mobil gemacht worden, das Garnisonverhältniß aufhöre, und es zur Zeit der Mobilmachung für dieselben keine Garnisonen mehr, sondern nur Kantonnirungen gebe,

ist dem Gesetz vom 11. Mai 1851 wegen der Kriegsleistungen und deren Vergütung fremd.

c) Der § 3. No. 1. dieses Gesetzes ist auf nicht mobile Truppentheile, die sich während des mobilen Zustandes anderer Armeekorps nicht auf Märschen, oder in Kantonnirungen befunden haben, sondern nach wie vor in ihren bisherigen Friedensgarnisonen verblieben sind, nicht zu beziehen.

— **§ 20.** Siehe Rechtsgrundsatz 998. (Regulativ vom 17. März 1810.)

1851, Mai 12. Gesetz No. 3390. über die Besteuerung der Bergwerke für den ganzen Umfang der Monarchie mit Ausnahme der auf dem linken Rhein-Ufer belegenen Landestheile. (Ges.-Samml. S. 261.)

— **§ 5**. Siehe Rechtsgrundsatz 590. (A. L. R. II. **16**. § 105.)

1851, Mai 12. Gesetz No. 3391. über die Verhältnisse der Miteigenthümer eines Bergwerks für den ganzen Umfang der Monarchie mit Ausnahme der auf dem linken Rhein-Ufer belegenen Landestheile. (Ges.-Samml. S. 265.)

— **§ 1**. Charakter des Miteigenthums an einem Bergwerk als Miteigenthum zu ideellen Theilen. — Vergl. A. L. R. I. **17**. § 4., II. **16**. §§ 264-268.; Berggesetz vom 24. Juni 1865 §§ 94. ff.

Rechtsgr. **1172**. — III. Senat. 28. April 1865. (**LX**. 8.)

Hinsichtlich des Bergwerks-Eigenthums einer Zeche findet nicht dasjenige Verhältniß statt, welches bei dem Vermögen der Korporation, namentlich bei dem sogenannten Bürgervermögen, vorhanden ist, daß nämlich das Eigenthum bei der Korporation als einer juristischen Person ist, den Mitgliedern der Korporation aber gewisse Nutzungsrechte zustehen; vielmehr müssen die Gewerken als Miteigenthümer zu ideellen Antheilen betrachtet werden.

Dem stehen auch die in den §§ 264—268. II. 16. des Allgem. Landrechts gebrauchten Ausdrücke „Gesammteigenthum" und „Gesammteigenthümer" nicht entgegen.

Siehe auch Rechtsgrundsatz 1129. (Regulativ vom 19. Oktober 1843.)

— **§ 4**. Titel zum Pfandrecht aus einem gegen die Gewerkschaft ergangenen Erkenntnisse bezüglich sämmtlicher Kure und Eintragung auf die letzteren. — Vergl. Instruktion vom 21. September 1832 § 3.; Exekutions-Verordnung vom 4. März 1834 § 22.; Berggesetz vom 24. Juni 1865 §§ 94. ff.

Rechtsgr. **1173**. — III. Senat. 28. April 1865. (**LX**. 8.)

a) Die Antheile der einzelnen Gewerken werden in dem gegen die Gewerkschaft geführten Prozeß durch den Repräsentanten vertreten, und in Folge eines solchen gegen die Gewerkschaft geführten Prozesses kann der durch das Judikat begründete Titel zum Pfandrecht durch Eintragung auf alle Kure geltend gemacht werden.

b) Der einzelne Gewerke, welcher wegen eines solchen, natürlich auf seinen Antheil treffenden Hypothekenrechts in Anspruch genommen wird, kann nicht einwenden, daß dieser Antheil sein Sondereigenthum sei, welches durch den Vorprozeß nicht berührt werde.

— § **9**. Anfechtung des Majoritätsbeschlusses der Gewerken durch Berufung auf schiedsrichterliche Entscheidung. — Vergl. Berggesetz vom 24. Juni 1865 § 116.

Rechtsgr. **1174**. — **IV**. Senat. 16. März 1865. (**LVIII**. **212**.)

Ist der Majoritätsbeschluß der Gewerken durch Berufung auf schiedsrichterliche Entscheidung angefochten, so darf der Schiedsspruch nicht unterbleiben, wenn auch von Zeit der Provokation bis zur wirklichen Fällung des Schiedsspruchs der angefochtene Beschluß bereits ganz oder zum Theil ausgeführt sein sollte.

Siehe auch Rechtsgrundsatz 783. (A. G. O. I. **2**. § 170.)

— §§ **13**. ff. Haftung einer Gewerkschaft für den durch eine Gangüberschreitung angerichteten Schaden, im Gegensatz der Haftung des mit der technischen Leitung beauftragten Steigers. — Vergl. A. L. R. I. **6**. §§ 50-53., II. **16**. §§ 212. 307

Rechtsgr. **1175**. — **III**. Senat. 3. Februar 1864. (**LV**. **20**.)

a) Eine Gewerkschaft ist für den durch eine Gangüberschreitung entstandenen Schaden nicht unbedingt verhaftet.

b) Vielmehr fällt ein bei der Gangüberschreitung begangenes Versehen zunächst dem mit dem technischen Betriebe der Grube beauftragten Steiger zur Last, und bedarf es zur Begründung des Schadensersatz-Anspruches gegen die Gewerkschaft des Nachweises, daß das von dem Steiger begangene Versehen der letztern zur Last gelegt werden kann.

— § **18**. Befugnisse des Grubenvorstandes, Einschränkung und Ausdehnung derselben; Wirkung der Anzeige der Gewerkschaft an die

Bergbehörde über die erfolgte Bestellung eines Grubenvorstandes. — Vergl. A. L. R. I. **5.** § 185., **13.** §§ 8. 9. 147.; Berggesetz vom 24. Juni 1865 §§ 117. ff.

Rechtsgr. **1176.** — IV. Senat. 10. Juli 1866. (LXIII. 276.)

a) Der § 18. des Gesetzes vom 12. Mai 1851 über die Verhältnisse der Miteigenthümer eines Bergwerks schließt nicht aus, daß die Gewerkschaft einen Theil der daselbst erwähnten Geschäfte nicht dem Repräsentanten oder dem Grubenvorstande, sondern einer andern Person überträgt.

b) Die Anzeige der Gewerkschaft an die Bergbehörde, betreffend die erfolgte Bestellung eines Grubenvorstandes oder Repräsentanten, ist nicht nur für das Verhältniß der Gewerkschaft zu der Bergbehörde, sondern für den Betrieb des Bergwerks überhaupt von Wirksamkeit, und bedarf es nicht weiter einer schriftlichen Vollmacht für den Grubenvorstand im Verkehr mit Dritten.

Siehe auch Rechtsgrundsatz 1129. (Regulativ vom 19. Oktober 1843.)

— § **18.** No. **1.** Inhalt der Vollmacht eines Repräsentanten oder Grubenvorstandes. — Vergl. A. L. R. II. **16.** §§ 112-116.; Berggesetz vom 24. Juni 1865 §§ 119. 120.

Rechtsgr. **1177.** — III. Senat. 23. April 1866. (LXII. 298.)

Unter den Verhandlungen im § 18. No. 1. des Gesetzes vom 12. Mai 1851 über die Verhältnisse der Miteigenthümer eines Bergwerks, mit welchen der Repräsentant oder Grubenvorstand beauftragt ist, sind nicht blos vorbereitende, sondern auch obligatorische Verhandlungen zu verstehen.

— § **18.** No. **9.** Verkauf noch zu fördernder Bergwerks-Produkte durch den Repräsentanten oder Grubenvorstand. — Vergl. A. L. R. I. **14.** § 131., II. **16.** §§ 79. 170. 172. 188. 253 255.

Rechtsgr. **1178.** — IV. Senat. 15. Dezember 1864. (LVII. 173.)

Der Repräsentant oder Grubenvorstand ist befugt,

noch zu fördernde Bergwerksprodukte auf Lieferung zu verkaufen.

1851, Mai 12. Gesetz No. 3452., betreffend den Ansatz und die Erhebung der Gebühren der Rechtsanwalte. (Ges.-Samml. S. 658.)
— Siehe Rechtsgrundsatz 785. (A. G O. I. **1**. § 169.)

1852, März 6. Instruktion des Ministers für Handel, Gewerbe und öffentliche Arbeiten zur Ausführung des Gesetzes (No. 3391.) vom 12. Mai 1851 über die Verhältnisse der Miteigenthümer eines Bergwerks. (Ministerial-Blatt für die innere Verwaltung S. 55.)
— No. **V**. Siehe Rechtsgrundsatz 1129. (Regulativ vom 19. Oktober 1843.)

1852, Mai 3. Gesetz (No. 3544.), betreffend die Zusätze zu der Verordnung vom 3. Mai 1849 über die Einführung des mündlichen und öffentlichen Verfahrens mit Geschwornen in Untersuchungssachen. (Ges.-Samml. S. 209.)
— Art. **12-17**. Siehe Rechtsgrundsatz 1169. (Ferien-Ordnung vom 16. April 1850.)
— Art. **101-103**. Verfahren in Injurien-Sachen:

A. Nachholung des Rekonventions-Antrages nach Aufhebung des Erkenntnisses erster Instanz, in Injuriensachen.

Rechtsgr. **1179**. — Senat für Strafsachen, I. Abth. 21. September 1864. (**LIV**. 282.)

Sind in Injuriensachen die Thatsachen, welche die Widerklage begründen, bereits in erster Instanz rechtzeitig vorgebracht, jedoch ein ausdrücklicher Rekonventions-Antrag nicht gestellt worden; so kann, auf erfolgte Aufhebung des demnächst ergangenen ersten Urtheils und Zurückweisung der Sache zur neuen Verhandlung und Entscheidung in die erste Instanz, der bei dem früheren Verfahren unterlassene Rekonventions-Antrag nachgeholt werden.

B. Auslegung der erstrichterlichen Feststellung durch den zweiten Richter.

Rechtsgr. **1180**. — Senat für Strafsachen, II. Abth. 29. Juni 1865. (**LIX**. 276.)

Die Auslegung der erstrichterlichen Feststellung steht dem zweiten Richter zu. Es unterliegt der demnächstigen Prüfung des Nichtigkeits-Richters, ob das, was der Appellations-Richter für eine bloße Auslegung erachtet hat,

in der That über dieselbe hinausgeht und eine Abweichung darstellt.

C. Abweichende thatsächliche Feststellung des Appellations-Richters ohne neue Beweisaufnahme, in Injuriensachen.

Rechtsgr. **1181**. — Senat für Strafsachen, I. Abth. 18. November 1863. (**LIII**. 17.)

a) Der Art. 101. des Gesetzes vom 3. Mai 1852 ist dahin zu verstehen, daß die Berechtigung des Appellations-Richters, von der thatsächlichen Feststellung des ersten Richters abzuweichen, nicht aus der bloßen Thatsache einer stattgehabten neuen, oder wenngleich nur theilweise reproduzirten, Beweisaufnahme herzuleiten, sondern daß der Appellations-Richter ersichtlich zu machen hat, ob und inwieweit die von ihm aufgenommenen Beweise geeignet gewesen, seine von der des Vorderrichters abweichende thatsächliche Feststellung zu begründen.

b) Es reicht daher diese Berechtigung des erkennenden Richters zweiter Instanz über die Tragweite seiner, für ihn existent gewordenen Beweismittel nicht hinaus. Er wird daher in solchen Fällen nicht auch befugt, seine abweichende thatsächliche Feststellung zugleich auf diejenigen Beweise erster Instanz zu stützen, die er nicht zu den seinigen gemacht hat.

D. Anderweitige Feststellung des Thatbestandes im Injurienprozeß durch den Appellations-Richter auf Grund des Inhalts der Prozeßschriften erster Instanz ohne neuen Beweis.

Rechtsgr. **1182**. — Senat für Strafsachen, I. Abth. 16. Dezember 1864. (**LVIII**. 41.)

Hat über den Inhalt und den Charakter der inkriminirten Aeußerung eine Beweisaufnahme in erster Instanz nicht stattgefunden, hat vielmehr der erste Richter seine hierauf bezügliche Feststellung lediglich aus den in den Prozeßschriften enthaltenen Erklärungen den Parteien entnommen, so kann der Appellations-Richter auch ohne neuen Beweis zu einer abweichenden Ansicht gelangen.

E. Abweichung des Appellationsrichters von der thatsächlichen Feststellung des ersten Richters auf Grund eines qualifizirten Geständnisses in zweiter Instanz, in Injuriensachen.

Rechtsgr. **1183**. — Senat für Strafsachen, II. Abth. 17. März 1864. (LIII. 220.)

In Injuriensachen berechtigt ein in zweiter Instanz abgegebenes qualifizirtes Zugeständniß ohne weitere Beweisaufnahme zur Abweichung von der in Kontumaziam geschehenen Feststellung des ersten Richters.

F. Beweisaufnahme zweiter Instanz in Injuriensachen.

Rechtsgr. **1184**. — Senat für Strafsachen, I. Abth. 3. November 1865. (LXI. 220.)

Es gehört zur Vollständigkeit einer Beweisaufnahme auch in Injuriensachen, die im Wege des Civilprozesses verfolgt werden, daß sowohl in erster, wie in zweiter Instanz die kommissarisch aufgenommenen Zeugenvernehmungs-Protokolle in dem demnächstigen Audienztermine verlesen werden.

Siehe auch Rechtsgrundsätze 756. 757. 921. (Straf-Gesetzbuch §§ 156. 158.; Kriminal-Ordnung § 392.)

1852, Juni 2. Gesetz (No. 3573.), betreffend den Diebstahl an Holz und anderen Waldprodukten. (Ges.-Samml. S. 305.)

— § **49**. Siehe Rechtsgrundsatz 1138. (Gesetz vom 31. Januar 1845.)

1852, Juli 21. Gesetz, betreffend die Dienstvergehen der nicht richterlichen Beamten, die Versetzung derselben auf eine andere Stelle oder in den Ruhestand. (Ges.-Samml. S. 465.)

— § **87**. Anspruch der Beamten auf Umzugskosten.

Rechtsgr. **1185**. — I. Senat. 11. November 1864. (LV. 276.)

Beamte, welche, unter Belassung ihres bisherigen Ranges und etatsmäßigen Diensteinkommens, von ihrem Amte abberufen und, mit dem Vorbehalt ihrer anderweiten Verwendung, lediglich im Interesse ihres Dienstes versetzt worden sind, haben auch bei nicht erfolgender Wieder-

anstellung einen Anspruch auf Vergütung der reglementsmäßigen Umzugskosten.

Siehe auch Rechtsgrundsatz 1034. (Pensions-Reglement vom 30. April 1825.)

1853, April 23. Baupolizei-Ordnung für die Stadt Berlin. (Potsdamer Regierungs-Amtsblatt für 1853, Beilage zu No. 19.)

— § **100**. Siehe Rechtsgrundsatz 887. (Konkurs-Ordnung vom 8. Mai 1855 § 46.)

1853, Mai 24. Deklaration No. 3756. der §§ 74. und 97. des Gesetzes vom 2. März 1850 über die Ablösung der Reallasten und die Regulirung der gutsherrlichen und bäuerlichen Verhältnisse. (Ges.-Samml. S. 240.)

— § **1**. Beweis der Regulirungsfähigkeit bäuerlicher Stellen. — Vergl. A. G. O. I. **13**. § 28.; Kabinets-Order vom 29. Mai 1816 Art. 4b. 5. 6.; Gesetz vom 2. März 1850 § 74.

Rechtsgr. **1186**. — II. Senat. 21. April 1864. (LIII. 241.)

a) Zur Begründung der Provokation des bäuerlichen Wirths auf Eigenthumsverleihung bedarf es des besonderen Nachweises nicht, daß gerade im Jahre 1811 die Voraussetzungen der Deklaration vom 24. Mai 1853 vorhanden gewesen sind; es genügt vielmehr, wenn der Nachweis, daß diese Voraussetzungen vor dem Jahre 1811 existirt haben, erbracht und dadurch die Vermuthung für die Fortdauer dieses Zustandes auch im Jahre 1811 begründet wird.

b) In Betreff des zur Regulirungsfähigkeit einer bäuerlichen Stelle nach der Deklaration vom 24. Mai 1853 erforderlichen Thatsache, „daß auf der Stelle eine Staatssteuer selbstständig geruht habe", — bedarf es des Nachweises: daß dieser Stelle eine auf dem Grund und Boden ruhende Staatssteuer auferlegt worden ist.

c) Zu dem Nachweise, daß von dem Staate einer bestimmten bäuerlichen Stelle eine Steuer selbstständig auferlegt sei, genügt die Thatsache nicht, daß die Kontribution durch den Schulzen von dem Inhaber der Stelle eingezogen und in die Königliche Kasse abgeführt worden.

Siehe auch Rechtsgrundsatz 1166. (Ablösungs-Gesetz vom 2. März 1850 § 74.)

1853, Mai 24. Gesetz No. 3757. zur Ergänzung des Gesetzes vom 3. Januar 1845, betreffend die Zerstückelung von Grundstücken. (Ges.-Samml. S. 241.)

— §§ **2. 3.** Zukünftige Parzellirungen; Vollmachten dazu:

A. Verabredungen über künftige Parzellirung eines nicht städtischen Grundstückes in nicht gerichtlicher Form.

Rechtsgr. **1187**. — III. Senat. 1. Oktober 1866. (LXIV. 267.)

Verabredungen, wodurch einer der Kontrahenten verbindlich gemacht werden soll, künftig auf Verlangen des andern Kontrahenten einen Parzellirungsvertrag über ein nichtstädtisches Grundstück abzuschließen, sind ohne rechtliche Wirkung, wenn sie nicht den Bestimmungen des § 2. des Gesetzes vom 24. Mai 1853 gemäß vor dem das Hypothekenbuch führenden Richter abgeschlossen sind.

B. Form der Vollmachten zu Dismembrationen.

Rechtsgr. **1188**. — IV. Senat. 11. September 1866. (LXIV. 237.)

Vollmachten zur Dismembration der in dem § 1. des Gesetzes vom 24. Mai 1853 bezeichneten nichtstädtischen Grundstücke bedürfen, selbst wenn sich der Machtgeber bedingt oder unbedingt des Widerrufes begeben hat, nicht der Aufnahme vor dem Hypothekenrichter des betreffenden Grundstückes.

1853, Mai 24. Gesetz No. 3804., betreffend einige Abänderungen der Hypotheken-Ordnung vom 20. Dezember 1783. (Ges.-Samml. S. 521.)

— § **9.** Siehe Rechtsgrundsatz 1189. (§ 15. dieses Gesetzes.)

— § **14.** Siehe Rechtsgrundsatz 396. (A. L. R. I. **20.** § 422.)

— § **15.** Wirkung der Cession einer zwar gezahlten, aber nicht gelöschten Hypothek Seitens des bezahlten Gläubigers. — Vergl. A. L. R. I. 11. §§ 395. ff. 417., **20.** §§ 55. 513. 520-523.; Allg.

Hypotheken-Ordnung II. §§ 205. 213. No. 3.; Instruktion vom 3. August 1853 Art. 10. 11.; §§ 9. 17. dieses Gesetzes.

Rechtsgr. **1189**. — III. Senat. 21. Dezember 1863. (LIII. 39.)

a) Der Zahlungseinwand des Realschuldners, welcher eine bezahlte Hypothek löschen zu lassen versäumt hat, ist nach erfolgter weiterer Cession dieser Hypothekenforderung diesem Cessionar gegenüber nur in dem Falle ausgeschlossen, wenn ein Hypotheken-Dokument über die eingeklagte, aber getilgte Forderung existirt.

b) Dagegen kann der Schuldner einer Hypothekenpost, über welche ein Hypotheken-Dokument nicht existirt, sich in gültige Verhandlungen mit dem eingetragenen Gläubiger einlassen, während er gegen den dritten Erwerber geschützt ist, so lange er kein Hypotheken-Instrument ausgestellt hat und ihm die Abtretung nicht bekannt gemacht ist.

— § **17**. Siehe Rechtsgrundsätze 396. 1050. 1189. (A. L. R. I. **14**. § 422.; Instruktion vom 24. Juli 1833 § 6.; § 15. dieses Gesetzes.)

— §§ **44**. ff. Siehe Rechtsgrundsätze 259. 393. (A. L. R. I. **11**. § 738., **20**. § 424.)

— § **49**. Löschung der in das Hypothekenbuch eingetragenen Protestation wegen nicht gezahlter Valuta; Beweislast in Betreff der Einrede der nicht erhaltenen Darlehnsvaluta.

Rechtsgr. **1190**. III. Senat. 4. Mai 1864. (LIV. 172.)

Die Bestimmung des § 49. Absatz 2. der Hypotheken-Novelle vom 24. Mai 1853:

„Die Protestation (wegen nicht gezahlter Valuta eines Darlehns) ist jedoch mit dem Ablaufe von sechs Monaten auf den Antrag eines dabei Betheiligten wieder zu löschen, wenn bis dahin eine Requisition des Prozeß-Richters um deren Aufrechterhaltung nicht eingeht",

bezieht sich nur auf die **nach** Emanation jenes Gesetzes eingetragene Protestation; eine rückwirkende Anwendung dieser materiellen Vorschrift ist unstatthaft.

Siehe auch Rechtsgrundsatz 259. (A. L. R. I. **11**. § 738.)

1853, Mai 24. Gesetz No. 3757. zur Ergänzung des Gesetzes vom 3. Januar 1845, betreffend die Zerstückelung von Grundstücken. (Ges.-Samml. S. 241.)

A. Kenntniß der Kontrahenten von der Zubehörigkeit eines Grundstücks und Absicht derselben, eine Zerstückelung vorzunehmen.

Rechtsgr. **1191**. — III. Senat. 13. Juni 1864. (LIV. 238.)

Die Anwendung des Ergänzungs-Gesetzes vom 24. Mai 1853 hängt nicht davon ab, ob die Kontrahenten von der Zubehörigkeit der zu trennenden Grundstücke Kenntniß haben und also eine Dismembration beabsichtigen, oder nicht; sondern lediglich davon, ob objektiv eine solche Zubehörigkeit vorhanden ist und diese durch den Vertrag aufgehoben wird.

B. Nichtigkeit eines gemischten Parzellirungsvertrages wegen mangelnder gesetzlicher Form.

Rechtsgr. **1192**. — III. Senat. 29. April 1864. (LIV. 141.)

a) Auch dann liegt ein Parzellirungs-Vertrag im Sinne des Gesetzes vom 24. Mai 1853 vor, wenn der Besitzer eines Hofraums für die Gestattung eines Anbaues Seitens des Grundnachbars demselben außer der Gewährung anderer Vortheile auch einen Streifen von seinem Hofraum abgetreten hat.

b) Läßt sich ein, über mehrere Gegenstände sich verhaltender Veräußerungsvertrag, welcher rücksichtlich einer dieser Gegenstände einen Parzellirungsvertrag enthält, nach seinen einzelnen Gegenständen nicht trennen, so ist der ganze Vertrag im Fall der mangelnden gesetzlichen Form bei Parzellirungsverträgen nichtig.

1853, Mai 30. Städte-Ordnung für die sechs östlichen Provinzen der Preußischen Monarchie. (Ges.-Samml. S. 261.)

— § **4**. Befreiung von Verbrauchssteuern.

Rechtsgr. **1193**. — II. Senat. 17. November 1864. (LVII. 104.)

Der Schlußsatz des Absatz 4. § 4. der Städte-Ordnung vom 30. Mai 1853:

„Von Verbrauchssteuern bleiben nur die Militär-Speise-Einrichtungen und ähnliche Anstalten in dem bisherigen Umfange befreit",

ist lediglich auf militärische Verhältnisse zu beziehen.

Siehe auch Rechtsgrundsatz 538. (A. L. R. **II. 7.** § 43.)

1853, Juli 30. Verordnung wegen exekutivischer Beitreibung der direkten und indirekten Steuern und anderer öffentlicher Abgaben und Gefälle, Kosten 2c. in den östlichen Provinzen mit Ausschließung Neuvorpommerns. (Ges.-Samml. S. 909.)

— § **1**. Kommunalabgaben als Zuschlag zu den Staatssteuern.

Rechtsgr. **1194**. — II. Senat. 1. Dezember 1864. (LVII. 144.)

Der Umstand, daß Kommunal-Abgaben in der Form von Zuschlägen mit den Saatssteuern erhoben werden, kann in dem Wesen der Kommunal-Abgabe nichts ändern, solche nicht zu einer Staats-Abgabe machen.

1853, August 3. Instruktion zum Gesetz vom 24. Mai 1853, betreffend einige Abänderungen der Hypotheken-Ordnung vom 20. Dezember 1783. (Justiz-Ministerialblatt S. 273.)

— Art. **10. 11.** Siehe Rechtsgrundsatz 1189. (Hypotheken-Novelle vom 24. Mai 1853 § 15.)

1854, Januar 8. Instruktion der Minister des Innern, der Finanzen und des Krieges zur Ausführung des Gesetzes vom 11. Mai 1851, betreffend die Kriegsleistungen und deren Vergütung. (Ministerialblatt für die Verwaltung des Innern, S. 60.)

— Siehe Rechtsgrundsatz 1171. (Gesetz vom **11.** Mai 1851 § 3.)

1854, Februar 6. Allerhöchster Erlaß, betreffend die Regelung der Staatsdienerverhältnisse in den Hohenzollernschen Landen im Anschlusse an die für die Monarchie gültigen gesetzlichen Vorschriften. (Ges.-Samml. S. 80.)

— Siehe Rechtsgrundsatz 1128. (Dienstpragmatik vom 11. Oktober 1843 § 25.)

1854, März 20. Gesetz (No. 3966.), betreffend einige Abänderungen der Vorschriften über das Civilprozeßverfahren und die Exekution in Civilsachen. (Ges.-Samml. S. 115.)

— § **3**. Feststellung von Grundsätzen im Tenor des Erkenntnisses:

A. Stellung des ersten Richters den in den Gründen des Erkenntnisses zweiter Instanz festgestellten Rechtsgrundsätzen gegenüber. — Vergl. A. G. O. I. **15.** § 8.

Rechtsgr. **1195.** — I. Senat. 10. März 1865. (LVIII. 191.)

Die im § 3. des Gesetzes vom 20. März 1854, betreffend den § 8. I. 15. der Allgem. Gerichts-Ordnung, wenn die Instruktion der Vorinstanzen mangelhaft befunden wird, lediglich für die Revisions-Instanz gegebene Vorschrift, wonach

„sich die Gerichte nach den durch das Erkenntniß des Revisionsrichters festgestellten Grundsätzen zu richten haben“,

kann auf die zweite Instanz nicht ausgedehnt werden, vielmehr wäre der erste Richter an die nur in den Gründen ausgesprochenen Grundsätze des Appellations-Erkenntnisses nicht gebunden und sogar befugt, in der Sache selbst ebenso wieder zu erkennen, wie er schon gethan hat.

B. Antretung fernerer Beweise bei dem durch das frühere Revisions-Erkenntniß angeordneten anderweiten Beweisverfahren in der Appellations-Instanz. — Vergl. Verordnung vom 1. Juni 1833 § 35.

Rechtsgr. **1196.** — II. Senat. 28. April 1864. (LIV. 128.)

Ist durch das frühere Revisions-Erkenntniß die Sache zum anderweiten Beweisverfahren und Entscheidung in die zweite Instanz zurückgewiesen worden, so kann auf die zumal erst nach Beendigung dieses anderweiten Beweisverfahrens vorgebrachten neuen Beweismittel, insbesondere auch auf eine nachträgliche Eidesdelation, wenn in dem Revisions-Erkenntnisse in dieser Hinsicht kein Vorbehalt gemacht ist, keine Rücksicht mehr genommen werden.

— **§§ 5-12.** Siehe Rechtsgrundsatz 831. (A. G. O. I. **14.** § 12.)

— **§ 17.** Siehe Rechtsgrundsatz 1218. (Gesetz vom 9. Mai 1855 § 7. No. 1.)

— **§ 18.** Arrest auf Sachen, welche sich nicht im Besitz des Schuldners befinden.

Rechtsgr. **1197**. — IV. Senat. 14. Dezember 1865. (LXII. 91.)

Der § 18. des Gesetzes vom 20. März 1854, betreffend einige Abänderungen der Vorschriften über das Civilprozeßverfahren und die Exekution in Civilsachen, ist nicht der einzig zulässige Weg für den Arrest in all den Fällen, wenn sich das Arrestobjekt nicht im Besitz des Schuldners befindet; der § 18. a. a. O. bestimmt vielmehr nur über den Arrest als Exekutionsmaaßregel wider den zu exequirenden Schuldner, nicht aber den Arrest, der sich direkt gegen den Inhaber der Sache richtet und mit einer Klage verbunden wird mit dem Ziele, daß ihm das Eigenthum und jedes Besitzrecht an der Sache definitiv aberkannt werde.

Siehe auch Rechtsgrundsatz 1218. (Gesetz vom 9. Mai 1855 § 7. No. 1.)

1854, April 24. Gesetz No. 3993., betreffend die Abänderungen des Abschnitt 11. II. 1. und des Abschnitts 9. II. 2. des Allgem. Landrechts. (Ges.-Samml. S. 193.)

— § **1**. Siehe Rechtsgrundsatz 1004. (Gesinde-Ordnung vom 8. November 1810 § 171.)

— § **2**. Ansprüche der während des Brautstandes von ihrem Verlobten Geschwängerten:

A. Verweigerung der Ehe.

Rechtsgr. **1198**. — I. Senat. 18. Dezember 1865. (LXI. 283.)

Zur Begründung der Ansprüche der während des Brautstandes von ihrem Verlobten geschwängerten Frauensperson aus § 2. des Gesetzes vom 24. April 1854 bedarf es nicht erst einer Klage auf Eingehung der Ehe, sondern es genügt der Nachweis, daß der Verklagte auf Erfordern die Eingehung der Ehe geweigert hat.

B. Abfindung einer im Brautstande geschwängerten Frauensperson, welche von ihrem Verlobten bereits früher einmal geschwängert war. — Vergl. A. L. R. II. **1**. §§ 786-808.; § 9. No. 2c. dieses Gesetzes.

Rechtsgr. **1199.** — I. Senat. 9. März 1866. (LXII. 209.)

Der Abfindungsanspruch einer während des Brautstandes von ihrem Verlobten geschwängerten Frauensperson ist, wenn ihr die Ehe verweigert wird, dadurch nicht ausgeschlossen, daß sie bereits früher von ihrem nachherigen Verlobten außerehelich geschwängert worden war.

Siehe auch Rechtsgrundsätze 449. 1052. (A. L. R. II. **1**. § 75.; Verordnung vom 14. Dezember 1833 § 1.)

— § **9**. No. **2**. Beurtheilung der geschlechtlichen Bescholtenheit.

Rechtsgr. **1200.** — I. Senat. 2. Februar 1866. (LX. 347.)

Im § 9. No. 2. des Gesetzes vom 24. April 1854 sind unter Littr. a—e. fünf besondere Fälle der geschlechtlichen Bescholtenheit einer Frauensperson beispielsweise aufgeführt, ohne damit auszuschließen, daß der Richter eine solche Bescholtenheit auch aus andern Umständen herleiten dürfe.

— § **9**. No. **2a**. Bezahlung für die Gestattung des Beischlafes:

A. Thatsächliche Beurtheilung für jeden einzelnen Fall bei Hingabe von Geschenken für die Gestattung des Beischlafes.

Rechtsgr. **1201.** — I. Senat. 19. Mai 1865. (LVIII. 313.)

Das Gesetz vom 24. April 1854 hat nicht als Grundsatz des Rechts aufgestellt, daß ein von dem Manne nach gestattetem Beischlaf gegebenes Geschenk als Bezahlung für denselben anzusehen sei; diese Frage ist vielmehr in jedem besonderen Falle nach den dabei obwaltenden Umständen zu beurtheilen.

B. Geschlechtliche Bescholtenheit wegen Annahme einer Bezahlung für den Beischlaf. — Vergl. § 14. dieses Gesetzes.

Rechtsgr. **1202.** — I. Senat. 9. April 1866. (LXIV. 62.)

Nach § 9. No. 2a. des Gesetzes vom 24. April 1854 ist die Annahme einer Bezahlung in Geld oder in Geschenken für die Gestattung des Beischlafes nicht lediglich dann für erheblich zu erachten, wenn dies für einen solchen Beischlaf geschehen ist, der möglicher Weise die Schwangerschaft zur Folge gehabt hat; vielmehr ist nur die nach erfolgter Schwängerung geleistete Zahlung von keiner Erheblichkeit.

— § 9. No. 2 b. Beweis des Berüchtigtseins wegen unzüchtigen Lebenswandels.

Rechtsgr. 1203. — I. Senat. 2. März 1866. (LXII. 181.)

Zum Nachweise des Berüchtigtseins einer Frauensperson bedarf es nicht der Angabe der Thatsachen, welche einen unzüchtigen Lebenswandel darthun; vielmehr genügt die Bekundung, daß dieser Zustand des Berüchtigtseins rücksichtlich einer bestimmten Person vorhanden ist.

— § 9. No. 2 c. Entschädigungsanspruch einer bereits früher von einem andern Manne geschwängert gewesenen Frauensperson:

A. Ueberhaupt und namentlich bei späterer Schwängerung unter Nothzucht oder im Brautstande.

Rechtsgr. 1204. — I. Senat. 9. September 1864. (LVI. 106.)

a) Die Vorschrift, wonach der Geschwächten für sich und für ihr Kind jeder Anspruch an den Schwängerer versagt ist,

„wenn sie schon früher außer der Ehe von einem andern, als dem als Erzeuger des Kindes bezeichneten, Manne geschwängert worden",

ist eine allgemeine und keiner Modifikation unterworfen.

b) Auch die unter Nothzucht oder im Brautstande Geschwängerten können keinen Anspruch an den Schwängerer erheben, wenn sie schon früher von einem andern Manne geschwängert worden sind.

B. Bei eingegangener Ehe mit dem früheren Schwängerer.

Rechtsgr. 1205. — I. Senat. 23. März 1866. (LXII. 256.)

Eine Geschwächte gilt in geschlechtlicher Beziehung als

bescholten, wenn sie schon früher außer der Ehe von einem andern Mann, als dem als Erzeuger des später gebornen Kindes bezeichneten Manne, geschwängert worden ist; und zwar ohne Unterschied, ob sie mit dem früheren Schwängerer eine Ehe eingegangen ist oder nicht.

— Siehe Rechtsgrundsätze 449. 1052. (A. L. R. II. **1**. § 75.; Verordnung vom 14. Dezember 1833 § 1.)

— § **9**. No. **2 d**. Begriff des Ehebruches im Sinne dieses Gesetzes; Bescholtenheit wegen Ehebruchs bei der Schwängerungsklage. — Vergl. Straf-Gesetzbuch §§ 140. 144.

Rechtsgr. **1206**. — I. Senat. 29. September 1865. (LXI. 67.)

a) Ein Ehebruch im Sinne des § 9. Littr. d. des Gesetzes vom 24. April 1854 liegt auch dann vor, wenn die Vollziehung des Beischlafes der Art stattgefunden hat, daß eine Saamenergießung vermieden ist.

b) Der § 9. No. 2. Littr. d. des Gesetzes vom 24. April 1854 findet dann keine Anwendung, wenn eine ledige Frauensperson einem Ehemann auch wissend, daß er verheirathet ist, den Beischlaf gestattet; es setzt diese Gesetzesstelle vielmehr voraus, daß die Geschwängerte in einer früheren Ehe als Ehefrau die Ehe gebrochen hat.

Siehe auch Rechtsgrundsatz 1199. (§ 2. dieses Gesetzes.)

§ **13**. No. **2**. Anerkenntniß der außerehelichen Vaterschaft:

A. Anerkenntniß der Vaterschaft in einer öffentlichen Urkunde als Rechtshandlung; Handlungsfähigkeit des Anerkennenden. — Vergl. A. L. R. I. **4**. §§ 21. 22., **5**. §§ 11-14., II. **2**. § 125., **18**. § 247.

Rechtsgr. **1207**. — I. Senat. 23. März 1866. (LXII. 256.)

a) Das im § 13. No. 2. des Gesetzes vom 24. April 1854 vorausgesetzte Anerkenntniß der Vaterschaft in einer öffentlichen Urkunde enthält kein bloßes Zugeständniß einer Thatsache, sondern eine R e c h t s h a n d l u n g.

Bei Entscheidung der Frage, inwiefern ein solches

Anerkenntniß materiell gültig sei, oder nicht? sind lediglich die allgemeinen gesetzlichen Vorschriften maaßgebend, und dies namentlich, insofern das Anerkenntniß von einem Minderjährigen überhaupt oder einem noch unter väterlicher Gewalt stehenden Kinde abgegeben ist.

B. Unwirksamkeit der Erklärung des Vaters, das von einer bereits früher außerehelich Geschwängerten in Folge spätern Beischlafs zu gebärende Kind als das seinige anerkennen zu wollen.

Rechtsgr. **1208**. — I. Senat. 9. September 1864. (LVI. 106.)

Die Erklärung einer Mannsperson des Inhalts, daß er das von seiner Zuhälterin, welche bereits früher von einem Dritten außerehelich geschwängert war, zu gebärende Kind als das seinige anerkennen wolle, ist eine völlig wirkungslose.

C. Anerkenntniß bei gleichzeitigem Bestreiten der Alimentationsverbindlichkeit aus gesetzlichen Gründen.

Rechtsgr. **1209**. — I. Senat. 2. November 1863. (LXII. 8.)

Wenn mit der Erklärung, der Erzeuger des unehelichen Kindes zu sein, zugleich die Alimentationspflicht aus gesetzlichen Gründen (exceptio constupratorum) bestritten wird, so liegt kein ausdrückliches Anerkenntniß der Vaterschaft vor.

— § **14**. Siehe Rechtsgrundsatz 1202. (§ 9. No. 2a. dieses Gesetzes.)
— § **15**. Konzeptionszeit:

A. Berechnung der Konzeptionszeit nach der civilen Komputation. — Vergl. A. L. R. II. 1. § 1077.

Rechtsgr. **1210**. — I. Senat. 19. Mai 1865. (LVIII. 313.)

Die Berechnung der Konzeptionszeit erfolgt nach der civilen Komputation, und ist daher bei Bestimmung der Konzeptionszeit mit dem Tage nach dem Beischlafe, als dem ersten Tage der Berechnung, zu beginnen.

B. Beischlaf in der Konzeptionszeit bei der Schwängerungsklage als

Beweisfrage oder Klagegrund; Konzeptionszeit bei unehelichen Kindern, nach dem Gemeinen Rechte.

Rechtsgr. **1211**. — I. Senat. 4. April 1864. (**LIV**. 47.)

a) Der Beischlaf in der Konzeptionszeit betrifft im Schwängerungsprozeß nicht eine Beweisfrage, sondern den Grund der Klage.

Daher ist der Zeitraum der Konzeptionszeit nach den Gesetzen des Ortes zu bestimmen, an welchem die Geschwängerte zur Zeit der Schwängerung und Entbindung gewohnt hat.

b) Nach der Gerichtspraxis des Gemeinen Rechts ist die bei ehelichen Kindern geltende Konzeptionszeit vom 300. bis zum 182. Tage auch bei unehelichen Kindern anzuwenden.

1854, Mai 9. Gesetz No. 4023., betreffend einige Abänderungen des Gesetzes über den Ansatz und die Erhebung der Gerichtskosten vom 10. Mai 1851. (Ges.-Samml. S. 273.)

— Siehe Rechtsgrundsatz 785. (A. G. O. **I**. **2**. § 169.)

1854, Juni 10. Gesetz, betreffend die Deklaration der Verfassungs-Urkunde vom 31. Januar 1850 in Bezug auf die Rechte der mittelbar gewordenen Deutschen Reichsfürsten und Grafen. (Ges.-Samml. S. 363.)

— Siehe Rechtsgrundsatz 1007. (Deutsche Bundes-Akte vom 8. Juni 1815 Art. 14. No. 3. Littr. c.)

1854, August 26. Allerhöchster Erlaß, betreffend die von den früher Hohenzollernschen, in den Preußischen Staatsdienst übernommenen Beamten zu entrichtenden Pensionsbeiträge. (Ges.-Samml. 1855 S. 33.)

— Siehe Rechtsgrundsatz 1128. (Dienstpragmatik vom 11. Oktober 1843 § 25.)

1855, April 18. Gesetz, betreffend die Verbindlichkeit der Mitbelehnten zur Anmeldung ihrer Rechte an denjenigen Lehen, auf welche das Sächsische Lehnrecht zunächst oder subsidiarisch Anwendung findet, und bei welchem bis zum Erlasse des Gesetzes vom 2. März 1850, die Ablösung der Reallasten betreffend, die Lehnsmuthung zur Erhaltung der mitbelehnsschaftlichen Rechte erforderlich war. (Ges.-Samml. S. 222.)

— §§ **1-4**. Siehe Rechtsgrundsatz 987. (Kursächsisches Lehnsmandat vom 30. April 1764 Tit. 6. § 1.)

1855, April 30. Kabinets-Order, betreffend die Genehmigung der Statuten der Preußischen See-Assekuranz-Kompagnie in Stettin und Statuten dieser Gesellschaft. (Ges.-Samml. S. 257.)

— Preußische See-Assekuranz-Kompagnie in Stettin als staatlich genehmigte Privatgesellschaft oder Korporation. — Vergl. A. L. R. II. **6**. §§ 22. 25.; Reskript vom 12. März 1825.

Rechtsgr. **1212**. — IV. Senat. 18. Juli 1865. (LIX. 330.)

Die Preußische See-Assekuranz-Kompagnie in Stettin gehört lediglich zu den staatlich genehmigten Privatgesellschaften des § 22. II. 6. des Allg. Landrechts und nicht zu den im § 25. a. a. O. gedachten Korporationen und Gemeinen.

1855. Mai 9. Gesetz No. 4228., betreffend die Befugniß der Gläubiger zur Anfechtung der Rechtshandlungen zahlungsunfähiger Schuldner außerhalb des Konkurses für die Landestheile, in welchen das Allgemeine Landrecht und die Allgemeine Gerichts-Ordnung Gesetzeskraft haben. (Ges.-Samml. S. 429.)

§§ **1**. ff. Beweis der vollstreckbaren Forderung im Prozesse, betreffend die Anfechtung der Rechtshandlungen zahlungsunfähiger Schuldner; Einwendungen der Verklagten bezüglich des gegen den Exequenden ergangenen rechtskräftigen Erkenntnisses. — Vergl. A. G. O. Einl. §§ 64. ff., I. **16**. § 1.

Rechtsgr. **1213**. — IV. Senat. 2. Februar 1865. (LVIII. 138.)

Behufs Substanziirung der Anfechtungsklage kann zwar der Kläger zum Nachweise, daß ihm eine Forderung gegen den Exequendus zustehe, sich gegen die Verklagten ohne weiteren Beweisantritt auf das gegen den Exequendus erstrittene Urtheil berufen; dem Verklagten ist aber der Gegenbeweis gegen die thatsächlichen Voraussetzungen des Urtheils nicht verschränkt.

Siehe auch Rechtsgrundsatz 1216. (§ 5. dieses Gesetzes.)

— § 2. **Feststellung der Vermögensunzulänglichkeit des Schuldners durch stattgehabte fruchtlose Exekution im Falle des Anfechtungsgesetzes vom 9. Mai 1855. — Vergl. § 5. No. 3. dieses Gesetzes.**

Rechtsgr. **1214**. — IV. Senat. 12. Juli 1866. (LXIII. 298.)

a) Das Gesetz vom 9. Mai 1855, betreffend die Befugniß der Gläubiger zur Anfechtung der Rechtshandlungen zahlungsunfähiger Schuldner außerhalb des Konkurses, erfordert nur in dem einzigen Falle des § 3. No. 3., — wenn die Vermögensunzulänglichkeit aus einer nicht von dem anfechtenden Gläubiger, sondern von einem Dritten gegen den Schuldner in Antrag gebrachten und fruchtlos vollstreckten Exekution gefolgert werden soll, — daß diese innerhalb des letzten Jahres von dem Tage, an welchem die auf Anfechtung gerichtete Klage angebracht worden ist, stattgefunden habe.

b) Es ist nicht erforderlich, daß die Vermögensunzulänglichkeit für die Zeit *vor* der, auf Ungültigkeitserklärung des von dem Schuldner vorgenommenen Rechtsgeschäfts angestellten Klage festgestellt sei, und ist vielmehr eine erst *nach* der Klageanstellung von dem Kläger beantragte und fruchtlos ausgefallene Exekution für die Feststellung der die Klage bedingenden Vermögensunzulänglichkeit zu berücksichtigen.

Siehe auch Rechtsgrundsatz 1219. (§ 12. dieses Gesetzes.)

— § 3. No. 1. Vermögensunzulänglichkeit des Schuldners bei der Anfechtungsklage, falls die vorgefundenen Sachen von dritten Personen in Anspruch genommen werden.

Rechtsgr. **1215**. — IV. Senat. 17. Juli 1866. (LXIV. 227.)

Im § 3. No. 1. des Anfechtungsgesetzes vom 9. Mai 1855:

„Eine Vermögens-Unzulänglichkeit des Schuldners (§ 2.) ist anzunehmen:

1. wenn bei der von dem Gläubiger veranlaßten Auspfändung keine Exekutionsgegenstände, oder nur solche

Gegenstände vorgefunden worden sind, deren Unzulänglichkeit sich klar ergiebt, oder welche von dritten Personen in Anspruch genommen werden, sofern der Schuldner auf Befragen anderweite Gegenstände nicht sofort nachweist;"

beziehen sich die Schlußworte „sofern — nachweist" ausschließlich auf den vorangegangenen Satz: „welche von dritten Personen in Anspruch genommen werden."

— § 5. Einwand der Wechselfälschung gegen die auf Anfechtung eines von dem Wechselschuldner geschlossenen Veräußerungsvertrages gerichtete Klage. — Vergl. A. G. O. I. **27**. § 54.; §§ 1. ff. 9. dieses Gesetzes.

Rechtsgr. **1216**. — IV. Senat. 31. März 1864. (LIV. 42.)

Der Einwand der Wechselfälschung kann, wie im Wechselprozesse, so auch der Klage auf Anfechtung eines von dem Wechselschuldner geschlossenen Veräußerungsvertrages gegenüber im Wege der Einrede, und zwar sowohl von dem Veräußerer als auch von dem Erwerber, geltend gemacht werden.

Siehe auch Rechtsgrundsätze 897-899. 1220. (Konkurs-Ordnung § 105.; § 16. dieses Gesetzes.)

— § 5. No. **3**. Anfechtung der Veräußerung an den „nahen Verwandten des Ehegatten" des Veräußerers. — Vergl. Konkurs-Ordnung vom 8. Mai 1855 § 102. No. 3.; A. L. R. I. **1**. § 43.; Gesetz vom 26. April 1835 § 2.; Dig. **3**. 1. Lex 1. § 10., Lex 3. § 1.

Rechtsgr. **1217**. — IV. Senat. 12. Juli 1864. (LV. 197.)

Der § 5. No. 3. des Anfechtungsgesetzes vom 9. Mai 1855, indem er eine Vermuthung gegen die Redlichkeit einer Veräußerung an den „nahen Verwandten seines (des Veräußerers) Ehegatten" aufstellt, bezeichnet damit die in dem § 43. I. 1. des Allgem. Landrechts gegebene Definition der Schwägerschaft und setzt eine zur Zeit der Veräußerung bestandene Ehe voraus; die Vermuthung bleibt somit ausgeschlossen, wenn damals die Ehe durch Scheidung oder Tod schon getrennt war.

Siehe auch Rechtsgrundsatz 1219. (§ 12. dieses Gesetzes.)

— § 7. No. 1. Vermögensunzulänglichkeit des Schuldners als Vorbedingung der Statthaftigkeit des Einwandes der Simulation bezüglich des zwischen dem Schuldner und dem Intervenienten abgeschlossenen Vertrages. — Vergl. A. L. R. I. **4.** §§ 52-54.; A. G. O. I. **50.** §§ 48-57. 99-112.; Gesetze vom 26. April 1835 und vom 20. März 1854 §§ 17. 18.; Konkurs-Ordnung vom 8. Mai 1855 §§ 99-113.; Dig. **42.** 8. Lex 9. 10. pr. und § 22.

Rechtsgr. **1218.** — III. Senat. 19. Dezember 1864. (LVII. 183.)

Der Gläubiger, welcher, betreffend die bei dem Schuldner abgepfändeten Sachen, dem Intervenienten gegenüber den Einwand erhebt, daß der zwischen ihm und dem Schuldner abgeschlossene Kaufvertrag ein simulirter sei, hat nicht den Vorbeweis der Vermögens-Unzulänglichkeit seines Schuldners zu führen.

— § **9.** Siehe Rechtsgrundsatz 1216. (§ 5. No. 3. dieses Gesetzes.)

— § **10.** Siehe Rechtsgrundsätze 897-899. (Konkurs-Ordnung § 105.)

— §§ **12.** ff. Anfechtungsklage gegen einen nicht mehr im Besitze der veräußerten Sache befindlichen Erwerber. Substanziirung des Entschädigungs-Anspruches gegen den Weiterveräußerer. — Vergl. §§ 2. 5. No. 3. dieses Gesetzes.

Rechtsgr. **1219.** — IV. Senat. 7. Juni 1864. (LIII. 307.)

a) Die Anfechtungsklage aus dem Gesetze vom 9. Mai 1855 kann, wenn durch sie eine Rechtshandlung angefochten wird, welche die Veräußerung einer Sache zum Gegenstande hat, nur gegen den Besitzer der Sache gerichtet werden.

b) Der Entschädigungs-Anspruch gegen den Weiterveräußerer einer solchen Sache hat sich nicht blos auf die bezüglichen Voraussetzungen des Gesetzes vom 9. Mai 1855, sondern außerdem auf die besonderen thatsächlichen

Verhältnisse zu stützen, welche diesen Anspruch rechtfertigen könnten.

Siehe auch Rechtsgrundsätze 897-899. (Konkurs-Ordnung § 105.)

— § 16. Beweis von der Unkenntniß der fraudulösen Absicht des zahlungsunfähigen Schuldners durch Eidesdelation. — Vergl. § 5. dieses Gesetzes; Konkurs-Ordnung §§ 102. 109.

Rechtsgr. **1220**. — IV. Senat. 2. Februar 1865. (LVIII. 139.)

In den Prozessen, betreffend die Anfechtung der Rechtshandlungen zahlungsunfähiger Schuldner außerhalb des Konkurses, ist ein stringenter Beweis über die Unkenntniß von der fraudulösen Absicht des zahlungsunfähigen Schuldners nicht erforderlich, ohne daß dadurch den Mitkontrahenten des Letztern verschränkt ist, einen solchen formellen Beweis durch Eidesdelation an den Gegner zu führen.

Siehe auch Rechtsgrundsätze 897-899. (Konkurs-Ordnung § 105.)

1855, Mai 21. Gesetz No. 4224. zur Ergänzung der Gesetze vom 31. Dezember 1842 über die Verpflichtung zur Armenpflege und die Aufnahme neuanziehender Personen. (Ges.-Samml. S. 311.)

— Art. 1. Zustand der Verarmung des Neuanziehenden vor Ablauf eines Jahres:

A. Feststellung des Zeitpunktes der Verarmung; Feststellung durch die Verwaltungsbehörde, ob eine Unterstützung aus öffentlichen Mitteln stattgefunden hat. — Vergl. Armenpflegegesetz vom 31. Dezember 1842 § 34.

Rechtsgr. **1221**. — I. Senat. 8. Juni 1866. (LXIII. 210.)

a) Nach Art. 1. des Ergänzungsgesetzes über die Verpflichtung zur Armenpflege und die Aufnahme neu anziehender Personen vom 21. Mai 1855:

„Ergiebt es sich vor dem Ablaufe dieses Jahres, daß der Neuanziehende sich in einem solchen Zustande der Verarmung befindet, welcher die öffentliche Unterstützung nothwendig macht, so muß der zur Zeit dieses Ergeb-

nisses zur Fürsorge für denselben verpflichtete Armenverband denselben übernehmen",
ist der Zeitpunkt entscheidend, wo die öffentliche Unterstützung als das äußerlich hervortretende deutlich erkennbare Merkmal der Hülfsbedürftigkeit wirklich eintritt und eine Unterstützung aus öffentlichen Mitteln wirklich gewährt ist.

b) Wenn hiernach auch erst die Gewährung einer öffentlichen Unterstützung über den Zeitpunkt der Verarmung entscheidet, so ist doch die Entscheidung der Verwaltungsbehörde darüber maaßgebend, was in dem speziellen Falle als Unterstützung aus öffentlichen Mitteln anzusehen, und ob dergleichen Hülfe durch die Hülfsbedürftigkeit nothwendig geworden, oder aus andern Gründen gewährt ist?

B. Fortsetzung des Wohnsitzes durch die hinterbliebene Wittwe. — Vergl. Armenpflegegesetz vom 31. Dezember 1842 § 17.

Rechtsgr. **1222**. — I. Senat. 11. Juli 1864. (LV. 195.)

Der Art. 1. des Gesetzes zur Ergänzung der Gesetze vom 31. Dezember 1842 über die Verpflichtung zur Armenpflege und die Aufnahme neu anziehender Personen vom 21. Mai 1855 macht keinen Unterschied darin, ob die Fortsetzung des Wohnsitzes durch den Neuanziehenden selbst oder durch seine Angehörigen, insbesondere durch seine hinterbliebene Wittwe, stattgefunden hat.

C. Fortsetzung des Wohnsitzes des verstorbenen Vaters und Erwerbung des Unterstützungswohnsitzes daselbst durch die Kinder. — Vergl. Armenpflegegesetz vom 31. Dezember 1842 §§ 1. 4. 17. 20. 21.; Heimathsgesetz vom 31. Dezember 1842 §§ 8-10.; Indigenatsgesetz vom 31. Dezember 1842 §§ 10-21.

Rechtsgr. **1223**. — I. Senat. 3. Juni 1864. (LIII. 288.)

Kinder, welche am Todestage des Vaters noch nicht aus der väterlichen Gewalt ausgeschieden waren, können durch Fortsetzung dieses Wohnsitzes bis zum Ablaufe eines

Jahres seit dessen Begründung auch den Unterstützungswohnsitz daselbst erwerben.

Siehe auch Rechtsgrundsatz 1115. (Armenpflegegesetz vom 31. Dezember 1842 § 34.)

— **Art. 3. 5. 9.** Siehe Rechtsgrundsatz 529. (A. L. R. II. **3.** § 24.)
— **Art. 16.** Siehe Rechtsgrundsatz 1226. (Reskript vom 24. April 1856.)

1855, August 6. Justiz-Ministerial-Instruktion zur Konkurs-Ordnung. (Justiz-Ministerial-Blatt 1855 S. 267. ff.)
— **§§ 23. 42.** Siehe Rechtsgrundsatz 883. (Konkurs-Ordnung vom 8. Mai 1855 § 58.)

1855, November 12. Verordnung No. 4306., die Wiederherstellung des privilegirten Gerichtsstandes für die mittelbar gewordenen Deutschen Reichsfürsten nnd Grafen betreffend. (Ges.-Samml. S. 686.)
— Siehe Rechtsgrundsatz 1007. (Deutsche Bundesakte vom 8. Juni 1815 Art. 14. No. 3. Littr. c.)

1856, März 19. Landgemeinde-Ordnung für die Provinz Westphalen. (Ges.-Samml. S. 265.)
— **§ 2.** Siehe Rechtsgrundsätze 534. 535. (A. L. R. II. **6.** § 72., **7.** § 18.)
— **§§ 35. 37.** Einwirkung der Aufsichtsbehörde auf den Gemeinde-Haushalts-Etat nach der Westphälischen Landgemeinde-Ordnung; Bestellung eines Prozeß-Mandatars Seitens der Ersteren. — Vergl. § 80. dieses Gesetzes.

Rechtsgr. **1224.** — I. Senat. 5. Februar 1864. (LIII. 116.)

a) Nach der Landgemeinde-Ordnung für die Provinz Westphalen vom 19. März 1856 unterliegt auch der von dem Gemeindevorsteher in Gemeinschaft mit dem Amtmann entworfene und durch Beschluß der Gemeindeversammlung festgestellte Gemeinde-Haushalts-Etat im Sinne der §§ 37. und 80. dieses Gesetzes der Einwirkung der Aufsichtsbehörde im Interesse der politischen Gemeinde.

Dies gilt auch in dem Falle, wenn es sich um eine in dem Gemeinde-Haushalts-Etat anerkannte dauernde Verpflichtung der politischen Gemeinde gegenüber der Kirchen- und Pfarrgemeinde handelt.

b) Erachtet die Aufsichtsbehörde in Betreff der Frage über eine solche dauernde Verpflichtung der politischen Gemeinde in deren Interesse die Entscheidung im Wege Rechtens für erforderlich, so ist dieselbe auch befugt, die Vertretung der Gemeinde in diesem Prozesse anzuordnen und zu dem Ende einen Rechtsanwalt als Bevollmächtigten zu bestellen.

Siehe auch Rechtsgrundsätze 534. 535. (A. L. R. II. 6. § 72., 7. § 18.)

— § 51. Siehe Rechtsgrundsätze 21. 534. 535. (A. L. R. Einl. § 73., II. 6. § 72., 7. § 18.)
— §§ 56. ff. Siehe Rechtsgrundsatz 21. (A L. R. Einl. § 73.)
— § 74. Siehe Rechtsgrundsatz 1003. (Gesinde-Ordnung vom 8. November 1810 § 160.)
— § 80. Siehe Rechtsgrundsatz 1224. (§ 33. dieser Landgemeinde-Ordnung.)

1856, April 14. Gesetz No. 4412., betreffend die Abänderung des Art. 42. und die Aufhebung des Art. 114. der Verfassungs-Urkunde vom 31. Januar 1850. (Ges.-Samml. S. 353.)
— Fortdauernde Gültigkeit der gutsherrlichen Rechte in Ansehung der Schule. — Vergl. Verfassungs-Urkunde vom 31. Januar 1850 Art. 42. 114.

Rechtsgr. **1225**. — I. Senat. 4. Januar 1865. (LVIII. 44.)

Zu den durch das Gesetz vom 14. April 1856, betreffend die Abänderung des Art. 42. und die Aufhebung des Art. 114. der Verfassungs-Urkunde, aufgehobenen Rechten gehören nicht die gutsherrlichen Rechte in Ansehung der Schule, über welche der Titel 12. Theil 2. des Allgem. Landrechts bestimmt.

1856, April 14. Gesetz (No. 4413.), betreffend die ländliche Orts-Obrigkeit der sechs östlichen Provinzen der Preußischen Monarchie. (Ges.-Samml. S. 354.)
— § 2. No. 2., § 6. Siehe Rechtsgrundsatz 384. (A. L. R. I. 19 § 31.)

1856, April 24. Reskript des Ministers des Innern in Betreff der Meldung zur Niederlassung. (Ministerialblatt für die innere Verwaltung S. 123.)

— Eigenschaft des Reskripts vom 24. April 1856, betreffend die Meldung zur Niederlassung, als Verordnung; Stellung des Ortsschulzen als Vertreter der Polizei-Obrigkeit. — Vergl. Gesetz No. 4224. vom 21. Mai 1855 Art. 16.

Rechtsgr. **1226**. — I. Senat. 22. Januar 1864. (LVI. 11.)

a) Das Reskript des Ministers des Innern in Betreff der Meldung zur Niederlassung vom 24. April 1856 ist keine bloße Verfügung einer Verwaltungsbehörde, sondern hat die Kraft einer Verordnung.

b) Durch dasselbe ist dem Ortsschulzen die Stellung eines Vertreters der Polizeibehörde gewährt.

1856, Juni 4. Gesetz No. 4464., betreffend die Abschätzung von Landgütern zum Behufe der Pflichttheilsberechnung in der Provinz Westphalen. (Ges.-Samml. S. 550.)

— Nichtanwendbarkeit des Gesetzes vom 4. Juni 1856 auf frühere Uebereignungen.

Rechtsgr. **1227**. — I. Senat. 28. April 1865. (LX. 17.)

Das Gesetz vom 4. Juni 1856 regulirt nicht lediglich das Verfahren bei der Taxe; dasselbe enthält vielmehr materielle Bestimmungen und erleidet daher keine rückwirkende Anwendung auf frühere Uebereignungen.

1856, Oktober 3. Reskript, betreffend die in den Untersuchungen wegen Bettelei, Landstreichens und Arbeitsscheu den Verwaltungsbehörden zu machenden Mittheilungen. (Justiz-Ministerialblatt S. 286.)

— Siehe Rechtsgrundsatz 923. (Kriminal-Ordnung §§ 534. ff.)

1857, März 3. Reskript, die Transportkosten in Untersuchungen gegen Bettler, Landstreicher und Arbeitsscheue betreffend. (Justiz-Ministerialblatt S. 106.)

— Siehe Rechtsgrundsatz 923. (Kriminal-Ordnung §§ 534. ff.)

1857, August 8. (27. Juli). Kartellkonvention zwischen Preußen und Rußland. (Ges.-Samml. S. 765.)

— Art. 23. Eigenschaft der nach Art. 23. der Kartellkonvention zwischen Preußen und Rußland aus dem Inlande nach Rußland nicht mehr auszuweisenden Russischen Unterthanen; Erwerbung des Armendomizils durch dieselben. — Vergl. Armenpflege-Gesetz vom 31. Dezember 1842 § 1. No. 3.; Heimaths-Gesetz vom 31. Dezember 1842 §§ 1. 13.

Rechtsgr. 1228. — I. Senat. 12. Februar 1866. (LXII. 147.)

Kann nach Art. 23. der Kartellkonvention zwischen Preußen und Rußland vom 8. August (27. Juli) 1857 ein Unterthan des Russischen Reiches aus Preußen nach Rußland nicht mehr ausgewiesen werden, so bleibt derselbe doch fortwährend als Ausländer zu betrachten und kann als solcher ein Armendomizil im Inlande nicht erwerben.

1860, April 16. Gesetz No. 5211., betreffend das eheliche Güterrecht in der Provinz Westphalen und den Kreisen Rees, Essen und Duisburg. (Ges.-Samml. S. 165.)

— §§ 7. 22. Nichtanwendbarkeit des Gesetzes vom 16. April 1860 über das eheliche Güterrecht in der Provinz Westphalen auf Schichtungen in Betreff einer unter der Herrschaft der alten Statuten und Gewohnheiten geschlossenen Ehe.

Rechtsgr. 1229. — I. Senat. 12. Juni 1865. (LVIII. 339.)

Die Bestimmungen des Gesetzes vom 16. April 1860, betreffend das eheliche Güterrecht in der Provinz Westphalen, finden auf Schichtungen, welche die Regelung der vermögensrechtlichen Verhältnisse einer unter Herrschaft der alten Statuten und Gewohnheitsrechte geschlossenen Ehe bewirken sollen, auch dann keine Anwendung, wenn die Auflösung dieser Ehe und die Schichtung zu einer Zeit erfolgte, wo das Gesetz vom 16. April 1860 bereits Gesetzeskraft hatte. Eine solche Schichtung hat daher die Wirkung der Todtheilung, sofern sie dieselbe nach dem alten Recht hatte.

1860, Mai 21. Gesetz, die Aufsicht der Bergbehörden über den Bergbau und das Verhältniß der Berg- und Hüttenarbeiter betreffend. (Ges.-Samml. S. 201.)

— Siehe Rechtsgrundsatz 1129. (Regulativ vom 19. Oktober 1843.)

1860, Mai 28. Gesetz (No. 5232.), betreffend die Ablösung der Reallasten in den Hohenzollernschen Landen. (Ges.-Samml. S. 221.)
— **§§ 1. 2.** Siehe Rechtsgrundsatz 440. (A. L. R. I. **19.** § 197.)

1861, März 26. Deklaration, betreffend die Befugniß des überlebenden Ehegatten nach der in den Fürstenthümern Paderborn und Minden, den Grafschaften Ravensberg und Rietberg, den Herrschaften Rheda und Gütersloh und dem vormaligen Amte Reckeberg geltenden Gütergemeinschaft, während der communio prorogata über das gütergemeinschaftliche Vermögen zu disponiren. (Ges.-Samml. S. 169.)
— Siehe Rechtsgrundsatz 525. (A. L. R. II. **2.** § 440.)

1861, Mai 21. Gesetz No. 5379., betreffend die anderweite Regelung der Grundsteuer. (Ges.-Samml. S. 253.)
— **§ 4.** Littr. a. Siehe Rechtsgrundsatz 984. (Edikt vom 25. März 1747 § 11.)

1861, Mai 21. Gesetz No. 5380., betreffend die Einführung einer allgemeinen Gebäudesteuer. (Ges.-Samml. S. 317.)
— **§ 3.** No. **6.** Siehe Rechtsgrundsatz 984. (Edikt vom 25. März 1747 § 11.)

1861, Mai 22. Gesetz No. 5364., betreffend die Ermäßigung der Bergwerks-Abgaben. (Ges.-Samml. S. 225.)
— Siehe Rechtsgrundsatz 590. (A. L. R. II. **16.** § 105.)

1861, Mai 24. Gesetz über die Erweiterung des Rechtsweges. (Gesetz-Samml. S. 241.)
— **§§ 11.** ff. Rückforderung eines mit Vorbehalt erlegten Stempelbetrages:

A. Rechtsweg gegen die Erhebung gewisser Gefälle und Abgaben, insbesondere von Stempelbeträgen. — Vergl. Gesetze vom 12. September 1791 Art. 4. und 12. Dezember 1798 (22. Frimaire VII.) Art. 4. 69. § 5. No. 6. 7., § 7. No. 4. 5., Art 3. § 3. No. 2.; Verordnung vom 24. November 1843 § 3.

Rechtsgr. **1230.** — V. Senat. 30. April 1864. (LIV. 145.)

a) Aus der prinzipiellen Gewähr des rechtlichen Gehörs über gewisse Gefälle und Abgaben folgt die Zuläſsigkeit der sofortigen Anrufung des Richters nach Erhebung der exekutorischen Forderung, ohne daß dieselbe durch die vorherige Zahlung der zu bestreitenden Schuld bedingt ist.

b) Daher kann, sobald die Steuerbehörde einen gewissen Stempelbetrag vermöge ihrer Amtsbefugniß fordert und dadurch den angeblichen Stempelschuldner in die Lage bringt, die exekutorische Einziehung jenes Betrages fürchten zu müssen, der Letztere einen Antrag bei dem Gericht auf Entscheidung darüber erheben, daß die Verpflichtung zur Entrichtung des Stempelbetrages nicht bestehe und er deshalb den ihm angedrohten Vermögensverlust definitiv nicht zu erleiden habe.

B. Rückforderungsklage gegen den Steuerfiskus, betreffend den defektirten und erlegten Stempelbetrag; Nothwendigkeit des Vorbehaltes. — Vergl. A. L. R. I. 16. §§ 30. 161. 164. 165.; Kabinets-Order vom 19. Juni 1834.

Rechtsgr. 1231. — I. Senat. 20. Januar 1865. (LVI. 315.)

a) Zur Begründung der im § 11. des Gesetzes vom 24. Mai 1861 nachgelassenen gerichtlichen Rückforderungsklage bedarf es, wenn der Stempelbetrag ohne Beitreibung erfolgt ist, nicht nothwendig des Nachweises, daß die Zahlung des defektirten Stempelbetrages nur mit Vorbehalt geleistet sei.

b) Hat die Partei vor exekutivischer Beitreibung des defektirten Stempels den Betrag an den instrumentirenden Notar gezahlt, diesem gegenüber sich das Rückforderungsrecht vom Fiskus vorbehalten, und ist dieser Vorbehalt in die vom Notar ausgestellte Quittung aufgenommen, so ist dem § 12. des Gesetzes vom 24. Mai 1861 genügt.

C. Beweislast rücksichtlich der Stempelsteuer bei Rückforderung des mit Vorbehalt erlegten Betrages.

Rechtsgr. 1232. — I. Senat. 16. Juni 1865. (LVIII. 348.)

Ist die Stempelsteuer nur mit Vorbehalt geleistet, und

wird der Betrag im Wege der Klage zurückgefordert, so ist es Sache des verklagten Steuerfiskus, die Stempelpflichtigkeit der Urkunde darzuthun, wenn er den Anspruch auf Rückerstattung beseitigen will.

Siehe auch Rechtsgrundsätze 131. 1024. (A. L. R. I. 7. § 232.; Stempelsteuergesetz vom 7. März 1822 § 5. Littr. f.)

— **§§ 15. 16.** Siehe Rechtsgrundsätze 572. 574. (A. L. R. II. 12. § 29.)

1861, Juni 1. Gesetz, betreffend die Anlegung von Hypothekenfolien für Gerechtigkeiten zur Gewinnung von Stein- und Braunkohlen in den vormals Sächsischen Landestheilen, in welchen das Kurfürstlich Sächsische Mandat vom 19. August 1743 Gültigkeit hat. (Gesetz-Samml. S. 353.)

— Stein- und Braunkohlenbau-Gerechtigkeit in den vormals Königlich Sächsischen Landestheilen; Immobiliar-Kaufstempel bei Kaufverträgen über den Abbau von Braunkohlenlagern daselbst. — Vergl. Kurfürstlich Sächsisches Mandat vom 19. August 1743; Regulativ vom 19. Oktober 1843; Kabinets-Order vom 13. November 1843; Allg Hypotheken-Ordnung I. § 14.

Rechtsgr. **1233**. — I. Senat. 17. Oktober 1864. (LVI. 229.)

Der § 1. des Gesetzes vom 1. Juni 1861, betreffend die Anlegung von Hypothekenfolien für Gerechtigkeiten zur Gewinnung von Stein- und Braunkohlen in den vormals Königlich Sächsischen Landestheilen, in welchen das Kurfürstlich Sächsische Mandat vom 19. August 1743 Gültigkeit hat, hat der Kohlenbaugerechtigkeit ein eigenes Folium im Hypothekenbuch angewiesen und sie dadurch den Immobilien gleichgestellt.

1861, Juni 10. Gesetz, die Kompetenz der Ober-Bergämter betreffend (Ges.-Samml. 425.)

— **§§ 3-5.** Siehe Rechtsgrundsatz 865. (A. G. O. I. 32. § 1.)

1861, Juli 1. Gesetz, betreffend die Errichtung gewerblicher Anlagen. (Ges.-Samml. S. 749.)

— **§§ 1. 6. 10.** Siehe Rechtsgrundsatz 1000. (Mühlen-Edikt vom 28. Oktober 1810 § 5.)

1861, Juli 19. Gesetz, betreffend einige Abänderungen des Gesetzes wegen Entrichtung der Gewerbesteuer vom 30. Mai 1820. (Gesetz-Samml. S. 697.)
— Siehe Rechtsgrundsatz 536. (A. L. R. II. **7**. § 18.)

1861, Juli 22. Gesetz, betreffend die Entrichtung des Stempels von Uebertragsverträgen zwischen Ascendenten und Descendenten. (Gesetz-Samml. S. 754.)
— § **1**. No. **1-4**. Siehe Rechtsgrundsatz 1025. (Stempelsteuergesetz vom 7. März 1822 § 5. Littr. g.)

1863, Mai 27. Gesetz, betreffend die Ergänzung und Erläuterung der Allgem. Deutschen Wechsel-Ordnung. (Ges.-Samml. S. 357.)
— Art. **2**. § **1**. Wechsel-Exekution gegen den Gemeinschuldner während des Konkurses. — Vergl. Konkurs-Ordnung vom 8. Mai 1855 §§ 1. 4. 8. 9. 280.

Rechtsgr. **1234**. — IV. Senat. 23. März 1865. (LVII. 267.)

Wegen der von dem Gemeinschuldner während des Konkurses gemachten Wechselschulden ist die Wechsel-Exekution auch während des Konkurses, soweit die Rechte der Konkursgläubiger dadurch nicht gefährdet werden, namentlich der Wechsel-Personal-Arrest, zulässig.

Siehe auch Rechtsgrundsatz 722. (Allgem. Deutsche Wechsel-Ordnung Art. 43.)

Nachtrag.

Zu S. 124. Allg. Landrecht I. **14**. § 1. Berechtigung der Regierungs-Abtheilungen bei Vertretung des Fiskus in Prozessen. — Vergl. Instruktion vom 23. Oktober 1817 §§ 5. 23. 27. No. 4.

Rechtsgr. **578a**. — II. Senat. 31. Oktober 1865. (LXI. 193.)

Bei Klagen und Urtheilen in Prozessen, in welchen der Fiskus Partei ist, macht es keinen Unterschied, ob und welche Abtheilung der Regierung als Vertreterin des Fiskus benannt ist.

Zu S. 470. Instruktion vom 23. Oktober 1817 §§ 5. 23. 27. No. 4. Siehe auch Rechtsgrundsatz 578a. (A. L. R. II. **14**. § 1.)

Register.

A.

C.

D.

E.

F.

G.

H.

J.

K.

L.

M.

N.

O.

Q.

R.

S.

T.

U.

V.

W.

Z.

Berichtigungen.

Band 1.

Seite 244. Zeile 16. von oben statt Formulare lies: Formen.
„ 247. „ 1. von unten statt 861 lies: 860.
„ 471. „ 5. von oben statt 1853 lies: 1854.

Band 2.

Seite 65. Zeile 1. von oben hinter Nichtgebrauch lies: durch Klage-Anmeldung bei dem inkompetenten Richter.
„ 65. „ 2. von oben lies: A. Ueberhaupt.
„ 264. „ 1. von oben statt 23 lies: 28.
„ 354. „ 11. von unten statt XXII. lies: XXIII.
„ 354. „ 10. von unten statt Indossatar lies: Indossant.
„ 443. „ 2. von unten statt 196 lies: 176.
„ 453. „ 1. von unten statt 423. No. 1179 lies: 422. No. 1197.
„ 489. „ 8. von unten statt 1079 lies: 1179.

Band 3.

Seite 72. Zeile 1. von unten statt 40 lies: 18.
„ 208. „ 5. von unten statt 179 lies: 79.
„ 310. „ 4. von unten hinter 1857 lies: und 2. Mai 1859; und hinter 185 lies: XXXIII. 170.
„ 568. „ 12. von oben statt 619. lies: 616.

Band 4.

Seite 280. Zeile 15. von oben statt 686. lies: 687.
„ 446. „ 7. von oben statt 1138. lies 1145.
„ 482. „ 4. von unten statt Schiedsrichtern lies: Schiedsmännern.
„ 538. „ 11. von unten statt Pflichttheilsberechtigung lies: Pflichttheilsberechnung.

Band 5.

Seite 7. Zeile 3. von oben statt dieser neueren lies: diese neuere.
„ 43. „ 7. von oben statt aus lies: von.
„ 43. „ 12. von unten statt Besitzstörung lies: Besitzstörungsklage.
„ 46. „ 10. von oben statt vom lies: von.
„ 121. „ 15. von unten statt Befugniß lies: Entsagung der Befugniß.
„ 173. „ 8. von oben statt Einwände lies: Einreden.
„ 224. „ 8. von oben statt eingegangenen lies: eingezogenen.
„ 265. „ 10. von unten statt Derogatorische lies: Nichtderogatorische.
„ 291. „ 12. von unten statt Gültigkeit lies: Ungültigkeit.
„ 307. „ 12. von oben statt Wechselkraft lies: Mangelnde Wechselkraft.
„ 343. „ 3. von unten statt derselben lies: der Partei.
„ 478. „ 10. von unten statt Gegenforderung lies: ganze Forderung.
„ 492. „ 9. von unten statt Werth des angegebenen lies: angegebenen Werth des.
„ 580. „ 4. von oben statt von der Unkenntniß lies: der Unkenntniß von.

FSC
www.fsc.org
MIX
Papier | Fördert
gute Waldnutzung
FSC® C083411

Kolibri 360 GmbH
Ferdinand-Jühlke-Straße 7
99095 Erfurt, Deutschland
produktsicherheit@kolibri360.de